수학의 역사발생에 따른

초등 수학교육 신서

김용태 지음

教友社

집필 연구진

오랜 세월동안 저자와 함께 수학 및 수학교육을 연구하고, 이 책이 출간되기까지 외국의 참고문헌을 번역하고 삽화제작, 색인 및 편집, 교정 작업에 참여한 아래의 광주교육대학교 초등수학연구소 회원들에게 심심한 감사를 드린다.

〈가나다 순〉

김동규 김성완 김정은 남인혜 문정진

서 민 이형석 정현도 지홍대 최대욱

머리말

고대에서 현대에 이르기까지 가장 훌륭한 수학자를 결정하는 일은 어렵지 않다. 그러나 수학을 가장 잘 가르칠 수 있는 방법을 정하는 일은 매우 어렵다. 따라서 수학교육에 있어서 최선의 방법을 결정하기 위해서는 수학교육이 진행되어온 역사를 둘러보고, 그들의 내용을 취사선택하여 계승 발전해야 될 것으로 생각한다. 수학교육의 역사는 20세기 이전을 수학교육의 전사(前史)라고 부르며, 20세기부터를 현대 수학교육사로 나누고 있다. 수학교육의 전사는 대부분이 고등교육기관의 교육과정이었으며, 특정한 방법론을 적용하였다기보다는 몇 몇의 노력으로 쌓아온 개별적인 방법이었다. 그들 중에서 보통교육으로서의 수학교육을 가장 염려한 사람은 페스탈로찌라고 생각한다. 그는 수십 명의 고아를 기르고 가르치면서 습득한 학생의 인식발달 과정과 그에 따른 교수법을 염두에 두고, 초등학교용 수학교과서 5권을 집필하여 동료들과 직접 지도함은 물론이고 스위스 전국에서도 그 교과서를 사용하도록 하였다. 수학교육에 남긴 그의 업적은 20세기 초에 수학교육개혁을 외친 영국의 페리의 실용수학보다 100년을 앞섰으며, 피아제의 구성주의를 150년 앞섰다고 주장하는 학자도 있다. 20세기 전반의 행동주의적 수학교육관을 지나, 20세기 후반에는 학생의 발달심리학에 기반을 둔 구성주의, 수학학습심리학을 정립한 스켐프의 이론과 철학의 한 분야인 현상학에 기반을 둔 프로이덴탈의 교수학적현상학 등이 현재의 수학교육 이론의 대세를 이루고 있다고 본다. 이 책에서는 심리적으로는 구성주의의 이론을 따라 학생이 자신만의 아이디어를 만들어가도록 도움을 주는 내용과 교수현상학에서 주장하는 역사발생을 통한 점진적인 수학화의 이론에 따라서 초등학교 수학과 교육과정에 나타나는 모든 개념과 연산의 본질을 설명하고, 그 개념의 발명가의 발명정신과 그의 배경이 되는 아이디어를 경험하고 재발견할 수 있도록 도와주는 내용과 초등수학영재교육에 필요한 구체적인 내용으로 구성하도록 노력하였다. 이 책은 두 부분으로 나누어서, 1부에서는 수학시간에 교사에게 꼭 필요한 수학의 발달 과정과 학문으로서의 수학은 무엇이고 앞으로의 전망은 무엇인가를 결정하는 데에 기초가 되는 수리철학의 내용과 수학 교수-학습방법의 연구에 꼭 필요한 수학학습심리학의 내용을 간결하게 요약하였고, 2부에서는 수학과 7차 개정교육과정을 중심으로, 1부의 내용에 근거하여 영역별로 그 내용의 역사발생에 따른 교수-학습방법을 제시하였다. 특히 각 영역의 마지막 절에서는 현행 2학년에서 6학년 교과서에 숨어 있는 수학사를 최대한 발췌하여 문답형식으로 수록하였으며, 초등수학 영재교육에 관심이 있는 분들을 염두에 두고 초등수학영재 선발에 필요한 관찰·추천법과 초등수학영재용 교재에 포함되어야 할 내용을 매 영역마다 몇 가지를 구체적으로 나열하였다. 끝으로 저자의 무지로 인하여 이 졸고에 예기치 않은 오류와 오타가 숨어 있을 수 있다. 읽는 분들의 채찍과 격려를 부탁드린다.

2011년 가을 풍향골에서

저자

차 례

제1부 수학과 수학교육 / 1

제1부

수학과 수학교육

제 1 장 수학의 인식론

01 수학의 발생

모든 과학의 기원은 측정이다. 수학도 세계 4대강 유역에서 농업, 토목, 건축에 필요한 측량술과 계산술로부터 시작되었다.

1.1 이집트의 나일(Nile)강 유역

중앙아프리카의 빅토리아 호수에서 시작된 나일(Nile)강의 큰 물줄기와 해마다 일어나는 큰 홍수는 상류지방의 기름진 흙을 하류지역으로 운반되어 하류지역에서 농사를 짓는 사람들에게 많은 도움을 주었다. 이때 절실히 필요했던 지식이 수학이었다. 그들은 정기적으로 일어나는 홍수시기를 알아야 했기에 지금부터 수천년 전에 1년이 365.25일이라는 사실을 알게 되었고, 홍수 뒤의 농토 정리와 나일강을 다스리는 토목사업에서 수학을 활용하면서 기하학이 최초로 발생한 지역이 되었다. 특히 화폐가 없던 시절인 B.C. 3000년 경에는 물물교환을 하던 중 비의 관념으로 분수개념을 도입하여 피라미드 축성 등의 견인차 역할을 하였다. 이들은 이 수학 내용을 돌과 파피루스 종이에 적어서 보관하여 지금까지 많은 내용이 보존되고 있다.

1.2 인도의 인더스 강 유역

초기의 인도인들은 나무껍질이나 대나무와 같이 썩기 쉬운 재료를 사용했기 때문에 오늘날까지 전해 내려오는 것이 없다.

1.3 중국의 황하 강 유역

동양문화의 기초는 중국을 중심으로 발전하였는데 고대 중국을 대표하는 문헌은 당(唐)나라 때 만들어진 '산경십경(算經十經)'이라는 책으로 주폐산경, 구장산술, 해도산경, 손자산경, 장구건산경, 오조산경, 오경산술 등 10권을 이순풍이 한 권으로 묶어서 만든 것이다. 구장산술에는 농업, 상업, 공업, 방정식의 해법, 직각삼각형의 성질피타고라스의 정리 등에 관한 246개의 문제들을 싣고 있다.

1.4 메소포타미아(Mesopotamia, 현재 Iraq) 남부 바빌로니아

메소포타미아란 유프라테스(Euphrates)강과 티그리스(Tigris)강 사이의 지역이라는 뜻이다. 그의 남부지역인 바빌로니아(Babylonia, B.C. 2700년경)에서는 메소포타미아 평원을 흐르는 유프라테스강과 티그리스강 유역에서 일어나는 홍수 같은 생활상의 수리적 문제해결을 위한 수학이 발달하였다. 또한 바빌로니아지역은 지정학적으로 많은 상인들이 다니는 길목에 위치하고 있었기 때문에 이집트 수학보다 더욱 발달하게 되었다. 초기 바빌로니아인들은 젖은 점토판에 바늘로 기록하여 판을 화덕 속에서 구웠다. 이것이 19세기에 B.C 1600년경의 함무라비 왕조의 점토판을 발굴하여 쐐기문자 원문을 해독하면서 상업과 농업에 있어서 상당히 높은 수준의 계산술과 60진법의 수 체계를 사용했음을 알 수 있었다. 바빌로니아의 기하학은 대부분 실제 측량과 관련된 것으로 특징은 대수적 성질에 있다. 이들은 2차방정식과 연립 2원 2차방정식의 해법도 알고 있었고 단순한 3, 4차 방정식도 다룰 정도로 대수학이 싹트고 있었다. 또한 점토판에 쐐기문자로 기록된 삼중수(3,4,5; 5,12,13) 등과 원주를 360등분하는 것도 고대 바빌로니아인들의 업적이다.

02 고대수학

수학은 천문학 다음으로 오래된 역사를 갖고 있는 학문이다. 문명이 발달하고 국가가 형성되면서 세금, 국제무역 등에 필요한 계산과 건축, 농경, 토지측량 등에 사용된 것이 실용수학이었다. 이와는 다르게 실용수학이 아닌, 학문으로서의 수학의 형태를 이룬 것은 고대 그리스 수학이었다. 따라서 고대그리스의 수학을 개관한다. 학문으로서의 수학이 정립되기 시작 한 것은 고대 그리스시대로 대략 B.C. 6세기경이다. 그리스인들은 외국여행을 즐겨하였는데, 여행 중에 이집트에서는 기하학을 바빌로니아에서 대수학을 배우고 그 당시 헬레니즘 문화의 독특한 방법인 분석적, 연역적 사고와 소피스트(sophist)들의 궤변을 원천봉쇄하기 위한 엄밀성으로 기하학과 대수학을 체계화하기 시작하였다. 특히, 그리스의 탈레스, 피타고라스, 플라톤 등이 이집트에 유학하였고, 피타고라스와 소크라테스 등은 바빌로니아를 거쳐 인도에까지 여행하면서 그들의 수학을 접하고 받아들였다.

2.1 탈레스(Thales, B.C. 640~546)

그리스의 밀레투스(Miletus)에서 태어나 젊은 시절에 상인으로 많은 돈을 벌어 연구와 여행으로 여생을 보냈다. 정치가, 공학자, 상업가, 철학자, 수학자, 천문학자로 유명하다. 그는 그리스의 철학의 아버지이자 기하학의 창시자로 명확한 증명을 시작하였고, 우주의 근원적인 물질을 물이라 주장했다. 또한 피라미드의 높이와 해변에서 바다에 떠있는 배까지의 거리를 직각삼각형의 합동 성질을 이용하여 계산하기도 하였다. 그리고 수학보다는 천문학분야에서 더 잘 알려져 당시에 지구가 둥글다는 것을 알았고, 1년이 365.25일이라는 것을 그리스에 소개하였다. 탈레스가 발견하여 증명했던 정리는 다음과 같다.

증명

① 두 직선이 만날 때 그 맞꼭지각의 크기는 서로 같다.
② 이등변삼각형의 두 밑각은 서로 같다.
③ 두 삼각형에서 두변의 길이와 그 끼인각이 같으면 두 삼각형은 서로 합동이다.
④ 두 삼각형에서 그 두 내각과 끼인 한 변의 길이가 같으면 두 삼각형은 서로 합동이다.
⑤ 삼각형의 내각의 합은 180도 이다.
⑥ 한 원에서 지름에 대한 원주각의 크기는 직각이다.
⑦ 두 개의 삼각형에서 대응하는 변이 모두 평행이면, 두 삼각형은 서로 닮음이다.

탈레스는 이집트인들이 갖고 있던 경험지식을 이론적으로 정리하였기에 수학의 창시자로 일컬어지고 수학을 처음으로 이론적 단계(논증적 학문)로 끌어올린 사람이다. 그에 관한 일화 중에는 기원전 585년 5월 28일 일식의 예언이 있다.

2.2 피타고라스(Pythagoras, B.C. 582~497?)학파

피타고라스는 에게해의 사모스(Samos)섬에서 태어났다. 그는 바빌로니아 여행 중에 삼중수를 접하고 돌아와, 이를 일반화하여 현재 피타고라스정리로 알려진 내용의 증명을 완성한 다음, 100마리의 소를 잡아 잔치를 열었다고 한다. 그 정리는 유크리트의 기하학원본의 제 1권에 증명과 함께 실려 있다. 피타고라스학파의 철학은 자연수가 만물의 근원이라는 가정위에서 세워졌다. 또한 그들은 분수를 활용하여, 동일한 장력아래서 현의 길이가 2대1일 때 8도 음정, 3대 2일 때 5도 음정, 4대 3일 때 4도 음정 등 8음계와 장조, 단조를 만들었으며 천문학의 기초를 세웠다. 피타고라스학파의 교육은 완전히 구두(口頭)로 행해지고 수비주의(mysticism)에 많은 영향을 미쳤다. 그들은 정다면체 중에서 정사면체, 정육면체, 정십이면체를 발견하였으며, 어떤 자연수가 진약수의 합과 같은가, 작은가, 큰가에 따라 완전수, 부족수, 과잉수와 친화수(서로의 진약수의 합이 같은 두 수, 220과 284 등)를 발견하였고, 인도 여행 중에 불교의 영향을 받아, 이것으로 점이나 부적으로 사용하기도 하였다. 또한 그들은 어떤 기하학적 배열에 있는 점의 개수를 나타내는 형상수를 발견하여 기하학과 산술과의 밀접한 관계를 보여주었다.

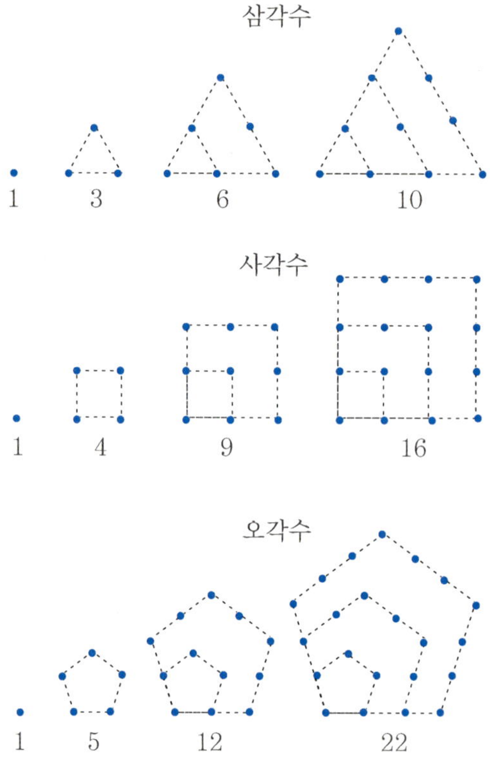

피타고라스의 형상수

그런데 피타고라스정리에 의하여 직각이등변삼각형의 밑변과 빗변과 같이 같은 단위로 잴 수 없는(incommensurable) 선분이 존재하게 되는 사실 때문에 무리수 발견이라는 수학사에서 아주 중요한 이정표를 세우게 되었지만, 모든 사고의 범위를 자연수에 한정했던 피타고라스학파의 철학에 위배되어 무리수 관념은 비밀로 하고 말았다.

2.3 소크라테스(Socrates, B.C. 471∼399)

소크라테스는 영혼불멸설을 주장하면서 육체를 떠난 영혼은 이데아(Idea)로 가고, 이데아에 있는 모든 영혼은 전지전능하게 된다고 믿었다. 그 영혼이 다시 인간의 육체의 껍질을 쓰고 환생할 때에는 모든 지식을 지니고 태어나므로, 교사가 할 일은 학생에게 지식을 가르치는 것이 아니라 학생이 이미 알고 있는 지식을 자각하게 한다고 믿었다. 따라서 소크라테스의 교육방법을 산파술 또는 발견술(heuristics)이라고 한다. 플라톤의 메논(Menon) 편에 나타난바와 같이 철학자 메논의 흑인 노예소년에게 어떤 정사각형의 면적을 두 배로 만드는 과정, 즉 $\sqrt{2}$ 를 알아가는 과정을 지도하는 과정이 최초의 발견술 교육방법이다.

2.4 플라톤(Plato, B.C. 427∼347)

소크라테스의 제자로서 아테네의 서쪽 교외의 아카데모스의 숲에 학교를 세워 제자를 양성하였다. 그 학교의 주요 과목은 기하학과 산술이었고 교문 현관에 "기하학을 모르는 자는 이 문안에 들어오지 말라."라고 써 붙였다. 그는 주어진 정육면체의 부피를 두 배로 만들 수 있는 기계를 만들었으나 스스로 "수학이란 기계의 힘을 사용하지 않고 순수한 사유(즉 자와 컴퍼스만을 사용)에 의해서 문제를 해결할 때 의의가 있다."며 자신의 해결 방법에 만족하지 않았다. 이 문제는 2000년이 지난 후에 자와 컴퍼스만으로 작도할 수 없음이 증명되었다. 그의 철학은 소크라테스의 이데아설을 바탕으로 하는 이원론이며, 이 세상에 나타나는 모든 현상은 신의 정신에서 임시방편에 지나지 않는다고 하였다. 수학에서 정확한 자로 직선을 그리거나, 컴퍼스로 원을 그리더라도 그것은 단지 그렇게 보일 뿐 실제로 직선이나 원이란 없고 단지 인간의 이성(즉 이데아의 세계)에서만 존재한다고 보았다. 완전한 삼각형이나 원은 관념의 세계에서만 이루어진 관념론을 주장하였다. 플라톤은 수학의 대상과 구조는 인간과 무관하게 객관적으로 존재하며 수학을 한다는 것은 이미 존재하는 그 관계를 발견하는 과정이라고 생각하였다. 수학의 대상인 수나 도형은 불변인 이데아로 보고 기하학이 알려고 하는 것은 영원한 존재이며 어느 시기에 생성했다가 소멸하는 것이 아니라고 주장하였다. 또한 그는 수학은 인간이 살아있는 동안 도달할 수 있는 최고의 지성의 단계로 보았으며 국가론에서 철학자 왕 교육과정에서는 수학을 배운 후에 전술학, 천문학, 해양술, 화성악 등을 가르치게 하였다.

〈플라톤의 이원론〉

가시계(可視界)		가지계(可知界)	
허 상	실 물	수학의 대상	선의 이데아
추측	신념	추론적 사고	변증술적 인식
의 견		지 식	

〈플라톤의 철학자 군주교육과정〉

~ 20세	~ 30세	~ 35세	~ 50세	~
시가, 체육 등 기초교육	수학교육	변증술 교육	실무교육	선의이데아연구

플라톤은 산술과 기하학 간에 간극이 있음을 인식했고, 그의 수 개념과 공리적 토대위에 세워진 산술을 이용하여 산술과 기하학을 연결하려고 노력한 마지막 그리스 인이다. 플라톤은 연속체를 불가분양의 집합체로 인식한 것이 아니라 아페이론(apeiron)[1] 의 흐름에 의해서 생성되는 것으로 간주하였다. 플라톤의 실재에 대한 기준은 경험의 일관성이 아니라 사고의 합리성이었고 피타고라스학파와 마찬가지로 수학과 과학은 명쾌하게 인지된 첫 번째의 원리로부터의 추론의 결과로 보았기 때문에 수학과 과학을 구별할 필요를 느끼지 못하였다. 그러나 플라톤은 어렴풋하게나마 연속과 무한소의 개념은 물리적이거나 감각의 대상이 아니라, 유연성과 논리적 사고가 필요한 추상적인 대상으로 보았다.

2.5 에우독수스(Eudoxus of Cnidus,[2] B.C. 408-B.C.355)

에우독수스는 소아시아 남서안의 크니도스에서 출생하여, 후에 아카데미에서 수련한 플라톤의 친구이자 제자이었다. 그는 비례론을 확장하여 통약불가능한 수에까지 적용할 수 있도록 재조직하였는데 그 내용은 유크리트 원론의 V장에 정리되어 있다. 또한 그는 현대의 구분구적법에 해당하는 실진법(method of exhaustion)을 발견하였다. 이 방법을 이용하여 각뿔이나 원뿔의 부피는 그것과 밑면과 높이가 같은 각기둥이나 원뿔 부피의 $\frac{1}{3}$임을 최초로 증명했으며, 원의 넓이는 지름의 제곱에 비례하며 구의 부피는 지름의 세제곱에 비례한다는 사실을 증명하였다. 그 후에는 작도불능문제인 정육면체의 배적문제를 풀었다고 한다. 그의 업적은 유한하면서 직관적으로 명쾌하고 논리적으로 정교한 사고에 바탕을 두었고, 유클리드의 후기 연구는 방법과 정신적인 면에서 플라톤보다는

1) Anaximander의 철학에서 말하는 '만물이 생성되는 무한 불확정한 것'
2) 현재의 터키의 Knidos 지방.

에우독수스를 따르게 되었다. 에우독수스는 당시의 비율의 이론과 무한소 관념의 모순을 해결하기 위하여 비율론과 실진법을 이용하여 대안을 제시하였는데, 그가 보여준 과정은 수와 극한에 관한 현대의 개념과는 거리가 멀었고 오히려 극한을 회피하여 우회하는 방법이었다. 또한 피타고라스학파는 두 직선은 각각에 주어진 단위의 자연수배의 비로 간주한 사실에서 알 수 있는바와 같이, 그들의 비율의 관념은 기하학적인 크기와 자연수를 동일시하였다. 에우독수스는 그 것을 비율의 두 항이 자연수가 아닌 경우도 인정하여 피타고라스학파의 관념을 일반화하였으나 그 역시 기하학적인 크기와 자연수를 동일시한 것은 마찬가지이었다. 에우독수스의 실진법은 그의 비례이론과 마찬가지로 수 개념을 포기하였음을 알 수 있다.

2.6 아리스토텔레스(Aristotle, B.C. 384-322)

20년 동안 플라톤의 제자이었고 '플라톤 학파의 정신'이라고 불리우는 아리스토텔레스에 의해서 시작되었다. 아리스토텔레스의 철학은 전체(우주)를 대상으로 하여, 전체의 궁극적인 원리 또는 원인을 형상, 질료, 운동, 목적으로 보았다. 그는 각각의 개체가 바로 실체 또는 실재이고, 형상 즉 이데아는 플라톤과는 다르게 개체의 다(many)를 초월하는 1이 아니고 개체 속에 내재하는 1로 보았다. 플라톤의 사유방법은 선험적 원리에서 연역한 것에 반하여 아리스토텔레스의 방법은 특정한 현상에서 출발하여 본질의 지식에 이르는 귀납적이고 연역적인 것이었다. 아리스토텔레스는 원래 수학자는 아니었으나 실진법, 제논의 역설, 에우독수스의 업적 등을 포함한 그리스 수학의 내용과 난제들을 잘 알고 있었다. 그는 실재가 인간의 의식 속에 반영되는 형식의 하나인 인식을 체계화시키는데 필요한 논리적 추리형식으로서 3단논법을 확립하여 그 자신이 명명한 분석법(analytics)인 형식논리학의 기초를 쌓았다. 그런 이유로 그는 수학적 능력이 탁월하고 기하학에도 정통하였지만 수학문제를 해결할 때에 과학적 방법인 귀납적 논증을 사용하였다. 또한 기하학의 개념이란 공간에 대한 물리적 경험을 이상화한 한 것으로 간주하여 기하학적 직선이란 경험과 무관한 선험적이고 추상적인 것이 아니라 자연세계에 존재하는 직선에 해당하는 구체적인 자연물의 특성으로 보았다. 그는 불가분량, 무한, 연속에 관한 관념은 상식에 의해서 구술하였다. 그의 저서 '불가분한 직선에 관하여(On Indivisible lines)'에서 불가분의 직선을 가정하면 발생되는 모순을 논증하면서, 불가분량은 수학의 모든 내용과 모순이 된다고 결론을 내리게 되는데 위의 세 가지에 대한 주장중에서 유일하게 현대수학과 일맥상통하는 것이다. 그러나 실무한(real infinite)의 존재를 전부 무시하고 잠재적(또는 역동적) 무한만을 인정하였다. 모든 그리스인과 마찬가지로 아리스토텔레스는 운동은 연속인 것으로, 수는 불연속인 곳으로 간주하였고 동시에 순간변화율이란 개념도 인정하지 않았다. 이와 같이 아리스토텔레스는 물리적 세계에서의 경험과 수학적 사고를 명쾌하게 구별 짓지 못하였기 때문에 제논의 역설을 명확하게 반박하지 못하고 단지 순간속도의 부정과 감각적인 인지만으로 '주로'와 '화살'의 논법을 부정하였고, 유한한 시간에 무한한 공간을 지나갈 수 없지만 유한한 시간에 무한히 분할된 공간을 지나가는 것은 가능하다는 경험에 의존한 짤막한 주장으로 '이분법'과 '아킬레스'의 역설을 해결하고 말았다.

2.7 유크리트(Euclid, B.C. 330~257?)

2.7.1 유크리트 원론

플라톤의 사상을 가장 잘 나타낸 수학자로 그 당시까지의 기하학과 수론을 체계적으로 정리하여 당시 수학 내용을 집대성하여 유클리트(Euclid)[3]는 5개의 공리와 5개의 공준만을 이용하여 13장으로 이루어진 〈원론〉을 완성하였다. 그의 〈원론〉은 역사상 처음으로 수학을 논리적으로 정리하여 체계화한 것으로서 유럽에서는 19세기말까지 교과서 사용하였다. 이 책에는 465개의 명제가 수록되어 있다. 주요 내용은 제 1권에 예비적인 정의, 공준, 공리들로 시작해 48개의 명제 중 26개는 주로 삼각형의 성질과 3개의 합동정리, 27에서 32까지는 평행에 관한 이론, 삼각형의 내각의 합이 두 직각과 같다. 나머지는 평행사변형, 삼각형, 정사각형 등의 면적, 제 2권에 14개의 명제만을 수록한 책으로 면적의 변환과 피타고라스학파의 기하학적 대수, 제 3권에 39개의 명제를 수록한 책으로 흔히 고등학교에서 나오는 원, 현, 호의 측정에 관한 정리, 제 4권에 3, 4, 5, 6, 15변을 갖는 정다각형을 주어진 원에 자와 컴퍼스를 가지고 내접 또는 외접시키는 작도 문제, 제 5권에 에우독소스의 비례에 관한 해설, 제 6권에 에우독소스의 비례론을 평면기하에 응용한 내용, 제 7권에 유크리트 호제법인 두 개 이상의 정수의 최대공약수를 찾는 방법을 시작으로 해서 그 방법을 두 정수가 서로소인지, 아닌지를 알아내는데 이용하는 내용, 제 8권에 연속비례와 그와 관련된 등비수열, 제 9권에 명제 14-정수론의 기본정리 '1보다 큰 정수는 꼭 한 가지 방법으로 소인수들의 곱으로 표현될 수 있다.' 명제 35-등비수열의 n항까지의 합에 대한 공식, 명제-36완전수에 대한 공식, 제 10권에 어떤 주어진 선분에 관하여 같은 표준으로 잴 수 없는 선분, 즉 무리수에 관한 내용, 제 11권에 공간에서 직선과 평면에 대한 정의와 공리, 제 12권에 십진법을 이용한 부피의 문제, 제 13권에 하나의 구에 다섯 개의 정다면체를 내접시키는 작도문제가 실려 있다. 또 제1권의 1쪽에 23개의 정의(무정의 용어)로 이 책을 시작하였으며, 그중 몇 개를 소개하면 다음과 같다.

3) 유크리트 원론은 작자미상이다. 유크리트는 ucli dis(기하의 열쇠)의 합성어이다.

정 의

- 점은 부분을 가지지 않는 것이다.
- 선은 폭이 없는 길이다.
- 선의 양끝은 점이다고 보충하고 선은 점으로 구성된다.
- 직선은 점으로 구성된다.
- 면은 폭과 길이만을 갖는 것이다.
- 한 직선위에 다른 직선을 세울 때, 만일 좌우의 인접한 두 각의 크기가 같으면 그 직선을 수직선이라고 한다.
- 원은 한 점에서 같은 거리에 있는 점으로 이루어진 평면도형이다.
- 동일 평면상에 있는 두 직선을 양쪽으로 끝없이 연장해도 만나지 않을 때, 이것은 평행선이다.

이어서 누구나 인정하는 명제 5개를 공준[4)]이라 하였다.

명 제

(i) 공준(公準)

① 임의의 한 점에서 다른 한 점으로 직선을 그을 수 있다.
② 유한직선은 얼마든지 연장할 수 있다.
③ 임의의 점을 중심으로 주어진 반지름을 갖는 원을 그릴 수 있다.
④ 직각은 서로 같다.
⑤ 한 직선이 다른 두 개의 직선과 만나서 같은 쪽의 두 내각의 합이 2직각(180°)보다 작은 쪽에서 만난다.

(ii) 공리(公理)

① 동일한 것과 같은 것은 각각 서로 같다.
② 같은 것에서 같은 것을 각각 더하여도 같다.
③ 같은 것에서 같은 것을 각각 빼도 나머지는 같다.
④ 서로 포개어지는 것은 같다.
⑤ 전체는 부분보다 크다.

---

4) • 정의(Definition) : 용어에 대한 약속, 용어의 뜻을 명확하게 한 것.
• 공준(Postulate) : 기하학에서 누구나 의심하지 않고 받아들일 수 있는 고유한 약속, 기하학과 관련 있는 기본 명제.
• 공리(Common notion) : 모든 학문에서 당연히 성립하는 공통적인 진리, 일반적인 성격의 기본 명제.
• 명제(Proposition) : 참과 거짓을 구별할 수 있는 말이나 식을 말하고 정리는 그 명제 자체가 반드시 증명되어야 한다.
• 증명 : 어떤 명제가 참임을 밝혀내기 위해서 기본이 되는 성질이나 이미 옳다고 밝혀진 성질을 이용하여 가정에서 결론을 이끌어 내는 설명과정.

마지막의 공준은 가장 유명하며 유클리트의 기하학의 가장 큰 특징을 나타내고 있다. 그리고 계속해서 5개의 공리(누구든지 진리로서 인정하는 개념)가 있다.

공준은 기하학과 관련이 있는 기본명제이고 공리는 일반적인 성격의 기본명제를 가리킨다. 이 구별은 그리스에서 시작한 후에 둘 다 '공리'로 부르고 있다. 또한 무한소, 극한, 합의 과정 등과 관련된 개념의 발전과 고등기하학(원이나 직선, 평면보다 곡선이나 곡면에 대한 기하학)의 발전이었다. 이 고등기하학은 오늘날까지 유명한 3대 작도 문제를 해결하기 위한 도전으로부터 연유되었다. 이러한 도전 덕분에 새로운 수학의 발전과 창조가 이루어졌다.

명제

① 주어진 정육면체 부피의 두 배의 부피를 갖는 정육면체의 모서리 작도
② 임의의 각을 3등분 작도
③ 주어진 원과 동일한 면적을 갖는 정사각형 작도

2.7.2 유크리트 원론에 나타나지 않은 관념

유크리트 원론에는 현대 수학에서 핵심 관념인 함수(function)나 사상(mapping)과 이항연산과 같은 변환(transformation) 개념이 없었으며, 군, 환, 체 등의 집합의 구조의 관념이 나타나있지 않았다. 또한 수를 막대의 길이, 두수의 곱은 직사각형의 넓이로, 같은 수끼리의 곱(제곱)은 정사각형의 넓이로 간주하였기 때문에, 음수와 허수 또한 무리수를 인정하지 않았다. 이로 인하여 미적분학의 완성이 2500년이 걸렸으며 방정식의 근 공식, 무한을 설명하는 집합론의 완성이 지연되어 근대와 현대수학의 발전에 결정적인 걸림돌이 되기도 하였다.

2.8 아르키메데스(Archimedes, B.C. 287∼212)

고대의 가장 위대한 수학자인 시라쿠스의 아르키메데스(287-212 B.C. 경)는 시칠리섬의 시라쿠스 지방에서 태어났다. 그는 시라쿠스의 왕인 Hiero와 그의 아들 Gero와 친분이 두터웠다. 그는 젊은 시절에는 가끔 이집트에서 시간을 보냈는데 그 곳에서 수차를 발명하여 나일강물을 끌어 올려 경작을 가능하게 하였으며, 알렉산드리아에 있는 유크리트의 제자들과 함께 연구를 하였다. 또한 사모스의 Conon과 Eratosthenes 와도 친분이 있었다. 아르키메데스는

자신이 발견한 내용을 발표하기 전에 Conon과 교신을 하였고, 유명한 가축문제(Cattle Problem)를 Eratosthenes를 통하여 알렉산드리아의 수학자들에게 전하였다. 주어진 물체(무게)를 주어진 힘으로 옮기는 방법의 해법을 발견한 후에 Hiero 왕에게 "나에게 서있을 수 있는 장소만 마련해 주면 지구를 움직여 보겠다."고 자랑하였다. 또한 그는 산술, 기하, 천문학, 역학, 유체정역학 등을 연구하였으나 유크리트나 아폴로니우스(Apolonius)처럼 책을 발간하지는 않았다. 그는 수학문제를 연구할 때에는 식사시간이나 인기척을 잊곤 해서 히에로왕이 왕관의 합금 유무를 알아보라는 명령을 받고 목욕 중에 그 원리를 알아내고는 발가벗고 뛰어가면서 Eureka(I have found it.)을 외치기도 하였고, B.C.212년에 Marcellus 장군이 Syracus를 점령하여 대학살을 하던 중에 그의 명령을 무시한 병사가 왔을 때 그는 마당에 쭈그리고 앉아 어떤 수학 도식을 풀고 있었다. '그 그림에 손대지 말라'가 그의 마지막 말이었고 로마 병사의 칼에 그는 죽었다. Marcellus 장군은 그의 죽음에 경의를 표하고 유족을 위로하였다. 그의 가족은 무덤 앞에 '원통의 내면적과 구의 면적 비율은 3 : 2 다.'라는 문장과 원통에 내접하는 구를 넣은 석조 건물을 세웠다.

실제로 아르키메데스의 방법으로 원의 넓이를 구하려면 원주율 π 의 값을 알아야 한다. 아르키메데스는 원주율의 값을 정확히 구할 수가 없자 그에 가까운 근사치를 구하였다. 아르키메데스는 안티폰이 먼저 제시하였던 아이디어를 가지고 시작하였다. 그는 단위원에 내접한 또는 단위원을 둘러싼 6각형, 12각형, 24각형 등을 고려하였는데, 단위원에 내접한 다각형들은 둘레의 길이가 2π 보다 작고 원을 둘러싼 다각형들은 둘레의 길이가 2π 보다 크다는 사실에서 출발하였다. 그는 자와 컴퍼스를 이용해서(즉 사칙연산과 제곱근 풀이를 이용해서) 원에 내접되어 있거나 원을 포함하는 n각형의 둘레에서 $2n$각형의 둘레를 계산하는 규칙을 발견하였다. 즉,

$$(\text{내접 96각형의 둘레}) < 2\pi\, r < (\text{외접 96각형의 둘레})$$

$$3\frac{10}{71} < \pi < 3\frac{1}{7}$$

이것은 약 $3.14084 < \pi < 3.142858$ 이므로, 아르키메데스는 원주율의 근사값으로 3.14를 이용하였다. 또한 현대의 삼각함수 sin, cos, tan 등을 발전시켰으며 포물선과 같은 곡선으로 둘러싸인 도형의 면적을 실진법을 이용하여 근사값을 구하였다. 결론적으로, 고대 그리스는 기하학은 뛰어났지만 산술정수론과 대수학의 내용은 아직 초보적이었던 이유는 그들이 기호를 사용하지 않았기 때문이다. 그 후 인도인은 기호를 적극 활용하였고 지금 사용하고 있는 숫자인 인도-아라비아 숫자를 만들고 10진기수법을 사용했으며, 수를 그 자체로 인식하려는 경향이 있었기 때문에 음수나 허수를 받아들이기 시작하게 된다.

2.9 디오판투스(Diophantus of Alexandria, 214-298년경)

대수의 발전에서 대단히 중요하고 또 그 이후의 유럽 수론학자들에게 깊은 영향을 준 사람이 바로 알렉산드리아의 디오판투스이다. 그런데 디오판투스의 출생시기와 출생지는 분명하지 않다. 물론 그가 헤론과 동시대인일 것이라는 약간의 증거가 있긴 하지만 대부분의 역사학자들은 그를 3세기경의 인물로 보는 경향이 있다. 디오판투스에게는 세 개의 저작이 있는데 그것은 다음과 같다. 〈산학Arithmetica〉, 〈다각수에 관하여On Polygonal Numbers〉, 〈계론Porisms〉 등이다.

산학은 디오판투스의 가장 중요한 저술로서 모두 13권의 책으로 되어 있으나 그중 여섯 권만이 현존하고, 다각수에 관하여는 단지 일부만이 현존해 있으며 계론은 분실되고 말았다. 산학은 대수적 수론을 해석적 논법으로 쓴 책으로서 디오판투스를 이 분야에서 천재로 만들어준 책이다. 이 저작의 현존하는 부분은 약 130여 개의 다양한 문제의 해를 다루고 있으나 대체로 1차 또는 2차방정식과 관계된 것이다. 매우 특별한 3차방정식 문제도 하나 풀려 있다. 제 I 권은 미지수가 하나인 정 방정식에 관한 문제를 다루고 있고 나머지 책에서는 두 개 또는 세 개의 미지수를 갖는 2차 또는 종종 고차의 부정 방정식에 관한 문제를 다루고 있다. 그러나 놀라운 것은 이들이 일반적인 해법으로 풀리는 것이 아니라 각 문제마다 고유한 방법으로 해가 구해지고 있다는 사실이다. 디오판투스도 단지 양의 유리수해만을 인정하고 있고 대부분의 경우에 하나의 답만으로 만족했다. 단지 유리수해만을 구하는 부정 방정식문제는 흔히 디오판투스 문제로 일컬어져 왔다. 현대에 와서는 해의 조건을 정수로 제한하는 경우도 있다. 그러나 디오판투스가 이러한 종류의 문제를 처음 만든 것은 아니다. 더구나 그가 부정방정식을 푼 최초의 인물도 아니고 2차방정식을 기하학적이 아닌 방법으로 처음 푼 것도 아니었다. 그러나 그가 생략속기법의 대수적 표기를 이용한 최초의 인물이었음은 틀림없다. 디오판투스는 미지수, 미지수의 6승까지의 멱, 뺄셈, 등식, 역수 등에 대하여 생략표기를 사용했다. 그가 살았던 그리스 시대에는 주로 기하학만이 연구되었고 산술과 대수가 분리되지 않은 상태였다. 디오판투스가 약자(또는 문자)를 도입함으로써 대수는 산술에서 확실하게 구분되어 갈라지게 된다. 두 분야의 가장 큰 차이점은 바로 문자의 사용 여부이다.(또 하나는 음수를 수로 인정하느냐 하는 점이다.)

연습 문제

1. 탈레스가 발견한 정리 두 가지를 말하시오.
2. 피타고라스 정리를 진술하고, 그의 배경이 되는 내용을 설명하시오.
3. 플라톤과 아리스토텔레스의 철학관을 비교하시오.
4. 유크리트 원론에 나타나지 않는 수학의 관념을 말하시오.
5. 아르키메데스가 구한 π값의 범위를 말하시오.
6. 디오판투스의 가장 큰 업적을 말하시오.

03 수학의 발전

3.1 인도와 아랍의 수학

인도인들은 형이상학적인 사고보다는 수를 계산하는 기교를 더 좋아하였기 때문에 유클리드 기하학이나 아리스토텔레스의 논리가 그들에게는 강한 인상을 주지 못하였다. 즉, 그들은 수학의 이성적인 면이나 기하학적인 면보다는 산술적이고 계산적인 면을 선호하였다.[5)] 이러한 태도가 부수적으로 대수학의 발전을 이끌었으며, 또한 이차방정식의 무리근을 인정하였고, 절대음수의 개념을 도입함으로 인하여 수 체계를 일반화하였기 때문에, 미적분학에 중요한 내용인 계산과 기하학적 표현의 연결고리를 없앴지만, 그 사실의 중요성을 인식하지 못하였다. 또한 그들은 직선으로 된 도형과 곡선으로 된 도형 모두 수로 측정할 수가 없었기 때문에 그들 둘 사이의 본질적인 상이점을 인식하지 못하였고, 기하학과 합동에 관한 연구보다는 산술과 측정에만 관심이 있었고, 수 0을 포함하는 연산의 어려움 때문에 브라마굽타(Brahmagupta, 628년경)는 0을 궁극적으로 무(無)가 되는 무한소적 양으로 생각하였고, 바스카라(Bhaskara, 1114-1185년경)는 한 수와 0의 곱은 0이지만 더 이상의 연산이 관련되면 그 수는 0의 배수로 인정해야 한다고 말하였다. 이러한 어려움 때문에 후에 미분적분학의 초기 연구자들을 혼란스럽게 만들었던 부정형과 관련된 문제들의 해결책을 더 이상 연구하지 않게 되었다. 그러나 인도 수학자들은 극한에 관련된 주제에 수적인 면을 강조하였고, 인도숫자와 자릿값 표기의 원리의 사용이 대수

5) 인도에서는 수학을 ganita 즉 '계산학문'이라고 하였다.

학의 발전에 기여하였으며, 따라서 미적분학에서의 연산과정의 발전에 기여하였다. 인도숫자는 아랍 문명을 통하여 유럽에 전파되었다. 아랍의 수학은 그리스적 요소와 인도적 요소를 절충한 것이었다. 아랍 셈법은 인도셈법에 기초를 두었으며, 아랍의 삼각함수 역시 인도의 수학과 마찬가지로 현과 기하학적인 표현을 사용하는 대신 정현(sine)과 산술 형태를 사용하였으나 아랍의 기하학은 유클리드와 아르키메데스의 영향을 받았으며 대수학에서는 수의 추상적 성질보다는 주로 실생활과 관련된 문제를 다루었다. 따라서 아랍의 수학은 그리스기하학의 통약불가능한 수, 연속, 불가분의 것, 무한 등과 같은 미적분학과 관련된 개념들은 도외시하였지만 어쨌든 그리스의 수학을 잘 보존하여 유럽에 전파한 중요한 일을 수행하였다.

3.2 알콰리즈미(al-Khowarizmi, 780-850)

대수학의 아버지라 불리는 이란 수학자 알콰리즈미는 아랄 바다의 남쪽 지방인 화르즈미에서 태어나, 인도와 그리스의 지식을 종합하고 융화시켜 독보적인 학문의 영역을 구축하였다. 그는 아라비아의 수학자로서 자세한 그의 이름은 무하마드 이븐 무사 알 콰리즈미이다. 그는 이란계의 학자인데, 당시의 왕 알 마문의 치세 시대에 활약하였다. 그는 이슬람 교도이면서 수학자이고 동시에 천문학자, 지리학자이기도 하였다. 특히 수학에서는 당시 최대의 학자였다. 그의 저서 〈인도 수학에 의한 계산법〉이라는 책명에서도 알 수 있듯이, 그는 인도식의 기수법을 아라비아 인과 유럽 인에게 전하는 매개체 구실을 하였다. 그의 이름 알콰리즈미가 라틴어로 변화하여 알고리즘이 되고, 그것이 아라비아 수학에 의한 계산법을 의미하는 보통 명사 암고리즘이 되었다. 그의 또 하나의 대수학 저서인 〈복원과 대비의 계산〉도 중요한 것으로 알려져 있는데, 총 6장으로 구성되어있으며 일차방정식과 이차방정식의 해석적 해법이 포함되어 있다. 또한 사인함수와 탄젠트함수가 포함된 천문표와 삼각법의 표를 만들었고, 지구의 경도와 위도를 측정하는 등 당시로서는 상상하기 어려운 학문의 진전을 이룩하였다. 한편, 대수학 책은 완전한 형태로 오늘날까지 전해지고 있으며 대수의 어원인 알 자부르(al-jabr), 알 무콰발라(al-muquabala)에서 al-jabr는 방정식의 음의 항을 다른 변으로 이항한다는 것이고, al-muquabala는 양변의 동류항을 정리하여 방정식을 간단히 하는 것을 뜻한다. 그는 또한 지금의 판별식에 해당되는 것을 활용하여 이차방정식의 해를 구했으며, 이차방정식의 해법을 기하학적 증명을 통해 계산을 해내는 등 중세 수학사에 커다란 영향을 주었다.

3.3 중세 유럽의 관념

유럽의 중세시대란 서로마제국이 멸망한 5세기에서부터 16세기 초의 초기 근대유럽까지의 약 천년동안을 말한다. 이 시대의 유럽은 이슬람 문화의 영향을 받았던 시대이고, 로마숫자 대신에 십진법으로 만들어진 인도-아라비아숫자를 사용하기 시작하였다. 또한 대수학의 발명으로 인하여 수학에의 큰 발전을 가져온 시대이다. 유크리트의 업적이 유럽에 알려지게 된 것은 6세기 초에 보에티우스(Boetius, 480-524경)가 저술한 기하학(Geometry)에서 유크리트 기하학의 정리의 일부를 증명 없이 기술한 내용을 통하여서이다. 그러나 그리스의 마지막 위대한 수학자인 파푸스(Pappus, 290-350경) 시대 이래로 기독교 사상이 지배했던 유럽에서는 수학에 별다른 진전이 없다가 12세기에 이르러 아랍어, 히브리어, 그리스어로 기술된 서적을 라틴어로 번역하면서 고대의 수학논문들이 서양에 알려지게 되었다. 그러나 유럽학자들의 관심은 신학과 형이상학에 있었기 때문에 수학에 대한 관심은 미미하였다.

3.3.1 오레스미(Nicole Oresme, 1323?-1382)

오레스미는 기하학적 그림과 직관을 효율적으로 이용하였으며 증명을 단순화하기 위하여 좌표계를 사용하여 그래프로 나타낸 것은 미적분학의 발달에 있어 한 걸음 전진한 것이었다. 또한 그는 그리스의 전통인 수는 이산적이고 기하학적 크기는 연속이란 관념을 따르면서 자연스럽게 연속적인 변화를 기하학적인 그림과 연관 지으면서, 순간변화율을 직선으로 나타낸 최초의 사람이었다. 균일하지 않게 변화하는 폭에 대한 오레스미의 연구는 결국 수이세스처럼 무한급수의 연구로 귀착되었으며 오레스미의 방법은 기하학적으로서, 운동을 그래프로 나타냈고 운동거리를 면적으로 나타내었다.

3.3.2 니콜라스(Nicholas of Cusa, 1401-1464), 비에트(Fransocis Viete, 1540-1603), 케플러(Johann Kepler, 1571-1630)

15세기에 니콜라스는 만일 원이 동일한 변심거리를 가지는 무한개의 변으로 이루어진 다각형으로 간주한다면 다각형에 적용한 방법으로 원의 넓이를 구할 수 있다고 생각하였다. 조금 후에는 비에트 역시 원을 무한히 많은 수의 변을 가진 다각형으로 언급하였으며, 이러한 관념은 16세기 내내 지속되었다. 케플러는 무한히 많은 무한소의 관념을 천문학에 적용하였다. 또한 포물선은 무한원점을 포함하여 두 개의 초점을 갖는 것이라고 주장하면서 천문학에서의 케플러의 두 가지 법칙을 무한히 작은 것을 이용하여 설명하였다. 또한 비에트는 수학의 기호화에 공헌한 사람이다. 우선 그는 미지수는 물론 기지수(旣知數), 즉 숫자 계수까지 문자 기호로 바꾸었다. 즉 미지수를 A, E, O, U, Y 등의 모음 대문자로 나타내고 기지수는 B, D, G 등의 자음 대문자로 나타내었다. 또한 그는 각기 다른 형태의 기호로 나타내고 있던 거듭제곱을 같은 형태의 기호로 바꾸었다. 비에트의 방법은 완전한 기호화가 이루어지지 않았으나 수식에 간단한 알파벳을 사용하고, 숫자 계수까지 문자화 한 점, 또한 같은 문자의 거듭제곱을 같은 기호를 사용하여 시각적으로 나타냈다는 점에서 대수학의 기호화에 크게 공헌하였다. 이러한 문자를 사용한 기호화는 변동성과 함수성의 개념을 대수적 사고로 전환하였기 때문에 아르키메데스의 난해한 기하학적 과정을 간단하게 수정할 수 있게 되었다.

3.3.3 3,4차 방정식의 근의 공식

이태리 수학자인 타르탈라(Nicholo Tartaglia, 1500-1557)와 카르단(Jerome Cardan, 1501-1576)의 3차방정식의 근의 공식과 페라리(Ludovico Ferrari, 1522-1565)의 4차방식의 근의 공식이 완성되면서 무리수, 음수, 복소수가 좀 더 자유스럽게 사용되었다. 그러나 그리스 수학학자와 마찬가지로 중세에서도 무리수와 허수는 수로 간주하지 않았고, 16세기 후에 정식으로 수로 채택되었다.

3.3.4 불가분량(indivisible)

16세기 이탈리아에서는 카발리에리(Bonaventura Cavalieri, 1598-1647)의 불가분량의 기하학(Geometria indivisibilibus)이 출간되었다. 카발리에리가 받은 수학적 영감을 알아보기 위해서, 그의 친구이며 스승인 갈릴레오(Galileo Galilei, 1564-1642)의 연구를 먼저 알아보기로 한다. 갈리레오의 초기 저서에는 물질의 형태, 원인과 성질에 대한 소요학파의 학설과 증가와 감소, 작용 반작용에 관한 스콜라 철학들의 문제를 다룬 점으로 보아 스콜라철학의 영향을 받은 것이 분명하다. 갈리레오는 그리스의 수학적 원자론을 받아들였고 불가분의 것을 사용하는데 있어 물리적 불가분의 량과 수학적 무한소량을 구별하지 못하였고, 무한과 불가분성을 본질적으로 이해할 수 없다고 하였다. 또한 그는 무한한 양을 서로 비교하거나 무한량과 유한량을 비교할 때 더 큰, 더 작은 또는 동일한 속성은 있을 수가 없다고 주장하였다. 이것은 무한을 플라톤과 마찬가지로 다수성 또는 집합으로 간주하여 정수의 무한집합은 자기 자신의 일부(현대적인 의미로 진부분집합)와 일대일 대응관계를 맺을 수 있는 것으로 간주한 것은 중요한 일이다. 불가분의 개념을 갈릴레오는 물리적 설명에 사용한 반면, 카발리에리는 기하학적 증명방법의 기초로 삼았다. 1626년에 카발리에리는 '연속체를 불가분의 것을 사용한 새로운 방법으로 설명한 기하학'과 '여섯 개의 기하학 연습'에서 불가분량을 발전시켰으나 무한소적 요소를 특징짓기 위해 사용한 불가분량을 명확하게 설명하지는 않았다. 카발리에리에게 무한은 불가지론이었다. 따라서 그의 논리에 무한은 보조 개념으로만 사용하였으며, 그 이유는 평명도형이나 입체도형의 불가분량 전체를 생각하기보다는 두 도형의 불가분량 사이의 대응에 관심이 있었기 때문이었고, 그의 접근방법의 특징을 보여주는 카발리에리 정리는 다음과 같다.

> 두 입체도형의 높이가 같고, 밑면에 평행하면서 밑면으로부터 같은 거리에 있는 평면으로 단면이 항상 일정한 비가 된다면, 두 입체도형의 체적은 같은 비를 갖는다.

〈카발리에리 정리〉

이러한 관념으로 그는 현대의 $\int_0^a x^n dx = \frac{a^{n+1}}{n+1}$과 대등한 결과를 얻었다. 또한 그는 곡면의 불가분량은 천을 이루고 있는 실로, 입체의 불가분량은 책을 이루고 있는 종이로 비유하였으나, 두께를 갖지 않는 양들의 집합이 면적이나 체적을 갖는 평면이나 입체를 형성할 수 있는지에 관해서는 설명하지 않았다.

3.3.5 파스칼(Blaise Pascal, 1623-1662)

파스칼은 1654년에 발표한 논문 'Potestatum numericarum summa'에서 x^n의 적분에 관한 정리를 발표하였는데, 그는 고전적인 기하학적인 명제에서 출발한 것이 아니라 파스칼 삼각형(산술삼각형)에 나타난 수들을 조사하여 다음과 같이 증명하였다.

$C_1^{n+1} d \sum^{(n)} + C_2^{n+1} d^2 \sum^{(n-1)} + \cdots + C_n^{n+1} d^n \sum^{(1)} = (a+Nd)^{n+1} - a^{n+1} - Nd^{n+1}$으로 나타낼 수 있다. 여기에서 a는 수열의 첫째항, d는 수열의 공차, N은 항의 수, n은 지수, C_i^{n+1}는 파스칼 삼각형에서 $i+1$번째 열과 $n-i+2$ 번째 행의 수, $\sum^{j}$ 는 수열의 j번째 멱의 합이다. 예를 들어 $y=x^n$ 아래의 면적을 구해보기로 한다. 그 면적을, 첫째항은 0이고 단위길이와 같은 공차를 갖는 등차수열에서 선택한 가로좌표의 n제곱이 되는 세로좌표의 합으로 간주한다. 점은 선의 길이에 영향을 주지 않고, 선은 곡면의 면적에 영향을 주지 않는다. 산술적으로 표현하면 제곱근들은 제곱의 비에 나타나지 않고, 제곱도 세제곱의 비에 나타나지 않는다. 다라서 위의 규칙은 , 가장 큰 가로좌표 b라 하고 낮은 계수의 항들을 0으로 무시하면 $(n+1)\sum^{n} = b^{n+1}$ 이 된다. 즉, $\int_0^b x^n dx = \frac{b^{n+1}}{n+1}$과 같은 의미가 된다.

3.3.6 페르마(Pierre de Fermat, 1601-1665)

수학의 아마추어의 왕자라 불리는 파스칼의 친구인 프랑스 수학자인 페르마는 그리스어와 라틴어에 해박하여서 아르키메데스, 아폴로니우스, 디오판토스의 저서를 포함한 고전적인 수학 저서를 연구하게 되었다. 그는 디오판토스의 대수학을 읽고, 소위 무한강하법이라는 방법으로 방정식 $x^3+y^3=z^3$의 해는 자명한 해(0, 1, -1만으로 이루어진 해)이외에는 없다는 사실을 증명한 후, $n \geq 3$인 모든 자연수에 대하여 "방정식 $x^n+y^n=z^n$

도 자명한 해 이외는 존재하지 않는다."라면서, 바쉐(Bachet)의 저서인 Diophantus의 여백에 "나는 이 문제의 놀라운 증명법을 알고 있지만 여백이 부족하여 적지 않는다."라는 글을 남기고 죽었는데 후세 사람들은 이 문제를 페르마의 마지막 정리라고 불렀다. 그 후 이 문제의 증명에 많은 수학자들이 매달리다가 350년이 흐른 후에 와일스(Wiles)가 1993년에 증명하였다. 또한 그는 비에트의 기하학적인 방법을 잘 알고 있었으며 1637년쯤에는 기하학을 데카르트와 함께 각 곡선에 곡선의 모든 성질이 포함되는 방정식[6]을 연관시켜서 해석기하학으로 발전시켰다. 그는 모든 선분에 어떤 수가 대응된다고 암묵적으로 가정하였기 때문에 선분에 대응되는 미지의 상수를 기호로 표현하였고, 무한소적 상수 또는 수는 기하학적 무한소와 대응시켰다. 이러한 수적 무한소는 파푸스의 '최소치와 특이한 비율(minima et singularis proportio)'의 내용에서 힌트를 얻어 '일반적으로 두 개의 해를 갖는 문제(이차방정식)에서 최대치 또는 최소치는 오직 한 개씩 존재한다.'는 사실을 1643년의 어떤 편지에 다음과 같이 자세하게 적어 보냈다.

힌트

길이 a 인 선분이 점 P에 의해서 x와 $x-a$ 두 부분으로 나뉘면, 두 변이 x와 $x-a$인 직사각형의 면적이 주어진 양 A가 되는 P의 위치는 일반적으로 두 개이다. 그러나 면적이 최대가 되는 위치는 선분의 중점 하나뿐이다.

이 방법으로부터 페르마는 다음과 같이 최대치와 최소치를 구하는 효과적인 방법을 체계화하였다.

a를 임의의 미지수라고 하자(문제의 식에 따라 1차, 2차 또는 3차식의 문제일 수 있다). a를 임의의 차원에서 최대값 또는 최소값을 가리키는 것이라고 하자. 원래 미지수 a를 $a+e$로 바꾸고 임의의 차수를 포함하는 a와 e라는 항으로 최대값 또는 최소값을 표현한다. 디오판투스(Diophantus)의 용어를 사용하여 최대값 또는 최소값을 나타내는 두 개의 식을 쓸 수 있으며 이 두 개의 식에서 공통항을 뽑아낸다. 두 개의 식이 모두 e 또는 e의 거듭제곱으로 된 항을 포함한다고 하자. e 또는 e의 가장 높은 차수로 나누면 적어도 하나의 식에서는 e가 완전히 사라지게 된다. 모든 식에서 e를 삭제하고 두 식을 등호를 이용하여 나타낸 다음 어느 한 쪽 변에 있는 모든 항을 이항하여 한 쪽 변이 0이 되도록 한다. 마지막 방정식에서 a의 값을 알 수 있고 처음 식을 다시 이용하면 최대값 또는 최소값을 찾을 수 있게 된다. 다음과 같은 예제를 살펴보자.

6) 페르마는 방정식을 곡선의 '특정 성질'이라고 불렀다.

선분 AC에 점 E를 잡아 $AE \times EC$의 값이 최대가 되도록 하여라.

$AC = b$라 하자. ; a를 선분 중의 하나라고 하면 다른 하나는 $b-a$가 되고 곱의 최대값을 찾으면 $ba-a^2$이 된다. $a+e$를 b의 첫 번째 선분이라고 하고 다른 하나를 $b-a-e$라고 하면 곱은 $ba-a^2+be-2ae-e^2$이 값은 앞에서 제시한 $ba-a^2$과 값이 같아야 한다. 공통항을 없애면 $be-2ae-e^2$. [모든 항을 e로 나누면 $b \sim 2a+e$] e를 없애면 $b=2e$ 따라서 문제의 답은 b의 중간 값을 잡으면 된다. 이러한 방법을 성공적으로 적용하여 1636년경에 페르마는 곡선의 접선을 구하게 되었다. 또한 확률론의 발단이 된 문제는 점수의 문제(problem of points)는, 어느 게임에서 기술이 비슷한 두 사람 사이에 우연히 게임이 중단되었을 때 이들 두 사람의 점수와 게임을 이기는 데 필요한 점수를 알고 있을 때, 상금의 분배를 결정하는 문제이다. 도박을 할 때, 건 돈을 어떻게 분배할 것인가의 문제는 일찍부터 수학자들의 관심을 끌었지만 도박사인 드 메레(Chevaliet de Mere)가 1654년에 그 문제를 파스칼에게 문의하기 전 까지는 실제적인 발전이 없었다. 파스칼은 그 문제에 흥미를 갖게 되었고 그것을 페르마에게 편지했다. 두 사람은 서로 다른 방법으로 그 문제를 해결하였다. 따라서 파스칼과 페르마는 서신왕래를 통하여 확률론의 기초를 확립하였다. 데자르그와 파스칼이 사영기하학이란 새로운 분야를 개척하고 있는 동안, 데카르트와 페르마는 근대 해석기하학의 개념을 정리하였다.

3.3.7 데카르트(Rene Descartes, 1596-1650)

프랑스의 철학자, 수학자인 데카르트는 평면에 있는 점과 실수의 순서쌍과 일대일 대응관계를 주어 평면 위의 각 곡선에 대해서 방정식 $f(x, y)=0$이 대응되고 역으로 각 방정식에 평면 위의 곡선 또는 점들의 집합이 대응되게 하였다. 이와 같이 데카르트 기하학 또는 해석 기하학은 좌표를 도입함으로써 대수학과 기하학을 결합시킨 것으로 그 본질은 기하학적인 고찰을 그에 대응하는 대수적인 고찰로 바꾸어 놓은 데 있다. 데카르트와 페르마는 해석기하학을 창시하여 17세기의 수학에 결정적인 공헌을 하였다. 데카르트는 대부분 자취로 시작하여 방정식을 발견한 반면, 페르마는 방정식으로 시작하여 자취를 연구하였다. 다시 말해 데카르트의 해석기하학은 '대수적 기하학'인데 반해, 페르마는 그리스 이래의 전통에 집착하여 원리적으로는 해석 기하학을 파악하면서도 그 일반화에는 실패한 '기하적 대수학'이라 할 수 있다. 유클리드 기하학이 삼각형을 기하학적 도형의 기본으로 삼은 정적인 기하학인데 반해 해석기하학은 선분을 기하학적 도형의 기본으로 삼은 동적인 기하학이다. 해석기하학은 변수 x에 대한 함수 y, 즉 y가 x의 변화에 따른 작용의 총체로 간주되며, 이 y의 변동 전체가 도형을 형성한다. 점을 움직임으로써 도형을 형성한다는 역동적인 사고는 정적인 원리에 충실하였던 그리스 수학에서는 불가능하였다. 또한 데카르트는 곡선의 접선을 구하는 문제에 누구보다 관심이 있었다. 그의 접선을 구하는 방법의 예를 들어 설명하기로 한다.

설명

포물선 $y^2 = ax$ 위의 점 (a, a)에서의 접선을 구하는 방법은 다음과 같다. 점 (a, a)를 지나고 중심이 x축에 있는 원의 방정식은 $x^2 + y^2 - 2hx + 2ah - 2a^2 = 0$ 이다. 단 h는 미지수이다. 이때 $y^2 = ax$를 대입하고 방정식이 중근을 갖게 하면 $h=\frac{3a}{2}$이 되고, 이것은 포물선의 법선이 지나는 x축 상의 점의 가로좌표이다. 구하는 접선은 (a, a)를 지나면서 이 법선과 직교하는 직선이다.

데카르트의 방법은 극한이나 무한소 개념과 관계없는 순전한 대수적 방법이다. 그런데 그는 기하학에서 중근의 중요성과 일치하는 점의 의미를 설명하지 않았고 곡선의 접선을 정의하려고 하지 않았다. 데카르트가 기하학에서 연속변수를 생각했더라면 그의 접선법을 극한으로 설명하는 시발점이 되었을 것이다.

순수수학의 창시자 중 한 사람이다. 기하학 · 미적분학 · 역학, 그리고 정수론 형성에 결정적 기여를 했을 뿐 아니라 관측천문학적인 문제를 푸는 방법을 개발했으며 과학기술 및 공공업무에 수학을 유용하게 적용할 수 있음을 보여주었다.

3.3.8 배로우(Isaac Barrow, 1630-1677)

기하학의 산술화를 영국의 철학자 홉스(Thomas Hobbes, 1588-1679)와 신학자 배로우가 강력하게 반대하고 나섰다. 홉스는 월리스가 사용한 산술화를 기호의 딱지라고 비판하였다. 그러나 수와 공간적 양 사이의 관계와 순간속도가 순전히 수 개념이라는 사실을 알지는 못하였다. 뉴턴의 스승인 배로는 유크리트의 견해로 회귀하고자 하면서 산술에서 무리수는 납득이 않되며 대수학의 대상으로 여겼다. 그는 산술은 기하학에 포함되지만 대수학은 수학보다는 논리학에 포함된다고 주장하였다. 배로는 연속체의 본질과 순간속도에 대한 문제를 다루었으나 극한개념이 아닌 원자론적 견해를 유지하였다. 배로우는 갈리레오, 토리첼리(Evangelista Torricelli, 1608-1647), 카발리에리, 로버발(Gilles Persone Roberval, 1602-16750), 파스칼과 같은 수학자들이 마련한 바탕과 페르마가 20년 전에 알았던 미분법에 에 관한 수많은 이론들을 발전시켰다. 배로우는 상당한 정도로 미적분법의 실질적인 발견자였다. 특히 그는 접선과 구적법 문제가 하나의 수학적 문제의 서로 역인 성질을 통합하는 아주 중요한 성질임을 분명히 인식한 첫 번째 사람으로서 고대인들의 기하학을 마무리한 것으로 간주하여도 좋을 것이다. 그러나 배로우는 많은 강연내용을 뉴턴과 콜린스에게 마지막 교정을 맡기고 신학 공부를 하기위하여 수학을 포기하였다.

3.4 미적분학의 주역들

3.4.1 뉴턴(Isaac Newton, 1642-1727)

뉴턴은 트리니티 대학에서 처음에는 화학에 관심을 가졌으나, 후에 배로우의 제자가 되어 스승의 업적을 계승하여 미적분학을 정립하였으며 이항정리를 발견하였다. 1669년에 작성하여 1711년에 출판된 "무한급수의 방정식에 의한 해석에 관하여(De anslysi per aequationes numero terminorum infinitas)"에서 처음으로 미적분학을 발표하였는데, 이 논문에서 뉴턴은 무한히 작은 사각형 또는 모멘트(moment) 개념을 채택하여 곡선의 구적법을 실행하였다. 뉴턴이 처음으로 현재와 같은 방법인 면적의 순간변화율의 부정적분으로 면적을 정의한 것이다. 다시 말하면 현재의 의미의 도함수를 구한 다음, 도함수를 이용하여 정적분을 구한 것이다. 즉 뉴턴의 방법은 직접적으로 그리고 거꾸로 적용한 것이기 때문에 미분적분학은 이 단계에 의해 도입되었다고 생각해도 좋다. 1676년에는 라이프니츠가 그와 비슷한 문제에 대해연구하고 있다는 사실을 알게 되어, "임의의 수의 양의 유량이 방정식으로 주어지면 유율을 구할 수 있고, 반대로 유율이 주어지면 유량을 구하기"라는 문장이 담긴 편지를 라이프니치에 전하였지만, 실제로 미적분학에 대한 설명은 1687년에 발표한 "자연철학의 수학적 원리(프린피키아)(Principia mathematica philosophiae naturalis)"에서 우연히 발견되었다. 프린키피아 초판에는 '라이프니츠도 나와 비슷한 방법을 알고 있었다'라고 하였으나 3판에서는 그 문구를 지워버렸다. 미적분학에 관한한 뉴턴이 10년 앞 선것은 사실이지만 라이프니츠의 발견은 뉴턴과는 무관한 것이었다. 뉴턴은 1676년에 작성하여 1704년에 발표한 "곡선의 구적법에 대하여(De quadratura curvarum)"에서는 xn의 유율을 구하여 x의 변화율은 1, x^n의 변화율은 $nx^{n-1}+n(\frac{n-1}{2})ox^{n-2}+\cdots$로 정한 다음, o가 0으로 접근하도록 -사라지도록- 하였다. 결과적으로 나오는 비인 1과 nx^{n-1}을 지금은 변화율의 극한이라고 하였다. 이 때 뉴턴이 궁극적인 비를 두 변화율의 몫이 아니라 한 개의 수로 생각했다면 미적분학의 완성은 백년을 앞당겼을 것이다.

3.4.2 라이프니츠(Gottfried Wilhelm Leibniz, 1646-1716)

라이프니츠는 라이프치히 대학에서 신학, 법학, 철학, 수학을 공부하였고 알트도르프 대학에서 법학박사학위를 받았다. 그 후 1672년 파리를 방문했을 때 호이겐스를 만났고 그로부터 수학에 대해 좀 더 깊은 연구를 하도록 권유를 받았다. 1673년에 런던을 방문했을 때는 라이프니츠는 여러 수학자를 만나서 무한급수에 대해 배우고 배로의 "Lectures" 사본을 구입하여 읽고, 콜린스를 통하여 뉴턴의 "De analys"에 대해서도 알았던 것 같다. 라이프니츠의 무한소 해석학 배경은 뉴턴의 배경과 크게 다르지 않았다. 그는 항상 강한 산술적 경향을 간직하고 있었다. 구적법 문제에 관한 첫 번째 연구결과인 산술적 사각주의(Arithmetical Tetrafonism)에서 그는 반지름이 1인 단위원의 면적이 무한급수 $1-\frac{1}{3}+\frac{1}{5}-\frac{1}{7}+\cdots$의 4배라는 것을 밝혔다. 즉 $\frac{\pi}{4}=1-\frac{1}{3}+\frac{1}{5}-\frac{1}{7}+\cdots$ 을 계산하였다. 1675년경에 라이프니츠는 모든 x의 "합" - 나중에는 베르누이(Bernoulli)형제의 제안을 받아들여-x의 "적분"을 $\int x$로, 나중에는 $\int x dx$로 표기하였다. 또한 x의 값들의 "차"에 대해서는 dx로 표기하였다. 프린키피아에서 뉴턴은 곱 AB의 모멘트를 찾는 것에서 미적분을 시작하였고, 라이프니츠는 곱 xy의 "차"를 구하는 것에서부터 미적분을 시작하였다. 이 사실을 모든 정수거듭제곱으로 확장하여 x^n의 차가 $nx^{n-1}dx$라는 사실과, 합하는 것은 차를 구하는 것의 역이므로 x^n의 적분이 $\frac{x^{n+1}}{n+1}$이라는 결과를 얻었다.

이와 같은 미분과 적분을 서로 역연산으로 얻게 된 사람은 오직 뉴턴과 라이프니츠뿐이었다. 따라서 미분하는 것이 일반적으로 기본적인 연산이고, 적분하는 것은 단순히 이것의 역으로 간주하였다. 그러나 미적분학이 완성되기까지는 백년이 더 지나야 되었다.

3.5 오일러(Leonhard Euler, 1707-1783)

스위스 수학자 오일러는 수학은 물론 신학, 의학, 천문학, 동양 언어까지 능통하였다. 그는 수학 분야의 많은 기호를 만들었다. 예를 들면 볼록다면체에서 성립하는 오일러 공식 $V+F-E=2$, x의 함수를 나타내는 $f(x)$, 합의 기호 Σ, 허수의 단위 $i=\sqrt{-1}$, 자연로그의 밑 e, 원주율 π 등이 있다. 그는 이를 이용하여 유명한 등식인 $e^{\pi i}+1=0$, 유명한 쾨니히스베르그의 7 개의 다리 문제를 해결하였다. 특히 오일러 함수 ϕ를 다음과 같이 정의하였다. 임의의 자연수 n에 대하여 $\phi(n)$을 $1, 2, \cdots, n-1$중에서 n과 서로 소인 수의 개수로 정의하여, 페르마의 작은 정리를 모든 자연수로 일반화하였다. 또한 여러 가지 무한급수의 합을 구하는 것으로도 유명하며, 특히 눈이 멀어가면서도 많은 수학의 내용을 발견하는 천재적인 수학자이다.

3.6 가우스(Carl Friedrich Gauss, 1777-1855)

수학의 황제라고 불렸던 독일의 위대한 수학자인 가우스는 10살 때에 유명한 덧셈문제 $1+2+\cdots+100=\frac{100(100+1)}{2}=5050$을 계산하여, 오늘날 등차수열의 가우스 공식

$1+2+\cdots+n=\dfrac{n(n+1)}{2}$이 있게 되었다. 15세에 Brunswick 대학에 입학한 다음 1795년에는 괴팅겐(Göttingen)대학에 입학하여 이미 통계학에서 많이 쓰이는 최소자승법을 발견하였지만, 1796년에 비로서 수학을 전공하기로 결심하였다. 그 해에 그는 유크리트 원론에 등장하는 정 17각형의 작도 문제, 모든 정수는 많아야 세 개의 삼각수의 합이다 등을 증명하였다. 1799년에 그의 "복소계수 n차 다항식은 꼭 n개의 복소근을 갖는다."라는 박사학위 논문은 현대에는 대수학의 기본정리라고 불린다. 또한 그는 가우스 정수, 타원적분, 복소함수의 주기함수이론 등을 정립하였다. 1801년에는 정수론(Disquisitiones arithmeticae)을 발간하였는데 그 책에는 처음으로 정수의 합동을 소개하였다.

3.6.1 가우스 정수

a, b가 정수이고 $i=\sqrt{-1}$일 때, $a+bi$인 복소수를 가우스 정수라고 한다. 가우스정수의 집합은 가로축이 실수축이고 세로축이 허수축인 직교좌표에서는 성분이 모두 정수인 모든 순서쌍의 집합이 된다.

3.6.2

n은 자연수, a,b는 정수일 때, a, b를 각각 n으로 나눌 때 나머지가 같다면 a, b는 n을 법(modulo)으로 합동(congruence)라고 하고 기호로는 $a \equiv b \bmod n$로 표기하였다. 이 사실은 $a-b$가 n의 배수인 것과 동치이다. 등식과 합동식의 성질은 두 식의 양변에 같은 수를 더하거나 빼거나 곱하면 여전히 두 식이 성립한다는 사실이 공통점이다. 다른 점은 같은 수로 나눌 경우인데, 등식은 0이 아닌 같은 수로 나눌 때에는 등식이 여전히 참이지만 합동식은 법과 서로 소인 수로 나눌 때에만 합동식이 참이 된다는 사실이다. 법의 개념은 후에 상(quotient)집합을 도입하게 되는 중요한 관념이다.

3.6.3

또한 그 책에는 정수계수 이차형식 $ax^2+bxy+cy^2$의 집합이 적당한 조건하에서 명칭은 사용하지 않았지만 현대적 의미의 가환군이 됨을 증명하였고, 그 증명과정에서 변환의 관념이 나타나고, 변환과정에서 현대적인 의미와 똑같은 행렬의 관념이 도입되어, 대수적 정수론의 효시가 됨과 동시에 집합의 구조, 집합의 변환을 시사하여 현대대수학을 정립하는데 초석이 되었다.

3.7 코시(Augustin-Louis Cauchy, 1784-1846)

가우스와 라이벌 관계였던 코시는 가르치는 데에 관심이 많았다고 한다. 코시의 주요

업적은 무한급수의 수렴에 관한 것이다.

3.7.1 무한급수의 수렴

수열 $\{a_n\}$이 주어졌을 때, 부분합 $S_n = a_1 + a_2 + \cdots + a_n$의 수열 $\{S_n\}$이 수렴하면 무한급수 $\sum_{n=1}^{\infty} a_n$는 수렴한다.

3.7.2 코시공준

무한급수 $\sum_{n=1}^{\infty} a_n$이 수렴할 필요충분조건은 임의의 p에 대하여, $\lim_{n \to \infty} |S_n - S_{n+p}| = 0$이다. 이 사실은 멀게는 오일러에 의해서, 또 볼짜노에 의해서 알려졌지만 코시가 완전하게 증명하였다. 또한 1831년에는 해석적(analytic)복소수함수의 성질을 pole이 있는 복소수함수까지로 확장하였다.

연습 문제

1. 인도인들이 선호한 수학의 측면을 말하시오.
2. 알콰리즈미의 업적을 논하시오.
3. 카발리에리의 불가분량을 설명하고, 그 것의 단점을 설명하시오.
4. 페르마의 마지막 정리를 설명하시오.
5. 데카르트가 수학에 남긴 업적을 논하시오.
6. 미적분학에서 뉴턴의 방법과 라이프니츠의 방법의 차이점을 논하시오.
7. 가우스의 업적 3가지를 논하시오.

04 현대수학의 정립

피타고라스학파가 발견한 것으로 알려진 무리수의 관념이 비밀에 부쳐진 후 무한량, 무한소량, 연속 등에 관한 논쟁이 계속되었고, 수학의 원자론이나 실진법, 불가분량 등의 미적분학에 관한 인식론적 장애가 명멸하는 중에 뉴턴과 라이프니츠가 미적분학의 뼈대를 세웠으나, 아직 미적분학은 완성되지 못하였다. 19세기 후반에 들어서 미적분학은 물리적, 기하학적 시각에서 벗어나기 시작하였으며 또한 무한과 연속성, 변환과 집합의 구조, 변환에 의한 구조의 불변성 등의 논의가 시작되었다.

4.1 무한개념의 발생

고대 그리스의 변증술의 발견자인 제논(Zenon ho Elea, BC 490～430)의 무한과정의 역설(paradox)을 아리스토텔레스는 "나는 여기서부터 걸어서 벽에 도달할 수 없다. 그러려면 나는 먼저 벽까지 거리의 반을 가야하고 또 그 남은 거리의 반을 가야하고 또 남은 거리의 반을 가야한다. 그런데 이 과정은 계속 이루어지고 끝나지 않는다."라고 해석하였다. 그러나 제논은 연속체를 따라갈 때 만나게 되는 무한과정의 이율배반에 이의를 제기한 것이다. 현대의 의미로는, $1+\frac{1}{2}+\frac{1}{4}+\frac{1}{8}+\cdots$와 같고, 최초의 무한과정의 아이디어이다. 또한 아낙사고라스(Anaxagoras)는 "작은 것 중에서 가장 작은 것은 없고, 큰 것 중에서 가장 큰 것은 없다"라고 하였는데, 이는 그 후의 유클리트(Euclid) 원론의 비례이론으로 이어진다. 제논의 역설이 표현하는 모순은 무리수를 발견한 피타고라스학파에게 이미 알려져 있었으며, 무한과정의 아이디어의 탄생을 촉진시키고 타당한 기초를 놓게 되었다. 무리수는 정사각형의 변과 대각선은 서로 공통된 척도가 없다(통약불가능)는 사실의 발견에서 출발하였다. 이러한 통약불가능성을 증명하는 과정에 무한개념이 존재하는데, 플라톤은 이 발견의 근본을 강조하면서 인간의 수준이 아닌 돼지의 수준에 어울리는 "자기 자신과 모든 그리스인들의 무지에 부끄러움을 느꼈다"고 하였다. 그 후, 기원전 450년경에 히포크라테스(Hippocrates)는 원의 초승달 모양의 활꼴의 면적이 반지름의 제곱과 같음을 증명하여서 원의 면적과 같은 정사각형을 찾는 문제를 제기하였다. 히포크라테스 자신은 이 문제를 해결하지 못하였지만, 같은 시대의 많은 수학자, 철학자와 특히 궤변론자(sophist)들은 원에 내접하는 정다각형의 면적을 이용하여 원의 구적을 시도하면서 무한의 역사는 시작되었다. 무한의 기호 ∞는 이 곡선을 따라서 끊임없이 여행하는 것을 의미한다.

4.2 칸토르(Cantor, 1845-1918)의 집합론

칸토르는 1872년(여러 가지 이유로 수학사에서 아주 중요한 해이다)에 발표한 무한집합의 기본성질에 관한 논문(Crelle's Journal)에서 "유한집합인 경우에는 두 집합 사이에 일대일 대응이 주어지면 원소의 개수(기수 : cardinal)가 같지만, 무한집합에서는 자기 자신의 진부분 집합과도 일대일 대응을 항상 만들 수 있다."라고 하였고 멱집합으로 무한집합의 위계를 정의하였다. 무한집합에서 유리수의 집합은 자연수의 집합과 일대일 대응을 정의할 수 있지만 실수의 집합은 자연수의 집합과 일대일 대응을 만들 수 없음을 귀류법으로 증명하였다. 칸토르의 아이디어를 다음과 같이 해석할 수 있다. 자연수의 집합은 무한집합이다. 왜냐하면 자연수의 집합을 $\mathbb{N}=\{1, 2, 3, \cdots\}$, 짝수의 집합을 $\mathbb{P}=\{2, 4, 6, \cdots\}$, 1을 빼낸 집합을 $\mathscr{M}=\{2, 3, 4, \cdots\}$이라고 하자. 그러면 두 집합 $\mathbb{P}$와 $\mathscr{M}$은 $\mathbb{N}$의 진부분 집합이다. 그런데 $\mathbb{P}=\{1\times2, 2\times2, 3\times2, \cdots\}$, $\mathscr{M}=\{1+1, 2+1, 3+1, \cdots\}$이므로 $\mathbb{N}$과 일대일 대응이 된다. 따라서 $\mathbb{N}$은 무한집합이다. 이 성질을 이용하여 무한소수 $0.999=1$임을 증명한다. $x=0.999\cdots$ 라고 하자. 그러면 $10x=9.999\cdots$ 이다. 그런데 x와 $10x$의 소수점 아래의 9들은 일대일 대응되기 때문에 $9x=9$, 즉 $x=1$이 된다. 이때 0.999⋯는 수열 0.9, 0.99, 0.999, ⋯의 극한으로서 역동무한이라 하고, 1을 실무한이라고 한다.

4.3 바이에르슈트라스(Karl Weierstrass, 1815-1897)

해석학을 기하학적 직관과 무관하게 체계적으로 산술을 기초로 만든 사람은 바이에르슈트라스이다.

4.3.1 바이에르슈트라스의 $\epsilon-\delta$ 방법:

코시가 설명에는 미심쩍은 문구인 "한없이 접근한다", "원하는 만큼 작게", "무한히 작은 증분들의 마지막 비들"과 같은 표현들에 관한 코시의 설명에는 어떤 미묘한 논리적 틈들이 있었다. 이들 중 하나는 무한수열에 대한 그의 연구를 기반으로 한 도함수와 적분이 세워진 무한 집합의 개념을 분명히 하지 못한 것이었다. 또 다른 빈틈은 극한의 정의에 절대적으로 중요하고, 따라서 미분적분학 개념들의 정의에 절대적으로 중요하고 무엇보다 기본적인 '수'에 대한 명확한 정의를 그가 생략한 데에 기인한다. 이 둘 중 첫 번째 것에 대한 수정은 볼차노가 시도하였지만, 훨씬 후에 주로 그레고리 칸토르가 노력하기 전까지, 그 이론은 더 이상 개발되지 않았다. 두 번째 것에서의 어려움은 근본적으로 무리수의 정의에 있는 고약한 순환성이었으며, 또한 코시는 '연속함수열의 극한은 연속함수임'이라고 주장하였다. 그러나 이것에 대한 반례가 등장하였다. 예를 들면 $\{f_n(x)=\dfrac{x^2}{(1+x^2)^n}\}$은 연속함수열이다. 그러나 이 수열의 극한은 $\begin{cases}0, & x=0,\\ 1+x^2, x\neq0, & \end{cases}$이 되므로 연속함수가 아니다. 이 점을 수정보완하기 위해서 바이에르슈트라스는 평등수렴의 개념을 도입하였고 평등수렴을 이용한 증명과정에서 $\epsilon-\delta$ 방법을 도입하게 된다. 또한 그는 연속 실변수함수이면서 모든 점에서 미분 불가능한 함수 $f(x)=\sum_{n=0}^{\infty}b^n\cos(a^n\pi x)$, a는 홀수, $b<1$, $ab>1+\dfrac{3\pi}{2}$, 를 발표하면서 직관이란 믿을만하지 못하다는 것을 분명하게 하였으며 해석학의 기초를 가능한 한 엄밀하고 정확하게 정리하려고 노력하였고, 미적분학과 함수에 관한 이론을 기하학과 완전히 분리하여 오로지 수 개념위에서 정립하기를 원하였다.

4.4 미적분학의 완성

1799년에 가우스는 대수학의 기본정리를 기하학적인 방법을 이용하여 증명하였다. 그러나 볼차노(Bernhard Bolzano, 1781-1848)는 산술, 대수학, 해석학만을 이용하여 증명하기를 원하였고 공간적 직관에 의한 증명을 피하기를 원하였다.

4.4.1 볼차노

볼차노는 연속에 대한 엄밀한 정의의 필요성을 통감하여 다음과 같이 연속함수를 정의하였다.

함수 $f(x)$가 어떤 구간의 임의의 값 x에 대하여 차 $f(x+\Delta x)-f(x)$가 양수이든지 음수이든지, Δx가 충분히 작을 때 주어진 양보다 작게 되면 그 구간에서 연속이다.

또한 그는 미적분학은 유한 차들의 비의 극한으로 설명된다는 것을 다음과 같이 분명하게 인식하였다. 임의의 값 x에 대한 함수 $F(x)$의 도함수는 Δx가 양수이든지 음수이든지 0으로 접근할 때 비 $\dfrac{F(x+\Delta x)-F(x)}{\Delta x}$ 가 한없이 가깝게 가는 양 또는 우리가 원하는 만큼 가깝게 접근는 양을 도함수 $F'(x)$로 정의하였다. 나아가서 그는 다음과 같이 극한개념을 설명하였다.

정의

함수는 한 점에서 $\frac{0}{0}$이 되면 아무런 값을 결정할 수 없지만 이 점으로 접근할 때에는 극한값을 가질 수 있고 이러한 의미의 $\frac{0}{0}$를 극한값으로 채택하면, 함수가 그 점에서 연속이 되게 할 수 있다.

이때까지도 미적분학은 운동과 양의 증가와 밀접한 관계가 있다고 믿었기 때문에 함수의 연속성이 도함수의 존재성을 보장한다고 믿었었다. 그러나 1834년에 볼차노가 다음과 같이 미분 불가능한 연속함수의 예를 제시하였다.

① 다음과 같은 과정을 '기본조작'이라고 정의한다 : 수평선에 기울어진 선분 PQ 긋고, 그 선분의 중점을 M이라 하자. 선분 PM과 MQ를 각각 사등분하고, 분할점을 각각 P_1, P_2, P_3와 Q_1, Q_2, Q_3라고 한 다음 꺾은 선 $PP_3'MQ_3'Q$를 긋는다.

② 꺽은 선을 구성하는 4개의 선분 각각에 다시 기본조작을 행하여 4^2개의 선분으로 이루어진 꺽은 선을 얻는다.

③ 이 과정을 무한히 반복하면 꺽은 선 도형은 모든 곳에서 미분 불가능한 연속인 함수에 수렴할 것이다.

실제로 30년 후에 모든 점에서 미분 불가능한 연속함수가 바이에르슈트라스에 의해서 등장하게 된다. 또한 볼차노는 연속체는 궁극적으로 점으로 이루어졌다고 생각하였으며, 무한히 큰 크기와 무한히 작은 크기를 부정하였지만, 집합과 관련한 실 무한의 존재성을 주장하였으며 이 경우에는 갈릴레오의 역설이었던 '부분이 전체와 일대일 대응이 될 수 있다'고 생각하였다. 코시는 볼차노와 마찬가지로 극한은 기하학적인 대상이 아니라 산술적인 대상으로 인식하였다. 즉, 원을 다각형의 극한으로 정의하는 것은 원과 다각형의 서로 다른 차이점을 무시하는 것이기 때문에, 이와 같이 극한개념을 기하학에 의존하는 것은 부적절한 것이다. 그의 극한에 대한 정의는 기하학이나 역학에 관한 직관이 아닌 수, 변수, 함수에 기초를 두었다. 그 예로는 코시는 무리수를 유리수의 극한으로 정의하였다. 그는 아리스토텔레스의 잠재무한만을 인정하였으나 극한, 무한소, 무한에 개념을 확립하였기 때문에 미적분학의 중심개념인 도함수의 개념에 대하여 다음과 같이 볼차노의 생각을 정확하게 체계화하였다. 함수 $y=f(x)$의 변수 x와 그의 증분 $\Delta x = i$에 대해서, 비 $\dfrac{\Delta y}{\Delta x} = \dfrac{f(x+i)-f(x)}{i}$에서 i가 0에 접근할 때 이 비의 극한이 존재한다면 이것을 $f'(x)$로 표기하고 'x에 관한 y의 도함수'라고 불렀다. 라이프니츠는 미분몫을 도함수의 기본개념으로 삼았으나 코시는 이 관념을 뒤집고 도함수를 극한으로 정의한 후에, 미분을 도함수를 이용하여 정의하였다. 또한 그는 고계미분을 다음과 같이 정의하였다. 미분 $dy = f'(x)dx$는 물론 x와 dx의 함수이다. dx를 고정시키면 함수 $f'(x)dx$는 도함수로 $f''(x)dx$을, 미분으로 $d^2y = f''(x)dx^2$를 가질 것이다. 일반적으로 $d^ny = f^{(n)}(x)dx^n$이다. 코시는 n계도함수 d^ny는 dx^n을 곱해서 얻는 계수이므로 이 도함수를 미분계수라고 부른다고 하였으며 미분을 도함수보다 연산을 용이하게 하는 보조 개념으로 생각하였다.

4.4.2 푸리에(J.B.J. Fourier, 1768-1830)와 르베끄(Henri Lebesgue, 1875-1941)

푸리에는 다루기 힘든 불연속 곡선이 삼각함수로 이루어진 무한급수에 의해 해석적으로 표현이 가능하게 되어 함수개념에 대한 사고 폭이 넓어지게 되었으며 함수가 변수간의 관계라고 이해하게 되었다. 그런 이유로 곡선의 연속성은 곡선이 하나의 연속함수의 방정식이 아니라는 사실을 깨닫게 되어 연속에 대한 새로운 정의가 필요하게 되었다. 코시는 주어진 구간에서 변수 x의 무한히 작은 증분 i가 항상 $f(x+i)-f(x)$의 무한히 작은 증분을 만들어 낼 때 함수 $f(x)$는 그 구간에서 연속이라고 정의하였다. 여기에서 무한히 작다는 표현은 극한으로 이해되어야한다. 즉, 주어진 구간의 임의의 값 a에 대하여 x가 a에 접근할 때 함수 $f(x)$의 극한이 $f(a)$이면 $f(x)$는 이 구간에서 연속이 되는 것이다. 이와 같이 코시는 연속의 개념을 직관적이거나 아리스토텔레스가 생각했던 부분을 혼합하여 결합시키는 것이 아니라 순수한 수학적 개념으로 만들었으며, 후에 점집합론에서 구축한 연속체의 정의를 이끌어내게 하였다. 특히 불연속 곡선에서도 면적을 가질 수 있기 때문에 코시에 의하여 정적분의 개념은 합의극한으로 정립되었고 도함수와 적분개념에 대한 두 개의 독립적인 정의가 필요하게 되었다. 즉, x_0에서 X까지의 구간에서 연속인 함수 $y=f(x)$에 대하여 곱의 합

$$S_n=(x_1-x_0)f(x_0)+(x_2-x_1)f(x_1)+\cdots+(X-x_{n-1})f(x_{n-1})$$

을 정의하고, 차 $x_{i+1}-x_i$의 절대값이 한 없이 감소하면 S_n의 값은 함수 $f(x)$와 구간 $[x_0, X]$에만 종속적인 어떤 극한값 S에 마침내 이를 것이고 이 극한을 정적분이라고 불렀다. 또한 그는 미분법과 적분법은 서로 독립적이지만 이와 같은 의미에서의 적분은 미분하는 과정의 역이라는 사실을 밝혔으며, 특히 함수 $f(x)$가 연속인 경우에는 정적분 $F(x)=\int_{x_0}^{x} f(x)dx$의 도함수가 $f(x)$임을 증명함으로서 미분적분학의 기본정리를 처음으로 엄밀하게 증명하게 되었다. 코시의 정적분의 정의를 약간 수정하면 주어진 구간내에서 불연속점을 갖는 함수로의 확장이 가능해진다. 즉, x_0에서 X까지의 구간에서 $y=f(x)$가 점X_0에서 불연속이라 하자. 그러면 x_0에서 X까지의 정적분은 $\int_{x_0}^{x_0-\epsilon} f(x)dx+\int_{x_0+\epsilon}^{X} f(x)dx$의 극한으로, 만일 그 것이 존재하면, 정의된다. 불연속함수는 수학과 과학에서 중요한 역할을 하게 되었으며, 불연속함수의 일반적인 정적분을 정의하기 위하여 르베끄 적분이 개발되었다. 그는 무리수는 유리수로 이루어진 수열의 극한이라고 생각하였고, 극한은 어떤 수와 수열의 항 사이의 차가 궁극적으로 임의로 주어진 수보다 작게 만들 수 있는 수열의 항들이 접근하는 수로 정의하였기 때문에, 무리수의 존재는 이러한 극한의 정의에서는 이전에 정의된 양에 의하여 정의된다. 예를 들면 수 $\sqrt{2}$는 수열 1, 1.4, 1.41, 1.414, … 의 극한으로 정의될 수 없는 이유는, 이 수열이 극한을 갖는다는 사실을 증명하기 위해서는 극한과 수열의 정의에 의하여 이 수열의 존재가 이전에 증명되었거나 정의된 것으로 가정해야하기 때문이다. 코시는 이와 관련된 추론의 악 순환성을 알지 못하였고, 무리수에 대한 직관이 함수의 연속성은 함수의 기하학적 표현과 도함수의 존재성을 보장한다고 믿었었다. 코시는 극한개념에 기초하여 현재의 형태로 미적분학의 개념을 정의였지만 '한없이 접근한다', '원하는 만큼 작게', '무한히 작은 증분들의 마지막 비'를 완전

하게 설명하지 못하였다. 즉, 무한수열, 도함수, 적분을 정의하는데 기초가 되는 무한집합의 개념을 분명하게 설명하지 못하였으며 극한과 미적분학의 개념을 정의하는데 절대적으로 중요한 '수'에 관한 설명을 생략하고 있었다.

4.4.3 데데킨트(Richard Dedekind, 1831-1916)

데데킨트는 코시의 정의에서 나타나는 고약한 순환성을 피하기 위해서는, 변하는 크기가 어떤 극한값에 접근한다는 개념을 논의할 때 무리수에 관한 엄밀한 이론이 체계화되어야하며 이는 산술에 의해서 정립될 수 있다고 생각하였다. 따라서 그는 연속성의 본질을 재정리해야 될 필요성을 느꼈다. 그는 직선의 연속성의 본질이 모호하게 같이 붙어있는 것이 아니고, 직선을 어느 한 점에서 분할한 것의 성질에서 밝혀짐을 알았다. 즉, 한 모임의 모든 점이 다른 모임의 모든 점의 왼쪽에 있는 두 모임으로 직선의 점을 분할했을 때 이 분할을 만드는 유일한 점이 존재한다는 사실을 알았다. 산술적인 예를 들면, A는 제곱이 2보다 작은 모든 수의 집합이고 B는 제곱이 2보다 큰 모든 수의 집합이라고 할 때 두 집합 A와 B는 유리수의 집합을 둘로 나누게 되고, 이 분할을 만드는 하나의 실수 즉 $\sqrt{2}$가 존재하게 된다. 데데킨트는 이것을 절단이라 부르고 이 절단은 수 $\sqrt{2}$를 정의한다고 하였다. 마찬가지로 모든 실수는 유리수체계안에서 이와 같은 절단으로 정의된다. 이 공준은 직선이 이와 똑같은 성질을 갖는다는 의미에서, 실수의 영역이 연속이 되도록 하는 것이다. 이 절단을 이용하여 극한에 관한 기본정리들이 엄밀하게 그리고 기하학에 의지하지 않고 증명될 수 있었다. 미적분학의 개념들은 기하학적 양에서 분리되어 수 개념의 응용에서 구해졌으며, 이 모든 것은 순서라는 것에 기초하게 되었다. 예를 들면 수 2의 본질적인 특성은 크기가 아니라 실수들의 순서집합에서 그 것의 위치이다. 즉 미적분학은 양적개념이 아닌 순서 개념이 되었다. 1872년에 일어난 미적분학의 산술화는 기하학적인 그림이나 직관이 아니라 다음의 세 가지를 만족하는 순서집합으로 연속변수를 체계적으로 정의하였다.

정리

① 값 또는 원소는 순서집합을 이루어야한다.
② 임의의 두 값 또는 원소 사이에는 항상 다른 원소가 존재한다(조밀성).
③ 원소들의 두 부분으로 나누면 이 절단을 만드는 수 또는 원소가 항상 있어야 한다(완전성).

제논의 네 가지 역설인 이분법과 아킬레스 문제는 실수의 완전성에 의해서, 주로 문제는 실수의 조밀성으로 의해서, 화살문제는 순간속도와 도함수의 정의에 의해서 해명되게 되었다. 산술의 기초론에 관한 바이에르슈트라스의 연구의 영향으로 데데킨트와 칸토르는 무한집합 이론의 근거를 완성하려고 노력하였다. 데데킨트는 '수 체계 S가 그 자신의 진부분집합과 일대일 대응이 될 때 S를 무한집합, 반대인 경우를 유한집합'으로 정의하였고, 이라한 정으로부터 무한집합은 논리적으로 자기모순이 없는 실재물로 존재하며 실수의 정의가 완성되었다. 칸토르는 무한집합의 정의자체에 만족하지 않고 데모크리토스 시대부터 데데킨트 시대까지의 무한에 대한 역사를 연구하여 집합론을 구축하였다. 칸토르는 실무한을 인정하였으며, 양의 정수들의 실무한 집합을 나타내기 위하여 새로운 기호 ω를 사용하여, ∞는 일반적으로 크기를 나타내고 ω는 집합을 나타내는 것으로 사용되기 시작하였다. 또한 그는 ω보다 상위의 무한의 개념인 초한수 C가 존재함을 보였으며 실수의 집합과 자연수의 집합이 일대일 대응이 되지 않는다는 사실을 증명하였다. C보다 상위의 다른 수가 있는 사실이 발견되었지만 ω와 C사이의 초한수의 존재성은 아직도 밝혀지지 않고 있다. 이제 연속변수와 미적분학의 정의는 오로지 무한집합C만을 필요로 한다. 극한개념에서 무한에 대한 비판은 칸토르의 연구결과로 답해지며, 미적분학의 출발점은 피타고라스 이래의 통약불가능한 수의 발견과 수와 무한에 대한 명확한 정의가 필요한 것을 인정하면서 부터이고, 목표점은 3인조 바이에르슈트라스, 데데킨트, 칸토르의 업적이라고 인정된다. 해석학에는 정수 또는 이들의 유한 과 무한체계만이 필요하다는 사실이 증명된 셈이다. 모든 것이 수이다 하는 피타고라스의 격언이 의미심장하다.

연습 문제

1. 자연수의 집합이 무한집합임을 칸토르의 주장을 이용하여 증명하시오.
2. 연속함수열의 극한이 연속함서가 아닌 예를 들어 설명하시오.
3. 현대 미적분학을 완성시킨 수학자 3인은 누구인가?

4.5 변환(transformation)

유크리트 원론은 공리와 공준으로 수학내용을 전개했다는 점에서 최초의 수학서이다. 그러나 변환과 구조의 관념이 없었다. 이 절에서는 변환과 구조의 관념이 발전되고 정립된 과정을 살펴보기로 한다.

4.5.1 함수

변환의 전형은 함수이다. 이 절에서는 우선 함수의 역사발생을 논하기로 한다. 고대 그리스시대에는 모든 계산이 선분끼리의 비례 관계, 선분이나 호로 이루어진 평면도형과 입체도형의 비례관계에 한정되었다. 따라서 두 수의 곱으로서의 면적이나 세 수의 곱으로서의 체적 등과 같은 종속관계가 나타나지 않았다. 하지만 그 옛날부터, 심리적으로는 "나의 어머니"와 같은 소유관계와 비례관계를 인간이 의식한 것이 함수개념의 출발이 된다. 함수는 변화 가능성과 임의성을 가지고, 비례관계에 존재하는 원인(독립변수)과 결과(종속변수) 사이의 종속관계가 함수의 본질이다. 또한 천체운동에서 파동방정식이 유래되었고 천체운동을 함수로 간주한 것이 자연스럽게 함수와 연속개념을 심리적으로 구성하게 되었다. 함수개념이 수학사에 명료하게 등장한 것은 미분적분학의 완성단계에 기여하면서부터이다.

아리스토텔레스가 변화의 변화는 존재하지 않는다고 하였듯이, 변화율로서의 속도라는 생각에는 미치지 못하였고, 고대 그리스인들은 속도의 변화율로서의 가속도를 생각한다는 것은 불합리한 것으로 여겨왔다. 이것은 변화의 상태를 나타내는 것으로서의 속도의 개념이 확립되지 못하였고 정지된 상태에서 법칙을 구하고자 한 것과도 관련이 있는 것이다.

함수관계에 관한 주된 연구는 16세기경으로, 이 시기에 운동에 관한 연구가 자연과학의 중심적인 과제가 되어 여러 가지 변화의 과정과 변량 사이의 함수관계에 관한 연구가 활발하였다. 수학에 있어서 변화하는 양과 이들 양 사이의 종속 관계에 관한 일반적인 여러 가지 성질을 반영한 것으로서 변수나 함수라는 개념이 생겨났다.

함수를 연구 대상으로 하는 해석학의 발생과 발전은 17세기에 시작된 변량에 관한 수학에서 엿볼 수 있다. 이 시기에 라이프니츠는 함수(function)라는 용어를 처음으로 사용하기 시작하였다. 함수의 용어를 명확하게 정의하지는 않았으나, 0과 1과 같은 상수에 대해서 변량(또는 변수) x를 생각하여 x와 함께 변동하는 변량인 x^2, $\log x$, $\sin x$ 등과 같은 것을 x의 함수라고 부르고, 함수를 일반적으로 나타내는 기호로서 $f(x)$, $\varphi(x)$ 등을 사용하였다.

오일러는 함수를 '변수와 상수로 이루어지는 해석적인 식'(1748년)이라 하였고, 코시는 "많은 변수 사이에 어떤 관계가 있고, 그 중의 한 값과 함께 다른 것의 값이 정하여질 때에는 보통 그 하나의 변수를 써서 다른 것을 나타낸 것으로 생각하고 이 때, 그 하나의 변수를 독립변수, 다른 것을 그의 함수라 한다."(1823년)라고 정의하였다. 그러나 코시 자신은 오일러와 같은 입장에서 함수를 다루는 경우가 많았다. 또한 디리클레는 임의의 함수의 푸리에급수에 의한 표현에 관한 논문(1837년)에서 $x \in [a, b]$의 함수 y를 생각하여

"y가 전 구간에 있어서 동일한 법칙에 따라서 x와 관계가 있을 필요가 없고, 그 관계가 수학적인 산법으로 표시될 필요도 없다."라고 말하여, 함수는 결국 대응에 지나지 않는다는 것을 명백히 하였다. 오늘날에는 Drichlet의 정의를 더욱 일반화시켜서, 수학의 일반론에 있어서는 함수와 사상(mapping)을 완전히 같은 의미로 쓰는 경우가 많다. 이 경우 함수라는 것은 일의대응과 같은 것이다. 그러나 더욱 넓은 의미로는 일대일대응인 것을 일가함수(one-valued function), 일대일대응이 아닌 일반의 대응인 것을 다가함수(many-valued function)라고 할 경우도 있다. 해석적인 분야에서는 값이 실수 또는 복소수인 경우가 많으며, 이들을 좀 더 자세하게 실수치함수(real-valued function) 또는 복소수치함수(complex-valued function)라고 부른다. 특히 정의구역이 실수 또는 복소수의 집합인 경우에는 그들은 각각 실함수(real function) 또는 복소함수(complex function)라고 부를 경우도 있다. 칸토르의 집합론 이후에 함수는 두 집합 사이의 대응으로 정의되어 오늘날에 이른다. 함수란 원래는 두 변화 가능한 양 사이의 관계이었다. 그러나 종속변수와 독립변수를 바꾸거나, 독립변수 끼리를 바꾸게 되면서부터 함수의 합성(치환)과 (소거를 가능하게 하는) 역함수와 같은 함수의 조작이 새로이 나타났고, 이 사실이 변화 가능한 대상으로서의 함수가 완성되었다. 함수적 사고란 종속적인 관계 또는 종속적인 역동성 즉, 원인과 결과의 상호작용을 아는 능력을 뜻한다.

연습 문제

1. 함수관념의 역사발생을 논하시오.

4.5.2 변환

클라인은 군 개념의 통합 가능성을 인식하고, 군 개념의 개발, 적용, 보급에 그 후 여생을 바쳤다. 클라인은 에르랑겐의 목록에서 '기하학이란 한 점집합 S와 그 위에 작용하는 변환군 G의 복합개념 $\{S, G\}$이고, S의 부분집합의 성질로서 G에 의하여 불변인 것을 연구하는 것이다'라고 주장하였다. 따라서 기하학은 한 변환군에 종속되고, 한 변환군이 있으면 그 변환군에 대응하는 하나의 기하학이 결정된다는 것이다. 변환군이 다르면 이것으로 결정되는 기하학도 달라지므로 변환군에 의하여 기하학의 내부적 분류가 이루어진다. 그러므로 도형의 변환에 있어서는 변환에는 어떤 것들이 있는가, 그 변환에서 불변인 성질이 무엇인가를 알아보는 일과, 변환 전체가 이루는 군에 대하여 알아보는 일들이 중요하다.

집합 M이 있을 때 M에서 M위로의 1대 1대응을 **M에서 M 위로의 변환**(transformation) 또는 **M의 변환**이라고 한다.

① 합동변환

도형 및 도형이 놓이는 공간을 점의 집합이라고 생각할 때, 공간에 있어서의 도형의 이동은 그 공간의 점의 대응에 의해서 결정된다. 지금 공간 E 안에서의 도형 M을 그 위의 점(원소)의 대응에 의하여 E의 다른 도형 M로 옮기는 것(또는 규칙)을 **도형의 변환**이라 한다. 유클리드 공간[7]에서 강체(rigid body)를 밀거나 돌리거나 뒤집어도 그의 모양과 크기가 변하지 않는다. 이 사실을 일반화하여서 합동변환을 정의하고자 한다. 유클리드 공간의 점 P를 점 P'에 대응시키는 변환 $P'=\phi(P)$에 의하여 대응점 사이의 거리가 불변일 때, 즉 P, Q 사이의 거리를 $d(P, Q)$로 나타내면

$$P'=\phi(P),\ Q'=\phi(Q)\text{일 때 } d(P, Q)=d(P', Q') \text{ (등거리성, isometry)}$$

인 변환을 **합동변환**이라 한다.

기하학적으로는 모든 선분이 자신과 합동인 선분으로 옮겨지는 변환이 합동변환이다. 합동변환에서는 선분의 길이뿐만 아니라 연속성, 각의 크기 등도 불변이다. 따라서 합동변환에서는 도형의 크기와 모양이 불변이고 그 위치만 변한다. 유클리드 기하에서는 이 사실을 운동의 공리로 가정한다. 합동변환에는 평행이동, 회전이동, 대칭이동 등이 있다.

(1) 평행이동

도형을 일정한 방향으로 일정한 거리만큼 밀어 옮기는 것을 **평행이동**이라 한다.

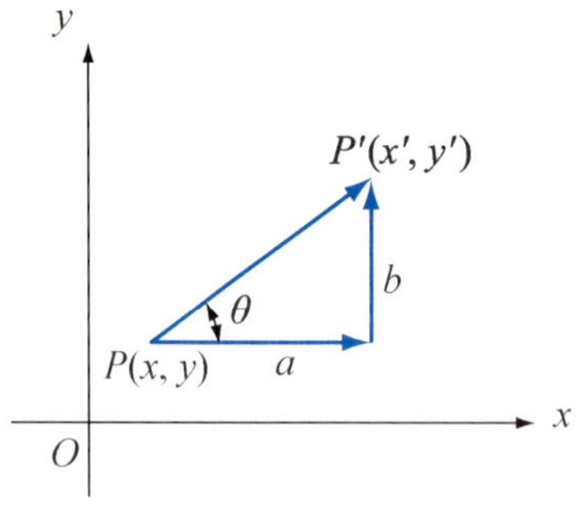

7) 유클리드 공리를 만족하는 공간을 의미한다.

(2) 회전이동

도형을 한 정점의 둘레로 일정한 각만큼 돌려 옮기는 것을 회전이동이라 한다. 점 $P(x,\ y)$를 원점 O를 중심으로 해서 θ만큼 회전시켜서 $P'(x',\ y')$로 옮겼다면

$$\begin{cases} x' = x\cos\theta - y\sin\theta \\ y' = x\sin\theta + y\cos\theta \end{cases}$$

인 관계가 있다.

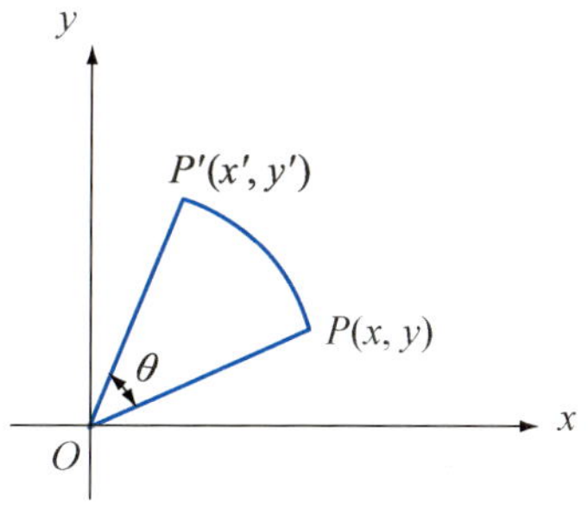

(3) 대칭이동

도형 F 위의 점 $P(x,\ y)$를 점 $P'(x',\ y')$에 옮겨서 선분 $\overline{PP'}$가 정직선 l에 의하여 수직 이등분되게 할 때 P'의 집합인 도형 F'를 F와 l에 관한 선대칭도형이라 하고, 이 이동을 대칭이동이라 한다. 또 이 직선 l을 대칭축이라고 한다. 특히 대칭축이 x축(또는 y축)인 경우는

$$\begin{cases} x' = x \\ y' = -y \end{cases} \quad \text{또는} \quad \begin{cases} x' = -x \\ y' = y \end{cases}$$

인 관계가 있다.

일반적으로 대칭축이 좌표축과 평행인 경우에는

$$\begin{cases} x' = xcos\theta + ysin\theta + a \\ y' = xsin\theta - ycos\theta + b \end{cases}$$

인 관계가 있다. 식 ③은 대칭축이 x축(또는 y축)이면 $a=b=c$이고, $\theta=0$(또는 π)인 경우이다.

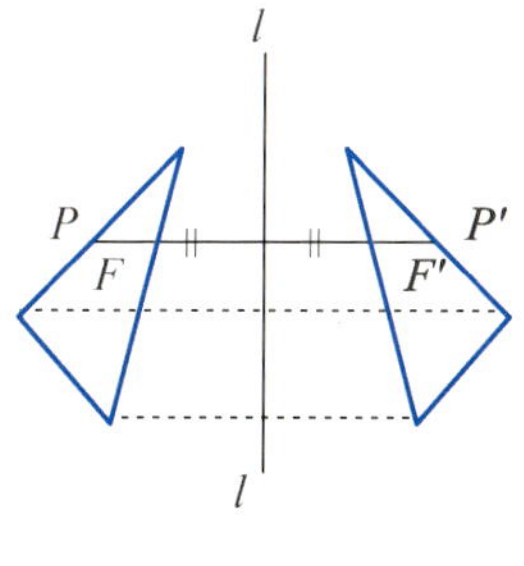

(4) 합동변환의 성질

- 도형의 크기와 모양이 보존된다.
- 부동점

어떤 변환에서 상이 자기 자신과 일치하는 점을 **부동점**(fixed point)이라 한다. 합동변환에서 평행이동의 경우 부동점은 없고 회전이동에서는 회전의 중심이 부동점이다. 그리고 대칭이동에서의 부동점은 대칭축 위의 점들이다.

(5) 합동변환군

도형 F를 선분 $\overline{AB}$의 방향으로 $\overline{AB}$만큼 옮기는 평행이동 ϕ는 일의적으로 결정된다. 그리고 2개의 평행이동을 계속하면 그 결과는 한 개의 평행이동이 된다. 지금 도형 F를 평행이동 ϕ_1에 의하여 F'에 옮기고, F'를 다시 ϕ_1과 다른 평행이동 ϕ_2에 의하여 F''에 옮긴다고 하면 $F \rightarrow F''$도 하나의 평행이동 ϕ가 된다. 이것을 ϕ_1, ϕ_2의 결합이라 하고

$$\phi_1 \cdot \phi_2 = \phi$$

라 쓰기도 한다. 평행이동의 결합은 역시 평행이동이다.

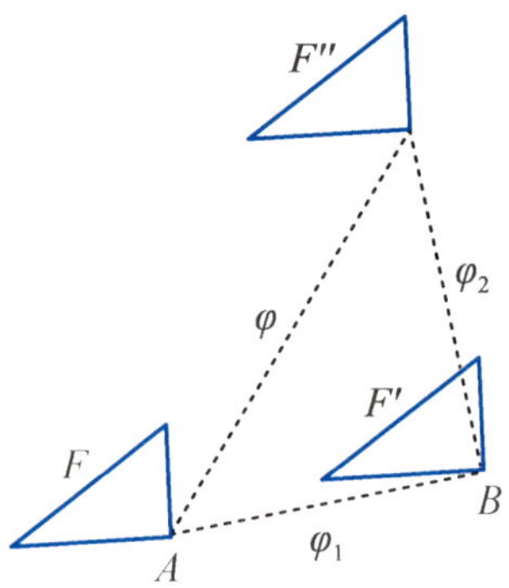

또, 도형을 전혀 옮기지 않는 경우도 평행이동의 특수한 경우로 보고 이것을 I로 나타낸다면 어떤 평행이동에 대해서도 $\phi \cdot I = I \cdot \phi - \phi$이다. 그리고 도형 F를 F'로 옮기는 이동 ϕ에 대해서 F'를 F로 옮기는 역이동 ϕ^{-1}가 존재한다. 즉 $\phi \cdot \phi^{-1} = \phi^{-1} \cdot \phi = I$이다. 또 3개의 이동 ϕ_1, ϕ_2, ϕ_3에 대해서 $\phi_1 \cdot (\phi_2 \cdot \phi_3) = (\phi_1 \cdot \phi_2) \cdot \phi_3$가 성립한다. 따라서 평행이동 ϕ의 집합 G는 하나의 군, 즉 평행이동군을 이루고, 회전이동의 경우도 중심을 고정시키면 회전이동군을 이룬다. 그러나 일반적인 회전이동이나 대칭이동의 결합이 같은 종류의 이동이 되지는 않지만 합동변환 전체로서는 합동변환군 또는 강체운동군(group of rigid motions)을 이룬다.

연습 문제

1. 회전이동의 관계식 ②에 의한 변환이 합동변환임을 확인하여라.
2. 연속적인 이동의 합성을 이항연산 ◦ 으로 정의할 때 다음을 계산하여라.
   ① 평행이동◦평행이동
   ② 평행이동◦회전
   ③ 회전◦회전
   ④ 반사◦반사
   ⑤ 회전◦반사
3. 평행, 회전 및 대칭이동들 전체의 집합이 계속 이동시킨다는 이항연산에 대하여 군을 이루는 것을 확인하여라.

② 닮음 변환

정점 O와 다른 한 점 P에 대하여 OP 또는 그 연장 위에 점 P'를 잡아서

$$OP' : OP = k \ (k \neq 1 \text{인 상수})$$

가 되도록 P에 P'를 대응시키는 변환을 **닮은 변환**이라고 한다. 여기서 O를 **닮음의 중심**이라고 하고, 일정한 비 k를 그 확대율이라 한다. 닮은 변환에서 도형의 크기와 위치는 변하지만, 변의 길이의 비나 각의 크기가 보존되므로 그 모양은 변하지 않고, 다만 일정한 비로 확대 또는 축소된다. 그리고 이 변환에서의 부동점은 원점뿐이다.

연습 문제

1. 3점 $A(0, 0)$, $B(2, 0)$, $C(3, 2)$를 꼭짓점으로 하는 $\triangle ABC$의 변환 $x' = 3x$, $y' = 3y$에 의한 상 $\triangle A'B'C'$의 꼭짓점을 구하여 모양이 보존됨을 확인하고, 이 변환에서 불변인 성질을 말하여라.

③ affine 변환

한 도형을 평행투영에 의하여 다른 평면 위로 옮기는 변환을 생각해 보자. 이 변환은

합동변환이나 닮은 변환을 일반화한 것으로서, 기하학적으로는 평행선이 평행선으로 옮겨지는 평면상의 연속변환이다.

(1) affine변환의 성질

- 직선을 직선으로 옮기는 변환이다.
- 각의 크기는 보존되지 않는다.
- 평행인 두 직선은 평행인 두 직선으로 변환된다.
- 같은 직선 위의 두 선분의 길이의 비는 불변이다.

연습 문제

1. 원 $x^2+y^2=r^2$은 변환 $x'=x,\ y'=\dfrac{b}{a}y$에 의하여 타원이 됨을 밝혀라.
2. 변환식 ⑤가 회전을 나타내기 위한 $a,\ b,\ c,\ d$ 사이의 조건을 구하여라.
3. 두 점 $P(x_1,\ y_1),\ Q(x_2,\ y_2)$의 변환

$$x=ax+by,\ y'=cx+dy$$

에 의한 상을 각각 $P'(x_1',\ y_1'),\ Q'(x_2',\ y_2')$라 할 때, PQ의 중점 M의 상 M'는 $P'Q'$의 중점이 됨을 밝혀라.

4. affine변환으로 불변인 성질을 affine적 성질이라 한다. 도형의 affine적 성질을 열거하여라.

④ 사영변환

도형 F를 한 점 S로부터 한 평면 π 위에 투영하는 그림(투시도)을 그리는 작도는 다음 두 가지 원리에 의한다.

(1) 한 점 S와 도형 F 위의 각 점을 직선(이 직선을 사선이라고 한다)으로 맺는다.

(2) 각 사선을 평면으로서 끊어 그 교점을 구한다.

(3) 사영적 성질

- 사영변환에 의하여 직선은 직선으로 옮겨진다.
- 한 직선 위의 4점 $A,\ B,\ C,\ D$의 복비 $\dfrac{AC}{BC} : \dfrac{AD}{BD}$는 불변이다.
- 직선은 모두 한 점에서 만난다.
- 사영변환은 다음 그림과 같이 중심투영으로 실현된다.

연습 문제

1. 평면 위의 명제에서 점과 직선을 서로 바꾸어서 새로운 명제를 만들어 보자. 이 때에 얻어지는 명제를 서로 쌍대적이라 한다.
2. 다음 도형들과 사영적인 도형은 각각 어떤 것인지 말하여라.
   삼각형, 직사각형, 정사각형 등

⑤ 위상변환

고무판(rubber sheet) 위의 원 C가 고무판의 단순한 신축[8]만에 의해서 곡선 C'로 바뀌는 도형의 변형을 생각한다. 이 때, 원 C 위의 임의의 점 P는 C' 위의 점 P'로 옮겨지고, 또한 P의 근방의 C 위의 점 A도 P'의 근방의 C' 위의 점 A'로 옮겨진다. 이 사실은 C' 위의 점에서 C 위의 점을 보는 경우도 마찬가지이다. 그리고 C 위의 점과 C' 위의 점은 1대 1로 대응하고 있다.

유클리드변환(합동변환)은 선분의 길이나 각의 크기, 즉 도형의 모양과 크기를 변화시키지 않기 때문에 **강체변환**이라고 불린다면, 위상변환은 단순한 신축 만에 의하기 때문에 **탄성변환**이라고 불린다.

다면체는 모두 구와 동상이다.

합동변환(유클리드)에 의하여 불변인 성질을 연구하는 기하학을 유클리드 기하라 한 것과 마찬가지로, 위상변환에 의하여 불변인 성질을 연구하는 기하학을 **위상수학 또는 위상기하학**(topology)라고 한다.

연습 문제

1. 다음의 수학에서 쓰이는 기호를 도형으로 보고 동상인 기호끼리 묶어서 분류하여라.

$$\forall,\ \exists,\ \leq,\ \pi,\ \in,\ ≌,\ \perp,\ \Rightarrow,\ \equiv,\ <,\ \infty,\ \Sigma,\ \int,\ Ⅎ$$

8) 단순한 신축이라는 말은 찢거나 끊거나 겹치거나 꼬이지 않게 늘이거나 줄이는 것을 말한다.

(1) 망

몇 개의 호로 이루어진 도형으로서 그 끝 점 이외에서는 만나지 않을 때 이 도형을 망(net, network)이라 하고, 호의 끝점을 망의 **꼭짓점**이라 한다. 망 가운데 가계도와 같이 닫힌 부분이 없는 것을 특히 **수형도**(tree diagram)라 한다. 꼭짓점이나 호를 적당한 것으로 생각하면 우리 주위는 교통망, 통신망 분자의 구조도 등 여러 가지의 망의 보기가 있고 일의 계획이나 문제 해결에 유용하다. 망에서는 꼭짓점의 차수에 따라 홀수 꼭짓점, 짝수 꼭짓점으로 구분하는데 망에 있어서 차례로 이어져 있는 호의 열(列)을 **길**(path)이라 할 때, 임의의 두 꼭짓점이 그 망의 어떤 길의 끝점(꼭짓점)이 되어 있을 때 그 망은 **연결되어 있다**고 한다. 문제를 망으로 변형하여 위상적 관점에서 해결하는 보기로서는 Königsberg의 7개의 다리 건너기 문제가 유명하다. Königsberg시[9)]를 흐르는 프레겔 강에는 그림 8-30 ①과 같은 7개의 다리가 있다. '같은 다리를 두 번 건너지 않고 7개의 다리를 모두 지날 수 있을까'하는 문제를 Euler는 그림 ②와 같이 망으로 고쳐서, 이 그림을 한붓그리기(一筆畫, traverse)로 그릴 수 있을까 로 생각하여 점의 차수 개념으로 해결하였다. Euler는 연결망이 단번에 그려지는 경우는 홀수꼭짓점이 2개(시작점과 끝나는 점이 다른 경우)이거나, 홀수꼭짓점이 없는 경우 (시작점과 끝나는 점이 같은 경우)뿐임을 밝혔다. 따라서 2개보다 더 많은 홀수 꼭짓점을 가지는 연결망은 단번에 그릴 수 없고 일반적으로 홀수꼭짓점이 $2n$개인 연결망은 n번에 그릴 수 있음을 알 수 있었다.

연습 문제

1. 다음 곡선들의 분할 점의 수와 꼭지 점의 차수를 말하여라.

4.6 대수계

합성의 법칙은 자연수나 측정 가능한 양에 대한 계산과 불가분의 관계가 있다. 문헌상으로는 이집트와 바빌로니아 수학에는 자연수, 양의 유리수, 길이 면적 등을 계산하는 완전한 체계를 갖춘 규칙이 최초의 합성의 법칙이다. 고대 이집트, 고대 중국 등의 저서에 수록된 내용은 주어진 양이 명확한 수치를 갖는 문제만을 다루었고, 그 문제 해결에

9) Preussen의 수도, 현재의 Poland의 Kaliningrad.

사용된 규칙의 일반성과 일차, 이차방정식을 조작하는 괄목할 만한 기술 능력이 수록되어 있다. 그러나 사용된 규칙을 정당화하는 내용과 연산의 정확한 정의는 거의 없고 경험적 방법을 사용하였다. 고대 그리스 수학에서는 정수론에 공리적 방법이 도입되지는 않았지만 유클리드 원론에는 정수 계산에서 직관적으로 명백한 사실과 두 유리수의 곱의 교환성과 같은 계산 규칙에 대한 형식적 증명이 많이 나타나있다. 특히 크기 이론과 그의 증명과정은 현재의 양의 실수이론과 동치인 그리스 수학의 창조와 관련된 것이다. 또한 유클리드는 크기의 두 비의 곱을 논하였고 이러한 비의 표현 형식과는 독립임과 교환법칙이 성립함을 증명하였다. 이것은 동치관계에 의한 합성법칙의 商(quotient)의 예이다. 그러나 대수 계산의 기술에 관한한, 엄밀성을 향한 이러한 진보는 유클리드 때문에 침체되었고 어떤 의미에서는 퇴보하였다. 크기 이론에 영향을 받은 당시 기하의 모든 계산의 대상은 반드시 기하학적으로 표현되어야 한다는 편향된 선호성이 대수 기호의 독립적인 모든 발달을 마비시켰다. 더구나 이때 나타나는 두 가지 합성의 법칙은 동일한 집합 내에서는 정의되지 않았다. 즉 비끼리의 덧셈은 일반적으로 정의하지 않았고 두 길이의 곱은 길이가 아닌 면적이었다. 그 결과로 유연성이 결여되어서 이차보다 큰 차원의 대수관계를 다루기는 거의 불가능하였다. 고대 그리스 수학이 기울고 나서야 비로소 논리가이고 계산전문가인 디오판투스(Diophantus)가 등장하여서 이집트와 바빌론에서 행해졌던 계산 규칙을 일반화하였다. 즉 더 이상 수를 기하로 표현하지 않게 되었고 자연스럽게 추상대수적 계산의 규칙을 발달시켰다. 예를 들어 그는 현대적 의미로 해석하기로 작은(양 또는 음)수 $m,\ n$에 대하여 $x^{m+n}=x^m x^n$과 동치인 규칙을 만들었고 조금 후에 음수 계산의 시효가 된 부호 규칙(rule of sign)을 만들었다. 끝으로 디오판투스는 최초로 방정식에서 문자를 사용하여 방정식을 표현하였다. 그런데 이와는 대조적으로 유클리드가 시작한 합성법칙의 공리적 개념이나 문제의 해법에 관한 연구는 디오판투스의 논리가 부족하였다. 그에 관한 논의는 디오판투스 시대 이후와 19세기 초 사이에 처음으로 다음 두 가지 사실에 관한 대수학 분야의 연구에서 시작되었다.

첫째로는 추상법칙을 표현하기에 적합한 대수 기호체계의 발달이고 둘째로는 수의 기호를 확장하고 그 수에 일반화된 개념을 부여하는 것이다. 이것은 그리스 시대에 만들어진 크기의 비에 대한 공리론적 이론만으로는 충분하지 못하였다. 왜냐하면 그것은 양의 실수의 직관적인 개념과 이러한 수에 대한 연산일 뿐이었고 더구나 이러한 사실은 좀 더 혼돈된 형태이지만 바빌론 수학자에게 이미 알려진 사실이었다. 현재의 수는 그리스 사람들에게는 감각이나 관념으로 느낄 수 없는 관념이기 때문이다. 0과 음수는 중세 힌두 수학에 나타났고, 허수는 16세기 이태리 대수학자들이 만들었기 때문이다. 0은 수로서 인식하기 이전에는 분리된 부호로 소개되었다. 이러한 새로운 수는 처음에는 그 수들의 정의만을 엄격하게 했을 뿐 그 수들의 연산은 실행활과 관계없는 형식적인 것이었다. 예를 들면 $a<b$인 두 자연수의 뺄셈 $a-b$가 그것이다. 당시, 그 수의 이름은 거짓인, 모호한, 불가능한, 상상의 수였다. 고대 그리스인들에게는 그러한 확장을 받아들일 수 없었을 것이다. 16세기 초에 이태리 수학자들이 3차, 4차 방정식의 근의 공식 발견으로 대수학은 새로운 충격을 받으면서 조금씩 음수의 계산과 같이 불가능한 수의 계산에도 확신이 들기 시작하였다. 한편 대수적 기호는 데카르트와 Viète(1540-1603)에 의해서 완성되었다. 또한 복소수는 기하표현을 거쳐 순수수학에서 백터의 덧셈을 하게 된 것은 1800년쯤이 되어서였다. 그 즈음에 대수에서 처음으로 합성법칙의 기호는 두 가지 다른 방향으로 발전하였고 고차원의 유추를 통한 원소로 확장되었다.

첫 번째 확장은 가우스에서 비롯되었는데 그의 정수론에서 정수 계수를 가지는 이차형식($ax^2+bxy+cy^2$)의 산술적 연구가 그것이다. 또한 그는 동치류의 합성과 소수를 법으로 하는 정수 곱셈과의 유사점을 인식하였다. 그러나 주어진 판별식을 갖는 이차형식의 동치류로 이루어진 군이 반드시 순환군이 되지는 않는 것을 증명하였다. 유한 아벨군의 일반구조를 갖게 됨을 인식하였다. 더구나 1819～1820년 사이에 출간되지 않은 작은 논문을 통하여 헤밀턴(William Rowen Hamilton, 1805-1865)보다 20년 이상 앞서서 사원수(quaternion) 곱셈 공식을 제시하였다. 합성의 법칙의 대수적 측면과 두 치환의 곱에 관한 관계는 아벨(Niels Henrik Abel, 1802-1829)과 갈로아(Evarsite Galois)의 논문에서 발견되었기 때문에 갈로아(Galois, 1811-1832)가 군론의 진정한 창시자로 불려진다. 갈로아는 복소수로 형식주의의 과감한 확장에 의하여 소수를 법으로 하는 합동식의 허근을 고려하여 유한체를 발견하였다. 그러나 갈로아의 연구는 1846년 까지는 알려지지 않았고 가우스의 방법이 수론에 직접적인 영향을 미치게 되었다. 복소수의 성질을 이용하여 영국학파의 대수학자들이 1830～1850에 처음으로 합성법칙의 추상개념을 연구하여 군 개념을 새로운 수학분야에 적용하여 대수를 확장하게 되어서 군의 추상화가 이루어졌다. Jordan은 유한 치환군을 상당 부분 개선하면서 치환군의 특수한 성격 즉 추이성과 원시성에 관한 이론을 발달시켰고 유한군에 대한 Jordan-Hölder 급수의 상군의 위수의 불변성을 증명하였으며 Jordan은 최초로 무한군을 연구하였다. 그로부터 몇 년 후에 Lie와 F. Klein, Poincare는 서로 다른 방향으로 무한군의 관념을 더욱 발전시켰다. 그러는 동안 군에서 중요한 것은 군을 구성하는 대상이 아니라 합성의 법칙이라는 사실을 서서히 깨우치게 되었다.

4.6.1 결합법

일반적으로 집합 S의 두 원소 a, b를 결합시키는 규칙을 결합법 또는 연산이라고 한다. 지금까지 다루어 온 덧셈, 곱셈, 뺄셈 및 나눗셈은 모두 하나의 결합법이고, 두 원소를 결합시켜 제3의 원소를 얻어 내는 연산이다. 집합 S의 임의의 두 원소 a, b에 대해서, 결합법 $*$이 정의되고 $a,\ b \in S$에 대해서

$$a * b \in S$$

이면, 이 결합법 $*$은 내부적이라고 한다. 또, 이 때 결합법 $*$는 S에서 정의된 이항연산이라고 한다. 그리고 집합 S는 이항연산 $*$에 대해서 닫혀있다고 한다. 이항연산 중에서 가장 기본이 되는 덧셈, 뺄셈, 곱셈, 나눗셈을 사칙연산이라 한다. 나머지 이항연산은 대부분이 사칙연산을 일반화한 것이다. 자연수 전체의 집합 N에서 정의된 보통의 덧셈 $+$는 2항 연산이다. 왜냐하면 임의의 $a,\ b \in N$에 대해서 $a+b \in N$이기 때문이다. 그러나 뺄셈 $-$는 2항 연산이 아니다. 왜냐 하면 임의의 $a,\ b \in N$에 대해서 반드시 $a-b \in N$이라고는 할 수 없기 때문이다. 집합 S의 임의의 두 원소에 대해서 이항연산 $*$이 약속되어 있고,

$$a,\ b \in S \text{이면 } a * b \in S$$

일 때, 집합 S는 이항연산 $*$에 관해서 대수계를 이룬다고 한다. 다시 말하면, 대수계란 이항연산 $*$에 관해서 닫힌 집합을 뜻한다. 자연수 전체의 집합 $\mathbb{N}$은 덧셈과 곱셈에 관한 대수계이고, 정수 전체의 집합 $\mathbb{Z}$는 덧셈, 뺄셈과 곱셈에 관한 대수계이지만, 두 집합 모두 나눗셈에 관해서는 대수계가 아니다.

4.6.2 군(群)

집합은 이항연산의 규칙 또는 그 이항연산이 지닌 성질에 따라 서로 다른 구조를 갖는다. 군의 역사발생을 요약하면 다음과 같다.

① 군의 역사 발생

- 대수방정식 : Lagrange, Vandermonde, Ruffini에서 Abel에 이르는 대수방정식의 가해성 문제의 해결과정
- 정수론 : 고대 이집트의 분수계산, 즉 양의 유리수끼리의 곱셈, 나눗셈에서 곱셈군의 단초를 찾을 수 있고, Fermat(1601～1665)의 작은 정리, Euler(1707～1783)의 멱잉여, Legendre(1752～1833)기호, Gauss의 합동식, 이차형식(quadratic form)의 합성과 cyclotomic equation 등의 해법
- 기하학 : Euclid의 증명의 기반에서 얻은 개념과 성질 등에서 군 개념이 태동한 것이다.

② 군의 구축

(1) 알콰리즈미가 정의한 등식의 성질, 즉 동류항 계산과 이항을 이용하여 일차방정식 $2x+3=x-2$ 의 해를 구해보자.

- $2x+3-3-x=x-2-3-x$: 3과 x의 덧셈에 대한 역원
- $2x-x+(3-3)=x-x+(-2-3)$: 결합법칙, 교환법칙
- $x=-5$: 덧셈에 대한 항등원

즉, 위의 일차방정식의 해를 구하기 위해서는 결합법칙, 교환법칙이 보장되고 덧셈에 대한 역원, 덧셈에 대한 항등원을 포함하는 수의 집합이 필요하게 된다.

위의 계산은 정수의 집합에서 덧셈만으로 해를 구한 것이다.

(2) 3차 방정식 $x^3-1=0$의 해는 1, $\omega=\frac{-1+\sqrt{-3}}{2}$, $\omega^2=\frac{-1-\sqrt{-3}}{2}$ 이다.

세 수의 집합$\{1, \omega, \omega^2\}$의 원소끼리 곱해 보면 다음과 같은 결과를 얻는다.

- $\omega\times\omega^2=1$, $(\omega^2)^2=\omega$ 이므로 곱셈에 대하여 닫혀있다.
- 세 수는 복소수이므로 곱셈에 대하여 교환법칙, 결합법칙이 성립한다.
- 1은 곱셈에 대한 항등원이다.
- 1, ω, ω^2의 곱셈에 대한 역원은 각각, 1,ω^2, ω이다.
- 세수는 곱셈에 대한 교환 법칙이 성립한다.

위의 사실을 일반화하면 다음과 같다.

유한개 또는 무한개의 원소로 이루어지고, 이항연산 $\circ$이 정의되어 있는 집합 $S=\{a, b, c, \cdots\}$가 다음 성질을 가질 때 집합 S는 이항연산 $\circ$에 관해서 군(group)을 이룬다고 한다. 집합 S에 이항연산$\circ$가 주어졌을 때는 간단하게 $(S, \circ)$로 표기한다.

- 집합 S는 이항연산$\circ$에 관해서 닫혔다. 즉 $a, b\in S$이면 $a\circ b\in S$이다.
- 결합법 $\circ$은 결합적이다. 즉, 임의의 $a, b, c\in S$에 대해서

  $$a\circ(b\circ c)=(a\circ b)\circ c$$

- 단위원 $e\in S$가 존재한다. 즉, 임의의 $a\in S$에 대해서

  $$e\circ a=a\circ e=a$$

- 각 원소 a는 역원 $a^{-1}\in S$를 갖는다. 즉,

  $$a^{-1}\circ a=a\circ a^{-1}=e$$

군에서는 교환적이라는 성질을 반드시 가지고 있지 않아도 된다. 만일, 임의의 $a, b\in S$에 대해서

$$a\circ b=b\circ a$$

즉, 이항연산 $\circ$이 교환적이라면 이 군을 가환(commutative)군 또는 아벨(Abelian)군이라고 한다.

③ **클라인(Felix Klein, 1849-1925) 사원군**

아래의 직사각형의 중심을 지나는 수평축, 수직축을 축으로 하는 대칭 운동과 180° 회전 운동을 각각 α, β, γ라고 하자. 또한 움직임 없는 원래의 상태를 1이라고 하고 이들 네 가지 운동의 결합을 이항연산 $\circ$로 정의하자. 그러면 집합 $\{1, \alpha, \beta, \gamma\}$는 이항연산 $\circ$에 관하여 군이 된다. 이를 Klein의 사원군(V_4)이라 한다.

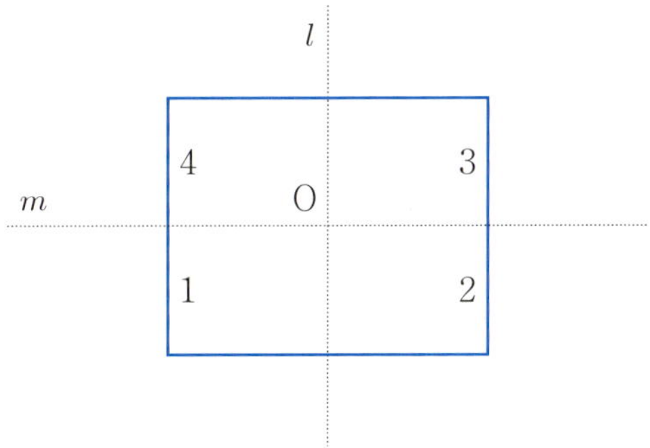

[그림 6-2]

α : l축 180° 회전 β : m축 180° 회전

γ : O을 중심으로 180° 회전 1 : 제자리

왜냐하면,

$$\alpha \circ \beta = \gamma, \ \gamma \circ \alpha = \beta, \ \alpha \circ \alpha = \beta \circ \beta = \gamma \circ \gamma = 1.$$

논리학에서 I=항등원(identity) $I(p \supset q) = p \supset q$, N=역변환(inverse transformation), $N(p \supset q) = p \cap \sim q$, R=반변환(reciprocal transformation), $R(p \supset q) = q \supset p$, C=상관변환(correlative transformation) $C(p \supset q) = \sim p \cap q$를 정의하고, 이들의 집합 $\{I, N, R, C\}$에 논리합 $\circ$로 이항연산을 정의하면 $(\{I, N, R, C\}, \circ)$은 V_4와 같은 구조를 갖게 된다(즉, 동형이다, 5절 참조).

힌트 $RN = C$, $RC = N$, $NC = R$, $NRC = I$가 되는 것을 확인하여 보자.

4.6.3 군의 동형

정수의 집합 $\mathbb{Z} = \{\cdots, -3, -2, \beta \circ \gamma = \alpha - 1, 0, 1, 2, 3, \cdots\}$에서 짝수의 집합 $\mathcal{E} = \{\cdots, -6, -4, -2, 0, 2, 4, 6, \cdots\}$에로의 대응 중에서, 각 자연수와 그 자연수의 2배인 수를 대응시켜보자. 예를 들면, $1 \mapsto 2$, $2 \mapsto 4$, $3 \mapsto 6$, $4 \mapsto 8$, $5 \mapsto 10$, $\cdots$ 이다. 그런데 자세히 보면 3+4(=7)에 대응하는 수는, 3에 대응하는 수인 6과 4에 대응하는 수인 8의 합인 (6+8)=14이다. 식으로 쓰면 $(3+4) \times 2 = 3 \times 2 + 4 \times 2$이다. 다시 말하면, 덧셈에 관한 두 개의 덧셈 군 $(\mathbb{Z}, +)$와 $(\mathcal{E}, +)$ 사이에 "2배"로 대응시키면 다음과 같은 대응규칙이 생긴다.

$(x+y)\times 2 = x\times 2 + y\times 2$ 이 사실을 일반화하여 다음과 같은 사상을 정의한다. 두 군 $(G, \circ)$와 $(H, *)$ 사이에 사상 f가 주어졌을 때, 만일 x, y가 G의 두 원소일 때, $x \circ y \mapsto f(x) * f(y)$이면, 다시 말해서 $f(x \circ y) = f(x) * f(y)$이면, 사상 f를 준동형사상(homomorphism)이라고 한다. 덧붙여서 준동형사상 f가 1대1대응이 되면 동형사상(isomorphism)이라고 한다. 특히 두 군이 같은 경우에는 자기동형사상(automorphism)이라고 한다. 두 군 $(G, \circ)$와 $(H, *)$ 사이에 동형사상이 맺어지면 두 군은 동형(isomorphic)이라고 한다. 그러면 두 군은 같은 구조를 갖게 된다. 수학의 연구에서는 복잡한 구조를 갖는 집합을 이해하기 위해서, 그와 동형인 상대적으로 알기 쉬운 집합을 만들어서 원래의 복잡한 집합의 구조를 규명한다. 예를 들어보자.

$$f_1(x) = x,\ f_2(x) = -x$$

$$f_3(x) = \frac{1}{x},\ f_4(x) = -\frac{1}{x}$$

X	f_1	f_2	f_3	f_4
f_1	f_1	f_2	f_3	f_4
f_1	f_2	f_1	f_4	f_3
f_3	f_3	f_4	f_1	f_2
f_4	f_3	f_2	f_2	f_1

이고, 이들의 결합법 X가 한 함수를 다른 함수에 대입하는 것으로 정의된 군 $\{f_1, f_2, f_3, f_4\}$의 곱셈표는 위의 표와 같다. 또 곱셈에 관한 8을 법으로 하는 정수의 집합 {1, 3, 5, 7}의 군은 다음과 같은 곱셈표를 갖는다. 위의 표에서 f_1 대신에 1, f_2 대신에 3, f_3 대신에 5, f_4 대신에 7이라고 놓으면, 아래 표가 얻어진다. 바꾸어 말하면,

$\times$	1	3	5	7
1	1	3	5	7
3	3	1	7	5
5	5	7	1	3
7	7	5	3	1

이 두 군은 사상 $f_1 \leftrightarrow 1,\ f_2 \leftrightarrow 3,\ f_3 \leftrightarrow 5,\ f_4 \leftrightarrow 7$에 관해서 동형이다.

연습 문제

1. 덧셈에 관한 4를 법으로 하는 정수의 집합 {0, 1, 2, 3}의 군과 곱셈에 관한 군 $\{1,\ w,\ w^2,\ w^3\}$ (단, $w^4 = 1$)과는 동형임을 보여라.
2. 연습문제(6.4)의 문제 4에서 정의한 트럼프 카드의 변환군과 동형의 군의 보기를 들어라.
3. 덧셈군 ($\mathbb{Z}$, +)와 ($\mathbb{R}$, +)은 동형이 아니다. 그 이유를 말하라.
4. 클라인의 4원군을 설명하시오.
5. 유한집합으로서 군이 되는 집합과 이항연산을 예를 들어 설명하시오.

4.6.3 환(環)

환(ring)과 이데알(ideal)의 구조는 데데킨트와 크로네커의 논문에 등장하였지만, 20세기에 와서야 추상이론이 정립되었다. 정수의 집합 $\mathbb{Z}$을 생각하여보자. 정수끼리는 덧셈과 곱셈, 두 가지 연산을 할 수 있고, 또한 덧셈, 뺄셈에 관하여 닫혀있다. 또한 배분법칙이 성립함을 안다. 이러한 정수의 덧셈과 곱셈연산에 대한 성질을 일반화한 것이 환이다. 이제, 두 가지의 2항 연산이 정의되어 있는 집합을 S라고 하고. 이들 두 이항연산을 편의상 덧셈$(+)$, 곱셈$(\times)$이라고 부르기로 하겠다. 이들 용어가 대단히 넓은 의미에서 사용된다는 것을 이해하여야 한다. 가령 $+$가 대칭차(Δ)를 나타낸다든지, $\times$가 교집합 $(\cap)$을 나타낸다든지, 또는 그 밖의 연산을 나타내게 된다.

(1) 환의 구축

이번에는 알콰리즈미가 정의한 등식의 성질, 즉 동류항 계산과 이항을 이용하여 일차방정식 $4(x+1)+3=3x-16$ 의 해를 구해보자.

- $4x+4+3=3x-16$: 배분법칙
- $4x+4+3-7-3x=3x-16-7-3x$: 7과 x의 덧셈에 대한 역원
- $4x-3x+(4+3-7)=3x-3x+(16-7)$: 결합법칙, 교환법칙
- $x=9$: 덧셈에 대한 항등원

즉, 위의 일차방정식의 해를 구하기 위해서는 덧셈에 대한 역원, 덧셈에 대한 항등원을 포함하고 결합법칙, 교환법칙과 곱셈과 덧셈에 관한 배분법칙이 보장되는 수의 집합이 필요하게 된다. 결과적으로 위의 계산은 정수의 집합에서 덧셈과 곱셈으로 해를 구한 것이다. 위의 사실을 일반화하면 다음과 같다.

만약 S가 다음 성질을 갖는다면, 이 S를 우리는 환(ring)이라고 부른다.

- S는 덧셈에 관해서 가환군이다.
- S는 곱셈은 결합적이다.
- 모든 S의 원소의 곱셈, 덧셈의 혼합연산은 배분적이다. 즉, x, y, z가 S의 원소일 때, $z\times(x+y)=z\times x+z\times y$이고, $(x+y)\times z=x\times z+y\times z$이다.
  또한 기호로는 환 $(S,\ +,\ \times)$이라고 표기한다.

특히 S가 곱셈에 관해서 단위원을 갖는다면 이 S를 **단위원을 갖는 환**이라고 한다. 군에 대해서 부분군을 생각한 것과 똑같이 환에 대해서도 부분환을 생각한다. 만약 $H\subset S$이고, H가 S와 똑같이 동일한 이항연산에 관해서 환이면 H를 S의 **부분환**이라고 한다.

연습 문제

1. 실수 전체의 집합은 보통의 덧셈, 곱셈에 관해서 환임을 보여라. 그리고 이것은 다음의 무한부분환을 갖는다는 것을 보여라.
   (1) 유리수 전체의 집합
   (2) 정수 전체의 집합
   (3) 짝수 전체의 집합
2. 다음의 것이 실수의 부분환이 아님을 보여라.
   (1) 홀수 전체의 집합
   (2) 양의 정수 전체의 집합
   (3) 무리수 전체의 집합
3. 집합 $\{a,\ b\}$의 부분집합 전체의 집합이 대칭차(덧셈) 및 교집합(곱셈)에 관해서 환을 이룸을 보여라. 이 경우, 곱셈에 관한 항등원이 있는가?
4. 복소수 전체의 집합은 덧셈 및 곱셈에 관해서 환을 이룸을 보여라.

4.6.4 체(體)

체의 개념은 갈로아의 논문에서 처음으로 등장하였다. 데데킨트가 그 개념에 체(field)라고 이름을 붙이고, 베버(H. Weber, 1842-1913)가 1893년에 갈로아의 이론을 추상화하고 군의 확장된 개념으로서 체를 형식화하였다. 유리수의 집합 $\mathbb{Q}$는 덧셈에 대하여 가환군이고 또한, 덧셈과 곱셈에 관하여 가환환이다. 더구나 (0을 제외한) 모든 유리수의 집합은 곱셈에 관하여 가환군이다. 이러한 유리수의 성질을 일반화한 것이 체이다.

(1) 체의 구축

일차방정식 $3x+2=x-5$의 해를 구해보자.

- $3x+2-2-x=x-5-2-x$: 덧셈에 대한 2와 x의 역원
- $3x-x+(2-2)=x-x+(-5-2)$: 덧셈에 대한 결합법칙, 교환법칙
- $2x=-7$:덧셈에 대한 항등원
- $x=-\dfrac{7}{2}$: 곱셈에 대한 항등원, 역원

위의 사실을 일반화 하면 다음과 같다.

(2) $(S, +, \times)$를 단위원을 갖는 가환환이라고 하자. 일반적으로 이것은 곱셈에 관한 역원을 품지 않는다. 가령 정수 전체의 집합에서, 곱셈에 관한 3의 역원은 $\frac{1}{3}$인 데, 이것은 이 집합에는 없다. 그러나 때로는 곱셈 역원을 품을 경우도 있다. 영원(덧셈에 관한 단위원)은 곱셈에 관한 역원이 존재하지 않는다. 만약, $(S, +, \times)$가 영원을 제외한 모든 원소의 역원을 갖는다면, 이 S를 가환 단위환 또는 체(field)라고 한다. 즉, $(S, +, \times)$가 체이기 위해서는 그것이 단위원을 갖는 가환환이어야 하고, 또 영원을 제외한 모든 원소의 곱셈에 관한 역원을 가져야 한다. 그러면 체에는 덧셈에 관한 역원과 곱셈에 관한 역원이 모두 포함되기 때문에 그 체의 원소를 계수로 가지는 일차 방정식의 해는 다시 그 체 안에서 찾을 수 있게 된다.

유리수 전체의 집합은 체이다. 유리수 전체의 집합이 덧셈에 관한 가환군이고, 또 0을 제외한 유리수 전체의 집합이 곱셈에 관한 가환군임은 이미 보아왔다. 그리고 배분법칙이 성립한다. 따라서 유리수 전체의 집합은 체이다.

체 $(\mathbb{Q}, +, \times)$를 유리수체라고 부르고, 유리수체를 포함하면서 체가 되는 모든 수의 집합을 수체(number field)라고 한다. 실수체$(\mathbb{R}, +, \times)$와 복소수체$(\mathbb{C}, +, \times)$가 대표적인 예이다. 체에서도 군, 환의 경우와 마찬가지로 부분체를 정의한다. 이 장에서는 대수계, 즉 집합과 그들 원소에 대해서 정의된 이항연산에 대해서만 고찰하였다. 이 밖에도 제1장에서 수에 대해서 고찰할 때와 같이 집합의 순서와 위상적 구조에 대해서도 조사할 필요가 있다. 그러나 여기서는 그들을 다루지는 않겠다.

연습 문제

1. 복소수 전체의 집합은 ($\mathbb{C}$, +, ×)체이고, 실수 전체의 집합($\mathbb{R}$, +, ×)은 그의 부분체임을 보여라.
2. 5를 법으로 하는 정수의 집합 {0, 1, 2, 3, 4}는 덧셈 및 곱셈에 관하여 체임을 보여라.
3. 4를 법으로 하는 정수의 집합 {0, 1, 2, 3}은 덧셈 및 곱셈에 관한 체인가? 만약 체가 아니라면 어떤 구조인가?
4. 위 문제 2, 3의 결과를 일반화하여 말하여라.
5. 정수의 집합 $\mathbb{Z}$는 다음 3개의 동치류(3으로 나눈 나머지가 같은 수로 이루어진 집합)로 분할된다.

   (1) 3으로 나누었을 때 나머지가 0이 되는 모든 정수로 되는 '0'의 동치류

   $$\bar{0}=\{\cdots,\ -9,\ -6,\ -3,\ 0,\ 3,\ +6,\ +9,\ \cdots\}$$

   (2) 3으로 나누었을 때 나머지가 1이 되는 모든 정수로 되는 '1'의 동치류

   $$\bar{1}=\{\cdots,\ -8,\ -5,\ -2,\ +1,\ +4,\ +7,\ +10,\ \cdots\}$$

   (3) 3으로 나누었을 때, 나머지 2가 되는 모든 정수로 되는 '2'의 동치류

   $$\bar{2}=\{\cdots,\ -7,\ -4,\ -1,\ +2,\ +5,\ +8,\ \cdots\}.$$

   이들 동치류는 모두 서로 소(교집합이 공집합)이고, 이들의 합집합은 정수 전체의 집합이다. 동치류의 이항연산의 결과는, 동치류에 속하는 임의의 원소끼리의 이항연산의 결과를 3으로 나눈 나머지가 속하는 동치류로 정한다. 예를 들면, $\bar{1}+\bar{2}=\bar{0}$이다. 그 이유는, $\bar{1}$에 속하는 원소 −8과 $\bar{2}$에 속하는 원소 2의 합인 −6을 3으로 나눈 나머지는 0이고, 0은 동치류 $\bar{0}$에 속하기 때문이다. 일반적으로 $\bar{i}+\bar{j}=\bar{k}$, 단 $k=i+j \bmod 3$, $\bar{i}\times\bar{j}=\bar{h}$, 단 $h=i\times j \bmod 3$이다. 동치류 중 어느 것이 $\mathbb{Z}$의 부분환인가? 또, 이들 중에 체가 있는가?
6. 정수의 집합 $\mathbb{Z}$를 5를 법으로 하는 동치류의 집합을 $\mathbb{Z}_5=\{\bar{0},\ \bar{1},\ \bar{2},\ \bar{3},\ \bar{4}\}$로 표시하자. 동치류끼리의 이항연산은 각 동치류의 임의의 원소끼리의 연산 결과를 5로 나눈 나머지로 정한다. 그러면 ($\mathbb{Z}_5$, +, ×)가 체가 됨을 증명하라. 이와 같이 유한개의 원소로 이루어지는 체를 유한체(finite field)라고 한다.
7. 집합 $\mathbb{Q}(\sqrt{2})=\{a+b\sqrt{2}\,|\,a,\ b\in\mathbb{Q}\}$는 덧셈과 뺄셈에 관하여 체가 됨을 보여라. 이 때 ($\mathbb{Q}(\sqrt{2})$, +, ×)를 유리수의 확대체라고 한다.

4.7 행렬

이 절에서는 행렬을 중심으로 한 선형대수의 역사를 개략적으로 살펴보기로 한다. 선형대수는 가장 오래되고 가장 새로운 수학의 한 분야이다. 선형대수의 많은 내용이 수백 년의 역사를 가지고 있지만 그들에 대한 본격적인 연구는 불과 몇 십 년 전의 일이다. 선형대수의 첫 번째 주제는 일차연립방정식의 해를 구하는 것으로서 그의 연구는 4000년 전 바빌론 시대로 거슬러 올라간다. 그 다음은 300 여 년 전의 행렬식 그리고 19세기 초에 연구된 2차원, 3차원 벡터 기하가 있다. 함수 $f(x)=ax$의 값을 계산 한다거나 일차 방정식 $ax=b$의 해를 구하는 것과 같은 한 번의 곱셈이나 나눗셈으로 해결되는 문제를 해결하는 노력을 수학의 기원으로 볼 수 있다. 그런데 일차방정식이나 일차함수는 전형적인 선형대수의 문제이고 따라서 선형적 사고 없이는 그러한 문제를 다룰 수 없고 올바르게 제시할 수 없다. 그러나 처음에는, 이러한 문제뿐 아니라 일차방정식과 관계있는 모든 사실이 수학의 초보적인 내용 또는 초등지도법 정도로 간주되었다. 그 후, 군, 환, 체, 위상적 선형공간 등의 현대적 개념이 독립되고 쌍대성과 같은 선형대수의 핵심적인 개념이 거의 모든 현대수학의 필수도구인 선형적 특징임을 인식하게 되어서 선형화 그 자체의 연구가 중요한 추세가 되면서 선형대수는 수학 뿐 아니라 관련되는 자연과학에서도 그의 중요성에 적합한 대우를 받게 되었다. 선형대수의 역사를 정리하는 것은 그의 중요성만큼 어려운 것이 사실이다. 위에서 보듯이 선형대수는 실생활의 계산의 필요에 의해서 탄생하였다. 따라서 삼수법과 가정법 rule of false positon 등이 이집트의 Rhind Papyrus에서부터 Aryabhata를 거쳐 Arabs, Leonard of Pisa의 초등학교에서 사용된 교본과 중세기의 르네쌍스 시대의 무수히 많은 계산 교과서에 이르기까지 중요한 역할을 해온 것을 알 수 있다. 그러나 이는 최고의 고등과학 이론 중에서 생활수학에서(practical man) 사용되는 극히 지엽적인 내용이다. 이와는 다르게 수학자의 연구의 대상은 선형대수의 일반적인 (과학적) 구조이었다. Euclid 원론에 서술된 고대 그리스 수학자는 선형적 특징의 두 가지 추상 이론을 개발하였다. 즉, 크기이론과 정수이론이다. Babylonia 수학에서 현재의 선형대수와 유사한 내용을 찾을 수 있다. 그들은 연립일차방정식을 우아하게 푸는 방법을 알고 있었음에도 불구하고 아주 오랜 동안, 선형대수는 대수적 계산에 한정되었기 때문에 그러한 관점에서 논의되어왔었다. 즉, 일차연립방정식을 하나의 $ax=b$형태로 변환시키기 위해서는 이미 Diophantus가 알았던 규칙 즉, 동류항의 정돈과 이항을 알면 충분하였고, 다원일차연립방정식의 경우에는 미지수가 하나만 남을 때까지 소거해나가는 방법을 알면 충분하였다. 18세기까지의 대수학 논문에 의하면 이에 관한 규칙을 설명 할 때 일차식과 관련된 내용은 완성되었다고 생각하였다. 19세기와 현재의 다수의 연구에서는 이러한 관점이 n개의 변수가 있는 n개의 일차방정식으로 표현하는 정도의 변화만이 있었고 일반 형태의 방정식의 구체적인 해를 구하는 공식을 구하기 위해서 행렬식이 도입되었다. 이쯤에 주어진 점을 지나는 평면곡선의 방정식을 구하는 문제와 관련하여 처음에는 실험(계산)적인 방법이었지만 Cramer와 Bezout에 의해서 행렬식의 관념이 일어났다. 결정적인 진보는 1801년에 Ddisquisitione Arithmeticae에서 Gauss의 유한가환군 이론의 발견에서 비롯된다.

'홀수인 솟수 p에 대하여 $p=x^2+y^2$가 정수해를 가질 필요충분조건은 그 솟수가 $4k+1$의 형태이다' 로 시작하는 Fermat의 정리는 다음과 같은 문제를 제기하였다. '주어진 정수 n에 대하여, 정수 x, y가 존재하여 $p=x^2+ny^2$ 형태로 표현되는 솟수 p는 무엇일까?' 이 문제를 해결하기 위하여 Euler 의 강하법, Legendre의 평방잉여, Lagrange와 Legendre의 아이디어를 정리한 Gauss의 이원 이차형식 $Ax^2+2Bxy+Cy^2$(단 A, B, C는 정수)의 진동치(proper equivalence)의 개념을 사용하게 되었다. 행렬식이 1인 선형치환 으로 변환되는 두 이차형식을 진동치라고 하였는데, 이 때 그 들은 같은 수를 표현한다. Gauss의 정수론에서는 판별식 B^2-AC을 행렬식이라 불렀다. 이차형식 $Ax^2+2Bxy+Cy^2=(x\ y)\begin{pmatrix} A & B \\ B & C \end{pmatrix}\begin{pmatrix} x \\ y \end{pmatrix}$이 되는 점을 상기하면 Gauss의 용어가 옳고, 관념적으로는 이 상황에서 행렬이 처음 출현한 듯하다. 또한, 임의의 이차형식 F를 연속 두 번의 선형치환

$$x=ax'+by', y=cx'+dy'$$

$$x'=ex''+fy'', y'=gx''+hy''$$

에 의해서 얻은 이차형식을 각각 F', F''이라고 하면, 두 치환을 합성하면

$$x=(ae+bg)x''+(af+bh)y'',\ y=(ce+dg)x''+(cg+dh)y''$$

이 되고 F에서 F''으로 변환된다. 새로운 치환의 계수행렬은 두 치환에 대응하는 행렬의 곱과 같다. 따라서 행렬의 곱을 오늘날과 같이 정의하게 된다. Gauss의 3원 이차형식의 연구에서 명확하지는 않지만 오늘날의 3차 행렬의 곱과 동일한 계산을 하였다. 이 계산 과정에서는 직사각형으로 문자를 배열하였지만 문자를 묶는 괄호를 사용하지는 않았다. 그 후 Eisenstein과 Hermite 등이 비슷한 연구를 하였다. 행렬이라는 용어의 사용은 1850년에 발표한 Sylvester의 논문에서 비롯되었고, 오늘날과 같은 행렬의 표기는 그의 친구인 Cayley의 논문에서 발견된다. 그는 연립일차방정식을 행렬로 표현하였고 행렬의 곱셈을 알고 있었으며 역행렬의 개념을 도입하였다. 또한 연립방정식을 Cramer 규칙을 이용하여 푸는 방법을 알고 있었다. 그리고 행렬을 한 문자로 표현하여 행렬의 제곱, 합, 제곱근 구하기 등의 연산을 하였고 단위행렬을 1로 표기하였다.

연습 문제

1. 행렬의 발견으로 인하여 발생한 대수체계에서 중요한 사건은 무엇인가?

4.8 벡터, 복소수

벡터 개념은 속도와 같은 크기와 방향을 갖는 그리스 시대의 물리학의 내용에서 유래되었다. 예를 들면 기원전 4세기에 아리스토텔레스의 Mechanica에 다음과 같은 내용이 있다. 한 물체가 일정한 비로 움직일 때, 그 물체는 직선운동을 하고 이 직선은 주어진 비를 갖는 직선으로 이루어진 평행사변형의 대각선이다. 헤론(Heron of Alexandria, 100년경)은 그의 Mechanics에서 이 관념을 증명하였다. 소위 속도의 평행선이라 불리는, 두 운동의 벡터 합의 기본관념은 16,17세기에 물리장으로 일반화되었다. 이것은 뉴턴의 Principia의 서반부에 운동의 법칙으로 나타나있다. 이것은 '운동의 변화는 초기에 가해진 힘에 비례하고 그 힘이 가해진 직선방향으로 형성 된다'는 그의 운동 제2법칙에 의해서 증명되고, 임의의 힘은 그 힘이 대각선으로 하는 평행사변형의 두 변으로 분해된다는 이론을 정립하였지만 뉴턴은 벡터의 합을 생각하지는 못하였다. 그는 이러한 힘끼리의 대수적 연산을 고려하지는 못했지만, 대각선법에 의한 힘의 합성 개념은 학생이 벡터의 관념을 갖도록 하는 훌륭한 교수학적 도구이다. 좌표계의 수학적 관념을 가지는 이러한 물리적 관념의 출현은 베셀(Caspar Wessel, 1745-1818)의 1797년 논문에서 처음으로 논한 복소수의 기하학적 표현에 의해서 가장 적절하게 설명될 것이다. 베셀은 그의 논문 '방향의 분석적 표현에 관한 연구'에서 기지의 직선을 이용하여 미지의 직선(방향, 크기)을 구하는 방법을 논하였다. 이 과정에 나타나는 표현은 대수적으로 조작된다는 것이었고 특히, 주어진 벡터에 반대 방향을 나타낼 때 음의 부호를 사용하는 대신 방향 변환 방법을 대수적으로 표현하려하였다. 그의 목표와 해를 분석해 보는 것이 학생에게 중요한 개념을 새로운 상황으로 확장해 나가는 유추를 사용하는 방법을 설명하는 데에 매우 적절할 것이다. 그의 방법은 선형공간의 학습 도입부분에 적용하기에 매우 좋다. 베셀은 뉴턴과 직선의 합성 방법은 비슷하지만, 큰 차이점은 벡터를 대수적으로 조작했다는 점이다. 그는 특히 벡터 덧셈의 교환법칙이 성립함을 보였다. 또한 베셀은 벡터의 곱셈을 다음과 같이 정의하였다. 양의 단위를 갖고 같은 평면 위에 있는 벡터의 곱은 다시 그 평면 위에 있고 길이는 두 성분 직선의 길이의 곱과 같다. 또한 만일 모든 방향을 양의 단위로 측정한다면 방향각은 두 성분 직선의 방향각의 합과 같다. 이를 이용하여 복소수의 일반 성질을 유도하였다. 그의 가장 큰 업적은 단위의 평면에 있는 임의의 벡터(무향 직선)는 $a+b\varepsilon(\varepsilon^2=-1)$의 형태로 표현 될 수 있다는 것이었다. 현대적인 용어로 하면 1과 ε은 이차원 복소 공간의 기저가 된다는 것이다. 벡터의 덧셈은 계수의 덧셈으로 정의하고, 곱셈은 $(a+b\varepsilon)(c+d\varepsilon)=ac-bd+(ad+bc)\varepsilon$로 정의하여서 선형공간 뿐 아니라 대수로 규정하였다. 1837년에는 해밀턴(W. R. Hamilton, 1805-1865)이 복소수를 실수의 순서쌍 (a,b)로 정의하여 새로운 복소수이론을 개발하였다. 복소수를 원점에서 출발하는 선분의 끝 점의 좌표로 간주하는 것이었다. 따라서 $\sqrt{-1}$의 의미를 염려할 필요가 없어졌다. 즉 허수는 단순하게 순서쌍 (0, 1)로 표기하면 되고, 그의 제곱근은 (-1, 0)이 된다. 그리하면 $a+b\sqrt{-1}=(a,\ b)$이다. 더 중요한 사실은 그는 순서쌍의 기본 연산 규칙 즉, 결합법칙, 교환법칙, 배분법칙의 중요성을 깨달은 첫 번째 사람인 사실이다. 그리고 그는 이 사실을 3차원 공간으로 확장하고자 하였다. 그래서 기호방정식 $(a=a_1,\ \dots,\ a_n)$를 사용하였다. 또한 이들의 곱셈을 정의하는데 노력을 하였고 더욱이 곱셈의 결합, 교환, 배분법칙이 성립하는 방안을 생각하였다. 1888년에 페아노(Guiseppe Peano, 1858-1932)가 벡터를 추상적으로 정의하여 기하계산이 도입되었는데 그 것은 수 대신에 기하적 대상 즉 점, 선, 면 체적을 계산하는 것으로 대수계산과 유사한 조작체계이다. 또 선형체계를 정의하여 양의 덧셈과 스칼라 곱을 정의하였다. 덧셈은 교환, 결합법칙이 성립하며, 스칼라곱셈은 배분법칙과 결합법칙이 성립하는 오늘날의 선형공간의 공리가 만들어졌다. 그리고 선형계의 차원을 정의하였다.

4.9 논리대수

형식논리학은 고대 그리스의 철학자 아리스토텔레스에 의해서 처음으로 체계화된 이후 한동안 별 진보가 없었다. 그러다 19세기 후반에 수학적인 기호와 그 연산방법이 형식논리학에 도입되고 이론이 엄밀해지면서 연구 분야가 크게 확대되었다. 이것을 **기호논리학**(symbolic logic) 또는 **수리논리학**(mathematical logic)이라 한다. 수리논리학은 표의기호(ideogram)의 계산체계를 확립한 라이프니쯔에 의해 시작된 후 부울(George Boole, 1815-1864)이 최초로 체계화하여 명제, 연결사, 술어, 명제간의 관계 등을 기호화하였다. 이것에 대수적 방법을 구사하여 형식논리학으로서 수학의 중요한 분야가 되었다. 부울 이후 쉬뢰더(E. Schröder, 1841-1902), 프레게(G. Frege, 1848-1925), 러셀(B. Russell, 1872-1970), 쉬릭(Schlick, 1882～1936), 레이센바흐(H. Reichenbach, 1891-1953) 등 많은 학자들의 연구에 의해 학문으로 크게 발전하여 새로운 철학, 과학, 기술과 떨어질 수 없는 관계를 맺고 있다. 특히 명제논리학에 이은 수리논리학의 발달은 수학을 일반 언어가 거의 쓰이지 않는 형식과학을 만들었으며, 그 연구방법에도 크게 공헌하였다. 뿐만 아니라 물리학, 생물학, 심리학,

사회과학은 물론 전기회로, 컴퓨터, 신경계이론 등 실제적 응용에도 중요한 역할을 하고 있어서 현대과학의 기초 이론이 되었다.

4.10 부르바키학파의 원론(Element)

부르바키(Nicolas Bourbaki, 1816-1897)는 19세기의 그리스 장군이었다. 프랑스 낭시에는 그의 동상이 있다. 그러나 부르바키장군은 수학의 문외한이었다. 헤밍웨이, 피카소, 마티스는 어떤 까페에서 자주 만나 담소를 나누곤 하였다. 파리대학 근처의 좌측 강 언덕에 있는 그 까페에는 활기 넘치는 수학공동체가 번창하고 있었다. 수학자로 가득한 까페에는 숫자와 기호와 공간과 함수라는 똑같은 언어로 이야기하고 있어서 도취된 분위기였다. 그 시절 파리대학의 수학과에는 직업적인 배우를 초청하여 대학원생들 앞에서 니콜라스 부르바키의 연기를 하게하는 연례행사가 있었다. 그 때 수학적인 허튼소리로 긴 독백을 하는 원맨쇼를 하곤 했다. 현대수학이론이 풍부해지면서 수학용어 가운데에는 일상에서와 다른 의미로 쓰이는 방대한 어휘들이 생겨났기 때문에 공연은 아주 재미있었다. 그 일과 연관이 되어 그 공동체는 부르바키장군의 이름을 빌리기로 했다. 공동체의 구성원들은 익명을 고수했고, 수학적인 연구결과는 부르바키 이름으로 공동체의 성과로 인정되었다. 부르바키의 초기 구성원 중에 앙드레 베유(Andre Weil, 1906-1998)와 부르바키라는 공동 이름으로 출판된 많은 책의 주요 저자인 장 듀돈네(Jean Dieudonne, 1906-1992)가 있다. 구성원들이 모두 프랑스이면서 대부분이 미국에 살고 있었고, 부르바키의 출판물에는 소속이 낭카고(Nankago) 등으로 나와 있는데, 낭시와 시카고의 합성어이다. 1934년에 10여명의 프랑스 수학자들이 대학의 수학과 학생들을 위한 미적분학 교재를 저술할 계획에 대하여 논의하던 중에 브루바키 원론의 제작을 결정한 것이다. 그들은 데데킨트와 힐베르트의 연구방법을 좇아서 부르바키는 현대의 수학을 최소한의 기본적이고 공리화된 수학의 구조로 서술하는 방법을 모색하였다. 또한 가급적이면 많은 분야의 수학내용을 포함하는 최소한의 구조 안에 두려는 노력 때문에 해석적 정수론, 일반위상수학 등의 영역을 포함하지 않았다. 부르바키는 힐베르트의 공리론적 방법을 서로 무관한 수학 내용 간에 숨어있는 깊은 관계를 발견해내고 다수의 수학영역을 통합하는 강력한 추상적 도구로 받아들였다. 수학자들은 자신이 관심 없는 분야는 철저히 무시하고 관심밖에 있는 분야를 연구하는 동료들의 언어와 용어조차 이해하지 못한다. 더구나 자치적 집단 간에 목표, 방법 심지어는 언어까지도 점점 더 격리되어 수학이 하나인지, 여러 종류인지를 알 수 없게 되었다. 물론 이 문제는 수학을 체계화하기 시작할 때부터 발생한 것이지만 시간이 흐를수록 문제가 더욱 심각해지고 있다. 이 문제를 해결하기 위하여 부르바키는 수학을 통합하는 원론을 발간하였다.

❖ 메모

제2장 수학의 기초론

그러면 수학에서 지식의 구조는 무엇인가? 지식의 구조는 학자들이 해당분야를 연구할 때 쓰는 기본개념과 원리, 핵심적 아이디어 등이란 정의를 수용한다면, 수학에서의 지식의 구조는 수학자들이 해당분야를 연구할 때 쓰는 기본개념과 원리, 핵심적 아이디어 등이 될 것이다. 그러면 그 것들은 어디에서 찾는가. 지금까지 진행된 수리철학 또는 수학 기초론을 비교, 분석한 후에 수학자들이 주장한 수학의 본질을 규명하고, 그에 따른 수학교육심리학을 고찰하기로 한다.

01 수리철학의 형성

수학의 태동인 수론이나 기하학에서 용어의 의미, 진리는 수학에서 얻어지는지 즉, 수학적 진리를 획득할 가능성의 문제와 수학은 어떤 지식인가, 기하학과 수론은 실체에 적용될 수 있는가 등의 질문이 동서고금을 통하여 이어지고 있다. 이것은 의미, 진리, 실체, 지식에 관한 매우 일반적이고 기본적인 질문으로서 철학의 문제이다. 수리 철학은 고대 이집트와 바빌론의 생활을 위한 계산법을 공리계와 엄밀한 연역체계로 고대 그리스 수학자들이 정리하는 과정에서 피타고라스학파가 발견한 무리수, 제논의 무한에 관한 역설, 유크리트 기하학의 공리, 삼단논법 등에서 싹이 트고, 플라톤이 자연수를 이데아와 변화하는 것의 중간자로 이해하면서 시작되었다고 보아야 한다. 플라톤은 국가론에서 수론은 지성으로 하여금 탐구를 하도록 전면적으로 권유하는 학문이라고 말하면서 수 1을 주제로 다음과 같은 예를 든다. 1은 시각이나 다른 감각으로 파악되지 않기 때문에 1자체가 무엇인지를 사고 작용을 가동하여 탐구하는 과정에서 생성으로부터 실재의 고찰로 인도되는 것이므로, 수와 관련된 산술과 수론은 눈에 보이지 않는 대상이고 사고할 수 있을 뿐이다. 또한 기하학은 생성되어 소멸되는 것이 아닌, 항상 존재하는 것을 알기 위함이다. 이와 같이 고대의 수리철학은 자연수나 기본적인 도형과 같은 극히 초보적인 수학적 대상의 본질을 규명하는 수준에서 그쳤다. 칸트(I. Kant, 1724-1804)에 이르러서는,

수학은 경험에 의하지 않고 순수이성만의 연속적인 확장으로 이루어지는 가장 좋은 예로 간주하여서, '수학적'이라 부르는 명백한 확실성을 얻는 방법과 철학자들이 철학에서 동종의 확실성을 얻으려는 노력에 의한 방법이 같은지를 아는 것을 매우 중요하게 생각하였다. (From the discipline of pure reason, I. Kant, translated by N. K. Smith, 1933) 또한 철학과 수학의 지식은 형식만 다를 뿐, 대상이나 내용에 무관하고 이성을 통하여 얻는 동일한 지식이라고 생각하였고, 범주(category) 중에서 분량을 시간의 직관으로 적용하기 위한 매개자 즉 도식을 자연수로 보게 된다. 또한 칸트는 가장 큰 자연수는 없고 무한수 또는 초한수도 없으며 기하에서도 가장 큰 길이를 갖는 선과 무한히 긴 선은 없다고 보았다. 그는 실무한은 없고 잠재적 무한만을 인정하여, 아리스토텔레스가 인용한 제논의 잠재무한과 같은 개념만을 인정하였다. 이러한 공간에 관한 철학은 비유크리트 기하학이 도입되면서 완전히 무너지고 말았다. 그 후 갈리레오와 데까르트, 뉴턴과 라이프니츠의 무한소의 개념, 해석기하학, 미적분학, 수리물리 등이 연구되었으나 그 양이 방대하고 복잡하여 아직까지 그들에 관한 완전한 연구가 진행 중이다. 근세에 와서는 미분적분학의 발견과 함께 '자연수'로부터 '연속된 양'의 본질을 규명하려는 노력으로 수리철학의 과제가 확대된다. 그러나 당시까지도 수리철학이 수학의 발전과 그다지 밀접한 관계에 있다고는 볼 수 없었다. 그러나 20세기에 접어들면서부터는 상황이 전혀 달라진다. 19세기 말에 칸토르(G. Cantor, 1845-1918)는 수학의 흐름을 바꾸어 놓게 하는 새로운 방법인 집합론을 창안한다. 집합론의 중심과제가 무한집합을 통해 '무한'의 본질을 규명하고 추구하는 것에 있었다. 그리하여 이 이론이 수학의 각 분야에서 비약적인 발전을 하게하고 20세기의 수학에 새로운 장을 열게 하였다. 집합론의 발전에 따라 '집합'이 '수'보다 한층 더 근본적인 개념으로 인식하게 된다. 즉 집합론을 이끄는 수학자들이 자연수를 비롯한 여러 가지 수학적인 기본개념을 '집합'에 의해 정의할 수 있다는 의미로 받아들이게 되었다. 그러나 1895년에서·1910년 사이에 집합론에 관한 몇 가지의 역설이 등장하였다. 처음 발표된 것은 칸토르 자신이 발견한 내용이기도 한 약간의 기술적인 문제인, 정렬된 서수(ordinal number)의 수열에는 반드시 제일 큰 서수가 존재해야한다는 부랄리-포르티(C. Burali-Forti)의 역리가 발견되고(M. Kline, 1908-1991), 1902년에 러셀(B. D. Russell, 1872-1970)은 칸토어의 집합론에 역설(paradox)을 발견하였는데, 러셀의 역리는 내용이 간명하면서도 수학의 가장 기초적인 면에 관련되고 있었기 때문에 이 역설은 수학을 뿌리부터 흔들리게 하였다. 이 역설은 다음과 같다.

정 리

임의의 x에 관한 어떤 명제를 $P(x)$로 적을 때 명제 $P(x)$를 충족시키는 x들의 전체를 기호로 $\{x \mid P(x)\}$라 하고 이를 R이라고 하자. 즉 $R=\{x \mid P(x)\}$이다. 이때 R을 특별히 집합이라 하고 명제 $P(x)$를 특별히 $x \notin x$(즉 어떤 x가 그 자신을 원소로 갖지 않는 x를 뜻함)라고 하면 다음을 얻는다.

$$A \in R \Rightarrow A \notin R$$
$$A \notin R \Rightarrow A \in R$$

이 내용은 명확히 모순이다.

이 모순은 무엇에 기인하여 생기는 것일까? 이 역설을 분석해 보면 그 내용이 $x \notin x$와 무제한적인 '전체의 집합'과 같은 개념만으로 구성되어 있다. 이들 개념이 통상적으로는 잘 쓰이지 않으나 이 개념에 의해 역리가 야기되었기 때문에 '집합'과 '모임전체'에 의해 정의되는 개념이 수학의 기초가 된다는 점에 문제의 심각성이 있었다. 그 후 이를 극복하기 위한 쩨르멜로(Ernst F. Zermelo, 1871-1953)와 폰 노이만(von Neumann, 1903-1957) 등의 몇 가지의 대안이 제시되었지만, 집합을 무엇으로 정의하여야 하는가 등의 매우 심각한 질문이 쇄도되었다. 러셀(Bertrand Russell, 1872-1970), 브로우베르(L. E. J. Brouwer, 1881-1966), 힐베르트(David Hilbert, 1862-1943)들은 집합을 무엇이라고 정의하느냐에 대해서뿐만 아니라 문제의 엄밀성을 위해 개념수정의 방법과 추론형식을 정밀화하여야 함이 무엇보다 긴요하다는 인식을 하게 된다. 이러한 일련의 문제가 종국에는 "수학이란 무엇인가?"라는 문제로 귀착된다. 수학의 연구 분야를 크게 둘로 구분한다면 하나는 현재까지의 축적된 수학적 지식을 기초로 하여 이를 한층 더 발전시켜 새로운 지식과 이론을 개발하거나 넓혀 나가는 것이고, 다른 하나는 현재의 수학이 무엇을 근거로 하고 그것의 진리성이 보장되는가를 명확히 밝히려는 분야이다. 이 중에서 후자, 즉 수학의 기초를 이루는 근거를 밝히려는 연구는 고대 그리스 시대부터 오늘에 이르기까지 형태나 규모는 다소 다르지만 꾸준히 노력해 왔었다. 그러나 집합론에서 비롯된 역리가 발견되면서부터 이 연구가 수학에서 심각하고 절실한 당면문제로 요청되며 이 분야가 하나의 고유한 분야로 발전되어 오면서 오늘날에는 주목받는 학문적 영역으로 그 위치가 확립되었다. 과거 얼마 동안은 이 분야를 수리철학이라든가 수리논리학 또는 수학사상사 등 여러 가지로 호칭되었으나 1950년경부터는 고유한 연구방법과 고유한 연구 성과를 거둠에 따라 깊은 연관성이 있는 이들 분야를 하나의 통일된 연구영역으로 삼게 되어 이를 수학기초론(Foundation of Mathematics)이라고 부르게 되었다. 수학기초론의 과제로는 앞에서 언급한 물음 외에도 논리적으로 옳음(참)이란 무엇인가? 어떤 근거에서 무한의 개념을 인식할 수 있는가? 논리의 법칙은 현재까지 알려진 것이다 고 할 수 있는가? 현재의 집합론의 공리는 완성되었는가?)즉 집합론의 공리가 현재 사용되는 것 외에 더 필요하지 않은가?) 수학에는 모순이 없는가? 등등이 있다. 이러한 물음에 대한 근본적인 고찰의 방법에 따라 세 가지의 서로 대립된 철학적 입장을 낳게 하였다. 러셀의 논리주의, 브로우베르의 직관주의, 힐베르트의 형식주의가 그것이다. 이는 당시의 수리철학의 큰 흐름을 이루는 가닥을 이루었다.

02 수학기초론의 발전과 비판

우선, 데까르트의 수학의 논리화, 포앙카레(Henri Poincaré, 1854-1912)의 직관, 힐베르트의 기호논리의 수치화에서 비롯된 논리주의, 직관주의, 형식주의를 소개하고 그들에 대한 비판을 요약한 다음, 세 학파를 부정하는 어네스트(Paul Ernest, 1944-)로 대표되는 무소속학파의 이론과 그에 따른 비판을 정리한다. 마지막으로 부르바키학파의 수학의 통합에 관하여 논의하기로 한다.

2.1 논리주의

집합론의 공리화에 대한 논쟁과 불만족이 야기되면서 수학에서 논리의 역할에 대한 관심이 부활되었다. 논리주의란 한마디로 수학을 논리학으로 환원할 수 있다고 주장하는 입장이다. 현대적인 논리주의의 원류는 17세기의 데카르트에서 비롯되었다. 그는 수학과 자연과학의 연구에 흥미를 갖고 그동안 터득한 모든 학문적인 방법 특히 수학의 방법에 입각해서 확실하고도 명증적인 인식으로서의 학문을 확립하려고 하였다. 즉 종합과 분석의 수학적인 방법에 의해서 물질을 모습이나 크기와 같은 순수하게 기하학적인 성질에 의해서 파악하려고 시도하였다. 그는 알콰리즈미(al-Khowarizmi, 800경-847경)의 대수연산의 기하학적인 배경을 확장하여 대수문제를 기하학적으로 해석하였고 또한 기호적 대수학에 심취하였다. 이러한 실존철학을 바탕으로 하여 실존적인 수학을 순수하게 수학으로 보지 않고 논리적인 성격을 갖춘 훨씬 더 일반적인 원리방법에서 수학의 기초를 세울 것을 시도하였다. 그 후 이러한 사조에 깊은 관심을 품었던 라이프니츠는 과학자이며 신학자인 룰(Raymond Lull, 1235-1315)이 모든 추론에 적용할 수 있는 일반적인 논리과학의 개념을 소개한 저서 Ars Magna et Ultim에서 밝힌 관념에 일찍이 심취하여, 수학뿐만 아니라 추론일반에서 계산이 적용될 수 있을 것으로 확신하였다. 1666년에는 그의 저서 De

Arte Combinatoria에서 일반적인 추론체계를 계획한 이후로, 논리합, 논리곱, 논리적 항등, 논리적 부정, 공집합의 개념과 포함관계, 1대1대응, 다대일 대응은 대칭성, 추이성을 갖는 등의 논리대수를 정립하였다. 즉, 모든 추론을 계산으로 환원할 수 있는 보편적인 방법이 될 수 있다고 확신하였다. 당시에는 라이프니츠의 업적이 완성되지도, 책으로 발간되지도 않았지만 수리논리학의 개척자인 것은 분명하다. 그 후 드모르간(Augustus De Morgan, 1806-1871)은 저서인 Formal Logic(1847)에서 아리스토텔레스의 논리를 개선하였고, 기호논리에서 드모르간 법칙을 소개하였다. 또한 언어의 기호화가 논리를 엄밀화 한다고 확신한 불(George Boole, 1815-1864), 명제와 명제함수를 구분하여 명제연산을 발전시킨 퍼스(Charles S. Peirce, 1809-1880) 등이 논리대수의 창설을 위한 기초를 구축하였으며 관계의 논리를 규명하는 다음 단계로 발전하게 한다. 논리주의의 구상을 실현하기 위해서는 먼저 수학 자체를 공리계로 건설하여야 한다. 이 역할은 제나(Jena) 대학의 교수였던 프레게(Gottlob Frege, 1848-1925)가 주도하였다. 퍼스와는 독립적으로 변수, 한정사, 명제함수를 확장하여 사용한 프레게는 그의 저서 Begriffsschrift(Calculus of Concepts, 1879)에서 논리의 공리론적 기초를 확립하였다. 또한 그는 명제의 함의(implication)를 소개하여 수학 논리를 좀 더 쉽게 만들었으며 순서관계와 같은 관계의 논리를 도입하였다. 다양한 수학의 각 분야의 모든 개념을 산술(자연수론)의 용어로 정의하는 과제는, 오직 산술만이 무리수 이론을 엄밀하게 할 수 있다고 믿은 데데킨트, 기하학적인 직관을 수량화하여 ϵ-δ방법을 도입한 바이어슈트라스, 자연수를 공리화한 페아노 등에 의해 연구가 크게 전진되었다. 이 과정에서 데데킨트, 바이어슈트라스, 칸토어에 의해 연구된 실수론은 논리주의 사상의 중심적인 역할을 하게 되며 이 실수론에서 실수는 유리수의 어떤 집합인 절단(Dedekind cut)에 의해 정의된다. 자연수론의 공리화는 페아노가 이를 완성한다. 그러나 페아노가 공리화한 자연수 체계에서 공리계는 자연수뿐만 아니라 정수, 유리수, 실수 등의 임의의 자연수의 무한수열이 이를 만족하게 된다. 이러한 구체적인 공리위에 논리학을 세운 후에 프레게는 그의 진정한 목적인 논리의 확장으로서 수학을 구축하려하였고 산술론의 원시개념을 논리학의 개념으로 환원하려는 구상을 하게 되었다. 그러나 논리대수에서 도입한 독특한 기호가 난해했기 때문에 그의 연구는 당시의 학자들로부터 주목을 받지 못하였으나 그 후에 러셀에 의해서 프레게의 구상이 재조명되었다. 러셀은 1903년에 수학이 논리학으로 귀착시킬 수 있다는 가능성을 철학적이고도 논리적인 기초에서 보여주는 저서인 수학원리(The Principles of Mathematics)를 발표하고, 그 후 화이트헤드(Alfred North Whitehead, 1861-1947)와의 공저인 수학원리(Principia Mathematics 3 vols., 1910-1913)를 통해 그의 논리주의 사상을 완성하였다. 논리주의학파는 수학을 어떠한 공리도 따르지 않고 다만 순수한 논리만으로 전개한다. 그들은 수학의 표현을 완벽하게 하기 위해 이들의 기호를 먼저 재건설하고 수학의 기본개념의 논리적 분석을 완벽하게 하여 수학을 체계화된 논리학에서 도출하는 방법을 실현한 것이다. 논리의 전개는 연속되는 추론에 사용될 정리에서 유도되는 몇 가지의 논리의 공리로 구성된다. 따라서 논리의 법칙은 주어진 공리에서 파생되는 내용도 수용하고, 기본 명제, 명제함수, 명제의 부정, 두 명제의 합의 개념과 같은 무정의 개념을 포함한다. 그리고 논리주의 학파에게는 논리의 가정과 결과는 임의적이고 또한 형식적이다. 즉 그 안에는 아무런 내용은 없고 다만 형식만이 존재한다. 따라서 수나 기하학적 개념에 붙여진 물리학적인 의미는 수학의 대상이 아니라는 것이다.

2.1.1 비판

논리주의에 대한 비판은 주로 Principia Mathematics에 포함되어 있는 형의 이론[1], 회원의 공리, 무한공리[2], 선택공리에 집중되었다. 그것은 이들 대부분의 공리가 논리주의에서 내세운 논리적인 원리로 간주할 수 없다는 비판으로 요약된다.

집합론에 나타난 역리가 "모든…" 또는 "…인 전체"의 개념과 연관된다. 원소와 집합 사이에는 그의 계층이 다른데도 불구하고 혼동하는 데서 역리가 비롯된다고 보고 형의 이론(theory of types)을 창안하게 된다. 이 이론에 의해 역리는 극복된다. 이 형의 이론은 일반적으로 해석학에서 기초가 되는 극한의 존재정리와 같은 증명법이나 추론법을 수용할 수 없기 때문에 형의 이론에 맞춰서 수학을 건설한다면 수학의 전개는 상상을 초월하는 복잡함을 피할 수 없다. 이를 피하기 위해서는 환원공리(axiom of reducibility)가 요청된다. 이 공리는 "어떠한 형의 명제라 하여도 그것과 동치인 제1형인 명제가 존재한다. 즉, 어떤 형의 명제라 하여도 가장 낮은 형의 명제로 환원할 수 있다."를 요구한다. 이 공리가 논리학의 공리라고 단정할 수 없다는 비판 외에도 여러 면에서 비판을 받았다. 심지어는 이 공리가 논리적 필연성이 없는 행운의 우연이라고 평가하기도 하였다. 또한 환원공리를 사용하지 않고는 증명할 수 없는 것은 증명할 가치가 없는 것일 뿐이다. 더구나 러셀과 화이트헤드의 체계는 완전하지 못하였고 많은 내용이 애매모호하다. 전반적인 논리주의 입장에 대한 철학적 비판은 다음과 같다. 만약에 논리주의의 관점이 옳다면 모든 수학은 사고의 법칙에 따르는 정리로 구성된 철저하게 형식적이고 논리-연역적인 과학이어야 한다. 그런데 그러한 사고의 법칙의 연역적인 노력만으로 음향학, 전자기학 등의 광범하고 다양한 자연현상을 어떻게 표현할 수 있을 것인가? 그리고 역학을 설명할 수

1) 형의 이론은 먼저 개체 하나하나를 제0형으로 또 개체의 집합은 제1형으로, 개체의 집합의 집합을 제2형으로 하는 방법으로 구성한다. 이때 "X가 A에 속한다"라 할 때 A는 X보다 고차인 형임을 요구한다. 그렇기 하면 "어떤 자신에 속하는 집합"은 자연히 구성할 수 없게 되고 역리가 극복된다.

2) 무한공리란 집합론에서 무한집합의 존재성을 보장하기 위해 요구되는 공리다. 내용은 "X가 어떤 원소를 가지면 그 원소의 후자도 갖는다"이며 선택의 공리내용은 "공집합이 아닌 집합을 원소로 하는 어떤 집합에서 각 원소집합으로부터 다시 원소를 하나씩만 선택하여 이루어지는 새로운 집합이 존재한다"이다.

있는가? 더구나 수학적의 창조할 때에는, 개념이나 상상력을 수반하는 직관은 경험과 무관하게 새로운 개념을 공급해야만 한다. 그렇지 않으면 새로운 지식이 어떻게 생성되겠는가? 논리주의의 프로그램의 형식화로는 수학에 어떠한 실재론적인 의미를 가져다주지 못하게 되어 핵심이 없는 껍질만을 표현하게 될 뿐이다. 푸앵카레(Henri Poincare', 1854-1912)가 그의 저서 Foundations of Science(p. 483)에서 지적한 바와 같이 논리주의 이론은 매우 빈약하고 모순을 범할 위험을 포함하고 있다. 이러한 비판에도 불구하고 논리주의철학은 많은 수학자들에게 받아들여졌으며 러셀과 화이트헤드의 논리는 완전한 기호형식 체계안에서 논리의 철저한 공리화를 이루어 냈으며 수학적 논리라는 분야에 기여한 바가 매우 큰 것은 사실이다.

또한 Principia Mathematics에서 도입한 무한공리와 선택공리가 수학의 공리는 될 수 있을 수도 있으나 이를 논리학의 공리로는 볼 수 없다는 맹렬한 비판을 받았다. 무한공리가 자연수론에 대해 타당성을 주장한 근거가 전혀 없을 뿐만 아니라 이 공리가 진실하다고 단정할 근거가 없으면서도 산술의 모든 구조가 본질적으로 이 공리의 진실성에 근거하고 있음을 비판하고 있다. 그리고 선택공리는 수학사에서 보기 드물게 오랫동안 그의 신비성이 벗겨지지 않은 공리이다.

2.2 직관주의

논리주의와 마찬가지로 19세기 말에 직관주의가 발전하여 오다가 1920년대에 와서 집합론에서 야기된 역리를 극복하기 위한 노력에서 이 사조가 비롯되었으며 주로 네델란드의 브로우베르(Luitzen Egbertus Jean Brouwer, 1881-1966)와 그의 후계자들에 의해 발전되었다. 그러나 그보다 약 반세기 앞서 1870년대와 1880년대에 크로네커(L. Kronecker, 1823-1891)에게는 바이어스트라스의 엄밀성이나 칸토르의 초한수와 집합론이란 수학이 아니라 수비주의(mysticism)와 같은 것으로 간주하였고 0과 자연수는 직관적으로 분명하기 때문에 수용하면서 자연수는 신이 인간에게 준 선물이고 나머지 수는 인간이 필요에 의해서 만든 것이므로 의심의 여지가 있다고 하였다. 또한 1887년에 발간한 논문 Über den Zahlbegriff(On the number concept)에서는 분수와 같이 0과 자연수만으로 구성되는 수의 형태를 정의하는 방법을 제시하면서 분수와 같은 수는 기호의 편리함 때문에 수용하였지만 무리수와 연속함수의 이론을 배척하였다. 즉 정수만으로 이루어지는 해석학을 원하였던 것이다. 또한 크로네커는 대다수의 수학내용이 유한번의 단계로 결정되는 구성적인 방법과 규준으로 만들어지는 수학만을 찬성하였다. 그 한 예로 π가 초한무리수임을 증명한 린더만(C. L. F. Lindermann, 1852-1939)에게 크로네커는 π에 관한 당신의 아름다운 통찰은 과연 어디에 사용되는가? 무리수란 존재하지도 않는 수인데 왜 그러한 문제를 연구하는가? 라고 할 정도였다. 그러나 당시에는 학계의 주목을 끌지 못하였다. 그 다음으로 직관주의를 열렬하게 지지한 사람은 당시 프랑스가 낳은 세기의 수학자 푸앵카레이다. 푸앵카레가 집합론의 역리를 본 다음 칸토어의 집합론을 수학으로부터 추방해야 한다고 주장하면서 그 역시 유한번의 문자로 정의될 수 없는 개념을 반대하였다. 따라서 초한수만큼의 집합에서 선택한 원소로 이루어지는 얻는 집합은 실제로 정의될 수 없기 때문에 선택공리를 부정하였고, 크로네커와 마찬가지로 수학의 모든 정의와 증명은 구성적이어야 한다고 주장하였다. 그러나 준직관주의자로 불리는 베르(R. Baire, 1874-1932), 르베그(H. Lebesgue,1875-1941), 보렐(É. Borel, 1871-1956)과 같은 파리의 젊은 수학자들에 의한 일련의 학술적 활동과 논리주의를 비판하면서 주고받은 그들의 편지 내용이 크로네커보다 영향력이 더 컸다. 보렐은 정수가 공리에 의해서 정의할 수 없다는 푸앵카레의 주장에 찬성하면서 선택공리를 비판하였다. 그러나 위의 모든 직관주의적인 반대는 산발적이고 단편적인 것이었다. 1907년에 출판된 브로우베르의 박사학위논문인 수학기초론에 관하여(On the Foundations of Mathematics)에서 직관주의적인 사상이 담긴 이론이 크게 주목을 끌게 된다. 그 후 브로우베르의 직관주의적 입장이 학계에 넓게 유포되었으면 그들이 크게 활동한 시기는 1918년으로부터 약 10년 사이이다. 브로우베르의 직관주의는 폭넓은 철학에서 유래되었다. 브로우베르에 의하면 수학은 이론적인 논리로 표현되는 수학적 언어와는 완전히 다른 것으로서, 시간 이동의 지각에서 유래되는 언어가 없는 정신적 행동으로 규정하였다. 여기에서 시간이동이란 특정한 상황마다 연속되는 지각(perception)을 둘(two-ities)로 나누어 전자가 후자의 길을 열고 그 후 전자는 기억 속에 보전되는 것을 말하고, 모든 둘의 공통 성질 즉, n과 n+1과의 관계를 빈 형태(empty form)라고 정의하고 빈형태를 수학의 기본적인 직관이라고 하였다. 그리고 이러한 기본적인 직관이 수학의 원천적인 직관이고 이 원천적인 직관이 수없이 반복되면서 새로운 수학을 만들어 간다고 보았다. 이러한 아이디어는 칸트가 말했던 시간직관에서 도출되는 0과 자연수의 개념과 같다(Brouwer 1952). 브로우베르가 지칭하는 수학적 존재란 결코 선험적(a priori)으로 얻어지는 것이 아니며 우리의 수학적 사고라는 지적인 구성에 의해 생성되는 것이다. 우리는 어떤 물건의 개수를 세거나 차례를 매기는데 1, 2, 3, …과 같은 자연수를 이용하지만 이때 물건의 개수를 세거나 순서를 매기는 것과는 독립해서 따로 자연수라는 것이 존재한다고 보지 않고 반대로 물건을 세거나 순서를 매기는데서 자연수라는 수학적 존재가 순차적으로 만들어지는 것으로 직관주의자는 본다. 또한 자연수는 빈형태인 n에서 $n+1$로 가는 단계를 수없이 반복하면서 무한집합을 형성해가는 것으로 보았으나 칸토르식의 실무한을 부정하고 아리스토텔레스의 잠재무한만을 인정하였다. 또한 자연수의 기수보다 실수의 기수가 더 크다는 유명한 칸토르의 대각선논법을 통한 증명을 직관주의자들은 거부한다. 브로우베르에 의하면 사고란 완벽하게 기호화할 수 없는 것이고 수학적 아이디어란 언어로 만든 의상과는 아무런 관련이 없으며 논리는 언어의 일부분이기 때문에 수학을 어떤 논리체계 안에서 구성할 수는 없는 것이다. 수학에서의 가장 중요한 진보는 논리적 형태를 완벽하게 만드는 것이 아니라 기초적인 이론 그 자체를 수정 보완하는 것이다. 논리는 수학을 따르지만 수학은 논리를 따르지 않는다. 수학은 어디까지나 수학적 직관에 의해 도출되며 수학적 직관에 의해 추론할 수 있다 하고 추론을 따라가면 일정한 법칙을 발견할 수 있게 된다고 주장한다. 이러한 관점에서 볼 때 논리보다 수학적 사고가 한층 더 기초적이라고 할 수 있다고 한다. 이러한 주장에서 직관주의가 논리주의와 대립됨을 쉽게 알 수 있다. 직관주의자들은 수학적 귀납법은 받아들이고 있다. 왜냐하면 수학적 귀납법으로 어떤 성질이 모든 자연수에 대해 성립함을 보이기 위해서는 무한히 많은 자연수 모두에 대해 일일이 확인할 필요가 없으며 임의로 잡은 어떤 자연수 n에 대하여 그 성질이 성립함을 보이면 충분하다는 뜻이다. 이러한 논법은 분명히 구성적이다. 왜냐하면 자연수 하나하나에 이르기 위해서는 유한과정에서 가능하기 때문이다. 직관주의의 입장에서는 수에 관한 한 어떠한 수학적 명제라 하여도 구성적인 증명이 아니면 그것을 참이라고 주장할 수 없다고 본다. 또한 직관주의자는 모든 단계에서 존재하거나, 존재하지 않거나 또는 긍정적이거나, 부정적이거나 만이 존재하는 배중률(The law of excluded middle)을 거부한다. 직관주의자는 참· 거짓의 중간인 가능성을 용납하고 어떤 명제가 참도 거짓도 아니라 하여도 충분히 의미만 있으면 명제로 받아들이는 입장이다. 수학사에서 유명한 골드바흐(C. Goldbach, 1690-1764)의 예상문제 "모든 짝수는 두 소수의 합으로 표시 된다"는 오랫동안 많은 수학자가 증명하려고 시도하였으나 아직 그 명제의 증명도 반증도 발견하지 못한 채 숙제로 남아 있다. 따라서 이 골드바흐의 예상은 참도 아니며 거짓도 아니다. 직관주의에서는 초월적인 정의나 증명을 피하고 구성적인 정의나 증명만을 허용하기 때문에 대부분의 수학자가 직관주의를 외면한다. 직관주의의 이 같은 요구 때문에 구성주의와 혼돈되는 경우가 많다. 구성적인 방법이 직관주의의 수단으로는 될 수 있으나 직관주의의 본질적인 것은 아니다. 당 시대의 사상가 바일(H. Weyl, 1885-1955)은 비구성적인 증명은 마치 보물이 있다고 하면서 그의 위치는 밝힐 수 없는 것과 같다고 하면서 유크리트의 소수의 무한성의 증명을 부정한다. 바일은 "브로우베르의 철학은 최고의 인식론적인 의미를 갖게 하는 일이다"라고 격찬하였다. 그러나 무한론을 절대적으로 요구하여야 하는 대부분의 수학자들로부터 브로우베르 사상이 냉대를 받아왔다. 1950년대 말에 와서 브로우베르의 제자 헤이팅 A. Heyting(1898-1980)이 직관주의사상을 명확히 하였으며, 직관주의 입장에서 수리철학과 수학의 여러 분야를 재조명하여서 직관주의적 수학을 구성한 결과 그것이 현대수학과 별 차이 없이 성립하는 것이 실증되었다. 직관주의적 논리에서 가장 뚜렷한 특성은 무한에 연관된 배중률의 거부와 실무한의 거부라 하겠다. 이러한 요구 때문에 수학에서 고전해석학과 집합론의 대부분을 포기하여야 한다. 이를 두고 힐베르트(David Hilbert, 1862-1943)는 "수학자에게 배중률을 포기하라는 것은 천문학자에게 망원경을, 권투선수에게 주먹을 쓰지 못하게 하는 것과 같다"고 신랄하게 직관주의를 비판하였다. 그래서 대부분의 수학자들이 직관주의의 사상을 받아들일 수 없다고 보고 있다.

2.3 형식주의

직관주의자들의 고전적인 해석학에 대한 비판에 맞대응하고 집합론의 역설을 피하면서 수학의 본질을 내용이나 의미가 없는 하나의 형식의 조작으로 귀착시키려는 움직임은 힐베르트가 1904년에 열린 제 3회 수학자 국제회의에 제출된 보고서 "논리학과 수학과의 기초론에 관하여(Uber die Grundlagen der Logik und der Arithmetik)"에서 처음 제시되었다. 그는 무리수의 존재를 부정하는 크로네커의 주장에 반대하고 칸토르의 업적을 존중하면서 실무한을 받아들였다. 당시에 그의 의도는 집합론의 이론을 사용하지 않는 수체계의 기초를 마련하고 산술의 무모순성[3]을 정립하는 데에 있었다. 그 이유는 힐베르트는 기하학의 무모순성을 산술의 무모순성으로 환원하려고 하였기 때문에 산술의 무모순성의 증명에 크게 관심을 두었다. 그 후 1920에서 1930년 사이에는 그와 그의 제자인 베르나이스(P. Bernays, 1888-1977), 에커만(A. Ackerman, 1896-1962), 노이만 등에 의한 일련의 보고서와 논문을 통해 이 구상을 보다 더 상세히 검토 받게 하였다. 그러나 그의 구상을 좀 더 완전하게 기술한 것은 베르나이스와 공저인 수학의 기초을 통해 학계에 넓게 유포되었다. 수학의 기초론에 대한 힐베르트의 기본적인 구상에 따르면 고전수학을 먼저 형식적인 공리체계로 한 다음 그 체계의 무모순성을 증명하려는 것이다. 그러기 위해 첫째로는 산술(자연수론)을, 둘째로는 해석학을, 셋째로는 집합론을 각각 공리적인 체계로 형식화하려고 하였다. 여기서 산술은 페아노의 공리를 택하고 집합론은 체르멜로(E. Zermelo, 1871-1956)의 공리를 기초로 삼았다. 수학의 무모순성을 증명하기 위해서는 먼저 수학의 증명 자체를 연구대상으로 하여야 한다. 이러한 방법을 증명론(Beweistheories, or Proof theory) 또는 초수학(metamathematics)이라 한다. 또한 무한 개념의 도입을 피하기 위하여 증명론에서는 유한방법론만을 사용하였다. 프레게와 러셀의 연구에 의해 당시 이미 기호논리학이 상당한 수준에 도달하였으나 힐베르트는 그의 구상을 실현하기 위해 새로이 개발한 다음과 같은 체계를 채택하였다. 즉, 수학의 증명 자체를 연구 대상으로 하는 데에는 정밀하고 엄격한 논의를 위해 수학의 증명을 표현하는 문장(명제)의 다의성과 모호성이 개입되지 않아야 함이 절대로 요구된다. 그러기 위해서는 몇 개의 기호에 의한

3) 한 체계의 무모순성이란 그 체계에 속하는 어떤 명제 P에 대하여 P와 P의 부정인 ~P 모두가 증명되지 않는다는 뜻이다. 또한 체계의 완전성이란 임의의 명제 P에 대하여 P 또는 그것의 부정인 ~P가 항상 증명이 될 때를 의미한다.

인위적인 언어를 논리학적인 방법으로 도입하고 이로부터 수학적인 명제를 기호와 기호의 열로 나타내야 한다. 이때 이 기호는 그 명제의 내용 또는 의미를 완전히 제거하고 수학적이거나 논리적인 추론을 기호 또는 기호의 열의 변형규칙으로 삼는다. 이와 같이 수학을 내용 또는 뜻이 없는 완전한 형식으로 보고 기호와 기호의 열을 변형규칙에 따라 직관적 고찰에 의해 수학의 논리적 구조를 규명하려는 것이 형식주의의 방법이다. 따라서 형식주의자들에게는 수의 법칙의 의미, 명제의 참 거짓, 수의 존재성 등 물음 자체가 무의미하다. 힐베르트는 1925년의 논문 "무한에 관하여(Uber das Unendliche)"에서 내용이나 의미가 명확한 수학문제는 언젠가는 반드시 풀릴 것이라고 다음과 같이 진술하고 있다.

정 리

기하학과 물리학에서 무모순성의 증명은 산술의 무모순성으로 환원함으로서 완성된다. 그리고 우리학파의 초수학의 방법으로 산술의 무모순성을 증명할 수가 있다. 따라서 초수학은 모든 수학의 구조의 초석이 되는 것이다.

그러나 러셀은 힐베르트의 형식주의를 두 가지 면에서 이를 비판하고 있다. 첫째는 산술체계에 대해 형식주의자는 통상적인 산술의 여러 명제를 공리계로부터 어떤 방법으로 도출할 것인가에 대해서만 노력하고 있다. 그렇기 때문에 수 그 자체가 무엇인가에 대해서는 아무런 뜻이 없다. 가령 기호 0이 임의의 한 유한수를 나타낼 수 있다. 이때 1이 0 다음의 수를 나타낸다. 도 자연수열은 일종의 임의의 열이라고 할 수 있다. 이러한 사실이 공리로부터 정리를 증명하는 데 본질적인 것은 아니다. 그러나 산술을 현실세계에서 실용적 면으로 적용하기 위해서는 그런 수의 개념이 본질적인 의미에서 문제가 된다. 그래서 러셀은 형식주의자가 마치 시계의 형식적인 겉모양만을 좋게 하는 데만 열중한 결과 시계가 시작의 정확성을 요구한다는 사실을 잊어버린 시계공과 같다고 하였다.

둘째는 그들이 수학의 본질을 무모순성을 환원시키는 데 있다고 보기 때문에 실용적인 면을 잊어버렸다고 형식주의자인 힐베르트는 직관주의를 비판하고 있다. 무모순적인 공리체계만을 세우기 위해서는 다른 제한이 있을 수 없다. 그렇게 되면 그 체계의 근거가 산술 밖에 있게 된다. 러셀의 견해에 의하면 수학의 경험적인 여러 사실에 적용하는 것이 선험적으로는 불가능하게 하는 이 방법이 수학의 기초론으로서도 합당하지 못하다고 지적한다.

한편 1931년에 괴델(K. Gödel, 1906-1978)은 "형식적으로 미결정인 Principia Mathematica의 명제와 연관된 체계에 대하여"라는 논문에서 유명한 두 불완전성정리를 발표한다. 내용은 "자연수론을 일부로 포함하는 어떠한 공리론적 이론체계가 무모순하면 그 체계 자체가 제시하는 논리적 방법만으로는 긍정의 증명도 부정의 증명도 불가능한 명제(이를 결정불가능한 명제라 함)가 존재한다"이다. 따라서 산술론을 포함하는 체계가 불완전하다는 것이다. 그런데 이 정리에서 결정할 수 없다는 명제란 "그 공리체계가 무모순하다"는 명제다. 즉 "정수론을 포함하는 공리론적 체계가 무모순하면 그 체계가 무모순하다는 명제를 증명할 수도 부정할 수도 없다"가 된다. 이 정리는 물론 럿셀-화리트헤드의 논리주의 체계와 체르멜로-프랭켈(Zermelo-Fraenkel system)의 집합론 체계, 힐베르트의 정수론의 공리화에도 그대로 적용되기 때문에 무모순성의 증명이 불가능하다는 이 결과는 논리주의와 형식주의의 철학에 치명적인 타격이 되고 말았다. 그러나 직관주의적 입장으로서는 괴델의 이 정리가 그들 철학을 뒷받침해 주는 근거가 된다는 점에서 크게 만족하게 된다. 왜냐하면 괴델의 결과는 어느 정도 배중률의 부정을 받아들이기 때문이다. 결국, 논리주의, 형식주의 직관주의가 현대수학의 방법과 내용에 시대를 초월한 최종적이고 완벽한 해답을 줄 수는 없다. 즉 수학의 내용의 발전과 연구의 새로운 방법의 개발, 수학의 새 개념의 도입과 같은 여러 가지 상황에 따라 시대에 맞추어 수리철학의 필요성이 항상 변하고 있다. 또한 괴델의 업적 또한 그 상황을 바꿀 수 없다. 따라서 수리철학에 대한 근본적인 재검토가 요구되게 되었고 일단의 수학자들이 형식주의와 직관주의를 화합하여 수학을 접근하려는 노력을 하는 한편, 1936년에 힐베르트 학파인 겐첸(Gerhart Gentzen, 1909-1945)은 힐베르트의 초수학의 증명방법을 완화하여 초한순서수에 대해 적용되는 귀납법적인 형식을 써서 산술체계와 해석학의 일부분의 무모순성을 증명하였다. 또한 멜버그는 논리주의의 구상을 크게 제한할 것을 주장하고 그러기 위해서는 다원적 논리학을 통해 수학의 각 이론이 직관에 의존하지 않고 정리를 도출할 수 있는 논리학 체계가 반드시 존재한다고 단정하고 있다. 또 형식주의자는 무모순성의 증명에서 힐베르트의 유한성이 지나치게 강하기 때문에 그것을 약화하는 방법에서 연구가 지속되고 있다. 힐베르트의 구상에 대한 재검토는 힐베르트의 형식주의적인 일반적 입장의 수정을 요구하게 하였다. 직관주의의 구상은 최근 알고리즘의 개념이 명확해지고 귀납적 함수이론의 발전과 연관하여 수학을 새로운 구성적 방법에서 구상을 발전시키고 있다.

2.4 부르바키의 수학의 통합

오늘날 수학이라는 과학의 내적진화는 타 분야와의 좀 더 근접한 통합을 가져왔고 이전보다 더 견고한 중심핵과 같은 무엇인가를 창출하였다. 이러한 진화의 필수요소는 수학 이론간에 존재하는 관계의 체계적인 연구이고 그 것은 '공리적 방법'으로 일반적으로 알려진 것으로 안내되었다. 형식주의와 형식적 방법 이라는 용어로 사용되지만 공리적 방법의 반대의 의미로 오용되고 있다. 아리스토텔레스이래로 형식논리의 이름하에 수학의 특수한 목적이 놓이게 되었다. 이러한 연역적 추론이 수학 원리를 통합한다는 것은 무의미한 진리주의이다. 마치 실험방법이 동일하기 때문에 물리학과 생물학을 단일과학으로 통합하려는 바와 같다. 일련의 삼단논법에 의한 추론 방법은 한 집단의 가정을 다른 집단의 가정으로 변환하는 메카니즘일 뿐이고 그러한 가정의 특징을 규명하는 것은 아니다. 즉, 그것은 수학자가 자신의 사고에 부여하는 외적인 형태이고 다른 수학자에게 접근을 가능하게 하는 바퀴이고 적절한 언어이다. 이러한 언어규칙을 정착시키고 어휘를 정립하고 문맥을 명료하게 하는 일이 필요하며 이것이 논리형식주의라고 일컫는 공리적 방법의 한 측면이다. 실험적 방법이 자연법칙의 불변성에 대한 선험적 신념에서 출발한 바와 같이 공리적 방법 역시 수학은 제멋대로 발전해온 일련의 삼단논법이 아닐뿐더러 교활한 잔꾀의 집합체이나 운 좋은 조합은 아니어야 된다. 몇 몇의 천재적인 수학자의 훌륭한 이론보다는 공리론적 방법으로 그러한 발견에 깊게 박힌 이유를 찾고 그러한 이론의 수학자들의 작은 아이디어의 결집에 묻혀버린 공통아이디어를 발견하여야한다.

2.4.1 모구조

부르바키는 수학의 각 분야의 공통점을 발견하여 수학을 몇 가지로 통합하는 방법으로 제시한 공리론적 방법을 다음과 같이 설명하고 있다.

정 리

공리적 방법은 실험적 방법과 아주 유사하다. 실험적 방법은 데까르트주의의 근원에서 힘을 얻은바와 같이 좀 더 나아지게 극복하기위해서는 난점을 분할하여야한다. 이론을 설명할 때는 논거의 주요부분을 분리하고 추상적인 형태로 형식화하여서 그 것 만에서 나오는 결과를 개발한다. 그리고 분리된 각 부분을 재조합하고 서로 다른 부분이 서로에게 어떠한 영향을 미치는가를 탐색한다. 전통적인 분석법과 종합법 간의 차이는 없다. 이 방법의 독창성은 그것이 적용되는 방법에 있다.

또한 수학을 세 가지의 모구조로 분할하는 과정을 다음과 같이 설명하였다. 즉, 구조를 정의하는 출발점을 형성하는 관계는 매우 다양한 특징을 가질 수 있다. 군의 구조를 발생하는 관계는 합성법칙 즉, 두 원소의 함수로서 유일하게 결정되는 세 번째 원소간의 관계로서 구조를 정의하는 관계가 합성법칙일 때는 대응구조는 군, 환, 체 등의 대수구조라고 한다. 둘째 구조는 순서구조이다. 이것은 'x는 y이하이다 형태로 표현되는 두 수 x, y 사이의 관계이다. 이 관계를 xRy로 표현하면 순서구조의 공리는 다음과 같다.

(a) 모든 x에 대하여 xRx이고,

(b) xRy이고 yRx이면 $x=y$이고,

(c) xRy이고 yRz이면 xRz이다.

순서구조의 가장 간단한 예는 자연수이다.

세 번째 구조는 위상구조이다. 위상구조는 인간의 공간에 관한 아이디어에서 얻은 근방, 극한, 연속의 직관적 개념을 추상수학으로 형식화한 것이다. 이와 같이 수학을 세가지 모구조로 통합하고 모구조의 유용성을 다음과 같이 주장하고 있다.

정리

모구조의 장점은 상당한 정도의 경제적 사고를 가능하게 한다는 것이다. 구조는 수학자의 도구이다. 수학자는 자신의 연구 분야 중에서 어떤 형태의 공리를 만족하는 관계를 인식하게 되면 그 형태의 구조에 속하는 일반적인 구조의 총체를 마음대로 다룰수 있게 된다. 수학자가 문제를 해결하는 것은 각자의 재능에 달려있고 연구 중인 문제의 특수성에 기인하는 제한적인 가설에 묶이게 된다. 공리론적 방법은 수학에 대한 '테일러체계'라고 일컫는 사람도 있다. 그러나 이것은 매우 부적절한 비유이다. 수학자는 기계적인 작업을 하지 않고, 이동벨트에서 일하는 노동자처럼 일하지도 않는다. 우리는 흔히 말하는 감각직관이 아닌 특수한 직관이 수학자의 연구에서 기본적인 역할을 한다는 사실을 지나치게 강조하면 아니 된다. 오히려 모든 추론에 앞서 수학적인 실체를 믿을 권리를 갖는 것처럼 보이는 정상적인 행동의 직접적인 예지와 같은 것이다. 그 수학적 존재는 실세계의 존재와 마찬가지로 수학자에게 친숙한 것으로서, 자신이 연구하는 현상에 있는 이러한 구조를 연구자가 갑작스레 발견하게 되면 사고의 직관적 과정이 순식간에 예기치 않았던 방향으로 조정되고, 그가 움직이고 있는 방향에 있는 새로운 수학분야에 눈 을 뜨게 된다. 수학이란 고립된 공식의 기계적인 게임으로 전락하는 것이 아니고 직관이 지배하는 창조적 발견 그 이상의 것이다.

2.4.2 수학의 다중구조와 부르바키 원론

부르바키는 공리론적 개념에 따라 수학세계의 전반을 다음과 같이 조망하였다. 수학은 동물을 분류하는 방법과 같이 외관적 상사점에 따라 분류하지 않는다는 것을 알았다. 대수학, 해석학, 정수론, 기하학 등을 명확하게 구분하지 않고, 솟수와 대수곡선과의 관계와 적분방정식과 유크리트 기하와의 관계처럼 외관상으로는 타 분야로 여겨지지만 밀접한 관계를 가지는 영역을 통합하는 것이다. 이러한 조직의 원리는 단순한 것에서 복잡한 것으로, 일반적인 내용에서 특수한 내용으로 가는 구조의 위계의 개념이다. 수학의 세계의 중심에는 위에서 언급한 세 가지 유형의 구조가 있는데 그 것을 모구조라고 한다. 그러나 현대의 수학은 그러한 모구조를 넘어선 다중구조를 가진다. 다중구조는 아무런 새로운 내용을 생성하지 못하는 단순한 병치가 아니라, 그들을 연결하는 하나 이상의 공리에 의하여 조직적으로 통합하는 둘 이상의 모구조를 통합하는 구조이다. 예를 들면, 위상적 대수학은 하나 이상의 합성법칙과 대수적 연산의 연속성을 동시에 갖는 위상수학과 순서구조와 대수구조가 조합된 이데알의 가분성이론과, 순서구조, 대수구조, 위상수학이 조합된 적분론, 스펙트럴 이론 또는 연산자이론 등이 그것이다. 또한 고전적인 수학과 실변수, 복소변수 함수론, 미분기하학, 대수기하학, 정수론 등의 분야가 합병되어 현대수학을 만들고 있지만 각 분야의 자치성은 이미 사라졌고 여러 가지 좀 더 일반적인 수학적 구조가 일치하고 상호작용하는 내용에서 교차하여 발전하고 있는 것이다. 그러나 지금까지 현대수학을 개관한 내용은 현재의 수학의 상태를 너무나 개념적으로, 이상적으로, 정적으로 개관하였다. 그 이유는, 수학은 위에서 언급한 것처럼 단순하고 방법면에서 체계적인 과정을 통하여 만들어진 것이 아니다. 또한 수학의 모든 분야에서 세 가지 모구조의 역할이 분명하게 인식되거나 구별되지는 않기 때문이다. 예를 들면 정수론에는 수많은 고립된 문제가 산재해있어서 어떻게 분류하여 어느 구조에 포함시켜야 되는지를 알 수 없다. 또한 수학의 공리적 방법이 자연과학의 정적인 개념보다 우월한 것이 별로 없다. 왜냐하면 수학의 구조는 구성하는 필수내용과 가짓수가 불변인 것이 아니라 수학이 점차로 발달할수록 기본구조의 수가 증가할 것이고 새로운 공리와 그 공리들의 조합이 만들어질 것이다. 따라서 기존의 수학적 구조를 근간으로 하여 새로운 구조를 계속적으로 발전시켜 나갈 것으로 기대한다. 수학은 언제나 결코 완성품이 될 수 없는 것이다. 따라서 우리는 통합과 다양성을 가지는 수학의 내면세계를 좀 더 직시하여야 한다. 수학은 거대한 도시와 같다. 대도시는 영역이 끈임 없이 분할되고, 외곽으로 뻗어나가고, 중심가에는 재건축이 되어가면서 뒷골목에 있는 낡은 구역은 재개발되면서 좀 더 다양하게, 폭 넓고 안락하게 만들 계획을 항상 준비하는 것이다. 수학은 지난 한 세기 내내 진전하였고 많은 철학자와 심지어 수학자들의 혹독한 반대에서 도망치지도 않았고, 현재 모습과 완전히 다른 방향은 아니지만 진화생태에 있지만, 오랫동안 모종의 성과를 얻지 못하고 진부한 논리적 잡담만을 늘어놓았다. 이러한 비판은 순전히 역사적 사건에 의해서 설명된다. 최초의 공리적 처방과 데데킨트와 페아노의 의한 산술의 비판과 힐베르트에 의한 유크리트기하의 비판은 완전한 공리체계에 의해서 결정된 이론만을 다루었다. 따라서 그들은 그 것에서 파생되는 군 이론과 같은 다른 이론에는 비판을 가하지 못하였다. 만일 다른 구조에 대해서도 그러한 일이 전개되었다면 공리론적 방법에 반하여 얻은 무용론의 비판은 완전히 정당화되었을 것이다. 그러나 공리론적 방법이 발달하면서 힘을 발휘하기 시작하였고 아직도 여기저기에 산재한 반감은 구체적인 문제를 다룰 때 주어진 요소에 의하여 직접적으로 제시되지 않고 수준 높고 난해한 추상단계에 의해서만 도달할 수 있는 어떤 형태의 직관은 동등하게 유의미할 수 있다는 것을 자연스럽게 수용할 의사가 있을 때만 수용이 가능하다. 철학자의 반대 이유는 수학자가 이해하기 힘든 실세계와 수학간에 관계되어 있는 커다란 문제의 부적절한 결합에 있다. 현대물리학이 최근에 발견한 이론에 의해서 경험적 현상과 수학적 구조사이에 밀접한 연결고리가 있다는 사실이 아주 뜻밖의 방법으로 완전하게 확인된듯하다. 그렇지만 이러한 사실에 대한 근본적인 이유에 관해서는 아무것도 밝혀진 바가 없고 앞으로도 알 수 없을지도 모른다. 미래에는 이 점에 관해서 철학자가 아주 신중하게 연구할 것이라는 단초가 있다. 현대물리학의 혁명적인 발달이전에 경험적 진리로부터 수학내용을 유도하려는 많은 노력이 있었다. 특히 즉각적인 공간직관으로부터. 그러나 한편으로는 양자물리학은 현세계의 거시적 직관을 통하여 그와는 전혀 다른 세계인 미시적 세계를 파악하게 되고 실험과학에 응용할 목적이 아니었던 대칭성과 군의 구조를 갖는 수학의 분야와 연관되어졌다. 다른 한편으로는 공리적 방법은 수학을 발전시키기 위한 진리가 일반적인 개념의 특수한 측면일 뿐이었다는 사실을 보여주었다. 그러므로 조화로운 내적 필요성을 존중하도록 요구받는 이러한 긴밀한 연관성이 선험적으로 예상할 수 있는 것 이상으로 깊게 감춰진 두 분야의 예기치 않은 접촉점일 뿐이었다.(공리론과 직관론의 조화로운 내적 필요성은 선험적 가정보다 더 깊게 숨겨진 연결의 우연적인 접촉이다) 공리론적 관점에서 보면 수학은 추상적인 형식인 수학적 구조의 보고이다. 그리고 그 이유는 모르겠지만 경험적인 실세계의 어떤 양상이 마치 일종의 사전 수용처럼 이러한 수학적 구조와 일치한다. 물론 대부분의 이러한 형식은 원천적으로 매우 고정적인 직관적 내용이라는 것을 부정할 수 없다. 그러나 이러한 직관적인 내용을 상당부분 제거하면 이러한 형식은 그들의 완전한 힘을 발전시키고 새로운 해석을 덧붙이고 표현할 수 있는 막강한 능력을 가진다. 이때의 형식의 의미는 공리론적 방법을 형식주의라고 칭하게 한다. 형식이 수학을 통합하게 만드는 것은 형식논리로의 무장이나 생명력이 없는 뼈대의 통합을 의미하는 것이 아니고, 수학발전의 최고봉에 있는 유기체의 자양분이고 가우스 이래의 훌륭한 수학자에게 기름진 연구의 도구이었다. Lejeune-Dirichlet에 의하면 그들은 계산을 아이디어로 바꾸려고 노력한 사람들이다.(형식은 형식논리가 아니고 가우스 이후의 수학자에게 살아있는 유연하고 비옥한 탐구도구로서 계산을 아이디어로 바꾸도록 한 것이었다.) 부르바키학파의 회원은 젊은 패기를 유지하기 위하여 50세가 되면 은퇴를 해야 했고, 신입회원을 받아들이는 방법은 마치 '실험용 쥐'를 시험하는 것과 같이 혹독하였다. 브루바키는 수학원론(Elements de Mathematique, The elements of mathematics series)을 연속간행물 형식으로 집필하였다. 수학원론은 I. 집합론(The theory of sets, Theorie des Ensembles), II. 대수학(Algebra I, II), III. 일반위상수학(General topology), IV. 일변수 실함수론Functions of a real variable), V. 위상 선형 공간(Topological vector spaces), VI. 적분론(Integration), VII. 호몰로지대수(Homological algebra), VIII. Elementary topology, IX. 다양체(Manifolds)로 원래는 불어로 발행하였고, 그 후에 영어 번역판을 간행하였다. 그 후 리 군과 리 대수(Lie group and Lie algebra), 가환 대수(Commutative algebra), 스펙트럴 이론(Spectral theory) 등을 집필하였고, 세대 교체 후 1998년에 25권을 끝으로 수학원론의 출간은 멈췄다. 각 권의 구성은 I 권의 집합론을 기초로 하여 공리론적이고 추상적으로 일반적인 내용에서 특수화해 가면서 현대수학의 전영역의 확고한 기반을 포함시키고자 하였기 때문에 수학의 많은 일반적인 아이디어와 원리를 기술하였다. 각 장의 논리적 틀은 정의, 공리, 정리로 구성되었다. 정리보다 다소 덜 중요한 결과들은 명제(propositions), 보조정리(lemmas), 따름정리(corollaries), 주의(remarks) 등으로 명명하였고, 원칙상 각 이론을 독자적인 설명으로 구성하였기 때문에 일반적으로 참고문헌을 수록하지 않았다. 또한 각 장의 말미에는 내용의 역사를 소개하면서 관련 이론에 관한 미해결 문제를 수록하였다.

❖ 메모

제3장 수학교육사의 개관

이 장에서는 수학교육의 이론이 정립되는 과정을 개관하고, 이에서 얻는 시사점을 중심으로 현재의 수학교육의 방향을 정리하기로 한다.

01 수학교육의 전사(前史)(20세기 이전)

20세기 이전의 교육사를 수학교육의 前史라고 보고 있다. 서구문화는 그리스의 인문주의적 문화, 로마의 실용주의적 문화 그리고 중세의 기독교적 문화를 바탕으로 발전하였으며 특히 그리스 문화는 서구 문화의 원형이 되고 있다.

1.1 중세의 수학교육

15세기 중세 유럽 대학의 자유7예과인 3학(문법, 수사학, 변증법(논리))과 4과(산술, 기하, 천문, 음악)는 전문학과 특성이 결핍되어있고 형식 논리의 연습 과목이었기 때문에 경시되었다. 또한 수학도 경시되었다. 당시의 Boetius 산술은 여러 가지 수의 성질을 내용으로 한 것으로서 수의 계산을 목적으로는 하지 않았다. 새로운 산술서는 새크로보스코(J. Sacrobosco, 1195-1256경)의 20쪽 정도의 소책자로서 분수는 다루지 않았고 예제도 없는 계산 규칙의 설명만 있고, 유크리트 원론의 처음 부분만을 담고 있다. 당시의 유럽대학에서는 기하학은 유크리트 원론의 제한된 부분만을 다루는 정도이었다. 중등학교는 신흥자본가의 자제나 도제를 위하여 상업산술 등을 지도하는 계산교사를 육성하는 정도이었다.

1.2 16세기 인문주의 시대의 수학교육

문예부흥과 더불어 인문주의 교육 덕분에 중등교육 열이 전 구라파에 퍼졌다. 근대교육이 탄생한 것은 16세기 문예부흥 시대로 보아야한다. 인문주의 교육은 인간성 해방을 목적으로 삼고중세의 신학과 스콜라철학을 버리고, 고대 그리스와 로마의 고전에 대한 연구와 그에 의한 인격도야에 주안점을 두었다. 따라서 실용수학은 쇠퇴하고 유크리트 원론의 강의되기도 하고 어학교과서로 사용되기도 하였다. 그 후 새로운 수공업이 발달하면서 상업산술이 서민중심으로 발전하였다. 대수학은 16세기에 이르러 타르탈리아(N. Tartaglia, 1500-1557 경), 카르다노(G. Cardano, 1501-1576), 페라리(L. Ferrari, 1522-1565), 비에트(F. Viéte, 1540-1603) 등이 발전시켰으나 서술이 일관되지 않아 대학에서조차 쉽게 배울 기회가 없었다. 프랑스의 라무스(Ramus는 기하학의 실용적 가치 특히 측량술에 중점을 두고 유크리트를 비판하였는데 19세기까지 프랑스 수학을 지배하였다. 이는 20세기 초의 클라인(Felix Klein, 1849-1925), 페리(J. Perry, 1850-1920)의 입장과 상통한다.

1.3 실학주의 시대의 수학교육(17세기-18세기 전반)

16세기 말에 사회 정치적인 여건, 성서의 권위와 데까르트, 뉴턴, 라이프니츠 등의 위대한 수학자의 등장으로 수학과 과학이 찬반의 대상이 되었으나 왕실과 귀족에 의해서 연구결과를 잡지와 보고서를 통하여 발표하게 되었다. 당시에 베이컨은 모든 과학적 연구는 사실에 대한 경험으로부터 출발하는 귀납적 방법에 의존해야하며 진리탐구의 목적은 이용후생에 있으며 아는 것이 힘이라고 했다. 이와 더불어 코메니쿠스(J. Comenicus, 1592-1670)에 의한 근대적인 교육학의 출현을 보게 된다.

1.3.1

독일에서는 천개의 초등학교가 설립되어 3R(Read, Write, Arithmetic) 교육에 성공하였다. 코메니쿠스는 실학적 교육사조에 의한 체계적인 교육의 근본원리 정립, 산술과 기하를 통합하였고 유크리트 기하를 도외시하였다.

1.3.2

프랑스에서는 루이 14세의 황태자를 위한 브론델(Brondel)의 수학책이 있었고, 데까르트의 영향을 받은 아놀드(A. Arnauld, 1612-1694)의 논리적-발생적인의 합리주의에 따른 수학교육은 유크리트 원론의 형식을 벗어나 뉴턴과 라이프니츠의 미적분학 도입하였고 끌레로(Alexis Clairaut, 1713-1765)의 역사적-발생적인 수학교육을 도입하였다. 끌레로의 챠타레(Chatelet)부인을 위한 기하학은 발생적 방법으로, 창조적이고 발견적인 정신의 양성이 되고, 직관을 중시하고 논리의 편중을 지양하는 내용으로 전재된 교재이다.

1.3.3

영국에서는 밀턴(J. Milton, 1608-1674) 의 인문주의적 실재론, 로크(J. Locke, 1632-1704)의 실재주의 교육론에 의한 실재론적인 형식도야설의 입장에서 수학교육을 강조하였다.

- 수학교육의 사회학적 위치 : 계산학교, 상업학교, 계산 Meister, 산술교사
- 상공업의 발전으로 스테빈의 소수(decimal fraction)발견, 1799년 미터법 채용, 초등 수학서로는 맥로린(C. Maclaurin, 1698-1746)의 대수학(Treatise of Algebra)이 있었다.

1.4 계몽사상과 에꼴레 기술대학(Ecole Polytechnique)

프랑스혁명으로 수학교과가 확립되었으며 영국의 자유주의 사상과 자연과학이 프랑스의 합리적 정신과 사회상황과 결부되어 계몽사상으로 발전하여 수학계의 거성들이 계몽을 위해서 노력하였다. 달랑베르(d'Alembert, 1717-1783)의 백과사전 집필 참여로 수학 관련 항목을 대부분 집필, 오일러의 초학자를 위한 초등수학서, 르장드르(A. M. Legendre, 1752-1833)의 학생을 위한 초등기하학, 1794년 몽쥬(G. Monge, 1746-1818)는 나폴레옹(Napoleon Bonaparte, 1769-1821)의 지원으로 Ecole Polytechnique를 설립하였고, 수학, 물리학, 공학 연구를 활성화시켜서 수학자 Poisson, Poncelet, Cauchy 등을 배출하였고 수학과 과학의 실천적 가치를 인식하였다. 루소(J. J. Rousseau, 1712-1778)는 인간본연의 성정신장을 교육의 근본으로 하고, 그의 교육소설인 Emile에 나타난 수학교육관에서 보듯이 수학의 생활화, 유희화, 실험실측, 직관의 강조, 융합 통일, 자발적 활동을 강조하였다. 페스탈로찌(J. H. Pestalozzi, 1746-1827)는 인간성의 합자연적인 조화롭게 계발하여 정신력, 심정력, 기능력을 육성하고, 형, 수, 어는 모든 인식의 바탕이 되는 기본적인 직관임과 사물의 공간적 관계, 사물의 순서와 크기, 언어화하여 사물의 관념을 확립할 것과, 표현능력. 직관의 ABC 등을 강조하였다. 이러한 두 사람의 자연, 직관, 활동이 현대의 구성주의의 근원이 되었다.

1.4.1 프랑스

1789년 자유 평등 박애 프랑스 대혁명이 시작되어 국민회의가 교육의 대개혁 선언과 끌레로의 영향을 받은 라끄르와(F. Lacroix, 1765-1843)의 교과서는 현대적으로 전개된 우수한 교과서로 영국 독일 미국 러시아 폴란드어로 번역되었다. 나폴레옹 시대에는 국립인 lycee와 지방의 college 및 사립학교가 있었다. 또한 직업학교도 중시하였다. lycee에서 가장 중시하는 과목은 프랑스어와 수학이었다. 르장드르의 기하원론의 내용은 아르키메데스를 쳐다보면서 대체로 유크리트의 순서로 조직되었다.

1.4.2 독일

루소, 괴테(J. W. Goethe, 1749-1832), 칸트(I. Kant, 1724-1804)는 수학교육에서 공리주의를 버리고 인간성의 함양, 독일정신추구를 강조하였으며, 헤르바르트(J. F. Herbart, 1776-1841)

은 수학의 지도는 물리학의 지도와 병행하면서 서로 변화하고 있는 두 량 사이의 관계를 도입하고, 일상생활 및 수공예를 수학과 연결할 것을 주장하였으나 교육정책에 반영되지 않고 있다.

1.4.3 영국

중등학교 교육 개혁이 Arnold Rugby school에서 대성공하였으며 주요 교육과정에 수학을 포함하게 되었다. 그러나 대륙에 비해 수학계가 뒤졌기 때문에 Cambridge 대학의 피콕(G. Peacock, 1791-1858)은 뉴턴의 우상에서 벗어나 대륙학풍 도입, 프랑스 교과서 번역, 초등수학의 기초 확립을 강조하였으며 수학에서의 형식불역의 원리 제창하였다. 이어서 드모르간(De Morgan, 1806-1871)의 수학교육개선 노력으로 이어진다.

1.4.4 미국

초기식민시대의 초중등교육에는 산술이 없었고 산술, 항해술, 측량술 등만을 지도하였다. 그 후 콜반(W. Colburn, 1793-1833)의 저서인 산술의 첫수업(First lessons in arithmetic)이나 페스탈로찌의 직관주의를 따라서 추상이 아닌 구체적인 내용을 강조하였다.

1.5 19세기 후반의 수학교육

19세기는 수학이 많이 발전하였고 수학교과는 중등학교 교육과정에서 확고한 위치를 차지하였으나 교수내용과 교수방법의 개선은 노력으로 끝났다. 이론수학이 수학교육을 근대적인 일상생활과 무관한 방향으로 유도하고 수학교사는 낡은 형식도야, 자격시험, 입학시험, 난해한 문제를 지도하는 등 학생의 심리를 무시하였고 수학교육의 목적이 수학자 생산에 초점을 두는 등의 19세기 말에 이러한 상황을 비판 시작되면서 20세기를 향하게 된다.

02 20세기 초의 수학교육 개혁운동

20세기 초의 수학교육 개혁운동에서 제창된 것은 공간개념의 함양, 함수적 사고의 중시, 수학요육의 사회화, 직관기하의 도입, 학습의 작업화 등이다.

2.1 19세기말의 영국의 수학교육 상황과 페리(Perry)의 강연의 요지

영국에서 수학이 중등학교의 교과로서 확립된 것은19세기 초이고 수학교육계에서는 수학의 사회적 실용성과 엄밀한 논리적 전개에 의한 두뇌의 도야의 논쟁이 계속되었으나 대학의 입학시험 때문에 유크리트에서 벗어나기가 어려워서 수학이 사회의 현실과 교육의 본질에서 멀어져 수학교육의 개혁이 절실하게 되었다. 페리 자신의 교수경험에서 나온 신념에 근거한 1901년 강연은 영국학술협회에서 토의되어 수학교육에 관한 토론(Discussion on the Teaching of Mathematics)이란 제목으로 발행되었다. 그의 강연요지는 다음과 같다.

① 고대 알렉산드리아 학파의 교수법인 철학적 지식의 전수에서 벗어나, 발명의 정신과 창조의 능력 개발
② 소수의 엘리트 교육이 아닌 국민 최대 다수의 최대 행복을 위한 수학교육
③ 수학학습으로 고상한 정서함양, 두죄개발, 자연과학 연구에 필요한 무기 부여

등을 목적으로 하고 입학시험 통과, 소수의 우수한 수학 전문가 양성을 위한 교육 지양을 주장 이를 위해서 다음의 사항을 권한다.

① 우주의 신비를 푸는 가장 강력한 무기인 수학의 사용법을 일반시민이 숙지하도록 해야 한다. 로그, 대수공식, 방안지 사용(도표 이용), 미적분법을 알게 한다.
② 발견, 발명 능력을 함양하여 학생이 지식을 스스로 학습하여 습득하게하고, 경험을 통하여 얻은 학생의 예를 토대로 교육한다.
③ 역학, 물리학, 기타 교과의 예제를 사용하여 지도한다. 특히 페리는 실업학교를 졸업한 후 주조장의 도제를 경험한 공학자이고 수학자로서 순수수학의 도야성을 절실히 공감했다.

2.2 무어(E. H. Moore, 1862-1932) 강연 요지

신흥 미국의 수학교육은 19세기 초의 영국과 프랑스풍의 실용수학 교육을 거친 후에, 페리의 강연에 호응한 무어가 19세기 말에 조직된 AMS(미국 수학회) 회장직을 사임하면서 수학의 기초론에 관하여(On the foundation of Mathematics)란 주제의 강연을 하였는데, 그 것이 기폭제가 되어 수학교육 개혁운동이 전개되었다. 무어의 강연 요지는 다음과 같다.

① 제1부: 추상수학과 응용수학과의 관계

19세기의 추상수학은 응용수학과는 독립적으로 발전하였기 때문에 그 들 간에 커다란 골이 형성됨. 순수수학의 진보는 자연현상의 연구와 관련이 있다. 따라서 수학의 실용성을 중시하자. 즉, 해석기하, 미적분, 삼각법을 이용하여 물리, 화학, 기계공학 등의 실제문

제와 관련시켜서 지도하자.

② 제2부: 초등, 중등, 초급대학에서 개선해야할 것

초등학교 수학교육에서는 수학을 구체적인 사실과 직접 관련 지울 수 있도록 하고 다른 교과와 관련시켜 학생의 관찰 실험 추리의 힘을 단련 시켜야 한다. 예를 들면 도화와 종이접기를 통한 직관기하 교육, 방안지를 초등학교에 도입하여 자연현상을 도시하고 이를 해독하게 한다.

- 중등학교의 수학교육 : 종래에는 대수와 기하를 엄격히 구별하였으나 대수, 기하, 물리를 하나의 과정으로 지도하고, 특히 학생의 심리에 맞춰서 엄밀성의 정도를 조정하고 완전한 공리체계의 지도는 자제한다.
- 실험실법 : 당면한 문제의 명확한 이해한 다음, 계산, 그림 표현, 실험에 의한 검증하고 그 다음 정리의 중요성 이해하고 논리적인 증명을 한다. 실험실법의 목적은 학생의 과학에 대한 연구정신을 발달시켜 과학의 기본적인 방법을 이론적, 실제적으로 이해시키자는 것이었다. 그리고 이 과정은 혁명이 아니라 진화하도록 강조 하였다.
- 대학에서는 실험실법을 채택하여 중등교사 양성한다
  무어는 미국에서 공부하고 독일 유학을 마치고 난후 시카고대학 수학과 교수로 재임하면서 당시 미국 수학계의 거봉으로 뉴욕 수학회를 전 미국 수학회(AMS)로 바꾸는 데에 적극적으로 동참하였고 시카고 수학회를 설립하였고 1901-1902년 AMS 회장을 역임하였다.

2.3 19세기말의 클라인(F. Klein, 1849-1925)의 개혁 운동

독일의 교육환경은 19세기 초에는 신인문주의 사조로 고전연구와 그리스어와 라틴어 교육 중시하였고, 19세기 중엽에는 실증주의의 융성으로 자연과학을 중시하였으며 페스탈로찌의 직관 중심 교육, 헤르바르트의 관념연합설의 영향권 하에 있었다. 19세기말의 클라인이 발표한 에르랑겐 프로그램(Erlangen program) 이후, 1900년에는 프러시아 교육부가 클라인에게 위임하여 만든 교과과정에서 클라인이 강조한 함수개념이 많이 도입되었다. 1902년 클라인의 '고등학교 수학교육에 관하여' 란 논문의 요지는 다음과 같다.

- 독일학교의 수학교육은 추상적인 이론과 그 응용을 긴밀하게 관련시키려고 노력해왔다. 즉, 기하학과 제도 측정의 관련, 시키는 등은 오성연마 치중에의 반발이다. 그러나 응용에의 치중은 본래의 논리적 훈련의 의미를 해치므로 이들의 중용을 선택할 것을 주장하였다. 또한 실과고전중학교에 미적분학과 해석기하의 기초 지도할 것과

각 학문의 기초를 마련하고 학교교육에 응용 방면 배려할 것을 주장하였다. 그리고 교원지망자의 교육개선 휴가 강습시에 생물학과 화학 조와 수학과 물리학의 조로 구분하여 응용수학을 순수수학과 같은 과의 학문으로 교수하고 격년제의 하계강습의 횟수를 늘리자고 권유하였다. 고등실과중학교에서 수학교육의 특수 목적으로 하여 수학시간을 늘려 수학적 사고와 자연과학적 사고의 내면적 결합을 이루어 특수한 교수목적에 도움을 주어야 하겠고, 이를 위해서는 해석기하와 미적분학의 기초를 지도해야한다고 주장하였다. 실과중학교의 수학적 자연과학적 이상을 실현하기 위해서는 9년제 중등학교는 동등한 기초교양을 모두 지도하고 기초교양은 깊고 체계적으로 지도하기 위해서 수학교육에서는 연역적 사고를 신장하고, 자연과학교육에서는 귀납적 사고 및 관찰하는 습관 연습과 물리문제를 수학적으로 취급해야한다고 주장하였다. 클라인은 리(1842-1899, 리 group과 리 algebra을 만듦)와 공동으로 무한군을 도입하였다. 또한 클라인은 케일리(A. Cayley, 1821-1895)의 사영기하이론을 도입하여 기하의 자기동형군으로 기하학적 성질을 분류하였고, 기하교육은 군 개념을 이용하여 지도하는 것이 바람직하도 하면서 클라인의 사원군[1]을 제시하였다. 물론 현대에는 이 방법이 쥬르뎅(Jourdain)[2] 효과를 유발한다든지, 학생의 생활 속의 활동을 배려하지 않은 다소 무리한 교수법으로 논의 되고는 있다. 그러나 클라인은 페리와 마찬가지로 유크리트의 추상적 사고를 배제하고 학생의 심리에 적절한 기하학의 기초지도와 함수개념의 함양과 공간관찰력의 함양 강조한 것임에는 틀림없다. 그 이후 실험기하 교본, 심리를 중시한 대수교본 등이 각국에 등장하였고, 미국에서는 종합수학, 독일에서는 수학전체에 함수사상을 도입한 교과서가 등장하는 등 수학의 사회성, 공간개념의 함양, 함수개념의 함양의 필요성이 강조되었고, 프랑스에는 함수개념과 도형의 직관적 취급되었다. 결론적으로, 내용면에서는 유크리트의 엄밀주의 탈피, 순수주의 배격으로 내용의 구체화, 공간개념의 함양, 함수개념의 함양, 수학의 각 영역의 융합 내지 종합, 타 교과와 유대관계를 강조하였고, 교수 학습 면에서는 학생의 자발적 행동, 학생의 심리과정 중시, 직관, 창작, 실험실측, 작업에 의한 학습을 중시한 것이다.

1) 직사각형의 세 가지 강체운동(회전, 반사, 제자리)은 군이 된다는 간단한 이론으로 우리나라 초등학교 3학년 교과서에는 이를 지도하기 위하여 도형의 옮기기(밀기), 돌리기, 뒤집기를 수록하고 있다.

2) 아동의 몇 가지 특성을 과대평가하는 교사의 오류

연습 문제

1. 페리의 연설문에서 강조한 수학교육의 내용을 말하시오.
2. 무어의 연설문에서 강조한 수학교육의 내용을 말하시오.
3. 클라인의 연설문에서 강조한 수학교육의 내용을 말하시오.

03 새 수학 운동(New Math Movement)과 비판

미국 수학교육의 현대적인 변화를 일으킨 새 수학의 내용과 그에 대한 비판내용과 변천과정을 알아보기로 한다.

3.1 새수학 운동의 원인

1950년대 혹은 그 이전의 미국에서는 수학교육이 성공적이지 못하다는 일반적인 합의가 있었다. 1952년 일리노이대학에서 현대적인 수학교육과정을 만들기 시작하고, 1955년에는 대학입시위원회에서 수학위원회(Commission on Mathematics)를 결성하여 교육과정 개혁 캠페인을 펼쳤고, 1957년에 소련의 Sputnik 호 발사의 충격이 있었고 미국수학교사협의회(NCTM)에서도 교육과정위원회를 결성하여 그들 자신의 개별적인 교과서를 발간하였다. 이때 현대수학 또는 새 수학 이란 용어가 만들어졌다. Commission on Mathematics의 주된 메시지는 전통적인 교육과정이1700년대 만들어진 낡은 수학을 제공하여 수학교육이 실패하였다는 것과, 1959년 프랑스의 Royaumond에서 열린 국제회의에서 현대수학의 기초로서의 추상수학의 가치를 주장 등에서 그 원인을 찾을 수 있다.

3.2 새수학의 내용

미국 콜롬비아대학의 Fehr 가 조직한 교육과정 개혁의 두 번째 단체인 중등수학교육과정개혁위원회의 주장에서는 수학교육을 전체적인 관점에서 재건설하고, 수학분야의 벽을 없애고 집합, 연산, 사상, 관계, 구조 등을 통해 교과의 통합하도록 하였다. 그 내용은 대략 다음과 같다.

- 전문용어와 기호를 통하여 이해, 엄밀성, 정확성에 따르는 논리적 개발, 수학 자체를 위한 수학교육 강조

- 전통적인 산술; 대수, 유크리트 기하, 삼각법, 해석기하
- 새로운 내용; 집합론에서는 무한집합, 일대일 대응, 동치 등의 개념을 지도하고, 집합 내용의 정당화하기 위하여 수학의 기본적인 개념, 다양한 수학 분야의 통합한다.
- 부등식, 행렬, 논리(Boole대수)
- 추상화와 구조(군, 체)

즉, 논리적, 구조적, 전체로서의 통합수학, 새로운 언어의 도입을 주장하였다. 그 이유로는 현대사회의 학생에게 꼭 필요한 하고 흥미로운 내용으로서 학생이 세계와 조화를 이루기 위해서 필요하다.

3.2.1 교육과정

새 수학의 교육과정은 우즈호울 회의 보고서를 작성한 브루너(J. Bruner, 1915-)의 교육과정에 나타난 지식의 구조를 지도하고, 나선형교육과정[3]을 제안하였으며 구체적인 지도 방법으로 EIS 이론을 제시하였다.

3.2.2 비판

- 학생의 수학테스트가 결과적으로는 암기력 테스트, 능력 평가가 제대로 이루어지지 않음.
- 겉핥기식의 현대수학 교육 인정, 새수학에서 본질적인 변화가 없다. 기하학에 엄밀성 강조가 잘못
- 교과과정 연구에 교육학적 내용이 없다.
- 계산능력 저하, SMSG 교육과정에 기술습득 최소화, 다른과목과 연계성 부족
- 편협한 수학 분야를 전공한 수학교수가 집필진으로 구성되었기 때문에 초등, 중등, 고등학교의 지도경험이 전혀 없다.
- 과학과 공학지식이 없으며 교육학 간과하고 있다.

3.3 Hunt 등 새수학 집필진에서 제외된 수학교수들의 대안

고등학교 수학교육과정은 모든 학생의 필요에 부합해야하고, 주어진 실제 상황에서 수학개념을 인식하게 하면서, 실용성과 문화적 의의 포함해야 한다. 구체적 상황에서 문제를 도출하고 관찰된 사실에서 일반화, 귀납적인 주장, 유추에 의한 주장을 하게하며, 발생적 원리와 수학과 과학과의 연관성 반영해야하고 논리적 선행자와 교수학적 선행자의

3) 어떠한 내용도 발달의 모든 단계에 있는 학생에게 지적이고 정직한 형태로 지도가능하다.

차이에 주목해야한다는 내용이었다. 이는 소외집단의 항변으로만 간주할 수 없는 진지한 내용으로 생각된다. 그 이후에 기초로 돌아가자는 운동이 전개되고 학생 중심 교육이 대두되었다. 이에 따라서 1989 또는 1991년의 NCTM에서는 학생 중심의 교육과정이 제시되었고, 2000년 NCTM에서는 교사의 역할이 다시 강조되었다.

3.4 브루너의 전향

브루너는 1960년에 나선형교육과정을 주장하였으나, 10년 후에 자신의 가설이 잘못 이해되어졌다고 변명하였다. 브루너의 가설에 반대하는 피아제와 인헬더(B. Inhelder,1913-1997)의 주장은 수학적 지식의 발명과정은 심리적 발생과 그 후의 반성적 분석이라는 두 과정으로 이루어지고, 학생은 그의 역으로 의식한다는 것이다. 이를 비판한 프로이덴탈은 새수학 도입에 반대하고 실세계수학교육(RME) 아이디어를 제공하였다. 물론 피아제 역시 역사발생을 중요하게 생각할 수도 있다. 수학교육의 역사를 비추어 보면 시간의 장단을 인정하면 유행처럼 회귀함을 안다. 지금의 모습이 100년 전의 페리, 무어, 클라인의 주장이 긴요할 때와 닮았다. 어떤 원로 수학자는, 위상수학이 올 때까지 왔다고 하였고, 어떤 젊은 교육학자는, 교육학 이론이 한계에 도래하여 각과의 교육 이론을 인정할 수밖에 없다고 하였다. 교육과정 연구를 실제적인 교육과정 행위를 초월한 올바른 인간 형성에 의의를 두는 후향적 관심에 초점을 두는 측에 찬성하는 이유와 마찬가지로, 페스탈로찌의 정신처럼 수학교육의 최고의 단계를 사고의 조작 또는 영혼의 조작을 통한 인격도야에 두고, 이를 위하여 교육학자, 심리학자, 사회학자, 수학자의 협력적 연구가 절실하게 요구되는 것이다. 중요한 것은 어느 쪽이 수학교육에 더 공헌했는가를 구별하지 않는 것이다.

04 수학교육의 최근 동향

위에서 논한 수학교육의 역사에서 공통된 주안점은 대체로 다음과 같이 정리된다.

- 구체적 상황에서 문제를 도출
- 인격도야
- 지식의 구조를 지도, 나선형교육과정(EIS 이론)
- 다른 과목과 연계
- 학생의 심리과정 중시, 직관, 창작, 실험실측, 작업, 학생의 자발적 행동
- 심리적 발생과 그 후의 반성적 분석이라는 두 과정에 주목

- 역사발생
- 교육학자, 심리학자, 사회학자, 수학자의 협력적 연구

4.1 시사점

위에서, 수학교육의 역사를 통하여 수학교육의 진행 방향을 예측하기로 하였다. 즉, 수학교육의 목적이 실용수학 또는 응용수학과 이론수학을 반복하고 그 사이에 전인교육을 염두에 둔 심리학이 스며들고 있다. 심리학은 피아제의 인지발달이론 즉, 발생적 인식론을 대체로 인정하고 있다. 그는 모든 정신적, 신체적 행동을 조작활동이라 간주하면서 다음과 같이 조작활동을 정의하고 있다. 조작활동이란 구체적인 행동, 그러나 내면화된 가역적인 행동이다. 또한 그는 인간의 인지 성장과정을 감각운동기, 전조작기, 구체적 조작기, 형식 조작기로 나누었다. 구체적 조작기인 7세에서 12세의 학생은 사고의 다양성과 기호적 사고가 부족하기 때문에 구체적인 신체활동으로 경험을 통하지 않고는 개념을 이해하지 못한다는 것이다. 또한 문화를 교육의 목적으로 삼는 경향이 있어서 수학교육의 사회적 목적이 대두되기도 한다. 그리고 (실생활에서 출발하고 수학의 역사를 따라)점진적 수학화를 기반으로 하는 교수학적 현상학을 제창한 네델란드의 수학자인 프로이덴탈(H. Freudenthal, 1905-1990)이 강조하는 역사발생이 중요한 이유 중에 다음이 있다(피아제도 역사발생을 중요시했다는 학설도 있다. 아마도 맞은 듯하다). NCTM에서 중요시하는 실생활에서 문제를 도입하기는 교수학적, 심리학적으로 검증된 상황을 전제로 한 내용이라면, 확실하게 검증된 상황은 수학의 역사이다. 따라서 수학사를 이용한 수학 교수법이 중요하다는 것이다. 또한, 미래의 수학교육의 지향점을 전망하는 것은 현재의 수학교육의 목적이 무엇인지를 아는 것과 같을 것이다.

연습 문제

1. 수학교육사에서 얻는 현대수학교육에의 시사점을 논하시오.

❖ 메모

제4장 수학학습심리학

수학학습심리학(PME)의 이론을 정립한 사람은 영국의 스켐프(R. R. Skemp, 1919-1995)이다. 스켐프는 수년간의 수학교사의 경험을 통하여 수학교사로서의 자신의 한계점을 절실하게 인식하여 수학을 가르치는 교사와 배우는 학생들의 입장에서 수학의 교수-학습에 필요한 심리적인 요인을 연구하였다. 그의 연구영역은 구성주의의 발달심리학, 진화론, 인간의 지능, 학생의 수업심리 등의 매우 광범위한 내용으로 수학학습심리학이라는 수학교육의 핵심적인 이론으로 정립하였다. 그러나 수학학습심리학은 갑자기 나타난 이론은 물론 아니다. 그 이론의 배경이 되는 수학교육의 역사를 간략하게 살펴보면 다음과 같다. 수학교육의 역사는 1900년 이전의 수학교육의 전사(前史)와 1930-1950년대의 행동주의, 그 후의 피아제로부터 시작된 구성주의와 프로이덴탈의 실생활 수학교육(RME)으로 이어진다.

01 페스탈로찌의 수학교육사상(J. H. Pestalozzi, 1746-1827)

1.1 페스탈로찌의 생애와 업적

1.1.1 서론

페스탈로찌는 '민중교육'(Volksbildung)의 파종자이다. 이 민중교육 이념의 등장으로 서양교육사는 새로운 전기를 마련하는데 이 이념이 서양교육사의 분수령이라고 평가하는 교육사가들이 많다. 어떤 사람은 이것을 교육사의 코페르니쿠스적 전환이라고도 말한다. 이는 구체적으로 어떤 전환인가,

첫째는 교육의 주요대상의 전환이다. 상류층을 주요대상으로 하는 교육에서 국민의 절대다수를 점하는 민중을 그 주요대상으로 하는 국민교육의 이념의 등장이다.

둘째는 생활교육이다. 교육의 주요 내용이 읽기 · 쓰기 · 셈하기 등 소위 3R's로 상징되는 지식의 전달 · 습득에 있는 것이 아니라 어린이의 삶을 개선하는데 필요한 능력 · 기

능 · 태도를 생활을 통해서 갖추게 해주는 경험중심의 교육을 이름이다.

셋째는 각성의 교육이다. 어린이 하나하나가 인격으로 성숙하고 자기를 실현하게 부추겨주는 교육을 이름이다.

이 세 가지 가닥으로 엮어지는 새로운 교육이념, 이것이 바로 페스탈로찌가 그 파종자로 평가되는 '근대교육'인 것이다.

1.1.2 페스탈로찌의 생애

요한 하인리히 페스탈로찌는 스위스의 쮜리히에 있는 호반에서 요한 바프티스트와 수잔나 사이에서 1745년에 태어났다. 그의 나이 9세 때에 그의 부친 요한 바프티스트는 1756년, 34살의 젊은 나이로 세상을 떠났으며, 페스탈로찌는 어린 시절, 종교적 감성과 따뜻한 마음의 소유자인 어머니 수잔나로부터 인생과 교육에 많은 영향을 받고 자랐다. 이러한 어머니의 사랑이 항상 그를 따뜻하게 감싸주며 어려운 시련기에도 언제나 봄빛과 같은 역활을 감당해 주었기에 페스탈로찌가 어려운 일을 만날 때는 언제나 그의 마음에 가정의 의미가 맑고 따뜻함으로 자리를 잡고 있었다. 1769년 9월 30일 게비스돌프에서 안나(Anna)와 결혼한 그는 노이호오프에서 시작한 그의 첫번째 사업에 온갖 정열을 쏟아서 몰두한다. 이 사업은 1770년에 태어난 첫아들 야곱의 육아일기를 쓰면서 아들의 교육에 힘을 쓰면서 동시에 빈촌인 빌의 아이들의 교육에 관심을 가짐으로 시작되었다. 20명 남짓한 아이들을 모아 시작한 사업은 나중에는 80명이 넘어서게 된다. 그는 각 어린이들의 개성을 관찰하였으며, 이러한 관찰기록은 교육사상에서 가장 귀중한 자료가 되었다. 그러나 그의 첫 번째 사업이 점점 어려움에 처하게 되어 1780년에 이르러 그의 사업의 자원은 완전히 고갈되게 되자 페스탈로찌는 무일푼으로 첫 번째 교육의 사업을 마무리하게 된다. 이 같은 실패는 경제적인 어려움뿐만 아니라 그의 사랑하는 아내 안나의 건강이 나빠지게 되었으며 주변에서 호의를 가졌던 사람들은 이제 그가 더 이상 일어서지 못할 것이라고 생각하는 계기가 되었다. 이러한 상황에서 페스탈로찌의 영혼은 비로소 종교적인 방향으로 좀 더 가까이 가게 되는 계기가 된다. 즉 교육자로서의 자각이 생활환경과 어려움에 의해 절망의 상황에 처하자 거기에서 종교적인 자각이 일어난 것이다. 그리고 이러한 첫 번째 교육사업의 실패 뒤에 저술한 [은좌의 황혼]은 종교적인 글로서 비록 세간의 관심을 끌지는 못하였지만 그에게 있어서는 저작활동의 첫 발걸음을 내딛는 출발점이 된 것이다. 후에 [은자의 황혼]을 부연한 [리하르트와 게르트루트], 특히 제 1권은 소설로써 인정을 받게 된다. 1793년 피히테가 시인 바게젠과 저작자 펠노우과 함께 페스탈로찌를 방문한다. 후일 이 만남은 피히테에 의하여 [독일국민에게 고함]이라는 글로써 표현되었으며, 페스탈로찌는 피히테에게 자극받은 것을 1797년의 [탐구]로서 나타내었다. 1798년에 정부는 집이 없거나, 가난으로 집이 없는 것과 거의 같은 버림받은 어린이들을 위하여 슈탄쓰에 고아원을 짓기로 결정하고 페스탈로찌를 그 고아원의 책임자로 임명한다. 그러나 그 곳의 환경은 열악하였으며 그를 도와줄 사람은 오직 식모 한 사람뿐이었다. 이러한 외적인 어려움 외에도 어린이들의 건강상태, 심적인 불안상태는 페스탈로찌의 어려움을 가중시켰지만 이러한 상황에서도 그는 교육의 참 사상을 바탕으로 진행하여 인간에 대한 신뢰를 잃어버리지 않는 그의 교육사상에 따라 어린이들은 점차로 안정과 정상을 되찾아 갔다. 그러나 1799년 프랑스 대혁명의 여파로 슈타스 고아원은 문을 닫을 수밖에 없었으며, 대신 병자들은 수용하는 곳으로 바뀌어 진다. 이 같은 페스탈로찌의 교육사상은 전 세계에 인정을 받게 되어 많은 사람들이 교육 사업에 대한 참여와 관심을 가지게 되는 계기가 되었다. 1827년 2월17일 81세의 나이로 노이호오프 근교 부르크에서 생애를 마감했다.

1.1.3 묘비에 담긴 고귀한 삶

가난한 농민들의 벗, 민중의 교사 그리고 '새 교육'의 사도로 자임하고 외골수로 그 길을 찾았던 페스탈로찌는 우리를 또 한 번 놀라게 할 유언을 남겼다. '나는 평생 가난한 농민들의 벗으로 살고자 했다. 그러니 내가 죽은 다음 내 묘를 장식하지 말라. 농민들의 묘와 같아야 한다.' 죽음과 맞선 엄숙한 순간에서의 그의 참 모습은 우리를 숙연케 한다.

페스탈로찌는 만 81세에, 자신의 꿈의 시발점이었던 노이호프에 돌아와 늙음과 병마와 싸우다가 근교 마을 브르크의 한 병원에서 눈을 감았다. 이 위대한 위인의 묘를 농민의 묘로만 둘 수 없다는 여론에 밀려, 현재 우리가 노이호프의 페스탈로찌 유치원 담 벽에 볼 수 있는 저 아름다운 묘역과 묘비, 그리고 농민과 그 아이들, 페스탈로찌가 어울려 담소하는 벽화가 마련됐다. 그가 서거한지 꼭 20주년 뒤인 1846년, 그의 탄생 100주년을 기해, 노이호프 마을이 속한 알가우 현민들이 봉헌한 것이다.

그의 묘비병을 보면…
여기에 편히 쉬다 하인리히 페스탈로찌.
1746년 1월 12일 취리히에서 태어나 1827년 2월 17일 브르크에서 죽다.
노이호프에서는 빈민의 구원자,
〈린하르트와 게르트루트〉에서는 민중의 목자,
슈탄쓰에서는 고아의 아버지,
부르크도르프와 뮨헨브흐제에서는 새로운 민중학교의 창설자,
이벨당에서는 인류의 교사,
인간, 기독자, 시민.

모든 것을 남을 위해 바치고 자기에게는 아무것도 남기지 않았다.
행복 있을지어다. 그의 이름 위에!

이 묘비명은 빈민의 구제, 국민대중교육에 의한 새 조국의 건설, 그리고 인간 각자의 자기실현을 통한 인류의 구원을 위해 '모든 것을 남을 위해 바치고, 자기에게는 아무 것도 남기지 않았던 그의 고귀한 교육생애를 잘 말해 주고 있다.

1.1.4 페스타로찌의 사상의 확립

(1) 청년 · 학창 시절

페스탈로찌의 조상들은 그 성에서 보듯이 원래 이탈리아의 북부지역 샤벤나에 몇 대에 걸쳐 거주하고 있었다. 이 지역은 독일과 스위스에 가까워 종교개혁의 영향을 많이 받았다. 그의 조상들도 구교가 우세한 이 지역에서 신교로 개종하고 그 신앙을 지키기 위해 16세기 중엽에 스위스의 취리히 지역으로 이사해 왔다. 이들 일족은 원래 경제적으로 부유했으나 차츰 몰락해서, 별로 특권이 없는 중산층에 떨어졌다. 페스탈로찌의 할아버지는 취리히의 근교 횡크 마을의 목사요, 아버지는 안과와 외과를 겸한 의사였다. 어머니는 경제적으로 윤택한 농가 태생이며, 집안에 장군이 나올 정도의 이름난 가계 출신이기도 하다. 16세 때 대학에 들어간 그는 처음에는 할아버지의 영향으로 외과 신학을 공부했다. 그러나 당시에는 후진국에 속한 조국 스위스의 정치적 발전에 힘쓰고자 전과하여 법률을 전공하게 되었다. 그런데 바로 이 무렵, 유럽을 매혹한 루소의 〈에밀〉과 〈사회계약론〉이 학생 사이에 자연주의, 자유주의 사상을 요원의 불길처럼 번지게 했다. 그러나 보수적인 행정 당국은 파리의 의회의 결의를 본받아 〈에밀〉을 사악하고 비기독교적인 저작이라고 낙인을 찍어 유죄선언을 하고 그서 조치를 하는데 그치지 않고, 루소의 저작을 모조리 압수하여 불사르기까지 했다. 페스탈로찌는 특히 진보적인 학생 동아리인 '애국단'의 열렬한 회원으로 행정 당국에 항의하는 운동에도 참여하다가 불온유인물을 소지했다는 혐의로 체포 · 구금당하였다, 며칠 후 석방되었지만 이로 인한 정신적 충격과 좌절감은 컸다. 당시의 법률에 의하면, 시국사건 관련 전과자는 공직에 오르지 못했다. 그의 꿈은 산산이 무너졌다. 그런데, 이를 계기로 그에게 새로운 꿈이 싹튼 것이다. 학문과 정치에 회의를 느낀 그에게 농촌계몽과 민중교육이란 구체적인 실천 방향과 보다 원대한 꿈의 실현장이 마련된 것이다.

(2) 사명의 자각

그는 농업기술을 배워 노이호프에 들어가 농장을 세워, 이곳에 헐벗고 굶주리는 농민의 자녀들을 모아 기술을 가르치고 공부도 시키는 빈민노동학원을 세우기도 했고, 전쟁 고아들을 위해 세운 슈탄쓰 고아원 운영과 관리를 자진해서 맡아, 이곳에서 동냥하는 아이들에게도 하느님이 주신 아름다운 인간성과 능력의 씨앗이 내재해 있음을 확인해고, 부르크도르프와 뮨헨브흐제에서는 민중의 자녀들을 그 주요 대상으로 하는 새로운 민중교육 기관을 모색했고, '민중교육'에 성공한 그의 실험 교육기관을 온 유럽의 계몽군주들과 식자들을 순례자로 부른 교육의 메카 이벨당 학원으로 창설 · 경영하기도 했다. 이러한 그의 외골수의 교육의 생애는 그의 사명의 자각에 터한 것이었다.

그는 자신의 이같은 사명 자각을 여러 곳에서 피력하고 있는데 그 대표적인 것은 〈민중교육과 산업〉(1806)에서라고 여겨진다. 이곳에서 그는 이렇게 다짐하고 있다.

① 빈민을 그 인간성을 황폐화시키지 않는 방법으로 구제하고, 그의 내재적인 여러 능력을 계발하여, 그들이 어떤 처지에서도 자활할 수 있게 하고
② 어린이 각자의 여러 능력이 기업이 요구하는 기술에 치우쳐 시들지 않게 고루 계발하여, 자신의 발전과 국가의 번영에 기여케 하고
③ 경제적 자립을 가져 올 능력의 훈련을, 빈민층에 이어서도, 높은 정신력과 심정력의 도야에 결부시킨다.

이 셋은 각각 빈민의 경제적 구제, 국민대중교육의 확립, 그리고 인간으로서의 교양과 모든 교육의 기초를 동시에 다지는 일반도야, 전인교육의 이념의 탐구 · 실천을 말하는 것이다.

1.1.5 교사로서의 삶의 자세와 업무

'교육의 알파이자 오메가는 교사'라는 말이 있다. 이런 뜻에서 인류의 영원한 교사로 추앙되는 페스탈로찌의 삶의 기본적 자세, 교육에 관련된 여러 업무에 대한 생각, 한 마디로 교직관은 우리에게 귀한 시사를 준다 할 것이다. 그의 교직관에서 두드러지게 나타나는 교사로서의 기본적 활동업무는 교과지도, 학생지도, 전문영역 연구, 교직단체 참여, 그리고 학원관리의 다섯이다.

1.1.6 주요 저작물과 전집

페스탈로지의 저작은 1978년 현재 총 42권의 '미완성'의 '비파판' 전집으로 담겨져 있다. 그의 저작은 크게 논문(혹은 저서)과 서한으로 나뉜다. 논문 약 200편은 총 29권인 『저작전집』에, 서한 약 6,000통은 총 13권인 『서한전집』에 수록되어 있다. 그런데 평생을 페스탈로지 관련 문헌만을 수집 · 연구하여 온 스위스의 역사학자 데융(Emanuel Dejung, 1900-1990)

에 의하면, 앞으로도 10권은 더 나와야 한단다. 유럽의 대학이나 시립 도서관 그리고 여러 주요 문서 보관서를 뒤지니 계속 문헌이 나오기 때문이라 한다. 아직도 담지 못한 논문이 20편이고 서한이 180통이나 있다 한다.

1.1.7 교육사상

(1) 삼육론

페스탈로찌의 교육사상으로 우리가 가장 널리 연상하는 것은 삼육론이다. 머리, 가슴, 손으로 상징되는 지능력, 심정력, 신체력(기능력)을 고루 계발하고, 또 세 힘이 조화를 이루어, 하나의 인간적인 힘이 되게 부추겨 주는 작용이 교육이라는 이론을 말한다. 또 이 삼육론을 3H론이라고도 하는데, 이는 지능력·정신력을 상징하는 Head(머리), 도덕력·윤리력을 상징하는 Heart(가슴), 그리고 신체력·기능력을 상징하는 Hand(손)의 머리글자를 따서 이르는 표현이다. 여기에는 지능력, 정신력이라는 좀 어색한 표현을 썼는데, 이것은 지능적, 정신적 능력이란 말은 줄인 말이다. 도덕력, 윤리력, 신체력, 기능력의 경우도 같다. "지능력"이란 표현은 "지적 능력"이라고도 하는데 이것이 우리말로는 듣기에 편할 수 있다.

이 삼육론은 또 지육, 덕육, 체육의 조화를 통해 이루어지는 인간교육이라고도 말할 수 있다. 특정의 기능을 중점적으로 익히게 하는 기술교육, 특정 이념이나 신조를 주입시키는 이념교육, 그리고 지육 교과만을 중점적으로 학습하는 지육편중교육은 진정한 의미에서 "인간교육"이 아니라는 뜻도 이 속에 담겨져 있다. 그런데 우리가 이곳에서 미리 집고 들어가야 할 것이 세 가지가 있다. 하나는, 이 세 가지 힘이 고루 발달한다는 뜻은, 꼭 이 세 힘이 3분의 1씩 같은 비중으로, 동격적으로 키워져야 한다는 뜻인가? 절대 아니다. 삼각형의 밑변에 해당하는 것이 덕육이며, 이 밑변이 넓어야 삼각형이 안정되듯, 덕육이 굳게 다져져야 나머지 두 가지, 즉 지육과 체육이 비로소 존립할 수 있다. 이래서 위는 페스탈로찌의 삼육론을 "덕육기초교육론"이라고 이해해야 옳다. 다음은, 소질내재설이다. 이는 위 세 가지 능력의 씨앗이 모든 어린이에게 있다는 것, 즉 소질로 타고난다는 것이다. 그래서 교육이란 "내재적 소질 계발 작용"인 것이다. 그런데 또 하나, 훨씬 중요한 것이 있으니, 그것은 인간평등성이다. 위와 같은 삼육론으로 짜여진 페스탈로지의 교육론을 우리는, 교육이란 스스로 돕게 도와주는 일이며, 인간성 안에 내재하고 있는 여러 소질을 조화롭게 발전시키는 작용이라고 정의할 수 있다.

(2) 기초도야론

삼육론이 페스탈로지의 교육이론 중에서 교육이념적인 이론이라면 이 기초도야론은 방법원리를 다듬은 이론이다. 그는 국민대중교육 혹은 민중의 자녀교육의 보급을 위해 그가 즐겨 쓴 '메토데(Methode)'라는 방법원리를 평생 추구하였다. 이 메토데는 세 가닥의 '삼위일체'로 짜여져 있다. 첫째는, 인간교육을 위에서 본 바와 같이 '지능 · 심정 · 기능력'의 삼력의 조화적 발전으로 보든 삼육론이요 둘째는, 세 능력 중의 지능력의 도야를 '수 · 형 · 어'의 세 개의 기초교과로 기하자는 것이요 셋재는, 인간의 전체적인 힘의 도야를 '직관 · 언어 · 사고력'의 셋으로 기하자는 것이다. 여기에서 말하는 '수'는 산수나 수학의 초보를, '형'은 사물의 형태의 성질을 배우는 도형학이나 기하학의 초보를, 그리고 '어'는 국어나 외국어의 초보를 말한다. 그런데 이 '수 · 형 · 어'라는 짝지음은 어디에서 유래했을까? 이 물음에 대해 페스탈로찌는, 우리가 사물을 대할 때, 그것이 몇 개인가(수), 어떤 꼴인가(형), 이름은 무엇인가(어)라는 인식의 요소로 인식하는 것이고, 사물의 특성에 대한 교육도, 따라서 이 세 인식요소의 교육에서부터 시작되어야 한다고 대답한다.

1.1.7 교육방법론

(1) 합자연 교육론

교육은 자연에 따라야 한다는 이 원리는 페스탈로찌가 루소에게 이어 받은 것이다. 교육방법에 전문적인 기술도 필요하다. 그러나 그 기술도 어디까지나 자연의 과정에 따라야 한다는 게 그의 철칙이었다. 그는 이렇게 선언한다. 인간은 오로지 기술을 통해서만 인간이 된다. 그러나 우리들이 우리들 자신을 창조해낸 이 기술의 솜씨가 제 아무리 훌륭하다 할지라도 그것은 그 작업의 온 과정에서 자연의 단순한 발걸음과 굳게 맺어져야 한다. 교육은 이렇게 자연의 길에 따라야 한단다. 그러면 자연에 따른다는 뜻은 구체적으로 무엇일까? 이렇게 다섯 가지다.

① 단순한 기본원리를 완전히 익힌 다음에 보다 복잡한 것으로 전진한다.
② 단순한 것(원리) 사이의 상호관련성을 밝힌다.
③ 중요한 원리는 그 아름다움이 음미되고 그 실생활에의 이용가치로 평가되어야 한다.
④ 자연계를 지배하는 필연성을 본받아, 한 치 한 오리의 어김도 없어야 한다.
⑤ 자연계에는 필연성만 지배하지 않고 자유성과 독립성도 지배함을 명심하자.

(2) 직관교육론

페스탈로찌는 직관을 교육의 유일한 기초로 정립하자 했다. 왜냐하면, 직관은 인식의 유일한 기초이며, 따라서 사물의 올바른 인식을 기초로 하는 교육 및 학습도 여기에서 출발할 수밖에 없기 때문이다. 사실 페스탈로찌는 자신의 삶의 공헌점을 ①직관을 모든 인식의 기초로 삼고, ②학습을 이 직관에 근거시키고, ③학습의 원형을 수 · 형 · 어의 세 분야로 나누고, ④인간발달의 법칙을 자연의 법칙에서 찾고 ⑤이로서 교육을 인류향상의 근본적인 수단으로 정립한데 있다고 술회한다.

(3) 학습의 심리 · 기계화

학습 · 수업의 심리 · 기계화, 즉 현대적 표현으로는 학습의 심리학적 조직화의 개념은 〈방법〉에 잘 나타나 이다. 이 논문은 위 〈게르트루트의 자녀교육법〉 직전에 나온 것이며, 이 속에서 특히 주목해야 할 점은 다음 셋이다.

첫째는 자신의 방법을 다섯 원리로 요약한 부분이다. 그는 이것을 ①심리화, ②조화화, ③단순화, ④직관화, ⑤상황화로 나눈다. 심리화는 학습에서의 계열적 학습을, 조화하는 학습에서 생도 각자의 정신의 발달 수준, 처지, 내용의 관련성의 셋이 조화가 되어야 할 것임을, 단순화는 모든 지식의 초보를 철저하게 다지며, 큰 원리를 몇 개의 작은 원리로 구성할 것임을 , 직관화는 인식의 기초를 직관으로 삼을 것임을, 그리고 상황화는 생도 각자가 자기 삶의 상황에 맞게 학습의 주체가 되어야 할 것임을 이름이다.

둘째는 자신이 제안한 학습의 심리화 · 기계화가 무엇인가를 구체적으로 11개의 법칙으로 나누어 계열적으로 제시한 것인데, 그 중의 몇을 들면 이렇다. ①인상을 강화하라. 즉 사물의 기본적 속성의 틀을 철저하게 학습하라, ②인식의 계열적 단계를 밟아야 한다. ③단순한 사항을 철저하게 배우라, ④부분의 학습을 완성한 다음 체계의 학습으로 전진하라, ⑤학습자의 삶의 기점으로 학습이 전개되어야 한다.

(4) 전인적 체육론

체육은 삼육의 하나로, 기초도야의 한 가닥이라는 논리는 〈체육에 대하여〉에 잘 전개되어 있다. 이 논문이 우리에게 특히 관심을 끄는 이유는, 당시의 일반적인 체육의 현실에 대한 그의 민중교육적, 전인교육적 논리에서의 비판이 대단히 예리하기 때문이다. 그래서 우리는 이 체육론 하나만 분석해도 으로써 그의 교육학 체계, 교육이념, 교육방법의 원리를 일반적으로 알 수 있게 되는 것이다. 그 내용을 크게 다섯 주제로 요약 · 음미하여 본다.

첫째는 체육의 전인성 논리다. 체육은 신체의 몇 부분을 이용하는 기술의 연마나 신체적 건강을 위한 단려난이 아니고 인간도야의 일환이라는 논리다.

둘째는 신체의 여러 능력의 조화적 도야다. 부자들은 무용, 검술, 승마 등의 특정기능을 익히면서 이것을 체육이라 하고, 빈자들은 이같은 기능훈련은 고사하고 그저 방직공장 기계 옆에 하루종일 앉아 일하다가 몸이 불구화되는 현실이 안타깝다는 것이다. 그래서 체육은 인간의 신체의 종합적능력을 키우는 것이지 개개의 기능을 익히는 일이어서는 안 된다는 것이다.

셋째는 체육도 전인교육적 논리에서, 머리, 감손, 신체가 하나의 전체가 되게 이룩되어야 하지, 결코 체육이 지육이나 덕육의 하위에 놓여져서는 안된다 한다. 더욱, 밥벌이 일을 익혀야 할 민중과 그 자녀에게는 체육이 아예 필요 없다고 생각하는 것은 큰 오류다.

넷째는 모든 운동의 기초훈련은 관절운동이라는 논리다. 여기에도 어김없이 학습의 요소·계열화의 방법이 적용되고 있다.

다섯째는 통합적 운동의 원리다. 이는 개개의 지체, 개개의 관절, 개개의 운동, 개개의 방향, 개개의 체위, 개개의 자세 등이 아름답게 결합하여 그것이 예술적 작업으로 발전함을 이름이다.

페스탈로찌의 체육론은 이처럼 그의 전인적 교육론의 일환이며 특히 빈민계층의 어린이를 주요대상으로 짜여진 민중교육론의 일환이고, 더욱 그의 직관적 교육방법론이 잘 적용된 기초도야의 일환이다.

(5) 노작교육론

노작교육론은 '일하면서 배우고, 배우면서 일한다'는 교육방법의 원리의 하나로 케르센쉬타이너(G. Kerschensteiner, 1865-1932)가 대성시킨 것이다. 그는 이것을 그의 정신적 스승 페스탈로찌에게서 이어받았다. 사실 페스탈로찌는 그 교육활동의 출발점을 농민의 자녀들의 노작교육에 두었다. 이것은 그의 생애와 사상에서도 특기할만한 것임을 세상이 당내에서도, 지금도 잘 안다. 그러나 페스탈로찌 자신은 그 이념을 그 실천에 견주면, 그리고 그의 다른 교육이론이나 교육방법에 비기면, 이론적으로 체계화하지 못했다. 그래서 그것이 위의 케르센쉬타이너의 몫이 된 것이다.

1.1.8 전인적 직업교육론

직업교육 역시 노작교육처럼 전인적 교육의 일환이요 어린이 각자의 삶의 처지와 환경에 알맞은 생활교육의 일환이어야 한다는 것이 페스탈로찌의 입장이다. 그래서 그의 적업교육의 이념과 방법의 분석·평가는 그 자체에도 큰 의미가 있으나, 그의 교육학 체계가 그 구체적인 분야에 어떻게 생생하게 전개되고 있는가를 음미하는데 더욱 큰 의미가 있다. 그는 많은 논문을 썼고 또 직업교육에 대해서도 꽤 많이 언급했지만, 직업교육만을 주제로 한 논문은 한 편도 쓰지 않았다. 그 이유는 어디에 있었을까? 직업교육은 어디까지나 일반교육의 일환이고, 다라서 '기술교육'이나 '특정'의 기능을 익히는 '기능교육'이 아닌 인간교육 그 자체의 일환이라는 그의 교육학의 틀 때문이라고 여겨진다. 직업교육에 대해 그가 체계적으로 논한 부분을 몇 곳에서 찾아 그 논지를 요약하여 본다.

첫째는, 직업교육을 민중교육의 세 분야 중의 하나로 보는 논리다. 이 논리는 1802년에 쓴 〈헤르베티아의 입법 사항 중 특히 배려해야 할 사항에 대한 견해〉에 선명하다. 여기에서 그는 민중교육을 기초교육, 직업교육, 도덕교육의 세 분야로 구분하고, 이 세 분야의 교육의 몫을 다음과 같이 간략하게 잘 요약하고 있다.

둘째는, 한 걸음 더 나아가, 직업도야의 분야 구분이다. 그는 이것을 농업적 분야와 공업적 분야의 둘로 나누고, 농업적 분야에서 다루어야 할 내용을 ①토지의 특성과 다양성, ②토지의 완전한 이용, ③농지개혁에 의한 부농에의 길, ④농산물 가격, 빈부 격차, 영농자금과 그 이자, 영농자본, 자본 투하 ⑤토지 정리, ⑥공장문화와 대비되는 농촌문화를 들고 있고, 공업적 분야에서 다루어야 할 내용으로는, ①국토와 국내산업, ②스위스 산업의 이탈리아, 프랑스, 독일 등과의 관계, ③국민경제와 국민적 근면성, ④다양한 산업분야에 응용될 수 있는 여러 기능의 도야, ⑤유리한 업종과 불리한 업종,⑥상공계급의 안정성 등을 들고 있다.

셋째는, 직업도야와 일반도야와의 조화다. 이 조화가 잘 이루어지지 못하고 있는 원인을 그는 〈시대에 고함〉(1802~3)에서 다음 다섯 가지로 구체적으로 들고 있다.

① 어느 특정한 직종에 대한 기술 · 기능교육으로의 파행 · 편중
② 농 · 공 · 상 등 여러 산업분야에 대한 전망의 결여
③ 국민경제와 국민복지에 대한 식견 결여
④ 각자의 처지와의 부조화(자기 처지와 안 맞는 직업교육)
⑤ 인간도야의 일환이라는 인식의 미흡

넷째는, 전인적 노동의 원리이다. 이 논리의 그의 〈민중교육과 산업〉(1806)에서 특히 강조된 놀리다. 공장에서의 노동이 특정 기능의 숙달만을 요구하고, 신체의 여러 능력의 발전을 저해하고, 정신적 성숙과 새로운 기술에의 적응력을 갖추지 못하게 하고, 특히 공장노동자의 절대다수를 배출한 농업적 노동과는 생소한 것이기에, 이런 공장노동의 비인간성을 시정하기 위한 전인적 노동의 원리에 대한 전인적 직업교육이 절실하다고 그는 설파한다.

1.1.9 가정교육론

페스탈로찌는 더욱, 오늘날의 인류의 타락을 인간의 타락에서, 그리고 그 인간의 타락을 가정의 타락, 그 가정의 타락을 모성의 타락에서 비롯한다고 보기도 했고, 또 이 모성을 타락시키는 것은 황금과 쾌락 만능주의를 부추기는 타락한 문명이라고도 했다. 그래서 문명의 타락과 모성의 타락은 서로 원인, 결과가 되는 악순화를 거듭하는 것이 된다. 페스탈로찌의 가정교육론에서 우리가, 그의 가정교육론을 구성하는 가닥으로 다섯을 들면 다음과 같다.

첫째, 가정은, 위에서 보았듯이, 인간의 도덕적 정서 중에서 가장 귀한 덕목, 믿음 · 감사 · 신뢰 · 사랑을 어머니와 자녀 사이의 인간적인 만남과 생활을 통해 자연스럽게 싹티운다는 것이다. 이렇게 싹티워진 덕성은 가족과 어린이 사이, 그리고 친구, 이웃, 사회,

국사, 인류, 하느님, … 이렇게 확대해 간다.

둘째, 가정의 재건이다. 그에 의하면, 문명의 타락은 민중과 가정의 타락을, 민중과 가정의 타락은 다시 문명의 타락을, 이렇게 악순환을 거듭하고 있다 한다. 그의 이런 논리는 여러 저작에서 산견된다. 그러면 이 악순환의 고리는 어디에서 끊어야 하는가? 이 점에 관한 그의 입장은 아주 뚜렷하다. 가정에서다. 가정이 선도적으로 순화되어야 하며, 가정교육의 내용과 방법을 부모들이 깊이 인식하고, 일상생활 속에서 자녀의 마음에 어떤 숭고한 힘을 기르는 일이라 한다.

셋째, 안방의 정화다, 안방이란 모든 가족들이 모여 담소하는 생활의 중심이다. 현대의 서양식 가옥 구조로는 거실이 이에 해당하겠지만, 전통적인 가옥, 특히 우리 한국의 그것에서는 안방이라고 해야 그 뉘앙스가 잘 나타나지 않을까? 독일어의 Wohnstube는 영어의 living room과 같으나, 이것을 우리말로 거실이라 하면, 주로 손님을 맞는 곳이 되어, 뉘앙스가 달라진다! 페스탈로찌는 이 안방을 성스러운 곳으로 정화하고, 이 안방에서의 교육으로 인간은 사회, 국가와 관련을 맺는다고 주장한다. 그래서 안방에서의 교육이 그릇되면 인간교육은 그 실을 거둘 수 없다. 그는 오늘날의 문명의 최대의 죄악은 '안방의 약탈'이며, 이는 하나님과 인간성을 배반하는 일이며, 시대의 문명에 사로잡혀 안방교육을 등한시하는 어머니는 '죄악의 시대의 어머니'이자, 따라서 '반쪽 어머니'라 한다.

넷째, 어린이 교육 책임의 가정귀속성이다. 어린이의 교육의 권리와 책임이 국가에 속하느냐, 가정에 속하느냐의 물을 페스탈로찌는, '국가의 아들이냐?' '가정의 아들이냐?'라는 이자택일의 표현으로 물으면서, 그는 '가정의 아들이다'고 단정한다. 여기에서 '가정의 아들이다'는 말은 '어버이의 아들이다'와 동의어다. 일반적으로 전체주의, 독재주의, 사회주의 국가나 체제에서는 교육을 국가가 관리 · 통제하기에 어린이의 '본적'이 국가가 되며, 어린이는 국가나 체제의 '인적 자원'으로 키워져, 체제의 유지 · 발전의 수단이 된다. 이와 반대로 개인주의, 민주주의, 자본주의에서는 거꾸로 가정교육을 국가가 보조 · 지원하며, 교육의 목적은 어린이 개개인의 개성실현과 인격도야에 중점이 놓인다. 그래서 이 경우, 어린이의 본적은 가정이 되며, 학교교육도 가정교육이 그 모델이 된다.

다섯째, 모성을 일깨워 주는 교육의 긴요성이다. 어린이를 교육시킬 모성의 교육에 대한 논의가 페스탈로찌의 저작 여러 곳에 있다. 그는 논의에 그치지 않고, 모성이 자녀들을 가정 안에서 가르치는데 쓰일 수 있도록 〈어머니를 위한 직관적 교과서〉를 국어, 수학, 가하 등의 교과에서 여러 권 편집 · 제작 · 판매했다.

그의 가정교육론은 오늘날 더욱 빛난다. 학교교육이 감당하지 못하는 가정교육의 몫은 무엇인가. 어린이 개개인에 대한 세심한 배려, 정서의 계발, 친애감정의 촉발, 사랑의 체험 등이기 때문이다.

1.1.10 사회교육론

그의 생애는 이렇게 민중교육에서 출발되었고, 교육의 주목표의 하나를 그 묘비명에도 있듯이 빈민의 구원으로 정립했다. 그의 저작에 강렬하게 풍기는 사회교육 지향성도 이런 맥락에서 이해되어야 할 것이다. 그의 사회교육론을 우리는 다음 다섯 사항으로 요약해볼 수 있다.

첫째, 사회문제의 교육감각적 인식이다. 그는 사회의 여러 문제를 교육학적 시각에서 접근했고 또 교육적 감각으로 인식했음을 우리는 특히 주목해야 한다. 즉, 그는 정치적 문제를 정치적 시각에서가 아니고 교육적 시각에서 접곤했고, 또 정치가적 감각에서가 아니고 교사적 감각에서 인식하였다. 종교나 경제의 문제에서도 그렇다. 이런 교육적 감각을 특히 잘 엿볼 수 이는 저작은 〈입법과 영아살해〉(1783)다.

둘째, 전인적 인간교육성이다. 전란에 국토가 황폐하고, 영리를 가차없이 추구하는 초기 원시적 자본주의의 농촌의 전통사회 침투로 인간성이 극도로 파괴되고, 한편 국가의 절대권력이 인간을 국가발전이나 체제수호의 도구로만 여기고 교육을 지배 · 통제하려한 당시에, 그가 혼신의 힘을 기울여 유럽의 문화와 역사에 대해 인간성의 회복을 외친 저작 〈나의 시대와 조국의 순박하고 고결한 식자들에게〉(1815)에서 그는 민중교육의 목표를 이렇게 선언하고 있다.

정신적 도덕적 시민적으로 수렁에 빠진 유럽을 구하는 교육은 인간성지향교육, 인간의 전인적 도야 밖에는 없다.

그의 의하면 도덕적 교육, 정신적 교육, 기술적 교육은 삼위일체적인 것이며, 그러기에 이 셋은 가정, 학교, 사회라는 세 교육의 마당에서 별개의 목표로 설정되어서는 안되는 것이었다.

셋째, 민중의 역사의식 함양이다. 각 계층의 국민들이 자신의 문제를 깊이 인식하고 그것을 역사적 전망에서 극복하게 도와주는 것도 그가 사회교육론에서 기대하는 큰 가닥의 하나였다.

넷째, 지역간 계층간의 화해다. 각 지역간의 이익의 조정, 각 계층간의 화해, 관리와 민중간의 상호신뢰감의 회복, 그리고 군주와 백성간의 가족사이와 같은 인간관계의 정립 등 화해 · 친애 감정의 조성은 페스탈로찌의 사회교육론의 큰 가닥의 하나다. 관리와 민중간의 화해를 기하는 그 대표적인 논설의 하나는, 취리히 지역에서 발생한 농민폭동에 대한 논설 〈쉬테프너 운동의 희생자를 위한 대변〉(1795)에서 볼 수 있다. 지역간의 화해를 기하는 논설로는 〈운터발덴의 운명에 대하여〉(1798)를 들수 있다. 그는 이 속에서 스위스가 '13개의 각각 다른 시계'에 의해서 움직 일 수 없는 일이라고 역설하면, 지역간의 화해를, 그리고 낙후된 주나 지역에 대한 연방 차원의 물심 양면의 원조의 긴요성을 설파하고 있다.

다섯째, 국교적 종교의 개혁이다. 페스탈로지는 종교가 갖는 인간구성원과 정서순화성의 의의를 높이 평가했다. 그래서 사회교육적 차원에서도 당시의 "국교적", 체제 순응적 종교에 대해 많은 비판을 가했다. 그러면 그가 든 종교의 의의와 종교교육의 몫은 무엇이었던가. ①종교는 인간행복의 터전이기 때문에 사회교육에서도 이것을 중시해야 하며, ②종교는 특정의 종파의식이나 종파적 교리가 아니고 인간정신의 순수한 내면적 감정의 순화이기에 그 내면적 성실성이 부각되어야 하며, ③국민의 운명공동체적 유대감은 이 종교적 심정에 바탕을 두는 것이므로, 종교는 교육 내용에 특히 운명공동체적 각성을 중점적으로 다루어야 하며, ④종교는 원래 양심종교, 개인종교이기에 "국교적 종교"는 배격해야 하며, 특정 종교에 의한 국민의 정신생활의 통제는 엄히 경계되어야 한다는 것이다. 그의 이 같은 '국교적 종교 배격론'은 '기독교 및 종교는 국가가 관여할 사항이 아니다. … 덕을 함양하기 위해 권력을 동원하는 오류를 빚는 결과를 초래해서는 안 된다는 경고로 나타나고 있다.

1.1.11 교육적 인간학

1797년에 간행된 〈인류의 발전에 있어서의 자연의 과정의 탐구〉는 인간이란 무엇인가라는 주제를 좇으면서, 교육에서 기려야 할 바람직한 인간의 모습을 그려낸, 현대적 용어로는 교육적 인간학을 담은 저작이다.

1785년 12월 10일자로 된 그의 서한에 이렇게 다져지고 있다.

> …저는 지금 진정한 인간교육에 대한 체계적 이론을 탐구하는 중에 있습니다. 인간이 거쳐온 자연의 고유한 욕구, 그리고 인류의 역사와 경험 등을 분석하려 합니다. 이 작업은 인류의 여러 차원의 다른 상태에 대해서 지금까지 몰랐던 면을 밝혀줄 것으로 여겨집니다. …이 '탐구'의 작업이야말로 민중교육의 개선을 위한 실천에 많은 시사를 줄 것입니다.

여기에 위 저작의 제목에서의 '탐구'가 선명하다. 이 〈탐구〉에서 분석된 주요개념은, ①민중의 진리의 기준, ②인간의 전도덕적 상태의 이기성, ③인간의 전도덕적 상태의 호의성, ④인간의 타락과 말세적 징후, ⑤인간의 삼단층적 존재상, ⑥자연적 상태의 인간, ⑦사회적 상태의 인간, ⑧도덕적 상태의 인간, ⑨인간의 본질과 교육의 본질 등이다.

교육성이란 무엇인가. 이것은 인간이 스스로를 계속 갈고 닦아 새롭게 되어감을 이름이다. 이 교육성을 , 우리는 페스탈로찌가 진술해나가는 순서를 따라, 세 가닥으로 해명할 수 있다. 모순성, 동경성, 그리고 도덕성이 그것이다.

모순성이란 무엇인가. 인간이 자신 안에 도사리고 있는, 서로 모순하는 '두' '나'에 의해 잠시도 편안하게 현 상태안에 머물 수 없음을 이름이다.

동경이란 무엇인가. 현실의 나와 본래의 나 사이의 모순의 인식을 계기로 하여, 현실의 부족한 자아가 원래의 완전한 자아를 향해 찾아나서는 다짐을 이름이다.

도덕성이란 무엇인가. 그것은 위에서 본바와 같이, 개아성, 자유 · 자주성, 정신성, 인격성, 그리고 종교성의 다섯 특징을 지닌, 인간에게만 존재하는, 인간의 여러 발전 · 성숙단계의 여러 특성의 총화를 이름이다.

특히, 교육의 도덕성이란 무엇인가. 교육은 물론 호의성의 육성 · 계발도, 사회성의 육성 · 계발도 필요하다. 그러나 진정한 교육은, 인간의 발달 · 성숙의 최고의 단계에 걸맞는 도덕성의 계발 · 육성이다. 인간의 자연 상태에 걸맞는 호의성의 교육이 학생기의 교육이요, 사회상태에 걸맞는 사회성의 교육이 도제기의 교육이라면, 도덕상태에 걸맞는 위의 도덕성의 교육은 성년기의 교육에 해당한다.

인간의 최고의 본질은 그 도덕성에 이기 때문에, 그 인간을 일깨워줄 교육의 본질도 도덕성에 놓여야 한다. 이것이 바로 페스탈로찌가 그 기나긴 '탐구'의 과정을 거쳐 얻어낸 최종결론이다.

1.1.12 요약

페스탈로찌의 교육이념 중에서 가장 귀하고, 가장 높이 평가받아야 할 것은 무엇인가. 그것은 '민중교육'이다. 민중을 새 역사의 주인으로 일깨워주기 위한 전인교육론을 이름이다. 그의 민중교육 이념은 '국민교육', '민족교육'이념으로 발전하면서, 근대 국민국가, 민족국가의 가장 중요한 교육이념으로 정립되었다. '민족교육'이 왜 페스탈로찌의 민중교육하고 이어지는가. 그것은, 근대의 국가는 민족을 그 기본단위로 하는 민족국가이기 때문이다. 근대국가들은 거의 헌법의 교육조항에, 모든 계층의 교육, 교육의 기회균등, 일반 · 기초교육, 무상교육, 그리고 더러는 교육용어로서의 국어 중시 혹은 국가에 대한 충성심 함양 등을 노래하고 있는데, 바로 이 민중의 전인교육의 역사를 개척한 사림이 페스탈로찌다.

교육의 가정교육, 학교교육, 사회교육(민중교육)이란 세 기둥으로 국민문화, 국민덕성교육으로 정립한 사람도 페스탈로찌이다. 이같은 그의 국민문화 도야론은 현대에 와서는 '평생교육론'으로 크게 발전하고 있다. 사회의 모든 성원이 인간답게 살 수 있고, 인간이 되게 도와주는, 전인교육을 위한 학습사회의 건설, 현대의 인격분열(인간소외) 현상을 극복하려는 인간화 교육, 현 체제의 불평등과 차별이 파고드는 학교교육의 한계를 극복하자는 탈학교 교육, 그리고 지배계층이 독점적으로 누려 온 '고급문화'를 국민 모두가 즐길 수 있는 국민문화 혹은 민중문화로 이어주자는 문화의 민주화, … 이 모든 문화의 민주화 운동의 뒤에, 우리가 알던 모르던, 실은 그의 민중문화 함양의 논리가 깔려 있는 것이다.

위에서 본 바와 같이 페스탈로찌는 현대의 교육이념의 뿌리를 정립한 사람이다. 다음 절에서는 수학학습심리학의 선구자로서의 페스탈로찌의 수학교육의 이념과 업적살펴보기로 한다.

1.2 페스탈로찌의 수학교육사상

페스탈로찌는 민중교육의 이념을 탐구하며 그 현실방법을 개척하면서 많은 교과서를 자작편찬한 사람이기도 했다. 의무교육이 아직 제도화되지 않았던 당시이기에, 상류계급의 자녀가 다니는 문법학교에서는 라틴어문법서나 유크리트 기하학원론이 그대로 교과서로 사용되었고, 한편 서민계층의 자녀가 다니는 민중학교에서는 일상생활에 필요한 3Rs, 즉 읽기(Read), 쓰기(Write), 셈하기(Arithmetics)와 기독교교리문답을 가르치는, 아무런 체계가 없는 교재가 사용되었었다. 그러기에 민중교육의 이념을 다듬고 그 실현방안을 실험적으로 모색한 페스탈로찌에게는 민중학교용의 교과서, 즉 문법학교 학생들이 배우고 있는 체계적 교과서에 견줄만한 새로운 교과서의 편찬이 급선무로 인식되기에 이르렀다. 그러나 이 새 교과서는 몇 가지 점들이 배려되어야만 했다. 즉, 그 내용은 민중의 일상생활과 관련을 가져야 한다는 것, 그 수준은 학문의 체계보다는 민중의 자녀의 지적 발달수준에 맞추어야 한다는 것, 그리고 어학이나 수학 등의 교과에 한정하지 않고 거의 모든 교과에 이런 교과서가 필요하다는 것이었다. 그가 시도한 것은 이 방법으로 여러 "실과"에 적용될 수 있는 교과서의 작성이었는데, 그가 실제로 펴낸 것은 수학관계 뿐이었다. 이리하여 나온 것이 〈어머니를 위한 책〉이라 이름 붙은 전7권으로 된 방대한 교과서였다. 이 〈어머니를 위한 책〉은 처음에는 "셈책", "직관의 기초", 그리고 "어머니를 위한 책"으로 구성될 예정이었었다. 그러나 직관화의 이념을 강조한다는 뜻에서 표제를 통일할 필요가 있어 처음의 두 종류의 교과서에는 직관론이라는 문자를 삽입해서 출간이 된 것이

- 〈어머니를 위한 책〉의 전2권(1803)
- 〈양관계의 직관론〉의 전2권(1803)
- 〈수관계의 직관론〉의 전3권(1,2권은 1803, 3권은 1804)

이었고, 이들 일련의 교과서는 당시로는 질적으로나 양적으로 민중학교 교과서로는 획기적인 것이었다. 이들 교과서에 대해서는 다음 두 가지 점이 주목되어야 한다. 첫째는, 그

제목에서도 알 수 있듯이 어머니나 교사가 아이들을 어떻게 직관적인 방법으로 기본적인 교육내용, "수-형-어"를 다루어야 할 것인가에 관한 지침이 주어졌다는 것이다. 이런 뜻에서 그는 이들 교과서를 "기초서"라고도 불렀다. 둘째는 이들 교과서는 그의 새로운 방법을 보급시키기 위해 스위스 정부 당국이 준 많은 보조금으로 발행되었다는 것이다. 즉 당시로는 파격적으로 모두 6천부씩이나 발행된 점이다.

1.2.1 양관계의 직관론

두 권으로 된 이 교과서의 서문의 전부와 내용의 개요는 〈비판판〉의 제 15권에 수록되어 있다. "Mass"란 원래 정도(程度), 척도(尺度), 양목(量目), 도량(度量), 용적(容積), 두량(斗量), 계량(計量), 측정(測定) 등의 양을 나타내는 말인데, 페스탈로찌는 이 개념을 "수-형-어"의 방식의 "메토대" 중에서 "형"에 관계되는 모든 개념을 포섭한 개념으로 사용하고 있다. 그러기에 그 뜻으로 보아서는 "초등적 직관기하"라고 번역되어야 할 개념이다. 여기에는 크게 측정술, 작도술, 묘화술 및 그 기초가 되는 도형이 다루어지고 있다. 그런데 중점은 "도형"을 직관적으로 취급하는데 놓여있으며, 그가 이들 교과서의 부제를 "직관의 기초"라고 한 의도도 여기에 있다.

1.2.2 수관계의 직관론

어린이가 갖고 있는 수에 대한 관심을 어떻게 조직적으로 환기시킬 수 있는가? 그 가장 간단하고 효과적인 방법으로 페스탈로찌는 "단위표"와 "분석표"를 창안했다. 그것은 오늘날 표현으로는 "구구표"와 비슷한 방법으로 수와 수와의 관계가 직관적으로 일목요연하게 눈에 들어오게 한 것이라 생각하면 된다. 이런 방법은 결국 어린이의 정신의 훈련, 페스탈로찌의 표현에 의하면 영혼의 활용적 조작을 위한 것이며, 그 궁극의 목적은 기술의 습득 아닌 사고의 훈련에 귀결되는 것이었다. 사고의 훈련을 시키기 위한 연습제가 교과서에 아주 많이 수록되어 있는데 $9:4=63:x$?, $1:7=6:x$? 등의 연습문제가 많이 있다. 페스탈로찌의 근본의도는 이 교과서의 제 3권의 서문에 다시 정리되어 나온다.

"이 교과서의 제 1, 2, 3 권으로 수관계의 기초론이 마무리되고 이로 해서 실제적 응용력과 이성력도야의 길이 열릴 것이다. … 이 교과서는 결국 자극된 인간적 이성적 소질을, 인간의 이성의 능력으로 높이게 될 것이다. 이이들에게 계산술을 가르친다는 생각은 옳지 않다. 물론 이 교과서의 연습문제로 계산기술은 익혀질 것이다. 그러나 더욱 중요한 것은 사고하는 것을 배우는 일이며, 그것은 오로지 사고하면서 배움으로써만 가능하다. 우선 공적을 들면 크게 네 가지가 될 것이다.

- 교육학 체계 속에 수학교육을 담고, 민중교육의 이념을 구현시키기 위해 수학교과서

를 손수 편찬했다.

- 직관을 방법의 원리로 채용하면서도 어느 단계에 가서는 직관적 시각적 직관을 지양하고 구성적 직관을 중시하여 이로써 수리관계를 추상하게 했다.
- 특히 유치원 단계나 초등학교 단계에서는 읽기, 쓰기, 셈하기 이외에는 가르치지 아니했던 시대에, 그는 〈유크릿트 기하학〉의 내용과 체계의 정신을 이들에게 접근시킬 수 있는 비형식적 직관기하학을 개발하였다.
- 언어교육과의 관련에서 수학교육을 하였고 이로써 정확한 언어사용과 정확한 표현양식을 몸에 지니게 했다.

1.2.3 제자들에 의한 이념의 계승

페스탈로찌의 이념 및 방법은 그를 따르는 많은 제자들에 의하여 발전・계승되었다. 이들 제자들을 크게 2군으로 나눌 수 있다. 제 1군은 장기간 페스탈로찌 학원에 머물면서 학원 교사로 봉직한 사람이고, 제 2군은 페스탈로찌의 이념과 방법에 찬동하여 그와 학문적으로 접촉하면서 그것을 자신들의 이념에 도입・발전시킨 사람들이다. 제1군의 사람들을 직제자라 할 수 있고, 이에는 니델러, 쉬밋트, 람자우어, 무랄트, 미-크, 튜르크, 클류지, 부우스, 쉬타이너, 그리브스, 발로, 토플러, 등이 속하고, 제2군은 이념제자라 할 수 있고 이에는 헤르바르트, 피히테, 프레벨 등이 속한다.

1.2.4 페스탈로찌의 업적

페스탈로찌는 수학교육에 있어 특히 직관적 사고를 중시했고, 어린이의 세계에는 어린이대로의 논리가 있음을 발견하여, 이런 직관적 논리를 명제적 논리로 발전시키는 길을 예비하였다. 이런 뜻에서 그는 〈유크릿트 기하학〉에 의존한 수학교육을 개조해야 한다고 외친 20세기 초두의 수학교육개혁운동의 주도자 페리의 생각을 100년이나 앞섰으며, 또 어린이의 사고방식의 발전단계에 맞추어 수학교육을 개혁해야 한다고 주장한 피아제의 생각을 150년이나 앞선 것이다. 그리고 그의 이런 이념은 민중의 내재적 능력에 대한 확고부동한 믿음과, 교육을 조화적 발전으로 보는 교육관에 유래한 것이다.

연습 문제

1. 페스탈로찌가 현대 수학교육에 미친 영향을 간략하게 논하시오.

02 행동주의

2.1 Gagne의 학습위계 이론

행동주의 이론의 핵심은 학습의 가법적으로 앞에서 학습한 것과 연결이 되도록 해야 한다는 것이다(아리스토텔레스, 백지설, 경험). 가네(R.M.Gagne)에게 기본적인 문제는 무엇이 학습되는가이다. 학습과정에서 선수학습, 학습동기, 자아개념 등의 학습자의 내적 조건과 학습목표, 그리고 강화, 인접성, 연습 등의 외적조건과 학습결과 곧 능력의 획득과 파지 및 전이 등을 고려해야 한다고 했다. 학습에 중대한 영향을 미치는 것은 외적조건이라고 보았다.

2.1.1 학습유형

① 신호학습: 가장 기본적인 학습으로 무의식적인 정서적인 반응, 어떤 신호나 자극에 대한 반사적인 반응을 보이는 것을 말한다. Pavlove의 개의 실험으로 벨을 울리면서 고기를 주면 벨소리의 자극에 따라 침을 흘리는 반응을 보인다. 학생들 가운데 과거에 성적이 좋지 않거나 부모형제자매가 수학을 싫어하기 때문에 수학에 대한 공포감을 갖고 있는 학생에 대한 공포를 극복시킬 필요가 있는 학생들에게 성공적인 경험의 기회를 마련해 주어야 한다.

② 자극-반응학습: 학습자가 식별된 자극에 대하여 어떤 정확한 반응을 보이는 것을 말한다. 바른 반응에 대한 보상은 이 수준의 학습이 일어나는 중요한 조건이 된다. 수학에서 수학적 용어를 배우는 첫 단계의 학습을 말한다.

③ 연쇄: 둘 이상의 자극-반응이 연결된 운동행위가 이루어지는 것을 말한다. 수학에서 숫자를 쓰고 도형을 그리는 학습을 말한다. 이러한 학습에는 바른 반응에 대한 보상과 연습이 효과가 있다.

④ 언어적 연합: 연쇄는 운동에 관한 학습인데 반해 그와 비슷한 언어에 관한 학습을 말한다. 시를 외운다든지 의미는 상관하지 않고 구구단을 외우는 학습이 해당된다.

⑤ 다중식별: 여러 가지 자극에 대하여 바른 반응을 보이는 것을 말한다. 숫자를 바른 순서로 말하거나 연산기호나 관계기호를 식별하는 것 등의 학습이다. 이런 유형의 학습을 소홀히 하면 높은 수준의 학습, 특히 수학적 언어를 읽어나가는 데 어려움을 당하게 된다.

⑥ 개념학습: 서로 다른 자극에 대하여 공통된 반응을 보이는 것을 말한다. 일반적인 개념은 여러 가지 대상에서 공통된 성질을 인식함으로써 학습되는데 Gagnè는 이것을 서로 다른 자극에 대한 공통된 반응을 하는 것으로 해석하고 있는 것이다.

⑦ 규칙학습: 규칙이란 Gagnè에게 둘 이상의 개념의 연쇄를 의미한다. 개념을 연결하여 수학적인 원리나 법칙, 공식 등과 같은 관계를 인식하게 된다.

⑧ 문제해결: 둘 이상의 규칙을 관련지어 보다 높은 수준의 원칙을 형성함으로써 이루어진다. 예를 들어 사칙연산과 알고리즘을 이용하여 문장제를 해결하거나 어떤 새로운 발견을 하여 문제를 해결하는 경우를 말한다.

이상의 학습유형은 계층을 이루고 가장 단순하고 원시적인 학습이 신호학습이고 문제해결학습이 가장 복잡하고 고도의 지적능력을 요구한다.

2.2 오수벨(David.P.Ausubel) 학습이론

Ausubel의 학습이론의 핵심은 새로운 학습내용을 기존의 인지구조와 의미 있게 연결 짓는 과정이다. 이러한 동화가 일어날 때 유의미 학습(meaningful learning)이 일어난다고 하고 의미 있는 관련을 연결 짓지 못할 때 기계적인 학습(rote learning)이라 부르고 있다. 유의미학습은 외부세계의 잠재적 논리적 의미가 한 학습자의 인지구조 속에 수용, 병합되어 개별화된 심리적 의미 상태로 전환되는 것을 말한다. 유의미학습은 논리적으로 의미 있는 학습자료가 학습자의 현존 인지 구조 속에 있는 기존 개념들과 여러 가지 관계를 맺을 수 있도록 제시되어야 한다. 결과적으로 유의미 학습은 개념이 인지구조 속에서 정착되는 과정에 초점을 두고 있다.

2.3 Thondike의 결합(Bond) 이론

Thondike는 학습은 자극(stimulus)에 대하여 어떤 반응(response)으로 이루어져 있다고 한다. 어떤 자극에 대하여 어떤 반응이 일어날 때 그에 대한 보상이 따른다면 자극과 반응사이에 본드(bond)나 결합이 형성되기 시작한다. 어떤 자극(S)-반응(R)의 짝이 자주 보상을 받을수록 그 본드는 강화된다. 결합은 시행 → 실패 → 시행 → 실패라는 시행착오를 거치면서 이루어지는 것으로 보았다. 이러한 이유로 그의 이론을 연결주의, 연합주의, 자극과 반응 본드 이론, S-R설, 시행착오설 등으로 불리고 있다. 결합이론의 기본적인 성격은 유기체에 의하여 만들어진 장면과 반응사이의 연결되어진 본드(bond)이다. 이것은 여러 법칙(효과의 법칙, 연습의 법칙, 준비의 법칙, 분석의 법칙)들에 의하여 시행착오를 거듭하면서 선택과 통합되고 패턴화 된다. 예를 들면 인수분해에서 만들어진 알고리즘의 높은 질의 본드를 곱셈공식의 활용, 두 수의 분해 등과 같은 여러 가지 본드들이 발전된 것이다. 유기체가 성장함에 따라 얻어진 본드들이 복잡하게 구성되어 질수록 수학을 배우는 잠재력이 그 만큼 커진다. 이러한 법칙 중에서 효과의 법칙은 어떤 관계가 주어졌을 때 많은 연습이 뒤따르는데 연습 도중 학습자가 만족한 상태인가 괴로움이 따르는 상태인가에 따라 그 과제에 관련된 본드는 강화되거나 약해진다. 또 성공에 대한 보상은 학습을 보증하는 가장 좋은 요인이 된다. 이러한 학습이론은 학습을 할 때 학생들의 흥미와 즐거움 상태로 있게 하는 것이 중요하다. 학생들이 첫 번째 학습경험을 가질 때 교사는 대단히 조심해야 한다. 그 이유는 학생들이 문제를 성공적으로 풀었을 때 결과에 만족감을 주고, 칭찬과 용기를 북돋아 주는 것이 뒤따라야 하기 때문이다. 올바른 본드가 형성된 후 빠른 반복 훈련은 그 본드를 강화시켜 이와 유사한 학습이 연결이 되면 큰 성취감을 느끼며 본드의 작용을 발전시킨다. 따라서 본드에 대한 반복 훈련은 대단히 중요하다.

03 구성주의

3.1 피아제

3.1.1 피아제의 약력

피아제는 1896년 스위스의 뉴샤텔에서 태어났다. 피아제는 11세에 학자다운 논문을 발표하는 등 어린 나이에 이미 꼬마 과학자였다. 일생동안 60권의 책과 수백편의 논문을 저술하였다. 피아제는 통상 심리학자로 불리지만 실제로는 지식의 근원과 본질을 연구하는 인식론자였다. 이 부분의 연구로 피아제를 교육심리학의 초석을 세운 사람이라고 한다. 다른 연구자는 학생이 무엇을 알고 언제 아는가에 관심을 갖지만 피아제는 학생이 지식을 알게 되는 방법에 관심이 있었다. 우리와 마찬가지로 그는 학생을 대상으로 연구할 계획을 가진 것은 아니었다. 그는 생물학 박사 학위를 받았으나 그 후로는 생물학 연구를 한 적이 없고, 대신에 심리학으로 전향하였다. 1919년에 그는 파리에 있는 알프레드 비네 실험학교에서 일자리를 얻어 연구하였다. 그의 일은 영국의 지능검사를 프랑스판으로 표준화하는 일이었다. 그는 그 동안에 특정 연령에 주어지는 질문에 대한 학생의 오답 유형을 발견하였고 학생이 사용하는 사고과정에 대한 연구를 하기 시작하였다. 이것이 그의 일생에 걸친 연구의 화두가 되어서 1980년 임종 시까지 학생의 사고과정에 관하여 연구하였다. 학생에 관한 몇몇의 피아제 이론이 우리의 생각과는 다르겠지만 그의 기본 개념은 여전히 어린 학생의 정신을 도야시킬 교육과정을 계획하는데 도움이 되고 있다.

3.1.2 피아제 이론

피아제 당대의 학자들은 학습은 (학생 자신에서 생기는) 내재적 또는 (환경이나 어른의 지도에서 얻어지는) 외재적인 것으로 논의되었으나 피아제는 그 어느 것도 아니고 다만 학생의 환경과의 상호작용으로 학습을 창안한다고 했다. 그는 학생이 세상의 사람, 장소, 물건에 의미를 부여함으로써 자신만의 지식을 구성한다고 주장하였다. 그는 구성은 지도보다 우위에 있다는 표현을 선호하였다. 이것은 어른의 설명으로 주어지는 것이 아니라 학생 스스로 노력해서 사물의 이치에 대한 이해의 창조를 의미한다. 그는 몬테소리의 제자로서 그녀의 이론 위에 유의미 학습이 학생의 인지 발달에 중요하다는 이론을 설립했다. 또한 듀이와 마찬가지로, 학생은 호기심을 충족시키지 못할 때에만 학습한다는 사실을 피아제도 믿었다. 그는 학습의 주요한 방법으로 놀이의 중요성을 강조하였다. 피아제는 지식은 학생들에 의해 구성되는 조작적 구성주의를 제시하였다. 즉, 수학적인 개념은 초기에 감각-운동의 구조로 나타나고, 다시 그것에 바탕을 둔 행동의 변화조정이 이루어지면서 반영적 추상화가 일어나 구성이 된다는 것이다. 다시 말하면 수학적 사고를 내면화된 행동(조작)으로 보고, 활동 가운데 그 형성적 근원을 찾는다. 이와 같이 학생의 능동적 역할을 강조하는 피아제의 발달 심리는 그 이론의 기저가 되는 실험 관찰이 수학적 수 공간 개념의 발달에서 얻어진 관계로 교사에게는 의미가 있다. 피아제는 모든 학습의 근본은 학생이 물리적 사회적 접촉을 통하여 얻게 되는 자신의 활동에 있다고 주장한다. 학생들의 정신활동은 구조화되고 분리된 정신활동 하나하나는 서로 관련이 되어 scheme -행위의 패턴-의 무리에 묶어진다. 정신활동은 적응과정으로 이 과정에는 두 개의 분리될 수 없는 과정인 동화와 조절을 포함한다.

(1) 동화

인간이 자기의 기관을 통하여 자연을 자기 속으로 끌어들이는 기능을 말한다. 환경 속에서 자료를 어떤 인과적이나 기계적인 의미가 아니라 그 자신의 성격으로 인해 환경으로부터 잠재 재료를 내면으로 끌어넣는 것이다. 예를 들면, 자연수의 덧셈을 배운 어린이는 정수의 덧셈을 배울 때 이미 내적으로 형성되어 있는 도식(자연수의 덧셈)에 맞추려고 한다.

(2) 조절

동화와는 반대로 자기가 잠재적으로 가지고 있는 기능을 작용시켜서 자기 자신을 여러 가지로 통제하면서 적응해 가는 것을 말한다. 예를 들면, 자연수 4칙 계산을 숙달한 학생은 정수의 4칙 계산을 조절하게 된다.

지적 성장은 사회적 과정으로 학생들은 물리적 환경을 접촉한다. 수학시간에 좌표의 뜻은 혼자서 이해하는 것이 아니고 동료들과 대화, 놀이를 통하여 알게 된다. 즉, 다른 학생과 접촉은 자기만의 고집을 수정할 수 있고, 자신의 관점을 다른 사람의 아이디어를 통해 고쳐 나간다. 조절은 기존 scheme을 연속적으로 수정하게 되는데 어른이 될 때까지 몇 번의 수정을 거쳐 새로운 정신 구조를 만들게 된다. Piaget는 지적 성장을 감각 운동단계, 전 조작 단계, 구체적 조작 단계, 형식적 조작 단계의 4단계로 구분 하였다. 이러한 발달 단계에 도달하는 학생의 연령은 변할 수 있기 때문에 피아제의 발달 단계는 약간씩 다를 수 있다.

〈피아제의 인지 발달 단계〉

연령	단계	행동 특성
0-18개월	감각운동기	• 감각을 통한 학습 • 반사 • 구체적 조작물을 다룬다
18개월-6세	전조작기	• 인식에 기반하여 개념 형성 • 한 번에 한 변수에 집중 • 제한된 경험에 기반한 일반화
6-12세	구체적 조작기	• 추론에 기반한 개념형성 • 사물과 친숙한 사건에 제한된 사고
12세-	형식적 조작기	• 개념적 사고 • 가정적 사고

3.1.3 조작기

(1) 감각 운동 단계

태어나서 18개월까지 정도로 본능적 행동이 경험에 의해 수정이 되면서 복합적인 행위 패턴을 가지게 된다. 이 기간은 대상을 지각하고 식별하며, 그것의 불변성을 인식하기 시작한다. 대상을 다루는 데 원인과 결과의 관계를 인식하고, 자연스럽게 대상은 자기와 관계없이 존재한다는 사실을 느끼며 점차 보이지 않는 대상까지 생각한다. 예를 들면, 출근하는 부모의 발소리를 듣고 손을 흔들며 직장이 끝나면 돌아온다는 사실을 느낀다.

초등학교 학생의 연령을 대체로 전조작기와 구체적 조작기에 해당한다.

(2) 전조작 단계

피아제에 의하면, 감각운동단계 후에 학생의 인지발달은 전조작단계에 들어서게 되는데 7, 8세경에 새로운 인생을 걷게 된다. 전조작단계는 학생의 사고가 어른의 사고양식과는 다른 시기이다. 피아제는 전조작단계에서는 학생은 모든 것이 자신과 관련되게끔 사고하는 자아중심적이 되고, 단어를 자신만의 생각대로 받아들이는 등, 사물이나 사람에 대한 한 번에 한 특징만을 고집하고, 들은 것보다는 직접 경험한 정보를 수집하고 자신의 경험을 과대 일반화한다. 자아중심이란 세상을 자신만의 관점에서 바라보는 것이다. 취학이전의 학생을 관찰해 보면, 다음과 같은 대화를 들을 수 있다.

대 화

교사 : 파랑전시회를 열겠습니다. 파랑색 날이니까 이젤에는 파랑 잉크가 있고, 파랑색 광시곡을 들었어요

학생 1 : 엄마 차는 파랑색입니다.

학생 2 : 엄마 차가 고장 났어요

학생 3 : TV가 고장 났어요

교사가 학생 1에게 : 엄마 차가 파랑색이니?

학생 1 : TV에서 모피쥐를 봤어요

전조작기 학생은 본 것만을 믿으려는 성향이 있기 때문에 그들은 사물의 정확한 성질을 파악하지 못한다. 이 시기의 학생은 자신의 직접 경험에 의존하기 때문에 부적절한 일반화 경향을 갖는다. 또한 단 한가지의 경험으로 사물에 대한 전체적인 신념을 갖기 때문에 잘못된 결론을 내리기도 한다. 전조작기 학생은 사물이나 사람의 속성을 한 번에 한 가지씩 생각하려하기 때문에 엄마를 외할머니의 따로 생각하기 힘들다. 예를 들어 보자. 식견 있는 교사가 수업시간에 동생이 신생아인 여학생 얘기를 하였다. 교사는 책에 있는 아기 사진을 보여 주었고, 학생들은 아기가 태어나면 쭈글쭈글하고 우스꽝스럽게 생겼다고 얘기했다. 교사는 어떤 학생이 그 아기를 다리미질해야 한다고 엄마에게 한 얘기를 학생들에게 해 주었다. 이 얘기를 듣고 어떤 학생도 웃거나 놀라지 않았다. "무서워, 아기가 다칠거야"라고 말하는 학생도 없었다. 그러기는 고사하고, 히터는 "큰 언니는 다리미로 머리에 컬을 주대요"

라고 말했고, 여수아는 "다리미에는 그런데 쓰는 게 아니고, 옷에 주름 잡을 때 쓰는 거야"라고 했다. 아이들은 다리미는 머리에 컬을 주거나 옷을 다리는 데는 유용하지만 아기에게는 그러하지 못하다는 점을 꼬집지는 못했다.

(3) 구체적 조작 단계

7살에서 11살까지 시기로 양과 수의 보존이 이루어지는 단계이다. 두 집합의 포함 관계인식과 순서관계의 추이성을 이해한다. 이때 조작(operation)은 schme는 언어의 기능에 의해 내면화되고 동화와 조절을 통해 가역성을 획득 할 때, 그 scheme을 말한다. 학생이 진흙을 길게 하거나 짧게 하더라도 양이 같다는 것을 인식했을 때, 진흙의 사용한 조작이 시작된다. 연산 개념에서 정수 덧셈을 주고 군(group)을 만드는데 이 체계를 군성체(groupement)[1]라 하며 이 시기의 대표적인 특징이다. 즉, 전 조작기에서 분리되고 통합되지 못한 정신활동이 마침내 군과 같은 구조를 통합 조직이 되면서 구체적 조작단계에

1) 합성가능성, 결합성, 가역성 등의 가동성

들어오게 된다. Piaget가 구체적이라는 용어를 강조한 것은 이 시기에는 구체물의 출현과 이것에서 얻는 직관적 감각을 중요시했기 때문이다.

(4) 형식적 조작 단계

11살에서 12살 사이에 시작되는 것으로 눈에 보이지 않는 대상에 사고할 수 있으며 조합적인(예를 들면, 순열, 조합) 사고를 할 수 있다. 가설을 세워서 결론을 이끌어 낼 수 있으며 연역적 추론(증명)을 할 수 있다.

3.2 부르너

부르너는 교육과정에서 교육내용을 지식의 구조라 하고 교과를 가르치는 가장 근본적인 것은 "지식의 최전선에서 새로운 지식을 만들어내는 학자들이나 초등학교 학생들이 하는 모든 지적활동은 근본적으로 동일하다."는 것이다. 이런 활동의 차이는 종류에 있는 것이 아니라 지적활동의 수준에 있다고 하였다. 이러한 구조의 생각에는 교과서에 나와 있는 지식은 지식의 현상 또는 지식의 표층에 해당된다고 볼 수 있고 그 지식의 표층 이면에 지식의 구조에 해당하는 것이 내재되어 있다는 것이다. 교육의 문제점으로 지식의 표층에 해당하는 사실의 더미나 해당 학자들의 탐구결과만을 학습하게 하고 그 지식의 표층 이면에 내재에 있는 지식의 구조를 가르치지 않는 것으로 지적하였다.

3.2.1 나선형 교육과정

브루너는 교육의 과정에서 "어떤 교과든, 어떤 발달단계에 있는 어느 학생에게도 지적으로 정직한 형태로 효과적으로 가르칠 수 있다"고 하면서 나선형 교육과정을 제시하였다. 그런데 프로이덴탈은 성숙이론(mature theory)[2] 등에 비추어 "어떤 교과든, 어떤 발달단계에 있는 어느 학생"이란 단언을 부정하였다. 예를 들면 무한 개념은 모든 인간에게 불가사의한 사실이다.

3.2.2 EIS이론

브루너는 학생들이 학습한 개념과 생각을 표현하는 방법으로 세 단계 표상양식인 활동단계(enactive stage), 영상단계(iconic stage), 상징단계(symbolic stage)의 순서로 발달한다고 하였다. 각 단계는 선행하는 양식에 의존하며 발달되어 가는 것으로 여겼다. 특히 상징적 표현은 수학에서 최종 단계의 개념 표현 방식으로 지극히 추상화되어 있고 의미가 함축되어 있다. 따라서 상징적 단계 이해하는 일을 학생들의 개인차에 의해 결정된다. 이러한 원리는 수학교육에서 조기교육이나 오류의 치료적 지도 등에 유효한 것으로 지

2) 그 나이 또는 성장기가 되어야 이해할 수 있는 사실이 있다

도방법의 문제에서 지도하는 수학적 내용을 어떻게 하여 학생의 인지양식에 알맞은 표현으로 만들어갈 것인가 된다. 이러한 배경이 유명한 가설

3.3 스켐프(R. Skemp, 1919-1995)

스캠프는 옥스퍼드대학 수학과를 졸업한 후 고등학교 수학교사로 재직하면서 수학과 교수-학습의 어려움을 통감하여 30년간의 지적여행을 통하여 인간의 지능, 진화론, 심리학, 구성주의 등을 공부한 후 런던 교외에 있는 Warwick대학 교수로 재직하면서 수학학습심리학(RME, Psychology of Mathematics Education)을 이끌었다. 그의 이론의 핵심은 스키마 학습, 관계적이해, 관계적 수학, 인지지도, 등이 있다.

3.3.1 스키마학습(schematic learning)

수학교육에서 고려해야 할 근본 문제인, 수학적 개념의 본질의 문제, 여러 가지 수학적 개념이 학생의 가동적(dynamic)인 지식구조를 형성하도록 어떻게 연결 되는가 문제, 수학은 실험이나 물리적 증명에 의해서는 뒷받침될 수 없으며, 그런 것과는 다른 순수한 사고의 산물인 사실의 문제 등의 세 가지 문제를 피아제의 감각-운동적 지능과 반성적 지능, schemes와 동화 조절 등을 이용하여 분석하고 수학 학습을 성공적으로 시키기 위한 방법이라 하였다. 여기서, 피아제의 감각-운동적 지능은 지각된 실제적 대상 사이의 관계, 혹은 학생 자신의 행동 사이의 관계를 인식하는 능력을, 반성적 지능은 개념이나 개념 사이의 관계의 인식 능력을 포함하는 것으로써 내면적 활동을 컨트롤하는 능력을 말한다.

스켐프는 감각-운동적 지능과 반성적 지능의 관계에 주목하여, 반성적 지능은 감각-운동 체계의 제1차적인 개념, 조작 및 그 관계를 인식할 수 있는 제2차적인 개념 및 조작 체계라고 생각했다. 실제적인 수학학습은 감각-운동적 지능에 의한 것이고, 수학학습은 반성적 지능에 의한 것이다. 예를 들어, 학생이 때때로 수학 문제에서 바른 해답을 찾을 수 있음에도 불구하고, 그 해결 방법의 논리적 기술 혹은 이유의 설명을 할 수 없는 것은 산술이 반성적 지능에 의한 것이 아니고, 감각-운동적 지능에 의한 것이기 때문이다. 스켐프가 생각하는 스키마(schema)의 개념은 정적인 이미지라기보다는 행동이나 사고의 양식 내지 구조에 가까우며, 스키마 학습이란 의미 충실한 수업이며, 참된 이해 즉 관계적 이해를 가능하게 하는 학습이며 학생의 마음 가운데 적절한 예비 scheme이 존재하는가는 학습의 준비성의 문제와 자료를 어떻게 배열해야 할 것인가 하는 자료 제시의 문제이다.

3.3.2 관계적 이해와 도구적 이해

관계적 이해란 무엇(what), 방법(how), 이유(why)를 모두 아는 상태로서 피아제의 초인지(meta-cognition)으로 이해한 상태를 말한다. 관계적 수학의 장점은 새로운 과제에 더 쉽게 적응할 수 있고, 기억하는 것이 더 쉬우며 본질적으로 관계적 지식은 수학 교육의 효과적인 목적이 될 수 있다. 또 관계적 스키마는 그 특성이 유기적(organic)이서 학생이 한 번만 관계적 스키마를 형성하게 되면 스스로 과제를 찾아서 지적영역을 넓히게 되는 것이다. 또한 관계적 학습의 특징은 인지지도(cognitive map)과 다초점 렌즈(multifocus lens)를 학생이 갖게 되는 것이라고도 하였다. 그런데 교사가 학생에게 관계적 이해를 시키지 못하는 경우는 시험의 부담, 과중한 교수요목, 평가의 어려움과 교사의 안일함도 있다.

도구적 이해란 이유를 모르는 규칙(rules without reasons)을 암기하고, 그것을 문제 해결에 적용하는 상태를 말한다. 그러나 도구적 이해의 장점도 있다. 즉, 임박한 시험에 대비하는 암기, 타 교과에서 수학을 응용하는 경우 등이다. 그러나 스캠프는 "이해"란 새로운 경험을 적절한 스키마 동화하는 관계적 이해뿐이라고 하였다.

연습 문제

1. 피아제의 조작단계를 논하시오.
2. 스켐프의 관계적이해와 인지지도에 관하여 논하시오.
3. 브루너의 나선형교육과정과 EIS이론에 관하여 논하시오.

04 현상학(Phenomenology)의 개요

현상학의 창시자는 후설(E. Husserl, 1859-1938)이다. 프로이덴탈의 교수현상학의 이해를 돕기 위하여 먼저 현상학의 개요를 정리한다.

4.1 현상

현상이란 본체 즉 시공에 제약되지 않는 영원적 존재자가 시공계에 나타난 모양으로서 플라톤은 세상을 이데아계와 현상계로 이원론적인 것으로 보았으며, 아리스토텔레스는 이데아가 없는 일원론적인 것으로, 칸트는 이데아 계는 인식될 수 없으며 인간이 인식할 수 있는 것은 현상계뿐인 것으로 보았다. 또한 헤겔(G. Hegel, 1770-1831)의 철학은 일원론적 현상관 이었으며, 그의 사상을 승계한 후설은 외적 사물의 현상이 아니라 의식현상(외적 사물에 대한 인식적 관점은 괄호 속에 넣고 의식현상의 순수한 기술)이라고 하였다.

4.2 현상학

현상학은 1764년에 시작된 람베르트(J. Lambert, 1728-1777)의 신기관에서 출발하여 1786년에 칸트(I. Kant, 1724-1804)(1786)의 자연과학의 형이상학적 원리와 1807년에 헤겔의 정신현상학을 거쳐서, 1900년에 후설의 논리적 제 연구의 제2권 현상학과 인식론의 연구로 시작되었으며, 개념이나 합리적인 것(신칸트주의)보다 직접적이며 직관적인 소여(所輿)를 중시하였다.

4.2.1 방법

(1) 현상은 엄밀성과 즉물성의 이중성격을 가진다.

(2) 현상학적 환원(현상학적 판단중지)

1단계 : 형상적 환원 - 사실의 본질을 직접성, 구체성에서 직관(본질직관)한다.

- 칠판 위에 그려진 원에서 기하학의 정의대로의 이상적인 원을 보는 일
- 뜰에 피어있는 한 송이의 빨간 장미를 보면서 빨강 그 자체를 보는 것
- 존재학 : 대상의 본질을 연구하는 본질학
- 현상학 : 의식의 본질을 연구

2단계 : 선험적 환원

- 본질을 직관하는 형상적 태도에서 초월적인 본질을 의식의 내재적인 본질로 보는 것이다.
- 현상학이란 첫째 형상적 환원에 의하여 자연적 사실을 배제하고 둘 째 다시 선험적 환원에 의하여 초월적인 본질을 배제한 뒤 남는 현상학적 잔여(순수의식)로서의 순수한 의식 현상의 구조를 분석하고 기술하는 모든 학문의 기초학문이다.

4.2.2 내용

(1) 사실과 본질을 구별한다.

(2) 본질을 직관한다.

(3) 초월적 본질에서 내재(개인의 의식)적 본질로 전환한다.

(4) 의식의 구조를 순수의식의 구조를 분석, 기술 하고, 노에시스(작용적인 요소), 노에마(대상 또는 내용적인 요소)를 구별한다.
(5) 노에마를 떠나서 노에시스가 없고 노에시스를 떠나서 노에마가 없다.
(6) 다양한 의식이나 체험의 독특한 결합 통일 즉, 변화하는 모든 체험에 있어서의 능동적이며 동적인 자아, 즉 현상학적 자아를 발견한다.

05 교수학적 현상학

후설의 현상학을 기반하여 프로이덴탈은 교수학적현상학을 제창하였다.

5.1 프로이덴탈의 수학교육관의 뿌리

(1) 브라우어의 직관주의 수리철학의 영향으로 수학적 현실로부터 출발하여 현상을 정리하는 인지적 수단을 찾아 확실성을 추구하는 활동
(2) 지식과 지식의 기록을 구분하는 듀이(J. Dewey, 1859-1952)와 브루너의 영향으로 결과적 지식체계로서의 수학인 기성수학을 탈피하여 활동 중의 수학인 학교수학의 지도의 강조
(3) 폴야(J. Polya, 1887-1985)의 영향으로 체계적인 연역적 과학으로서의 수학과 발생상태의 수학으로 구분

5.2 프로이덴탈의 교수학적 현상학(Didactical Phenomenology)

프로이덴탈의 수학 교육 이론은 활동주의에 입각한 재발명 방법이 그 바탕을 이루고 있다. 그는 수학을 일련의 정신적인 행위에 의해 구성되는 것으로 보는 직관주의 수리철학적 입장을 취하면서 실행하는 수학의 경험을 통한 수학적 심상의 구성, 수학 학습과정의 관찰과 수준의 비약을 통한 수학화 경험을 골격으로 한 활동주의적 수학교육학의 철학을 제시하고 있으며 이를 위한 기초 연구로서 수학적 구조의 교수학적 현상학을 제시하고 있다[3]. 그에게 있어서 교수학적 현상학의 핵심적인 생각은 상대적 관계에 있는 본질과 현상이다. 본질이란 수학적 개념, 구조 등을 말하는데 이는 물리적, 사회적, 정신

3) 그가 말하는 교수학적 현상학은 수학적 개념, 수학적 구조, 수학적 아이디어의 본질을 그 본질이 조직의 수단이 되는 어떤 현상과 관련하여 기술하는 것으로서 그 본질이 어떤 현상을 조직하기 위해 창조되었는지 그리고 그것이 어디까지 확장될 수 있는지 그 본질이 조직의 수단으로 이러한 현상에 어떻게 작용하는지에 관심을 가지면서 교수-학습과정에서 본질과 현상과의 관계가 어떻게 획득되는 지에 관심을 가지는 것이다

적 세계 및 수학적 현상을 조직하는 도구로 발명된 것이며 이들은 어느 수준에서는 본질이나 그보다 고차의 수준에서는 다시 현상이 될 수 있다. 이와 같이 수학의 가장 높은 수준에까지 추상화가 거듭되면서 수학적 현상이 새로운 수학적 개념으로 조직되어지는 것이다. 그는 본질이라는 수학적인 수단에 의해서 현상을 조직화하는 이러한 과정을 수학화 활동이라고 설명하고 있는데, 그가 말하는 수학화 활동은 현상 → 정리 수단인 본질 → 현상 → 보다 높은 차원의 본질 → …과 같이 현상과 본질의 교대가 일어나면서 인식 수준의 상승이 일어나는 불연속적인 과정이다. 곧, 현상과 경험을 조직화하고 정리하는 수단인 본질이 그 다음 수준에서는 현상 곧, 연구의 대상이 되는 과정을 반복하면서 수학적인 사고활동이 이루어진다는 것이며, 수학 학습의 본질은 이러한 불연속성을 갖는다는 것이다. 프로이덴탈의 교수학적 현상학은 수학적 개념, 구조의 본질을 결과적 지식체계로서의 수학 즉, 기성수학의 관점에서 찾는 것이 아니라 그 본질이 조직하는 현상과 관련시켜서 즉, 개념의 발생과정과 관련지어서 찾고자 하는 접근 방법으로, 이는 수학적 개념을 단지 최종적으로 다듬어진 결과로서 가르칠 것이 아니라 그 이면에 있는 핵심적인 원리와 관련지어서 가르치고자 하는 시도라고 볼 수 있다. 또한 그는 도구적 지식으로서의 수학의 응용 가능성은 수학을 발견하고 응용하는 학습 과정과 불가분의 관계에 있기 때문에 수학교육의 주요 목표는 생활 현실 상황에 대한 수학화의 경험을 통해서 달성될 수 있다는 것을 강조하고 있다. 프로이덴탈은 개인적 혹은 사회적으로 조직된 주체, 객관적 세계인 실재, 실재에 대한 지식으로서의 이론 사이의 복합 관계에서, 주체와 실재로부터 이론을 완전히 분리하는 닫힌 수학의 논리를 거부하고 있다. 왜냐하면 그것은 개념의 본질적인 특징을 무시하는 것이기 때문이다. 그는 이론이 실재에서의 현상을 어떻게 반영하고 있는가에 초점을 두고 수학적 개념은 본질에 의해 조직화된 현상에 의해서 설명될 수 있다는 것을 강조하고 있다. 또한 본질은 우선적으로 '심상'으로 구성되는 바, 어떤 현상을 조직하는 1차적 수단인 심상이 적절하게 형성될 수 있도록 심상의 형성을 가능하게 해주는 자료 즉, 현상을 제공해 주는 것이 중요함을 강조하고 있다. 주체는 이론적 개념을 다룰 때, 실재가 어떻게 구조화되는지 알기 위해서 적당한 심상을 가지고 있어야 하기 때문에, 자신이 경험하는 현상을 조직화하는 수학적 개념의 바탕이 되는 심상을 얻도록 시도하게 될 것이다. 이렇게 얻어진 심상은 주체가 이론적인 개념의 형식화를 이해하는데 결정적인 도움을 주는 역할을 하게 된다. 프로이덴탈은 심상의 구성과 사고 수준의 비약을 통한 수학적인 내적 안목의 변화, 현상의 정리 수단인 본질에 대한 인식, 의미의 이해를 위한 교육을 강조하고 있다. 이러한 맥락에서 그가 제시하고 있는 수학-학습 지도 방법론이 재발명 방법이다. 재발명 방법은 수학교육에서 수학을 완성된 결과로 보고 그것을 단순히 전달 주입하는 과정에서 발생하는 문제점들을 해결하기 위해 제시된 것으로서, 완성된 결과로서의 수학을 존재하게 한 탐구 활동 즉, '과정으로서의 수학'이

재 회복되어 학생들에게 학습되어져야 한다는 것이다. 재발명 방법은 수학을 활동으로 해석하는데 기초한 필연적인 귀결로서 수학적 사고는 수학화 곧, 수학적 활동이 일어나는 실제적인 과정을 재현하여 경험시킴으로써 배울 수 있다는 것이다. 이러한 재발명 방법은 학습자 개인의 발명과정의 재현 형식을 취하게 된다고 하더라도 결국, 학습자로 하여금 인류의 학습과정을 단축된 형태로 반복하게 함으로서 수학적인 사고 경험을 시키려는 역사 발생적 방법이 된다. 여기서 어떤 내용을 역사 발생적으로 지도한다는 것은 그 내용이 발생된 순서대로 교재가 구성되어야 한다는 뜻이 아니라 수학이 훌륭한 교사의 지도 아래 어떻게 발생되는가를 역사에서 미루어 찾고 그러한 방법에 따라서 지도하고자 하는 것이다. 발명가의 발자국을 따라가는 것이 아니라 실제의 발명 과정보다 개선되고 잘 인도된 과정을 따라야 한다는 것이다. 역사적으로 여러 세기 동안 물리적, 사회적, 정신적, 수학적 세계에서 변하는 것으로 지각되고 상상되고 가정된 변수, 다가이름으로 사용된 문자, 일반적인 법칙에서 나타나는 부정소나 방정식에서의 미지수 등이 한 가지 이름인 변수로 총괄되어 사용되면서 변수의 본질인 운동학적인 측면이 배제되어 왔고 변수는 학교수학에서 대입을 위한 자리지기로서 형식적으로 규정되고 있다. 이러한 현상에 대해 재발명 방법은 수학교육에서 변수 개념이 여러 가지로 생각되는 이유, 변수 개념이 변하여 온 이유를 의식해야 할 필요성을 제기한다. 고도로 형식화된 언어에서는 변화 가능한 수학적 대상에 대한 생각이 잊혀 질 수 있지만 보다 덜 형식화된 학교수학의 수준에서는 실세계에서 수학을 이해하고 실세계에 수학을 응용하기 위해 변하는 대상과 교수학적으로 불가결하게 연결될 수밖에 없다. 교사는 학생들이 형식적인 언어를 잘 이해할 수 없다는 것을 알고 있고, 변수는 변할 수 있는 대상으로부터 이해되어야하고 또 그렇게 이해시킬 수 있다는 생각을 하면서도, 실제로 변수를 가르칠 때 그것을 단순한 자리지기로 지도하고 있는 것은 잘못이다. 프로이덴탈에 따르면 수학적 활동은 경험의 세계를 조직하는 활동이며, 실제 세계에서 상식 수준의 이해와 경험에 그 근원을 둔다. 그리고 이러한 상식적인 경험은 법칙(예를 들면 덧셈의 교환 법칙)으로 발견되고 이러한 여러가지 법칙은 학습자의 통찰에 의해 다시 보다 높은 수준의 상식이 되며 그 다음 수준의 수학의 기초가 된다. 수학은 이러한 내용과 형식의 상호 교대작용을 통하여 발달해 간다. 그리고 상식으로부터 시작된 수학적 활동은 보다 상위 수준으로 진행됨에 따라 점진적으로 추상화되며 형식화되어 간다. 그는 수학적 개념, 아이디어의 형성 과정을 다음과 같이 점진적인 스킴화(schematization)로 보고 있다.

구체적인 자료

↓

실제 세계

↓

비형식적 이론 적용

↓

정리

↓

정리

↓

기초

↓

공리화

↓

공리

〈수학화의 과정〉

5.3 교수현상학적 접근

종래 교육의 문제점을 찾는 과정에서 생긴 교과의 구조에 대한 인식은 단순히 본질을 인식하는 것에 있는 것이 아니라 교과의 구조를 학생의 심리에 어떻게 통합시킬 것인가에 있음이 드러났다. 프로이덴탈의 교수학적 현상학은 수학적 구조의 본질을 그것이 조직 수단으로 작용하는 수학 내적, 외적 현상과 관련시켜서 파악함으로서 교과의 논리를 그 지적 성격을 손상시키지 않고 학생의 심리로 통합시키는 방안을 모색하고 있다고 보여진다.

5.3.1 교수학적 현상학의 정의

프로이덴탈은 수학을 완성된 결과 내지 형식으로 보고 그것의 전달, 주입으로 인한 수학교육의 당면 문제를 해결하기 위해 재발명 방법을 제시하고 있다. 그것은 수학이 완성된 결과이기도 하지만 그 결과를 있게 한 것은 끊임없는 사고와 탐구 활동이기 때문에 수학의 학습-지도에서 본질은 바로 이와 같은 과정으로서의 수학으로 재회복되어 학습되어야 한다는 것이다. 프로이덴탈은 수학적 구조(개념, 아이디어 등)는 물리적 사회적 그리고 정신적 세계의 여러 '현상'을 조직하는 수단으로 '발명' 되어진 결과라는 사실로부터 수학의 학습-지도과정에서도 '조직될 필요가 있는 현상'으로 부터 시작하여 학습자로 하여금 조직의 수단에 숙달하도록 해주어야 한다는 관점에서 교수현상학을 도입하고 있다. 수학적 개념, 수학적 구조 또는 수학적 아이디어의 현상학이란, 본질(nooumenon)을 그 본질이 조직의 수단이 되는 어떤 현상(phainomenon)과 관련하여 기술하는 것으로, 그 본질이 어떤 현상을 조직하기 위해 창조되었는지 그리고 그것이 어디까지 확장될 수 있는지 그 본질이 조직의 수단으로 이러한 현상에 어떻게 작용하는지 그리고 그 본질이 이러한 현상에 미치는 어떤 힘을 우리에게 주는지를 나타내는 것이다. 만약 본질과 현상의 이러한 관계에서 교수학적 요소를 강조한다면 즉 교수-학습 과정에서 그 관계가 어떻게 획득되는지에 주목한다면, 이러한 현상의 교수학적 현상학에 대해 말하는 것이다. 프로이덴탈이 사용하는 '구조'는 '개념' '아이디어'등과 교환 가능한 용어이지만 그것은 연역적 체계 안에서의 구조의 의미보다는 조직화 과정에서 본질로 작용하는 구조의 의미에 가깝다고 할 수 있다. 프로이덴탈에 따르면 본질은 우선적으로는 '심상'으로 구성되어야 한다. 그리하여 어떤 현상을 조하는 수단은 1차적으로는 바로 이 심상 자체라는 것이다. 예컨대 탁자, 신문지, 책, 침대 등의 현상-이때 이러한 현상은 직사각형이라는 개념을 구체화한 것이 아니다.- 이 있을 때, 이러한 현상은 직사각형의 모양을 하고 있고, 그리고 학생들은 이러한 현상으로부터 심상으로서의 직사각형을 형성하게 된다. 즉 학생이 분명하게 그리고 정확하게 표현하지는 못한다고 하더라도 학생의 뇌리에는 어렴풋하나마 '무엇'인가가 형성되고 있는 것이다. 이 '무엇'에 해당하는 것이 바로 직사각형의 본질인 심상이라고 할 수 있다. 또 이와 같이 직사각형의 심상이 형성되어 있다는 것은 '이것을 직사각형이라고 한다' 는 것을 받아들일 수 있는 준비가 되어있다는 것을 의미한다고도 볼 수 있다. 본질은 또 다른 한편으로는 심상의 형성 후에 획득된 개념 그 자체를 의미할 수도 있다. 이런 의미로 사용할 때 구조, 개념, 본질은 모두 교환 가능한 용어라고 할 수 있다. 그러나 어떤 경우에든 '본질'이라고 할 때는 심상의 형성을 전제로 하며, 프로이덴탈은 이 심상의 형성이 개념 획득보다도 우선되어야 하다고 주장하는 것이다. 이는 인지가 개념으로부터 시작되는 것이 아니라 개념이 인지 과정의 결과라는 인식에서 나온 것이며 그 개념의 의미를 받아들일 수 있도록 학생의 심리 안에서의 인지 과정 즉 심상의 구성이 우선해야 한다는 것이다. 수학적 개념, 구조는 그 본질이 수학의 조직화 과정 안에서 경험되어야 할 뿐 아니라 그것이 학생의 심리로부터 유리되지 않도록 심상의 구성이 개념이 획득보다 우선해야 한다는 것이다. 한편 프로이덴탈의 '현상'과 '본질'은 절대적인 것이 아닌 상대적인 것으로 현상이 본질로 조직되고 나면 다시 그 본질은 현상이 되어, 새로운 본질로 조직되게 된다. 예를 들면 '양'이라는 현상은 '수'라는 본질로 조직되고, 다시 '수'라는 현상은 '십진법'이라는 본질로 조직되는 것이다. 현상이 본질로 조직되고, 그 본질이 다시 현상이 되어 새로운 본질로 조직된다는 것은 수준이 있어, 수학이 형성되어 온 과정은 어느 한 수준에서 다른 수준으로의 도약이 있어 왔다는 것은 의미한다. 이 계속적인 도약의 과정이 '수학화(mathematization)'이며, 학생들은 수학의 학습-지도에서 바로 이러한 수학화를 학습해야 한다는 것이 프로이덴탈의 주장이다.

5.3.2 교수현상학에서의 수학관과 수학화

교수학적 현상학의 기초가 되는 중요한 토대는 수학 그 자체를 인간의 활동으로 보아야 한다는 수학관이다. 학생의 활동과 건전한 교육과의 불가분의 관련성에 대한 통찰은 매우 오랜 인류의 학습 결과로서 동서고금을 막론하고 받아들여져 왔으며 격언화되어 있을 정도이다(I hear, I forget - I see, I remember - I do, I understand). 그러나, 프로이덴탈이 지적하였듯이 수학자들은 무의식적으로는 기성 수학(ready-made mathematics) 이외에 실행 수학(acted out mathematics)이 존재한다는 것을 알고 있지만, 그러한 사실은 거의 강조되고 있지 않으며, 또 비수학자들은 그것을 전혀 깨닫고 있지 못하다. 결국 수학은 일반적으로 단지 기성 산물로만 인식되어져 왔으며 형식화된 종합은 분석에 잇따른 것임에도 불구하고, 결과는 항상 기성 수학으로 제시되어 왔다. 이러한 기성 수학에 의한 교재의 구성은 수학자들이 수학의 어떤 결과를 얻기 위해 밟아 온 그 일련의 과정을 학습자의 관점에서 探究하게 하는 방식이 아닌, 소위 '현대적인' 수학적 知識을 단순히 학생들이 接近할 수 있는 언어로 바꾸어 제시하는 것일 뿐이다. 그러나, 이와 같이 학습된 수학은 학생에 의해 활동으로 경험되지 않았기 때문에 그에게 새로운 사실, 현상, 탐구의 이해로 나아가게 하는 개념적 도구가 되기 어려운 것이다. 프로이덴탈에 따르면 수학은 실제의 부분을 구조화하고 수학화시키는 하나의 인지적 도구이기 때문에, 이런 조직화, 구조화, 수학화되었던 과정을 재발명해봄으로써 각 개인은 수학을 자신의 자산으로 만들 수 있다. 즉, 수학적 구조, 아이디어, 개념 등은 수학화하는 활동을 통하여 학생의 심리에 통합되어 개념적 도구로 유용하게 쓰일 수 있음을 다음과 같이 언급하고 있다. 체계화는 수학의 커다란 장점이며, 가능하면 학생은 이러한 가치를 배워야 한다. 그러나 여기에서 나는 체계화시키는 활동을 의미하는 것이지, 그 결과를 의미하는 것이 아니다. 그 결과는 체계이며 아름답게 완결된 체계이며, 완결되었으며 입구도 출구도 없다. … 인간이 배워야 하는 것은 완결된 체계로서의 수학이 아니라, 활동으로서의 수학이며 이는 실제를 수학화하는 과정이며 가능하면 수학을 수학화하는 것이다. 이는 학생들이 수학자에 의해 이전에 이미 발명된 수학을 발명되던 그 방식 그대로 다시 한번 발명하게 해야 한다는 것, 즉, 재발명하게 해야 한다는 것을 의미하고 있는 것이다. 여기에서 중요한 점은 수학의 발달이 '통찰에서 더 높은 통찰로의 계속적인 변형'의 메카니즘을 따라 이루어져 왔으며, 개인의 학습 또한 '한 수준에서 다른 수준으로의 계속적인 비약'으로 이루어진다는 역사발생적 메카니즘과 개인의 학습의 메카니즘간의 동형성의 파악이다. 프로이덴탈은 이 두 메카니즘 간의 동형성을 관찰했으며 이것으로 수학이 발달한 수학화의 메카니즘을 개인의 학습에서로 단축시켜서 동형적으로 반복시키는 재발명이 가능하다고 주장하였다. 그렇게 해 줄 수 있기 위해서는 무엇보다도, 교슈 제재가 실행 수학의 모습으로 주어져야 한다는 것이 중요하다. 사실상 수학의 구조는 그것이 수학자에 의해 기성 산물로서 그 모습을 드러내기 전에는 모두 실행 수학적인 모습으로 존재했던 것이기 때문에, 학생들이 어떤 구조를 재발명할 수 있게 되기 위해서는 먼저 그 구조의 실행 수학적인 모습을 재현해 주어야 한다. 이와 같이 재발명에 의해 획득된 수학적 지식과 능력은, 보다 덜 활동적인 방법으로 획득된 것보다 더 잘 이해되고 그리고 더 쉽게 보존된다. 이에 비해 완결된 수학의 체계는 빈약한 구조에서 풍부한 구조를 지향하는 어떤 계층을 보여주며 교과의 조직 또한 이런 방향을 보여준다. 그러나 수학을 교수화할 때, 즉, 주어진 교과 내용에 적합한 수학 교육을 고안할 때, 완성된 기성 수학의 구조를 출발점으로 택해서는 안된다. 왜냐하면 그것은 빈약한 구조이고 반면에 과거의 수학은 풍부한 구조와 시행착오를 통해서 그러한 빈약한 구조에 이르게 되었기 때문이다. 빈약한 구조는 완전히 추상적이기 때문에 그대로 이해시킬 수 없으며 추상적인 형식을 구체화하고 살을 붙임으로써 이해시키고자 시도한다. 그러나 이는 실제로 조직화의 특성이나 본질이 사라진 인위적인, 때로는 거짓이기도 한 구체화라고 프로이덴탈은 지적하고 있다. 수학적 구조는 풍부한 문맥에서 생겨나며, 그것들이 생겨난 것에, 그리고 그것을 능가하여 적용되기 위하여 창조되며, 이러한 '발전적 조작 가능성'을 갖도록 교수되어야 한다는 것이 그의 주장이다. 그러므로 수학적 구조의 학습-지도는 그것이 생겨나는 현실에서의 풍부한 문맥 - 이것은 구조를 구체화하거나 예시한 것이 아니다 - 근본적인 현실로부터 시작되어야 할 것을 그는 강조하고 있다. 프로이덴탈이 지적하였듯이 일반적으로 새롭게 발명된 수학은 공개되자마자 그것이 만들어지기까지의 소음이 곧 제거된다. 그리고 특히 기본적인 능력과 개념을 가르칠 때 될 수 있는 한 소음을 피하는 것이 교수 원리였다. 그러나 그 수학이 적용되어야 할 때 그 소음은 더 이상 제거되지 않기 때문에, 학생에게 수학적 구조, 내용이 그의 '안목'이 되기 위해서는 근본적인 현실로부터 본질적인 것을 찾고 소음 내에서 메세지를 감지하면서 그것이 만들어지기까지의 수학화 과정程이 재발명되어야 한다는 것이다.

연습 문제

1. 프로이덴탈의 수학화학습에 관하여 논하시오.
2. 실생활수학교육에 관하여 논하시오.
3. 기성수학과 학교수학을 비교하시오.

06 반 힐레(Pierre van Hiele와 부인 Dina van Hiele-Geldof)의 수학학습수준

1950년대 네델란드에서 수학을 가르치고 있던 van Hiele 부부는 프로이덴탈의 영향으로 학생들이 도형의 여러 가지 성질을 학습하는데 어려움의 원인에 대한 연구결과 다음과 같이 학습수준이 순차적으로 발달한다는 점을 제시하였다. 1957년 van Hiele 부부는 기하 학습에 대한 학생들의 이해력과 통찰력을 신장시키기 위해서 사고의 수준을 다루는 실험연구와 그에 따른 이론을 정립시켜 기하 교수 · 학습에서 직관의 역할과 기하학 교수법의 박사학위논문을 발표하였다. Pierre van Hiele는 심리학적 원리에 Dina van Hiele Geldof는 학생의 사고수준의 신장에 대한 현장실험에 역점을 두고 학생의 사고와 기하학(The Child's Thought and Geometry)논문을 1959년에 발표 하였다. van Hiele는 학생들의 기하학적 사고 수준이 다음과 같이 순차적으로 발달한다고 하였다.

6.1 제0수준(시각적 인식 수준: visual level)

도형을 그 구성 요소에 대한 고려 없이 전체적으로 시각적 외관에 의해 인식하는 수준으로 도형의 성질이나 도형사이의 관계는 인식할 수 없다. 즉 생활 주변의 구체적인 물체를 고찰 대상으로 도형에 대해 초보적인 이해 수준으로 기하영역에서 가장 낮은 수준으로 모양에 의해서만 식별된다는 특징을 갖는다. 예를 들어 1학년 세모모양, 네모모양, 동그란 모양을 인식하며 그들 모양이 서로 다르다는 것을 구별할 줄 아는 정도이다. 이때 마름모를 평행사변형으로 보거나 정사각형을 직사각형으로 보지 않고 마름모와 평행사변형, 정사각형과 직사각형은 대립되어 있다. 이때 학생들은 도형을 만들고 그리기, 2차원 3차원 모양들을 함께 놓기, 집과 학교에서 도형들 찾기 등과 같은 기하학적 사물들의 전체적인 이해를 발달시키는 경험이 필요하다.

6.2 제1수준(도형의 분석적 수준: descriptive level)

관찰과 실험을 통하여 도형의 구성요소나 성질을 분석할 수 있는 수준이다. 즉 제0수준의 도형이 고찰 대상이 되고, 성질을 고찰하는 단계로, 삼각형, 사각형의 변이나 각의 개수 등이 고찰 방법이 되고 기하학적 개념의 분석이 시작된다. 예컨대 실험법(측정하기, 접기, 그리기, 모델로 조작하기)을 통해서 정사각형이 4개의 변, 그 변들은 모두 같다. 모든 각이 직각이다 등과 같은 성질을 발견한다. 그러나 도형의 성질사이의 관계성을 인식하지 못하며 명확하게 정의를 내리지 못한다. 아직 논리적으로 정리되지 않는 상태로 실험적인 방법으로만 확립되어 있다. 이 수준에서는 모든 정사각형들은 직사각형이지만 모든 직사각형은 정사각형이 아니다를 설명하기 위해 연역적 추론을 사용하기 시작한다. 0수준과 1수준은 1~4학년에 해당한다.

6.3 제2수준(이론적 정리 수준: theoretical level)

제1수준의 성질이 고찰의 대상이 되고, 명제나 명제간의 관계가 고찰 되는 단계로 이 수준에서 도형의 성질을 추론할 수 있고, 특정 관점에서 도형을 분류할 수도 있다. 도형의 성질이나 도형 자체의 논리적 정리가 된다. 이 때 도형의 포함관계가 이해되고 수학적 정의가 이해된다. 간단한 형식적인 증명은 가능하며 다른 사람의 증명과정을 이해할 수 있으나 연역의 의미나 공리의 역할을 이해하지 못한다. 이 수준은 초등학교 4~6학년 학습수준이다.

6.4 제3수준(연역적 추론 수준: formal level)

제2수준의 명제가 고찰의 대상이 되고, 논리가 고찰되는 단계로 공리론적 조직 속에서 기하의 정리를 세우고 추론을 이해하고 명제의 증명이 주된 과제가 된다. 연역법의 의의가 대역적으로 이해되고 소규모의 이해에서 기하학의 이론 전체를 구성하며 발전시키는 방법으로 이해하게 된다. 이 이행을 촉진 시키는 것은 공리나 정의, 정리의 본질, 증명의 논리적 구조, 여러 개념이나 명제의 논리적 관계 등에 대한 설명이다. 이 수준은 의미와 내용이 있는 이론의 공리화, 즉 일정한 구체적인 해석에 바탕을 둔 이론의 공리화이다. 예를 들면 '두 변의 길이가 같은 삼각형을 이등변 삼각형이라 한다.'의 정의에서 '이등변 삼각형의 두 밑각의 크기는 같다.'를 증명 할 줄 안다.

6.5 제4수준(논리법칙의 엄밀 수준: nature of logical laws)

제3수준의 논리가 고찰의 대상이 되고, 추상화(적용)가 고찰되는 단계로 비유클리드 기하를 연구할 수 있고, 여러 공리들 사이에 차이점을 비교할 수도 있다. 이 수준은 고등학교의 수준을 넘는 단계로 구체적인 모형 없이 매우 추상적으로 다양한 기하를 학습할 수 있다. 대상의 구체적인 성질이나 그들 사이의 관계의 구체적 의미가 사상된다. 즉 여러 가지 구체적 해석을 떠나 발전시킨다. 이 수준에서는 기하학의 이론이 추상적인 연역체계로 구성된다.

van Hiele는 한 수준에서 다음 수준을 잘 이해하기 위해서는 다음의 5단계 교수 · 학습법이 적절하다고 하고 있다.

① 1단계(탐구: information): 초기 단계로 교사와 학생들이 학습목표를 확인하는 단계이다. 교사는 본 과정에 대하여 과거에 배운 선수학습이 무엇인지 확인하고 학생들은 주어진 과제에 대하여 관찰하고 질문하며 앞으로 어떻게 공부하는지 방향을 얻을 수 있도록 한다.

② 2단계(안내: directed orientation): 이 단계는 교사가 제시하는 발문으로 활동학습자료를 보며 학생들은 나름대로 과제를 탐구한다. 이 때 교사는 제시하는 자료를 학생들의 수준에 따라 다르게 한다. 예를 들면 모눈종이를 주면서 대각선이 갖은 여러 크기의 마름모를 그리게 한다든지, 4개의 각이 같은 마름모를 그리게 한다.

③ 3단계(명료화: explicitation): 이 단계는 학생들은 전 단계에서 경험하고 관찰한 사항에 대하여 토론한다. 이 때 교사의 역할은 학생의 토론하는 활동만을 지켜보며 어떤 설명도 하지 않는다. 예를 들면 모눈종이의 마름모의 활용에서 학생들은 자기가 한 활동에서 어떤 도형과 그 도형이 가지는 성질을 토론한다.

④ 4단계(적용: free orientation): 이 단계는 많은 사고가 내재되어 있는 프로젝트와 같은 과제를 제시하고 자신이 배운 지식을 종합적으로 적용해 보게 한다. 학생들은 관계의 망 속에서 일반적인 과제에 의해 자기 자신의 방법을 찾는 것을 학습하게 된다.

⑤ 5단계(통합: integration): 이 단계는 학생들 스스로 경험한 지금까지의 단계를 종합하고 음미하게 된다. 학생들이 교과에 관해 그리고 이제 자신들이 마음대로 할 수 있게 된 새로 형성된 관계의 망에 관해 학습한 모든 것을 개관한다. 마름모의 성질이 학생들에 의하여 종합된다.

연습 문제

1. 반힐레의 기하학의 학습수준을 논하시오.

07 교수학적 상황론(Theory of Didactical Situations)

브루소(Guy Brousseau, 1933-)가 1970년에서 1990년까지 연구한 것을 집대성한 교수학적 상황론에서 교수학의 목적은

첫째, 교사가 사회 안에서 자신의 상태, 훈련, 관계 등을 변화해 나갈 수 있도록 도와주는 것이다. 교사가 사용하는 지식의 상태에 직접적인 판단을 내리고 교사의 전문적 동료들과 부모들의 지식에 대해서도 판단을 내리며, 교사들이 보다 적절한 수단으로 지도할 수 있게 하는 가능한 방법들을 제공함으로써 좀 더 만족스런 방법으로의 지도를 위한 최적의 수단을 개발해 나간다.

둘째, 학생들이 새로운 개념을 형성하기 위해서 이전의 개념들의 출현, 작용 ,그리고 기각을 촉진하기 위해서 학생에게 제시되는 문제나 상황이 충족시켜야만 하는 조건들을 연구하는 것이다. 여기서 상황(situation)이란 학생들이 스스로 발견하여 자신과 milieu(상황속에서 학생에게 일어나는 일이나 학생이 작용하는 것)를 통합하는 일련의 환경이며, 학생들이 행동하거나 발전하도록 특징지워진 주어진 것(존재론적 관점에서)이므로 적응과 반응을 필요로 하는 엄격한 문제를 말한다. 교수학적 상황이란 직 · 간접적으로 교사의 교수 의지가 나타나는 상황으로 비교수학적 상황과 구별되며, 일반적으로 교수학적 상황은 최소한 하나의 문제-상황과 교수학적 계약이 포함되는 것이다.

7.1 교수학의 연구 대상

교수학은 지식의 생산자인 수학자의 활동과 그가 발견한 수학적 지식을 더 쉽게 가르치기 위한 교수학적 변환, 가르칠 교사의 활동과 학생의 활동을 연구대상으로 삼는다. 새로운 수학적 지식을 발견한 수학자가 있다. 수학자는 지식을 발견하는 과정에서 성공으로 이르게 한 이유나 개인적인 영향, 실수 등을 발견 상태 그대로 발표할 수 없으므로 사소한 것들을 숨기고, 비슷하고 관련된 지식을 전체를 재조정하여 의사소통한다. 그리하여 지식을 생산한 수학자는 그가 얻은 결과를 탈개인화, 탈맥락화, 탈시간화하여 독자들이 자신과 같은 과정을 거칠 필요 없이 지식의 타당성을 확신하고 사용할 수 있도록 한다. 교사는 자신들의 필요에 따라 확립된 지식의 결과를 변형하거나 다시 표현하고 적용하고 일반화하여 지식을 끊임없이 변형시킨다. 교육의 장에서도 확립된 지식, 즉 학문으로서의 지식을 더 쉽게 가르치기 위해서 지식의 근원, 의미, 동기 쓰임새가 포함된 활동으로부터 개념이나 성질을 분리하여 교수학적 계약의 요구에 따라 그 지식의 조직, 상대적인 중요성, 표현 등을 교수학적 입장에서 변형하게 되는 바 이를 일컬어 '교수학적 변환(didactical transposition)'이라 한다.

〈교수학적 변환의 도식〉

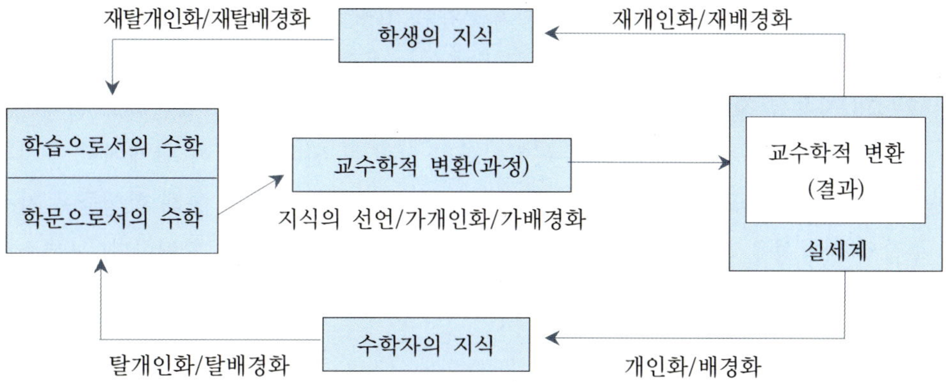

〈수업의 진행과정과 수학적 개념의 발달 상태〉

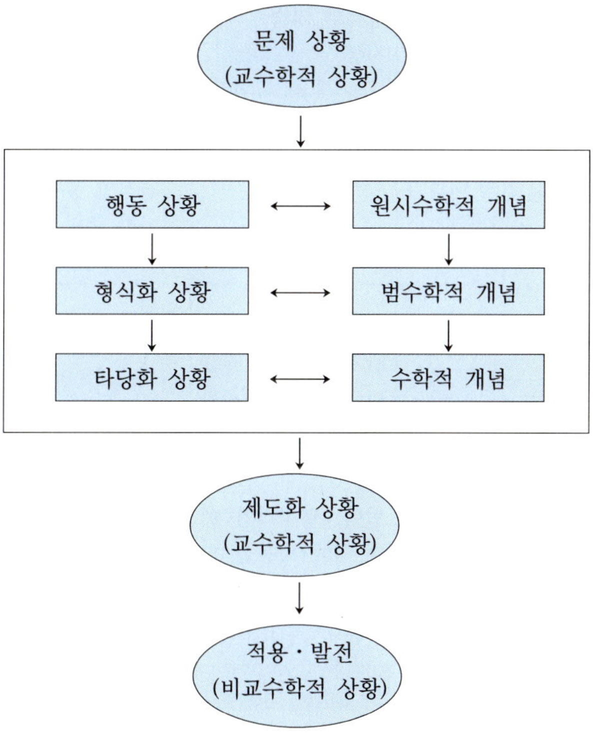

이에 대응하는 수학적 개념의 형성과정은 원시 수학적 개념에서 범수학적 개념으로, 수학적 개념으로 확립되기까지 진화 과정을 통해, 비교수학적 상황를 고안하는데 학생들이 적응하게 될 행동 상황, 형식화 상황, 타당화 상황과 대응되도록 해야 한다. Brousseau는 수학적 개념을 행동 상황, 형식화 상황, 타당화 상황, 제도화 상황을 통해 학습자 스스

로 구성하도록 안내하고자 한다. 행동 상황에서는 교수학적 의도와 압력 없이, 학생 혼자서 해를 발견하거나 떠올릴 수 있도록 교수학적 상황을 말하는데 이를 '원시 수학적(protomathematical)' 개념 상태라고 한다. 그 다음에는 용어가 획득되고 의미 있게 되기 위해, 용어의 사용을 정당화하고 그것을 통제하는 상황 속에서 정보를 표현하고 전달하는데 사용되는 언어의 획득을 허락하는 '형식화의 상황'이 뒤따른다. 이 단계에서 구성된 개념을 '범수학적(paramathematical)' 개념이라고 한다. 타당화 상황을 통해 학생들은 자신의 주장의 타당성을 확립하여 증명을 해 보임으로써 수학적 개념을 확립한다. 브루소의 수학적 개념 발전과 상황과의 관계, 수업의 진행과정을 그림으로 나타내면 다음과 같다.

상황의 유형 / 앎의 유형	행동 상황	형식화 상황	타당화 상황	제도화 상황
절차	노하우 절차의 개선:다른것보다 좋아서 선택	상세한 기술 지명	적절하고 바르고 최적인 절차의 정당화	절차를 알고리즘 안에서 승인
암묵적인 모델 성질 관계 표현	선택하기 관련된 지식에 의해 동기화된 결정 내리기 (그것을 공식화 할 수 없음)		우발적인 증명 실험적인 증명 철저한 증명	
앎 진술 이론	앎의 적용하기 (앎은 공식화 될 수 없음)	관계나 성질의 진술 더 정확한 재공식화	증명 수학적 증명 더 확실한 변역 조직화 공리화	이론의 승인, 교수학적 변환의 앎의 승인
언어	설명을 위해 언어 사용 행동은 기호와 말에 대응되는 대상으로의 분할을 보여준다.	언어, 형식적인 체계, 의사소통을 의한 공식화 사용 노하우 말하기	말, 언어, 형식적인 모델(관련성, 적절성, 최적성) 정의의 정당화 메타언어적 활동	정의의 선택 언어적, 문법적인 관습

〈상황과 앎의 유형에 의해 관찰된 행동〉

7.2 교수학의 현상

7.2.1 토파즈 효과(topaze effect)

마르셀 빠뇰의 유명한 희곡 토파즈의 첫 장에 보면, 교사 토파즈는 12살 된 자신의 학생에게 양의 복수를 나타내는 불어 des moutonss를 정확히 받아 쓰도록 철자법을 지도한다. 그 과정에서 학생이 잘 받아쓰지 못하자 여러 번 시도 끝에 약간의 양해를 구하면서 그것이 복수라는 명백한 힌트를 주게 되는 것에서 유래한 용어이다. 수학에서 예를 들면 $2\times3\frac{1}{2}$를 지도하는데 학생들이 $6\frac{1}{2}$와 같이 답을 하자, 교사는 대분수 $3\frac{1}{2}$의 의미를 생각해 보고 어떻게 곱해야 할지 생각해 보라고 한다. 그러나 학생들은 $3\frac{1}{2}=3+\frac{1}{2}$임을 알지만 $(2\times3)+(2\times\frac{1}{2})$을 구하는 배분법칙을 알지 못하므로 지난 시간에 배운 대로 승수를 가분수로 고쳐서 곱하라고 일러준다. 이처럼 교사가 학생이 스스로 할 수 있도록 해주는 환경을 조성해 주는 대신, 그러한 학습 환경을 오히려 일소해 버리는 경우가 있다. 교사는 제시하는 상황에서 의미 풍부하고 주도면밀한 상황을 꾸려 나가려고 애쓰나 학생들이 실패함으로써 학생들이 쉽게 응답할 수 있는 정보를 제공한다. 그래서 목표로 하는 지식은 사라지는 현상을 일컬어 '토파즈 효과'라 한다. 토파즈 효과는 교사가 학생에게 어떠한 의미도 부여하지 못한 체 학생들을 도와주어야 한다는 교수학적 계약의 의무감과 심리적인 압박감에 매여 일어나는 현상이라 할 수 있다.

7.2.2 죠르단 효과(Jourdain effect)

몰리에르의 희곡 '자칭 신사'에 나오는 극중 인물인 죠르단은 철학자에게서 산문과 운문의 차이에 대한 설명을 듣는다. 죠르단은 산문이 무엇인지도 모르면서 마치 자신이 산문을 아는 것처럼 생각하는 데서 유래한 것이다. 수학의 교수・학습에서도 이와 유사한 현상이 일어날 수 있다. 예를 들어 여러 개의 요구르트 병이나 색칠한 그림 등으로 여기, 저기 움직이면서 기이한 조작을 한 학생에게 너는 지금 클라인군을 발견했다고 말함으로써, 어쩌다가 그렇게 행동하게 된 것을 교사는 학생의 반응을 과대 해석하고 있는 것이다. 이처럼, 교사가 학생의 사소하고 진부한 반응을 그것이 마치 어떤 수학적인 발로에서 비롯된 것인양 취급하는 현상을 '죠르단 효과'라 한다. 죠르단 효과는 토파즈 효과의 심각한 퇴행으로, 교사가 특정 지식에 대해 학생과 토론하기 어렵고 그렇다고 가르칠 수도 없다고 인정할 때 그러한 곤란을 피하기 위해 어떤 상황에 대한 올바른 의미부여를 하지 않은 체 은유적이거나 환유적인 것을 제시하고는 최선의 타협을 얻는 것으로 간주하는 것이다.

죠르단 효과가 교사와 학생 사이에서 일어날 수 있듯이, 교육학자나 수학자와 교사 사이에도 일어날 수 있다. 교육학자나 수학자가 교사의 행동이 마치 철학적이고 과학적인 어떤 배경하에서 이루어진 것처럼 과대 해석하여 일어나는 현상이다. 이와 같이 죠르단 효과가 교사-학생, 교육학자나 수학자-교사 사이에서 두 번에 걸쳐 일어나는 것을 '이중 죠르단 효과'라고 한다(대한수학교육학회, 1998).

실제로 소수지도에서 1960년대의 개혁으로 사용된 1970년대 구조주의의 이데올로기는 교사와 학생의 수준에서 학생은 예를 다루고 교사는 구조를 봄으로써, 구조주의자들의 이데올로기가 인식론적으로 정당화되어 구조라고 인정한 것이 교사에게 과학적인 활동으로 신성시되어 이중 죠르단 효과를 초래하였다.

7.2.3 메타 인지적 이동

교사가 어떤 개념을 지도하는 과정에서 교수가 실패되었다고 인정할 때 교사는 자신의 활동을 계속하기 위해 새로운 설명이나 시도로 정당화나 의미의 회복을 꾀하는데, 진짜 수학적 지식을 뒤로 한 체 자신이 이용한 표현이나 발견 방법 즉 교수의 장치가 학습의 대상으로 전화되는 것을 일컬어 '메타인지적 이동(metacognitive shift)'이라고 한다. 1930년대 말, 집합론은 초수학(metqmathematics)과 본질적 형식주의에 대한 교사의 필요를 만족시키기 위해 여러 가지 그래프적인 표현을 참조한 교사의 모델로 전화되어 학생들에게 본래의 상황에 끼워 맞추는데 있어서 통제가 어려웠다. 이러한 메타인지적 이동은 모든 것을 희생해서라도 가르치려고 애쓰는 교사에게 교수학적인 효과의 힘은 커지며 과정은 점점 더 복잡한 취급으로 진행될 것이다. 교사의 적절한 사회적 구조의 중재 과정을 거친 상식만이 사회적 과정에서 본연의 역할을 하는 것이다.

연습 문제

1. Gagne의 학습위계이론에 대하여 설명하시오.
2. Ausubel의 의미 충실한 언어적 학습이론에 대하여 설명하시오.
3. Thorndike의 결합이론에 대하여 설명하시오.
4. Piaget의 구성주의적 학습이론에 대하여 설명하시오.
5. Dienes의 활동주의 학습이론에 대하여 설명하시오.
6. Van Hiele의 기하학적 학습이론에 대하여 설명하시오.
7. Bruner의 지식의 구조 학습이론에 대하여 설명하시오.
8. Freudenthal의 학습이론에 대하여 설명하시오.
9. Skemp의 schematic 학습이론에 대하여 설명하시오.
10. 브루소의 수학적 개념이해를 위한 4단계를 설명하시오.

제 5 장 수학과 교수–학습의 기본 방향

본 장에서는 위에서 논의한 내용에 근거하여 바람직한 교수-학습의 방향을 제시하기로 한다.

01 교과란 무엇인가

교육과정(교육내용의 조직)은 학생이 공부하여야 할 과제, 배워야 할 기능, 그리고 외워야 할 내용으로 구성된다. 또는 교육과정은 학교가 학생에게 제공하는 경험으로 구성된다. 앞의 견해는 교과에서 시작하여 경험으로 끝나며 뒤의 견해는 경험으로 시작하여 교과로 끝난다. 앞의 견해에 의한 교육과정을 교과중심 교육과정 또는 교과교육과정, 뒤의 견해에 의한 교육과정을 경험중심 교육과정 또는 경험교육과정이라고 부른다. 교육내용을 경험으로 파악한다는 것이 구체적으로 무엇인가. 교과와 경험은 두 가지 상이한 실체를 가리키는 용어라기보다는 동일한 실체를 가리키되 그 것을 상이한 관점에서 가리키는 용어로 보아야 할 것이다. 교과는 경험의 내용을 가리키며, 학생들은 교육을 받는 동안에 교과 이외의 것을 경험하는 것이 아니라 바로 교과를 경험한다. 즉, 학생들은 교과를 경험하는데, 이 때 관점을 학생들이 경험하기 전 상태(교수요목이나 교과서에 적혀 있는 상태)에 두면, 교육의 내용은 교과이며, 학생이 경험하는 상태에 두면 교육의 내용은 경험이라고 볼 수 있는 것이다. 교육의 내용을 교과라고 보는 것은 교과 쪽에서 학생들이 경험할 내용을 보는 것이며, 교육의 내용을 경험이라고 보는 것은 경험 쪽에서 학생들이 경험하는 내용을 보는 것이다. 그러므로 교과와 경험은 동일한 내용을 각각 반대쪽에서 보는 관점을 나타낸 것이다. 경험중심 교육과정은 학생중심 또는 학습자중심 사상과 밀접한 관계가 있다. 학생중심이란 학생의 흥미나 필요를 그 자체로 존중하여야 되는 것이 아니라, 교과를 가르치는데 도움이 되는 범위 내에서 학생의 필요나 흥미를 존중해야한다. 종래에는 교과는 교실에서 가르치는 것, 책에 씌여 있는 것을 가리키는데 비하여 경험은 일상생활에서 경험하는 내용을 가리키는 것으로 해석되어왔다. 이는 교과와 경험이 마치 책에 씌여 있는 것과 일상생활의 경험이 다른 것처럼 다른 것이라고 생각한 것으로, 교육을 위해서는 불행한 발상이었다. 교과와 경험 사이의 관련(즉, 교과는 경험의 내용이라는 것)을 명백히 인식하여야 한다. 또한 학생의 경함과는 무관한 교과의 맹목적인 주입과 경험의 내용을 엄밀하게 따져 보지 않은 채 일상생활의 경험을 주게 되어서는 안 된다. 브루너는 교육의 과정(1960)에서 교육내용은 지식의 구조라고 정의하였다. 이 용어는 1959년에 미국의 호울이라는 곳에서 실지로 있었던 회합(우즈 호울 회의) 의 성격을 잘 나타내어 준다고 볼 수 있다. 회의에서의 토의 결과, 교과를 잘 가르치는 것이 무엇인가에 관한 공통된 가정을 확인하였다. 그 공통된 가정을 지식의 구조라고 하였고 브루너가 쓴 교육의 과정은 그 회의 보고서이다. 또한 지식의 구조와 관련된 수업의 원리를 탐구학습 또는 발견학습이라고 하였다. 교육의 과정 전체를 통하여 교과를 잘 가르치는 것은 무엇인가? 에 대한 한 가지 확신은 다음과 같은 것이다.

지식의 최전선에서 새로운 지식을 만들어 내는 학자들이 하는 것이거나 초등학교 3학년 학생이 하는 것이거나를 막론하고 모든 지적인 활동은 근본적으로 동일하다는 것이다. 과학자가 그의 책상이나 실험실에서 하는 일, 문학평론가가 시를 읽으면서 하는 일은 누구든지 이와 비슷한 활동, 다시 말하면 모종의 이해를 도달하려는 활동을 할 때, 그 사람이 하는 일과 본질상 다름이 없다. 이런 활동들의 차이는 하는 일의 종류에 있는 것이 아니라, 지적 활동의 수준에 있는 것이다. 물리학을 배우는 학생은 다름 아니라 바로 물리학자이며, 물리학을 배우는 데는 다른 무엇보다도 물리학자들이 하는 일과 똑같은 일을 하는 것이 훨씬 쉬운 방법일 것이다. 물리학자들이 하는 일을 똑같이 한다는 것은 물리학자들이 하듯이 물리현상을 탐구하는 것이다.

02 지식의 구조

종래 교육에서는 교과를 가르칠 때, 학생들로 하여금 학자와 같은 일을 하지 않고 학자들이 학문적 활동에서 얻은 결론을 학생들에게 제시하고 그 것을 받아들이도록 하는 것이었다. 우즈 호울 회의에서는 그것은 교과가 아니라 교과의 중간언어(middle language)라고 규정하였다. 교과의 중간언어라는 것은 물리학자들의 탐구결과를 학생들에게 전달해주는 언어이고, 그 것은 교과를 교과답게 또는 교과를 그 교과의 성격에 충실한 형태로 가르치지 않는다는 것이었다. 다시 말하면 교사는 표면상 물리학적인 용어를 써서 물리학에 속하는 개념, 법칙, 원리 등을 가르치고 있고, 교실에서 교사와 학생들은 물리학자들이 하는 일과는 성격이 다른 일을 하고 있는 것이었다. 따라서 교사는 교과와 학문을 별개의 것으로 간주하여 물리학이라는 학문을 전혀 그릇되게 나타내고 있었다. 교육의 과정에서는 교과답게 가르친다는 말의 의미를 학생들로 하여금 해당분야의 학자와, 비록 수준은 다르다 하더라도, 종류에 있어서는 동일한 일을 하도록 규정하고 있다. 즉, 학자들이 하듯이 물리현상과 역사적 사실 등과 같은 각각 관련된 현상 을 탐구한다는 뜻이다. 그러면 학자들과 동일한 일을 하는 것이 과연 가능하고 또 필요한 일인가? 주입식 교육이 나쁜 점은 그 것이 주입에 실패한다는 데에 있다고 말할 수 있다. 주입식 방법으로 가르쳐진 지식은 학습자의 바깥에 머물러 있을 뿐 학습자의 안에 들어가지 않는다. 학습자의 안에 들어간다는 것은 학습자의 마음의 한 부분이 된다는 뜻이며 학습자의 보는 눈 또는 안목이 된다는 뜻이다. 물리학적인 현상을 보는 방법을 배우려고 하는 사람이 이미 물리학적 안목으로 현상을 볼 수 있는 사람과 동일한 일을 할 수는 없다. 그러나 물리학을 배운다는 것은 물리학적 현상을 볼 수 없는 상태에서 조금씩 그 것을 볼 수 있는 상태로 나아간다는 뜻이다. 교육의 가장 어려운 문제, 그리고 탐구학습의 가장 어려운 문제는 볼 수 없는 상태에 있는 사람을 어떻게 하면 볼 수 있는 상태로 나아가게 하는가 하는데 있다. 학생들에게 탐구문제를 내어주고 그 해답을 스스로 발견하도록 하는 것도 좋은 해결책은 아니다. 그 것은 지식을 배운 상태와 배우지 않은 상태, 지식에 담겨있는 안목으로 현상을 볼 수 있는 상태와 볼 수 없는 상태를 혼동하는 것이다. 각 교과의 경우에는 그 교과에 담긴 안목으로 현상을 볼 수 있도록 하려면 그 것을 어떻게 가르쳐야 하는가를 연구하여야 한다. 가르치는 내용을 요약하는 질문을 하고 학생들로 하여금 그 문제에 관하여 생각해 보게 하는 일은 중요하다. 학생들이 자신의 마음으로 생각해 보지 않으면 그 배운 내용이 그의 마음속에 들어오기가 매우 힘들기 때문이다. 그러나 그러한 질문은 반드시 그 교과를 아는 사람, 지식의 눈으로 현상을 볼 줄 아는 사람의 입장에서 제기되고 그 해답의 방향 또한 그런 사람에 의해서 이끌어져야만 한다. 그러면 지식의 구조를 가르친다고 할 때 그 가르쳐지는 내용 즉, 지식의 구조는 정확하게 무엇인가? 교육의 과정에서는 지식의 구조를 기본개념과 원리, 핵심적 아이디어 등과 동의어로 쓰고 있다. 따라서 지식의 구조는 학자들이 해당분야를 연구할 때 쓰는 기본개념과 원리, 핵심적 아이디어 등을 가르치게 된다. 이 때 기본개념과 원리는 교사가 학생을 가르칠 때 중간언어로 제시되어서는 않되고, 학생들이 관련된 현상을 이해하는 데에 활용되어야 한다. 따라서 지식의 구조는 학생의 경험과 의미 있게 관련될 수 있는 교과를 가르치는 것이며, 교사는 교과를 가르치되 학생의 일상생활의 경험이 아니라, 교과를 이해하는 경험, 교과로서 현상을 이해하는 경험과 의미있게 관련되도록 가르쳐야한다. 또한 교과는 해당학문분야에서 학자들이 발견하고 축적한 지식의 덩어리(교과의 중간 언어)가 아니라, 그 지식을 발견하는 동안에 학자들이 하는 일, 또는 각 학문의 기본개념과 원리를 써서 해당분야의 현상을 탐구하고 이해하는 일을 가리킨다. 그러나 지식의 덩어리를 결과로서의 지식으로, 지식을 탐구하는 과정을 과정으로서의 지식으로 대비할 때, 과정 없는 결과나 결과와 관련 없는 과정은 있을 수 없는 것이므로 이 두 가지는 서로 분리할 수 없는 것이다. 따라서 교과를 가르칠 때 지식의 덩어리뿐만 아니라 그 것을 낳게 한 탐구과정도 동시에 가르쳐야 한다. 이것은 프로이덴탈이 정의한 심상(mental object)과 거의 유사하다. 이러한 의미에서 교육내용이 각 학문의 특이한 탐구과정이라면, 교육 내용은 유치원에서 대학에 이르기까지 동일한 것이어야 한다. 그러면 한 교과에서 각 학교(또는 학년) 수준을 통틀어 가르쳐지는 교육내용 즉, 지식의 구조는 무엇인가? 지식의 구조의 동일어인 학자들이 하는 일, 학문을 탐구하는 과정, 학문에 숨어있는 기본적인 아이디어 등의 일관적인 의미를 생각해 보기 위하여, 학자들이 학문을 할 때 그들이 하는 일을 알아보기로 한다. 학문이란 각각 해당분야에 관련된 현상들을 이해하려는 노력이며, 학문을 할 때 학자들이 하는 일이 바로 이 것이다. 학자들이 어떤 현상을 이해하려고 하면 반드시 그 현상을 보는 눈(안목)을 가져야 하고, 모든 학문에는 각각 이러한 눈이 있다. 학문을 한다는 것은 곧 이 눈을 가지고 현상을 본다는 뜻이다. 이 안목은 곧 학문의 이면에 숨어있는 기본 아이디어와 동의어이고, 학문을 탐구하는 과정은 관련된 현상을 이해하는 데에 이 기본적 아이디어를 활용하는 과정을 의미한다. 따라서 유치원에서 대학에 이르기까지 가르쳐지는 동일한 교육내용은 각 학문이 나타내는 현상을 보는 눈 또는 기본 아이디어이다. 그리고 각각의 학문에서 그러한 기본적 아이디어를 찾는 작업은 학문이 가장 분화된 대학에서 시작해서, 그 아래의 수준인 고등학교교과조직에 따라 서로 묶이고, 다음으로 중학교, 초등학교, 유치원에 이르기까지 점점 쉬운 형태로 묶여야 한다. 이 작업의 결과로 각 학문에서 모종의 눈들이 확인 되고 그 것들이 각 학교(또는 학년)수준에 맞춰서 제시되어야 하겠다. 대수학에서 방정식의 풀이란 미지수와 기지수를 포함하는 등식을 만족하는 미지수를 기지수로 바꾸는 것이다. 이 방정식을 푸는 데는 세 가지 기본 법칙, 즉 교환, 분배, 결합의 법칙이 있다[1]. 일단 학생들이 이 세 가지 기본법칙에 스며있는 아이디어를 파악하면 현재 풀려고 하고 있는 새로운 방정식은 전혀 새로운 방식이 아니라 자기가 늘 알고 있던 방정식의 한 가지 변용에 불과하다는 것을 쉽게 알 수 있을 것이다. 이 변용에 자기가 알고 있던 것을 적용하는데 중요한 것은 이 법칙의 이름을 아는 것이 아니라 그 법칙을 사용할 줄 아는 것이다. 4학년 어린이들은 재미있는 놀이를 하는 동안에 저절로 위상기하학이나 집합론의 원리를 터득할 수 있으며, 심지어 놀이를 마음대로 바꾸어 가며 새로운 위상기하나 집합론의 공리를 이끌어 낼 수도 있을 것이다. 구체적 조작단계에 있을 때, 학생은 수학의 여러 가지 기본 아이디어를 직관적으로 또 구체적으로 파악할 수 있다. 그러나 학생이 그런 아이디어를 파악하는 것은 오직

1) 방정식의 풀이는 이 세 가지 법칙과 등식의 성질(이항)을 이용한다.

구체적 조작에 의해서이다. 예를 들면 구체적 조작 단계에 있는 5학년 학생은 고등수학의 원리가 담겨 있는 장난감을 가지고 놀이를 함으로써 이 원리를 귀납적으로 깨달을 수 있고 또 이 원리를 응용하여 놀이를 해 나갈 수 있다. 기본개념을 가르치는 에 있어서 가장 중요한 것은 학생의 구체적 조작의 사고방식으로부터 지적으로 보다 적절한 사고방식으로 점진적으로 이행할 수 있도록 도와주는 일이다. 우즈 호울 회의에 참가한 당시의 가장 노련한 초등학교 수학교사인 페이지(D. Page)는 '유치원에서 대학원에 이르는 학생을 가르치는 동안, 나는 연령층의 고하를 막론하고 인간의 지적활동이 비슷하다는 점에 놀랐다. 다만 어린이들은 어른들보다 더 자발적이고 창의적이고 정력적이어서, 만일 어린이들에게 알아듣는 말로 주어지면, 어른들보다 훨씬 빨리 할 수 있을 것 같다. 수학의 자료를 어린이가 알아듣는 말로, 또 재미있게 제시하는 데는 궁극적으로 수학자체를 잘 알아야 한다'고 하였다(Bruner, 1973). 따라서 유크리트 기하나 측정기하를, 특히 사영기하를 초등학교 마지막 시기에 가서 비로소 가르쳐야 할 아무런 근거가 없다.

03 직관적 사고

수학에서의 직관은 서로 다른 두 가지 의미로 쓰인다. 직관적으로 사고한다는 것은, 한 문제를 오랫동안 씨름한 뒤에 갑자기 해결점에 도달하며, 하지만 아직 형식적인 말로 그 것을 증명할 수 없는 경우를 말한다. 수학자로서 우수한 직관을 가지고 있다는 말은, 어떤 해답이 과연 옳은 해답인가, 또는 몇 가지 해법 중에서 어느 것이 가장 효과적인가를 재빨리 잘 추측해 낼 수 있다는 뜻이다. 교사는 지식의 전달자일 뿐만 아니라 학생들의 모범이기도 하다. 수학의 힘과 아름다움에 관하여 아무런 느낌을 가지지 못하는 사람은 다른 사람에게 수학에 관한 내재적 희열에 불을 붙일 수 없을 것이다.

04 교과를 배우는 이유

1970년대에 브루너는 '교육과정의 재음미'(Bruner, 1973B)에서, 우리는 미국 인구의 $\frac{1}{4}$에 해당하는 집단의 학생이 사회에 참여할 능력을 최대한으로 짓밟았고, 더구나 조기에 아주 효과적으로 짓밟아 버렸다. 오히려 우리가 당면하고 있는 사회적 문제와의 관련에서 교육과정을 다루게 될 것을 강조하면서, 수학교육은 수학자가 제공하는 수학의 구조 이외에, 철학, 심리학, 사회학 등 인간을 다루는 여타 학문분야와 협조하여야 한다고 하였다. 그렇지만 브루너는 지식의 구조를 정의만 하였고, 지식을 배워야하는 이유를 분명하게 말하지는 않았다. 브루너의 교육의 과정이 출판된 몇 년 후에, 고전적인 인문교육의 전통을 따랐던 영국에서는 피터즈(Peters)가 교과를 규정하는 용어로 그의 저서인 윤리학과 교육에서 지식의 형식을 사용하였다. 구조(structure)와 형식(form)은 무도 보는 것을 뜻하고, 둘 다 플라톤의 idea와 동의어인 Eidein에서 파생된 단어로서 '본다'는 뜻을 가진다. 또한 지식의 형식은 지식의 구조와 완전히 일치한다고 본다. 지식의 형식은 인간경험의 상이한 측면을 다루는 개념의 체계이고, 각각은 상이한 탐구방법과 진위판별 기준을 가지고 있다. 피터즈는 교과를 지식의 형식으로 규정하면서, 교과로서의 지식의 형식이 어떤점에서 가치가 있는지, 그 것을 배워서 좋은 점은 무엇인지를 '정당화'하고 있다. 우리가 사용하는 개념은 경험의 상이한 측면을 표현하도록 분화되어있다. 이 분화된 개념들은 인간의 언어에 포함되어있다. 이러한 분화된 개념은 인류전체가 공동으로 장구한 세월동안 누적되고 발전된 공적 전통이다. 이 공적 전통과 분리된 인간의 삶은 있을 수 없다. 인간의 삶이란 이러한 공적 전통안에서 태어나서 그 것을 배우며 산다는 뜻이다. 피터즈는 이 공적 전통은 인간의 문명적 삶의 '전제조건'이라고 하였다. 따라서 문명된 삶을 영위하면서 그 논리적 가정인 분화된 개념의 가치를 부정하면 모순이 된다. 그런데 지식의 형식은 분화된 개념의 체계화된 형태이므로, 문명된 삶을 영위하는 인간 모두는 논리적으로는 지식의 형성이 가치있음을 인정해야 할 것이다. 이것을 피터즈는 내재적 정당화라고 하였고, 교과가 실용적인 목적을 위한 수단이 된다는 사실을 반대하고 있다. 이 뜻을 이홍우는 구조 또는 형식과 플라톤의 이데아를 관련지어서 다음과 같이 정리하고 있다. 지식의 구조나 지식의 형식은 지식의 이데아에 해당한고 볼 수 있다. 플라톤의 이데아는 현상의 세계를 능가하는 형이상학적인 개념, 즉 실재이다. 이데아는 현상의 세계가 의미를 가지기 위한 전제조건으로서의 논리적 가정이다. 따라서 이데아의 존재는 인간이 파악하거나 도달할 수 있는 상태가 아니라, 파악하거나 도달하려고 노력해야 하는 표준이다. 따라서 이데아의 존재는 인간이 도달하려는 노력 그 자체에 의해서 확인되는 것이다. 또한 이데아에 접근했다고 느끼는 순간, 이데아는 더욱 그로부터 멀리 떨어져 있다고 느끼게 될 것이다. 지식이라는 것도 이데아나 도와 마찬가지로 끝이 없어서 그 것에 완전하게 도달할 수 없고, 지식을 어느 정도 가졌다고 생각하는 순간에 완전한 지식으로부터 전보다 더 멀리 떨어져 있다고 느끼게 된다. 이와 같이 자신이 무지하고 부족한 존재라는 느낌을 안고 사는 것이 교과의 의미이고 교과를 배우는 이유이다.

연습 문제

1. 브루너의 교육의 과정에서 일컫는 교과를 설명하시오.
2. 지식의 구조와의 동의어를 열거하시오.
3. 수업시간에 배울 교과란 결국 무엇인가?

05 교과로서의 수학

5.1 부르바키와 수학교육

화이트헤드(A.N. Whitehead, 1861-1947)는 과학이란 우주의 모든 사건의 상호관련성을 관찰하고, 항상 변화하는 사건들은 그들의 일반적인 연관성 또는 관계인 소수의 법칙을 끈질긴 창의력으로 규명하는 것이고, 과학적 사고란 보편적인 것을 변화하는 것에서 불변하는 성질을 간파해 내는 것이라고 한다. 주위세계의 개개의 사실에 관한 지식은 감각으로부터 얻어진다. 그런데 특정 사물에 대한 인간의 감각이나, 특정인이 느끼는 감각에 의존하지 않는 방법으로 우주의 사물간의 관계를 기술하기 위해서는, 모든 인간에게 중립적이고 보편적인 방식으로 기술하여야 한다. 그 중 가장 중요한 것은 명료성, 확정성, 보편성이고, 그 것은 사물의 추상적, 형식적 성질에 관한 일반적인 관념, 즉 수학적 관념으로 이루어진다. 따라서 수학적 관념은 사건의 경과를 과학적으로 기술하기에 가장 적절하다. 위에서 언급한 과학적 탐구 대상인 성질 세 가지를 요약하면 상호관련성, 변화와 불변성이다. 이를 수학에서는 함수, 도함수 그리고 어떤 사상(morphism)에 의해서 불변인 성질로서 표현하고 있다. 이러한 의미에서 집합의 구조의 개념과 그들 사이의 변환이 확립된 19세기 말을 수학의 완성기로 간주하는 것이다. 그 후, 기존의 다양한 수학영역이 공리적 방법에 의하여 완전히 새로운 양상인 구조라는 개념으로 대체되었는데, 구조 개념이 도입됨으로 인하여 동형사상(isomorphism)의 개념을 정의할 수 있게 되었고, 동형사상을 이용하여 수학의 기본이 되는 분야를 분류할 수 있게 되었다. 브루바키의 공리론은 군, 체, 위상공간, 순서군 등의 개념을 세 가지 모구조로 분류하는 추상적인 공리론이므로, 그들에게는 수학적 구조를 찾는 것이 수학의 유일한 목표였다. 또한 브루바키는 Elements 전체의 논리적 기초가 되는 I권인 집합론의 1장 형식적인 수학의 기술(Description of formal mathematics)에 제시한 집합과 구조에 대한 논리적 완전성과 일관성에 관하여 다음과 같이 기술하고 있다. 이러한 기초위에서 현재의 수학 전체를 구축할 수 있다고 생각한다. 또한 수록된 원론에 증명은 원론이 완성되어감에 따라 점점 더 완전해질 것이다. 그러나 브루바키의 업적을 포함한 현대수학의 엄밀성, 공리화, 해설성에 대한 톰(René Thom, 1923-2002)의 강한 비판에 대하여 듀돈네는 다음과 같이 응답하였다.

톰 자신이 인정한 바와 같이, 언어를 통한 수학자들간의 의사소통은 계속해야 하며, 그러한 지식의 전달을 천재들에게만 맡길 수는 없다. 따라서 천재들의 직관력을 갖지 못한 수학교수도 수학 내용을 정확하게 이해하고 학생들에게 오류 없이 전달할 수 있도록 내용을 합리적으로 구성하여 제시해야 한다고 하였다. 나는 톰이 형식주의자라고 부르는 수학자들(데데킨트, 힐베르트, 브루바키와 그 후계자)의 목적이 바로 이러한 일을 한 사람이라고 생각한다. (Dieudonne, 1973, Hanna, 1983, 재인용)

또한 Malaine과 Eilenberg가 발견한 권(category)[2]의 개념과 열역학문제를 해결하기 위해 만든 Fourier급수에서 시작된, 실험과 자료에서 출발하는 수학(Cucker et.al, 2001) 등이 현재까지는 브루바키의 모구조에 포함될 수 없는 내용으로 간주되고 있다. 따라서 브루바키의 주장대로 수학은 진화상태에 있는 학문이기 때문에, 어느 학파의 사상 하나만으로는 고전수학의 풍부한 내용과 방법을 완전히 포용하지는 못한다는 것은 명백하다. 그것이 어쩌면 수학의 속성이고 인간의 한계점을 드러내는 것일지도 모른다. 그러나 수학자들 간의 의사소통은 계속하기 위해서 내용을 합리적으로 구성하여 제시해야 한다면, 미래의 수학의 연구를 용이하게 하고 더 많은 업적을 이루게 한 브루바키 원론과 모구조를 이해하는 것이 필요하게 된다. 또한 세 가지 모구조가 수학과 수학교육에서 매우 중요한 위치에 있는 심리학적인 예가 있다. 피아제(1971)는 브루바키의 세 가지 모구조와 대응하는 심리적인 대상을 다음과 같이 밝히고 있다. 즉, 발달심리학 측면에서 이 세 가지 모구조가 자연적인 것인지 또는 단순히 이론화하고 공리화한 결과로서 인위적인 것인지를 살펴보는 것이다. 이를 위하여 모구조와 6-7세의 학생의 조작적인 구조사이에 유사한 구조가 존재하는지에 관하여 논하고 있다. 형식적 조작기의 인간의 사고양식이 군(group)과 속(lattice)의 구조를 이루며, 구체적 조작기의 인간의 사고양식은 군과 속의 발생중인 구

2) 권(Category) C란 C-objects의 류(class) O와 C-morphims 류M과 O안에서의 M의 사상(mapping)의 쌍인 "dom"과 "cod"("dom"과 "cod" 아래에서의 M의 원소 f의 상을 각각 f의 정의역(domain)과 f의 공변역(codomain)이라고 한다), 그리고 M의 부분집합인 D={(f · g): f · g∈M, dom(f)=cod(g)} 에서의 사상(또는 합성) " · "으로 이루어지고(이 때 D의 원소인 순서쌍 (f · g)의 상을 f · g로 표기한다), 이 모든 것들이 다음의 공리를 만족하는 것이다.

(i) 만일 (f · g)∈D이면, 즉 f · g가 정의되면, dom(f · g)=dom(g)이고 cod(f · g)=cod(f)이다

(ii) 만일 (f · g), (g · h)∈D이면 (f · g) · h=f · (g · h)이다

(iii) ∀A∈D, M의 항등사상 e가 존재하여 dom(e)=A. 이때 e가 M의 항등사상이라 함은 (e,e)∈D이고, (e,f)∈D이면 e · f=f이고, (g · e)∈D이면 g · e=g이다

(iv) 임의의 O의 쌍 A, B에 대하여, $\hom_C(A,B)=\{f: f\in M, dom(f)=A, cod(f)=B\}$가 집합이다.

조인 합성가능성, 결합성, 가역성으로 이루어지는 군성체(groupement)을 이루고 있고, 전조작기의 직관적 사고는 카테고리를 이룬다고 하였다. 브루바키의 모구조의 첫 번째 구조인 대수적 구조의 특징은 가역성을 가지는 것이다. 학생의 사고에서 대수적 구조는 많이 나타나는데, 특히 류(class)의 논리 즉, 도형을 분류하는 등의 분류의 논리에서 대수적 구조를 발견하게 된다. 대수적 구조는 류 또는 수에 관한 구조라고 한다면, 두 번째 구조인 순서구조는 관계에 관한 구조이다. 또한 군이란 행동과 조작의 양식이 반영적 추상화에 의해서 형식화 된 것이다. 순서구조의 원형은 속(lattice)이고, 순서구조의 가역성은 상호성이다. 학생의 사고에는 매우 원시적인 순서화 구조가 나타난다. 에를 들면 막대의 길이를 배열하는 등의 열거(serialation)의 구조이다. 세 번째 구조인 위상적 구조는 기하학뿐만 아니라 수학의 많은 영역에 응용되는 구조이다. 학생의 사고에서 위상적 구조는 매우 흥미 있는 문제이다. 기하학의 역사발생 순서는 유크리트 기하학 → 사영기하학 → 위상기하학인 반면, 학생이 행하는 첫 번째 조작은 공간에서의 분류와 순서화이다. 그런데 그 것은 유크리트 기하학보다는 위상기하학에 더 가깝다. 즉, 학생의 사고과정은 역사발생의 역방향인 위상기하학 → 사영기하학 → 유크리트 기하학 순으로 발생한다는 것이다. 이 점에 대하여 프로이덴탈은 학생이 위상기하학을 맨 먼저 인식한다는 것은, 단지 사각형을 그릴 수 없는 근육조절의 문제라고 본다. 피아제는 근육조절을 요하는 몬트리올의 심리학자 M. Leurendau와 A. Pinard의 실험결과를 제시하면서 자신의 정당성을 주장하고 있다. 그러나 학생이 눈에 보이는 것을 보고 그리는 능력과 직선, 평면, 평행성, 합동 등의 심상을 구성하는 것은 전혀 다르다. 왜냐하면 인식하는 능력은 강체(rigid body)를 둘러싸고 있는 유크리트적 환경보다 훨씬 더 난해한 것이고 훨씬 후에 나타난다는 것은 널리 알려진 사실이기 때문이다. 또한 직선과 사영직선을 혼동하는 피아제는 학생이 공과 감자를 동일한 것으로 간주하는 반응을 위상수학을 이해했다고 간주하지만, 학생에게 종수 0인 폐곡면인 위상적 구(topological sphere)라는 심상이 형성된 것은 아니다(Freudenthal, pp.232-238, 1983). 이 것은 아마도 피아제가 위상수학의 깊은 내면세계를 살피지 않았기 때문에 발생한 오류일 것이다. 부르바키의 모구조 이론을 찬성하는 피아제는 학생의 사고에서 모 구조 이외의 구조는 세 가지의 모 구조 중에서 두 개 또는 그 이상의 합성으로 생성된다고 하면서, 그에 대한 심리학적인 예로서 수 개념을 들고 있다. 즉, 수는 서로 다른 두 종류의 연산 기수법(cardination)과 서수법(ordination)에 기초를 둔다. 따라서 수 개념은 류간의 포함과 순서관계의 통합이므로, 수 개념은 대수적 구조와 순서적 구조의 통합된 구조라는 것으로 부르바키의 모구조의 다중구조성을 심리적으로 뒷받침하고 있다.

06 수학 교과와 탐구방법

위에서 본 바와 같이 수학철학에 대한 논리주의, 형식주의, 직관주의, 준-경험주의, 무소속학파의 사조는 각기 모두 수학적 인식에 관해 어떤 일정한 특성에만 집중되고 있다. 즉, 논리주의자는 수학적 논리에서 수학의 원리보다 논리가 가장 기초가 된다는 점을, 직관주의자는 수학에서 직관을, 형식주의자는 수학을 공리론적 형식체계로 하는 방법을, 준-경험주의자들은 경험을, 무소속학파는 대화와 변증술을 각각 강조하면서, 수학기초론에 대한 여러 가지 연구방법의 의의가 고전수학을 논리주의적으로, 혹은 직관주의적으로, 혹은 형식주의적으로 경험이나 변증술을 통하여 그 방법을 적용할 가능성을 충분하게 시사하고 있다. 그러나 학문 자체에 교육방법을 포함되어 있다는 과학의 내적인 교수학은 기존지식의 경제적이고 명쾌한 배열, 개념과 언어의 개발 및 선택의 표준화, 지식의 풀이 방법 및 도구의 전달과 배포의 어려운 문제가 있다. 따라서 모든 수학을 정교화하며, 미래의 수학자의 연구를 용이하게 하고 더 많은 업적을 이루게 한 브루바키 원론은 수학교육심리학에서도 매우 중요하다. 한편, 전달하고 전달 받는 지식으로서의 수학은 어떠해야 되는지를 이홍우(2003, pp. 493-539)는 다음과 같이 말하고 있다.

교육의 내용을 두 가지로 구분한 보는 지식과 하는 지식사이의 차이 및 관련을 규정하여 본다. 그 것은 논리적 구분도 아니고 사실적 분리 어느 한 쪽만으로 설명할 수 있는 것은 아니다. 이 들이 시공간적으로 분리되어있다고 할 수 없고 논리적 구분도 없다. 다만 이론적인 것(현상을 보는 것)과 실제적인 것(사태에 변경을 가하는 것)의 성격 그 자체에서 빚어지는 불가피한 결과이다. 그러나 실제적 활동은 대부분의 경우에 그것이 자아내는 긴박감이나 조바심 때문에 이론적 관조를 용납하지 않는다. 그렇다고 해서 그 들 사이에 아무런 관계가 없는 것은 아니다. 삶은 실제적인 활동을 떠나서는 상상할 수 없기 때문이다. 지식은 그 자체로서 가치가 중요하지만, 그 자체로서 가치를 가지는 것도 삶과 떨어져서는 의미가 없다. 지식이 삶에 대하여 가지는 유용성은 단순한 수단-목적관계에서 파악될 수 없다. 지식이 삶에 대하여 가지는 유용성은 단순한 수단-목적 관계에 의하여 파악할 수 없는 훨씬 복잡하고 미묘한 의미를 가진다. 이 점은 논리적인 것과 사실적인 것의 구분을 다른 각도에서 조명할 필요가 있다. 그에 앞서 지식과 지혜에 관하여 논한다. 지혜는 삶의 실제적 문제 사태를 현명하게 처리하는 능력이지만 가장 높은 수준의 지혜는 이론적 지식을 통하지 않고는 획득될 수 없다. 성현의 말씀이 인격형성으로 연결되는 것은, 지식이 지혜로 연결되는 것과 마찬가지로 쉬운 일이 아니지만 교육의 기본적인 믿음은 지식을 통하여 삶의 지혜를 얻을 수 있다는 것이다. 논리의 세계는 사실의 세계로 표현되기 이전의 세계이며 그만큼 사실의 세계보다 순수하다. 더구나 사실의 세계와 다른 논리적 세계가 존재한다. 우리가 살고 있는 사실의 세계 위에 그 사실 세계의 원형 또는 기준으로서의 논리의 세계가 있는 것이다. 우리의 삶이 올바르기 위해서는 세계의 중층구조를 받아들여야한다. 예를 들면 주역의 중층구조와 칸트가 본체계와 현상계의 중층구조로 보았던 이성의 한계가 그것이다. 이론적인 것과 실제적인 것은 삶의 사태에 동시적으로 공존하는 두 가지 상반된 방향의 활동이다. 그러나 진선미성은 실제적 활동과 불가분으로 결부되어있지만 그 마음가짐은 긴박한 수단-목적 관계에서 나타나기보다는 그 것으로부터 먼 쪽으로 눈을 돌려서 사물과 현상을 관조함으로서만 가질 수 있다. 이론(지식)은 실제적 문제 해결의 수단이 된다는 것이 아니다. 이론은 실제적 행동이 벌어지고 있는 사실의 세계로부터 그 위층에 있는 논리의 세계로 눈을 돌리게 함으로서 그 결과로 형성된 마음이 다시 실제적 활동의 양태로 나타나도록 하는 역할을 하는 것이다. 이것이 지식이 지혜로 연결되는 과정을 설명하는 유일한 방법이 아닌가한다. 그리고 이것이 교육의 목적이 되어야 한다. 또한 교육은 제도이므로 제도 안에서 교육을 생각한다.

또한 1980년대에 논란을 빚었던 브라질의 거리수학은 사회학자, 인류학자, 교육학자와 심리학자의 상호 보완으로 연구되고 분석되었다. 그 들의 연구에서는 각국의 많은 사람이 생활을 영위하기 위해서는 학교에서 배우지 않은 수학적 개념이나 기술을 필요로 하기 때문에 거리수학에 접근하는 일반적인 방법을 모색하면서 학교수학과의 관계를 설명하려하였다. 현실상황과 맞지 않는 학교수학을 비판하면서 현실감각 있는 학교수학을 요구한다. 세계적으로 권위있는 수학논문지에서도 암호학 등의 응용분야에 적용되는 논문에 관심을 두고있다. 철저하게 기호화되어 추상화된 수학은 구체적인 사실(계산) 위에서 군림하려는 것이 아니고 오히려 그 계산의 정당성과 일반성을 보장하고 복잡한 계산을 쉽게 하려는 노력의 산물이다. 효율적인 물물교환 때문에 도입한 분수, 홍수에 쓸려간 농토를 복원하는 과정에서 태동한 기하학, 우주현상의 인과관계를 의사소통하기 위한 함수, 우주의 변화를 관측하고 예측하기 위한 미적분학의 발견 등은 구체적이고 실용적인 내용이다. 그 후 분수(유리수)의 연산과정에서 현대적 의미의 군 개념, 더욱이 (유리)수체의 개념이 나타났고, 함수(치환 함수)를 조작하여 치환군(현대 추상군의 성립)을 완성하였고, 미적분학은 Lebesgue 적분을 거치면서 추상대수화 되어갔다. 수학의 내용은 구체적인 계산 → 추상화(개념형성) → 개념의 구조(공리, 공준) → 논리-수학적 사실(정리) → (정리의 존재성을 위한)구체적인 계산 순으로 전개된다. Freudenthal은 이러한 전 과정을 수학화라 하였고 수학화를 위한 심상형성을 중요시하였다. 수학교육은 산술과 대수를 엄격하게 양분하고, 내용과 지도법을 분리하고 또한 생활수학, 응용수학과 수학을 서로 다른 지식 또는 학문으로 분류하는 이원론에서 탈피하여 수학이론과 지도실제를 통합하는 지식으로 정립되어야할 것이다. 따라서 본 논문에서는 부르바키학파의 세 가지 모구조와 그들의 합성인 다중구조를 발생시킨 아이디어를 수학의 지식의 구조로 간주하고, 그 것들을 가르치는 방법을 강구하는 작업으로 정의할 것이다. 그러면 수학교과의 아이디어인 세 가지 모구조와 그들의 합성인 다중구조를 학생들은 어떻게 탐구해야 하는지를 알아보자. 부르너는 수학자들이 하는 아이디어의 탐구란 이때까지 밝혀지지 않은 새로운 원리를 탐구하고 발견함으로써 현상을 보다 잘 이해하는 일이라고 정의하면서 학생들의 탐구방법을 다음과 같이 제시하고 있다. 학생들은 자신이 당면한 문제를 자기 자신의 지력으로 탐구하여 해결하도록 해야 할 것이다. 탐구학습에서는 교사가 해답을 가르쳐주어서는 안되며 그 해답은 학생 스스로의 탐구에 의해서 발견하도록 해야 한다. 물론 대부분의 학자들은 학생들과 마찬가지로 새로운 이론을 발견하기 보다는 다른 사람이 발견한 이론을 이해하는데 시간을 보낸다. 그러나 학자들이 다른 학자들의 이론을 이해하고자 할 때, 그 이론을 맹목적으로 받아들이는 것이 아니라, 그 이론이 요구하는 것과 동일한 방식으로 현상을 보고자 한다. 따라서 학자들이 하는 탐구는 새로운 이론을 만들어 가는 과정과 종래의 이론을 이해하는 과정을 연속적으로 반복하는 것이다. 학생들도 수준을 다르지만 학자들이 행하는 본질상 동일한 종류의 비판적 검토를 하지 않으면 안된다. 교과를 맹목적으로 받아들인다는 것은 그러한 비판적 검토 없이 자기 자신의 것으로 소화되지 않은 상태에서 교과를 배우는 것을 의미한다. 또한 학생으로 하여금 아이디어를 탐구하게 하는 교육방법을 이홍우는 다음과 같이 제시하였다.

교사는 학생들이 상식적으로 옳다고 믿고 있는 내용에 대하여 적극적으로 문제를 일으켜야 한다. 학생들이 가지고 있는 대부분의 견해는 학문에 의해 도야되지 않은 상식적인 견해 일 것이며, 따라서 교사가 할 일은 학생들의 견해에 대하여 비판적인 질문을 하여서 그러한 상식적인 견해를 부정하는 학문적인 견해가 있다는 것을 학생들에게 보여주어야 한다. 즉, 헤겔이 말한 바와 같이 학생들로 하여금 상식과의 투쟁을 하도록 해야 한다. 또한 교과의 생활에의 유용성을 지나치게 강조해서는 안된다. 교과의 유용성은 올바른 지식을 가지고 있다는 것이며, 교과를 배우지 않은데서 초래되는 불편은 그릇된 신념을 가지고 있다는 바로 그 불편이다.

07 수학영재의 교과

교실에서의 수학영재교육의 관건은 바람직한 교과서의 제작이다. 이를 위하여는 수학심화과정과 수학영재과정을 구별할 필요가 있다.

7.1 수학심화과정과 수학영재과정의 구별

부르너는 '교육의 과정"에서 가르치고 배워야 할 교과의 내용을 다음과 같이 정의하고 있다. 지식의 최전선에서 새로운 지식을 만들어 내는 학자들이 하는 것이거나 초등학교 3학년 학생이 하는 것이거나를 막론하고 모든 지적인 활동은 근본적으로 동일하다는 것이다. 과학자가 그의 책상이나 실험실에서 하는 일, 문학평론가가 시를 읽으면서 하는 일은 누구든지 이와 비슷한 활동, 다시 말하면 모종의 이해를 도달하려는 활동을 할 때, 그 사람이 하는 일과 본질상 다름이 없다. 이런 활동들의 차이는 하는 일의 종류에 있는 것이 아니라, 지적 활동의 수준에 있는 것이다. 물리학을 배우는 학생은 다름 아니라 바로 물리학자이며, 물리학을 배우는 데는 다른 무엇보다도 물리학자들이 하는 일과 똑같은 일을 하는 것이 훨씬 쉬운 방법일 것이다. 물리학자들이 하는 일을 똑같이 한다는 것은 물리학자들이 하듯이 물리현상을 탐구하는 것이다. 즉 부르너는 학생이 배워야 할 내용은 발명가의 발명당시의 배경이 되는 아이디어를 배워야 한다는 것이다. 따라서 수학심화과정에서는 그 아이디어를 학생으로 하여금 경험하게 하는 과정이 되어야 하고, 영재과정에서는 그 아이디어를 재발견하도록 도와주는 것이다.

7.2 교과서 제작과 모델링

초등수학영재용 교재가 다양한 영재교육원에서 제작되고 있다. 그러나 정작 중요한 아이디어의 재발견을 위한 교재는 많지 않다.

- 따라서 아이디어를 경험하고 재발견할 수 있는 교과서의 개발이 수학영재교육의 장래를 좌우하게 된다. 모델링을 해 주어야 하겠다.
- 그러나 발명당시의 아이디어를 그대로 재현한다는 것은 현실에 맞지 않는 경우가 대부분이기 때문에 오히려 바람직하지 않다. 따라서 현실에 맞도록 내용과 교수-학습방법을 재조직하는 것 또한 대단히 중요하다.

연습 문제

1. 지식과 지혜와 관하여 논하시오.
2. 부르바키가 주장하는 수학은 무엇인가?
3. 수학교과에서의 지식의 구조는 무엇인가?
4. 피아제 등의 수학자가 아닌 심리학자들의 수학교육이론에서 범하는 오류는 무엇인가?
5. 수학시간에 가르치고 배워야 할 교과로서의 수학은 어떤 내용인가?
6. 수학심화교과와 수학영재교과의 다른 점은 무엇인가?

참고 문헌

박재문(1998), 지식의 구조와 구조주의, 교육과학사.

우정호(1998), 학교수학의 교육적 기초, 서울대학교출판부.

_____(2000), 수학 학습-지도 원리와 방법, 서울대학교출판부.

이홍우(2002), 지식의 구조와 교과, 교육과학사.

_____(2003), 교육의 목적과 난점, 교육과학사.

임정대(2005), 수리철학의 기초, 부록 : 수리철학에 대하여, 경문사.

Bourbaki, N.(1949), Foundations of Mathematics for the working Mathematicians, J. Symb. Logic, 14, pp.1-8.

__________(1950), The Architecture of Mathematics, Am. Math. Monthly, 57, pp221-232.

Boyer, Carl B.(1968). A History of Mathematics, John Wiley & Sons, Inc.

___________(1959) The History of the Calculus and its Conceptual Development, Dover Publications, Inc., N.Y.

Brouwer, L. E. Jean(1952), Historical background, principle, and methods of intuitionism. South Africa J. of Science, 49, 139-146.

J.S. Bruner(1960), The process of education, Harvard University Press, 이홍우 역(1973A), 브루너 교육의 과정, 서울 배영사.

__________(1971), The process of education Reconsidered, Harvard University Press, 이홍우 역(1973B), 브루너 교육의 과정의 재음미, 서울 배영사.

Cajori, F.(1952), A history of mathematical notations, vol.2, The Open Court Publishing Co., Chicago.

Cucker, F., Smale, S.(2001), On the Mathematical Foundations of Learning, Bull. of AMS, vol.39, no.1, pp.1-49.

Dieudonne, J.(1973), Should We Teach 'Modern Mathematics?', American Scientist, vol.61, pp.16-19.

Ernest, P.(1994), Mathematics, Education and Philosophy : An International Perspective, Edited by Paul Ernest, The Falmer Press, London · Washington, D. C.

_________(1991), The philosophy of mathematics education, London, The Palmer Press.

Fischbein, E.(1987), Intuition in Science and mathematics, D. Reidel Publishing Co.

Freudenthal, H.(1973), Mathematics as an educational task, D. Reidel Publishing Co., Dordrecht.

__________(1983), Didactical phenomenology of mathematical structures, D. Reidel Publishing Co., Dordrecht.

Gödel, Kurt(1965), On Formally Undecidable Propositions of Principia Mathematica and Related System, Basic Books.

Hanna, G.(1983), Rigorous Proof in Mathematics Education, The Ontario Institute for Studies in Education, 1983.

Heath, T. L.(1990), The thirteen books of Euclid's Elements, Encyclopaedia Britannica, Inc., Chicago Univ. Press.

__________(1990), The works of Archimedes including the Method, Encyclopaedia Britannica, Inc., Chicago Univ. Press.

Hilbert, D.(1904), Uber die Grundlagen der Logik und der Arithmetik, Pro. Third International Congress of Mathematics, Heidelberg, , pp.174-185, Translated by Beverly Woodward in van Heijenoort(1967), pp.129-138.

_________(1925), Uber das Unenliche, Mathematische Annalen , 95, pp. 161-190, Reprinted, in abridged form, in Hilbert 1930a, but with minor corrections and additions. Translated by Stefan Bauer-Mengelberg in van Heijenoort(1967), pp.367-392.

_________(1939), Bernays Paul, Grundlagen der Mathematik, II, Springer Verlag, Berlin.

Kline, M.(1980), Mathematics and loss of certainty, Oxford, Oxford University Press.

_________(1990), Mathematical Thought from Ancient to Modern Times, vol. 3, Oxford University Press, N.Y., Oxford.

Krishnan, V. Snakrithi(1981), An introduction to category theory , Elsevier North-Holland Press, Amsterdam Netherland, p.35.

Lakatos I.(1976), Proofs and Reputations, Cambridge, Cambridge University Press.

Lorenzen, P.(1970), Scientismus versus Dialektik, in Hermeneutik und Dialektik, Bad, I.R., Burner, R., Wiehl, R.(Eds) Tuebingen, (Cited in Robers(1992).

Manin, Y. I.(1977), A course in mathematical logic, New York, Springer.

Peters, R.S.(1966), Ethics and Education,6, 이홍우 역(1980), 윤리학과 교육, 교육과학사.

Piaget, J.(1971), Genetic Epistemology, Translated by E. Duckworth, The Norton Library, W.W.Norton&Company.Inc., N.Y.

Pinter, Charles C.(1971), Set Theory, Addison-Wesley Publications Co.

Poincare` , Henri(1946), Foundations of Science, Science Press, 448-485.

Rucker, Rudy(1982), Infinity and the mind, Bantam Books, pp289-317.

Russell B.(1950), Introduction to Mathematical Philosophy, George Allen&Unwin, Ltd.

Skemp, R. R. (1987).The psychology of Learning mathematics, Lawrence Erlbaum Associates Publishers.

Steiner, H.G.(1988)Two kinds of Elements and the Dialectic between Synthetic-deductive and Analytic-genetic Approaches in Mathematics, For the Learning of Mathematics, 8, 3, pp.7-15.

Szabo, A., The beginnings of Greek Mathematics, Dordrecht, Reidel.

Tall, D.(1977), The foundation of mathematics, Oxford University Press.

Thom, R.(1971), Modern Mathematics; An Educational and Philosophic Errors?, American Scientist, 59, pp. 695-699.

_________(1973), Modern mathematics : Does it exists?, in Howson, A.G. (Ed) Developments in mathematical Education, Cambridge, Cambridge University Press, pp. 194-209.

Toeplitz, O.(1963) The Calculus-A Genetic Approach, The University of Chicago Press.

Vygotsky, L. S.(1967),Thoughts and Languages, Edited and translated by E. Hanfmann and G. Vakar, The M.I.T. Press, 신현정 역(1985), 사고와 언어, 성원사.

Whitehead, A.N.(1948), An Introduction to Mathematics, Oxford University Press.

제2부

영역별 교수-학습 이론과 실제

제1장 수와 연산

이 장에서는 역사발생 원리에 적합한 수와 연산 영역의 지도에 관하여 논의한다. 부르바키학파가 분류한 수와 연산영역의 모구조는 대수구조(1부의 2.5.1절, 4.6절 참조)이다.

01 수

1.1 자연수

인류가 지구상에 출현하면서 사람이나 물건의 개수를 세야할 필요가 생겼다. 세는 방법은 나뭇가지로 선을 긋거나 신체의 부분(손가락이나 발가락)을 사람이나 사물 등의 온전한 개체와 일대일 대응을 시켜가면서 세기 시작하였다. 따라서 "그 개체가 무엇인가"라는 구체적인 현상은 무시하고 각각의 개체(단위)가 몇 번 있는가를 표현하는 수를 자연수라 한다. 오늘날에도 선거 때에 개표할 때에 사용하는 선 긋기(tallying)나 파푸아뉴기니아 섬의 옥삽민(Oksapmin) 부족의 신체 부분 셈법에서 그 흔적을 찾을 수 있다. 이는 교육을 받지 않은 자연 상태에서 인간이 습득하는 능력이었기 때문에 수학자 Kronecker(1823-1891)는 "자연수는 신이 인간에게 준 선물이고 나머지는 인간의 필요에 의해 만든 수"라고 하였다. 따라서 자연수의 본질은 셈(counting)수이다. 또한 자연수는 순서(건물의 층수, 서열 등)를 나타내는 수이고 여러 개의 온전한 개체를 하나의 수에 대응시키는 집합수이다. 고대 그리스-로마(Greco-Roman)시대에는 자연수에 온갖 세상의 의미를 부여하고, 알파벳에 수를 대응시켜서 모든 문장을 수열로 표현하였다. 또한 전 세계적으로 국가마다 셈하는 방법(진법)이 다양하게 발전하였으나 손가락셈을 하게 된 인간은 모든 개수를 열씩 묶어서 셈할 줄도 알게 되었다. 그 후 인도에서 인도-아라비아(Hindu-Arabic)숫자 1, 2, 3, 4, 5, 6, 7, 8, 9, 0을 만들고, 유럽에서는 스테빈(Simon Stevin, 1548-1620)이 십진법으로 소수(decimal fraction)를 고안한 후로 1799년 십진법으로 표준 척관법(미터법)을 제정하였다. 그 이후로 자연수 셈은 원시상태의 하나씩 세는 셈에서 문화인의 십진 셈(decimal system)

으로 자리를 잡았다. 자연수는 사람 7명, 연필 7자루, 노트 7권 등과 같이 양의 크기를 나타내는 데 사용된다. 이것을 계량수 또는 기수(cardinal number)라고 한다. 또 어떤 집단이 있을 때, 첫 번째, 두 번째, 세 번째, … 등과 같이 순서를 나타내기 위해서도 사용된다. 이것을 순서수(ordinal number)라고 한다. 이와 같이 자연수에는 기수적 성격과 순서수적 성격의 두 가지가 있다. 이 자연수를 수로서 체계화하여 연역적으로 논하기 위해서는 자연수를 공리계에 의하여 규정지을 필요가 생기게 된다. 자연수를 규정하는 공리계는 여러 가지가 있으나, Peano의 공리를 가장 많이 사용한다.

1.1.1 Peano의 공리

① 1은 자연수이다.

② 임의의 자연수 x에 대해서 x의 후자 x'가 꼭 하나 있고, x'도 자연수이다.

③ $x'=1$되는 자연수는 존재하지 않는다.

④ $x'=y'$이면 $x=y$이다.

⑤ (귀납공리) M을 다음 조건을 만족시키는 공집합이 아닌 자연수의 집합이라고 한다.

(1) 1은 M에 속한다.

(2) x가 M에 속하면 x'도 M에 속한다.

이 때, 모든 자연수는 M에 속한다.

이것은 자연수의 순서수적 성격을 주장하여 공리계로서 정리한 것이다. 여기서 사용되고 있는 1, 자연수, 후자는 무정의용어이다.

우리들이 지금까지 알고 있었던 자연수 집합 {1, 2, 3, …}을 $\mathbb{N}$라고 하면 $\mathbb{N}$는 위의 공리를 만족시킨다. 위의 공리계를 만족시키는 원소들의 집합을 그 내용이 무엇이든 간에 자연수의 집합이라고 한다. 자연수의 본질은 셈수이다. 또한 순서수, 집합수, 수비주의 등의 특징이 있다.

1.1.2 수 세기

원시인들은 신체부분과 선 긋기(tallying)를 이용하여 온전한 개체의 수를 셈하였다. 이러한 인간의 능력은 본능적으로, 그 후에는 교육에 의해서 십진법을 사용하게 되었다. 이 사실에 대하여 수학자 크로네커는 이러한 사실을 "자연수는 신이 인간에게 준 선물이고, 나머지 수는 인간의 필요에 의해서 만들어진 것이다"라고 설명하였다.

1.1.3 수비주의

그레코로만(Greeco-Roman) 시대에 문자를 자연수로 치환(게마트리아 방식)하여 사용하면서 자연수 1은 이성, 2는 여성, 3은 남성, 4는 정의, 5는 결혼 등의 아주 심각한 의미를 부여하였고, 자연수가 아닌 수는 사용을 금하였다. 그리고 모든 사람은 그의 이름에 대응하는 수를 가지고 있었다.

예) Amen = 99, Nero Caesar = 666 등

α β γ …
1 2 3 …
A B C …

1.1.4 자연수의 지도

자연수의 본질이 셈수이므로 단위의 첨가로 지도해야 한다.

예) 3의 지도 : 

(1) 수모형

십진법으로서의 자연수와 그들의 사칙연산을 지도하는 데에 가장 적절한 교구는 수모형(base ten blocks)이다.

〈이천 백 삼십 이〉

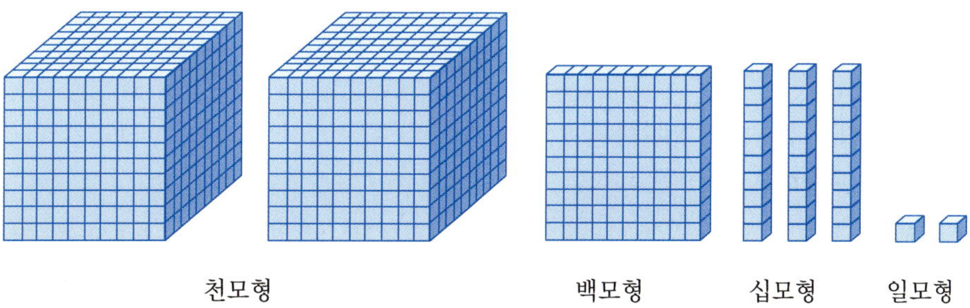

(2) 퀴즈네어(Georges Cuisenaire, 1891-1976) 색막대

벨기에의 초등학교 교사인 퀴즈네어가 고안한 퀴즈네어 막대는 크기와 색이 각각 다른 직육면체 모양으로 구성되어 있으며, 재질은 나무, 또는 플라스틱이 있다. 각 퀴즈네어 막대의 크기는 밑면이 1㎠로 같고 높이가 1~10cm까지 10가지로 되어있으며, 각 막대의 길이에 따라 서로 다른 색이 칠해져 있다. 즉, 높이가 1cm인 막대부터 흰색, 빨간색, 연두색, 보라색, 노란색, 초록색, 검정색, 갈색, 파란색, 주황색으로 이루어져 있다(Welchman-Tischler, 1992). 퀴즈네어 막대는 피아제(1971)의 조작적 학습원리에 따른 학생 자신에 의한 활동적 방법에 이용되며, 프로이덴탈(1983)의 분수의 본질인 비를 지도하는 데에 가장 적절한 교구이다.

- 최소공배수 구하기(활용시기 및 학년 : 5학년 1학기)

예) 2와 5의 최소공배수 구하기

흰 막대를 1로 하였을 때, 2에 해당하는 빨간 막대와 5에 해당하는 노란 막대를 각각 나란히 늘어놓아 맞추어 모았을 때 첫 번째로 길이가 같아질 때의 흰 막대의 수를 센다.

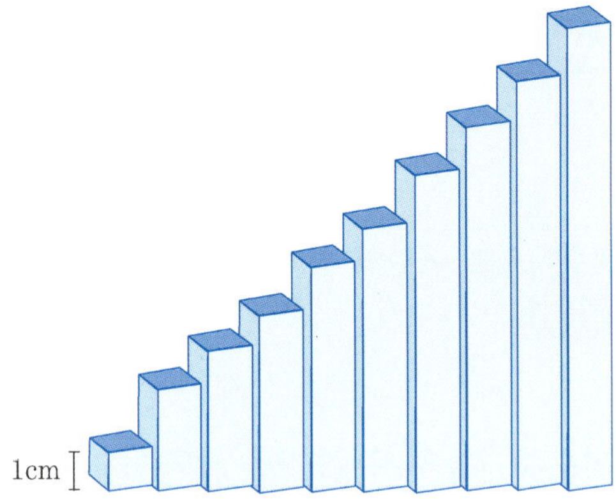

<table>
<tr><td colspan="2">(2)빨강</td><td colspan="2">빨강</td><td colspan="2">빨강</td><td colspan="2">빨강</td><td colspan="2">빨강</td></tr>
<tr><td colspan="5">(5)노랑</td><td colspan="5">노랑</td></tr>
<tr><td>흰</td><td>흰</td><td>흰</td><td>흰</td><td>흰</td><td>흰</td><td>흰</td><td>흰</td><td>흰</td><td>흰</td></tr>
</table>

- 약수 구하기(활용시기 및 학년 : 5학년 1학기)

예) 12의 약수 구하기

12가 되도록 막대를 놓고, 같은 색 막대로 12를 채울 수 있는 막대들을 찾는다.

<table>
<tr><td colspan="10">(10)주황</td><td colspan="2">(2)빨강</td></tr>
<tr><td colspan="6">(6)녹색</td><td colspan="6">(6)녹색</td></tr>
<tr><td colspan="4">(4)보라</td><td colspan="4">(4)보라</td><td colspan="4">(4)보라</td></tr>
<tr><td colspan="3">(3)연두</td><td colspan="3">(3)연두</td><td colspan="3">(3)연두</td><td colspan="3">(3)연두</td></tr>
<tr><td colspan="2">(2)빨강</td><td colspan="2">(2)빨강</td><td colspan="2">(2)빨강</td><td colspan="2">(2)빨강</td><td colspan="2">(2)빨강</td><td colspan="2">(2)빨강</td></tr>
<tr><td>흰</td><td>흰</td><td>흰</td><td>흰</td><td>흰</td><td>흰</td><td>흰</td><td>흰</td><td>흰</td><td>흰</td><td>흰</td><td>흰</td></tr>
<tr><td colspan="10">주황</td><td colspan="2">빨강</td></tr>
</table>

- 최대공약수 구하기

  두수 이상의 최대공약수란 위에서 구한 공약수 중에서 가장 큰 수를 말한다. 최대공약수를 구하는 방법은 소인수분해를 이용하는 방법과 유크리트 호제법이 있다. 유크리트 호제법은 연산영역에서 다루기로 한다.

1.1.5 자연수에 관한 Piaget의 연구

학습은 인지발달과 보존개념의 발달수준에 따라 학습이 있을 때 일반화의 가치가 있고 전이효과가 있으며 파지력이 생긴다고 한다. 보존개념은 어릴수록 형태나 위치 등과 같은 지각적 속성에 주로 의존하고 나이가 많아질수록 수량, 무게, 체적 등과 같은 추상적 개념에 의존한다.

(1) Piaget의 수 보존개념

수의 도입 이전에 수량보존개념이 형성되어야 하는데 이는 6~7세쯤 되어야 가능하다. 이때 교사는 관심, 흥미, 욕구를 일으킬 수 있는 환경을 조성해 주어야 한다. 수 보존개념의 이해는 논리적 사고력의 중요한 형태로 다른 인지활동을 위해 핵심적인 역할을 한다. 학생이 한 집합의 원소의 수를 세고 원소의 숫자를 짝지을 수 있다고 해서 수 개념이 형성되었다고 할 수 없다.

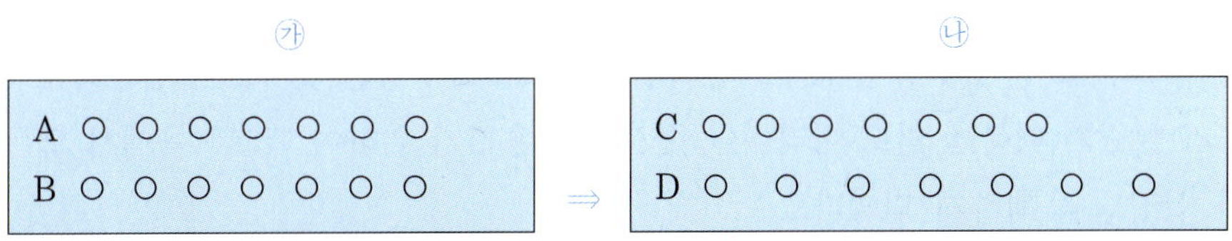

㉮를 보고 A와 B의 구슬의 개수가 같다는 한 학생이 ㉯를 보고 C와 D의 원소가 다르다고 한다면 그 학생은 수의 보존개념이 형성되지 않는 학생이다.

(2) Piaget의 셈수의 세 가지 수준

수학에서 대소 관계는 중요한 개념이다. 수 도입 이전에 '똑같다', '더 많다', '더 적다'등은 학생에게 제공되는 첫 질문이다.

- 기계적 암기인 셈수

  첫 번째 수준은 하나, 둘, 셋, … 차례대로 셀 수 있다고 말하는 단계로, 수사와 사물을 연결시키지 못하고 세는 것만 집착하여 의미 없이 세는 수준을 말한다. 학생은 기계적인 암기에 의해서 셈수를 말하게 된다.

- 합리적인 셈수

  두 번째 수준은 직관적으로 1대1 대응 혹은 짝짓기는 할 수 있지만 구체물-수사-숫자 사이의 관계를 파악하여 수의 동치 개념을 형성하지 못하고 구체물과 수사를 1대

1 대응을 시키면서 세는 단계이다. 구체물의 배열이나 공간에 따라 정확하게 셀 수 없는 단계로 완전한 이론은 갖지 못하고 부분적인 논리로서 시행착오에 의해 문제를 해결해간다.

- 영구적 동치인 셈수

  세 번째 수준으로 수의 보존성 또는 불변성에 대한 논리를 바탕으로 셈수를 논리적으로 조작할 수 있는 단계이다. 이때부터 보존문제에 있어서 지각적인 판단에 의존하지 않고 인지적, 논리적 사고에 의해 결정을 내리게 된다. 수의 보존성은 7세에 가능하지만 명석한 학생은 5세에 형성된다고 본다.

1.2 0(영)

1.2.1 0의 발생

(1) 0은 인도에서 처음으로 사용한 수로 처음에 점 • 으로써 나타냈고, 계산판에서 빈자리를 표시로 0을 고안했다. 그러나 이것은 그리스 시대에는 수로 인정하지 않았다. 영을 최초로 인정한 사람은 인도의 브라마굽타(Brahmagupta, 598?)이다. 현재 사용하고 있는 0의 정확한 기록은 서기 876년 인도에서 쓰인 것이 처음이다.

(2) 0을 도입하게 되어 인도-아라비아 (Hindu-Arabic) 수를 기반으로 한 십진법이 완성되었다. 그리고 당시에 유럽에서 사용하던 5진법으로 구성된 숫자보다 월등하게 계산속도가 빨랐기 때문에 인도-아라비아 숫자를 이용하기 위하여 학교교육에서 모든 나라가 십진법을 택하게 되었다.

(3) 0은 0 이외의 모든 수로 나누어지고 몫은 언제나 0 자신이다. 0 이외의 모든 수는 0으로 나눌 수가 없고(불능), 0을 0으로 나누는 것은 무의미하다. 즉 0은 다음과 같은 성질이 있다.

- 양의 크기가 없는 공집합을 나타내는 0
- 수의 자리 잡기를 나타내는 0
- 수직선상에서 기준 점을 나타내는 0

(4) 미터법의 도입

- 미터(meter)

  1미터는 원래 북극점에서 적도까지의 거리의 100만분의 1로 정하였다가, 1973년에는 적도길이의 4000만분의 1로써 정의되었다. 1889년 미터는 백금-이리듐 막대의 두 지점사이의 거리로써 고정되었다. 그러나 과학자는 이와 같은 정의가 백만분의 1보다 더 정확할 수 없기 때문에 만족하지 못했다. 1983년 미터는 또 다시 시간과 길이와 연관시키는 방법으로 재정의 되었다. 즉, 공간에서 빛이 1초 동안 진행한 거리의 299,792,458분의 1로 미터를 정의하였다.

- 그램(gram)

  섭씨 3.98도 상태에서의 순수한 물 1cc(cubic centimeter)의 무게를 1g으로 정하여 1799년에 열린 파리조약 때부터 유럽전체의 공통척관법으로 채택하였다. 길이와 무게의 더 큰 단위와 더 작은 단위는 10진법으로 정하였다.

- 10진수 : 사회적 약속으로서의 자연수이다.
- 0이 도입된 이후에 3×0과 $\frac{3}{0}$, $\frac{0}{0}$ 등의 의미를 이해하는 문제가 발생하였다.

1.3 음의 정수

음수의 출현은 일상생활에서의 필요성이 아닌 논리적인 이유에서 비롯되었다. 즉, 자연수끼리의 뺄셈이나 방정식 $x+3=2$ 등의 해가 0과 자연수에는 존재하지 않기 때문에 의도적으로 도입한 수가 음수이다. 자연현상은 대부분이 대칭적이다. 음수의 도입으로 수의 집합이 대칭을 이루게 되었고, 자연 현상을 표현하고 이해하고자했던 수학에 대칭구조(덧셈 군)를 만들게 되었다. 그러나 음수끼리의 연산, 특히 곱셈과 나눗셈은 많은 수학자의 350년에 걸친 노력에도 불구하고 실생활에서 정당성을 찾지 못하고 1872년 독일 수학자 H. Hankel(1839~1873)은 음수의 연산은 형식적으로 정의될 수밖에 없다고 결론지었다. 그러나 이러한 형식적인 연산이 그 후 벡터와 사원수 등으로의 수의 확장의 계기가 되어서 드디어 수학에서 아주 중요한 분야인 선형대수의 출현을 맞이하게 된다.

- 음의 정수의 출현(1530년 경): 음수는 모든 등식이 성립하도록,
  모든 방정식이 근을 갖도록 인위적으로 인간이 만든 수이다.
- 0이 무의 상태를 나타낸다면, -1은 0보다 적은 양을 나타내는
  수이므로 실생활에서 존재하지 않는 수이고 다만 형식적인 수이다.

1.4 분수(유리수)

1.4.1 분수(유리수)의 발생

원시시대부터 인류는 어떤 물건의 길이나 무게 등을 측정할 때, 신체의 일부분을 단위로 사용하였다. 그런데 그 물건의 길이나 무게가 주어진 단위의 정수배로 측정되지 않는 경우에는 더 작은 단위를 새로 정하여 사용하게 되면서 자연수를 포함하는 수의 확장이 필요하게 되었다. 따라서 분수는 4대 문명의 발상지에서 모두 사용되었지만 문헌에 나타나 있는 것은 고대 이집트의 린드 파피루스(Rhind Mathematical Papirus)에 신관서체[1]로 기

록된 단위 분수($\frac{2}{3}$를 포함)가 최초의 분수이다. 화폐가 없던 청동기시대(B.C. 3000년경)에 물물교환을 하면서 물건의 값을 나타내기 위해서 단위 분수가 사용되었다. 즉, 자연수끼리의 비(ratio)의 값을 나타내고자한 것이다. 또한 이집트인들은 모든 분수는 서로 다른 단위 분수 몇 개의 합으로 표현될 수 있다고 추정하였다. 예를 들면 $\frac{2}{5}$는 $\frac{1}{3}+\frac{1}{15}$로, $\frac{7}{29}$는 $\frac{1}{6}+\frac{1}{24}+\frac{1}{58}+\frac{1}{87}+\frac{1}{232}$로 표현된다(Gillings, 1972). 그러나 이러한 추정을 뒷받침하는 당시의 기록은 발견되지 않았고, 1202년에 이르러 피보나치가 "0과 1사이의 모든 분수는 서로 다른 단위분수의 합으로 표현될 수 있다" 라고 증명하였다. 고대 이집트에서는 피라미드의 기울기를 분수를 이용하여 결정하였기 때문에 사방의 기울기를 똑같게 피라미드를 축조할 수 있었다. 그 후에는 정수계수 일차방정식 $ax=b, a\neq 0$의 해를 표현하기 위해서 오늘날과 같은 기호인 분수 $\frac{b}{a}$를 도입하였다.

1.4.2 분수의 본질

- 분수의 본질은 역사발생에 나타난 바와 같이 자연수의 비(比, ratio)이다.
  또한 $\frac{\text{정수}}{\text{0이 아닌 정수}}$ 꼴로 나타낼 수 있는 수이다(Freudenthal, 1983).
- 유리수는 개념이고 분수는 수임과 동시에 유리수를 나타내는 기호이다.
- 또한 등분할의 분수, 몫의 분수, 전체 부분의 분수의 의미가 있다.

1.4.3 분수와 유리수의 지도 방법

0과 자연수는 단위나 대상이 더 작은 부분으로 쪼갤 수 없는 개수를 세는 수이다. 지구는 달을 하나 가지고 있고, 화성은 두 개의 위성을 가지고 있지만 어느 행성도 1과 2사이에 위성의 수를 가질 수 없다. 지구의 달이 두 개의 부분으로 쪼개어졌다면 두 개의 달을 가지게 될 것이다. 그러나 여러 가지 상황에서 양은 세분되는 경우가 있다. 예를 들면, 한 개의 빵이 남았을 때 두 명의 어린이에게 각각 나누어줄 빵의 반이 나타내는 것은 과연 수학에서는 무엇으로 인식하는가? 분수는 전체 단위보다 작은 양을 표현하는 측정 문제에서 언급하였다. 실제로, 분수라는 단어는 '조각으로 쪼개는 활동'이라는 fractio라는 라틴 단어에서 유래된 말이다. 분수는 용량, 길이, 무게, 면적이나 같은 크기의 부분의 개수로 측정의 기본 단위를 나눌 수 있는 양을 나타내는 데 사용된다. 또한 피아제와 프로이덴탈은 분수지도에 가장 적절한 교구로서 퀴즈네어 색막대를 추천하였다.

1) 신관서체: 고대 이집트의 필기체

(1) 분수 $\frac{a}{b}$의 뜻은 다음과 같이 해석할 수 있다.

- 단위 정하기(예를 들면, 한 컵, $1m$, 패턴블럭의 육각형의 넓이, 피자 한판)
- 단위를 일정한 크기로 b개로 쪼개어짐을 이해하기
- a는 단위에 대한 부분의 개수임을 이해하기

 이때 정수 b를 분수의 분모라 하며 명명자라는 뜻의 라틴어 denominare라는 말에서 유래되었다. 정수 a는 분자라 하며 '수'라는 뜻의 라틴어 numeros에서 유래되었다.

(2) 분수의 정의

분수는 b≠0이 아니고 $\frac{a}{b}$로 표현되는 정수 a와 b의 순서쌍이다. 정수 a는 분수의 분자이고 정수 b는 분수의 분모라고 한다. 이 정의는 분자와 분모가 음수의 범위까지 허용됨을 나타낸다. 예를 들어 $\frac{-3}{-8}, \frac{-4}{-12}, \frac{31}{-4}, \cdots, \frac{0}{1}$과 같은 모두 분수이다. 임의의 정수 m을 분수 $\frac{m}{1}$으로 인식하고, 대개의 경우, 분모 1은 생략한다.

(3) 분수의 모델

초등학교에서 활동적이고 시각적인 표현을 활용하여 분수개념을 설명하기 위해서는 색칠된 영역, 집합 모델, 분수 막대, 수직선 모델, 퀴즈네어 색막대를 활용한 표현 등이 있다.

- 색영역

 선택된 도형은 1을 나타내고 같은 크기의 부분영역으로 세분된다. 부분 영역의 몇 부분을 색칠하면서 분수를 이해한다. 색영역 모델은 넓이 모델이라고도 한다.

- 분수 타일

 분수의 기본 개념은 다양한 조작 자료를 통해 가장 잘 가르쳐진다. 이러한 것들은 교육지원 업체로부터 구입하거나 패턴을 인쇄하거나 분수카드모음(cardstock)을 잘라서 만들 수 있다. 상업적으로 만든 조작 자료는 주로 2, 3, 4, 6, 8, 12의 분모로 다양하게 세분할 수 있는 정사각형, 원, 직사각형, 몇 가지의 다른 도형을 단위원으로 한 색칠된 플라스틱이 있다. 보통 이 도형은 OHP 프로젝터에 투영하기 위하여 반투명 플라스틱을 사용할 수 있다. 아래 활동에서, 분수 타일 세트를 만들어서 사용하면 된다.

〈지도방법〉

예를 들면, B 타일을 1로 잡으면 D 타일이 분수 $\frac{1}{2}$을 나타내는데 이는 2개의 D 타일과 1개의 B 타일을 비교를 통해 증명할 수 있다. 같은 방법으로 1개의 A 타일은 2를 나타내고 $\frac{2}{3}$는 2개의 E 타일이나 1개의 C 타일로 나타낼 수 있다.

발문

1. A 타일이 1이라면 $\frac{1}{3}$, $\frac{3}{3}$, $\frac{4}{3}$, $\frac{2}{6}$, $\frac{5}{12}$를 나타내는 타일을 찾아라.
2. C 타일이 $\frac{1}{6}$이라면 나머지 타일은 분수로 얼마인가?
3. B 타일이 $\frac{3}{2}$이라면 $\frac{1}{2}$, $\frac{1}{1}$, $\frac{1}{4}$, $\frac{3}{1}$, $\frac{3}{4}$을 타일로 나타내어라.

- 집합모델

분수의 단위는 유한집합인 U이다. U의 원소의 개수를 $n(U)$로 나타낸다. U의 부분집합 A를 분수로 표현하면 $\frac{n(A)}{n(U)}$이다. 예를 들면, 사과 10개의 집합에 3개의 벌레 먹은 사과가 포함되어 있다. 따라서 우리는 사과의 $\frac{3}{10}$이 벌레 먹었다고 말할 수 있다. 분수의 집합모델은 확률에서 특히 유용하다는 것을 알 수 있을 것이다. 10개의 사과에서 사과를 무작위로 꺼내면 벌레 먹은 사과의 확률은 $\frac{3}{10}$이다. 집합모델은 이산모델이라고도 불린다.

- 분수막대

분수막대는 임의의 길이를 단위로 한 다음, 그 막대를 2,3,4, … 등으로 등분하여 분수를 표현하는 막대이다.

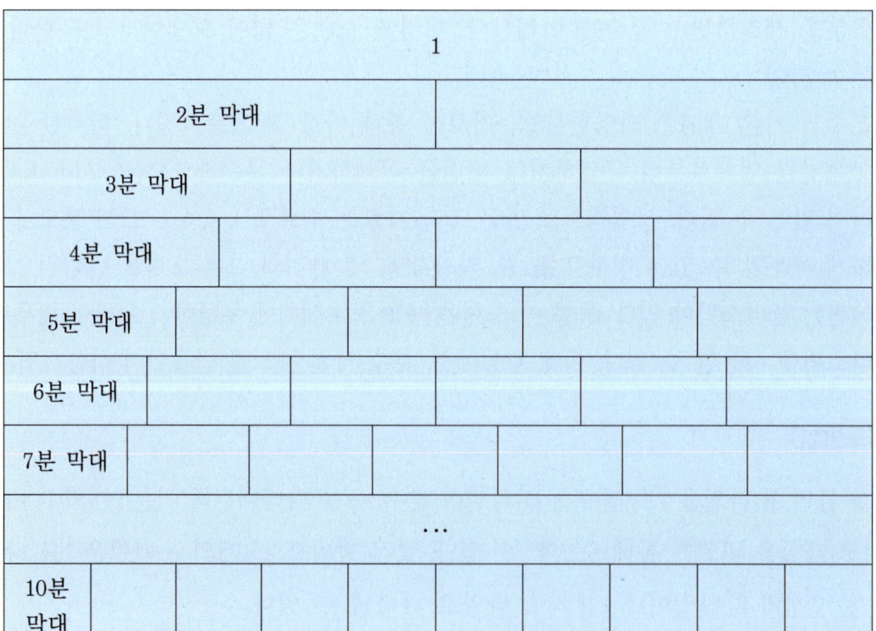

- 수직선 모델

  0과 1사이의 길이가 결정되면 수직선상에 모든 점과 정수가 대응된다. 0에서부터 1 사이의 선분의 길이가 단위이며 또한 연속된 두 정수의 점 사이의 거리가 1이다. 그 수직선상에 각 단위를 2, 3, 4, … 등으로 등분하여 분수를 표현한다.

- 퀴즈네어 막대로 분수 나타내기(활용시기 및 학년 : 2~3 학년)

  분수를 표현하기 위해서는 먼저 단위가 되는 막대를 정해야 한다. 즉, 빨간색 막대가 1이면 흰색 막대는 $\frac{1}{2}$이 되며, 검정색 막대가 1이면 보라색 막대는 $\frac{4}{7}$가 된다. 그러므로 $\frac{3}{7}$을 나타내기 위해서는 검정색 막대를 단위로 정하고 그 때 연두색 막대가 $\frac{3}{7}$이 된다.

〈$\frac{3}{7}$ 나타내기〉

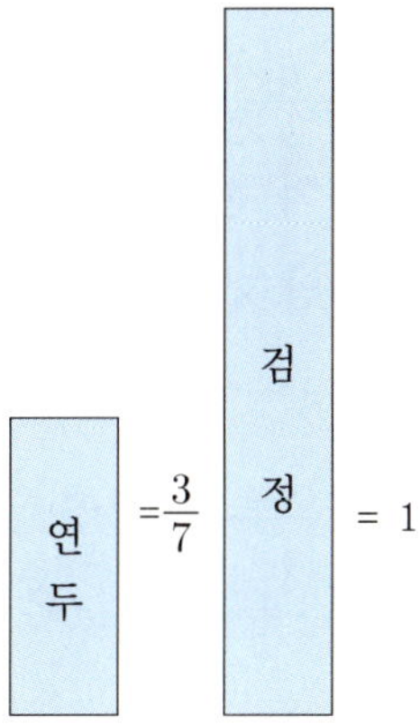

1.4.4 동치 분수

퀴즈네어막대를 활용하여 분수 $\frac{2}{3}$와 크기가 같은 분수는 $\frac{4}{6}, \frac{6}{9}, \frac{8}{12}, \cdots$인 것을 알 수 있다. 즉, $\frac{2}{3} = \frac{4}{6} = \frac{6}{9} = \frac{8}{12} = \cdots$이다.

- 퀴즈네어 막대로 동치 분수 나타내기(활용시기 및 학년 : 4~5학년)

  이와 같이 같은 양을 나타내는 분수들을 동치분수라 한다. 등호 "=" 는 분수들의 크기가 같음을 의미할 때 사용한다. 그러므로 $\frac{2}{3} = \frac{2 \times n}{3 \times n}$, n은 1, 2, 3,… 이다. 이런 방법으로 무한히 많은 동치분수를 얻게 된다.

〈$\frac{2}{3}$ 의 동치분수〉

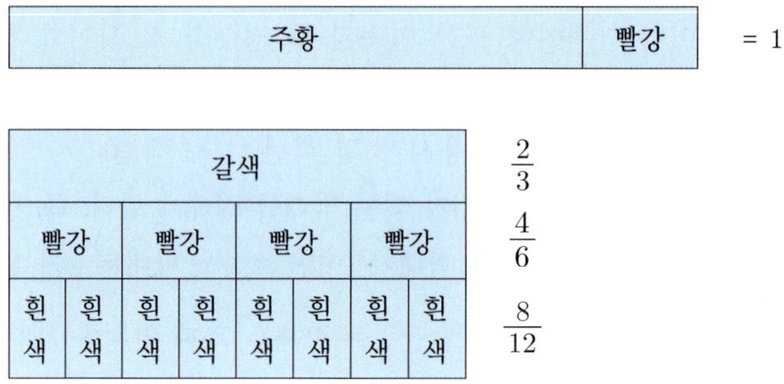

- 동치분수의 정의

  모든 분수$\frac{a}{b}(b \neq 0)$에 대하여, $\frac{a}{b}=\frac{a \times n}{b \times n}$이다, 단 n은 0이 아닌 정수이다.

  거꾸로, 동치분수는 공약수로 분자와 분모 모두를 나눔으로써 얻을 수 있다. 예를 들어 $\frac{35}{21}$의 분자와 분모에 공약수인 7로 각각을 나누면, $\frac{5}{3}$가 된다. 만일 두 분수 $\frac{3}{12}$, $\frac{2}{8}$가 동치분수임을 알기 위해서는, 동치분수의 정의에 의하여 $\frac{3}{12}=\frac{24}{96}$이고 $\frac{2}{8}=\frac{24}{96}$인 것을 확인하면 된다. 일반적으로, 두 분수 $\frac{a}{b}$ $(b \neq 0)$와 $\frac{c}{d}$ $(d \neq 0)$를 통분하여 $\frac{ad}{bd}$ $(b,d \neq 0)$와 $\frac{bc}{bd}$ $(b,d \neq 0)$ 분자인 ad와 bc가 같다면 동치분수이다.

- 동치 분수의 교차곱셈성질

  분수 $\frac{a}{b}$와 $\frac{c}{d}$는 $ad=bc$이면 동치이다. 거꾸로 $ad=bc$이면 $\frac{a}{b}=\frac{c}{d}$이다.

1.4.5 기약 분수

분수의 분자와 분모를 가장 간단하게 표현하는 방법이다.

- 기약분수의 정의

  a와 b의 최대공약수가 1일 때 $\frac{a}{b}$를 기약분수라고 한다.

  분수 $\frac{a}{b}$의 기약분수를 여러 가지 방법으로 구할 수 있다.

  (방법 1) 공약수로 연속하여 나누기

  $\frac{560}{960}$을 기약분수로 고치려면 분자와 분모를 공약수로 연속하여 나눈다.

  (방법 2) 최대공약수에 의해서 a와 b를 나누기

  560과 960의 최대공약수 80을 구하여, 분모와 분자를 80으로 나눈다.

1.5 소수(小數, decimal fraction)

1.5.1 소수의 역사발생

고대 그리스의 목수는 직각을 만들기 위하여 삼각형의 세 변의 길이가 각각 3엘(ell, 어른의 팔꿈치에서 손끝까지의 거리, 약 45cm), 4엘, 5엘이 되도록 하여 직각삼각형을 만들었다. (피타고라스학파를 중심으로 한) 수학자들은 더 정확하게 만들 수 있는 직각이등변삼각형에서도 이와 유사한 변들끼리의 정수비를 알아내고자 하였다. 이등변을 5등분하고 그 단위로 빗변의 길이를 측정하였더니 7배보다 조금 더 컸고, 이등변을 12등분하였더니 빗변은 그 단위의 거의 17배정도가 되고 훨씬 정확해졌으나 여전히 완전하지 못하였다. 정사각형의 한 변과 빗변의 공통된 척도를 찾으려는 이러한 모든 노력은 성과 없이 끝나고 마침내 "공통척도는 없다(현대적인 표현으로는 무리수)"는 인식을 하게 되었다. 이러한 통약불가능한 수가 현재의 무리수이며 무리수의 성질에 관한 연구의 결과로 인하여 미분적분학이 도래하게 되었고 무리수를 표현하기 위해서 소수가 도입되었다.

② 유리수가 아닌 수의 필요성

유리수 보다 더 큰 수의 체계가 없다면 '한 변의 길이가 1인 정사각형의 대각선의 길이는 얼마인가?'와 같은 간단한 질문에 답할 수 없을 것이다. 잘 알려진 피타고라스 정리에 의해서 대각선의 길이 d는 $d^2=2$인 수이다. 그런데 d는 유리수가 아니다. 따라서 수의 체계를 한 단계 더 확장시켜야 할 필요가 생기게 되었다.

1.5.2 현대에서의 소수의 역사발생

소수의 발생은 고대 중국에서 측정의 산물이라고 전해온다.

(1) '소수'는 분수가 활용된 지 약 3000년이 지나서야 사용되기 시작했다. 소수는 1584년 네덜란드 수학자 스테빈(Stevin, 1548-1620)에 의해 처음으로 사용되었다. 그가 소수를 발표할 당시에는 자연수보다 작은 단위를 10진법으로 만들기 위해서 10진 분수를 사용하여 4.321을 $4\times(\frac{1}{10})^0+3\times(\frac{1}{10})^1+2\times(\frac{1}{10})^2+1\times(\frac{1}{10})^3$로 표현하고, $\frac{1}{10}$의 지수를 원수자로 치환하여 4⓪3①2②1③과 같이 현재와는 다른 모습으로 표현하였다. 자리를 표현하기 위해 점을 이용한 사람은 스위스의 뷔르기(Burgi, 1522-1632)가 처음이었고, 지금과 같은 소수점 방식을 이용한 사람은 존 네이피어(John Napier, 1550-1612)였다. 미터법이 완성되고 프랑스 문화가 독일에 전달되어 독일에서도 1809년 법령이 공포되면서 소수가 공식적으로 채용되게 된다. (Boyer, 1968).

(2) 따라서 소수는 십진분수이고, 모든 실수를 표현하는 가장 실제적인 기호이다. 또한 분수도 소수로 표현할 수 있기 때문에, 소수는 이중표기($1=0.999\cdots=1.000\cdots$)를

동일시한다면 실수를 표현하는 가장 실제적인 기호이다.

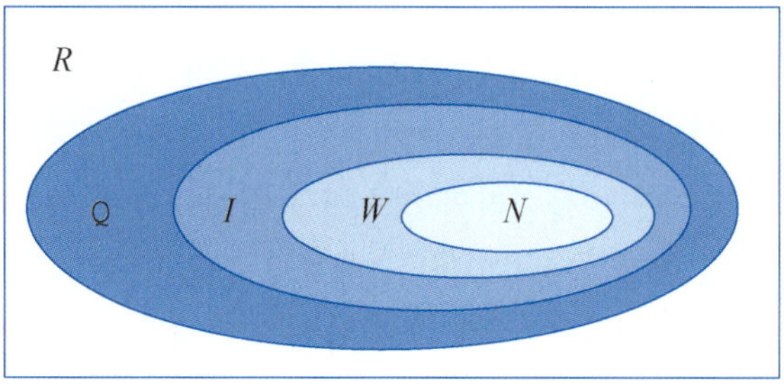

〈그림 . 실수까지의 벤다이어그램〉

1.5.3 무리수 관념의 정립

무리수의 관념은 제1부의 2.2절에서 언급한바와 같이 피타고라스학파가 처음으로 한 변이 1인 정사각형의 대각선의 길이인 $\sqrt{2}$를 통약불가능한 수로 인식한데서 비롯된다. 그 후 수학자들의 2500년 동안의 오랜 방황 끝에 현대적인 의미로서의 무리수를 다음과 같이 인식하게 되었다. 유리수를 소수로 고치면 소수 부분이 없든가 유한소수든가, 아니면 순환소수가 되어 비순환소수인 무리수로는 되지 않는다. 유리수를 무리수까지 확장시키기 위해서는 무리수를 유리수의 절단으로 정의한다. 우선 유리수를 소수로 고쳐서 수치선상에 나열한다. 유리수는 조밀성을 가지고 있으므로, 한 유리수의 근방에는 무수히 많은 유리수가 존재한다. 이제 이 모든 유리수를 A, B 두 집합으로 절단하면 그 결과는 다음 세 가지 경우로 된다. 그것을 예시하면 다음과 같다.

① $A=\{\cdots,\ 3,\ \cdots,\ 3.14,\ \cdots 3.1414,\ \cdots,\ 3.141414,\ \cdots,\ 3.14\}$
$\{\cdots,\ 3.141415,\ \cdots,\ 3.1415,\ \cdots,\ 3.15,\ \cdots,\ 3.2,\ \cdots,\ 4,\ \cdots\}=B$

② $A=\{\cdots,\ 3,\ \cdots,\ 3.1,\ \cdots,\ 3.14,\ \cdots,\ 3.1414,\ \cdots,\ 3.141414,\ \cdots\}$
$\{3.14,\ \cdots,\ 3.141415,\ \cdots,\ 3.1415,\ \cdots,\ 3.15,\ \cdots,\ 3.2,\ \cdots,\ 4,\ \cdots\}=B$

③ $A=\{\cdots,\ 3,\ \cdots,\ 3.1,\ \cdots,\ 3.14,\ \cdots,\ 3.14,\ \cdots,\ 3.141,\ \cdots,\ 3.1415,\ \cdots,\ 3.14159,\ \cdots,\ 3.141592,\ \cdots,\}$
$\{\cdots,\ 3.141593,\ \cdots,\ 3.1416,\ \cdots,\ 3.142,\ \cdots,\ 3.15,\ \cdots,\ 3.2,\ \cdots,\ 4,\ \cdots\}=B$

위의 집합 A, B의 원소는 대표적인 것만 열거하였다. 이 예시에서 ①의 경우, 집합 A에는 최대의 유리수 3.14가 있으나 집합 B에는 최소인 유리수가 없다. ②의 경우, ①의 경우와는 반대로 A에는 최대인 유리수가 없고, B에는 최소인 유리수가 있다. ③의 경우는 ①, ②의 경우와는 달리 A에도 최대인 유리수가 없고, B에도 최소인 유리수가 없다.

이 ③의 경우는 A, B 모두가 무리수에 한없이 가까이 가는 경우를 보여주고 있다. 이 밖에 생각할 수 있는 경우는 A에도 최대인 유리수가, B에도 최소인 유리수가 있는 경우인데, 이러한 경우는 생기지 않는다. 왜냐하면 유리수는 조밀하기 때문에 A의 최대수와 B의 최소수 사이에는 무수한 유리수가 있어야 하는데, 그러한 유리수는 A, B 어느 쪽에도 속하지 않게 되어 절단의 가정인 두 집합으로 분할한다는 것에 위배되기 때문이다. 이 사실에서 본 바와 같이, 유리수 전체의 절단을 만들면 그 절단이 유리수가 되는 경우와 새로운 수인 무리수가 되는 경우가 있다. 위에서 ①, ②의 경우는 유리수 3.14가 되는 경우이고, ③의 경우는 무리수가 되는 경우이다. 이와 같이 절단이라는 생각을 도입하여 실수를 정의하게 되는데, 이와 같은 생각은 'Dedekind'에 의해서 이루어진 것이다.

1.5.4 분수와 소수의 비교

분수와 소수는 기호체계와 쓰이는 용도가 다른 경우가 많기 때문에, 본 절에서는 그들의 공통점과 차이점, 장점과 단점을 설명하기로 한다.

〈표 ; 세 수 체계의 표기체계 비교〉

0과 자연수	분수	소수	분수 관점에서 본 소수
1. 수의 형태 abc	1. 수의 형태 $\frac{a}{b}$	1. 수의 형태 ab, c	1. 수의 형태 ab, c
2. 자릿값은 10을 밑으로 단위 위치는 오른쪽 마지막자리	2. 분모는 단위의 등분 갯수이고 단위는 암묵적이다	2. 자릿값은 10을 밑으로 단위 위치는 소수점 바로 왼쪽	2. 소수점 오른쪽자리수는 단위가 등분된 개수에 대응된 값 0.1 등
3. 각수의 값은 자리수와 자릿값의 곱	3. 분자는 등분된 부분의 갯수	3. 각수의 값은 자리수와 자릿값의 곱	3. 소수점 오른쪽 수는 등분된 소단위의 개수
4. 수의 값은 각수의 값의 합		4. 수의 값은 각수의 값의 합	4. 수의 값은 각수의 값의 합

표에서 보는 바와 같이 소수를 분수 관점에서 보면 소수점 오른쪽 자리의 개수는 분수의 분모를 지정한다. 0.32는 $\frac{3}{10}+\frac{2}{100}$라기 보다는 $\frac{32}{100}$으로 보게 된다. 자연수와 소수에 대한 규칙 사이의 많은 유사점이 존재하는데 이것은 두 체계의 표기상의 유사점 때문이다. 표면적으로 0과 자연수의 덧셈, 뺄셈에 관한 절차적 규칙은 맨 오른쪽 끝자리 수를 맞추는 것이고, 소수의 덧셈, 뺄셈의 절차적 규칙은 소수점을 맞추는 것이다. 내면적 수준에서 보면 덧셈, 뺄셈 규칙은 같은 자릿값의 수를 합하거나 없애는데 덧셈, 뺄셈

에 관한한 이 수준은 0과 자연수와 소수에 동일하다. 또한 같은 단위 항끼리 합하거나 없애는 것은 세 체계 모두 유사하다.

〈표 ; 세 체계의 기호 조작 비교〉

0과 자연수	분수	소수	분수 관점에서 본 소수
1. 같은 자릿값의 수끼리 덧셈, 뺄셈하고 이때 필요하면 받아 올림과 받아 내림을 한다.	1. 통분하여 덧셈과 뺄셈을 한다. 즉 동치인 분수를 만들어 수를 묶는다.	1. 공통분모를 찾아서 수의 덧셈, 뺄셈을 한다. 동치분수로 대치하여 분자를 묶고 분모는 밝히지 않는다.	1. 공통분모를 찾아서 수의 덧셈, 뺄셈을 한다. 동치분수로 대치하여 분자를 묶고 분모는 밝히지 않는다.
2. 가장 큰 자릿값의 수부터 차례로 비교하면서 가장 큰 수에서 가장 작은수까지 순서를 준다.	2. 동치 분수를 찾아 통분한 뒤 분자를 0과 자연수처럼 비교하여 가장 큰 수에서 가장 작은 수까지 순서를 준다.	2. 가장 큰 자릿값의 수부터 차례로 비교하면서 가장 큰 수에서 가장 작은 수까지 순서를 준다.	2. 공통분모를 찾고 수를 비교하여 가장 큰 수부터 가장 작은 수까지 순서를 정한다. 분모는 밝히지 않는다.

소수를 분수로 볼 때는 덧셈, 뺄셈을 할 때 공통분모를 갖게 해야 하는데 그 결과는 소수의 소수점아래 마지막 수의 오른쪽에 0을 끼워 넣든지, 없애든지 하여 가수나 감수 또는 피감수가 같은 분모를 갖도록 한다. 예를 들면 $4.3+2.546$을 $4\frac{3}{10}+2\frac{546}{1000}$으로 보면 공통분모가 1000이 되고, $4\frac{3}{10}$은 $4\frac{300}{1000}$으로 만든 결과가 되고 2.546은 분모가 1000이므로 그대로 남아있게 된다. 즉 소수를 분수로 보면 기호 조작 규칙의 원리는 실제적으로 분수나 소수에서 똑같다. 표에서 0과 자연수가 표시하는 양은 이산적이지만 분수나 소수는 이산량과 연속량(근사값으로) 모두를 표현한다.

〈표 ; 세 수 체계의 비교〉

0과 자연수	분수	소수
1. 이산량; 단위의 가산집합	1. 이산량과 연속량;임의의 정확도까지 측정 가능	1. 이산량과 연속량;임의의 정확도까지 측정 가능

소수 체계는 분수와 유사한 양을 표현하기 위해서 0과 자연수와 유사한 표기체계를 사용한다. 결국 소수의 이해를 위해서는 실제로는 분수량을 나타내면서 0과 자연수와 같이 보이는 기호 사이의 연결이 반드시 이루어져야 한다. 표에서 본 바와 같이 분수와 소

수의 기호 조작과정은 분명한 관계가 있다. 그런데 전통적인 교실 수업에서는 오히려 분수와 소수의 차이점을 부각시키려 한다는 문제점이 있다.

소수의 개념 이해를 위한 지도 방법으로 소수를 수모형으로 도입하고, 기호 표현과 수모형 사이의 연결고리를 창조하도록 한다. 그래서 학생이 수모형으로 0.1, 0.01을 표현한 소수 기호를 적게 한 다음 소수의 덧셈, 뺄셈을 하도록 한다. 기호의 의미의 이해와 소수의 덧셈, 뺄셈에 초점을 두고 수모형을 사용하여 학생이 구체적인 이산물리량의 표현과 소수 표기간의 연결을 하도록 한다. 그리고 소수의 덧셈과 뺄셈의 절차적 기능의 개발에 초점을 두고, 수모형 조작 활동과 소수의 덧셈, 뺄셈 활동 사이의 연결이 이루어지도록 한다. 계산 문제를 기호로 풀고 수모형으로 검증하도록 한다. 그 결과 학생들은 구체물과 기호조작간의 연결을 잘 시키게 된다.

1.5.5 실수(實數, Real number)와 복소수(複素數, Complex number)

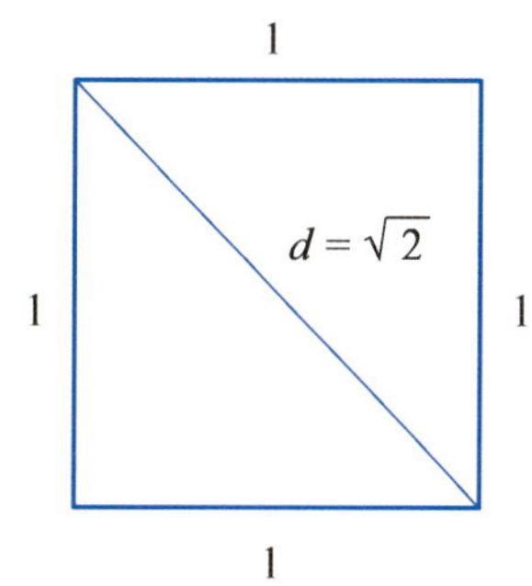

유리수와 무리수를 통틀어 실수라 하고 실수는 유리수와 구별되는 성질로 연속성(Continuity)이 있다. 수직선상의 1을 지나는 수선을 그려 크기가 1이 되는 점 P를 잡아 OP를 연결해 만들어진 삼각형에서 OP의 길이는 $\sqrt{2}$가 된다. 한 변이 1인 정사각형의 대각선의 길이에 대한 논의와 그것이 $\sqrt{2}$로 무리수임을 증명할 때, 쉽게 대충 보이는 암묵적인 가정을 할 수 있다. 간단히 말하자면, 모든 가능한 길이는 문제에서 길이라고 불리는 하나의 실수에 정확하게 대응된다는 가정이다.

이 사실은 수직선상에 $\sqrt{2}$인 무리수가 들어갈 수 있는 실수의 연속성을 의미한다. 수직선상의 점의 집합이 연속이 된다는 의미는 다음과 같다. 직선 l위에 한 점 P를 잡을 때, 직선상의 점들의 집합은 점 P에 의하여 A, B 둘로 나누어진다. 점 P를 포함하여 좌측에 있는 점의 전체를 A, P를 제외하고 오른쪽에 속한 점 전체를 B라 하면 분할을 가능케 하는 점 P는 항상 l상에 존재하며 단 하나 뿐이다. 이것이 직선 l상의 점집합이 연속이 된다는 설명의 본질이며, 직선상의 점의 전체를 이처럼 A, B로 나눌 때 직선 l은 절단(cut)되었다 하고 기호로 (A, B)라고 쓴다. 이와 같은 생각을 Dedekind(1831-1916)는 수직선상의 점집합에 관한 연속의 공리로 생각하였다. 따라서 실수 집합과 수직선 위의 점들의 집합사이에는 일대일 대응(전단사 함수)이 주어진다.

(1) 유리수의 절단

유리수 전체의 집합 $\mathbb{Q}$를 두 개의 부분집합 A와 B에 대하여 다음과 같이 나눈 것을 "유리수의 절단"이라 한다.

① $A \neq \varnothing$, $B \neq \varnothing$

② $A \cup B = \mathbb{Q}$, $A \cap B = \varnothing$

③ $a \in A$, $b \in B \rightarrow a < b$

유리수의 절단은 다음 네 가지 경우가 있다.

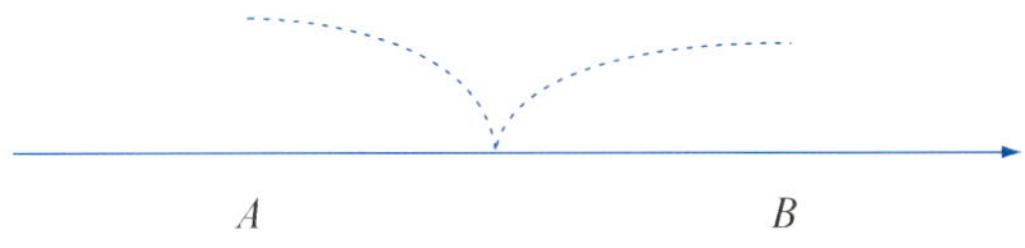

- A에는 최대의 원소 a가 있고, B에는 최소의 원소가 없다.
  예) $A \leq 1$, $B > 1$인 모든 유리수로 되어 있을 때
- A에는 최대의 원소가 없고, B에는 최소의 원소 b가 있다.
  예) $A < 1$, $B \geq 1$인 모든 유리수 일 때
  * 유리수를 경계로 절단 한 경우
- A에는 최대의 원소가 없고, B에도 최소의 원소가 없다.
  * 무리수를 경계로 절단한 경우
- A에는 최대의 원소 a가 있고, B에도 최소의 원소 b가 있다.
  * 이 경우는 전혀 일어날 수 없다.

유리수의 집합은 조밀하기 때문에$a < x < b$인 유리수 x가 존재한다. 이는 x가 A와 B에 속하지 않는 것이 되어 절단의 정의에 모순이 되기 때문이다. ③의 경우에 나타나는 수가 무리수이다. 따라서 유리수의 절단 ①, ②, ③은 실수의 연속성을 정의하는 것이 되기도 한다.

(2) 따라서 실수를 "대소의 순서로 나열된 유리수의 수열에서 만들어진 절단"으로 정의한다. 그러면 유리수는 자연히 실수의 부분이 되어 유리수 집합은 실수집합의 부분집합으로 존재하게 된다. 다시 말하면 실수는 유리수의 확장으로써 얻어진 것이다. 실수에 대해서도 지금까지의 수와 마찬가지로 대소 상등의 연산을 정의할 수 있다. 유리수가 조밀성을 가지고 있다는 것은 앞에서 말하였다. 유리수가 조밀성을 가지고 있기는 하나 유리수와 유리수 사이에는 틈이 있다. 이 틈을 메우는 수가 무리수인 것이다. 그러므로 유리수와 무리수를 합친 실수에는 틈이 없게 되어 수직선상에 빈틈없이 나열되어 연속성을 갖게 된다.

- $\sqrt{2}$ 의 역사발생

넓이가 2인 정사각형의 한 변의 길이는 무엇일까? 거꾸로 생각하면, 제곱하면 2가 되는 수는 무엇일까? 에 관한 이야기를 해보자. 이에 관한 인류의 관념의 시작은 예일대학 박물관에 보관하고 있는 B.C. 1800-1600 사이에 만들어진 YBC 7289 점토판의 표에서 찾을 수 있다. 또한 B.C. 1650년경에 만들어진 고대 이집트의 린드 파피루스에도 제곱근을 계산한 흔적이 있다. 동양에서는 BC 800-600년경에 인도에서도 2와 3의 제곱근을 계산한 흔적이 있고, 고대 중국의 한나라 인들도 "넘치고-부족한" 방법으로 제곱근을 계산하였다. 1546년에는 동양의 방법이 유럽으로 전파되었고, 현대의 제곱근 기호인 $\sqrt{\ }$ (root)는 1526년에 루돌프에 의해서 처음으로 사용되었다. 1526년은 "+", "−" 기호가 처음으로 쓰인 해이기도 하다.

- $\sqrt{2}$ 의 소수 전개

시행착오로 계산하거나 또는 계산기를 활용하여, $\sqrt{2}$ 를 다음과 같이 한 단계씩 과정을 거쳐서 소수로 고칠 수 있다.

$$1^2 = 1 < 2 < 4 = 2^2$$
$$1.4^2 = 1.96 < 2 < 2.25 = 1.5^2$$
$$1.41^2 = 1.9881 < 2 < 2.0164 = 1.42^2$$
$$1.414^2 = 1.999396 < 2 < 2.002225 = 1.415^2$$

그러므로 $\sqrt{2}$ 의 소수 전개는 $\sqrt{2}$ =1.414⋯(이것은 위에서 하한으로 어림한 것에 의해 결정된다.)이다. 연속된 자리값은 연속된 일의 자리 사이에서, 연속된 할(1/10)사이에서, 연속된 푼(1/100)사이 등등에서 $\sqrt{2}$ 의 값을 알 수 있다.

1.5.6 소수의 지도

수모형 또는 모눈종이를 통해서 소수의 개념을 지도한다. 예시적 표현들을 통해 알아보자.

(1) 수모형을 이용한 소수의 표현(천 모형, 백 모형, 십 모형, 일 모형)

〈그림 〉과 같이 하나의 백 모형을 1이라고 약속하면, 십 모형은 $\frac{1}{10}$ 을 나타내고, 일 모형은 $\frac{1}{100}$ 을 나타낸다. 따라서 3개의 백 모형과 2개의 십 모형, 5개의 일 모형을 $3 \cdot 1 + 2 \cdot \frac{1}{10} + 5 \cdot \frac{1}{100} = 3 + \frac{2}{10} + \frac{5}{100} = \frac{325}{100}$ 으로 표현되고 간략한 표현으로 3.25를 사용하여 쓸 수 있다. 소수점은 정수부분으로부터 소수부분을 분리하는데 사용된다.

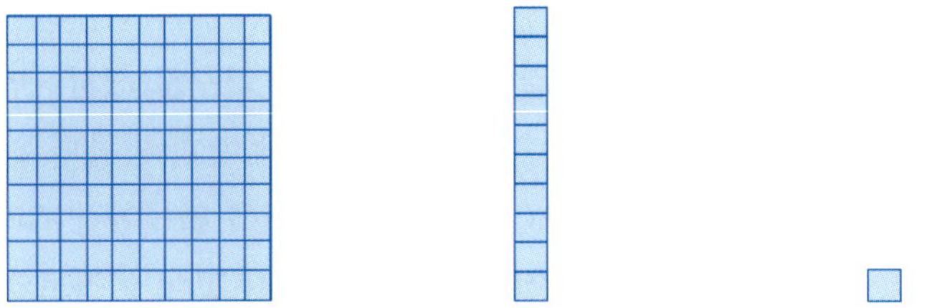

$1 \qquad \frac{1}{10} \qquad \frac{1}{100}$

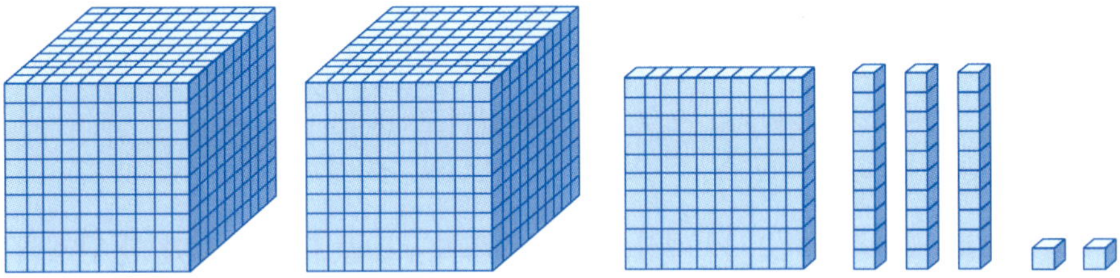

$$2 \cdot 1 + 1 \cdot \frac{1}{10} + 3 \cdot \frac{1}{100} + 2 \cdot \frac{1}{1000} = 2.132$$

〈그림 . 1.132의 표현〉

(2) 무한 소수와 유리수

유리수를 소수로 고치면 유한 소수로 표현되지 않는 경우도 있다. 예를 들면 $\frac{1}{3} = 0.333\cdots = 0.\dot{3}$, 여기서 세 개의 점은(…) 소수가 무한히 반복적으로 연속되는 것을 뜻하며 3위의 막대는 반복되는 자리 값이나 자리 값 모둠 부분을 가리킨다.

왜 이렇게 하는지를 알기 위해 대수적 추론을 사용해 보자. $x = 0.333\cdots$ 이라 하면, $10x = 3.333\cdots$를 얻는다. $10x - x = 9x = 3$이며, 이를 통해 $x = \frac{3}{9} = \frac{1}{3}$이 된다. 일반적으로 다음과 같은 정의를 얻는다.

- 순환 소수

  어떤 부분의 한 자리 값 혹은 자리 값의 모둠이 무한히 반복되는 소수를 순환소수(periodic, repeating)라 한다. 이 때, 반복되는 부분의 자리 값의 개수를 순환마디(length of period)라 한다. 예를 들어, 반복되는 부분이 24인 순환소수 $0.\dot{2}\dot{4}$의 순환마디는 2개이다. 즉, $0.\dot{2}\dot{4} = 0.242424\cdots$이다. 이와 같이, $3.14\dot{5} = 3.145555\cdots$이며 순환소수의 반복되는 부분은 5이고 순환마디는 1이다. 다음의 예는 순환소수를 분수로 다시 쓰기 위해 대수적 추론을 사용하였다. 즉, 이들 순환소수를 유리수로 표현하고 같은 추론을 통해 모든 순환소수가 유리수로 표현됨을 보여준다.

- 순환 소수로서의 유리수

지금까지 모든 유한소수나 순환소수는 유리수임을 알았다. 즉, 분수 $\frac{a}{b}$으로 표현 가능한 수들이다. 또한 유리수(분수)가 분모가 2나 5의 제곱으로만 소인수분해가 된 기약분수로 표현된다면, 유한 소수로 표현될 수 있다. 그리고 2나 5외의 다른 소인수분해로 된 기약분수로 표현되는 유리수는 순환소수로 표현된다.

* 분수(유리수)를 소수로 고치면 반드시 순환하게 된다.

그 이유는 다음과 같다. $\frac{a}{b}=a \div b$이다. 그런데 a를 b로 나눌 때 발생하는 나머지의 개수는 b개이다. 따라서 b번 이상 계속해서 나눌 때에는 반드시 그 이전에 발생한 나머지와 같은 수가 나오기 마련이다. 따라서 그 나머지를 계속해서 b로 나누므로 몫이 순환적으로 발생한다.

(3) 비 순환 소수(무리수)

앞에서, 유리수의 소수 전개가 유한이거나 순환하는 무한임을 보았다. 이는 흥미로운 많은 질문을 떠오르게 한다. 0.101001000100001⋯과 같은 무한이며 비순환 소수로 표현되는 수는 어떤 종류일까? 이런 수는 정수의 비로 나타낼 수 없으며, 반드시 비 순환 무한 소수로서 표현되기 때문에 무리수라 불린다. 모든 유리수와 무리수로 구성된 집합을 실수의 집합이라고 한다.

- $\sqrt{2}$ 의 무리성(無理性, Irrationality)

유리수 집합과 같이, 무리수 집합도 무한 집합이다. 단지 하나의 예를 통해 한 변이 1인 정사각형의 대각선의 길이가 유리수가 아님을 보인다. 직각삼각형의 긴 변의 길이와 다른 두 변의 길이를 관련시킨 $c^2=a^2+b^2$의 식을 다시 생각해 보자. c를 한 변의 길이가 1인 정사각형의 대각선의 길이라면 $c^2=12+12=2$가 된다. $c^2=2$일 때, c를 2의 제곱근이라 하고, $c=\sqrt{2}$ 라고 쓴다. 이제 $\sqrt{2}$가 유리수가 아님을 보이고자 한다.

증명

귀류법으로 증명한다. 만일 반대로, $c^2=2$인 유리수 c가 있다고 생각해보자. 임의의 유리수는 기약분수로 표현할 수 있다. 즉 $c=\frac{u}{v}$, 단, u와 v는 서로소이다. 그러나 $c^2=2$이므로 $2=\frac{u^2}{v^2}$이며 결국 $2v^2=u^2$이다. 이는 2가 u^2의 소인수임을 말해준다. 그러므로 계산의 기초 정리에 의해 2는 u의 소인수이다. 그러므로 $u=2k(\exists k \in Z)$, $2v^2=u^2=(2k)^2=4k^2$, $v^2=2k^2$으로 2는 v의 약수이므로, v^2의 약수이다. 그렇다면, 2는 u와 v의 공약수가 되어 $\frac{u}{v}$는 기약분수가 아니다. 이것은 $\frac{u}{v}$는 기약분수라는 사실에 모순된다. 이런 모순으로 인해 c가 유리수라는 가정이 부정되어 c는 무리수이다. 따라서 $\sqrt{2}$는 비순환소수이다.

- $3+\sqrt{2}$가 무리수임을 폴리아의 문제해결순서로 증명해 본다.
  - * 문제 이해

    $\sqrt{2}$가 무리수임을 알았다. $3+\sqrt{2}$가 무리수임을 보여야 한다.
  - * 계획 수립

    이 주장에 어떤 생각이 떠오르는가? $3+\sqrt{2}$이 유리수일 가능성이 있는가? 그렇다면, $\exists s \in \mathbb{Q}$ 인 $3+\sqrt{2}=s$라 하자. 방정식과 이미 알고 있는 $\sqrt{2}$가 무리수임을 사용할 수 있다면 원하는 결론에 도달할 수 있을 것이다.
  - * 계획 실행

    $3+\sqrt{2}=s$이기 때문에 $\sqrt{2}=s-3$이다. 그러나 3과 s는 유리수이며 유리수는 뺄셈에 닫혀있음을 알고 있다. 그렇다면 $\sqrt{2}$가 유리수가 돼야하지만, 그렇지 않다는 것을 알고 있다. 그러므로 $\exists s \in \mathbb{Q}$인 $3+\sqrt{2}=s$라는 가정은 틀림없이 거짓이다. $3+\sqrt{2}$가 무리수임을 증명했다. 따라서 $3+\sqrt{2}$도 비순환소수이다.
  - * 반성하기

    처음에 문제의 주장이 참인지가 명백하지 않아서 간편하게 거짓이라고 추측했다. 그러나 이것은 $\sqrt{2}$가 유리수가 되는 모순을 바로 유도했고 $3+\sqrt{2}$가 유리수라는 가정은 거짓이었다. 즉 증명한 바와 같이 $3+\sqrt{2}$는 무리수였다.
- 유리수는 무한히 많고, 무리수도 무한히 많다. 또한 유리수보다는 무리수가 훨씬 더 많다.

  예) $\pi=3.141592\cdots$, 완전제곱이 아닌 자연수 m이 있다면 $\sqrt{m}$은 무리수이다. 왜냐하면, m이 n차 완전제곱수가 아니면, $\sqrt[n]{m}$은 무리수이며, 여기서 $\sqrt[n]{m}$은 $c^n=m$을 만족하는 수 c를 의미한다.
- $\sqrt{2}$의 소수 전개

  시행착오로 계산하거나 또는 계산기를 활용하여 다음과 같이 한 단계씩 과정을 거쳐서 알 수 있다.

$$1^2=1<2<4=2^2$$

$$1.4^2=1.96<2<2.25=1.5^2$$

$$1.41^2=1.9881<2<2.0164=1.42^2$$

$$1.414^2=1.999396<2<2.002225=1.415^2$$

그러므로 $\sqrt{2}$의 소수 전개는 $\sqrt{2}$=1.414…(이것은 위에서 하한으로 어림한 것에 의해 결정된다.)이다. 연속된 자릿값은 연속된 일의 자리 사이에서, 연속된 할(1/10)사이에서, 연속된 푼(1/100)사이 등등에서 $\sqrt{2}$의 값을 알 수 있다.

1.5.7 실수의 확장

우리들은 지금까지 자연수를 공리적으로 파악하고 자연수를 이용하여 정수와 유리수를 구성하고, 유리수를 이용하여 실수를 구성하였다. 일상생활의 문제, 과학에 있어서의 문제 해결 등에서 실수 범위의 수가 대단히 긴요하게 쓰이고 있음은 누구도 부인 못할 것이다. 그러나 특별한 어떤 문제를 고찰하거나 수학의 이론을 전개 할 때, 실수 범위만을 가지고 문제를 고찰하여 갈 수 없을 때도 있다.

(1) 허수

허수(imaginary number)는 실수와 대립되는 개념으로 "이차방정식 $x^2+1=0$의 근이 되는 수는 있는가?"라는 질문으로부터 발생되었다. 이를 만족하는 수는 실수의 집합에서 찾을 수 없어서 새로운 수의 약속이 필요했다. 예컨대 방정식의 해를 구해보면

$$x^2=-1 \Leftrightarrow x=\pm\sqrt{-1}=\pm i$$

가 되는 새로운 수 집합이 발생된다. 이때 i를 허수단위라 하며 허수의 대표가 되는 수이다. a,b가 실수일 때, $c=a+bi$(단)꼴의 수를 복소수라 하며 a를 실수부, b를 허수부라 한다. 복소수는 실수의 연속성에 복소수의 완비성을 지니고 있으며 복소수 범위에서 모든 방정식의 해를 구할 수 있다. 허수에 대한 연구는 19세기의 수학의 여왕 가우스에 의해 이루어졌다. 허수는 양의 크기관계를 나타내지 않으나 오늘날에는 대수학뿐만 아니라 물리학 등의 자연과학의 기본도구로 쓰이고 있다. 그뿐만 아니라 허수는 근대의 여러 과학의 해결에도 널리 쓰이고 있다. 여기서는 지금까지와는 또 다른 새로운 수를 구성하여 보기로 하겠다.

(2) 복소수

유리수나 실수는 자연수를 이용하여 구성하였다. 이제 실수를 이용하여 복소수를 구성하여보기로 한다. 16세기 초에 이태리 수학자인 J. Cardan(1501-1576)과 N. Tartaglia(1500경-1557)가 3차방정식의 근의 공식을 발견하고, L. Ferrari(1522-1565)가 4차 방정식의 근의 공식을 발견하게 되자 대수학은 새로운 충격을 받는다. 제곱하여 음수가 되는 수를 채택했기 때문이다.

02 사칙 연산

NCTM(1989, 2000)에서는 학생의 수학 개념 형성을 위해서는 세심하게 선정된 실생활의 장면과 잘 설계된 교수학적 학습 보조물이 있어야한다고 하였다. 가장 잘 선정된 실생활의 장면은 생활 용어, 심리 발생 그리고 수학의 역사발생에서 찾을 수 있다. 프로이덴탈(Freudenthal, 1973, 1983)은 점진적인 수학화 학습 등을 기반으로 하여, 분수 개념의 본질 습득과 의미 충실한 분수 사칙연산의 실행을 위한 학생의 심상형성을 목적으로 하는 효율적인 초등학교 분수지도 방안을 구성해야 된다고 하였다. 심리 발생 측면에서는 피아제의 발달심리학에 근거한 교수학습 방법을 고려하는 것이 바람직하다. 연산의 지도는 연산의 개념을 이해하고 구체적인 행동의 조작이나 관계를 통한 구체물의 집합이나 양의 합병, 제거, 동수 누가, 등분할 등을 양적으로 처리하여 이들을 가감승제의 연산이라는 수의 조작으로 추상화, 형식화, 일반화하여 적용범위를 확장해 나간다.

- 이항연산 : 항이 둘 있는 계산 방법
- 사칙연산 +, −, ×, ÷ : 가장 기본적인 이항연산
- 사칙연산의 관계

역연산

$a+b=c$ ⟷ $c-b=a$

동수누가 ↓ ↓ 동수누감

$2\times 3=2+2+2=6$ ⟷ $6\div 2\Rightarrow(6-2-2-2)\Rightarrow 3$

역연산

2.1 대수구조

수와 연산영역은 부르바키의 세 가지 모구조 중 대수구조 영역이다(제 1 부의 2.5.1 참조). 따라서 이 절에서는 이항연산(사칙연산)과 결합법칙, 배분법칙, 교환법칙과 항등원(덧셈에서는 0, 곱셈에서는 1), 역원(역수) 등을 다루기로 한다.

2.2 덧 셈

덧셈은 같은 단위끼리만 가능하다.

2.2.1 덧셈의 모델

(1) 첨가형

하나의 부분에 다른 부분을 더 첨가해서 전체를 나타내는 경우이다.

(2) 합병형

두 부분이 동시에 있는 것을 하나로 합하여 전체를 구하는 경우이다.

2.3 뺄셈

뺄셈은 같은 단위끼리만 가능하다.

2.3.1 뺄셈의 모델

(1) 제거형(求殘) : 5개의 감이 있는데 그 중 2개를 먹으면(제거) 몇 개가 남는가?

(2) 비교형(求差) : 영준이는 5개의 단감이 있고 유영이는 3개의 테입이 있을 때 누가 몇 개 더 많이 가지고 있나?

(3) 덧셈과 뺄셈의 관계 : 서로 역연산의 관계이다.

$$2+3=5 \Leftrightarrow 5-3=2,\ 5-2=3$$

2.3.2 수모형을 활용한 덧셈, 뺄셈

브루너는 "행동단계(Enactive stage)⇒영상단계(Iconic stage)⇒기호단계(Symbolic stage)"를 단계적으로 거치면서 학생은 수학 개념을 습득한다고 하였다. 이에 대하여 프로이덴탈과 피아제는 그러한 일련의 과정이 따로따로가 아닌, 동시에 일어나야 한다고 하였다. 따라서 수모형을 통한 활동과 기호화 작업이 동시에 이루어지도록 다음과 같은 판을 이용하여 학생이 연산을 하도록 지도해야 한다. 왼쪽 칸에는 수모형으로 조작활동을 하는 동시에, 오른쪽 칸에 조작활동에 대응하는 연산과정을 숫자로 표현하도록 지도한다.

활동판(B4, 사이즈가 적당함)

조작활동판			수의 세계		
백의 나라	십의 나라	일의 나라	백의 나라	십의 나라	일의 나라

〈활동판의 예시- 백의자리까지의 연산〉

2.3.3 Piaget의 수의 합성과 분해의 3가지 수준

"사탕 8개를 어제는 4개 오후에 4개를 먹었고, 오늘은 오전에 1개 오후에 7개를 먹었다"는 문제를 제시하고 이틀 동안 먹은 사탕의 개수가 같은지를 조사하였다.

○ ○ ○ ○ (오전)	○ ○ ○ ○ (오후)

(어제)

○ (오전)	○ ○ ○ ○ ○ ○ ○ (오후)

(오늘)

(1) 1수준 - 오늘 더 많이 먹었다(6.5세~7세 학생) 수준으로 두 집합을 동시에 생각할 수 없고 그들 중 많은 것에만 관심을 가지는 단계

(2) 2수준 - 1대1 대응 또는 기계적인 셈을 이해하는 수준으로 시행착오에 의한 직관적인 셈을 할 수 있는 단계, 분명히 이해하고 답을 하는 단계는 아님.

(3) 3수준 - 구체물의 조작 없이 $4+4$와 $1+7$은 같다고 즉각 대답하는 단계로 7세부터 가능

※ 등호의 두 가지 의미

- 함의

  등식 $2+3=5$에서 '='은 '… 이면'의 의미이다. 즉, $2+3=5$이란 2에 3을 더하면 5가 된다는 뜻이다. 논리학에서의 $p \to q$와 같은 의미이다.

- 항등식

  $2+3=3+2$, $(2+3)+5=2+(3+5)$ 등과 같이 법칙, 성질 등을 나타낼 때의 등호는 좌변과 우변이 항상 같다는 것을 의미한다.

2.4 곱 셈

2.4.1 곱셈의 모델

(1) 동수누가 : 동수누가의 간편법으로 곱셈이 도입되고 있다.

예) $3+3+3+3+3=3\times 5=15$

- 프로이덴탈(1부 5장 참조)의 형식불역의 원리

$3\times 5=15$	$(-3)\times 5=-15$
$3\times 4=12$	$(-3)\times 4=-12$
$3\times 3=9$	$(-3)\times 3=-9$
$3\times 2=6$	$(-3)\times 2=-6$

$3 \times 1 = 3$ $(-3) \times 1 = -3$

3씩 작아진다 3씩 커진다

따라서

$3 \times 0 = 0$ $(-3) \times 0 = 0$

$3 \times (-1) = -3$ $(-3) \times (-1) = 3$

(2) (기준량)×(기준양의 몇 개분)=(전체양)

예) 오리 한 마리의 다리가 2개(기준량)일 때, 오리 3마리(몇 개분)의 다리는 모두 몇 개(전체양)일까?

(3) 배의 개념과 비율의 개념

모델 (2)는 "기준양의 몇 개 분"쪽이 정수일 때는 배의 뜻이 되지만, 정수가 아닌 경우는 배의 개념은 점차 비율의 개념으로 바뀐다.

(4) $x \div a = b$인 형

제수와 그 몫을 알고 피제수를 구하는 제법의 역조작으로서 곱셈형 문제

(5) 곱셈 모델의 본질은 직사각형 모델이다(Freudenthal, 1983).

- 두수의 곱은 직사각형의 면적

고대 이집트인들은 3×2을 가로가 3이고 세로가 2인 직사각형의 넓이와 같은 것으로 생각하였다. 그런 이유로 고대 이집트인들은 8×7 을 다음과 같이 계산하였다.

〈방법〉 $10 - 8 = 2$, $10 - 7 = 3$이므로 8×7의 일의 자리 수는 $3 \times 2 = 6$이고 십의 자리 수는 $10 - 3 - 2 = 5$이므로 $8 \times 7 = 56$으로 계산하였다.

〈아이디어〉

아래에 있는 한 변이 10인 정사각형에 그들의 계산방법을 그리고 설명하여 보시오.

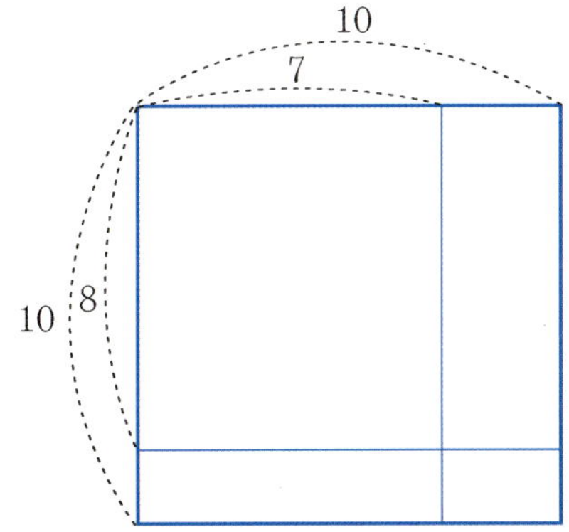

〈시사점〉 4천 년 전의 인간의 지능과 현재의 인간의 지능이 거의 대동소이하다. 따라서 수학 개념이 발생할 당시의 아이디어를 현재에도 재발견하도록 해야 한다.

〈4000년 전의 아이디어〉

수=막대의 길이

두 수의 곱=직사각형의 넓이

같은 수의 곱(제곱)=정사각형의 넓이

* 이 아이디어는 양수만을 배우는 전조작기와 구체적 조작기의 학생에게 적합하다.

(예) $13 \times 12 =$

간접 측정을 하기 위해서 곱셈을 배운 직후 두 수의 곱이 직사각형의 넓이가 되는 것은 수모형을 이용하여 지도한다. 또한 수모형 대신 모눈종이를 사용해도 좋다.

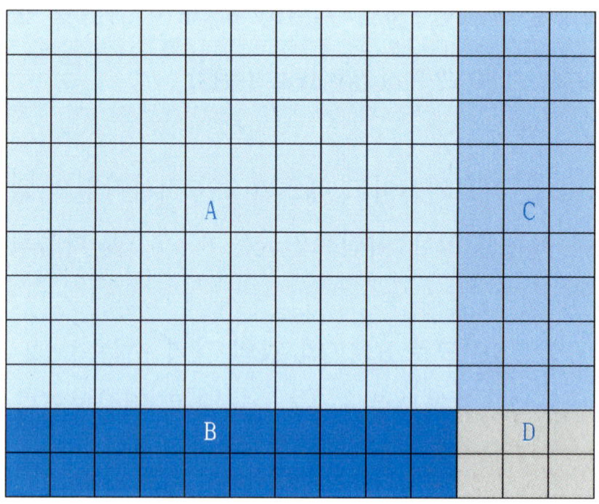

13×12

$6(2 \times 3) - D$

$20(2 \times 10) - C$

$30(10 \times 3) - B$

$100(10 \times 10) - A$

156

이것은 배분법칙

$$13 \times 12 = (10+3) \times (10+2) = (2 \times 3) + (2 \times 10) + (10 \times 3) + (10 \times 10)$$

을 그림으로 설명한 것이다(Welchman-Tischler, 1992). 이러한 내용을 관계적으로 이해한 후 연산 알고리즘을 자동화되게 한다.

2.3.2 구구셈 지도

(1) 어린이들의 학습경험과 난이도를 생각하여 구구셈의 지도순서를 정해야 한다.

(2) 순서는 5 → 2 → 4 → 3 → 6 → 7 → 8 → 9단의 순서가 좋다.

(3) 지도에서 피승수가 일정하고 승수가 1씩 커지면 그 곱이 커진다는 사실을 이해하고, 구체적인 보기를 들어 교환법칙이 성립함을 이해한다.

2.4.3 소수의 곱셈

소수의 곱셈의 발전과정은 (소수)×(정수), (정수)×(소수), (소수)×(소수)의 순으로 발전하되 소수점이하의 자리수가 작은 것에서 많은 것으로 발전하는 것이 보통이다.

(1) (소수)×(정수)

$0.2\times 3=0.2+0.2+0.2=0.6$

$1.2\times 3=(1+0.2)\times 3=(1\times 3)+(0.2\times 3)=3+0.6=3.6$

(2) (정수)×(소수)

×(소수) 는 그 소수 배의 개념으로 지도한다.

(3) (소수)×(소수)

(예) 1.3×1.2의 지도는 1)의 바)의 그림에서 백 모형을 단위(1)로 정하면 십 모형은 0.1, 일 모형은 0.01이 된다. 이 때 $1.3\times 1.2=1+0.5+0.06=1.56$이 된다. 또한 소수는 십진 분수이므로 $0.3\times 0.2=\frac{3}{10}\times\frac{2}{10}=\frac{6}{100}=0.06$으로 지도한다.

2.4.4 분수의 곱셈

지도계통은 다음과 같은 순서로 지도한다.

(1) (분수)×(정수)

5개의 비커에 물이 $\frac{2}{3}$씩 들어 있다. 이 물을 한 개의 큰 통에 넣으면, 모두 몇 개 되는가?

- 수직선에서 직관적으로 처리한다.
- 배의 개념이 성립하므로 동수누가의 방법으로 처리 할 수 있다.

$$\frac{2}{3}\times 5=\frac{2}{3}+\frac{2}{3}+\frac{2}{3}+\frac{2}{3}+\frac{2}{3}==\frac{2\times 5}{3}\frac{10}{3}$$

(2) (정수)×(분수)

(3) (분수)×(분수): 직사각형 모델을 적용한다.

2.4.5 분류와 곱셈

Piaget는 곱셈의 개념은 곱집합의 분류를 통하여 실험했다. 즉 정사각형과 원의 두 도형을 원소로 갖는 집합과 파랑과 빨강의 두 색깔을 원소로 갖는 집합을 제시하고 도형의 집합에서 한 가지, 색깔의 집합에서 한 가지를 골라 가능한 한 많은 짝을 만들어보는 실험을 하였다.

	파랑(b)	빨강(r)
정사각형(s)	(s, b)	(s, r)
원(c)	(c, b)	(c, r)

이 실험에서 7~8세 사이의 학생은 4가지의 짝을 동시에 분류 할 수 있는 능력이 있다는 것을 발견하였고 7세 정도에 덧셈과 곱셈이 가능하다고 보고 있다.

(1) 곱셈 구구

동수누가의 개념에서 곱셈의 식을 알아내고, 곱셈구구표나 곱의 기호와 식을 이해하고 학습할 수 있는 7~8세에서 가능하며 곱셈의 교환성과 결합성도 이 시기에 학습이 가능하다고 보고 있다.

(2) 나눗셈

곱셈과 나눗셈은 역연산의 관계이므로 동시에 학습하는 것이 가능하다. 이 시기는 7~8세 이후에 가능하다고 보고 있다.

2.5 나눗셈

2.5.1 나눗셈의 모델

나눗셈은 다음과 같이 세 가지의 연산 모델을 생각 할 수 있다.

(1) 포함제 : 동수를 누감하는 $12-2-2-2-2-2-2=0$으로 뺄셈의 제거와 결부시켜 나눗셈을 도입한다.

(2) 등분제 : 12자루의 연필을 2명에게 똑같이 나누어주면 한 사람에게 몇 자루씩 주면 될까?

(3) $a \div x = b$형 : 곱셈의 역연산

※ 나눗셈은 포함제를 먼저 지도하는 것이 좋다.

영희는 15권의 책을 가지고 있는데 이것은 동생의 3배이다. 동생이 가지고 있는 책은 몇 권일까? (비교양)÷(비율)=(기준량)을 찾는 연산이다.

2.5.2 퀴즈네어 막대를 활용한 분수의 사칙연산

분수의 표현과 사칙연산은 퀴즈네어 막대의 조작활동을 통해서 지도하는 것이 바람직하다(Piaget, 1970). 또한 일상생활에서 쓰이는 분수를 나타내는 언어를 적절하게 선택하여서 분수 배라는 어휘가 자연스럽게 지도될 수 있다. 특히 (분수)÷(0이 아닌 분수)는 먼저 피제수가 제수보다 큰 경우로 시작하여, 포함제로 지도하고 이를 유추하여 모든 분수의 나눗셈은 곱셈의 역연산이 됨을 지도한다.

(1) 분수 나타내기(활용시기 및 학년 : 2~3학년)

분수를 표현하기 위해서는 먼저 단위가 되는 막대를 정해야 한다. 즉, 빨간색 막대가 1이면 흰색 막대는 $\frac{1}{2}$이 되며, 검정색 막대가 1이면 보라색 막대는 $\frac{4}{7}$가 된다. 그러므로 $\frac{3}{7}$을 나타내기 위해서는 검정색 막대를 단위로 정하고 그 때 연두색 막대가 $\frac{3}{7}$이 된다.

(2) 동치 분수 찾기(활용시기 및 학년 : 4~5학년)

예) $\frac{3}{7}$ 나타내기

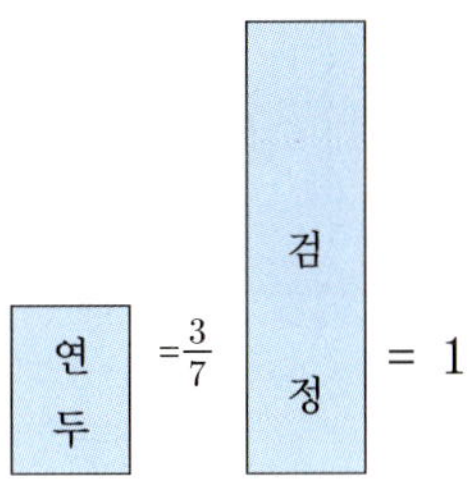

예) $\frac{2}{3}$의 동치분수

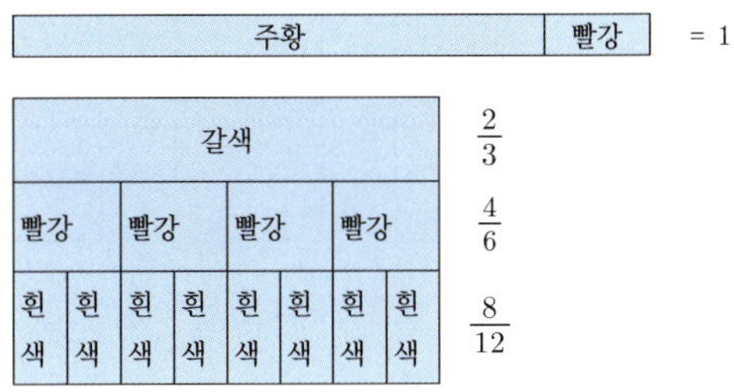

(3) 분수의 덧셈, 뺄셈

$\frac{1}{2}+\frac{1}{3}=$

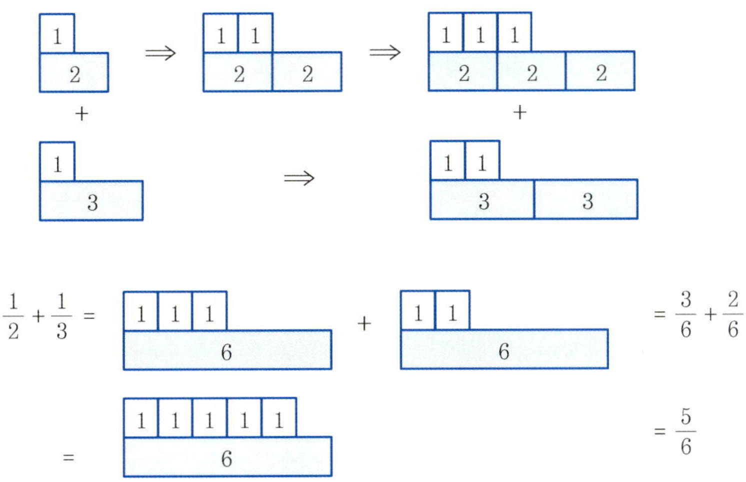

(4) 분수의 곱셈

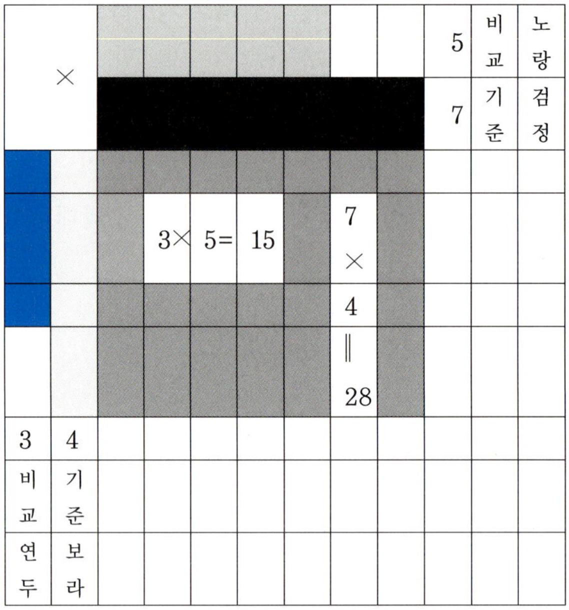

퀴즈네어 막대를 이용한 곱셈지도 ($\frac{3}{4} \times \frac{5}{7}$)

먼저 기준막대인 검정과 보라색의 막대 면적을 흰색, 보라, 검정 등으로 채운 다음 개수를 알아보고, 비교막대인 노란과 연두색의 면적을 채운 다음 두 수의 곱의 개수를 확인하여 부분(비교) : 전체(기준)의 비의 개념인 분수로 나타내면, $\frac{3}{4} \times \frac{5}{7} = \frac{3 \times 5}{4 \times 7} = \frac{15}{28}$ 과 같은 진분수끼리의 곱셈 계산 방법을 알게 된다.

(5) 포함제 맥락에서의 분수의 나눗셈

분수끼리의 나눗셈은 피제수는 고정하고 나눗셈을 곱셈으로 바꾼다는 점을(분수의 곱셈은 쉽기 때문에) 학생에게 각인시킨다.

- $1 \div \frac{1}{2}$의 곱셈 표현

  먼저 기준 막대를 정하고 기준막대의 $\frac{1}{2}$인 막대를 찾는다.

  예: 기준막대는 붉은 막대, $\frac{1}{2}$인 막대는 흰 막대

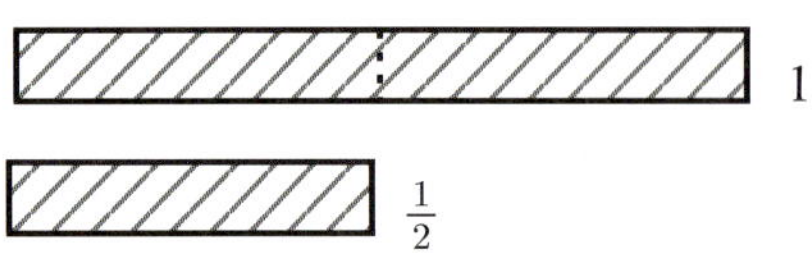

  $1 \div \frac{1}{2}$는 1속에 $\frac{1}{2}$이 2번 들어있다(1은 $\frac{1}{2}$의 2배이다). 따라서 $1 \div \frac{1}{2} = 2$이다.

- $2\div\frac{2}{3}$의 곱셈 표현

  기준막대는 연두색막대, $\frac{2}{3}$인 막대는 빨강막대.

  연두색막대 두개를 잇는다. 그 안에 빨강 막대가 포함되는 횟수를 센다.

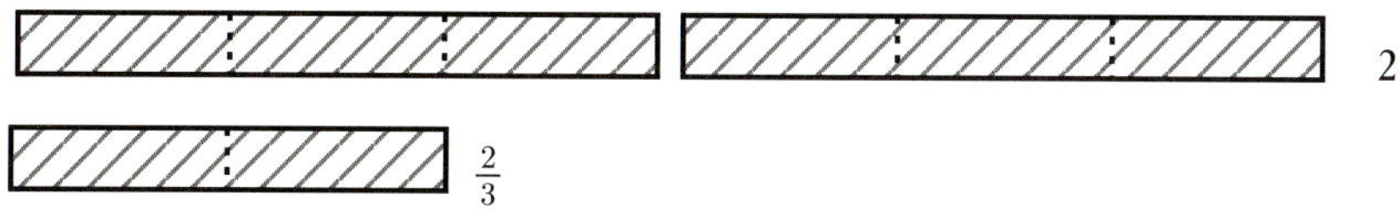

  $2\div\frac{2}{3}$는 2속에 $\frac{2}{3}$가 3번 들어있다. 따라서 $2\div\frac{2}{3}=3$이다.

  그런데 $2\times\frac{3}{2}=3$ 임을 안다. 다시 말하면 $2\div\frac{2}{3}=2\times\frac{3}{2}$이다.

- 유추에 의한 활동의 논리적 의미

  (자연수)÷(0이 아닌 분수)=(자연수)×(분수의 역수)

  또는 (자연수)÷(0이 아닌 분수)=(자연수)×(1안에 분수가 포함되는 횟수)로 이해한다. 이러한 사실에서 다음과 같이 유추할 수 있다.

$$\frac{2}{3}\div\frac{3}{4}=(\frac{2}{3}\times 1)\div\frac{3}{4}=\frac{2}{3}\times(1\div\frac{3}{4})=\frac{2}{3}\times\frac{4}{3}=\frac{8}{9}$$

  일반적으로는 (분수$_1$)÷(0이 아닌 분수$_2$)=(분수$_1$)×(1안에 분수$_2$가 포함되는 횟수)로 이해하면 결과적으로 (분수$_1$)÷(0이 아닌 분수$_2$)=(분수$_1$)×(분수$_2$의 역수)로 된다.

2.5.3 진분수와 혼분수

자연수와 양의 분수의 합은 대부분 혼수로 나타내어진다. 예를 들어 $2+\dfrac{3}{4}$는 $2\dfrac{3}{4}$으로 표현지고 "이와 사분의 삼"이라고 읽는다. 일반적인 곱셈의 표기법 xy에서는 $2\dfrac{3}{4}$은 덧셈 기호 "+"가 생략되어 있다는 점을 알아야 한다. 그러므로 $2\dfrac{3}{4}=2+\dfrac{3}{4}$이며 $2\times\dfrac{3}{4}$이 아니다. 그리고 혼분수도 분수 $\dfrac{a}{b}$의 형태로 표현될 수 있다.

2.5.4 분수 문제해결

- 역수 사용하기

문제

카리브해안으로 가는 크루즈 선박에 탑승한 여자승객의 $\dfrac{2}{3}$는 남자승객의 $\dfrac{5}{6}$와 결혼을 했다. 배에 탄 탑승객은 남자보다 여자가 9명이 더 많다. 베에는 모두 몇 명이 타고 있을까?

〈문제이해하기〉

- 남자와 여자승객의 수에 관한 주어진 정보는 무엇인가?
- 우리는 각각 결혼한 여자들이 남편이라고 불리는 남자 한명과 짝이라는 것을 알수 있다.
- 우리의 목표는 배에 탄 승객의 수를 결정하는 것이다.

〈계획수립하기〉

우리가 배에 탄 승객의 총 수를 구하려면, 남자와 여자의 수를 모두 알아야만 할 것이다. 두 수의 합은 우리의 탑에서 주어질 것이다. 그래서 우리는 남자와 여자의 수에 관한 주어진 변수와 등식 형태의 정보들을 사용하여 해결할 수 있다. 분수에 관한 주어진 정보들과 함께 분수의 계산에 관한 작업들이 이루어져야 한다.

〈계획실행하기〉

m과 w를 각각 남자승객과 여자승객의수라고 하자.

※ 조작활동 : 교실에서 지도 할 때에는 m과 w를 길이가 다른 두 개의 막대로 놓고, 아래의 식에 맞도록 막대를 늘어놓으면서 문제를 해결하게 한다.

주어진 정보는 $\frac{2}{3}\times w=\frac{5}{6}\times m$이라는 것이고, $w=m+9$이다.

첫 번째 등식에서 w에 $\frac{2}{3}$의 역수인 $\frac{3}{2}$를 곱한다. $w=(\frac{3}{2}\times\frac{2}{3})\times w=\frac{3}{2}\times(\frac{2}{3}\times \mathrm{w})$이다. 그런데 $\frac{2}{3}\times w=\frac{5}{6}\times m$이므로 $w=\frac{3}{2}\times(\frac{5}{6}\times m)\ =\frac{5}{4}\times m$이다. 그런데 $w=m+9$이므로 $\frac{5}{4}\times m=m+9$를 알 수 있다. $\frac{1}{4}m=9$에서 m을 알아내면 답이 나온다. m을 구하기 위해서 우리는 등식에 $\frac{1}{4}$의 역수인 4를 곱할 수 있고 $m=4\times9=$ 36를 얻을 수 있다. 남자가 36명 이므로 36+9=45명이 여자이다. 따라서 36+45=81명이 배에 탄 모든 승객의 숫자이다.

- 미지수를 이용한 분수의 나눗셈

문제

10L 들이 병 안에 $4\frac{3}{4}$만큼 우유가 있다. $\frac{1}{2}$L 들이의 병에 우유를 나누어 부으면 몇 병을 채울 수 있는가?

〈문제이해 : 구하는 것은 무엇인가〉

$\frac{1}{2}$L들이 병의 개수이다.

〈계획수립하기〉 $\frac{1}{2}$L들이 병의 개수를 x로 놓자.

※ $\frac{1}{2}$L 들이 병의 모형을 여러 개 준비하거나, 그림으로 그려서 활동한다.

〈계획실행하기〉

부분적으로 나마 채워진 병을 생각해 볼 수 있고 다음과 같은 등식을 세울 수 있다.

$$x \times \frac{1}{2} = 4\frac{3}{4} \times 10$$

따라서 양변을 $\frac{1}{2}$로 나누면 $x = 4\frac{3}{4} \times 10 \div \frac{1}{2}$이므로 $4\frac{3}{4} \times 10 = \frac{19}{4} \times 10 = \frac{19}{2} \times \frac{1}{2} \times 10$이다. 따라서 $x = 95$이다.

2.6 유리수(Rational Number)의 구조

이 장은 유리수의 성질과 구조를 살펴본다. 유리수는 정수의 성질을 확장한 것이므로 정수의 성질 이외에 중요한 성질을 지니고 있다.

2.6.1 유리수의 덧셈 구조

(1) 덧셈에 대한 역원

$\frac{b}{a}$를 유리수라 하자. $-\frac{b}{a}$는 $\frac{b}{a}$의 음수 또는 역원이며 유리수 $\frac{-b}{a}$와 같다.

예를 들면, $-\frac{4}{7} = \frac{-4}{7}$ 이고, 다음을 만족하기 때문에 $\frac{4}{7}$의 덧셈의 역원이다.

$\frac{4}{7} + (-\frac{4}{7}) = \frac{4}{7} + \frac{-4}{7} = \frac{4+(-4)}{7} = \frac{0}{7} = 0$. 또한 $-(-\frac{3}{4}) = -(\frac{-3}{4}) = \frac{-(-3)}{4} = \frac{3}{4}$이므로, 일반화하면 $-(-\frac{b}{a}) = \frac{b}{a}$이다. 또한 모든 유리수와 그의 음수는 0을 중심으로 반대편에 위치해 있다. 다음 정리에는 유리수 덧셈의 성질에 대해 나타나 있다.

(2) 유리수의 덧셈의 성질

유리수는 덧셈에 대하여 닫힘성, 교환성, 결합성이 성립하고, 덧셈에 대한 항등원 0, 덧셈에 대한 역원이 존재한다.

또한 유리수가 덧셈에 대해 닫혀 있고 모든 유리수는 덧셈에 대한 역원을 가지고 있으므로 유리수는 뺄셈에 대해서도 닫혀 있다.

(3) 유리수의 뺄셈 공식

$\frac{a}{b}$, $\frac{c}{d}$를 유리수라 하자. 그러면 $\frac{a}{b} - \frac{c}{d} = \frac{a}{b} + (-\frac{c}{d}) = \frac{ad-bc}{bd}$이다.

그러나 뺄셈은 교환성과 결합성이 성립되지 않는다.

2.6.2 유리수의 곱셈과 나눗셈의 성질

유리수의 곱셈은 정수 곱셈의 모든 성질을 포함한다. 특히,

(1) 덧셈과 곱셈에 대한 분배 법칙이 성립한다. 즉,

$$\frac{a}{b}\times(\frac{c}{d}+\frac{e}{f})=\frac{a}{b}\times\frac{c}{d}+\frac{a}{b}\times\frac{e}{f}$$

또한 유리수는 곱셈에 대하여 정수와는 다른 성질이 있다. 즉, 모든 0아닌 유리수는 곱셈에 대한 역원이 존재한다. 예를 들면 유리수 $\frac{5}{8}$는 $\frac{5}{8}\cdot\frac{8}{5}=1$이므로 곱셈의 역원 $\frac{8}{5}$을 갖는다. 이 성질은 정수에서는 성립되지 않는다.

(2) 유리수의 곱셈, 나눗셈의 성질

유리수는 곱셈에 대하여 닫힘성, 교환성, 결합성, 덧·뺄셈에 곱셈의 배분법칙이 성립하고, 곱셈에 대한 항등원 1을 갖는다. 또한 모든 분수의 나눗셈 $\frac{a}{b}\div\frac{c}{d}$ (단, $c\neq0$)은 $\frac{a\times d}{b\times c}$로 표현되므로 분수는 나눗셈에 대해 닫혀있음을 알 수 있다. 그러므로 유리수는 분수로 표현됨으로 유리수 또한 나눗셈에 대해 닫혀 있다. 그러나 나눗셈은 교환성과 결합성이 성립되지 않는다.

2.6.3 유리수의 조밀성

부등식의 정의에 의해 $\frac{1}{2}<\frac{2}{3}$이고 6으로 통분하면 $\frac{3}{6}<\frac{4}{6}$이다. 그리고 12를 공통분모로 $\frac{6}{12}<\frac{8}{12}$를 얻는다. 마지막 형태에서 $\frac{7}{12}$이 $\frac{6}{12}$과 $\frac{8}{12}$ 사이의 유리수임을 알 수 있다. 즉 $\frac{1}{2}<\frac{7}{12}<\frac{2}{3}$이다. 다시 말하자면, 두 유리수 $\frac{1}{2}$과 $\frac{2}{3}$ 사이에는 또 다른 유리수가 있다. 이 사실을 일반화하면 임의의 두 유리수 사이에는 또 다른 유리수가 있다는 것으로 확장할 수 있다. 이런 성질을 유리수의 조밀성이라고 한다. 그러나 1과 2사이에는 정수가 없다. 따라서 정수는 조밀성을 갖고 있지 않다.

(1) 유리수의 조밀성

임의의 두 유리수 $\frac{a}{b}$, $\frac{c}{d}$가 $\frac{a}{b}<\frac{c}{d}$인 관계가 있다면, $\frac{a}{b}$와 $\frac{c}{d}$ 사이에 유리수 $\frac{e}{f}$가 존재한다. 즉, $\frac{a}{b}<\frac{e}{f}<\frac{c}{d}$이다.

03 식을 도형으로 풀기

3.1 메소포타미아(Mesopotamia,현재 Iraq) 남부 바빌론

메소포타미아란 유프라테스(Euphrates)강과 티그리스(Tigris) 강 사이의 지역이라는 뜻이다. 그의 남부지역인 바빌로니아(Babylonia, B.C. 2700년경)에서는 메소포타미아 평원을 흐르는 유프라테스 강과 티그리스 강 유역에서 일어나는 홍수 같은 생활상의 수리적 문제해결을 위한 수학이 발달하였다. 또한 바빌로니아지역은 지정학적으로 많은 상인들이 다니는 길목에 위치하고 있었기 때문에 이집트 수학보다 더욱 발달하게 되었다. 초기 바빌로니아인들은 젖은 점토판에 바늘로 기록하여 판을 화덕 속에서 구웠다. 이것이 19세기에 B.C 1600년경의 함무라비 왕조의 점토판을 발굴하여 쐐기문자 원문을 해독하면서 상업과 농업에 있어서 상당히 높은 수준의 계산술과 60진법의 수 체계를 사용했음을 알 수 있었다. 바빌로니아의 기하학은 대부분 실제 측량과 관련된 것으로 특징은 대수적 성질에 있다. 이들은 2차방정식과 연립 2원 2차방정식의 해법도 알고 있었고 단순한 3, 4차 방정식도 다룰 정도로 대수학이 싹트고 있었다. 또한 점토판에 쐐기문자로 기록된 삼중수(3, 4, 5; 5, 12, 13; 등)와 원주를 360등분하는 것 그리고 시 : 분 : 초라는 꼴로 표현하는 것도 고대 바빌로니아인들의 업적이다.

3.3.1 분배 법칙의 발견

[분배 법칙의 아이디어]

두 수의 곱=직사각형의 넓이, 같은 수의 곱=정사각형의 넓이

(1) 직사각형의 넓이를 이용하여 $3\times(4+5)=3\times4+3\times5$임을 증명하시오.

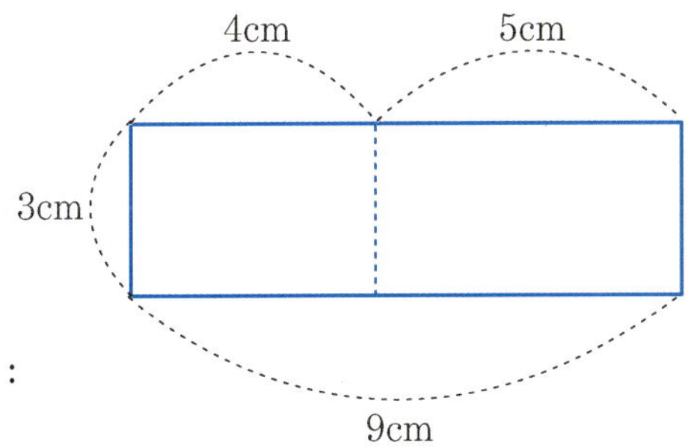

답 :

(2) 위의 문제를 일반화하시오.

답 : $A\times(B+C)=A\times B+A\times C$

(3) 직사각형의 넓이를 이용하여 $7\times7=(3+4)\times(3+4)=3\times3+2\times3\times4+4\times4$임을 증명하시오.

답 :

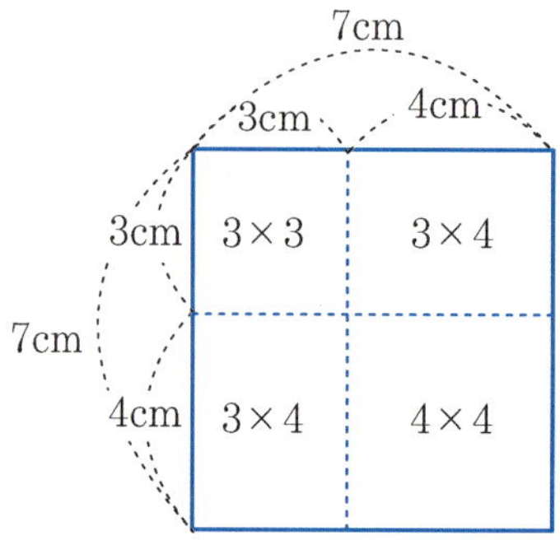

(4) 위의 문제를 일반화하시오.

답 : $(A+B)\times(A+B)=A\times A+2\times A\times B+B\times B$

(5) 직사각형의 넓이를 이용하여 $(7+5)\times(7-5)=7\times7-5\times5$임을 증명하시오.

답 :

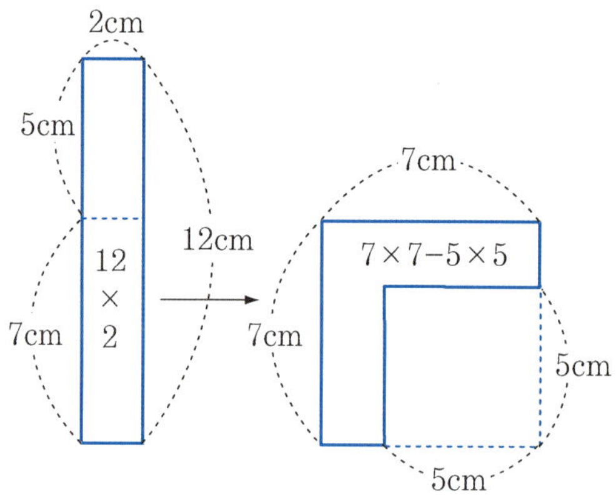

(6) 위의 문제를 일반화하시오.

답 : $(A+B)\times(A-B)=A\times A-B\times B$

문제 7

문제 6의 공식을 사용하여 $(1000+1)\times(1000-1)$를 계산하시오.

답 : $1001\times999=1000\times1000-1\times1=999999$

3.3.2 사칙 연산의 분배 법칙

(1) 다음은 $1=2$임을 설명하는 과정이다. 틀린 내용을 찾아보시오.

$A=1$이고 $A=B$라고하자. 그러면 $A\times B=B\times B$이다. 등식의 성질에 의해서 왼쪽과 오른쪽에서 $A\times A$를 빼면 $A\times B-A\times A=B\times B-A\times A$이다. 분배법칙을 이용하면 $A\times(B-A)=(A+B)\times(B-A)$가 된다. 이 때 양변을 $B-A$로 나누면 $A=A+B$만 남는다. 처음에 $A=1$이라고 약속했으므로 $1=2$이다.

답 : $A\times(B-A)=(A+B)\times(B-A)$의 양변을 $(B-A)$로 나누었다. 그런데 $B-A=0$이므로 양변을 0으로 나눈 결과가 되었다.

3.2 이집트의 기하대수

3.2.1 각뿔대의 체적

고대 이집트인들은 피라미드의 부피가 $\frac{1}{3}\times$높이$\times$밑면적$=\frac{1}{3}\times h\times A^2$임을 알고 있었던 것으로 추측된다. 물론 그들은 정사각기둥의 부피가 가로$\times$세로$\times$높이임을 알고 있었다. 따라서 각뿔대의 부피는 아래 그림과 같이 전체 피라미드에서 위쪽의 피라미드를 없애면 된다.

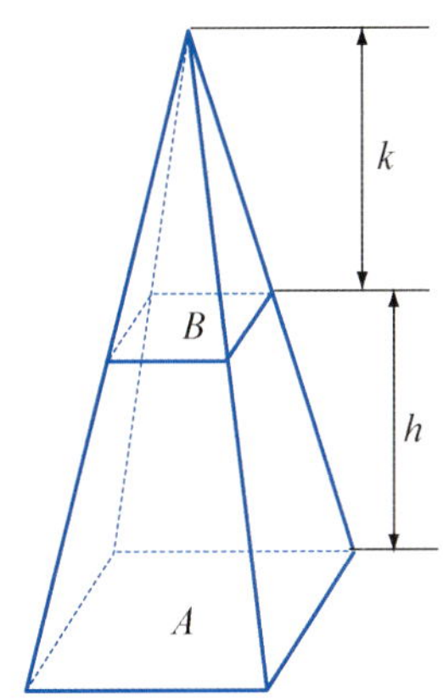

위의 그림을 보고 각뿔대의 부피를 구하는 식을 세워 봅시다.

(1) $\frac{1}{3}\times A^2\times(k+h)-\frac{1}{3}\times B^2\times k$

(2) 세운 식을 계산하기 편리하게 변형하여 봅시다.

$k=h$인 경우

풀이

$$\begin{aligned}&\frac{1}{3}\times A^2\times(k+h)-\frac{1}{3}\times B^2\times k\\&=\frac{1}{3}\times[A^2\times(k+h)-B^2\times k]\\&=\frac{1}{3}\times[A^2\times k+A^2\times h-B^2\times k]\\&=\frac{1}{3}\times h\times[A^2+(A^2-B^2)]\end{aligned}$$

(3) 아래 그림은 모스크바 파피루의 문제에 나온 것으로 $A=2\times B$의 관계가 있다. 이 그림이 뜻하는 것이 무엇인지 생각하고 위에서 세운 식과 관련하여 이야기 해보세요.

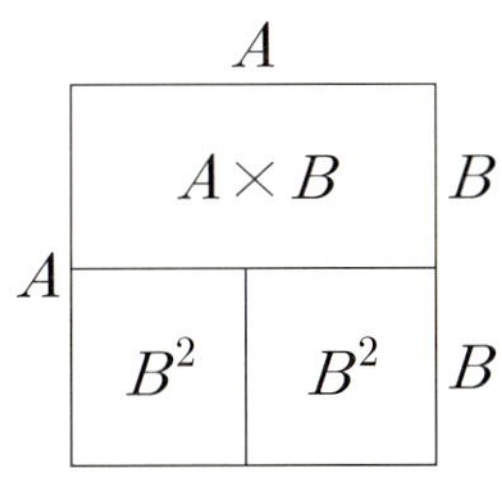

모스크바 파피루스의 문제에서는 $A=2\times B$이므로 아래그림을 보면

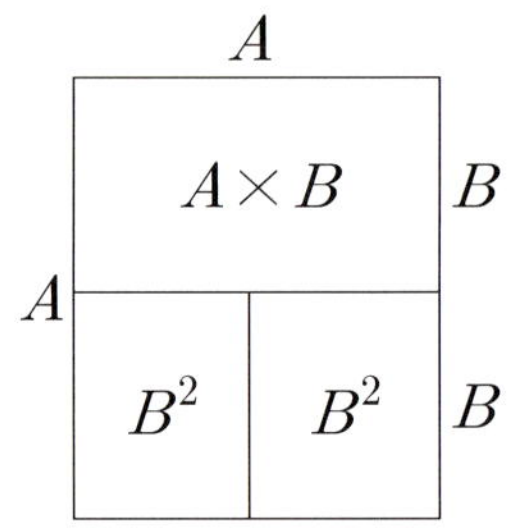

$A^2-B^2=A\times B+B^2$이다.

따라서 정사각뿔의 부피는

$\frac{1}{3}\times h\times(A^2+A\times B+B^2)$이다.

(4) 각뿔대 그림에서 $h=2\times k$이고 $A=3\times B$이면 정사각뿔대의 부피는 얼마인가?

- $k=4,\ h=8,\ B=5,\ A=15$일 때는 얼마인가?
- 일반적인 식을 만들어봅시다.

풀이 정사각뿔대의 부피는

$$\begin{aligned}
&\frac{1}{3}\times A^2\times(h+k)-\frac{1}{3}\times B^2\times k\\
&=\frac{1}{3}\times(A^2\times(h+k)-B^2\times k)\\
&=\frac{1}{3}(A^2h+A^2k-B^2k)\\
&=\frac{1}{3}\times h\times\left(A^2+\frac{1}{2}\times A^2-\frac{1}{2}\times B^2\right)\\
&=\frac{1}{3}\times h\times\left(A^2+\frac{1}{2}\times(A^2-B^2)\right)
\end{aligned}$$

(5) 아래 그림을 보고 $\frac{1}{2}\times(A^2-B^2)$을 간단하게 표현하세요.

다음에는 $\frac{1}{2}\times(A^2-B^2)$을 계산하자.

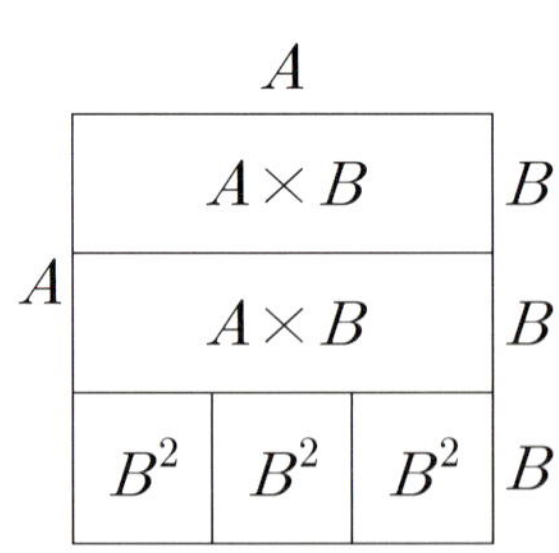

(6) 위에서 알아낸 것을 각뿔대 공식과 연관하여 추가적으로 변형하여 보세요.

그림에서 $A^2 - B^2 = 2 \times (A \times B + B^2)$이다.

그러므로 $\frac{1}{2} \times (A^2 - B^2) = \frac{1}{2} \times 2 \times (A \times B + B^2)$이므로 정사각뿔대의 부피는 역시

$$\frac{1}{3} \times h \times (A^2 + A \times B + B^2)$$이다.

이와 같이 귀납적으로 일반화하면 모든 각뿔의 부피는 $\frac{1}{3} \times h \times (A^2 + A \times B + B^2)$ 임을 알 수 있다. 이것이 현대의 정사각뿔대의 부피 공식이다.

04 수의 합동

배수 판정법, 최대공약수 구하는 방법(유크리트 호제법), 중국인의 나머지 정리 등에 관한 내용을 간단하게 정리하여 교사가 학생에게 이러한 정수론적 문제를 경험하도록 하면서 그 배경 아이디어를 쉽게 지도하는 방안을 제시하기로 한다.

4.1 음수의 연산 지도법

- $3 \times (-2) = -6$

  (증명) $3 \times 0 = 0$이므로 $0 = 3 \times 0 = 3 \times (2 + (-2))$이다. 분배법칙을 사용하면 $3 \times (2 + (-2)) = 3 \times 2 + 3 \times (-2) = 6 + 3 \times (-2)$ 이므로 $6 + 3 \times (-2) = 0$ 이다. 따라서 $3 \times (-2) = -6$이 된다.

- $(-3) \times (-2) = 6$

  (증명) 1)번과 같은 방법으로 $0 = (-3) \times 0 = (-3) \times (2 + (-2))$이다. 분배법칙을 사용하면 $(-3) \times (2 + (-2)) = (-3) \times 2 + (-3) \times (-2) = -6 + (-3) \times (-2)$이므로 $-6 + (-3) \times (-2) = 0$이다. 따라서 $(-3) \times (-2) = 6$이 된다.

- 프로이덴탈의 형식불역의 원리의 외삽법

  $(-3) \times 4 = -12$ 따라서
  $(-3) \times 3 = -9$　　　$(-3) \times (-1) = 3$
  $(-3) \times 2 = -6$　　　$(-3) \times (-2) = 6$이다.
  $(-3) \times 1 = -3$
  $(-3) \times 0 = 0$

4.2 수의 합동

4.2.1 수의 합동의 정의

자연수 n과 두정 수 a, b에 대하여 만일 $a-b$가 n의 배수이면 두 정수 a, b는 n을 법(modulo)으로 합동(congtuent)이라고 하고, 다음과 같이 기호로 표현 한다.

$$a \equiv b \bmod n$$

(1) 예 ; $9 \equiv -5 \bmod 7$

(2) 두 정수가 합동일 필요충분조건은 a, b를 각각 n으로 나누면 나머지가 같은 것이다.

(3) 달력에서 같은 요일의 날짜들은 7을 법으로 합동이다.

4.2.2 시계위에서의 사칙연산

세계위에서의 사칙연산은 정수위에서의 이항연산 $\oplus$, $a \oplus b = a+b$를 n으로 나눈 나머지와 같다.

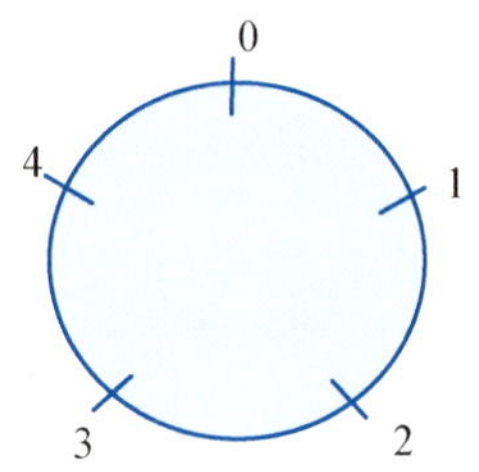

(1) 다섯 개의 눈금 0, 1, 2, 3, 4 뿐인 시계가 있다.
이 시계위에서 덧셈, 뺄셈, 곱셈을 해본다.

- $3+4=2,\ 2-4=3,\ 3\times4=2,\ 3\div4=?$

- 더해서 0이 되는 수를 모두 찾아보자.

$$0+0, 1+4,\ 2+3,\ 3+2,\ 4+1$$

- 역수 : $3\times(2)=1,\quad 4\times(4)=1$ 등

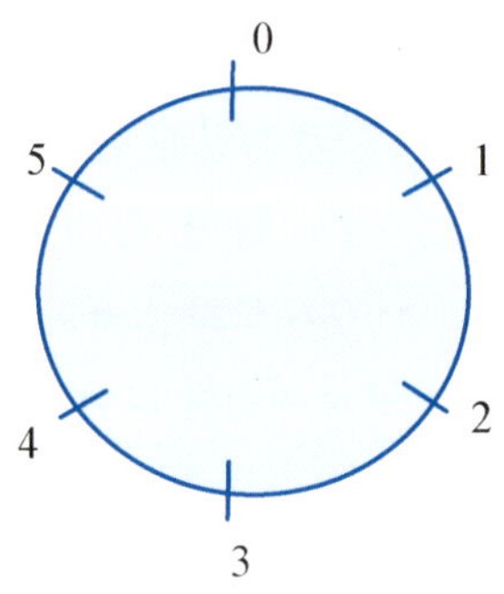

(2) 여섯 개의 눈금 0, 1, 2, 3, 4, 5 뿐인 시계가 있다.
이 시계위에서 덧셈, 뺄셈, 곱셈을 해본다.

- $3+4=1,\ 2-4=4,\ 3\times4=0$

- 위에서의 계산과 다른 점은?

4.2.3 합동식의 성질

합동식의 사칙연산은 양변에 같은 수를 더하거나, 빼거나, 곱할 때는 등식의 성질과 같고, 나눌 때만 등식의 성질과 다르다.

(1) $ca \equiv cb \bmod n$이고, $\gcd(c, n) = d$이면 $a \equiv b \bmod \frac{n}{d}$이다.

(2) 합동식의 성질을 이용하면 다음과 같은 성질을 유도할 수 있다. $a \equiv b \bmod n$ 이면 모든 정수계수 다항식 $f(x) = c_n x^n + c_{n-1} x^{n-1} + \cdots + c_1 x + c_0$
에 대하여 $f(a) \equiv f(b) \bmod n$ 이다. 이 성질에 의하여서 다음과 같은 배수판정법이 성립한다.

(3) 2, 4, 5, 8의 배수판정법은 쉬운 문제이다.

- 3, 9의 배수 판정법

정수계수 다항식 $f(x) = c_n x^n + c_{n-1} x^{n-1} + \cdots + c_1 x + c_0$에 대하여, 모든 자연수는 $f(10)$으로 표현된다. 그런데 $10 \equiv 1 \bmod 3$ 또는 9이므로 $f(10) \equiv f(1) \bmod 3$ 또는 9이다. 그런데 $f(10)$은 자연수이고, $f(1)$은 그 자연수의 각 자리수의 합이다. 따라서 어떤 자연수가 3 또는 9의 배수일 필요충분조건은 그 자연수의 각 자리수의 합이 3 또는 9의 배수인 것이다.

〈다른 방법〉

(예) $23457 = 2 \times 10000 + 3 \times 1000 + 4 \times 100 + 5 \times 10 + 7$

$= 2 \times (9999+1) + 3 \times (999+1) + 4 \times (99+1) + 5 \times (9+1) + 7$

$= \{2 \times 9999 + 3 \times 999 + 4 \times 99 + 5 \times 9\} + (2+3+4+5+7)$

$= \{$3 또는 9 배수$\} + (2+3+4+5+7)$

$2+3+4+5+7=21$이다. 그런데 21은 3의 배수이지만 9의 배수는 아니다.

따라서 23457은 3의 배수이고 9의 배수는 아니다.

- 11의 배수 판정법

$10 \equiv -1 \bmod 10$이므로 $f(10) \equiv f(-1) \bmod 10$이다. 따라서 끝자리에서부터 $+-+-\cdots$한 값이 11의 배수이면 원래의 수가 11의 배수이다.

(예) $23457 = 2 \times 10000 + 3 \times 1000 + 4 \times 100 + 5 \times 10 + 7$

$= 2 \times (9999+1) + 3 \times (1001-1) + 4 \times (99+1) + 5 \times (11-1) + 7$

$= \{2 \times 9999 + 3 \times 1001 + 4 \times 99 + 5 \times 11\} + (2-3+4-5+7)$

$= \{$11의 배수$\} + (2-3+4-5+7)$

그런데 $2-3+4-5+7=5$이므로 5는 11의 배수가 아니다. 따라서 23457도 11의 배수가 아니다.

- 7의 배수 알아보기

네 자리 수 $abcd$가 7의 배수인지를 알아보는 방법 :

$abcd = 1000a + 100b + 10c + d$이다. 이 때 만일 $100a + 10b + c - 2d$가 7의 배수이면 원래의 수 $abcd$는 7의 배수이다.

(4) 일차 합동식

자연수 n과 두정 수 a,b에 대하여 $ax \equiv b \mod n$을 만족하는 n을 법으로 하는 정수해 x의 동치류를 구하는 문제이다.

(해) 위의 일차합동식이 정수해를 가질 필요충분조건은 $\gcd(a, n)|b$이고, 만일 해를 갖는다면, 그 해는 꼭 $\gcd(a, n)$개의 동치류이다.

따라서 만일 $\gcd(a, n)=1$이면 단 하나의 해를 갖는다.

(5) 중국인의 나머지정리(연립합동식)

수의 합동을 이용하여 고대 중국인이 생각해낸 다음의 문제를 해결해 보자. 아래 내용은 기성수학이다.

- 어떤 수를 5로 나누면 2가 남고, 7로 나누면 3이 남는다.
  그 수는 어떤 수인가?

$$x \equiv 2(\mathrm{mod}5), x \equiv 3(\mathrm{mod}7)$$

$$a_1 = 2, a_2 = 3, m_1 = 5, m_2 = 7$$

$$M = m_1 m_2 = 5 \times 7 = 35$$

$$M_1 = 7, M_2 = 5$$

$$7b_1 \equiv 1(\mathrm{mod}5),\ b_1 = 3$$

$$5b_2 \equiv 1(\mathrm{mod}7),\ b_2 = 3$$

$$p = 2 \times 7 \times 3 + 3 \times 5 \times 3$$

$$= 87$$

$$x \equiv 87 \equiv 17(\mathrm{mod}35)$$

- 어떤 수를 5로 나누면 2가 남고, 7로 나누면 3이 남고 9로 나누면 2가 남는다. 그 수는 어떤 수인가?

$$p = 2 \times 63 \times 2 + 3 \times 45 \times 5 + 2 \times 35 \times 8$$

$$= 252 + 675 + 560 = 1487$$

$$\therefore x \equiv 1487 \equiv 227(\mathrm{mod}\,315)$$

- 이 내용을 학교수학으로 전환하는 방법을 만들어 보자.
- 아이디어는 가우스가 발간한 그의 '정수론'에서 처음으로 발표한 modulo의 성질을 이용하는 것이고, 이 modulo의 관념이 40년 후에는 군(group)론은 물론이고 수학전반에서 핵심이 되는 상군(quotient group)을 유도하게 되었다.

(6) 최대공약수 구하기(유크리트(Euclid) 호제법)

유크리트 원론에 나타나는 호제법은 당시의 그리스 수학들의 관념인 '나눗셈 = 동수 누감, 수 = 막대의 길이' 라는 점을 이용하고, 우리는 그 아이디어를 직관적인 방법으로 접근할 수 있는 방법으로 지도하기로 한다.

유클리드 호제법의 아이디어는 다음과 같다.

예를 들면 6과 4의 최대공약수를 구해보자.

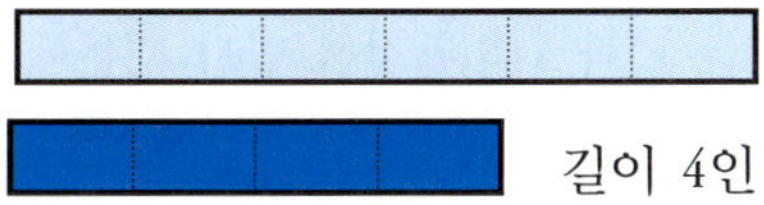

길이 6인 막대

길이 4인 막대

길이 6인 막대와 길이 4인 막대에는 두 막대 모두를 빈틈없이 채울 수 있는 가장 큰 길이(최대공약수)의 막대가 있다.

긴 막대(6) 위에 짧은 막대(4)를 올릴 수 있는 덮는다.

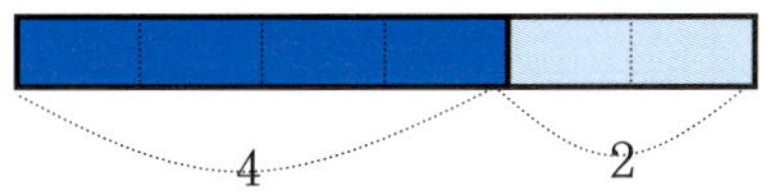

길이 6인 막대

이 때 긴 막대(6)는 짧은 막대(4)와 짧은 막대로 덮지 못한 나머지 2로 나누어진다.

그리고 6과 4의 최대공약수 막대는 6과 4를 동시에 완전히 덮기 때문에 2를 완전히 덮어야 된다. 즉, 6과 4의 최대공약수 막대는 4와 2를 동시에 완전히 덮기 때문에 4와 2의 최대공약수 막대도 된다. 그러므로 6과 4의 최대공약수는 4와 2의 최대공약수와 같다.

위의 ① 문제를 풀어보면

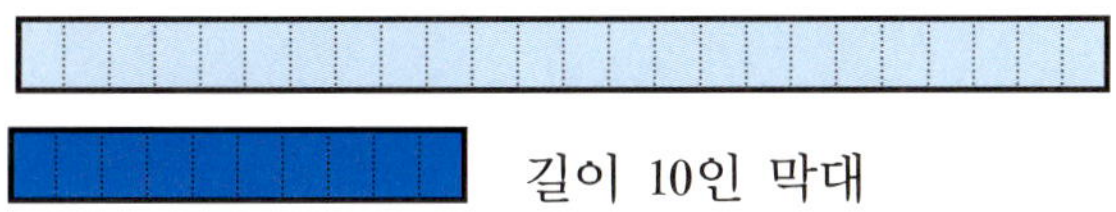

길이 24인 막대

길이 10인 막대

길이 24인 막대와 길이 10인 막대에 두 막대 모두를 빈틈없이 채울 수 있는 최대공약수 막대가 있다.

긴 막대(24) 위에 짧은 막대(10)를 올릴 수 있는 덮는다.

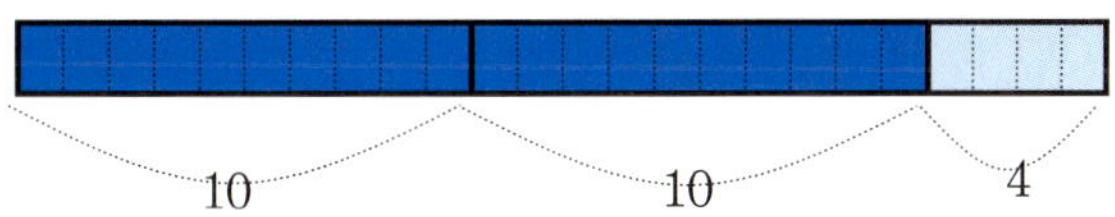

길이 24인 막대

이 때 긴 막대(24)는 짧은 막대(10)2개와 짧은 막대로 덮지 못한 나머지 4로 나누어진다.

그리고 24와 10의 최대공약수 막대는 24와 10을 완전히 덮기 때문에 4를 완전히 덮어야 된다. 그러므로 24와 10의 최대공약수는 10과 4의 최대공약수와 같다.

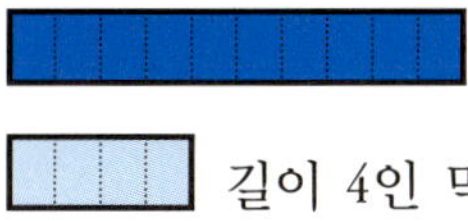

길이 10인 막대

길이 4인 막대

길이 10인 막대와 길이 4인 막대에 두 막대 모두를 빈틈없이 채울 수 있는 최대공약수 막대가 있다.

긴 막대(10) 위에 짧은 막대(4)를 올릴 수 있는 덮는다.

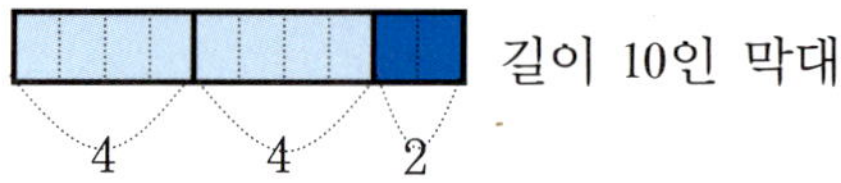

이 때 긴 막대(10)는 짧은 막대 4(2개)과 짧은 막대로 덮지 못한 나머지 2로 나누어진다.

그리고 10과 4의 최대공약수 막대는 10과 4를 완전히 덮기 때문에 2를 완전히 덮어야 된다. 그러므로 10과 4의 최대공약수는 4와 2의 최대공약수와 같다.

24와 10의 최대공약수는 4와 2의 최대공약수인 2이다.

〈유클리드 호제법〉

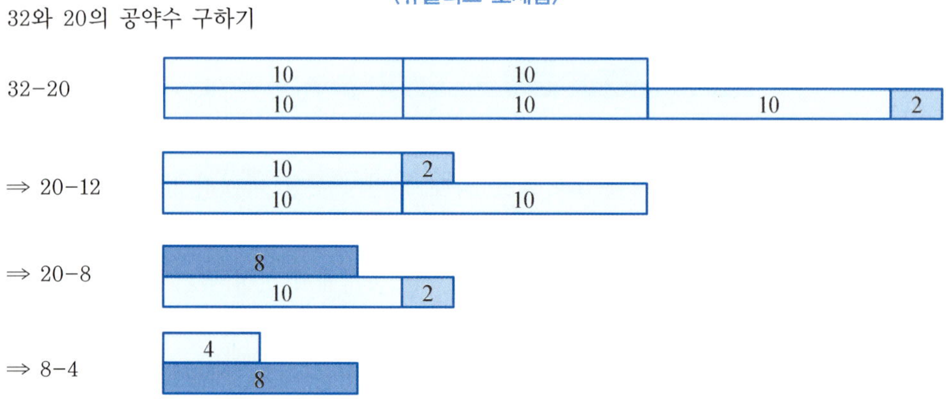

〈그림 1〉

먼저 알아두어야 할 것

약수 알아보기

약수는 '자연수 범위에서 피제수를 나누어 떨어지게 하는 수'이다.

'나누다'의 의미는 같은 수를 몇 번 빼었는지의 개념인 **동수누감**이다.

즉, 약수라 함은 피제수를 0까지 빠짐없이 뺄 수 있는 수이고, 이를 표현하면 다음과 같다.

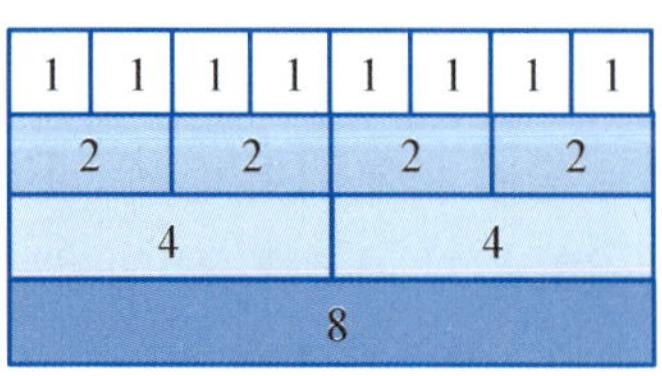

8은 1, 2, 4의 수로 0까지 빠짐없이 여러번 뺄 수 있으므로 1, 2, 4는 8의 약수이다.

〈그림 2〉

공약수 알아보기

공약수는 제시한 두 수를 빠짐없이 0까지 뺄 수 있는 수이다.

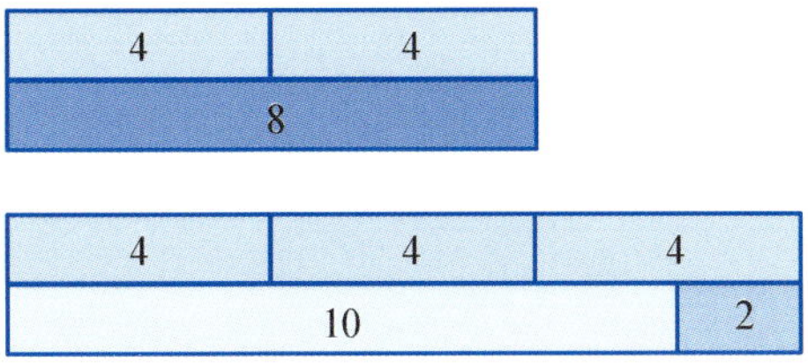

4는 8과 12를 빠짐없이 0까지 뺄 수 있으므로 4는 8과 12의 공약수이다.

〈그림 3〉

〈핵심 아이디어〉

A와 B의 공약수를 구할 때, 'A와 $N \times B$의 차'(N은 정수)는 A와 B의 최대공약수가 될 수 있다.

다음과 같은 경우를 생각해보자

1) 두 수 A와 B(B<A)가 있을 때, B가 A의 약수인 경우

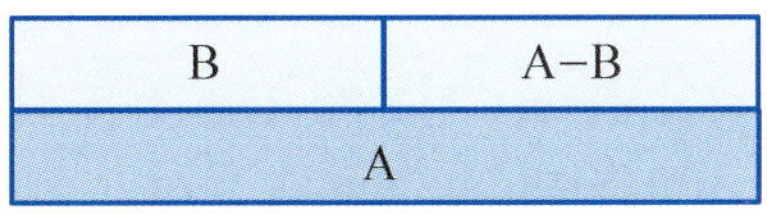

〈그림 4〉

이 경우, 그림과 같이 B로 A를 여러 번 채울 수 있다는 뜻이며, 이 때, A-B는 B와 같으며, A-B는 최대공약수가 된다.

$$\mathrm{GCD} = \mathrm{B} = \mathrm{A} - \mathrm{B}$$

2) 두 수 A와 B(B<A)가 있을 때, B가 A의 약수가 되지 않는 경우

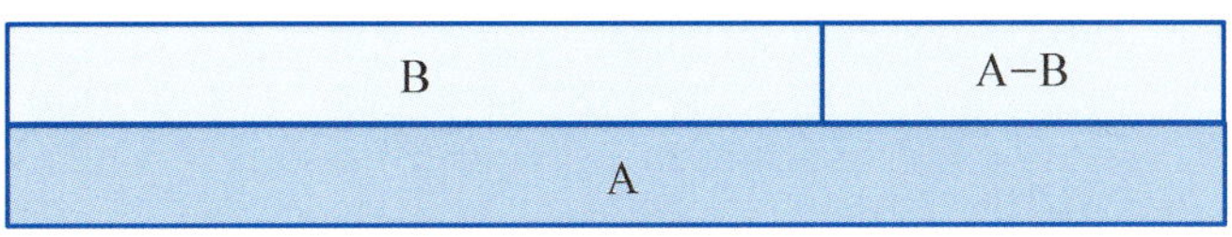

〈그림 5〉

이때에도 두 가지 경우의 수를 생각해 볼 수 있다.

① A−B가 B의 약수가 되는 경우

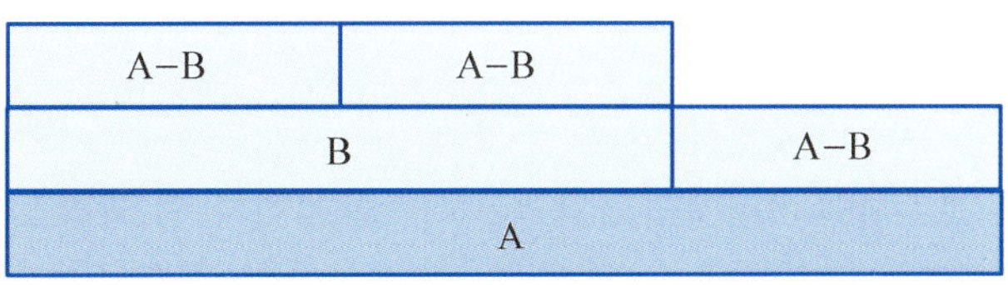

〈그림 6〉

A-B가 B의 약수가 된다면 위 그림에서 보는 것과 같이 A-B는 A의 약수도 될 수 있다.

② A-B가 B의 약수가 되지 않는 경우

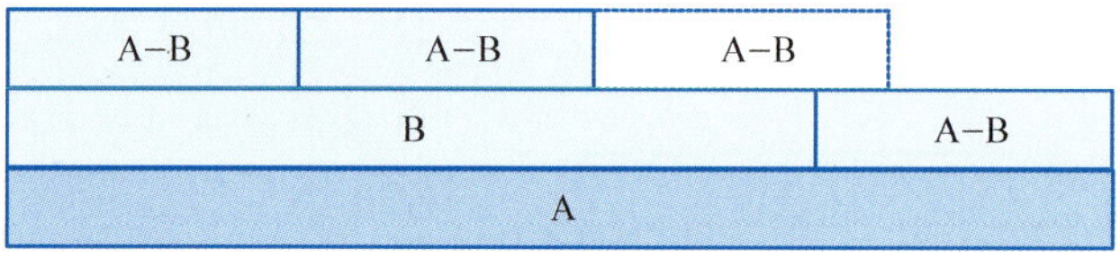

〈그림 7〉

그림에서와 같이 A-B가 B를 덮지 못하기 때문에 이때는 최대공약수가 되지 못한다. 그렇다면 이제 B와 A-B의 최대공약수를 찾는 것을 생각해보자.
만약 B에서 A-B를 여러 번 뺀 나머지가 A-B를 덮는다면 그 수인 'B-2(A-B)가 최대공약수가 된다. 그 그림의 형태는 그림 6을 참고하면 된다.

- 36과 24의 최대공약수는?

  $36-24=12$ 이다.

  이 방법이 중요한 점은 자연수의 아주 큰 소인분해는 성능이 아주 우수한 슈퍼컴퓨터를 이용하여도 수백 년이 걸리는 경우가 있는 점을 감안한다면, 최대공약수를 구하는 전통적인 방법인 소인수분해를 피해간 것이기 때문이다.

- 38과 16의 최대공약수를 구해보자.

  식 $38-16=22$ 을 자세히 관찰하면 $\gcd(38,\ 16)=\gcd(16,\ 22)=2$ 인 사실을 알 수 있다. 또 $38-16-16=6$ 에서 $\gcd(38,\ 16)=\gcd(16,\ 6)$ 임을 알 수 있다. 또 $16-6-6=4$ 에서 $\gcd(16,6)=\gcd(6,4)=2$ 임을 알 수 있고, 또 $6-4=2$ 에서 $\gcd(6,4)=\gcd(4,\ 2)=2$ 임을 알 수 있다. 마지막으로 $\gcd(4,\ 2)=2$ 이므로, 추이율에 의해서 $\gcd(38,16)=\gcd(4,2)=2$ 이다. 유크리트 호제법에서는 소인수분해 과정은 없고 다만 뺄셈만으로 최대공약수를 구하고 있다.

- 이것은 $a \div b=q \cdots r$ 을 $a=bq+r$ 과 같이 바꾼 다음, 다음을 증명하자.

  $\gcd(a,b)=\gcd(b,r)$

  증명 과정에서 나눗셈을 동수누감으로, a, b, r 을 막대의 길이로 인식하였던 것이 당시의 수학자들의 관념이었다. 따라서 이 과정에서 나타난 아이디어를 학생들이 발견하도록 지도하면 될 것이다.

05 이차방정식의 해법

아래의 문제들은 '대수학의 아버지'라고 불리는 아랍의 수학자 '알 콰리즈미'가 제안한 6개의 문제 중 2개이다. 이 문제의 출현으로 수와 연산(대수학)의 영역과 도형(기하학)의 영역이 결합되어지는 사고의 전환이 이루어지게 되었는데, 이러한 수학영역을 '기하대수'라고 한다. 따라서 학교수학에서도 가급적 두 영역을 별개의 것으로 구분하지 않도록 지도하는 것이 바람직하다.

5.1 $x^2+10x=39$

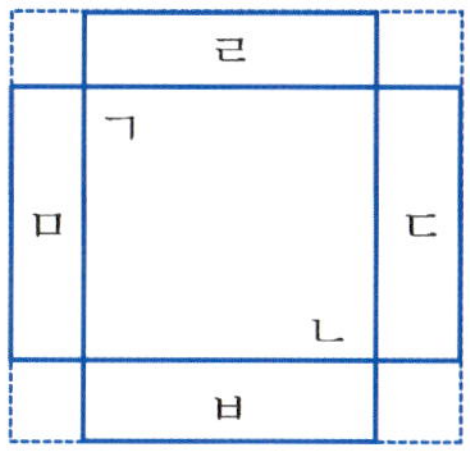

힌트 ① x^2 : 정사각형 ㄱㄴ의 면적이고,

② 직사각형 ㄷ, ㄹ, ㅁ, ㅂ은 다른 한변은 $2\frac{1}{2}$이다.

5.2 $x^2+10x=39$의 해를 구하는 도형을 다른 방법으로 그려보시오.

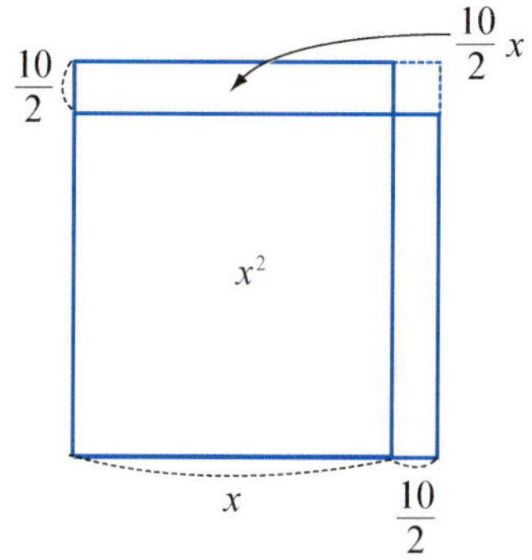

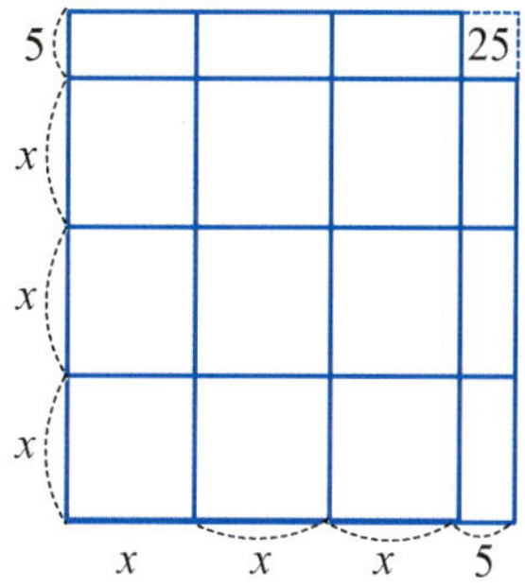

- $x^2+10x=x^2+2(\frac{10}{2}x)$이므로 x^2+10x를 나타내면 위의 그림과 같고, 이 도형에서 점선 부분의 넓이는 $(\frac{10}{2})^2$이다.
- 따라서 큰 정사각형을 식으로 나타내면 $(x+\frac{10}{2})^2$이고 이것은 $x^2+2(\frac{10}{2}x)$에 $(\frac{10}{2})^2$을 더한 것과 같고, $(x+\frac{10}{2})^2=x^2+2(\frac{10}{2}X)+(\frac{10}{2})^2$이다.
- 일반적으로 $x^2+ax=b$에 적용하여 보시오.
- $3x^2+10x=32$의 근을 도형을 이용하여 구하시오.
  (힌트 양변에 3을 곱하시오)

• $x^2+21=10x$의 근을 다음의 그림을 이용하여 풀어보시오.

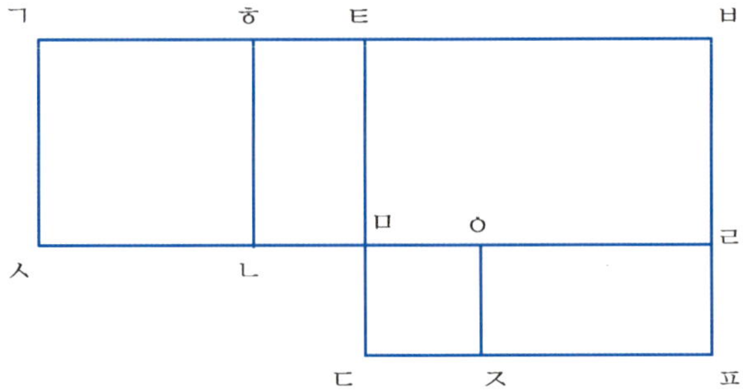

힌트 1 ① x^2 : 정사각형 ㄱㅅㄴㅎ의 넓이

② 21 : 직사각형 ㄴㄹㅂㅎ의 넓이

③ ㅁ : 선분ㅅㄹ의 중점

④ 선분 ㄱㅂ의 길이 : 10

⑤ 사각형 ㅌㄷㅍㅂ과 사각형 ㅁㄷㅈㅇ은 정사각형

힌트 2 직사각형 ㅎㄴㅁㅌ의 넓이와 직사각형 ㅇㅈㅍㄹ의 넓이가 같게 된다. 그 이유를 설명하시오.

풀이 사각형 ㅌㄷㅍㅂ의 넓이가 25라는 것을 알 수 있고, 그 중에서 정사각형ㅁㄷㅈㅇ 의 넓이를 뺀 나머지 값이 21이므로 정사각형ㅁㄷㅈㅇ의 넓이는 4이며, 한변의 길이는 2라는 것을 알 수 있다. 정사각형ㅁㄷㅈㅇ의 한 변은 $5-x$이므로 x는 3이다. 다른 그림을 통해서 x=7임을 알 수 있다.

• 배웠던 것을 이용하여 $X^2+10\times X=39$을 만족하는 X를 구하시오.

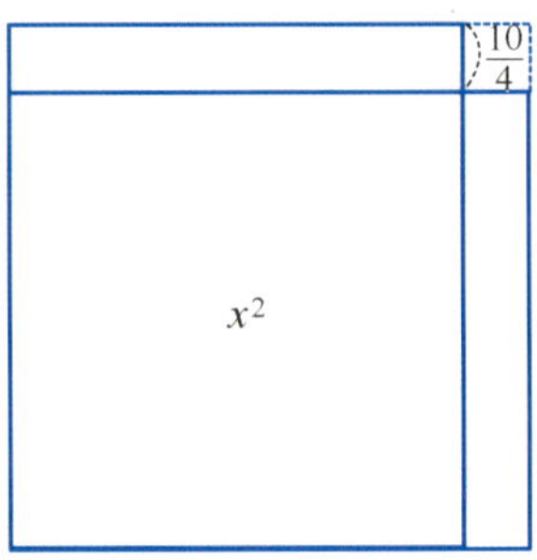

풀이 ① 한 변이 X인 정사각형의 각 변에 두께가 $\frac{10}{4}$인 직사각형을 붙여보자.

② 그러면 전체 도형의 넓이는 $X^2+X\times\frac{10}{4}\times 4=X^2+10\times X$이다.

③ 이 넓이가 39가 된다. 즉 $X^2+10\times X=39$

④ 점선이 있는 네 모퉁이의 넓이는 각각 $\frac{10}{4}\times\frac{10}{4}$이다.

⑤ 네 모퉁이의 넓이의 합은 $\frac{10}{4}\times\frac{10}{4}\times 4=\frac{100}{4}=25$

(한 모퉁이의 넓이) $\times$ (4개) $=25$

⑥ 전체 사각형은 정사각형이고 그 넓이는 39+25=64이다.

⑦ 그런데 큰 정사각형의 한 변이 $X+5$이므로

$(X+5)^2=64$이다.

⑧ 따라서 $X+5=8$이고 $X=3$이 된다.

- 위의 과정을 다른 식으로 나타내보시오.

① $X^2+10\times X=X^2+4\times\frac{10}{4}\times X$

② $X^2+10\times X+4\times(\frac{10}{4})^2=X^2+4\times\frac{10}{4}\times X+4\times(\frac{10}{4})^2$

③ 그런데 ②의 식은 $\left(X+\frac{10}{2}\right)^2$과 같다.

따라서 $(X+\frac{10}{2})^2=X^2+10\times X+(\frac{10}{2})^2$이다. $(\because 4\times(\frac{10}{4})^2=(\frac{10}{2})^2)$

- 위의 과정을 기호를 사용하여 일반화하여 보시오.

문제

식 $X^2+P\times X=Q$에서 X를 구하는 방법을 알아보시오.

풀이 ① $(X+\frac{P}{2})^2=X^2+P\times X+(\frac{P}{4})^2$

$=Q+(\frac{P}{2})^2$

② P와 Q는 이미 알고 있는 자연수 이므로 $Q+(\frac{P}{2})^2$가 어떤 수의 제곱인지를 알면 된다.

③ 그 수를 R이라고 하면

$(X+\frac{P}{2})^2=R^2$이므로

$X+\frac{P}{2}=R$

따라서 $X=R-\frac{P}{2}$이다.

- $X^2 + 10 \times X = 39$에 맞는 그림을 다른 방법으로 그려보시오.

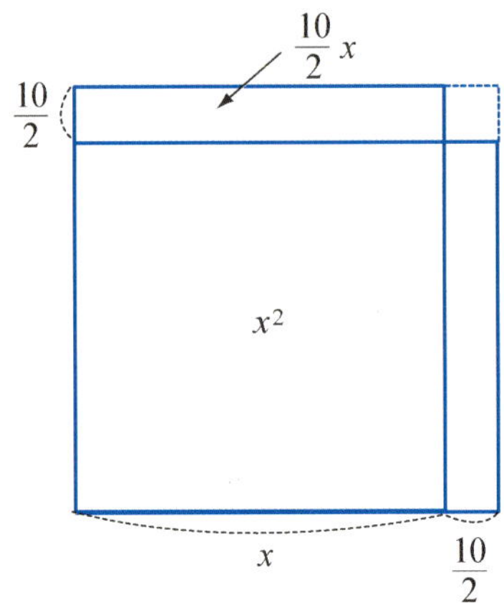

풀이 ① $X^2 + 10 \times X = X^2 + 2 \times (\frac{10}{2} \times X)$이므로 $X^2 + 10 \times X$를 나타내면 옆그림과 같다.

② 이 도형에서 점선 부분의 넓이는 $(\frac{10}{2})^2$이다.

③ 따라서 큰 정사각형을 식으로 나타내면 $(X + \frac{10}{2})^2$이고 이것은 $X^2 + 2 \times (\frac{10}{2} \times X)$에 $(\frac{10}{2})^2$을 더한 것과 같다.

④ 따라서 $(X + \frac{10}{2})^2 = X^2 + 2 \times (\frac{10}{2} \times X) + (\frac{10}{2})^2$이다.

- 일반적으로 $X^2 + P \times X = Q$에 적용하여 보시오.

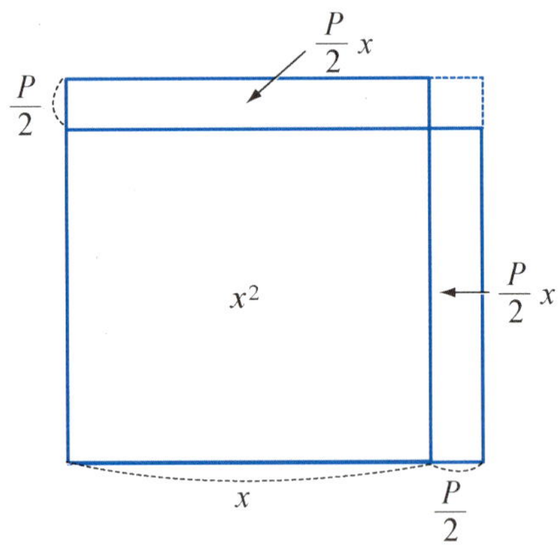

풀이 ①$X^2 + P \times X = X^2 + 2 \times (\frac{P}{2} \times X)$이므로 다음 도형이 된다.

② 점선 부분의 넓이는 $(\frac{P}{2})^2$이다.

③ 따라서 큰 정사각형의 넓이는 $(X+\frac{P}{2})^2 = X^2+2\times(\frac{P}{2}\times X)+(\frac{P}{2})^2$

$= Q+(\frac{P}{2})^2$

④ $Q+(\frac{P}{2})^2$은 이미 알고 있으므로 제곱하면 $Q+(\frac{P}{2})^2$이 되는 수를 찾아서 그 수를 R이라고 하자. 즉 $R^2 = Q+(\frac{P}{2})^2$

⑤ 그러면 $(X+\frac{P}{2})^2 = R^2$이다.

⑥ 따라서 $X+\frac{P}{2}=R$

즉 $X=R-\frac{P}{2}$

- $X^2+8\times X=9$

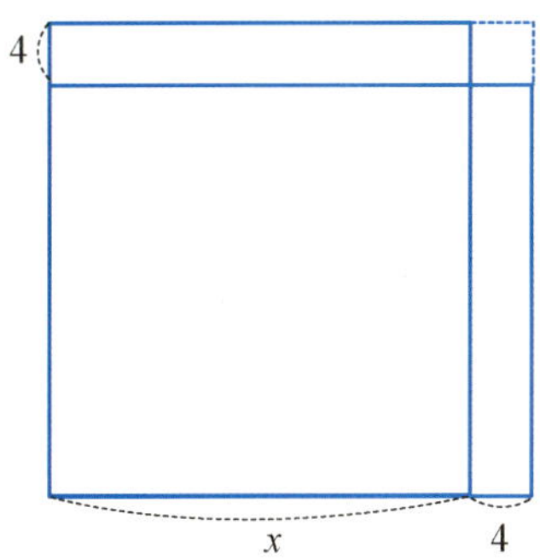

풀이 ① 도형 $P=8$ 이므로 $\frac{P}{2}=4$

② 점선부분의 넓이는 $4\times4=16$

③ $X^2+8\times X=9$이므로 양변에 16을 더하면

$X^2+8\times X+16=9+16$

④ 그런데 $X^2+8\times X+16=(X+\frac{8}{2})^2$

$=(X+4)^2$

⑤ 따라서 $(X+4)^2 = 9+16=25=5^2$

⑥ $X+4=5$

$\therefore X=1$

- $X^2+10\times X=144$

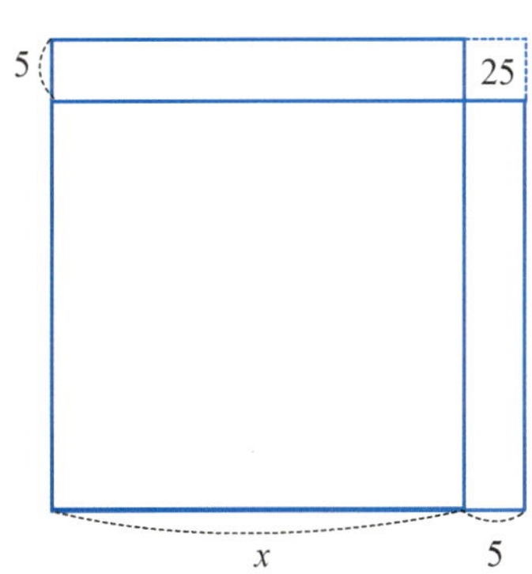

풀이 ① $X^2+10\times X=X^2+2\times(5\times X)$이므로

② 따라서 $(X+5)^2 = X^2+10\times X+25$

$= 144+25$

$= 169$

③ $(X+5)^2 = 13^2$

$X+5=13$

즉, $X=8$

- $X^2 + 12 \times X = 64$

풀이 ① $X^2 + 12 \times X = X^2 + 2 \times (6 \times X)$이므로

② $(X+6)^2 = X^2 + 2 \times (6 \times X) + 36$

$= 64 + 36$

$= 100$

③ $(X+6)^2 = 10^2 \quad (\because 10^2 = 100)$

$X + 6 = 10$

즉, $X = 4$

- $3X^2 + 10 \times X = 32$

(힌트 양변에 3을 곱하시오)

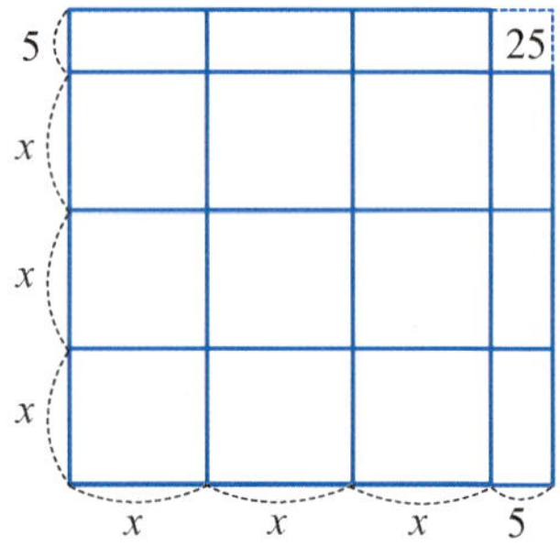

① $9 \times X^2 + 30 \times X = 96$

즉 $(3 \times X)^2 + 30 \times X = 96$

② $(3 \times X)^2 + 30 \times X = (3 \times X)^2 + 6 \times (5 \times X)$ 이므로

③ $(3 \times X + 5)^2 = (3 \times X)^2 + 6 \times (5 \times X) + 25$

$= 96 + 25 = 121 = 11^2$

즉, $X = 2$

5.3 인수분해를 이용한 해 구하기

이차식 $3 \times x^2 + x - 4$이란 x^2 세 개, x 한 개, -4를 합한 것이다.

이때 x^2을 이차항, x를 일차항, -4를 상수항이라고 부른다.

따라서 (x에 관한) 이차식은 이차항 몇 개와 일차항 몇 개에 상수를 더한 식이다.

이제 이차항 x^2을 한 변이 x인 정사각형, 이차항, 일차항 x을 가로가 1이고 세로가 x인 직사각형으로, 자연수 1은 가로, 세로가 각각 1인 정사각형으로 생각한다. 왜냐하면 $x = 1 \times x$이기 때문이다.

5.3.1 이차식의 도형 표현

알 콰리즈미의 방법을 적용하기 위하여 다음과 같이 약속한다.

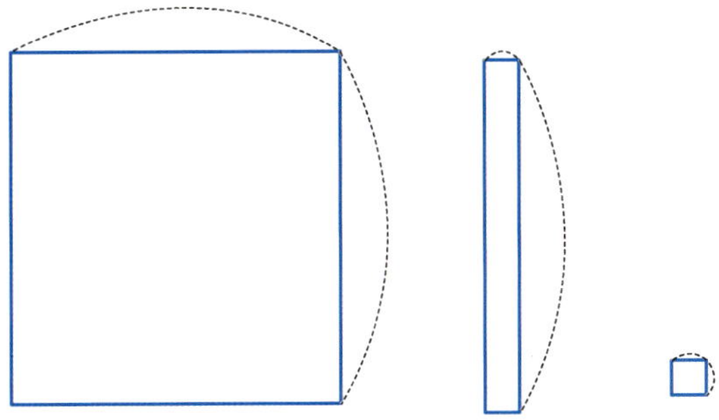

※ 또는 x^2은 백모형, x는 십모형, 1은 일모형을 이용해도 좋다.

문제

$2\times(x+3)$을 도형으로 표현하시오.

			1
			1

$x+3$

문제

$3\times(x+4)$을 도형으로 표현하시오.

$4\times(x+5)$을 도형으로 표현하시오.

$x^2+3\times x+2$를 도형으로 표현하시오.

x^2	x	x
x	1	1

문제

$x^2+5\times x+4$를 도형으로 표현하시오.

$x^2-4\times x+3$를 도형으로 표현하시오.

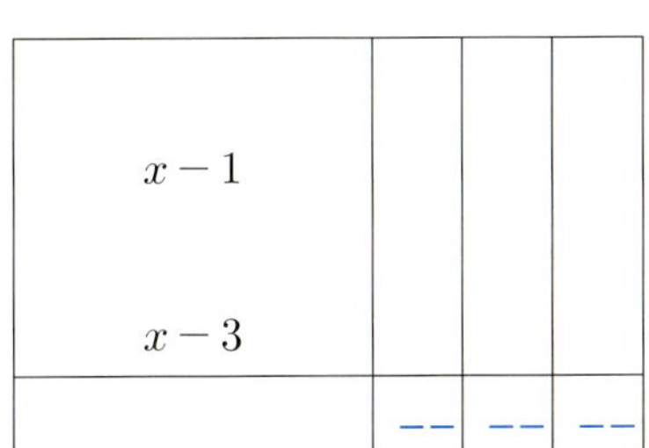

x

예제

$x^2 - x - 12$를 도형으로 표현하시오.

5.3.2 이차식의 인수분해

36을 소인수분해하면 $2^2 \times 3^2$으로 되는 것과 마찬가지로 이차식도 일차식의 곱으로 나타낼 수 있다. 이와 같이 이차식을 일차식의 곱으로 나타내는 것을 이차식의 인수분해라고 한다.

예제

도형을 이용하여 이차식을 인수분해 하시오.

$x^2 - 4 \times x + 3$를 도형으로 표현하면 아래와 같게 된다.

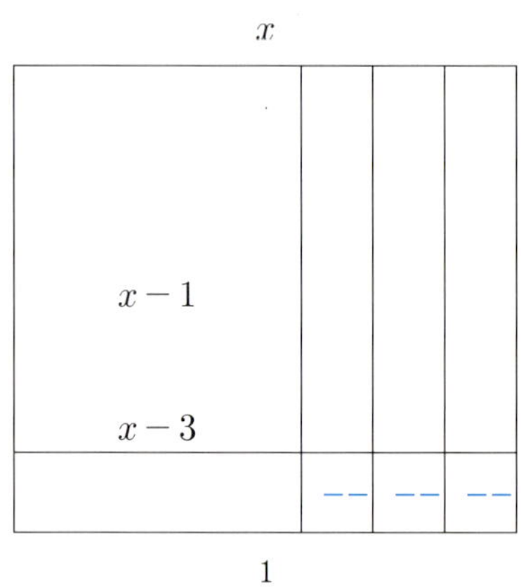

따라서 $x^2 - 4 \times x + 3$은 가로가 $x-3$, 세로가 $x-1$인 직사각형의 넓이이다.

그러므로 $x^2 - 4 \times x + 3 = (x-3) \times (x-1)$이다.

5.3.3 이차방정식

$3 \times x^2 + x - 4 = 0$과 같이, 이차식을 0으로 만드는 x를 구하는 식을 이차방정식이라고 하고, 0으로 만드는 x의 값을 이차방정식의 “해”라고 한다.

(1) 이차방정식의 해

이차방정식 $3 \times x^2 + x - 4 = 0$은 x가 1일 때 좌변이 0이 된다. 따라서 $x = 1$이 이차방정식의 해이다. 이차방정식의 해를 구하는 일반적인 방법은 알 콰리즈미의 방법을 일반화하면 된다. 그러나 이 절에서는 인수분해를 이용하여 이차방정식의 해를 구하기로 한다.

- $a \times b = 0$이려면 $a = 0$이거나, $b = 0$이거나, 동시에 $a = 0$이고 $b = 0$이어야 한다. 이

때를 $a=0$ 또는 $b=0$이라고 표현한다. 거꾸로 말하면 $a=0$ 또는 $b=0$일 때만 $a\times b=0$이 된다. 이 사실을 확장하여 만일 $(x-1)\times(x-2)=0$이면 $x=1$ 또는 $x=2$이다.

문제

그러면 이차방정식의 해는 두 개인가? 더 있을 수도 있지 않나?

[답] 가우스는 1799년에 제출한 박사학위 논문에서 "이차, 3차, 4차, … 방정식은 각각 꼭 두 개, 세 개, 네 개, … 의 해만을 갖는다."라고 증명하였다.

(2) 도형으로 해 구하기

$x^2+3\times x+2$를 도형으로 표현하면 아래 그림이 되었다.

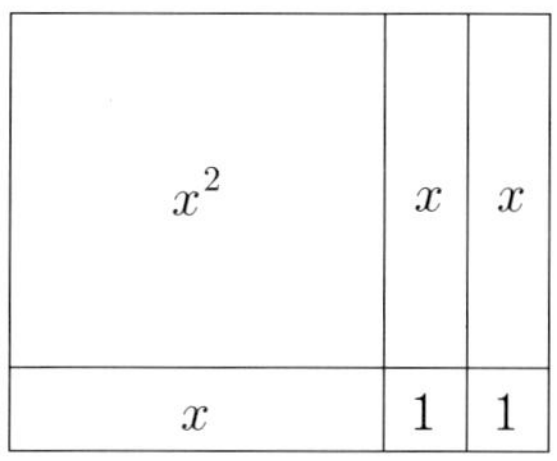

이 그림은 가로가 $x+2$이고 세로가 $x+1$인 직사각형이다.

따라서 $x^2+3\times x+2=(x+2)\times(x+1)$이 된다.

그러면 이차방정식 $x^2+3\times x+2=0$은 결국 $(x+2)\times(x+1)=0$이 되므로 $x+2=0$ 또는 $x+1=0$이다.

따라서 $x=-2$ 또는 $x=-1$이 이차방정식의 해이다.

문제

위와 같은 방법으로 이차방정식 $x^2+7\times x+12=0$의 해를 구하시오.

06 바빌론의 삼중수

우리는 흔히 피타고라스의 정리를 처음 발견한 사람이 피타고라스라고 생각한다. 하지만 플림턴 322라는 점토판에 대해서 알게 된다면 그 생각은 달라질 것이다. 플림턴 322를 처음으로 소장품 목록에 올린 건 컬럼비아 대학 도서관으로, 1943년이었다. 지금도 그곳에 영구 전시되어 있으며, 고대 바빌로니아의 다른 점토판 수백 개처럼 재고 현황표나 영수증 같은 평범한 '상업 문건'으로 분류되어 있다. 그 점토판은 조지 플림턴(George Plimpton)이라는 사람이 1922년에 10달러를 주고 산 것이었지만 후에 믿을 수 없을 만큼 엄청난 학문적·금전적 가치를 지닌 고대 바빌로니아의 수학을 담은 진귀한 표로 다시 태어났다. 그 점토판을 해석한 사람은 노이게 바우어로, 그는 플림턴 322가 $a^2+b^2=c^2$이라는 피타고라스의 정리를 만족하는 정수해, 즉 '삼중수'를 모은 표라는 점을 발견하였다. 이는 고대 바빌로니아의 서기관들이 '피타고라스의 정리'라고 알려져 있는 사실을 피타고라스가 태어나기 1000년 전에 이해하고 있다는 것을 증명하고 있다.

6.1 플림턴 322의 비밀

6.1.1 삼중수를 찾아보시오.

답 : (3, 4, 5) (5, 12, 13) (7, 24, 25) (8, 15, 17) (9, 40, 41) (11, 60, 61) (12, 35, 37) (13, 84, 85) (16, 84, 85) (20, 21, 29) (20, 99, 101) (28, 45, 53) (33, 56, 65) (36, 77, 85) (39, 80, 89) (48, 55, 73) (60, 91, 109) (65, 72, 97) 등이 있고 이들의 배수는 모두 삼중수이다.

예를 들면 (3, 4, 5)의 모든 배수는 모두 삼중수이다. 즉, (6, 8, 10) (9, 12, 15) …

6.1.2

플림턴 322에 나와 있는 삼중수의 값이 왜 중요한 지 알아보기 위해 바빌로니아 시대의 힌두교식 제단을 설계해보도록 하자. 삼중수를 이용하여 아래와 같은 힌두교식 재단을 모눈종이에 그려보시오.

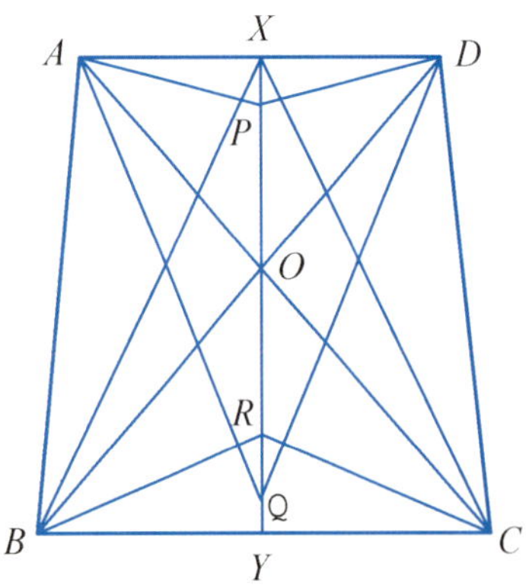

$\triangle AXP = 5, 12, 13$

$\triangle AXO = 12, 16, 20$

$\triangle AXQ = 12, 35, 37$

$\triangle BYX = 15, 36, 39$

$\triangle BYO = 15, 20, 25$

$\triangle BYR = 8, 15, 17$

6.1.3

삼중수를 찾는 방법 중 디오판토스가 발견한 방법에 대하여 알아보자.

- 한 변의 길이가 13cm인 색종이 한 장과 가로 8cm이고 세로 18cm인 색종이를 준비한다.
- 가로 8cm이고 세로 18cm인 색종이에서 가로가 8cm이고 세로가 5cm인 직사각형을 오려낸다.
- 오려낸 직사각형을 오른쪽으로 90° 돌린 다음 도로 붙여 뒤집힌 L자 모양을 만든다.

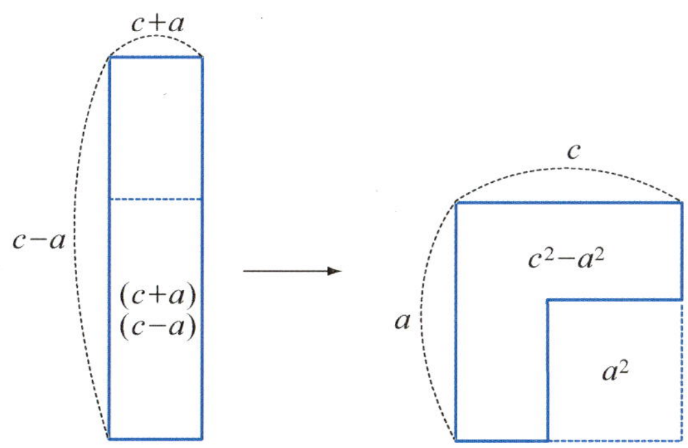

- 도형의 넓이에 대하여 생각해보자.

  답 : $c^2 - a^2 = (c+a)(c-a) = b^2$

- 양변을 b^2으로 나눠보자.

  답 : $(\frac{c}{b}+\frac{a}{b})(\frac{c}{b}-\frac{a}{b}) = 1$

- 이 때 $(\frac{c}{b}-\frac{a}{b})$ 와$(\frac{c}{b}-\frac{a}{b})$는 상분수인가?

  답 : 예

- p와 q가 정수라 할 때 $(\frac{c}{b}+\frac{a}{b}) = \frac{p}{q}, (\frac{c}{b}-\frac{a}{b}) = \frac{q}{p}$로 표현할 수 있는가?

  답 : 예

- $[(\frac{c}{b}+\frac{a}{b})+(\frac{c}{b}-\frac{a}{b})] \div 2$를 p와 q의 식으로 표현하시오.

  답 : $(\frac{p}{q}+\frac{q}{p}) \div 2$

- $[(\frac{c}{b}+\frac{a}{b})-(\frac{c}{b}-\frac{a}{b})] \div 2$를 p와 q의 식으로 표현하시오.

  답 : $(\frac{p}{q}-\frac{q}{p}) \div 2$

- 위의 결과를 피타고라스 정리에 대입하여 p와 q의 식으로 표현하시오.

  답 : $(p^2 - q^2)^2 + (2 \times p \times q)^2 = (p^2 + q^2)^2$

• 삼중수를 이루는 세 수 가운데 둘은 13과 85로 주어졌다고 할 때, 세 번째 수를 구하시오.(문제 4의 공식을 활용할 것)

식 : 13은 85보다 작으므로 a나 b 가운데 하나이다. 그러나 b는 짝수여야 하므로 b일 수는 없다. 즉 $a = 13 = (p^2 - q^2)$이고 $c = 85 = (p^2 + q^2)$이다.

따라서 $p^2 = (13 + 85) \div 2 = 49 = 7^2$, $q^2 = (85 - 13) \div 2 = 36 = 6^2$이고,

$b = 2pq = 2 \times 7 \times 6 = 84$이다.

답 : 84

6.2 피타고라스의 정리

피타고라스는 에게해의 사모스(Samos)섬에서 태어났다. 약 2500년 전, 마기(고대 페르시아의 조로아스터교 사제 계급)의 신비주의적 가르침을 공부하기 위해 바빌론으로 떠난 피타고라스는 그리스로 돌아와 '만물은 수'라는 좌우명을 내건 신비주의적 성향의 피타고라스학파를 세웠다. 바빌로니아 여행 중에 삼중수를 접하고 이를 일반화하여 현재 피타고라스 정리로 알려진 내용의 증명을 완성한 다음, 100마리의 소를 잡아 잔치를 열었다고 한다.(피타고라스는 채식주의자였다는 설이 있어서 앞의 내용은 거짓일 수 있음) 그 정리는 유크리트의 기하학원본의 제 1권에 증명과 함께 실려 있다. 피타고라스학파의 철학은 자연수가 만물의 근원이라는 가정 위에서 세워졌다. 또한 그들은 분수를 활용하여, 동일한 장력 아래서 현의 길이가 2대1일 때 8도 음정, 3대 2일 때 5도 음정, 4대 3일 때 4도 음정 등 8음계와 장조, 단조를 만들었으며 천문학의 기초를 세웠다.

6.2.1 피타고라스

바빌론 여행 중에 삼중수를 배워온 피타고라스는 삼중수를 일반화하는 방법을 고안하였다. 피타고라스는 그 당시의 그리스 수학자들의 아이디어인 같은 수의 곱(제곱)을 정사각형의 넓이로 간주하여 삼중수를 두 정사각형의 넓이의 합과 같은 정사각형을 작도하는 방법을 연구하기 시작하였다. 그 당시의 수학 수준으로 미루어 피타고라스학파의 증명방법은 다음과 같이 직각삼각형의 닮음을 이용하였을 것으로 추측된다. 그 후 피타고라스 정리의 증명은 다양한 방법으로 계속되어 370여 가지나 된다고 한다. 심지어 미국의 20대 대통령 제임스 가필드(James Abram Garfield, 1831-1881)도 증명 방법 한 가지를 발표했다. 대통령이 되기 전에 가필드는 라틴어와 그리스어를 가르치는 대학교수였다. 그러나 가필드는 취임 후 100일 만에 암살되었다.

6.2.2 가필드의 증명

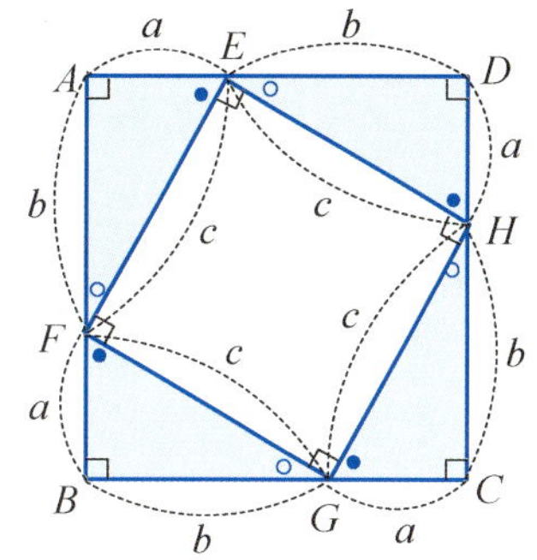

$let\ \square \mathrm{ABCD}$: 정사각형

$let\ \Delta\mathrm{AFE} \equiv \mathrm{BGF}\Delta\mathrm{AFE} \equiv \mathrm{CHG}\Delta\mathrm{AFE} \equiv \mathrm{DEH}$

$\overline{\mathrm{EF}} = \overline{\mathrm{FG}} = \overline{\mathrm{GH}} = \overline{\mathrm{HE}}$

$\bullet + \circ = 90°$

$\angle \mathrm{HEF} = \angle \mathrm{EFG} = \angle \mathrm{FGH} = \angle \mathrm{GHE} = 90°$

$\square \mathrm{ABCD}$: 정사각형

$(a+b)^2 = c^2 + 4 \times \frac{1}{2}ab$

$a^2 + 2ab + b^2 = c^2 + 2ab$

$\therefore\ a^2 + b^2 = c^2$

6.2.3 인도의 수학자 바스카라 2세의 증명

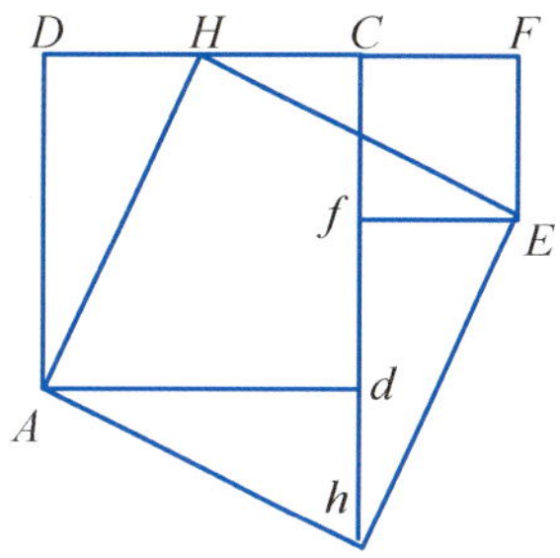

답 : 이 방법은 고대 인도 수학자인 바스카라의 분해법에 의한 증명으로서, 두 정사각형의 면적의 합과 같은 정사각형을 구축해가는 증명이다.

[작도법] 세변의 길이가 a = 선분 BC, b = 선분 AC, c = 선분 AB인 직각삼각형 ABC를 그린다. 선분BC를 한 변으로 하는 정사각형 $CEBD$를 그리고, 변 AC의 연장선에 한변이 b인 정사각형 $EFGH$를 그린다. 변 EH의 연장선 위에 선분 $HK = a$되는 점 K를 잡아서 정사각형 $AGKB$를 그린다.

그러면, 정사각형 $CEBD$ + 정사각형 $EFGH$ = 정사각형 $AGKB$이다.

[증명] 삼각형 ABC의 직각이 아닌 두 내각을 α, β라고 하자.

그러면 선분 AF = 선분 CE + 선분 EF − 선분 $CA = a + b - b = a$이고 선분 DK = 선분 EH + 선분 HK − 선분 $ED = b + a - a = b$이다. 따라서 네 삼각형 $\triangle ABC$, $\triangle GAF$, $\triangle GKH$, $\triangle KBD$는 모두 두 변의 길이가 각각 a, b이고 끼인 각의 크기는 90°이므로 $\triangle ABC \equiv \triangle GAF \equiv \triangle GKH \equiv \triangle KBD$($SAS$ 합동)이다. 결과적으로 사각형 $AGKB$는 네 변의 길이가 c이고 네 각이 모두 90°(왜냐하면 $180° - (\alpha + \beta) = 90°$)이므로 정사각형이고 면적은 c^2이다. 한편, 면적이 a^2인 정사각형과 면적이 b^2인 정사각형을 합한 다각형 $BCGFHD$의 면적 $a^2 + b^2$은 빗금 친 부분의 면적과 $\triangle ABC$와 $\triangle GAF$를 합한 면적과 같다. 그런데 두 삼각형은 사각형 $AGKB$의 일부분인 $\triangle GKH$, $\triangle KBD$과 합동이므로, 다각형 $BCGFHD$

의 면적과 사각형 $AGKB$의 면적이 같다. 따라서 $a^2+b^2=c^2$이다. 위 그림을 다시 그려보기로 하자. 즉, 사각형 $EFGH$를 변 CA를 한 변으로 하는 정사각형이고, 사각형 $CEDB$는 변 CB를 한 변으로 하는 정사각형이다. 따라서 직각을 낀 두 변을 각각 한 변으로 하는 두 정사각형의 면적의 합은 빗변을 한 변으로 하는 정사각형의 면적과 같게 된다. 이 사실과 도형의 닮음을 이용하여 다음을 사실을 알게 된다.

07 무한집합

7.1 무한개념과 칸토르의 집합론

고대 그리스의 변증술의 발견자인 제논(Zenon ho Elea, BC 490-430)의 무한과정의 역설(paradox)인 이분법이 최초의 무한과정의 아이디어이다. 무한의 기호 ∞는 이 곡선을 따라서 끊임없이 여행하는 것을 의미한다. 칸토르는 1872년(여러 가지 이유로 수학사에서 아주 중요한 해이다)에 발표한 "무한집합의 기본성질에 관한 논문(Crelle's Journal)"에서 "유한집합인 경우에는 두 집합 사이에 일대일 대응이 주어지면 원소의 개수(기수 : cardinal)가 같지만, 무한집합에서는 자기 자신의 진부분 집합과도 일대일 대응을 항상 만들 수 있다."라고 하였고 멱집합으로 무한집합의 위계를 정의하였다. 무한집합에서 유리수의 집합은 자연수의 집합과 일대일 대응을 정의할 수 있지만 실수의 집합은 자연수의 집합과 일대일 대응을 만들 수 없음을 귀류법으로 증명하였다. 칸토르의 아이디어를 다음과 같이 해석할 수 있다.

7.2 자연수의 집합은 무한집합이다.

자연수의 집합을 $\mathbb{N}=\{1, 2, 3, \cdots\}$, 짝수의 집합을 $\mathbb{P}=\{2, 4, 6, \cdots\}$, 1을 빼낸 집합을 $M=\{2, 3, 4, \cdots\}$이라고 하자. 그러면 두 집합 $\mathbb{P}$와 M은 $\mathbb{N}$의 진부분 집합이다. 그런데 $\mathbb{P}=\{1\times2, 2\times2, 3\times2, \cdots\}$, $\mathscr{M}M=\{1+1, 2+1, 3+1, \cdots\}$이므로 $\mathbb{N}$과 일대일 대응이 된다. 따라서 $\mathbb{N}$은 무한집합이다.

7.2.1 무한소수 $0.999\cdots=1$의 증명

(1) $x=0.999\cdots$라고 하자. 그러면 $10x=9.999\cdots$이다. 그런데 x와 $10x$의 소수점 아래의 9들은 일대일 대응되기 때문에 $9x=9$, 즉 $x=1$이 된다. 이때 $0.999\cdots$는 수열 0.9, 0.99,

0.999, ⋯의 극한으로서 역동무한이라 하고, 1을 실무한이라고 한다(김용태외, 2007).

(2) 귀류법

만일 $x \neq 1$이라면 $x < 1$이므로 양수 θ가 존재하여 $1-x=\theta>0$이다. 따라서 $1=x+\theta$이다. 그런데 $x=0.999\cdots$에 0이 아닌 어떤 양수 θ를 더하면, 즉 $x+\theta$은 반드시 1보다 크게 어 모순이 된다. 이러한 정의로부터 무한집합은 논리적으로 자기모순이 없는 실재물(실무한)로 존재하며 실수의 정의가 완성되었다.

7.3 다음의 분수를 소수로 고칠 때의 특징을 알아보기로 한다

① $\frac{3}{20}$, $\frac{7}{32}$

- 유한소수이다
- 분모를 소인수는 2 또는 5 뿐이다.

② $\frac{2}{7}$, $\frac{3}{11}$

- 순환하는 무한소수이다.
- 소수 첫째 자리에서부터 순환한다.
- 분모의 소인수는 2, 5가 아니다.

③ $\frac{2}{15}$, $\frac{5}{14}$

- 순환하는 무한소수이다.
- 소수 둘째 자리에서부터 순환한다.
- 분모의 소인수는 2, 5가 아닌 수가 있다.

④ 분수를 소수로 고칠 때 반드시 유한소수이거나, 순환하는 무한소수가 되는 이유는?

- 위에서 본바와 같이 분모의 소인수가 2 또는 5 뿐이면 유한소수가 된다.
- 무한소수가 되는 경우에 반드시 순환하는 이유를 예를 들어 설명한다.

$\frac{2}{7}$를 소수로 고치려면 2를 7로 나누어야 한다. 그런데 7로 나누면 나머지는 0, 1, 2, 3, 4, 5, 6 중의 하나가 된다. 따라서 7번째 나눌 때의 나머지는 그 이전에 나온 나머지 중 하나와 반드시 같아진다. 그러면 그 나머지를 또 7로 나누면 몫이 앞의 몫과 똑같이 반복하게 된다. 즉, $\frac{2}{7}=0.285714285714\cdots$.

08 교과서 관련 수학사

이장에서는 2007 개정 교육과정 초등학교 2~6학년 수학교과서의 수와 연산영역의 내용 중에서 수학사와 관련된 내용을 선별하여 그 내용의 발생배경이 되는 아이디어를 설명하려 한다.

8.1 2학년 교과

8.1.1 <2-1-4 **덧셈과 뺄셈**(2)>

[발문] 덧셈의 교환법칙을 설명해 보세요.

[아이디어] 바둑알 활용

[답] 5 + 2 = 2 + 5를 설명하기 위해서는

- | ○ ○ ○ ○ ○ | ○ ○ | 에서 5와 2의 차이가 되는 3개를 오른쪽 칸으로 옮긴다. 그러면 | ○ ○ | ○ ○ ○ ○ ○ |이 된다.
- 일반적으로 $m > n$일 때 $m+n = n+(m-n)+n$이므로 덧셈의 결합법칙에 의하여 $m+n = n+m$이 된다.
- 일상생활에서는 교환법칙이 성립하는 예가 거의 없다. 또한 수의 덧셈과 곱셈은 교환법칙이 성립하지만 뺄셈과 나눗셈은 교환법칙이 성립하지 않는다.

8.1.2 <2-1-6 **식 만들기**>

[발문] 덧셈식 $6+\square=12$에서 $\square$의 값을 구하시오.

[아이디어] • 모르는 수 = 막대의 길이

• 덧셈식 $6+\square=12$을 퀴즈네어 막대로 표현해 보세요.

8.1.3 <2-1-7 **시간 알아보기**>

[발문] 다음은 어느 달의 달력입니다.

- 같은 요일에 있는 날짜끼리는 어떤 관계가 있을까요?

[아이디어] 4.2. 수의 합동 참조

[답] 같은 요일에 있는 날짜끼리의 차이는 7, 14, 21, 28이다

8.1.4 <2-1-8. **곱셈**>

[발문] 두 수의 곱을 수모형으로 놓아 보면 어떤 모양이 되나요?

[아이디어] 두 수의 곱은 직사각형의 넓이

[답] 직사각형

8.1.5 <2-2-1. **곱셈구구**>

[발문] 8×9의 계산은, $10-8=2$, $10-9=1$, $2\times1=2$가 일의 자리이고 $10-2-1=7$이 십의 자리이다. 왜일까요?

[아이디어, 답] 2부 1장 2.4.1 참조.

8.1.6 <2-2-5. **분수**>

[발문] $\frac{1}{2}$, $\frac{1}{3}$, $\frac{3}{4}$의 공통점과 차이점은 무엇일까요?

- 배운 내용을 약속해 봅시다.

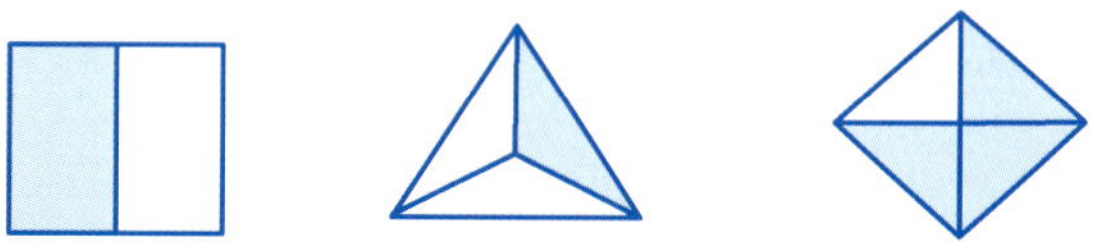

$\frac{1}{2}$ $\frac{1}{3}$ $\frac{1}{4}$

[아이디어] 단위분수, 진법, 2부 1장 1.4.1 참조

[답] 공통점 : 1보다 작다, 분수이다.

[다른 점] : 분자가 1,1,3 이다. $\frac{1}{2}$, $\frac{1}{3}$, $\frac{3}{4}$은 각각 2진법, 3진법, 4진법이다.

8.1.8 <2-2-1. **곱셈구구**>

[발문] $5\times4=20$, $5\times3=15$, $5\times2=10$, $5\times1=5$이다.

5×0은?

- 어떤 수와 0의 곱을 곱셈식으로 나타내어 봅시다.
- 꺼내지 못한 공을 나타낸 표를 보고 세 사람의 점수를 알아봅시다.

꺼낸 사람	영진	민영	승민
공(점수)	5	7	2
꺼낸 횟수	0	0	0

[아이디어] 동수누감의 규칙성을 확장한다. 2부 1장 2.4.1참조

[답] 0

8.2 3학년

8.2.1 3학년

[발문] 아래의 그림을 설명해 보시오.

[아이디어] 직사각형 모델, 2부 1장 2.3.1참조

[답] $7 \times 5 = 35$이므로 $35 \div 7 = 5$이다.

8.2.2 <(두자리수)× (한자리수)> 곱셈

[발문] (두자리수)×(한자리수)〉 곱셈에 맞도록 수모형을 붙여서 직사각형을 만들어 보고, 또 모눈종이에 그림을 그려보자.

[아이디어] 2부 1장 2.3.1 참조

8.2.3 <분수>

[발문] $\frac{1}{2}$, $\frac{1}{3}$, $\frac{3}{4}$의 공통점과 차이점은 무엇일까요?

[아이디어] 단위분수, 진법, 2부 1장 1.4.1 참조

[답] 공통점 : 1보다 작다, 분수이다.

[다른 점] : 분자가 1, 1, 3이다. $\frac{1}{2}$, $\frac{1}{3}$, $\frac{3}{4}$은 각각 2진법, 3진법, 4진법이다.

8.2.4 <**분수**>

[발문] 모양과 크기가 같은 종이 두 장을 포개어 놓고 자르면 무엇을 알아낼 수 있을까요?

[아이디어] 평면에서 공간으로의 확장

[답] 동치분수

8.2.5 <**(두 자리 수)×(두 자리 수)**>

[발문] (두 자리 수)×(두 자리 수)를 수모형이나 모눈종이를 이용하여 계산하시오.

[아이디어] 2부 1장 2.4.1 참조

8.2.6 <**분수의 크기**>

[발문] 엑스라지 피자 $\frac{1}{4}$과 레귤러 피자 $\frac{1}{2}$ 중 어느 것이 더 클까요? 그렇다면 분수의 비교는 어떻게 해야 할까요?

[아이디어] 수의 크기 비교는 같은 단위끼리만 한다.

8.2.7 <**소수**>

[발문 1] $\frac{1}{10}$을 왜 0.1로 약속할까요?

[아이디어] 2부 1장 1.5.2 소수의 역사발생 참조

[답] 소수를 자연수와 같이 십진법으로 만들기 위하여

[발문 2] $\frac{1}{9}$을 0.1로 약속하면 안 되나요?

[아이디어] 1.5.2 소수의 역사발생 참조

[답] 소수의 사칙연산이 어려워진다.

8.3 4학년

8.3.1 <4-1-1. **큰 수**>

[발문] 서양(특히 미국)에서 큰 수는 무엇이고 우리나라와 다른 점은 무엇일까요? 화폐에 100,000 등으로 쓰이는 이유는 무엇일까요?

[아이디어] 동양에서는 만, 억, 조 와 같이 큰 수의 단위가 만 배가 될 때 마다 바뀌고, 서양에서는 큰 수의 단위가 천배가 될 때마다 바뀐다.

[답] 천(THOUSAND), 백만(MILLION), 십억(BILLION) 등

8.3.2 4-1-2. 곱셈과 나눗셈

[발문] 두수의 곱이 직사각형의 넓이라면 세수의 곱은 무엇과 같을까요?

[아이디어] 2.4.1 참조

[답] 직육면체의 부피

8.3.3 <4-1-3. 배수와 약수>

[발문] 경수는 시계 바늘이 3시를 가리킬 때의 시침과 분침 사이의 각의 크기를 알려고 합니다. 어떻게 알 수 있는지 생각하여 보시오.

[아이디어] 고대 아랍에서는 도형 중에서 정육각형을 가장 좋아하였다. 그런데 정육각형은 6개의 정삼각형으로 나누어지는데, 각 정삼각형의 중심각이 60도인 사실에서 60진법을 사용하게 되었으며 시간도 60진법으로 정하게 되었다. 1부 3.1참조

[답] 시침은 1분에 $0.5°$ 회전하고, 분침은 1분마다 $6°$씩 회전한다.

8.3.4 <4-1-6. 분수>

[발문] $\frac{7}{5}$과 $\frac{9}{5}$중에서 어느 분수가 더 큰지 알아보시오.

[아이디어] 8.2.6 참조

8.3.5 <4-2-1. 분수>

[발문] $1 = \frac{\bigcirc}{\bigcirc}$이면 $1 = \bigcirc \times \frac{1}{\bigcirc}$이네? (역수), 왜 그렇지?

[아이디어] 2부 1장 6.4.2 분수의 역수 참조

8.3.6 <4-2-2. 소수>

[발문] $\frac{1}{10} = 0.1$이다. 0.1과 같은 다른 분수를 찾으시오.

[아이디어] 동치분수

[답] $\frac{1}{10} = \frac{10}{100} = \frac{100}{1000} \cdots = 0.1$

8.3.7 <4-2-2. 소수>

[발문] 분수와 소수 중 어떤 것이 더 사용하기 편리한가?

[아이디어] 분수는 무한히 많은 진법으로 구성되어 있고, 소수는 십진분수이다.

[답] 분수는 분할이나 비의 값을 나타낼 때 편리하고, 계산할 때는 소수가 편리하다.

8.3.8 <4-2-3. **소수의 덧셈과 뺄셈**>

[발문] 소수의 덧셈은 자연수 덧셈과 같은 방법이네. 왜 그렇지?

[아이디어] 1.5.2 소수의 역사발생 참조

[답] 소수는 자연수와 같이 십진법으로 만들었기 때문이다.

8.4 5학년

8.4.1 <5-1-1. **배수와 약수**>

[발문] 다음 각 배수의 공통점은 무엇인가요? 이유는 무엇일까요?

2의 배수, 5의 배수, 3의 배수, 8의 배수

[아이디어] 4.2. 수의 합동 참조

[답]

배수	공통점 및 근거
2의배수	일의 자리가 2의 배수이다.
3의배수	각 자리 수를 합하면 3의배수이다.
4의배수	십의 자리까지의 수가 4의 배수이다.
5의배수	끝이 0이나 5로 끝난다.
6의배수	2의 배수이고 3의 배수이다.
8의배수	백의 자리까지의 수가 8의 배수이다.
9의배수	각 자리 수를 합하면 9의 배수이다.

8.4.2 <5-1-1. **배수와 약수**>

[발문] 어떤 두 수의 곱과 그 수들의 최대공약수와 최소공배수의 관계를 알아보세요.

[아이디어] 두 수의 곱을 두수의 최대공약수로 나눠보세요.

[답] 두 수의 곱 = 최대공약수 × 최소공배수

8.4.3 5-1-1. **배수와 약수**

[발문] 36의 약수의 개수를 쉽게 세는 방법을 알아보세요.

[아이디어] 소인수분해를 이용한다.

[답] $36 = 2 \times 2 \times 3 \times 3$이다. 따라서 36의 약수를 모두 구하는 방법은 아래와 같다. 즉 9개이다.

1	3	9
2	2×3	2×9
4	4×3	4×9

8.4.4 <5-1-1. **배수와 약수**>

[발문]

(어느 수) ÷ 7 = □ … 3
(어느 수) ÷ 9 = ○ … 2

이 되는 "어느 수" 중 '가장 작은 수'를 구하여 보세요.

[아이디어] 2부 1장 4.2.3. (5) 중국인의 나머지 정리 참조

[답] 38

8.4.5 <5-1-1. **배수와 약수**>

[발문] 최대공약수를 구하는 다른 방법을 알아보세요.
(퀴즈네어 막대 이용)

[아이디어] 2부 1장 4.2.3. (6) 유크리트 호제법 참조

8.4.6 <5-1-3. **약분과 통분**>

[발문] 크기가 같은 분수(동치분수)를 만드는 활동을 통한 방법은 어떤 것이 있을까요?

[아이디어] ① 종이 한 장의 두께 재기
② 클립 한 개의 무게 재기
③ 합동인 종이를 여러 장 겹쳐서 등분하기, 등등

[답] ① 종이 한 장의 두께 재기,
② 클립 한 개의 무게 재기는
각각 여러 장의 종이를, 여러 개의 클립의 무게를 계속 재면서 개수에 따른 비의 값으로 동치분수를 찾는 것이고,
③ 합동인 종이를 여러 장 겹쳐서 등분하면 동치분수를 알아본다.

8.4.7 <5-2-1 **소수의 곱셈**>

[발문] 1.4×1.3을 직사각형의 넓이를 이용하여 구해보시오.

[아이디어] 2부 1장 2.4.1 소수의 연산 참조

[답] 수모형, 모눈종이를 이용한다.

8.5 6학년

8.5.1 <6-1-1 **분수와 소수**>

[발문] 분수를 소수로 나타낼 때 유한소수가 되는 분수의 특징은?

[아이디어] 2부 1장 1.5.5 소수의 지도와 7.3 참조

[답] 분수를 기약분수로 고친 다음, 분모의 소인수가 2와 5뿐이다.

8.5.2 6-1-1 **분수와 소수**

[발문] 분수와 소수는 각각 어떤 경우에 사용하기 더 편리한가?

[아이디어] 분수는 무한히 많은 진법으로 구성되어 있고, 소수는 십진분수이다.

[답] 분수는 분할이나 비의 값을 나타낼 때 편리하고, 계산할 때는 소수가 편리하다.

8.5.3 <6-1-3 **수의 범위**>

[발문] 수의 범위(이상, 이하, 미만, 초과) 약속한 다음, 폐구간, 개구간, 반개구간의 길이는 같은가? 다른가? [아이디어] 한 점의 길이는 0이다.

[답] 모두 같다.

8.5.4 <6-1-6 **비와 비율**>

[발문] 인류가 처음 비를 사용하게 된 동기는?

[아이디어] 2부1장 1.1.2 참조(크로네카의 정의)

[답] 물물교환, 피라미드 건축 등

8.5.6 <6-1-7 **비례식**>

[발문] 비례식(비의 값)과 크기가 같은 분수(동치분수)와 관계가 있는가?

[아이디어] $\frac{b}{a}=\frac{d}{c}$ 일 때, 두 분수를 통분하면 $\frac{bc}{ac}=\frac{ad}{ac}$ 이므로 $bc=ad$ 이다.

또한 $a:b=c:d$ 이면 좌변과 우변의 비의 값이 같으므로 $\frac{b}{a}=\frac{d}{c}$ 이다. 따라서 위와 같은 방법으로 $bc=ad$ 가 된다.

[답] 관계가 있다. 예를 들면, $3:4=6:8$ 이면, $\frac{4}{3}=\frac{8}{6}$ 이다.

8.5.7 <6-1-7 **비례식**>

[발문] $2:3=4:\square$ 와 같이 세수를 알고 나머지 하나의 수를 구하는 방법과 동치 분수와의 관계는 무엇인가?

[아이디어] 고대 바빌론의 삼수법, 1부 1.4 참조

[답] 8.5.6의 방법과 같다.

8.5.8 6-1-7 비례식

[발문] 내항의 곱과 외항의 곱이 같은 이유는 무엇인가요?

[아이디어] 고대 바빌론의 삼수법, 1부 1.4 참조

[답] 8.5.6의 방법과 같다.

8.5.9 <6-2-1 **분수의 나눗셈**>

[발문] $\frac{3}{4}\div\frac{2}{5}=\frac{3}{4}\times\frac{5}{2}$ 이 에서 $\frac{3\times5}{2\times4}=\frac{3}{2}\times\frac{5}{4}$ 로 생각하면 어떤가?

[아이디어] 2부 1장 2.5.3 분수의 역수 참조

[답] $\frac{3\times5}{2\times4}=\frac{3}{2}\times\frac{5}{4}$ 로 생각하면 분수의 역수를 곱한다는 사실을 설명 할 수 없다.

8.5.10 <6-2-7 **연비**>

[발문] 연비와 최소공배수와의 관계를 이야기 해보세요.

[아이디어] 2부 1장 1.1.4 참조

[답] 연비를 풀기위해서는 두 개의 비에 공통이 되는 것의 최소공배수를 구하면 된다.

참고 문헌

김용태, 안병곤(2007). 교양수학, 교우사.

장혜원 옮김, (2006). 끌레로의 기하학 원론, 경문사, 서울.

Bruner, J.S.(1960). The process of education: Harvard University Press, 이홍우 역, 브루너 교육의 과정, 서울 배영사.

Boyer, Carl B.(1968). A History of Mathematics: John Wiley & Sons, Inc.

____________.(1959) The History of the Calculus and its Conceptual Development, Dover Publications, Inc., N.Y.

Gillings, R. J.(1972). Mathematics in the times of the Pharaohs: Dover Publications, Inc., NY.

Freudenthal H.(1983). Didactical phenomenology of mathematical structures, D. Reidel Publishing Co., Dordrecht.

Long, C. T., Detemple, D. W., Millman, R. S.(2009), Mathematical Reasoning for Elementary Teachers, Pearson Education Inc.

NCTM(1989), Curriculum and Evaluation Standards for the School Mathematics. Reston, VA : NCTM, Inc.

______(2000), Principles and Standards for School Mathematics, Reston, VA : NCTM, Inc.

Piaget, J.(1971). Genetic Epistemology: Translated by E. Duckworth, The Norton Library, W.W.Norton&Company.Inc., N.Y.

________,(1971), Biology and Knowledge, The University of Chicago Press.

Stein, S. K.(1996), Strength in Numbers, John Willyand Sons Inc., NY.

Welchman-Tischler, R.(1992). Start with manipulatives: Cuisenaire Co. of America, Inc., White Plains, N.Y.

❖ 메모

제 2 장 도형

01 기하학의 역사발생

중앙아프리카의 빅토리아 호수에서 시작된 Nile강의 큰 물줄기와 해마다 일어나는 큰 홍수는 상류지방의 기름진 흙을 하류지역으로 운반되어 하류지역에서 농사를 짓는 사람들에게 많은 도움을 주었다. 이때 절실히 필요했던 지식이 수학이었다. 그들은 정기적으로 일어나는 홍수시기를 알아야 했기에 지금부터 수천년 전에 1년이 365.25일이라는 사실을 알게 되었고, 홍수 뒤의 농토 정리와 나일강을 다스리는 토목사업에서 수학을 활용하면서 기하학이 최초로 발생한 지역이 되었다. 그들은 땅의 모양에 이름을 붙여 현대의 다각형, 다면체의 정의를 하였고, 그들의 성질도 발견하였다. 기원전 600년부터 기하학은 실용적, 산술적, 종교적인 요구에 반응하여 추구되어 왔으며, 이집트와 바빌론 지역을 여행하면서 습득한 실용적인 수학지식을 탈레스와 피타고라스 등의 그리스 수학자들이 다양한 패턴과 구조를 연역적으로 체계화하였다. 그 후 기원전 600~300년경에는 제논, 에우독소스, 유클리드 등이 기하학의 중요한 지식은 축적하여, 기원전 300년경에 유크리트는 무정의 용어, 공리, 공준만을 토대로 하여 연역적인 체계를 갖춘 평면 기하학을 집필하였다(제 1부 1.1～2.7 참조). 17세기에 이르러 Descartes가 직교좌표를 고안하여 해석기학학의 수립함으로서, 점은 좌표인 순서쌍으로 도형은 방정식이나 부등식으로 나타낸 해석기하학을 발명하여 유크리트 기하와 대수학이 한 몸이 되었다. 한편 평행선 공리에 대한 학자들의 찬반 논의 결과로, 유크리트의 평면기하가 아닌 공(구면)위서의 기하학인 비 유크리트 기하학이 발견되었으며 곡면상의 도형의 성질의 연구는 미분기하학으로 발전되었다. 근대에 와서 19세기에 페스탈로찌는 직관기하학을 도입하여 도형 지도에서 직관과 인격도야적 가치를 강조하였으며, 20c초에는 한붓그리기, 뫼비우스 띠 등을 연구하는 위상기하학이 발견되었다.

02 기하학의 모구조

유크리트는 공리체계를 설정하여 기하학을 정립하였고 페르마와 데카르트에 의해서 사영기하학이, 데사르그와 파스칼에 의해서 위상기하학이 정립되었다. 클라인(F. Klein)은 군 개념(제1부 4.6.2 참조)을 이용하여 기하학을 분류하여 변환군을 제시하였다. 이 사실을 근거로 하면 기하학의 모구조는 대수구조와 위상구조의 다중구조이다(제1부 2.5.1 참조).

03 활동 중심 도형학습

반 힐레(Van Hiele)에 의하면(제 1 부 6절 참조) 유치원 이후, 도형은 조작활동을 통하여 학습하여야 한다. 즉, 색종이, 빨대, 끈, 크래용, 이쑤시개 등의 물체들을 활용하여 ①이차원과 삼차원의 도형을 구성하고, ②재미있는 패턴을 만들기 위하여 도형을 조합하며, ③평면도형을 사용하여 흥미로운 공간을 만듦으로 기하학을 하는 것을 통하여 아이들은 기하학을 배운다. 또한 비형식적 기하학은 어린이의 관심을 끄는 모든 도형, 디자인, 구조물을 구성하는 무한한 기회를 제공한다. 1950년대 말, 반 힐레 부부의 조사에 따르면 활동을 통하여 아이들이 스스로 구성한 지식은 기하학 학습에 반드시 필요하다. 네덜란드의 전 수학 교사였던 반힐레 부부는 기하학 학습은 다음과 같이 다섯 단계를 통하여 발달한다는 이론을 정립하였다.

• 0수준 - 도형 인식

아이들은 사물을 전체적으로 인식한다. 물체를 구성하는 부분에는 관심 없이, 물체의 전체적인 도형만을 관찰한다. 예를 들어 0수준의 아이에게는 세 개의 곡선으로 이뤄진 사물도 삼각형과 비슷하게 인식된다. 비슷한 예로, 점이 아래로 기울어진 한 정사각형은 정사각형으로 인식되지 않을 수도 있다.

• 1수준 - 도형 분석

1수준의 아이들은 정확한 도형의 구성 부분을 인식한다. 예를 들어 직사각형은 "Square"(사각)의 구성에서 만나는 4개의 반듯한 변이 있다. 그러나 1수준은 도형들과 성질들 간의 상호간의 관계를 알지 못한다.

• 2수준 - 도형들 사이의 관계

2수준의 아이들은 공통적인 성질이 도형들 사이에서 추상적인 관계 어떻게 만드는지를 안다. 예를 들어 정사각형은 마름모이자 정사각형이다. 또한 1수준에서 요구되는 분석적 능력을 이용하여 도형에 대한 간단한 연역적 추론이 가능하다.

• 3수준 - 연역적 추론

3수준의 학생들은 기하학이 ①형식적인 수학 체계로 인식하고 ②연역적인 증명을 할 수 있다.

• 4수준 - 공리적 체계로서의 기하학

이것은 최고 수준의 대학 과정에서 도달되는 추상적인 단계이다. 그림이나 구체적인 대상에는 의존하지 않고, 기하학의 공리적 토대위에서만 개념을 이해한다.

04 평면 도형의 성질

이 절에서는 도형의 가장 기본이 되는 개념인 점, 직선, 선분, 반직선, 각과 평면도형을 다룰 것이다. 또한 기하학적 개념과 관계의 상호 관계에 필요한 기호와 용어들을 정의하는데, 선 또는 평면과 같은 용어는 형식적 정의 없이 사용되고 선분, 반직선, 직각 등의 용어는 정확한 정의를 한다. 이러한 모든 정의는 유크리트 원론의 무정의 용어, 공리, 공준에 따른 것이다(Heath, 1990 참조).

4.1 유크리트 원론(제1부 2.7 참조)

원론의 I권은 다음과 같이 시작하고 있다.

4.1.1 정의

원론에 수록되어 있는 정의는 23개이지만 초등학교 수학에서 필요한 몇 가지만을 선별한다.

① 점이란 부분이 없는 것이다.

② 선이란 폭이 없는 것이다.

③ 선의 끝은 점이다.

④ 직선이란 그 위에 모든 점이 곧게 놓여 있는 선이다.

⑤ 면이란 길이와 폭만을 갖는 것이다.

⑥ 직선상에 세워진 한 직선의 좌우의 각이 같으면, 양쪽 각을 모두 직각이라고 하며, 세워진 선을 원래의 선에 대하여 수직이라고 한다.

⑦ 평행선이란 동일 평면상에서 양쪽 끝 방향으로 한없이 연장하여도 그 어느 방향에서도 서로 만나지 않는 두 직선이다.

4.1.2 공준(公準)

① 임의의 한 점에서 다른 한 점으로 직선을 그을 수 있다.

② 유한직선은 얼마든지 연장할 수 있다.

③ 임의의 점을 중심으로 주어진 반지름을 갖는 원을 그릴 수 있다.

④ 직각은 서로 같다.

⑤ 한 직선이 다른 두 개의 직선과 만나서 같은 쪽의 두 내각의 합이 2직각(180°)보다 작은 쪽에서 만난다.

4.1.3 공리(公理)

① 동일한 것과 같은 것은 각각 서로 같다.

② 같은 것에서 같은 것을 각각 더하여도 같다.

③ 같은 것에서 같은 것을 각각 빼도 나머지는 같다.

④ 서로 포개어지는 것은 같다.

⑤ 전체는 부분보다 크다.

4.2 점과 선

도형의 시작은 유크리트 원론에서도 알 수 있듯이 점과 선에서부터 시작한다.

4.2.1 점

종이 위의 점(point)은 자국으로 나타난다. TV모니터의 한 지점은 전자 반직선으로 운동할 때 나타나는 픽셀이라 불리는 작은 직사각형모양의 형광체로 나타난다. 점이든 픽셀이든 기하학적 점의 엄밀한 표상은 아니다. 수학에서의 점이란 실물을 만들 수 없는 "이상적인 점"이다. 즉, 점이란 공간에서 모양과 크기가 없으며, 다만 위치만을 나타내는 것이고 보통 대문자 A, B 등으로 표기한다.

4.2.2 선

직선의 정의는 점의 정의와는 다르다. 즉, 선의 정의는 팽팽하게 잡아당긴 실, 레이저 빔, 또는 자의 모서리의 모양으로 표현한다. 어떤 두 점은 한 개의 직선을 결정하고,

- 두 점을 포함하는 직선은 오직 한 개이다.
- 직선은 'l' 또는 'm'과 같은 소문자로 표기 한다.
- A와 B가 두 점이라면, A와 B를 지나는 직선은 $\overleftrightarrow{AB}$로 표기한다. 기호 $\overleftrightarrow{AB}$에 있는 화살표는 직선이 두 방향으로 무한하게 확장된다는 것을 나타낸다.
- 세 개 또는 그 이상의 점은 보통 여러 개의 직선을 결정하지만, 만약 그들이 한 직선 위에 놓여 질 때 "그 점들은 한 직선위에 있다."고 말한다.

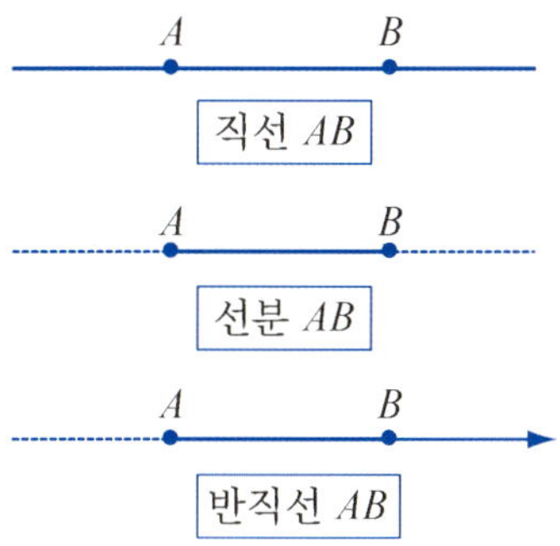

4.2.3 선분과 두 점사이의 거리

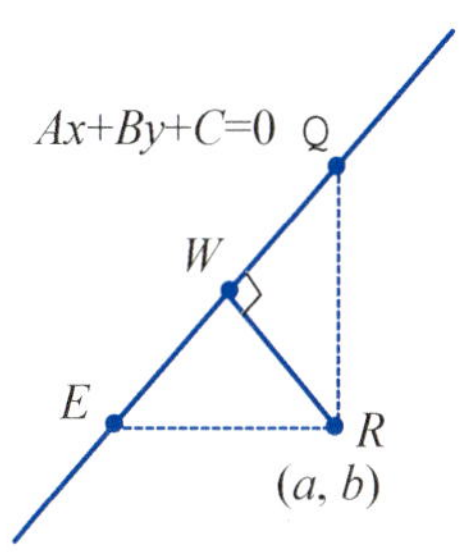

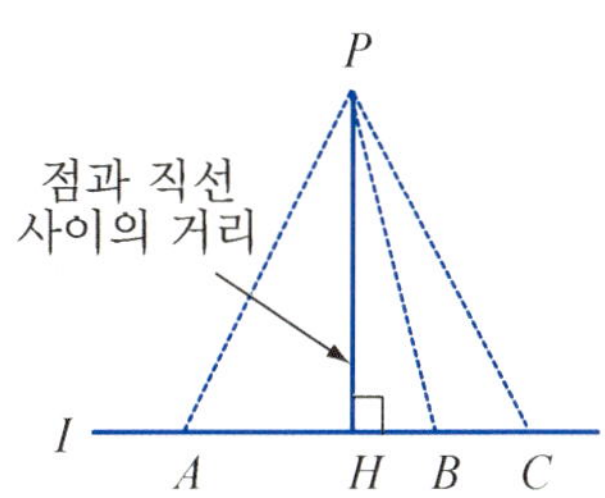

평면위에 두 점 A와 B가 있을 때, $\overleftrightarrow{AB}$는 수(數)직선으로도 생각할 수 있다.

- $\overleftrightarrow{AB}$ 위의 모든 점이 각각 하나의 실수와 대응하고, 모든 실수는 $\overleftrightarrow{AB}$ 위의 한 점과 대응한다.
- 만약 A와 B가 실수 x와 y에 대응하고 있다면, 절대 값$|x-y|$를 A와 B사이의 "거리"라고 하고, "AB"로 표기하기로 하자.
- 직선 $\overleftrightarrow{AB}$ 위에서 A와 B 사이의 모든 점을 "선분"이라 하고, $\overline{AB}$로 표기한다.
- 점 A와 B는 $\overline{AB}$의 종점이라고 불리며 거리 AB는 $\overline{AB}$의 길이이다.

- 두 선분 $\overline{AB}$와 $\overline{CD}$의 길이가 같을 때, $\overline{AB}$와 $\overline{CD}$는 합동이라 하고, $\overline{AB} \cong \overline{CD}$로 표기한다.
- $\overline{AB} \cong \overline{CD}$과 $AB = CD$는 같은 의미이다.
- A와 B로부터 같은 거리에 있는, $\overline{AB}$안의 점 M을 $\overline{AB}$의 “중점”이라고 한다.

4.3 다각형

한 직선 위에 있지 않는 세 점들은 테이블 표면과 같이 평평한 오직 하나의 평면을 결정한다. 이번 절과 다음 절에서는 한 평면위에 있는 도형을 탐구하기로 한다.

4.3.1 종이접기를 통한 삼각형 탐구

(1) 준비물

종이(얇고 색이 있는), 가위, 자, 각도기, 연필, 테이프

(2) 방법

많은 중요한 기하학적 개념, 도형, 관계는 종이접기를 통하여 연구될 수 있다. 이번 활동에서 당신은 종이접기를 사용한 약간의 기본적인 구조(수직선 만들기, 각 이등분하기, 수직이등분하기)를 우선 연습할 것이다. 그러면 당신은 기본적인 구조를 이용하여 삼각형과 사각형의 몇몇 성질을 발견할 수 있을 것이다.

(3) 기초 접기

측정도구를 활용하여 아래의 지시에 따라 활동해 보시오.

- 수직선 : 종이 위에 선분L을 긋고, 아무 곳이나 P점을 잡으세요. 그리고 P점이 지나가고, 그 선(선분 L)이 겹쳐지게 접어 금을 내세요. 다시 종이를 펴고 각도기를 통해 금이 선분 L과 $90°$가 되는지 확인하세요.
- 각 이등분 : 점 A를 중심으로 두 반직선을 그리고 한 반직선이 다른 반직선에 겹쳐지고 점A를 지나가게끔 접으세요. 종이를 펴고, 각도기를 사용하여 금이 두 반직선을 똑같은 크기의 각으로 만들었는지 확인하세요.
- 수직이등분선 : 점 C와 점 D를 양 끝으로 하는 선분을 그리세요. 점 C가 점 D에 겹쳐지게끔 종이를 접으세요. 종이를 펴고, 접은 자국이 선분 CD를 통과하는 부분에 점M을 표시하세요. 측정도구를 사용하여 ①점 M이 점 C와 점 D와 같은 거리에 있는지, ②자국이 선분과 수직이등분이 되는지 확인하세요.

*** 종이접기의 기본공리**

1991년 일본의 수학자 후미아키 후지타는 종이접기에 관한 국제회의에서 종이접기의 기본 공리를 발표했다. 후지타가 발표한 6가지의 공리는 종이접기의 기본적인 바탕이 되는 원리다. 직접 종이를 들고 종이접기의 공리를 몸으로 느껴보자.

공리 1	공리 2	공리 3
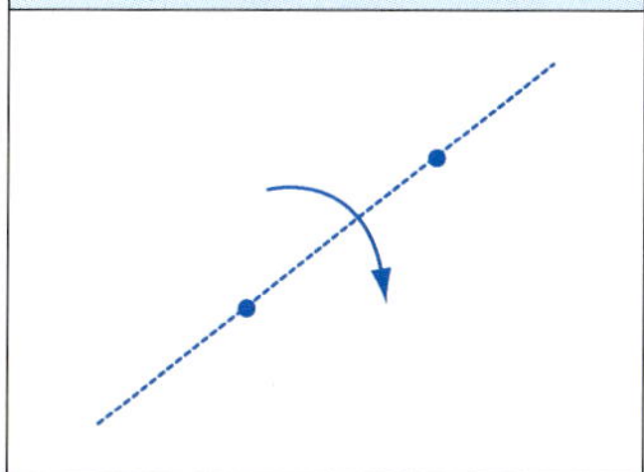	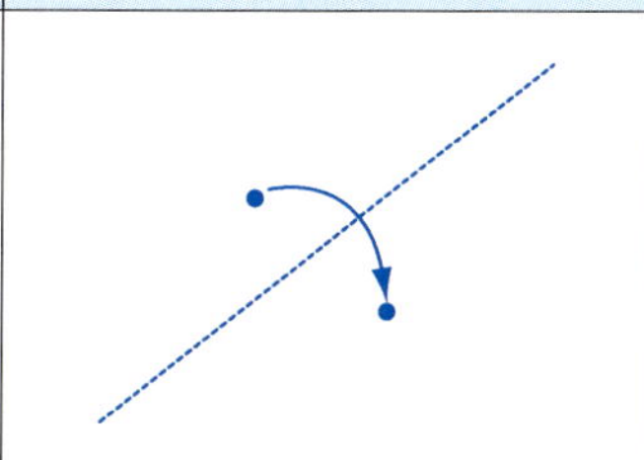	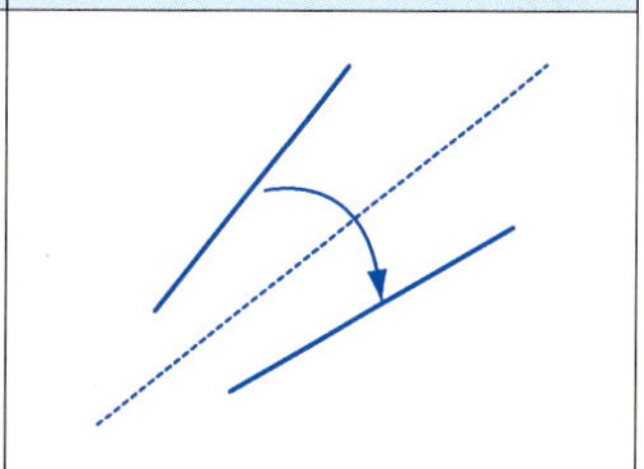
두 점이 있을 때 두 점 모두를 지나도록 접는 방법은 한 가지다.	두 점이 있을 때 두 점이 겹치게 접는 방법은 한 가지다.	두 선이 있을 때 두 선이 겹치게 접을 수 있다.
공리 4	**공리 5**	**공리 6**
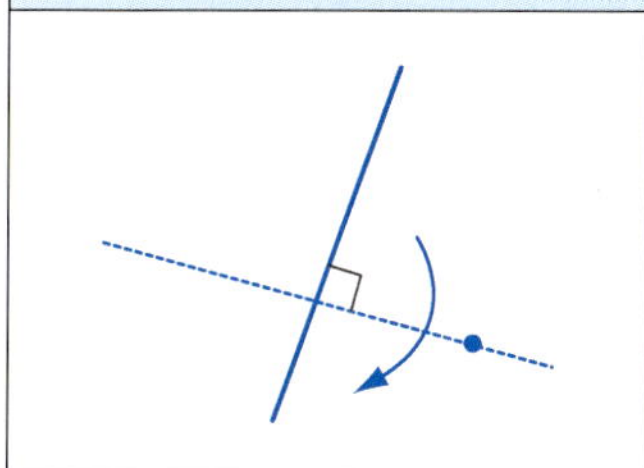	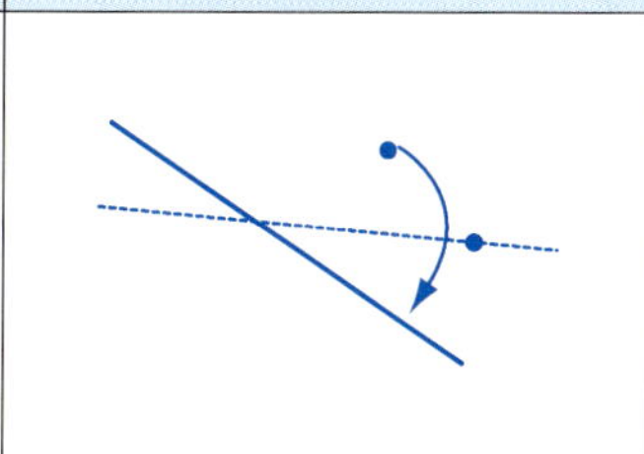	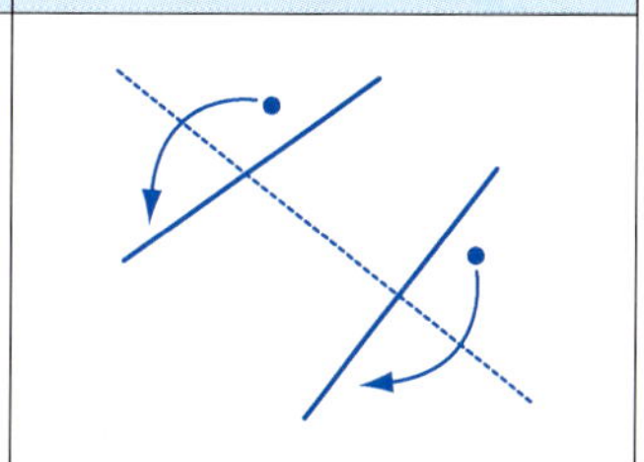
선 하나와 점 하나가 있을 때 선에 수직이면서 점을 지나도록 접는 방법은 한 가지다.	선 하나와 점 두 개가 있을 때 점 하나가 선 위에 오면서 다른 점 하나를 지나도록 접을 수 있다.	선 두 개와 점 두 개가 있을 때 각각의 점이 서로 다른 선 위에 오도록 접을 수 있다.

(4) 삼각형의 성질 탐색하기

- 직각삼각형의 빗변의 중점 : 직사각형 종이의 구석을 잘라내는 방법으로 삼각형 ABC(꼭짓점C가 직각)를 만드세요. 종이접기를 통해 빗변AB의 중점 M을 작도하세요. 그럼 변(밑변 제외) AC와 BC의 수직이등분선을 찾으세요. 무엇이 흥미롭습니까? M으로부터 A, B, C까지의 거리를 각각 다른 것과 비교할 수 있습니까?

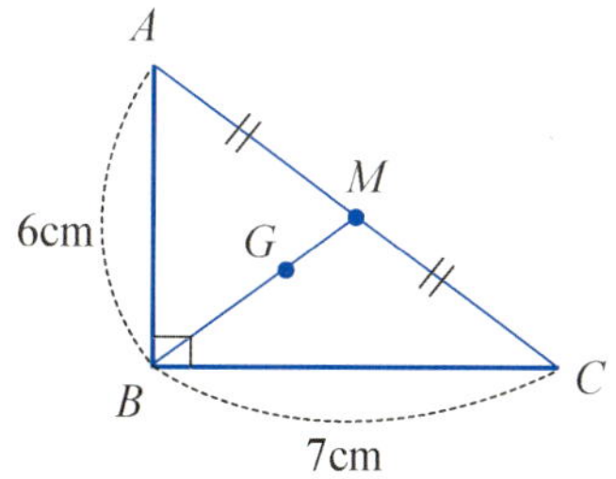

- 삼각형의 변의 수직이등분선의 교점 : 종이를 잘라 삼각형을 만드세요. 어떤 모양도 좋습니다만 예각삼각형으로 시작하는 것이 좋습니다. 다음엔 삼각형의 각 변의 수직이등분선을 작도하세요. 직선들이 어떻게 교차하는지에 대해 무엇이 흥미롭습니까? 둔각삼각형을 가지고 다시 한 번 연구해보세요. 큰 종이에 접었다가 편 삼각형을 붙이고, 자를 이용하여 자국 선을 확장하고 성질에 대해 무엇을 발견했는지 설명하세요.

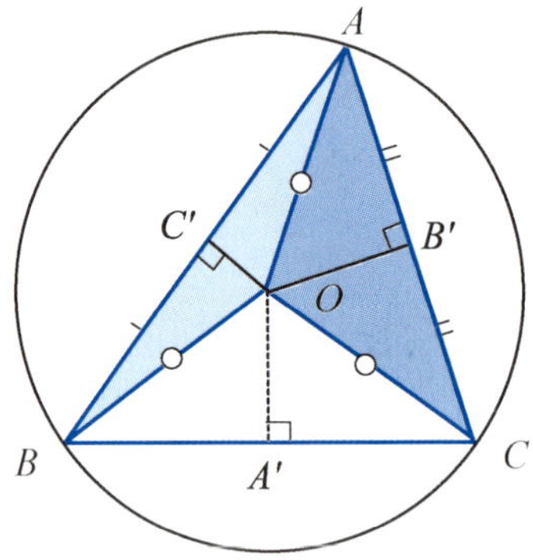

- 삼각형의 중선들의 교점 : 짧은 자국을 이용하여 삼각형 모양의 종이의 세 변의 중점을 찾으세요. 그리고 삼각형의 세 중선을 구성하는 자국을 만드세요. 당신이 발견한 특별한 성질은 무엇입니까?

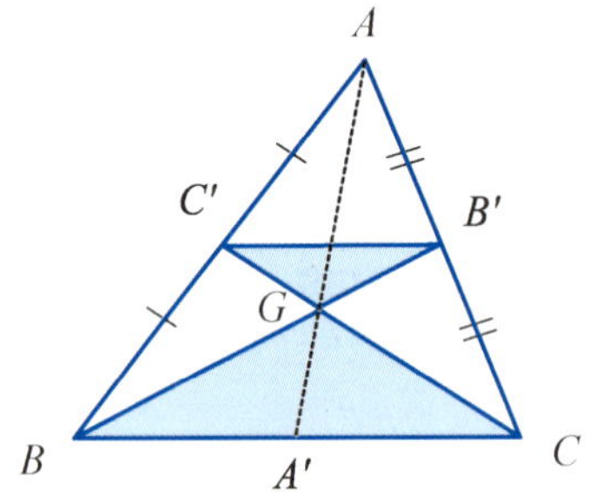

- 삼각형의 각 이등분선들의 교점 : 종이접기를 이용하여 삼각형 모양의 종이의 세 각을 각 이등분하세요. 당신이 발견한 특별한 성질은 무엇입니까?

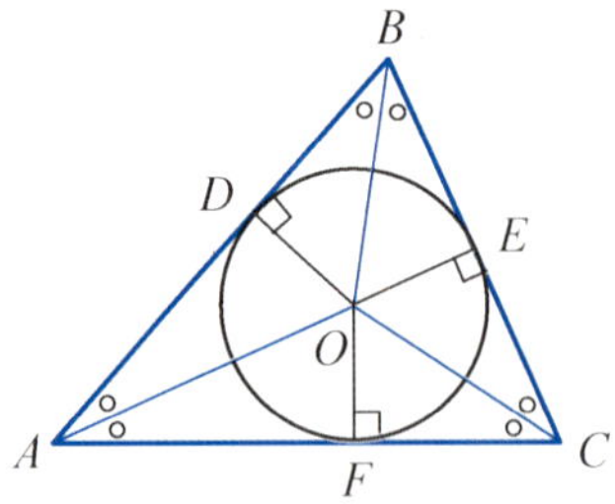

- 삼각형의 높이들의 교점 : 종이접기를 이용하여 삼각형의 세 점을 각각 통과하는 높

이를 작도하세요. 세 직선에 대하여 무엇이 특별해 보입니까? 만약에 둔각삼각형이라면 접었다가 편 삼각형을 큰 종이에 붙이고 자를 이용하여 자국을 확장하는 것을 원할 것입니다.

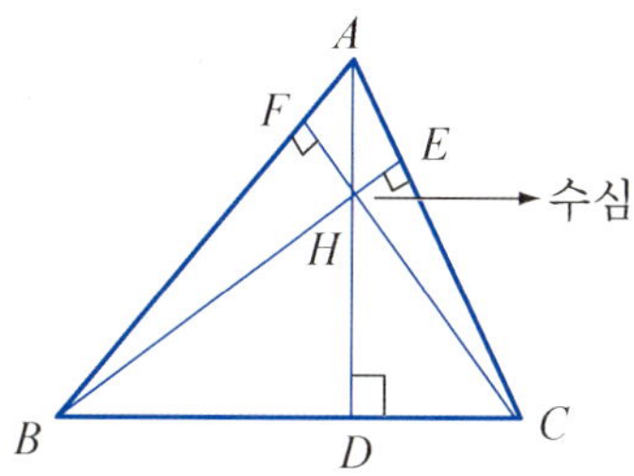

- 삼각형의 넓이와 세 각의 합 : 종이 접기를 이용하여 삼각형 모양의 종이 ABC의 높이 AD를 작도하세요. 높이 '$h=$선분 AD'로, 밑변의 길이 $a=$선분 BC로 하세요. 다음은 아래에서 보여 지는 것과 같이 삼각형의 세 점을 D점을 향하여 접으세요.

왜 직사각형의 모양이 나타납니까? 삼각형의 밑변과 높이를 사각형의 변들의 길이와 어떻게 비교합니까? 삼각형의 각의 수치의 합에 대해 당신의 종이접기는 무엇을 드러내려고 합니까?

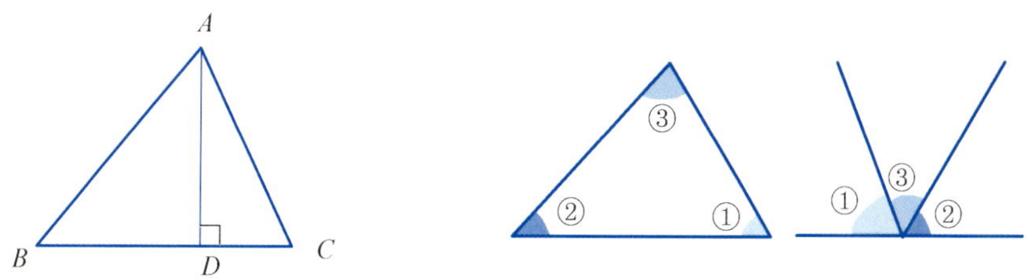

(5) 도형학습에 필요한 조작교구

다양한 조작도구들은 시중에서 구할 수 있으며 기하학을 공부할 때 뛰어난 가치를 가진다.

• 지오보드	• 탱그램	• 패턴 블록	• 기하학 고체 (나무 또는 플라스틱)	• 펜토미노	• Mira(프로그램)과 같은 그림 도구

기하학적 도형들은 기하학 프로그램을 통하여 연구되고 만들어 질 수도 있다. 한 가지

를 예를 들어 다음절에 서술되어 있는 GSP가 있다.

(6) 도형 지도용 컴퓨터 프로그램

최근에는 기하학 도형을 만들고 그들의 성질을 연구할 수 있는 여러 발달된 컴퓨터 프로그램이 있다. 그 중의 하나인, The Geometer's Sketchpad(GSP)는 점, 직선, 선분, 반직선, 그리고 원형의 부채꼴과 다각형의 내부와 같이 보다 세련된 형태도 작도할 수 있으며 도형의 구성요소를 이용하여 그 도형의 새로운 구성요소를 작도하는데 쓰이기도 한다. 예를 들어 선분이 주어진다면, 이 프로그램은 선분의 중점을 빠르게 작도할 수 있다. 또는 직선과 점이 주어진다면, 선택된 직선과 평행하는 점을 지나는 한 선을 쉽게 작도할 수 있다. 또한 교점, 수직선, 각의 이등분선등의 것을 빠르고 쉽게 작도할 수 있으며 전통적인 콤파스와 자보다 더 정확하고 세밀하게 자도가 가능하며 작도한 도형의 길이, 각, 넓이, 경계의 길이와 다른 속성들이 높은 정확도로 측정된다.

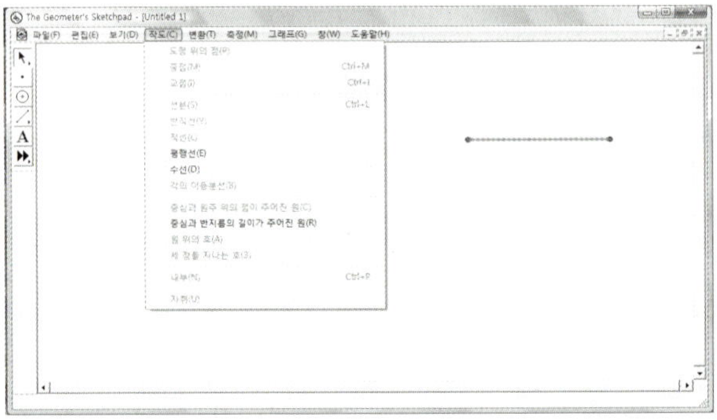

4.3.2 교점

(1) 두 직선의 교점

- 같은 평면에 있는 두개의 직선이 서로 평행한다면, 그들은 같은 직선이거나, 공통의 점(교점)을 가지지 않는다.
- 한 평면에서 서로 평행하지 않는 두 별개의 직선 p와 q는 반드시 한 개의 공통의 점이 있다. 이것을 교점이라고 부른다.

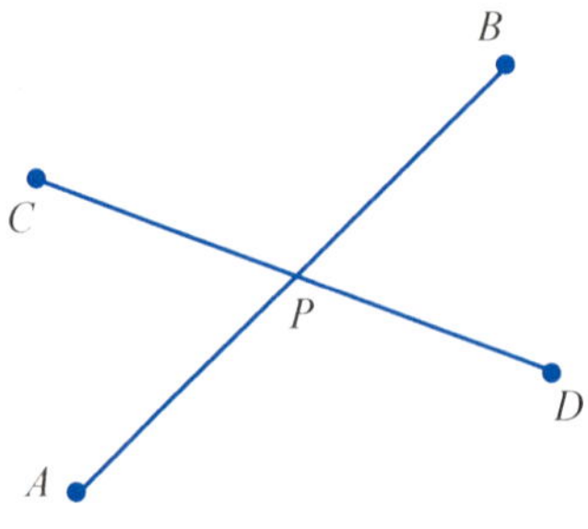

(2) 셋 이상의 직선의 교점

- 점 B가 각 직선 i, j, k 위에 있다면 “세 직선은 공통인 교점(공점) B를 가진다”라고 말한다.

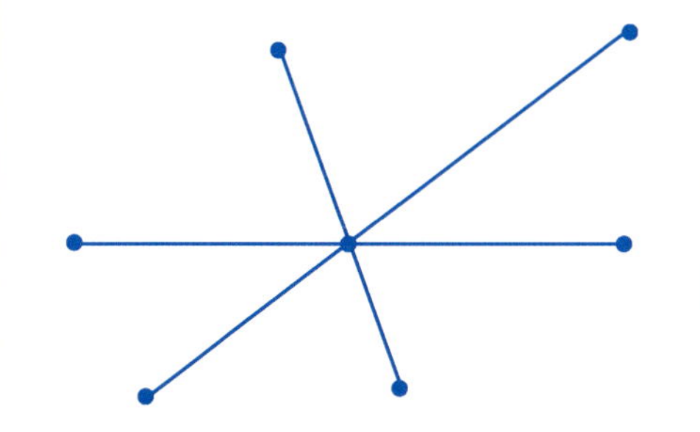	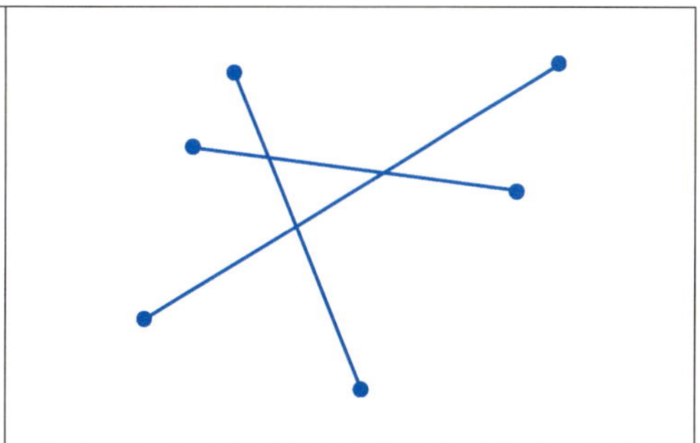
세 직선이 공통인 교점을 가지는 경우	세 직선이 공통인 교점을 가지지 않는 경우

4.3.3 직선의 위치관계

(1) 서로 다른 직선 r과 s와 t가 한 점이 아닌 그들의 각각이 교차한다면, 직선 t는 r과 s를 “지난다”고 한다.

(2) 평면에서 직선의 위치관계는 다음과 같다.

- 직선 l과 m은 평행하다.

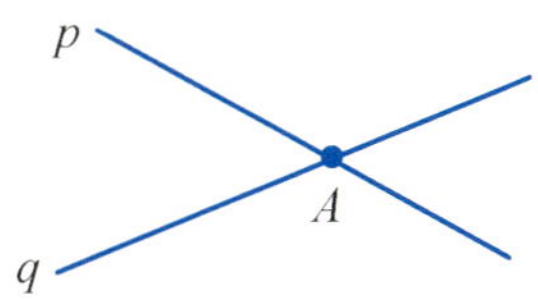

- 직선 p와 q는 점 A에서 교차한다.

- 직선 f, g, h는 평행하다.

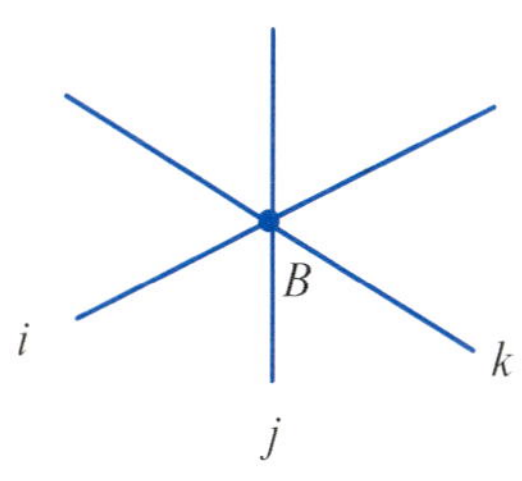

- 직선 i, j, k는 점 B에서 교차하여 공점을 갖는다.

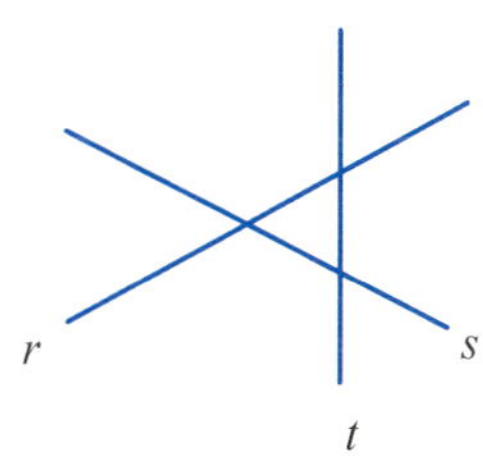

- 직선 t는 평행하는 직선 r과 s를 지난다.

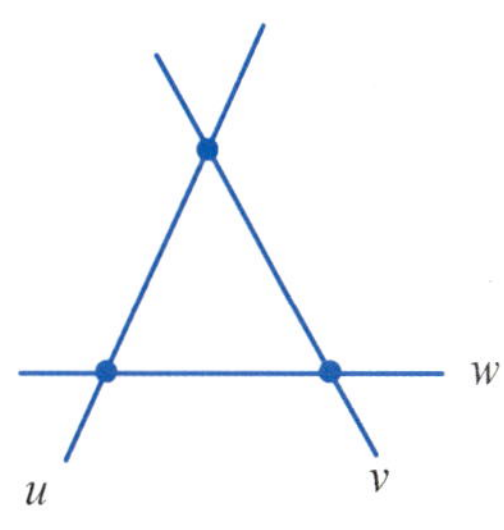

- 직선 u, v, w는 세 점에서 만난다.

4.3.4 반직선, 각

- 점 P에서 출발하여 점 Q를 지나 무한히 뻗어가는 선을 반직선 PQ라고 부르며, 기호로는 $\overrightarrow{PQ}$로 표현한다.

- 또한, 출발점이 같은 두 반직선으로 이루어지는 도형을 각이라고 한다. 두 반직선 $\overrightarrow{AB}$, $\overrightarrow{AC}$ 이루어지는 각을 $\angle BAC$로 표기하며, 반직선 $\overrightarrow{AB}$, $\overrightarrow{AC}$는 각$\angle BAC$의 변이라고 부른다.

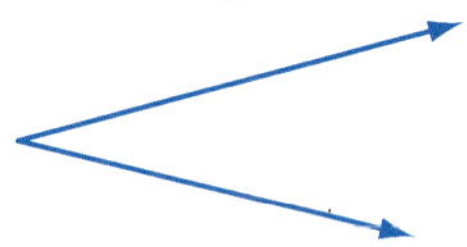

- 각의 두 변이 겹치지 않을 때, 그 각은 평면을 두 영역으로 나누고, 안 쪽 영역을 각의 내부, 바깥쪽 영역을 각의 외부라고 부른다. 특히, $\angle BAC$가 오직 점 A의 각인 경우에는 간단하게 $\angle A$라고 표기한다. 각의 크기는 한 점(회전점)을 중심으로 회전한량(회전량)이다.
- 180°를 평각, 90°를 직각이라고 하며, 0°에서 90°사이의 각은 예각이라고 하고, 90°에서 180°사이의 각은 둔각이라고 한다.
- 직각으로 만나는 두 직선 l 과 m을 서로 수선이라 하고, 기호로는 $l \perp m$으로 표기한다.
- 두 각의 크기가 같을 때, 그 두 각은 합동이라고 하며, 기호로는 $\cong$ 으로 표기한다. 즉, $\angle P \cong \angle Q$와 같이 표기한다.

4.3.5 곡선과 다각형

(ⅰ) 단일폐곡선과 영역

- 단일폐곡선

  구부러진 선을 곡선이라고 하며, 곡선의 양 끝이 오직 한번만 만나서 만들어진 것을 단일폐곡선이라고 한다. 단일 폐곡선에 의해서 평면은 단일폐곡선, 곡선의 내부, 곡선의 외부의 세 영역으로 나누어진다(조르단의 정리).

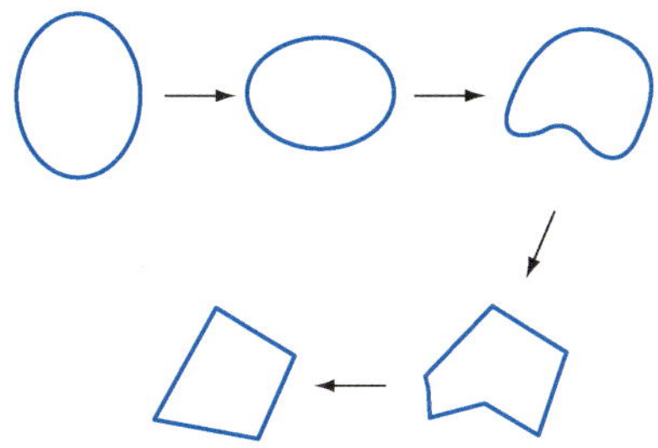

※ 프랑스 수학자 죠르단(Camille Jordan, 1838-1922)은 처음으로 단일폐곡선이란 용어를 사용하였다.

- 평면에서 단일 폐곡선의 내부 점 결정하기
  주어진 단일 폐곡선에서 어떤 점이 내부인지 외부인지를 결정하는 방법을 고안해라. 곡선을 담이라고 생각해라. 담을 뛰어넘는다고 하면 우리는 곡선의 내부에서 출발하거나 외부에서 출발하게 된다. 혹은 그 반대도 가능하다.
- 단일폐곡선의 안쪽에 있는 영역을 내부, 바깥쪽에 있는 영역을 외부라고 부른다.

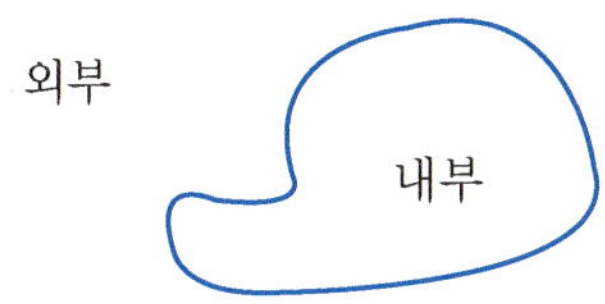

4.3.6 볼록 곡선과 도형

- 볼록한 도형과 오목한 도형
  단일폐곡선인 도형 내부의 임의의 두 점 P와 Q를 연결하는 선분 PQ가 도형에 포함될 때 볼록한 도형이라고 부르고, 볼록하지 않는 도형을 오목한 도형이라고 부른다.

4.3.7 다각형

유한개의 선분으로 구성되는 단일폐곡선을 다각형이라고 부른다. 선분의 끝점은 꼭짓점이라고 하고, 선분 그 자체를 다각형의 변 또는 모서리라고 한다.

- 다각형 영역, 볼록한 다각형
  다각형의 내부는 다각형의 영역이라고 부르며, 볼록 다각형은 그것의 내부가 볼록한 다각형을 말한다.
- 다각형은 가지고 있는 변이나 꼭짓점의 수에 따라 이름이 결정된다. 예를 들어 17개의 변을 가진 다각형은 헵타데카곤(헵타 = 7, 데카 = 10)이라고 한다. 보다 더 직접적으로 17−gon(17각형)이라고 부를 수 있다.

꼭짓점 개수	이름	
1	1-gon	henagon (또는 monogon)
2	2-gon	digon
3	3-gon	triangle (또는 trigon) 트리곤
4	4-gon	quadrangle(또는 tetragon) 테트라곤
5	5-gon	pentagon 펜타곤
6	6-gon	hexagon 헥사곤
7	7-gon	heptagon 헵타곤
8	8-gon	octagon 옥타곤
9	9-gon	enneagon (또는 nonagon) 노나곤
10	10-gon	decagon 데카곤
11	11-gon	hendecagon
12	12-gon	dodecagon
13	13-gon	tridecagon (또는 triskaidecagon)
14	14-gon	tetradecagon (또는 tetrakaidecagon)
15	15-gon	pentadecagon (또는 quindecagon 또는 pentakaidecagon)
16	16-gon	hexadecagon (또는 hexakaidecagon)
17	17-gon	heptadecagon (또는 heptakaidecagon)
18	18-gon	octadecagon (또는 octakaidecagon)
19	19-gon	enneadecagon (또는 enneakaidecagon 또는 nonadecagon)
20	20-gon	icosagon

05 삼각형

삼각형은 세 개의 선분으로 이루어진 단일폐곡선이다. 따라서 삼각형은 변이 세 개, 각이 세 개이다.

5.1 삼각형의 합동

두 삼각형의 모양과 크기가 같을 때 두 삼각형을 완전하게 겹쳐진다. 이때 두 삼각형은 합동이라고 부른다.

- 두 삼각형이 합동인 필요충분조건은 대응하는 변과 대응하는 각이 합동인 것이다.

- 두 삼각형 $\triangle ABC$와 $\triangle PQR$가 합동을 때, 기호로는 $\triangle ABC \cong \triangle PQR$라고 적는다. 이때
- 대응점은 $A \leftrightarrow P$, $B \leftrightarrow Q$, $C \leftrightarrow R$이다.
- 대응변은 합동이다. : $AB \cong PQ$, $BC \cong QR$, $CA \cong RP$
- 대응각은 합동이다. $\angle A \cong \angle P$, $\angle B \cong \angle Q$, $\angle C \cong \angle R$

5.1.1 합동 관계 탐구하기

두 삼각형이 합동이 되는지를 알아보려면 세 개의 대응 선분의 길이와 세 개의 대응각이 같아야 한다. 그러나 두 삼각형이 다음의 조건을 만족하면 나머지 조건도 따라서 만족하게 된다. 이것을 삼각형의 합동조건이라고 하고, 그 조건은 다음과 같이 네 가지가 있다.

※ 변(Segment)$= S$, 각(Angle)$= A$로 표기한다.

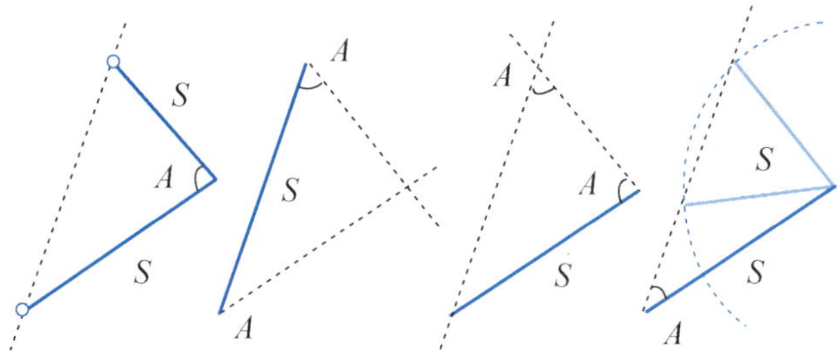

(1) 변–변–변(SSS) 합동

- 활동

  $\triangle ABC$의 세 변이 아래와 같이 주어져있다. $\triangle ABC$과 세 변의 길이가 같은 $\triangle PQR$을 그려라.

  1단계 : 작도 1을 사용하여 길이가 $x = AB$인 선분 PQ를 그려라.

  2단계 : 반지름을 $y = BC$로 컴퍼스를 맞춘 다음 점 Q를 중심으로 하는 반지름이 y인 원을 그려라.

  3단계 : 컴퍼스의 반지름을 $z = AC$로 맞춘 다음 중심이 P인 반지름 z인 원을 그려라. 2단계에서 그린 원과 만나는 어떤 점에 R을 놓아라.

  4단계 : 선분 PR과 RQ를 그려라.

위의 활동에서 알아낸 점은 다음과 같다.

- 두 삼각형의 세 변이 각각 대응변끼리 합동이면 두 삼각형은 합동이다.

  ※ 유클리드 기하학에서는 SSS 조건은 공리로 받아들여진다. 즉, SSS는 증명의 대상이 아니라 (직관적으로)참이다.

- SSS 조건 활용하기

어떤 □$ABCD$는 마주보는 변 $AB = DC$와 $AD = BC$이다. $ABCD$가 평행사변형임을 보여라.

풀이 기하학에서 많은 문제가 보조선이나 보조 호를 그으면 해결될 수 있다. 보조선으로 대각선 AC를 그어 보자. AC가 그 자체로 합동이기 때문에 우리는 $\triangle ABC \cong \triangle CDA$가 SSS 조건에 의해 합동임을 알 수 있다. 따라서 각 $\angle BAC$와 $\angle DCA$에 대응하는 각은 합동이므로, 내각의 정리에 의해 $AB // DC$라는 결론을 내린다. 같은 방법으로, $\angle BCA = \angle DAC$이므로 $AD // BC$이므로 □$ABCD$는 평행사변형이다.

- SSS 조건을 활용하여 각 밀기

주어진 각 $\angle D$에 합동이면서 점 Q를 중심으로 하는 각을 그려라.

1단계 : 직선자를 사용하여 반직선 QY를 그려라.

2단계 : D와 Q를 중심으로 하는 같은 반지름을 갖는 호를 그려라. ; E와 F를 주어진 각의 변과 만나는 변이라고 하자. 점 R을 QY와 만나는 곳에 찍어라.

3단계 : 점 E에 컴퍼스의 점을 놓고 F를 따라 호를 그려라. S를 잡기 위해 점 R을 중심으로 하는 같은 반지름을 갖는 호를 그려라.

4단계 : S를 지나는 반지름 Q를 직선 자를 이용해서 그려라.

그러면 $\angle Q \cong \angle D$이 된다.

작도 과정에서 $DE = QR$, $DF = QS$, $Ef = RS$임을 알 수 있다. 따라서 SSS 정리에 의해 $\triangle DEF \cong \triangle QRS$이다. 따라서 대응각 $\angle D$와 $\angle Q$는 합동이다.

- 삼각 부등식

삼각형의 어떤 두 변의 길이의 합은 다른 한 변의 길이보다 크다.

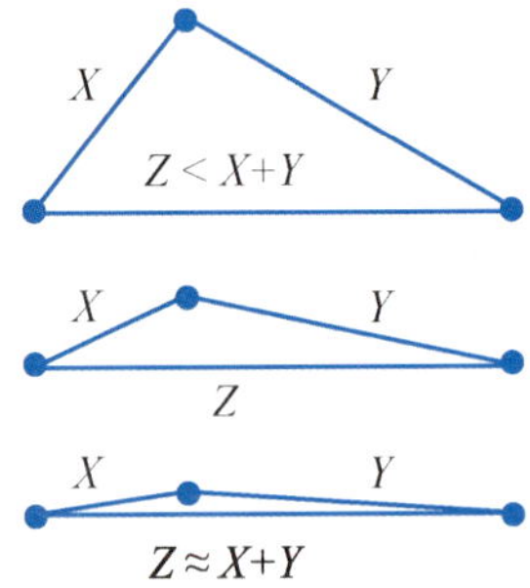

- 삼각 부등식 적용하기

어떤 4 마을에는 모든 4마을에 전기를 공급할 발전소를 세우고 있다. 전선의 비용을 최소화하기 위해 발전소는 발전소에서 4지역까지의 거리의 합이 가능한 작게 세워야 한다. 기술자들은 점 E에 발전소를 세울 것을 권했다. 한 수학자는 4 마을이 아래와 같이 볼록 사각형을 만들고 있는 것을 알고 발전소를 사각형의 대각선이 서로 교차하는 점 M에 지어야 한다고 권했다. E보다 M이 더 좋은 위치인 이유는 무엇인가?

(이유) $\triangle ACE$에 적용된 삼각형 부등식은 $EA+EC > AC$이다. M은 대각선 AC 위에 있기 때문에 $AC = MA + MC$임을 알 수 있다. 따라서

$EA+EC > MA+MC$이다.

이때 $\triangle BDE$에 삼각 부등식을 적용한다면 다음과 같은 부등식을 얻을 수 있다.

$EB+ED > MB+MD$

두 부등식을 더하면

$EA+EC+EB+ED > MA+MC+MB+MD$

따라서 점 E에서 마을까지의 거리의 합은 점 M에서 마을까지의 거리의 합보다 크다는 것을 알 수 있다.

(2) 변–각–변(SAS) 합동

- SAS 조건 탐구하기

$\triangle ABC$의 두 변 AB와 AC, 두 변 사이의 각 $\angle A$가 주어졌을 때 $\triangle ABC$와 합동인 $\triangle PQR$을 작도해 보기로 한다.

1단계 : 각 $\angle A$와 합동인 각을 점 P에서 위의 단계를 따라 작도한다.

2단계 : 길이가 각각 AB와 AC인 각 $\angle P$의 변을 따라 선분 PQ와 PR를 그린다.

3단계 : 선분 QR을 그려서 $\triangle PQR$을 완성한다. 이것은 $\triangle PQR$의 크기와 모양을 결정하는 유일한 과정이다. 따라서 $\triangle PQR \cong \triangle ABC$이다.

위에서 설명한 과정은 $\triangle ABC$의 변–(사이)각–변, 즉 세 부분만으로 $\triangle PQR$의 크기와 모양을 결정할 수 있다. 위의 활동에서 알아낸 점은 다음과 같다.

- 한 삼각형에서 두 변과 사이 각이 다른 삼각형의 두 변과 사이각과 합동이라면 두 삼각형은 합동이다.
- SAS 조건 활용하기

두 선분 AB와 CD가 공통 중점 M에서 만난다. AD와 BC는 서로 평행하고 길이가 같음을 보여라.

풀이 M은 AB의 중점이다. 따라서 $AM = BM$이다. 선분 AM와 BM위에 1개 점으로 이루어진 표시를 각각 해두었다. 유사하게 $CM = DM$이고 선분 CM과 DM 위에 더블 마크를 해두었다. 또한 교차하는 선분으로 인해 생기는 M의 두 꼭지각의 합동을 표시하기 위해 단일선의 호를 그렸다. SAS 조건에 의해서 $\triangle AMD \cong \triangle BMC$이다. 따라서 대응변 AD와 BC가 합동이기 때문에 AD=BC이다. 또한 ∠A ≅ ∠B이므로 엇각 정리에 의해 AD와 BC는 서로 평행이다.

- 이등변 삼각형 정리

이등변 삼각형에서 마주보는 변과 마주보는 각은 합동이다.

(이유) $\triangle ABC$가 $AB = AC$인 이등변 삼각형이라고 하자. 대응 점 $A \leftrightarrow A$, $B \leftrightarrow C$, $C \leftrightarrow B$를 생각해봐라. $AB \cong AC$과 $\angle A \cong \angle A$이기 때문에 SAS 조건을 통해 $\triangle ABC \cong \triangle ACB$임을 알 수 있다. 그러나 $\angle B \cong \angle C$를 포함하여 $\triangle ABC$와 $\triangle ACB$의 모든 6가지 부분이 합동이다.

- 탈레스의 정리

지름이 AB인 반원에 내접한 어떤 삼각형 ABC는 원주 위의 점 C에서 직각이 된다.

(이유) 반지름 OC를 그려라. 이것은 $\triangle ABC$를 두 이등변 삼각형 $\triangle AOC$와 $\triangle COB$로 나눈다. (왜 그럴까?) 이등변 삼각형 정리는 $\triangle AOC$의 밑각 x의 값이 같다는 것을 알려준다. 또 $\triangle COB$의 두 밑각도 같다. $\triangle ABC$의 내 각의 합이 180°이므로 $x + y + (x + y) = 180°$가 된다. 그러므로 $m(\angle C) = x + y = 90°$이다.

(3) 각-변-각(ASA) 합동

- ASA 조건 탐구하기

$\triangle ABC$의 한 변과 양 끝 각이 주어져있다. 삼각형 ABC와 합동인 $\triangle PQR$을 작도하라.

1단계 : $\angle P \cong \angle A$를 작도한다.

2단계 : $PQ = AB$가 되도록 $\angle P$의 변에 선분 PQ를 그려라.

3단계 : 한 쪽엔 P를 포함하고 다른 한쪽엔 $\angle P$와 교차하는 점을 가진 점 Q위에 합동각 $\angle B$를 그려라. 그리고 점 R을 찍어라. 이 과정은 유일하게 $\triangle PQR$의 크기와 모양을 결정하는 방법이다. 따라서 $\triangle PQR \cong \triangle ABC$이다.
방금 보인 작도는 각-변-각 조건을 설명하고 있으며 간단하게 ASA라고도 한다.

- ASA 합동

어떤 삼각형의 한 변과 양 끝 각이, 다른 삼각형의 한 변과 양 끝 각과 합동이라면 두 삼각형은 합동이다.

- 이등변 삼각형 정리의 역

만약 삼각형의 두 각이 합동이라면 그것과 마주보는 두 변도 합동이다. 즉, 그 삼각형은 이등변삼각형이다.

(4) 각-각-변(AAS) 합동

ASA 합동에서의 변은 두 각에 의해 둘러싸인 한 변을 나타낸다. 그러나 만약 한 삼각형의 임의의 두 각이 다른 삼각형의 두 각과 합동이라면 대응각의 모든 세 쌍이 합동이다. 이것은 삼각형의 세 각의 합은 180°이고 따라서 세 번째 각은 다른 두 각에 의해 유일하게 결정된다는 것을 의미한다. 이것은 각 - 각 - 변 조건이라고 하고 간단하게 AAS라고 한다.

- 각-각-변 (AAS) 합동
  삼각형의 두 각과 한 변이 각각 다른 삼각형의 두 각과 포함되지 않은 대응변과 합동이라면 두 삼각형은 합동이다.

〈삼각형의 성질〉

	이등변삼각형	정삼각형	직각삼각형
변의 길이	두 변의 길이가 같다.	세변의 길이가 같다.	
각의 크기	두 각의 크기가 같다.	세 각의 크기가 모두 60°로 같다.	한 각이 직각이다.
분할	두 개의 합동인 직각삼각형으로 분할 된다.	두 개의 합동인 직각삼각형으로 분할 된다.	
대칭	대칭축이 한 개인 선대칭도형이다.	대칭축이 3개인 선대칭도형이다.	

06 사각형

사각형의 위계는 다음과 같다.

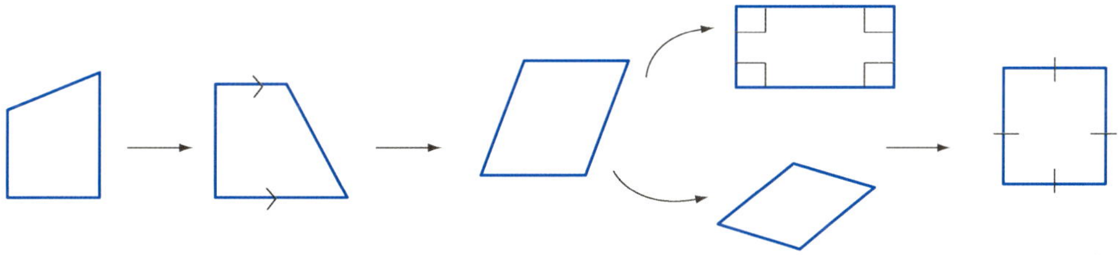

- 일반사각형 ⊃ 사다리꼴 ⊃ 평행사변형 ⊃ 직사각형 또는 마름모 ⊃ 정사각형

6.1 사각형의 성질

(1) 사각형

- 네 개의 선분(변)으로 이루어진 단일 폐곡선이다.

(2) 사다리꼴

- 한 쌍의 마주보는 변이 평행한 사각형이다.

(3) 평행사변형

- 마주보는 변의 길이와 마주보는 각의 크기가 같다.
- 두 쌍의 평행인 변으로 구성되어 있다.
- 두 개의 대각선은 서로 다른 것을 이등분한다.
- 도형의 중심에 대한 점대칭 도형이다.

(4) 직사각형

- 마주보는 변의 길이가 같고 4각 모두 직각이다.
- 평행인 변이 두 쌍이다.
- 두 개의 대각선은 서로 같고 다른 것을 이등분한다.
- 도형의중심에 대한 점대칭 도형이다.
- 선대칭도형이다

직사각형의 성질을 발견하기 위해서는 먼저 직사각형을 구성하는 요소인 각의 크기, 변의 길이와 같은 이들 상호간의 관계에 의하여 성질을 알아본다. 요소에 의한 성질의 발견은 각의 크기는 네 각이 모두 직각이고, 변의 길이는 마주 보는 변의 길이는 같고 직각이다. 조작에 의한 성질의 발견은 1개의 대각선으로 접을 때는 두 개의 합동인 직각삼각형이 만들어지고, 2개의 대각선으로 접을 때는 대각선은 서로 이등분된다. 선대칭인 경우는 대칭축이 2개 있는 선대칭도형이며, 점대칭인 경우는 대각선의 교점을 중심으로 점대칭 도형이다.

(5) 마름모

- 마주보는 변의 길이가 같고 마주 보는 각의 크기는 같다.
- 평행인 변이 두 쌍이다.
- 두 개의 대각선은 서로 같고 다른 것을 수직 이등분한다.
- 도형의 중심에 대한 점대칭 도형이다.
- 선대칭도형이다.

(6) 정사각형

- 4변의 길이가 같고 4각의 크기는 직각이다.
- 평행인 변이 두 쌍이다.
  따라서 정사각형은 직사각형인 동시에 마름모인 사각형이다.
- 두 개의 대각선은 서로 같고 다른 것을 수직 이등분한다.
- 도형의 중심에 대한 점대칭인 도형이다.
- 선대칭도형이다.

〈사각형의 성질〉

	평행사변형	직사각형	마름모꼴	정사각형
각의 크기	맞각의 크기는 같다.	네 각이 모두 직각이다.	맞각의 크기가 같다.	네 각이 모두 직각이다.
변의 길이	맞변의 길이가같다.	맞변의 길이가같다.	네 변의 길이는 모두 같다.	네 변의 길이는 모두 같다.
평행인 변	평행인 변이 두 쌍이다.	평행인 변이 두 쌍이다.	평행인 변이 두 쌍이다.	평행인 변이 두 쌍이다.
한 개의 대각선에 의한 분할	두 개의 합동인 삼각형으로 분할된다.	두 개의 합동인 삼각형으로 분할된다.	두 개의 합동인 삼각형으로 분할된다.	두 개의 합동인 이등변삼각형으로 분할된다.
대각선끼리의 관계	서로 이등분한다.	• 서로 이등분한다. • 두 대각선의 길이가 같다.	• 서로 이등분한다. • 두 대각선은 수직이다.	• 서로 이등분한다. • 두 대각선의 길이가 같다. • 두 대각선은 수직이다.
점대칭	도형의 중심에 관한 대칭인 도형이다.	도형의 중심에 관한 대칭인 도형이다.	도형의 중심에 관한 대칭인 도형이다.	도형의 중심에 관한 대칭인 도형이다.
선대칭		대칭축이 2개인 선대칭도형이다.	대칭축이 2개인 선대칭도형이다.	대칭축이 4개인 선대칭도형이다.

07 원

고대인들은 하늘에 있는 별들이 둥그렇게 움직이는 형상을 보면서 원의 관념이 생기기 시작하였다. 또한 우주의 모든 것은 정확하게 기하학적인 대상으로 생각하여서 우주를 만든 “신은 기하학자”라고 표현하였다. 그 후 유크리트 기하학에 원의 성질을 설명하는 내용의 많은 정리되었으며, 원의 성질을 연구하는 과정에서 삼각비의 성질도 많은 연구가 있었다.

7.1 원의 구성요소

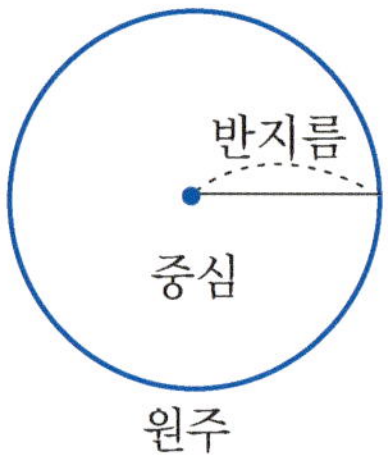

원은 컴퍼스의 움직이는 다리가 고정된 다리의 둘레로 도는 동안 그려지는 자국입니다. 고정된 다리의 위치를 원의 중심이고 원의 둘레의 길이를 원주라고 합니다.

중심에서 원주까지의 거리를 원의 반지름 이라고 한다.

7.2 중심각, 원주각

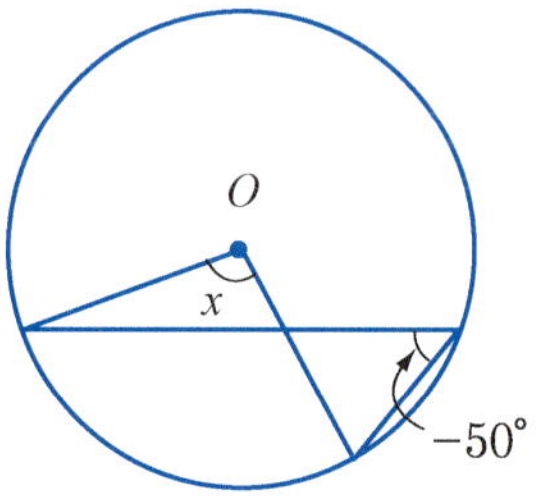

원둘레 위의 두 점 사이의 원의 일부분을 호라고 하며, 원둘레 위의 두 점을 이은 선분을 현이라 한다. 또한 아래 그림에서 중심과 원둘레 위의 두 점으로 이루어진 각(x)을 중심각이라고 부르며, 원둘레 위의 점을 이은 현만으로 이루어진 각을 원주각이라고 부른다.

7.3 부채꼴

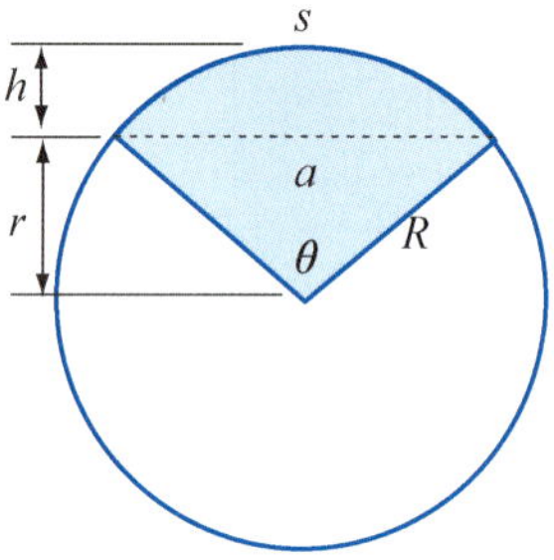

아래 그림의 노란 부분과 같이, 두 개의 반지름과 반지름 사이의 호로 이루어진 도형을 부채꼴이라고 한다.

7.4 접선

책상 위에서 동전 한 개와 연필 한 개를 맞대어 보시오.

- 동전과 연필이 맞닿는 곳을 살펴보고 몇 곳에 맞닿는지 알아보시오.

  [답] 1곳

책상위에서 크기가 다른 동전 두개를 맞대어 보시오.

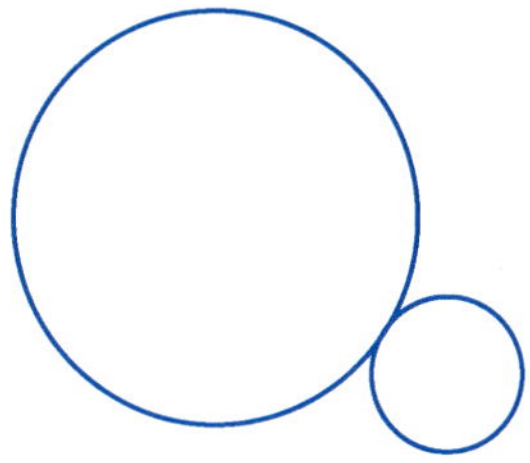

- 동전 두개가 서로 맞닿는 곳을 살펴보고 몇 곳에서 맞닿는지 알아보시오.

  [답] 1곳

(1) 위와 같이 동전과 연필끼리 닿는 동전끼리 한곳(한점)에서 맞닿는 것을 서로 접한다라고 하고 맞닿는 점을 접점(뽀뽀점, kissing point)이라고 한다.

(2) 동전과 연필이 접하고 있을 때 연필을 동전의 접선이라고 한다.
원 밖의 한 점 P에서 원의 접선을 몇 개 그을 수 있는지 알아보시오.

답 : 2개

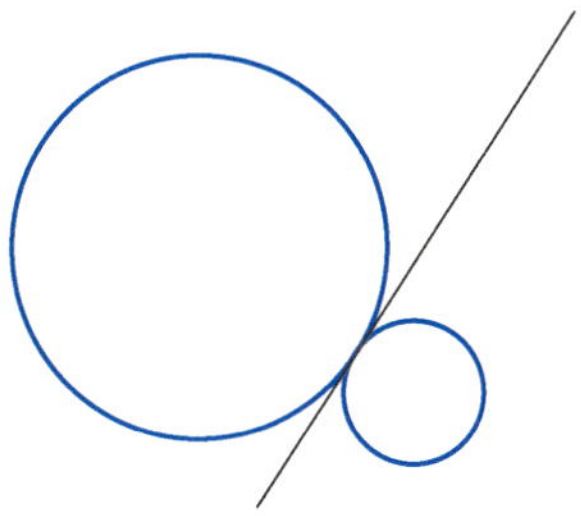

(3) 두 원에 모두 접선이 되는 선분을 공통접선이라고 한다.
컴파스를 이용하여 두 원의 위치에 따라 공통접선을 그려보자.

① 떨어져 있는 경우

답 : 두개

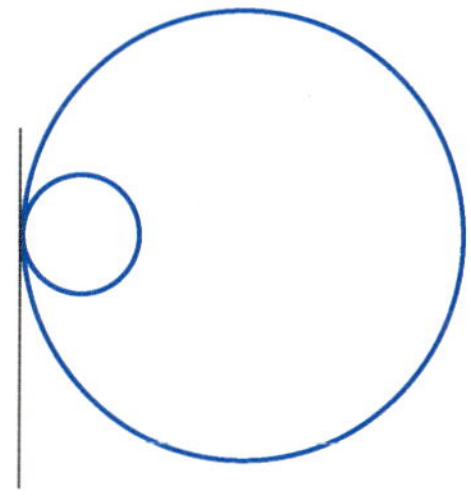

② 접해 있는 경우

답 : 한 개

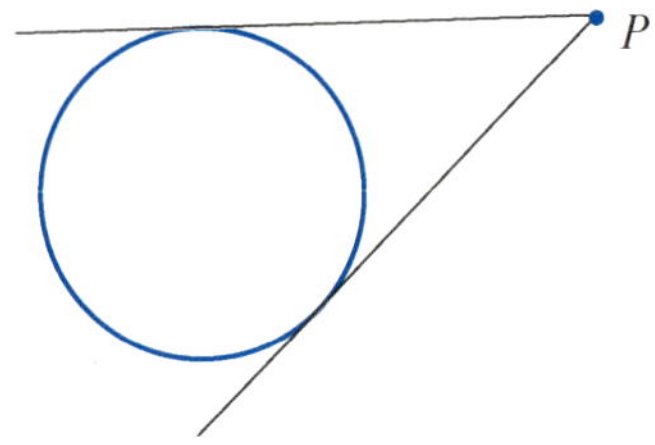

③ 그림과 같이 안쪽으로 접해 있는 경우

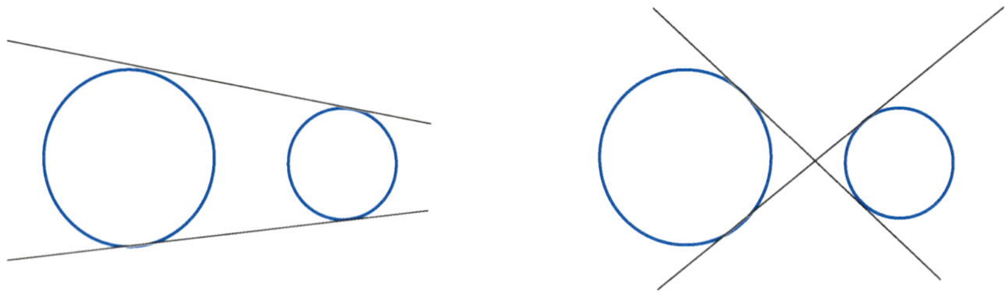

답 : 한 개

7.5 접선의 성질

원에 그은 접선은 접점에서 반지름과 수직이다. 즉 AB와 OT는 수직이다.

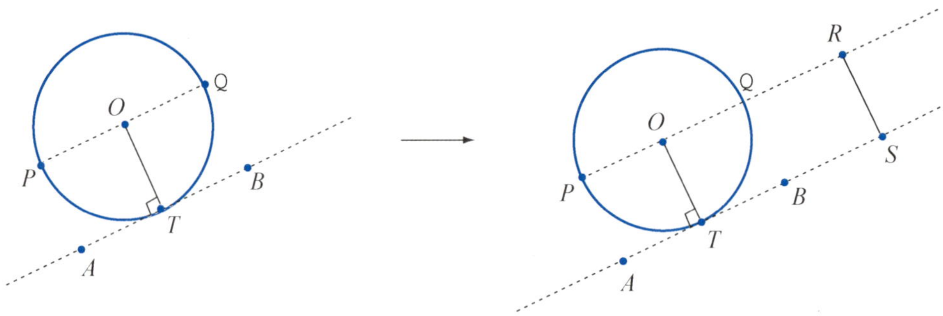

① 원에 반지름 OT를 긋고 직선을 T와 접하도록 해본 후 각도를 알아본다.

② 원 TO에 접선 AB를 긋는다. 접선 AB에 평행한 지름 PQ를 긋는다. 그러면 두 평행선의 거리는 반지름 OT의 길이이다. 따라서 OT와 AB는 수직이다.

※ 평행선 사이의 거리는 공통수선의 길이이다.

08 도형의 변환과 테셀레이션

1부의 4.5.2. 절에서 강체운동군을 설명하였다. 그 내용을 쉽게 정리한 후 현행교과서 3학년 교과서에 수록된 강체운동을 재조명하고 효과적인 지도방안을 살펴보기로 한다. 초등학교에서 3학년과 5학년(2007교육과정)에는 '도형의 이동'에 대하여 학생들이 공부하는 기회를 갖는다. '도형의 이동'이 교육과정에 들어가게 된 이유를 살펴보면 크게 두 가지로 나눌 수 있다. 하나는 '공간감각 기르기'이고 다른 하나는 '강체 운동의 기초 및 논리'이다.

8.1 강체운동

강체란 힘을 주었을 때, 위치는 변하지만 모양이 변하지 않는 물체를 말한다.

이러한 강체운동은 역사 발생적으로 수학교육 개혁운동으로 알려진 클라인(F. Klein, 1849-1925)[1]이 정다각형을 한 가지 기준(변수)으로 분류하기 위하여 강체운동의 개념을 고안하였다.

	기존의 정의	강체운동에 근거한 정의
정삼각형	길이가 같은 세 변과 크기가 같은 세 각으로 이뤄져 있는 도형	도형의 중심점을 회전점으로 잡고, 120°회전 시켰을 때, 완전히 겹쳐지는 도형
정사각형	길이가 같은 네 변과 크기가 같은 네 각으로 이뤄져 있는 도형	도형의 중심점을 회전점으로 잡고, 90°회전 시켰을 때, 완전히 겹쳐지는 도형
⋮	⋮	⋮

8.2 네 가지 기본적인 강체운동

강체운동[2]은 크게 평행이동, 회전, 반사등을 일컫는다.

(1) 평행이동(Translations)

비형식적 수준에서는 '밀기(Slide)'라는 용어를 사용한다. 이것은 같은 방향, 같은 거리로 평면의 모든 점이 움직이는 강체 운동이다.

1) 1부의 4.6.2 절 참조

2) 강체운동은 평행이동, 회전이동, 반사, 미끄럼반사로 크게 4가지로 분류하지만 이 중 미끄럼반사는 초등학교에서는 다루기 어렵다. 필요에 따라서 영재교육 등에서는 다룰 수도 있다.

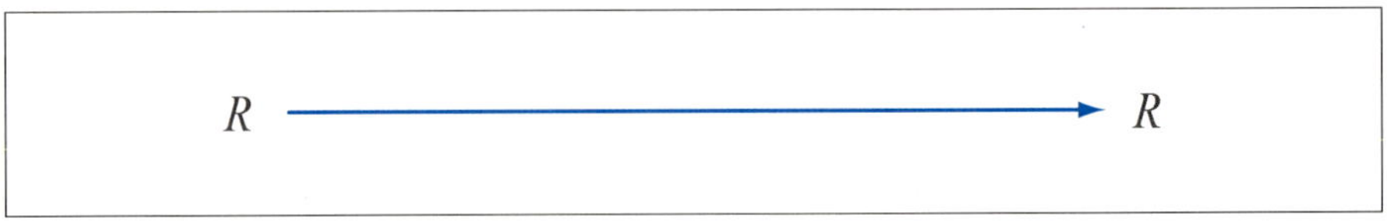

〈평행이동〉

위 그림에서 왼쪽의 'R'에서 오른쪽의 'R'까지 표시된 화살은 밀기를 하기 위해 요구되는 두 가지의 정보인 방향과 거리를 알려주고 있다. 밀기의 방향은 화살의 방향이며, 움직인 거리는 화살의 길이이다.

밀기는 '투사와 밀기' 모델로서 설명된다.

(2) 회전(Rotations)

돌리기라고도 불린다.

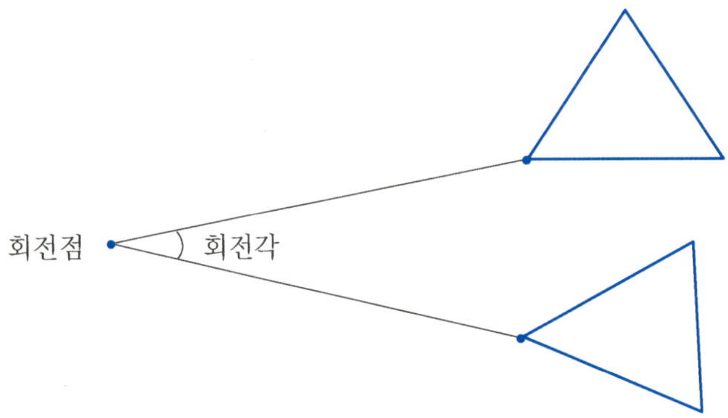

〈회전〉

그림과 같이 평면의 한 점은 고정된다. 이점을 회전점이라고 하며, 남아있는 점은 회전점을 축으로 같은 각도(반시계 방향)만큼 돌려준다. 회전은 주어진 회전점과 회전각에 의해 결정된다. 시계 방향 회전을 음(-)각, 반시계 방향의 회전 각도를 양(+)각으로 약속한다. 이런 식으로 $-120°$ 회전은 같은 중심에서 $240°$에 해당한다.

(3) 반사

세 번째 기본적인 강체 운동은 뒤집기, 거울 반사 등으로 불리는 반사이다.

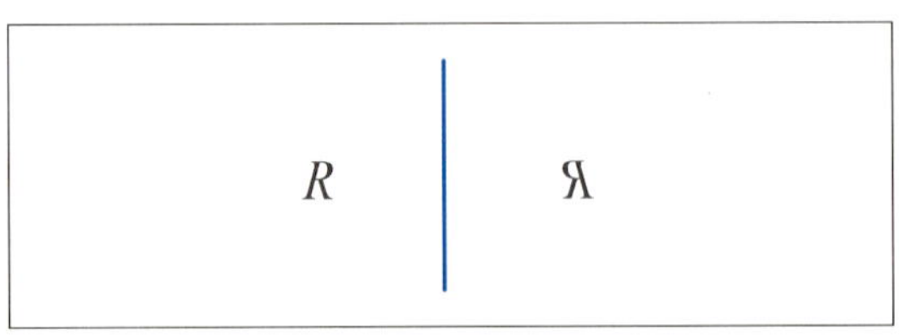

반사는 평면상에서 반사 축 혹은 대칭축(거울 축)이라는 선에 의해서 결정된다. 평면의 각 점 P는 거울 축 m의 반대쪽 점 P''으로 이동하고 m으로부터 같은 거리만큼 이동한다. 두 점 P와 P''을 잇는 선과 거울 축 m과의 교점을 P'이라하면, 거울 축 m은 두 점 P와 P''을 수직 이등분한다. 따라서 점 P'은 선분 PP''의 수직이등분 점이 된다.

- 활동

  뒤집기는 투명지를 사용하여 투사와 뒤집기 과정을 통해서 설명할 수 있다. 첫째, 반사 축과 기준점을 포함하여 원래 그림의 자취를 그린다. 그 후 투명지를 뒤집고 뒤집기의 축을 지나는 점은 원래의 위치 위에 위치시킨다. 기준점의 정렬은 반사 축 상에서 어떤 미끄러짐도 없음을 의미한다.

  뒤집기는 또한 종이 접기를 통해서 실행될 수 있다. 이 때 접는 선은 거울 축 역할을 한다. 예를 들어, 잉크로 종이의 절반에 그림을 그린다.(혹은 잉크나 포스터 칼라의 큰 얼룩점을 떨어뜨린다.) 그리고 잉크나 페인트가 마르기 전에 다른 한 쪽이 그림을 덮도록 접는다. 만약 투사지나 패티 페이퍼가 사용 가능하다면 접어진 종이의 한쪽 면의 바깥쪽에 상을 그린다. 그 후 접어진 종이를 위아래로 돌리고 두개의 접어진 막을 통해 보이는 그림의 자취를 남긴다.

(4) 미끄럼 반사

마지막 네 번째 기본적인 강체 운동은 미끄럼 반사이다. 이는 미끄럼 반사는 미끄러짐과 뒤집기가 결합된 변환형태이다. 가장 쉽게 상기되는 예는 왼발자국에서 오른발자국으로 옮겨가는 동작이다. 미끄러짐 반사라 불리는 반사의 축은 미끄러짐의 방향과 평행해야 한다. 미끄러짐은 뒤집기의 앞에 실시된다. 하지만 뒤집기가 미끄러짐보다 먼저 시행되어도 결과는 같다. 미끄러짐 뒤집기에서 왼발자국의 상은 오른발자국이다.

이름(다른 이름)과 그림	필요한 정보	설명	방향 속성
평행이동(밀기)	옮기는 방향, 거리와 방향을 명시	평면상의 모든점은 같은 거리와 방향으로 이동한다.	방향이 유지됨
회전(돌리기)	회전점과 회전각	평면상의 모든 점이 회전점에 대해 지시받은 각의 크기만큼 회전한다.	방향이 유지됨
반사(뒤집기)	반사축	반사축 위를 제외한 평면상의 모든점은 반사축의 반대편의 상으로 이동한다. 반사축위의 점은 고정된다.	방향이 뒤집힘
미끄럼 반사	미끄러지는 방향과 그 방향과 평행한 반사축	평면상의 모든점은 평행이동을 하고, 미끄러진 방향과 평행하는 축을 중심으로 반사된다.	방향이 뒤집힘

〈네 가지 기초적인 강체 운동〉

8.3 강체운동의 분류

평면상에서 어떤 강체운동은 네 개의 기본적인 강체 운동 중 하나와 동치이다.

(1) 이동의 종류

• 평행이동 (T) : 고정점 없음	
• 회전 (R) : 유일한 고정점(회전점)	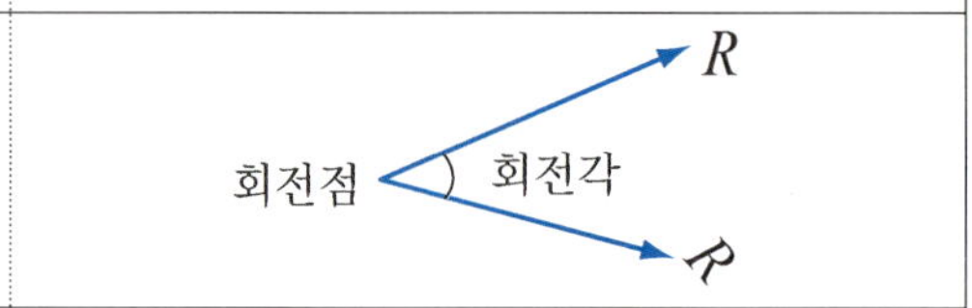
• 반사 (MR) : 대칭축	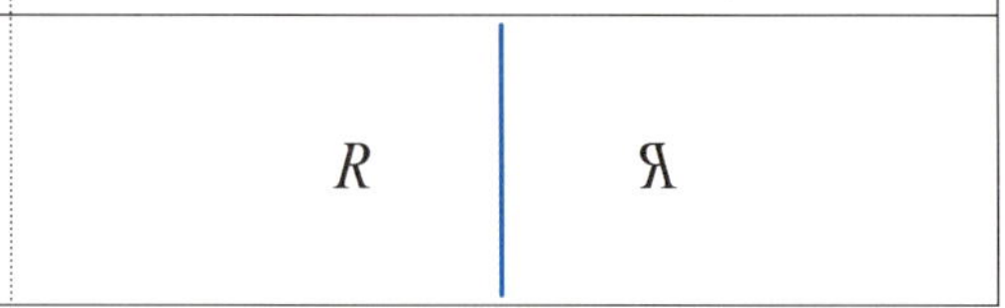

(2) 이동의 합성

가) 평행이동을 계속하면 평행이동이 된다.

나) 회전을 계속하면 회전이 된다.

다) 평행이동과 회전을 계속하면 회전이 된다.

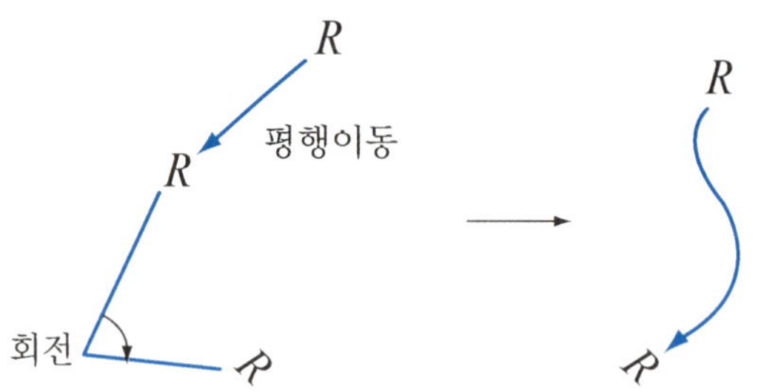

〈이동의 합성 1〉

라) 반사를 계속 두 번 하면 평행이동이 되거나 회전이 된다.

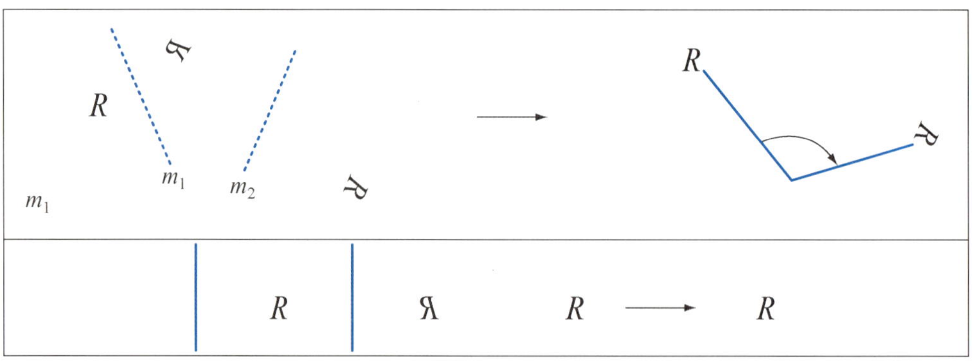

〈이동의 합성 2〉

8.4 현행 교과서의 예

(활동 1) 왼쪽 도형을 오른쪽으로 옮겼을 때 생기는 도형을 알아보시오.

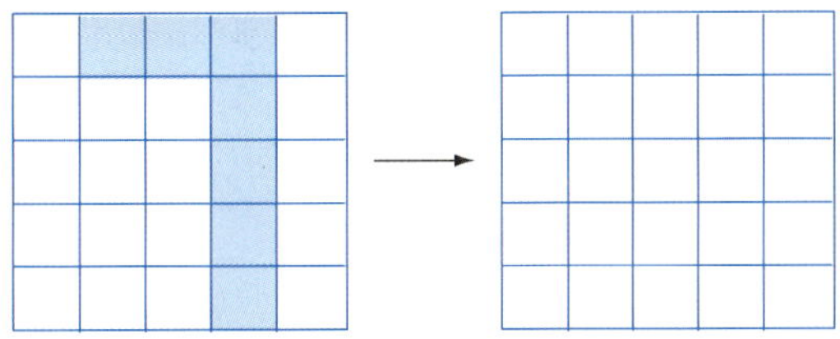

〈1차시 - 도형 움직이기〉

(활동 1) 왼쪽 도형을 옆으로 뒤집었을 때 생기는 도형을 알아보시오.

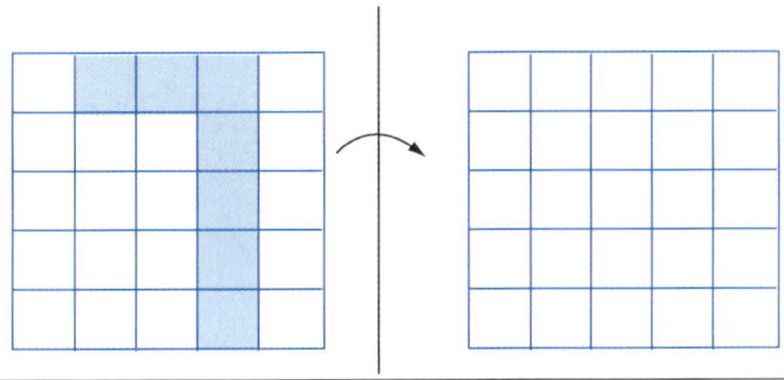

〈2차시 - 도형 뒤집기〉

현행 교과서에서 '도형 움직이기'는 이러한 활동을 "왜 하는지?"에 대한 의문을 해소하기에는 상당히 부족하다. 또한 평면도형의 역사 발생적인 내용을 깊게 다루지 못하고 있으며 '회전'의 경우 수학적 원리와 맞지 않는 내용이 발견된다.

평면도형의 평행이동(밀기), 반사(뒤집기), 회전(돌리기)을 강체운동이라 한다. 1872년 발표한 Erlangen 목록에서 함수와 공간도형 등의 교육을 강조한 독일의 수학자 클라인 군(group)의 구조를 이용하여 기하학을 분류하였다. 또한 그는 직사각형의 대칭운동을 이용하여 Klein 4원군을 제시하면서 직사각형과 이등변삼각형을 구별하였다. 또한 수학에서 대칭의 중요성을 강조한 프로이덴탈[3]은 학교에서 가급적이면 조기에 군 개념의 구조 지도를 강조하였다. 그러므로 강체운동의 다른 이름인 도형 움직이기의 지도의 목적은 단순하게 공간 감각을 기르는 것보다 더 중요한 가역적 사고, 군의 구조 혹은 피아제(Piaget)가 말한 군성체의 이해에 있다. 따라서 도형 움직이기는 가급적 정확한 수학적 개념을 지도할 수 있도록 구성되어야 한다. 특히 움직이기의 합성 방법과 합성의 결과 등에 대한 내용은 교사용 지도서에 명시되어야 한다.

도형 움직이기의 구체적인 개정 내용의 구성은 다음과 같다.

3) 1부 5.2절 참조

첫째, 도형 움직이기의 활동은 한 장의 모눈종이에서 이루어져야 한다.

둘째, 회전(돌리기)은 먼저 회전의 중심을 정하고 돌리는 방향은 시계 반대 방향으로 약속해야 한다. 이는 '각도'의 정의와 일치하는 것이다.

셋째, 반사는 원래 거울 반사이다. 따라서 반사(뒤집기)의 학습은 거울을 사용하여 비친 모양을 보고 학습하도록 내용을 구성해야 한다.

8.5 강체운동의 정의에 적합한 지도법

(활동 1) 학생이 앞에 나와 상하좌우로 몇 걸음씩 걷게 한다. 이때 변한 것과 변하지 않은 것이 무엇인지 알아본다.

(활동 2) 다음의 도형이 그려진 모눈종이를 배부하고 투명한 OHP필름에 도형을 본뜨게 한 다음 상하좌우로 몇 칸씩 밀기를 한 도형을 그린다. 변한 것과 변하지 않은 것이 무엇인지 알아본다.

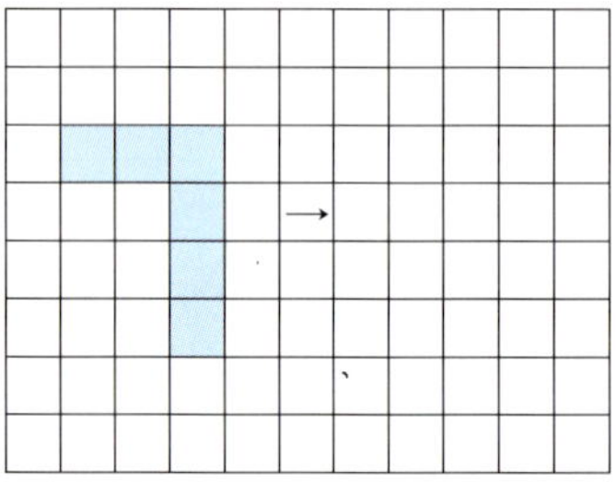

(활동3) 도형 밀기 방법을 사용하여 모눈종이에 도형을 규칙성 있게 배열한다.

〈1차시 내용 개정 - 도형 밀기〉

(활동 1) 거울을 보면서 손으로 왼쪽 눈이나 귀를 가리키는 활동을 하면서 실제 자기가 하는 행동과 거울 속의 모습을 비교한다. 이때 변한 것과 변하지 않은 것이 무엇인지 알아본다.

(활동 2) 아래와 같이 도형이 그려진 모눈종이를 배부하고 투명한 OHP필름에 도형을 본뜨게 한 다음 뒤집어 본다. 또 반사축에 거울을 대고 실제 도형과 거울 속의 도형 모습을 비교하게 한다. 이때에도 변한 것과 변하지 않은 것이 무엇인지 알아본다.

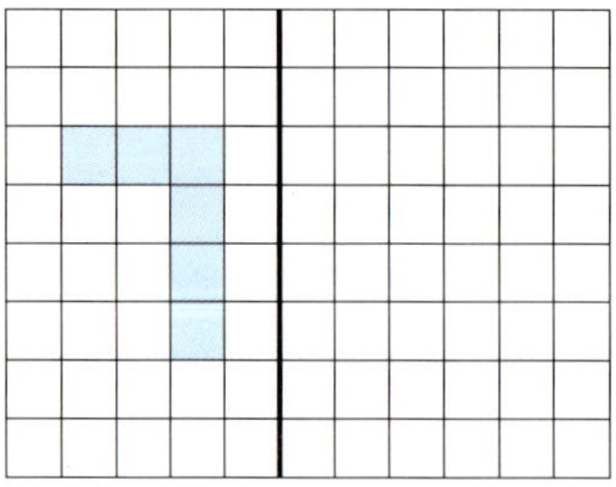

왼쪽 도형을 반사축에 거울을 대고 거울에 반사된 도형을 그려보고 처음 도형과 비교해 봅시다.

(활동 3) 주어진 도형을 상하좌우에 대칭축을 그리고 뒤집은 모양을 그린다. 거울을 사용하지 않고도 뒤집기를 할 수 있는 학생은 거울이나 OHP필름을 사용하지 않도록 한다.

(활동 4) 도형 뒤집기 방법을 사용하여 모눈종이에 도형을 규칙성 있게 배열한다.

〈2차시 내용 개정 - 도형 뒤집기〉

현행 3-나의 44쪽에 제시한 거울에 비친 모양에 관한 활동을 하도록 한다.

(활동 1) 놀이용 돌리기판으로 간단한 게임을 하면서 바늘이 회전한 다음의 모습이 처음과 같은 점과 다른 점이 무엇인지 알아본다.

(활동 2) 아래와 같이 도형이 그려진 모눈종이를 배부하고 투명한 OHP필름에 도형을 본을 뜬다. 그리고 회전점을 연필로 고정하여 반시계 방향으로 직각만큼 회전시킨다. 이때에도 변한 것과 변하지 않은 것을 알아본다.

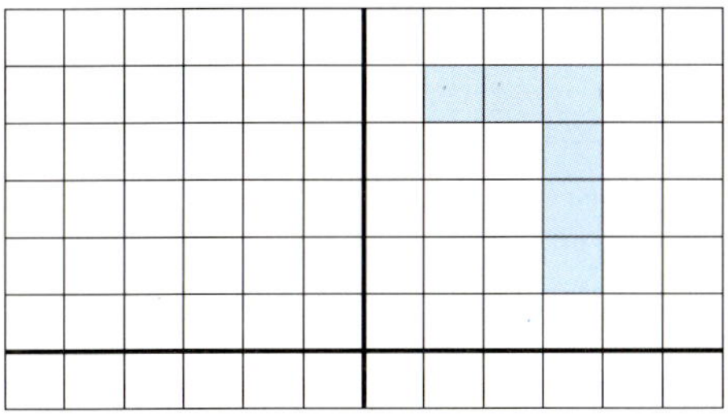

오른쪽 도형을 OHP필름에 본 뜬 다음 점을 중심으로 왼쪽으로 직각만큼 돌리기한 도형을 그려보고 처음 도형과 비교해 봅시다.

(활동 3) 모눈종이에 주어진 도형을 OHP필름에 본을 뜬 다음 회전점을 중심으로 반시계 방향으로 직각, 2직각, 3직각, 4직각 회전한 모양을 모눈종이에 그린다. 상하좌우에 OHP필름을 사용하지 않고도 돌리기를 할 수 있는 학생은 그 장면을 생각하여 그려본다.

〈3차시 내용 개정 - 도형 돌리기〉

(놀이 1) 도형 움직이기를 이용한 놀이를 한다.

- 교사는 모양카드 본래의 모양을 보여주고 학생이 움직이는 방법을 모르게 한다.
- 모양카드를 움직인 후 어떤 방법으로 이동한 것인지 탐구하도록 한다.
- 정답을 말하는 학생에게는 스티커를 붙여주고 상대방이 모양카드를 제시하도록 한다. 이와 같은 방법으로 한 번씩 번갈아 가며 놀이를 하도록 하여 가역적 사고를 기르도록 한다.

(놀이 2)

- 도형이 그려진 모눈종이를 배부하고 OHP필름에 도형을 본을 뜬 후에 같은 이동을 합성한 복합적인 경우를 생각한다.
- 먼저 밀기를 2회하기(예를 들면 오른쪽으로 3칸, 위로 2칸 등), 뒤집기를 2회(예를 들면 오른쪽으로 뒤집고 다시 또 오른쪽으로 뒤집기), 돌리기를 2회(예를 들면 왼쪽으로 2직각만큼 돌리고 다시 또 오른쪽으로 직각만큼 돌리기) 등 같은 종류의 이동을 합성하는 경우이다.
- 다른 종류의 이동을 합성하는 경우는 아주 쉽게 결과를 기대할 수 있는 경우를 학습한다.

〈4차시 내용 개정 - 재미있는 놀이, 도형 움직이기의 합성〉

1. 다음 모눈종이의 도형을 왼쪽으로 6칸 밀기를 한 도형과 오른쪽으로 10칸 밀기를 한 도형을 그리시오.

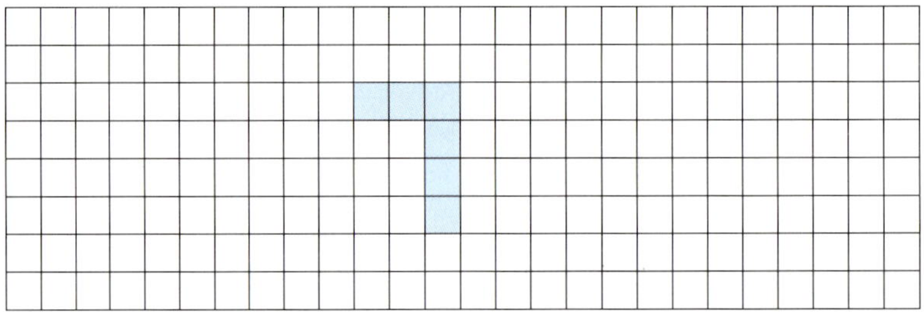

2 다음 모눈종이의 도형을 뒤집기한 도형을 그리시오.

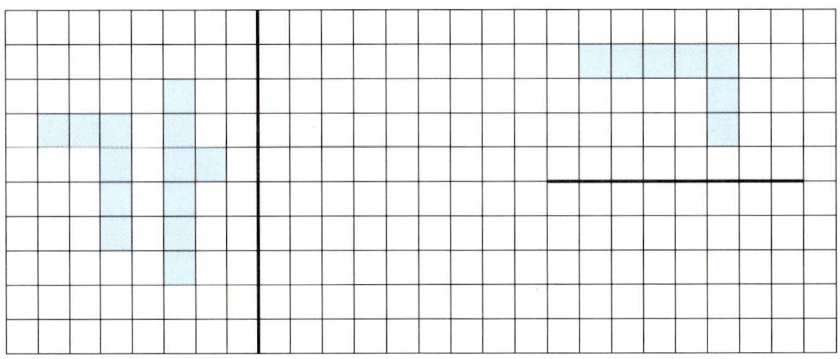

3. 아래 모눈종이의 도형을 시계 반대 방향으로 1회, 2회, 3회 돌리기한 도형을 그리고, 컴퓨터를 이용하여 확인하시오.

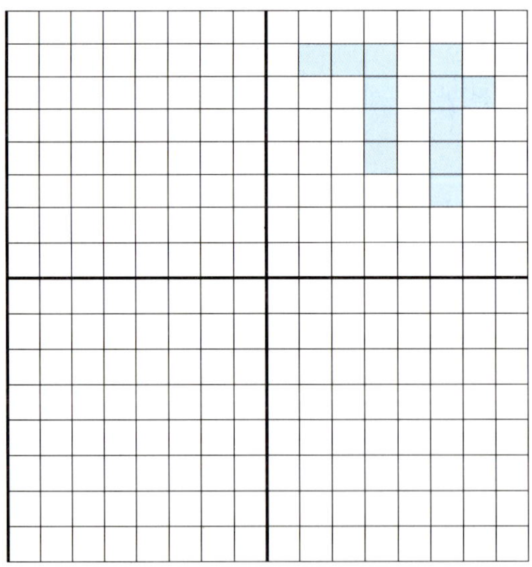

〈5차시 내용 개정 – 단원 평가〉

8.6 대칭

우주는 대칭적으로 구성되어있다. 무지개의 둥근 호와 얼음 결정의 6각형 모양의 대칭과 같이 우주의 많은 자연법칙 과정에서 대칭성은 관찰된다. 또한 생물학적 대칭의 아주 멋진 예는 조개껍데기와 공작의 부채모양의 꼬리이다. 인류의 역사에서, 선사시대를 포함한 세계의 모든 문명은 대칭의 기초적인 개념을 직관적이며 매우 유용하게 이해하고 발전시켰다. 도자기, 벽, 기구, 무기, 악기, 옷 등에 있는 장식은 대체로 대칭성을 이룬다. 건물과 사원, 무덤 등 여러 건축물들은 보통 대칭과 균형의 관점에서 설계된 것이다. 음악, 시, 춤 역시 근본적인 짜임새가 대칭성을 이루고 있다. 사람들이 대칭에 대한 비형식적 이해를 오랫동안 가지고 있는 반면, 대칭에 대한 보다 깊은 이해의 수단을 현대수학이 제공하고 있다. 대칭의 정확한 종류를 어떻게 설명하고 분류할 수 있을까?

(1) 대칭이란?

대칭(對稱)은 균형 또는 "반복적 자기 닮음"이다. 도형에서는 도형의 모든 점들이 대칭축을 가로질러서 서로 반사되는 성질을 말한다.

- 평면도형의 대칭

① 종교 문양, 탑, 단지

② 카펫트

 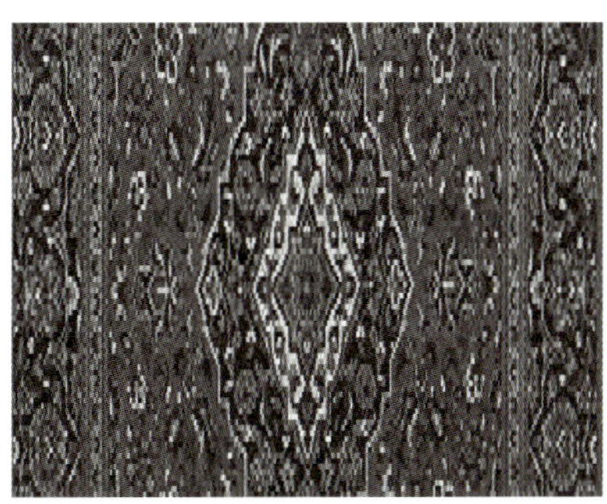

③ 건반, 자수품

(2) 대칭의 종류

항등운동은 어떤 도형의 대칭이지만 보다 재미있는 대칭은 항등원보다 다른 대칭성을 가진 도형이다.

- NCTM 규준

  학생은 퍼즐을 풀 때, 조각을 돌릴 때, 조각을 뒤집고 새로운 배열로 나열해 볼 때 얻은 직관적인 물리적 경험을 통하여 자연스럽게 밀기, 돌리기, 뒤집기와 같은 변환에 적응하게 한다. 또한 도형에 대해 대화형 컴퓨터 프로그램을 사용하면서 학생들에게 강체 운동을 자각할 수 있게 하고, 변화된 도형의 크기, 위치, 방향을 예측할 수 있도록 장려한다.

  교사는 학생들에게 도구를 통해 만든 제작물의 대칭적인 특성을 비형식적으로 인식시키고, 그 내용을 서술하고 증명할 수 있도록 안내해야 한다. 학생들은 종이를 자르기, 종이 접기, 거울에 나타난 대칭선을 통해 디자인을 만들 수 있고, 패턴블럭 등을 사용할 수 있다.

- 반사 대칭

  한 도형이 어떤 선이 반사축이 되는 경우, 그 도형은 반사 대칭이라고 한다. 반사축은 도형의 대칭축이라고 불린다. 대칭축의 한쪽에 있는 도형의 각 점 P는 대칭축의 반대쪽에 있는 도형의 점P'와 대응된다. 반사대칭은 선대칭 또는 좌우대칭으로 불린다.

- 대칭축 찾기

  아래의 각각의 문자의 모든 대칭축을 찾아보세요.

(가)	(나)	(다)	(라)
ㅅ	ㅂ	ㅇ	ㅍ

- 회전 대칭

도형이 0°도 와 360° 사이에서 지정된 각으로 돌려서 본래 도형과 완전히 겹쳐질 때, 그 도형이 회전 대칭을 이룬다고 한다. 돌리기의 중심을 회전점이라고 한다.

90° 회전 대칭을 이루는 도형은 자동적으로 180°와 270°회전대칭을 이룬다. 회전대칭을 이루는 회전각은 가장 작은 양의 각도를 말한다. 따라서 그 각도의 배수를 이루는 각 역시 대칭을 이룬다. 중심에 대하여 어떻게 돌려도 되는 동심원(아래 예 D)으로 구성되어 있는 도형은 예외이다. 그러한 도형은 순환대칭을 갖는다고 한다.

- 회전대칭의 각도 찾기

(가) 정육각형의 가장 작은 회전각은 60°이다. 따라서 60°, 120°, 180°, 240°, 300°도 회전시켜도 회전 대칭이 된다.

(나) 정9각형의 회전대칭을 이루는 회전각은 $\frac{360°}{9} = 40°$이다. 따라서 40°의, 배수를 이루는 각은 모두 회전 대칭이 된다.

- 점대칭

어떤 점 O에 대하여 180°회전 대칭을 이루고 있다면 그 도형은 점대칭을 이룬다고 한다.

〈예〉 영어 알파벳 점대칭 찾기

어떤 알파벳이 점대칭을 이루고 있을까요?

H, I, N, O, S, X, Z

[답] H, I, O, X은 선대칭의 직교하는 두개의 대칭축을 2개 가지고 있고, 오직 N, S, Z는 점대칭을 이룬다.

(3) 수학 활동

대칭은 영재 중, 고등학교 교육과정에서도 다루는 주제이지만, 초등학교 학생들은 종이접기와, 거울 대보기, 패턴 블록, 지오보드, 고무도장 등을 이용하여 대칭 패턴을 만들고 조사할 수 있다.

〈준비물〉 깨끗한 OHP용 필름, OHP용 펜, 티슈, 거울(가능하면 플라스틱이나, 철로 된 사각형 모양의 손거울)

- 반사대칭

반사 대칭은 '투사하고 뒤집기'시험을 통해 확인할 수 있다. 투명필름 위에 도형과 대칭선을 본뜬다. 그리고 필름에 생성된 대칭선을 중심으로 뒤집어본다. 그리고 도형의 원래 모습과 동시에 본뜬 모습의 지점을 확인한다. 반사대칭은 도형의 대칭선 위에 거울을 놓는 방법으로도 확인할 수 있다. 대신에 대칭선 위에 위치된 거울을 볼 때는 도형의 모든 모습이 나타날 수 있도록 해야 한다.

① 주어진 도형과 제시된 대칭선(접은 선)

② 투명필름에 본을 뜬다.

③ 대칭선을 중심으로 뒤집는다.

④ 도형이 겹치는지 확인한다.

- 회전 대칭

'투사하고 돌리기'시험을 통해 확인할 수 있다. 회전의 중심은 한 점으로 고정시킨다. 본뜬 것이 원래 도형과 120° 회전시킨 후와, 일치하기 때문에, '투사하고 돌리기' 를 이용하면 정삼각형이 120° 회전대칭임을 보여준다.

① 주어진 도형을 투사한다.

② 중앙 점을 고정시켜 돌린다.

③ 120°회전 대칭임을 발견

- 활동

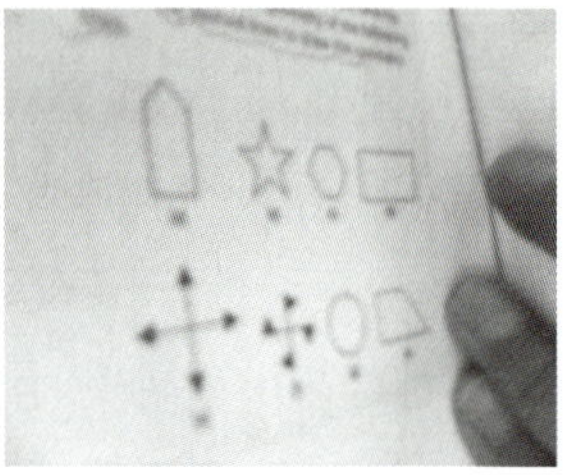

① 거울과, 본뜨고 뒤집기 활동을 통하여 다음의 도형들의 대칭선을 찾아보시오. 대칭선은 점선을 사용하여 그리세요.

② 본뜨고 돌리기 활동을 통하여 도형들이 회전대칭인지 설명하시오. 회전의 중심점과 회전된 각을 제시하세요.

③ 다음의 다각형에 대한 모든 대칭선을 그리고, 회전대칭인지 아닌지를 알아보시오.
삼각형 : 정삼각형, 2등변삼각형, 부등변삼각형
사각형 : 정사각형, 마름모, 직사각형, 평행사변형, 사다리꼴, 이등변 사다리꼴, 연
※ 투사 : 지도 · 그림 등을 투명한 종이 밑에 받쳐 놓고 그리는 것

8.7 바닥 깔기(tessellation)와 에셔(M. C. Escher)의 디자인

이 영역에서는 어떤 모양(장식)이 체계적이고 반복적으로 구성된 평면의 패턴(규칙)을 알아보기로 한다. 바닥 깔기와 장식 패턴 미술은 인류의 문명의 역사만큼 오래 되었다. 보통은 모든 고대 문화에서는, 구조적이거나 기능적인 요구에 의한 미적 충동이 예술가의 색감과 형태의 선택을 강하게 유도한다. 공상적이고 복잡한 패턴은 바구니, 도자기, 건축물, 외벽, 무기 등에 장식되었다. 최근에는, 바닥 깔기와 패턴이라는 수학적인 분석은 야금학자와 결정학 학자에게는 규칙적인 정렬에 어떻게 원자 스스로 그렇게 되는지를, 건축가들에게는 간단한 구성 요소가 어떻게 조직적으로 결합되어 큰 건물과 같은 복합체가 만들어지는지를, 컴퓨터 기술자들에게는 간단한 회로 패턴이 신경 통신망이라고 불

리는 강력한 처리장치로 통합되는지를 알려주고 있다. 바닥 깔기의 대표적인 인물은 네덜란드 미술가인 에셔이다.

(1) 타일과 바닥 깔기

타일과 바닥 깔기란 다음과 같다.

- 바닥 깔기(tessellation 또는 tiling)란 어떤 평면을 빈틈없이, 겹치지 않도록 평면도형으로 꽉 채우는 것을 말한다.

도로포장

벌집

천사와 악마

- 평면에서 규칙적인 바닥 깔기

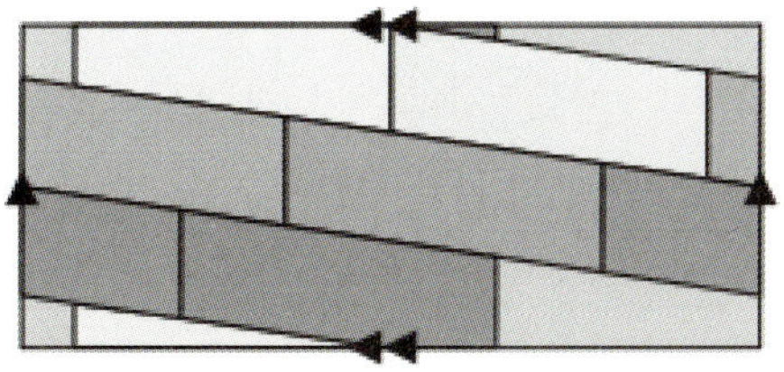
평행사변형 깔기

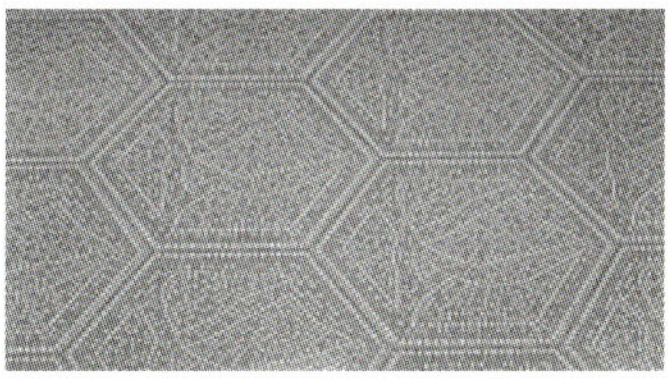
정육각형 깔기

- 에셔(Maurits Cornelis Escher, 17, 6월, 1898 – 27, 3월, 1972)

  네덜란드 미술가인 에셔는 많은 양의 예술적인 바닥 깔기를 만들었다. 그의 디자인은 일반 대중에서 깊은 감명을 주었고, 전문적인 기하학자들의 흥미도 사로잡았다. 에셔(Escher) 시대의 그림은 주로 다각형의 잘 알려진 변형에 기초를 둔다. 하지만 그 역시 수학자들조차 간과 할 수 있는 대칭 원리에 기본을 둔 모양을 발견하였다. 에셔(Escher)의 새 그림은 평행사변형에 기초한 격자무늬로 시작하면 된다. 평행사변형의 꼭지 점은 이웃하는 새의 날개 끝들과 만난다. 에셔의 작품을 몇 가지 소개한다.

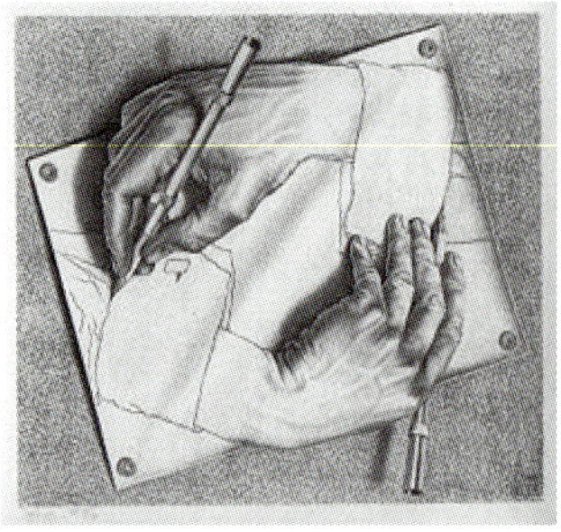
그림 그리는 손(1948)

상대성(1953)

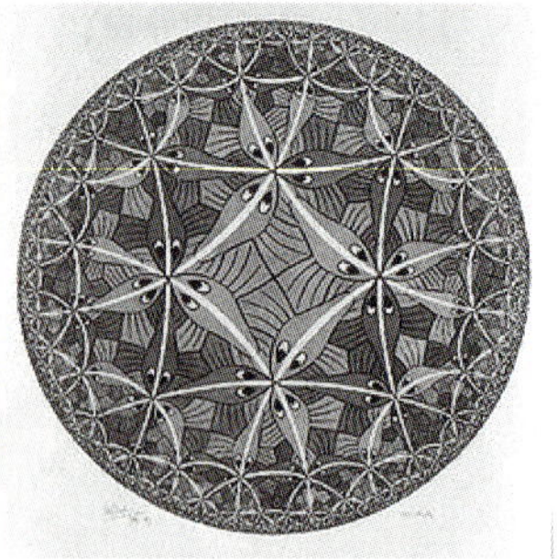
원의극한III(1959)

09 다면체

정다면체의 대칭성은 매우 아름다워서 많은 수학자들이 정다면체에 매료되어있다. 정다면체는 다음과 같이 5가지가 있다.

9.1 정다면체

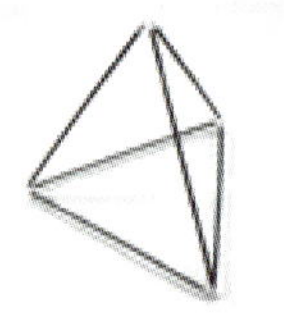
정사면체

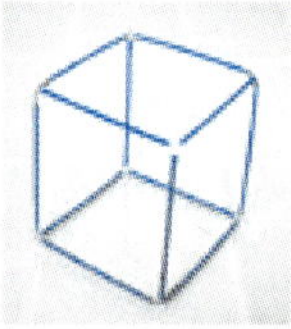
정육면체

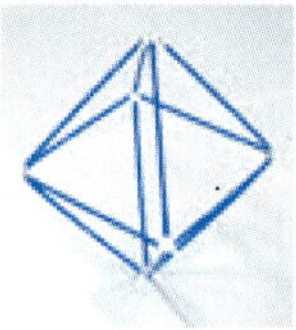
정팔면체

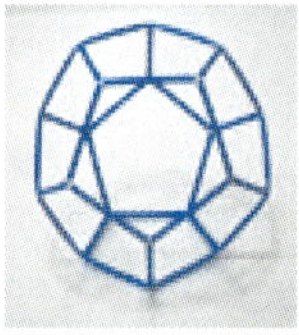
정십이면체

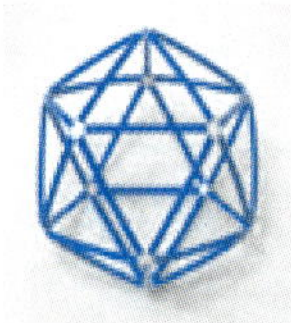
정이십면체

9.2 준 정다면체

헤론에 의하면 아르키메데스가 이미 13종류의 준정다면체를 발견하였고 그 것을 '아르키메데스의 입체'라고 부른다. 그러나 그러한 다면체에 관한 아르키메데스의 자료가 사라져 '아르키메데스의 입체'는 그 구체적인 모양을 알 수 없다. 르네상스 시대를 거치면서 여러 예술가들이 점차 이들 입체를 복원하였는데 마침내 그 구체적인 모습은 케플러에 의해 1619년에 재발견 되었다. '아르키메데스의 입체'의 특징은 (1) 볼록하다 (2) 2개 이상의 정다각형으로 구성되었다 (3) 각 꼭짓점에서 모인 다각형의 순서가 동일하다는 것이다. 2가지 종류 이상의 정다각형으로 구성되었다는 점만 제외하면 정다면체 즉 '플라톤의 입체'와 유사하기 때문에 준정다면체(Semi-Regular Polyhedra)라고 부른다. 준정다면체는 정다면체를 변형시켜 만드는 방법으로 분류하면 다음과 같이 편의상 네 종류로 나눌 수 있습니다.

(1) 깎은 정다면체 (1)

깎은정사면체

깎은정육면체

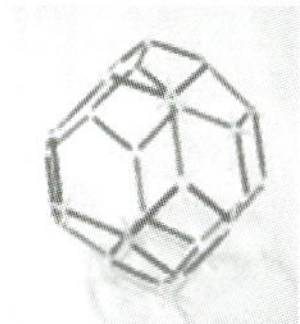
깎은정팔면체

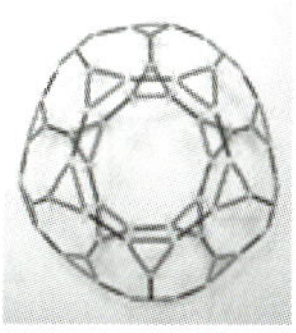
깎은정십이면체

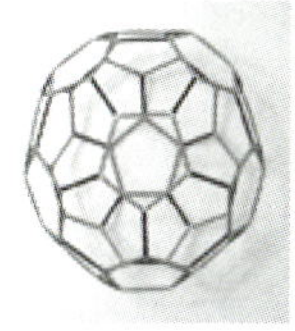
깎은정이십면체

(2) 깎은 정다면체 (2)

육팔면체

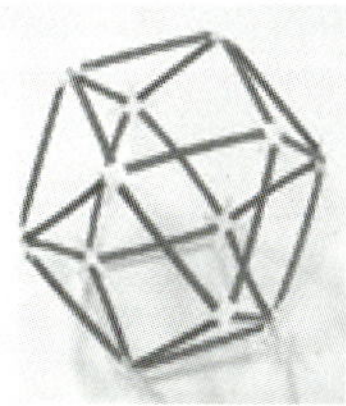
육팔면체

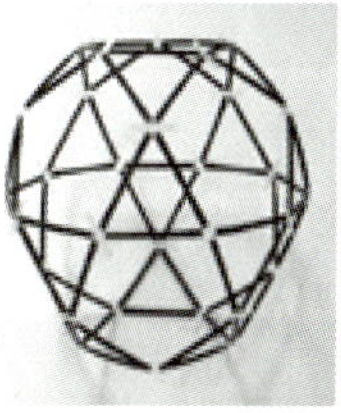
십이이십면체

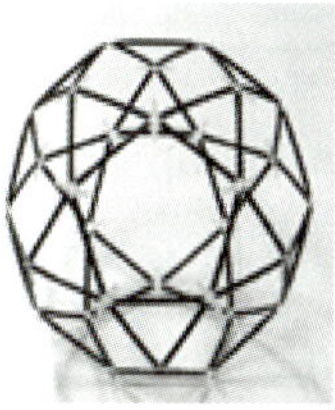
십이이십면체

(3) 이중 절단된 준정다면체

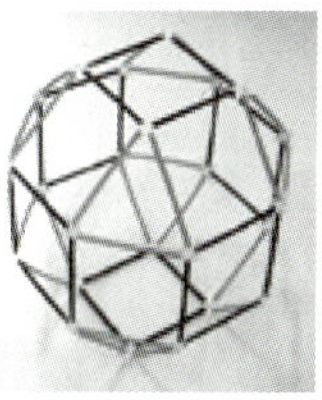
부풀린 정육면체

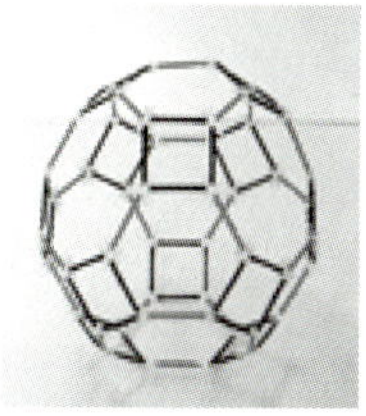
깎은 육팔면체

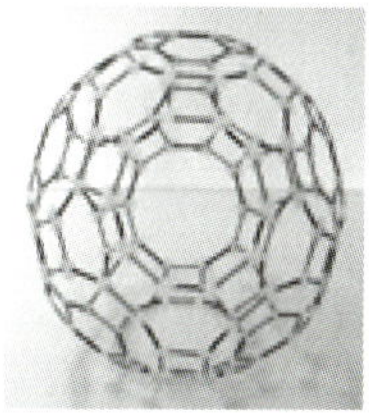
깎은 십이이십면체

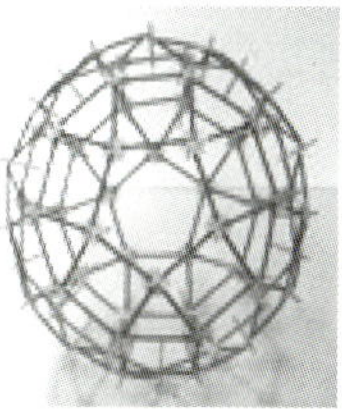
부풀린 정십이면체

(4) 부풀려서 회전한 준정다면체

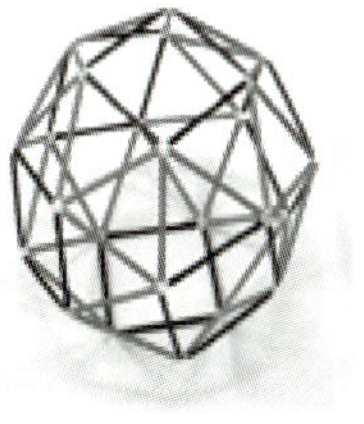
부풀려 회전한 정육면체

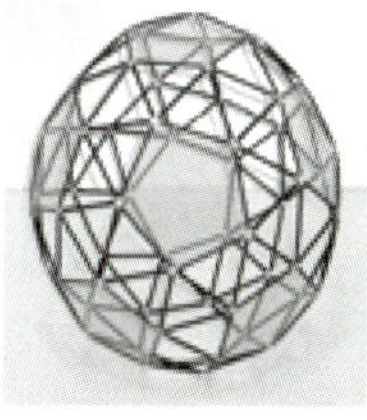
부풀려 회전한 정십이면체

면의 모양	정삼각형	정사각형	정오각형	정육각형	정팔각형	정십이각형
깍은 정사면체	4			4		
깍은 정육면체	8				6	
깍은 정팔면체		6			8	
깍은 정이십면체			12	20		
깍은 정십이면체			20	12		
육팔면체	6	6				
십이이십면체	20		12			
부풀린 정육면체	8	20				
깍은 육팔면체		14		6	6	
깍은 십이이십면체	30			20		12
부풀린 정십이면체	20	30	12			
부풀린 회전한 정육면체	30	6				
부풀려 회전한 정십이면체						

9.3 오일러의 공식

다면체의 꼭짓점, 면, 모서리의 수를 각각 V, F, E라고 하자. V, F, E 사이에는 어떤 관계가 있는가를 알아보기로 한다.

※ 꼭짓점(Vertex), 면(Face), 모서리(Edge)이다.

(1) 오일러(Leonhard Euler, 1707-1783) 공식

V, F, E를 각각 다면체의 꼭짓점, 면, 모서리의 수라라고 하면, $V+F=E+2$

(2) 6각형 면을 가지는 다면체 찾기

플로리다의 엡콧센터(디즈니 월드안의 미래도시)는 세계에서 가장 큰 측지선 돔 중 하나가 있는 곳이다. 지름이 165피트의 표면은 육각형과 오각형으로 둘러싸여 있다. 유사하게 생물의 예로 방사충(단세포 플랑크톤의 유기체)의 미세한 구조 또한 오각형과 육각형으로 둘러싸여 있다. 이 모양을 보면 다음의 질문이 생긴다.

- 다면체의 모든 면이 육각형이 될 수 있는가?

(설명) 6각형의 면으로 다면체를 만들 수 있다고 가정해 보자. 면, 모서리, 꼭짓점의 수를 F, E, V라고 표기하자. 각 면은 6개의 모서리로 구성되고, 각 모서리는 두개의 면이 만나서 이루어지기 때문에 $6F=2E$라는 공식이 성립한다. 그래서 $F=\dfrac{2E}{6}=\dfrac{E}{3}$이다. 게다가, 각각의 모서리는 두 개의 끝을 갖는다. 그래서 모서리의 끝은 모두 $2E$이다. 각각의 꼭짓점에 최소한 세 개의 모서리의 끝이

만나기 때문에 $3V \le 2E$, 또는 $V \le \frac{2E}{3}$ 이다. $F = \frac{E}{3}$ 에 $V \le \frac{2E}{3}$ 를 더하면, 부등식 $V + F \le \frac{2E}{3} + \frac{E}{3} = E$가 된다. 하지만 이것은 오일러 공식인 $V + F = E + 2 > E$ 이므로, 모순된다. 따라서 모든 면이 육각형인 다면체는 없다.

9.4 한붓그리기(traverse)

한붓그리기란 연필을 떼지 않고, 같은 길을 두 번 지나지 않고 도형을 완성하는 것을 말한다.

(1) 쾨니히스베르크 다리 문제

오일러는 잠시 동안 쾨니히스베르크의 동쪽 프로이센 도시인 지금은 러시아 연합국의 칼리닌그라드가 불리는 곳에 살았다. 프레겔 강이 이 도시를 흐르고, 두개의 섬으로 이뤄져 있다. 오일러가 사는 동안, 강의 한쪽 섬에서 다른 쪽 섬을 연결하는 7개의 다리가 있었다. 그 곳의 주민들은 일요일마다 쾨니히스베르크를 지나는 일이 빈번했기 때문에 2번 건너는 것 없이 7개의 모든 다리를 건너가는 것이 가능한지 궁금해 하였다. 오일러는 지금은 '쾨니히스베르크 다리 문제'로 알려진 문제를 풀었고, 그 문제를 해결한 아이디어를 "위치의 기하학"이라 불렀으며, 오늘날은 위상 기하학(topology)이라고 한다.

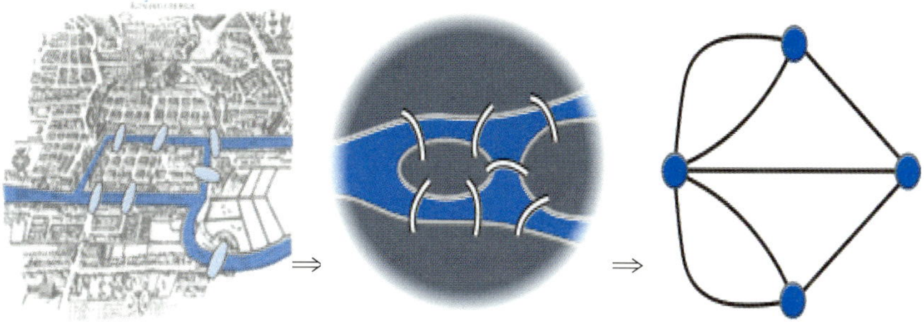

※ 점 사이의 거리와 곡선으로 연결된 모양은 중요하지 않으며, 각 지점들의 순서만이 중요하다.

(2) 회로망(network)

회로망은 다음의 두 가지 성분으로 이루어진 것이다.

- 평면위의 점인 꼭짓점
- 두 꼭짓점을 잇는 선분 또는 곡선인 모서리

(3) 차수, 짝수와 홀수 꼭짓점

- 꼭짓점의 차수는 꼭짓점으로부터 나오는 모서리의 개수이다.
- 홀수차수인 꼭짓점을 홀수점,
- 짝수차수인 꼭짓점을 짝수점이라고 한다.

(4) 오일러 경로와 한붓그리기

오일러는 꼭짓점을 통해 두 모서리를 이용하여 경로를 한 번에 통과하는 방법을 다음과 같이 알아냈다.

- 각 꼭짓점을 통과할 때마다 두 개의 경로가 생긴다.
- 꼭짓점이 시작(출발)점이거나 도착(끝)점이면 홀수점이 된다.
- 한붓그리기가 가능하려면 시작(출발)점이거나 도착(끝)점을 제외한 모든 꼭짓점은 짝수점이어야 하고, 홀수점이 2개보다 많으면 한붓그리기가 불가능하다.
- 따라서 홀수점이 없거나 2개일 때만 한붓그리기가 가능하다.
- 만약 2개의 홀수점이 있다면 그 점은 한붓그리기의 출발점이거나 도착점이 된다.
- 오일러의 연결성 이론

  홀수점이 없는 도형은 어느 지점에서 출발하여도 한붓그리기가 가능하며, 홀수 점이 두 개있는 도형은 반드시 홀수점에서 출발해야 한붓그리기를 할 수 있다.

  ※ 퀴니히스베르크 다리 회로망은 4개의 홀수 점이 있으므로 한붓그리기를 할 수 없다.

10 기둥과 구

각기둥은 2개의 합동인 밑면의 모든 변들이 직사각형으로 이어져 있는 다면체이다. 각기둥은 각주 라고도 하는데 한 직선에 평행하는 셋 이상의 평면과 이 직선과 만나는 두 개의 평행한 평면으로 둘러싸인 다면체로서 각기둥의 밑면은 합동이고, 옆면은 모두 평행사변형이다.

※ 기둥에서는 위 뚜껑과 아래 뚜껑을 모두 밑면이라고 부른다.

10.1 각 기둥의 종류

삼각기둥 사각기둥 오각기둥 육각기둥

10.2 원기둥

밑면이 합동인 원이고, 모든 방향에서의 측면도가 직사각형인 입체이다.

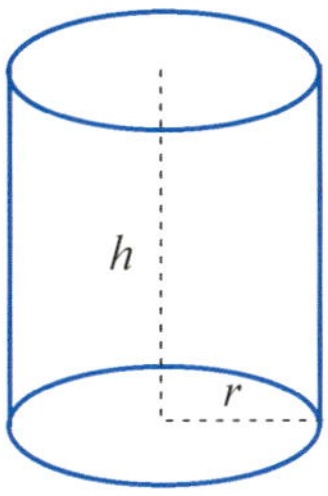

(i) 원기둥을 잘라서 펼쳤을 때 생기는 모양을 알아보시오.

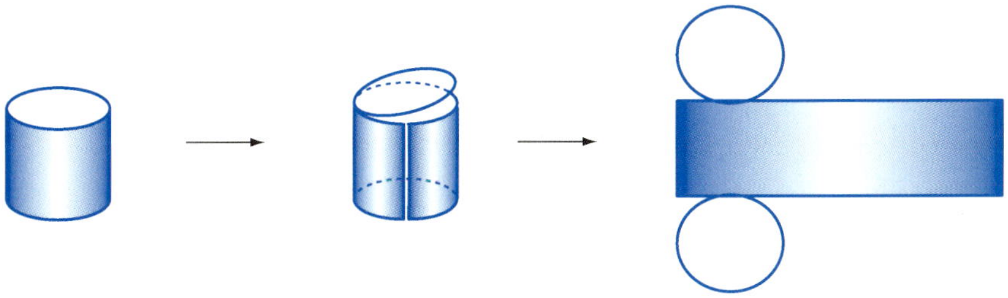

10.3 원뿔(cone)

원뿔은 원 밖의 한 점에서 원의 모든 점을 이어서 만든 입체도형이다.

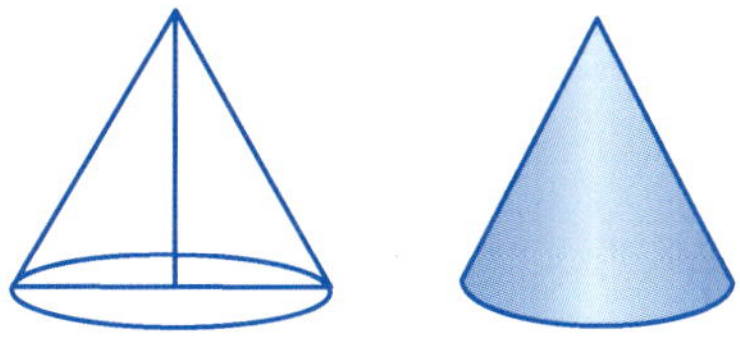

(1) 직원뿔, 빗원뿔

원뿔의 꼭짓점에서 밑면인 원에 그은 수선을 원뿔의 높이라고 한다.

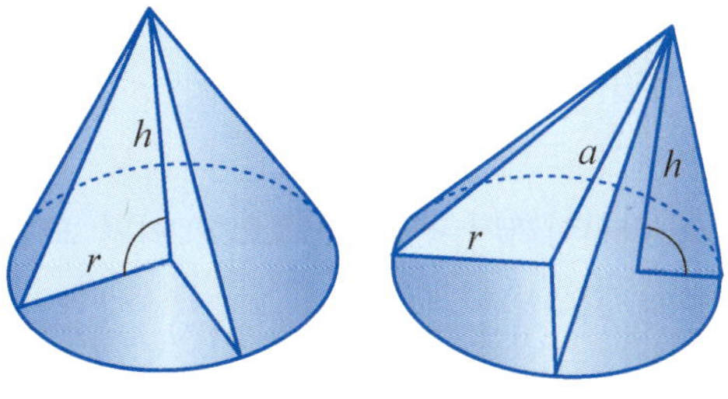

원뿔의 높이가 밑면의 원의 중심을 지나면 직원뿔, 아니면 빗원뿔이라고 부른다.

10.4 구

지름을 회전축으로 반원을 360° 회전시켜 만든 입체를 구라고 한다.

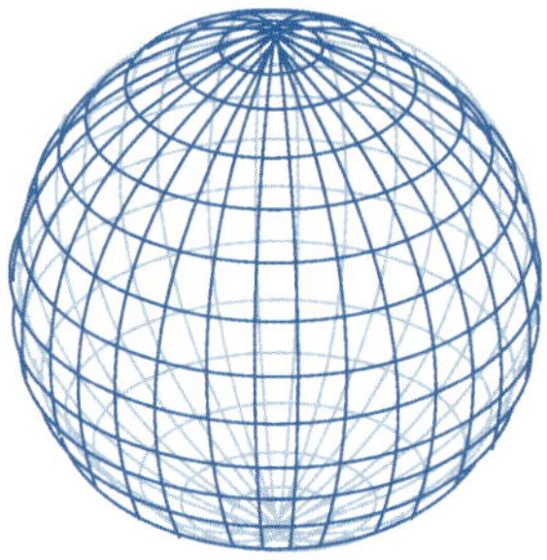

※ 아래 그림은 아르키메데스의 비석에 새겨져 있는 그림으로 원통안에 접해있는 구의 모습이다.

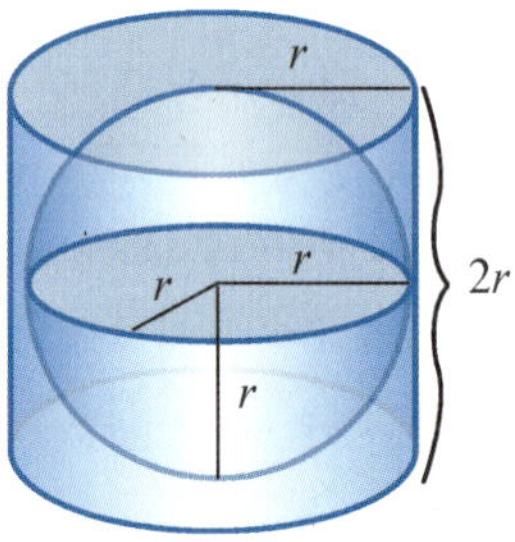

11 교과서에 숨어 있는 수학사

이 장에서는 7차 개정 교육과정 초등학교 2~6학년 수학교과서의 도형영역의 내용 중에서 수학사와 관련된 내용을 선별하여 그 내용의 발생배경이 되는 아이디어를 설명하려 한다.

11.1 2학년

11.1.1 <2-1-3 **여러 가지 모양**>

(1) 지구위에서 선분 ㄱㄴ를 그려 보시오.

[질문] • 만일 서울에서 러시아까지 선분을 그으면 어떤 모습일까요?

• 선분이란 무엇인가요?

[아이디어] 지구는 둥글다.

[답] 선분을 그었지만 곡선이 된다.

(2) 원을 모두 찾아보시오.

[질문] 인간이 어떻게, 왜, 무엇을 보고 사각형, 사각형, 원을 생각했을까요?

[아이디어] 1부 1장 참조

[답] 땅의 모양, 나일강의 삼각주, 별들은 원을 그리며 움직인다.

11.2 3학년

11.2.1

[질문] 하나의 모눈종이에서 두 번 움직일 때 처음 위치에서 어느 위치로 갔는지의 규칙을 알아보자.

[답] 2부 II장 8.1 강체운동 참조

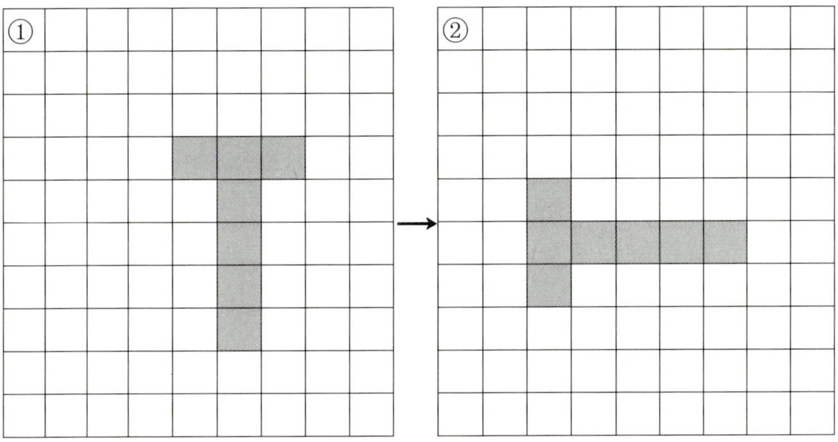

11.2.2

[질문] 인간이 원을 생각하게 된 동기는 무엇일까요?

[아이디어] 1부 1장 참조

[답] 천체운동을 보면서, 움직이는 별자리의 위치를 알기 위해서 관찰하다가.

11.2.3

[질문] 중심이 같은 두 원(동심원)을 그려 보며 각을 회전량으로 이해할 수 있을까요?

[아이디어] 2부 3장 3.1 각의 역사발생 참조

[답] 같은 각에 대한 두 동심원의 반지름과 호의 길이의 비는 같다. 따라서 각은 회전량으로 지도해야 한다. 예를 들어 360°는 한 바퀴로, 180°는 반 바퀴로, 90°는 반의 반 바퀴로 지도하는 것이 옳다.

11.3 4학년

11.3.1

[질문] 공위에 삼각형을 그리면 어떻게 될까요? 공위에 원을 그리면 어떻게 될까요?

[아이디어] 지구 또는 공은 둥글다.

[답] 삼각형의 내각의 합이 180°보다 크다. 원을 그리면 원이 된다.

11.3.2 <4-2-4. **수직과 평행**>

[질문] 기차 길은 평행선인데 멀리 보면 왜 만나게 보이지?

[답] 공위에서의 기하학(구면기하학)에서는 평행선이 없다.

11.3.3 <4-2-5. **사각형과 도형 만들기**>

[질문]  은 다각형인가? 아닌가?

[답] 오목다각형, 초등학교에서는 볼록다각형만을 배우고 있다.

11.3.4 <5-2-3. **도형의 합동**>

[질문] 컴퍼스를 이용하여 정육각형을 그려 보시오.

[아이디어] 한 바퀴는 360°, 360°÷60=60°, 1부 I장 1.4 참조

[답] 컴퍼스로 원을 그리고 같은 반지름으로 원을 6등분한다.

11.4 5학년

11.4.1 <5-1-2. **무늬 만들기**1>.

[질문] 1. 두 번 계속 돌리면 처음 도형과 어떤 위치에 있는가요?

2. 돌린 다음 뒤집으면 처음 도형과 어떤 위치에 있는가요?

3. 밀기를 계속하면 처음 도형과 어떤 위치에 있는가요?

[답] 2부 II장 8.1 강체운동 참조

11.4.2 <5-1-4. **직육면체**>

○겉에 칠을 한 정육면체의 각 면을 3등분하여 생긴 27개의 작은 직육면체 중에서 다음을 구해보세요.

① 칠이 한 면도 되지 않은 것의 개수

② 칠이 한 면만 된 것의 개수

③ 칠이 두면 된 것의 개수

④ 칠이 세면 된 것의 개수

[질문] 위 문항에서 구한 수들은 어떤 의미를 가지고 있을까요?

[답] 차례로, 정육면체의 개수, 면의 개수, 모서리의 개수, 꼭짓점의 개수

11.4.3 <5-2-5 **도형의 대칭**>

[질문] 대칭축을 45°로 그려서 선대칭 도형 그리기

[답] 2부 II장 8.1 강체운동 참조

11.4.3 <5-2-5 **도형의 대칭**>

[질문] 점대칭 도형은 밀기, 돌리기, 뒤집기 중에서 원래 도형을 어떻게 이동시킨 것과 같은가?

[아이디어] 2부 II장 8.1 강체운동 참조

[답] 뒤집기

11.5 6학년

11.5.1 <6-1-2 **각기둥과 각뿔**>

[질문] 교과서에 제시된 각기둥의 정의에 따라 여러 가지로 각기둥을 그려 보고 이상한 점을 얘기하시오.

[답] 각기둥이란 두 밑면이 합동이고 옆면이 모두 직사각형인 입체 도형이다.

※ 2부 II장 10.1 참조

11.5.2 <6-1-2 **각기둥과 각뿔**>

[질문] 인류가 각뿔을 생각하게 된 이유는 무엇일까요?

[답] 피라밋, 정사각뿔을 피라밋이라고도 한다.

참고 문헌

김용태, 안병곤(2009), 교양수학, 교우사.

장혜원 옮김, (2006). 끌레로의 기하학 원론, 경문사. 서울.

Heath T. L., The thirteen books of Euclid's Elements, Encyclopaedia Britannica, Inc., Chicago Univ. Press, 1990.

Long, C. T., Detemple, D. W., Millman, R. S.(2009), Mathematical Reasoning for Elementary Teachers, Pearson Education Inc.

Seymour, D., Britton, J.((1989), Introduction to Tessellations, Dale Seymour Publications.

Sue Johnson-Wilder, John Mason(2005), Developing Thinking in Geometry, SAGE Publications Inc.

제 3 장 측정

기하학의 어원은 땅을 잰다는 의미의 측지학이다. 헤로도토스(Herodotos, B.C. 484-430 경)[1]에 의하면 나일 강의 범람이 일 때마다 땅의 경계를 복원하였던 일을 기하학의 발생으로 삼는다. 또한 모든 문명사회에서는 토지세의 부과, 토지의 경계설정과 분할, 물과 종자의 분배 때문에 땅을 측정하는 일이 필요하였다. 그리고 건축물을 설계하고 용량을 설정할 때에는 측정과 기하학이 필요하였고, 도로, 운하, 터널, 사원, 피라미드 등을 건축할 때에도 기하학의 원리에 맞춰서 기하도형을 설계하였고, 그날그날 여행한 거리를 측정하고 하늘을 관측하면서 각도를 측정한 것은 초기의 지도제작법의 기초가 되었다(Freudenthal,1983). 본 장에서는 학교수학에서 측정영역의 수학적 아이디어를 분석하고 그 아이디어를 지도하는 방안을 모색하기로 한다.

01 양과 측도의 모구조

이 절에서는 측정의 대상인 양(quantity)의 모구조(mother structure)와 측정의 모구조에 대하여 논하기로 한다.

1.1 양

어떤 사물의 범주에 양을 정의하기 위해 필요한 동치관계, 순서관계, 합성 연산 등의 용어는 초등집합론의 내용과 같다. 프로이덴탈(Freudenthal, 1973, pp.199-210)에 의하면 양 M이란 이항연산으로 덧셈(+)과 순서(<)가 주어지고, 다음과 같은 성질을 만족하는 대수구조와 순서구조가 합성된 다중구조를 가지는 공집합이 아닌 집합이다.

임의의 $a, b, c \in M$에 대하여

(1) $a < b$ 또는 $a = b$ 또는 $a > b$이다.

1) 그리스의 역사가로서 세계 각지의 역사 지지를 포함하는 방대한 세계사를 저술하여서 역사의 시조로 불리운다.

(2) $a < b$이고 $b < c$이면 $a < c$이다.

(3) $(a+b)+c=a+(b+c)$이다.

(4) $a+b=b+a$이다.

(5) $a+c=b+c \rightarrow a=b$이다.

(6) $a < b \leftrightarrow a+c=b$인 유일한 $c \in M$이 존재한다.

위의 사실에서 양수의 곱이 다음과 같이 유도된다. $1 \cdot a=a$이고 모든 자연수 n에 대하여 $(1+n) \cdot a=a+n \cdot a$이다. 즉 $n \cdot a=a++a$(n번의 덧셈)이 된다. 또한 $a \in M$과 자연수 n에 대하여 $b \in M$가 존재하여

(7) $a=n \cdot b$이다.

즉 b는 a을 n개로 나눈 중의 하나이다. 따라서 M에서는 양수에 의한 곱셈과 나눗셈이 가능하다. 따라서 양의 유리수 양과의 곱셈, 나눗셈이 가능해진다. 무게단위를 e라고 하자. 그러면 α, $\beta \in \mathbb{R}^+$에 대해서 다음이 성립한다.

$$\alpha \langle \beta \rightarrow \alpha \cdot e < \beta \cdot e,$$
$$(\alpha+\beta) \cdot e = \alpha \cdot e + \beta \cdot e.$$

1.2 측도

또한 e를 단위로 측정한 a의 측도(measure)를 $m(a)$라고 정의하자. 위의 예를 들면 $m(a)=\alpha$이다. 그러면 다음 식들이 성립하게 된다.

(1) m은 M에서 $\mathbb{R}^+$에로의 사상이다.

(2) $a < b \rightarrow m(a) < m(b)$

(3) $m(a+b)=m(a)+m(b)$

(4) $m(e)=1$

(5) 또한 (3)에 의해서, 모든 $t \in \mathbb{Q}^+$에 대하여, $m(t \cdot a)=tm(a)$

길이, 면적, 체적 등의 측정에서 측도 이론이 발생하였지만, 면적을 정의할 때 측도의 개념을 적용하기에는 많은 문제점이 있다. 측도를 정의하기 위해서는 집합 E, 집합 E의 부분집합족인 $\mathcal{B}$와 $\mathcal{B}$의 원소를 무한대를 포함하는 음이 아닌 수로 보내는 집합함수인 측도 μ가 주어지고 가법성(additivity) 공준이 주어진다. 집합E의 예는 직선, 평면 또는 공간이 있다. $\mathcal{B}$와 μ에 주어진 가법성 공준은 '서로 소인 집합들의 합집합의 측도는 각 집

합의 측도의 합이다' 로 주어진다. 직관적으로는 가법성공준이 당연해 보이지만, 선분은 한 점 집합들의 합집합이며 한 점의 측도는 0이므로 각 점의 측도의 합도 0이 되어 양립 불가능하게 된다. 따라서 가법공준은 다음의 유한가법공준, 즉 '서로 소인 유한개의 집합들의 합집합의 측도는 각 집합의 측도의 합이다' 으로 정한다. '유한개 집합' 대신에 '두개의 집합'으로 대치하고 유한 귀납법으로 더해가도 마찬가지이다. 또한 르베끄(Henri Lebesque, 1875-1941) 측도까지 성립하기 위해서는 다음의 σ-가법성 공준, 즉 '서로 소인 가산(denumerable)개의 집합들의 합집합의 측도는 각 집합의 측도의 합이다'를 택하는 것이 타당하다. 따라서 측도 m은 이항연산으로 덧셈(+)과 순서(<)가 주어진 유한 가법성(finite additivity) 공준만을 만족하는 구조를 가진다. 이제 단위e를 다른 단위 $e' = \beta \cdot e$로 바꾸면 e'에 관한 새로운 측도 m'가 만들어지고, 두 측도는 관계 $m'(a) = \beta^{-1} m(a)$를 갖게 된다. 측도이론과 양의 이론은 동일하지 않다. 양의 이론에서는 (6) 등에 의해서 가법성이 주어지지만 측도이론에서는 서로 소인 집합에 한하여 가법성이 주어진다는 점에서 다르다. 따라서 측도이론에서의 임의의 부분집합들은 M의 의미에서의 덧셈이 불가능하다. 또한 합집합과 교집합과 같은 집합의 연산은 양에서는 의미가 없다. 그리고 측정이란 어떤 양이 주어진 단위의 몇 배인지를 재는 것이다. 측정 방법이 측도이론에서는 중요하지 않지만 양의 측정에서는 가장 중요하다. 이 두 가지 측도의 간극을 메우고 통합하는 이론의 예는, $n-$차원 구간 또는 반 개(half-open) 입방체에 대한 체적을 정의하는 유일한 측도인 르베끄(Lebesque) 측도가 있다(Donald L. Cohn, 1980). 또한 단위가 다른 두 양의 연산에는 단위를 통일하는 공통척도가 필요하게 된다. 통약가능(commensurable)한 두 양 a_0와 a_1의 공통척도를 구하는 유크리트 알고리즘은 다음과 같다.

$$a_0 = q_1 a_1 + a_2, 0 \le a_2 < a_1,$$

$$a_1 = q_2 a_2 + a_3, 0 \le a_3 < a_2$$

$$\vdots$$

$$a_{n-1} = q_n a_n$$

그러면 a_0와 a_1은 a_n의 정수배가 되므로 a_n은 a_0와 a_1의 공통척도이고, 사실은 가장 큰 공통척도이다. 실용적인 측정방법으로 고대 바빌로니아 인들은 60진법을 개발하여 사용하였다. 현재는 단위의 연속적인 세분을 스테빈(Stevin, 1585년)이 60진법을 10진법으로 바꿔 표현한 방법을 사용하고 있다. 10진법은 다른 진법에 비하여 계산속도가 현저하게 빠르다. 그 이유는 스테빈이 활동하던 당시에 사용된 유럽의 모든 숫자보다 인도 아라비아 숫자(Hindu-Arabic numeral)의 간결성에 기인하여한 것이다. 10진법을 사용하여 양을 정의할 때는 공리(7)는 $a \in M$에 대하여 $b \in M$가 존재하여

(6) '$a = 10 \cdot b$'이 된다.

그러면 측정과정에서 분수를 사용하지 않아도 된다. 일반적으로 분수를 소수로 표현하면 무한소수가 되는 경우가 더 많기 때문에 10진법체계에서는 측정과정을 분수로 표현하는 일은 적절하지 않다. 분수의 출현은 측정이 아니라 분할이기 때문이기도 하다.

02 함수기호로서의 측정단위(눈금)

무게측정단위 $e = 1$**kg**이라고 하면, e에 관한 측도 m에 의한 a**kg**의 함수값은 a이다. 즉, $m(a\mathbf{kg}) = a$이다. 이때 m의 역함수 m^{-1}은 양 수 a를 양 a**kg**으로 사상한다. 즉 $m^{-1}(a) = a\mathbf{kg}$이다. 따라서 측정단위인 **kg**은 역함수를 의미한다. 따라서 일상생활의 기호 중에 \$6.80= ¢680와 같이 측정단위를 수 앞에 적는 경우가 있고 3.5kg=3500g과 같이 측정단위를 뒤에 적는 경우가 있다. 측정단위를 배분법칙이 성립하기 때문에 화폐의 예와 같이 무게와 길이 등의 단위도 수 앞에 적는 것이 타당하다. 지금 단위가 있는 두 양의 곱셈과 나눗셈을 정의하기로 한다. 두 양 M, N은 모듈(module)이고 선형공간이므로 그들 사이에 물리학에서 비롯된 텐서곱이 정의된다. 즉, 임의의 $\eta \in \mathbb{R}^+$에 대하여 $(\eta a) \otimes b = a \otimes (\eta b = ab)$이다. 또한 e, f를 각각 M, N의 측정단위라고 하면 α, $\beta \in \mathbb{R}^+$가 존재하여 $a = \alpha e$, $b = \beta f$이고, $a \otimes b = (\alpha e) \otimes (\beta f) = (\alpha\beta)(e \otimes f)$이다. 따라서 $e \otimes f$를 측정단위로 한 a⊗b의 측도는 $\alpha\beta$이다. 그리고 M⊗N의 원소끼리의 덧셈과 크기비교는 물리적 경험에 의한 그들의 측도의 덧셈과 크기비교에 의하여 정의된다. 특히, 물리적 현상을 텐서곱으로 표현하는 예는 다음과 같다.

일 = 힘 × 거리 ↔ $\alpha\mathrm{kg} \otimes \beta\mathrm{m} = (\alpha\beta)(\mathrm{kg} \otimes \mathrm{m})$,

면적 = 가로 × 세로 ↔ $\alpha\mathrm{cm} \otimes \beta\mathrm{cm} = (\alpha\beta)(\mathrm{cm} \otimes \mathrm{cm}) = \alpha\beta\mathrm{cm}^2$

03 각

3.1 각의 역사발생(Whitehead, 1948)

각의 발생은 천문학자들에 의해서이다. 천문학자들이 만드는 크기는 시간과 각의 크기이다. 천문학자는 동서를 가르는 수평축을 중심으로 망원경을 회전하여 별자리를 관찰한다. 이 천체관측용 자오의를 사용하여 간접적으로 지구의 회전각을 측정하고, 두 하성간의 각을 직접적으로 측정한다. 또 토지측량의 문제에서도, 방해물이 많은 들판에서 주로 측정되는 것은 각이고, 측량의 기본적인 수법으로 삼각측량법을 이용하였다. 그런데 두 개의 삼각형은 세 각이 같으면 대응하는 세변의 길이의 비가 같은 반면, 사각형은 네 각이 직각으로 같을지라도 변의 길이의 비가 같을 필요가 없다. 이러한 삼각형의 특유의 성질 때문에 삼각형은 닮음의 정리에서 기본적인 수법이 되었고, 삼각법(trigonometry)의 어원이 그리스의 두 단어인 trigonon(삼각형)과 metria(크기)에서 유래되었다. 삼각법을 생기게 한 근원적인 문제는 '삼각형의 각의 크기가 주어졌을 때, 변의 상대적인 크기를 정의하는 방법'이었다. 이 문제를 해결하기 위해서 각의 크기를 독립변수로 하는 몇 가지의 함수를 도입하였다. 원래 이 함수는 직각삼각형을 고찰하여 얻어졌던 것이므로, 직각삼각형의 각의 크기는 원의 호의 길이에 의해서 정의되었다. 직선도형의 범주에서 삼각형이 기본도형이라면, 원은 곡선도형 범주에서의 기본도형이고, 임의의 두 원은 닮은 도형이다. 그림의 두 동심원에서 임의의 각 AOP와 대응하는 두 원의 호 AP와 $A'P'$은 각 원의 반지름에 비례한다. 그러므로 호 AP와 반지름의 길이에 대한 비, 즉 $\frac{\text{호}AP}{\text{반지름}OP}$는 반지름 OP에 독립적이고 $\frac{\text{호}A_1P_1}{\text{반지름}OP_1}$과 같다. 이 두 분수는 임의로 선택한 길이의 단위나 임의로 정의한 직각을 분할하는 방법 등에 의존하지 않기 때문에, 각의 크기를 측정하기에 적절한 수단이다. 이때 $\frac{\text{호}AP}{\text{반지름}OA}$는 각 AOP의 크기를 나타낸다. 그리고 점 P에서 반지름 OA에 수선 PM을 긋고, 그리스 수학자들은 선분 PM을 호 AP에 대한 사인(sine), 선분 OM을 호 AP에 대한 코사인(cosine) 이라고 불렀다. 그 다음에는 선분 PM과 선분 OM을 고찰하는 대신에, $\frac{\text{선분}PM}{\text{반지름}OP}$과 $\frac{\text{선분}OM}{\text{반지름}OP}$을 고찰하였다. 이 두 수도 도형의 크기에 무관하기 때문에 반지름 OP에 독립적이다. 따라서 각의 정의는 회전한 양으로 표현되어야 한다. 회전각의 측정은 전체 각, 평각, 직각 등의 자연단위를 사용한다는 점에서 길이 측정과 근본적으로 다르다. 일상 언어로 표현하면 한 바퀴, 반 바퀴 반의 반(1/4) 바퀴 등이다. 이러한 자연 단위를 통해서 가에 대한 심상이 자연스럽게 형성된다. 각의 교수학은 학생에게는 이미 상당히 수학화된 상황에서 소개되고 또한 명백하기 때문에 길이와 대비하여 다르게 시작된다. 기하도형의 모델로 방의 각도가 즉시 이용된다. 각의 크기를 비교하기 위해서는 가위, 컴퍼스, 시계바늘 등을 이용한다. 또한 손가락으로 방향을 가리키게 하는 것은 지형학적인 상황이다. 지형학, 측량, 지도제작, 우주형상지 등에서는 각이 길이보다 더욱 중요한 측정이다.

3.2 각의 성질

두 각의 크기를 합하여 180°가 되는 경우에 두 각을 서로 보각이라고 부른다.

(1) 맞꼭지각

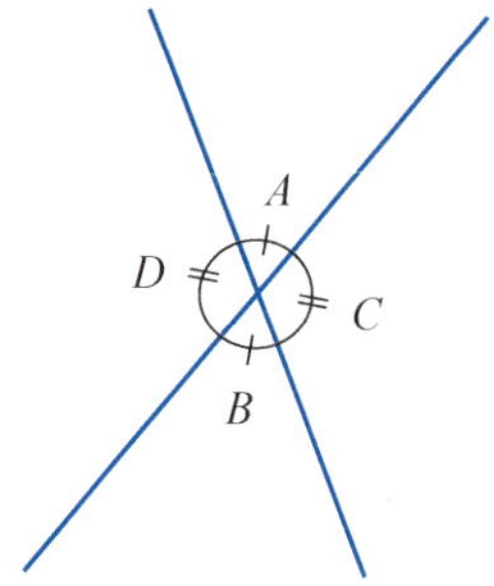

두 직선이 교차할 때 두 쌍의 맞꼭지각이 생긴다. 한 쌍은 각 A와 B로 구성되며, 다른 쌍은 각 C와 D로 구성된다.

기하학에서 맞꼭지각이란 교차하는 두 직선이 한 점에서 만날 때 생기는 한 쌍의 교각 중 서로 이웃하지 않는 것을 뜻한다.

- 맞꼭지각 정리

  두 개의 직선이 한 점에서 만날 때 4개의 각이 형성되며, 서로 이웃하지 않는 각을 맞꼭지각이라고 부른다. 한 쌍의 인접한 각은 서로 보각이며, 한 쌍의 맞꼭지각은 서로 그 크기가 같아 합동을 이룬다.

  (증명) 두 직선 AB와 CD의 교점을 O라 하면,

  $\angle AOB$와 $\angle COD$는 평각이므로

  $\angle AOC + \angle AOD = 180°$ -- (1)

  $\angle BOD + \angle AOD = 180°$ -- (2)

  (1), (2)에 의해서

  $\angle AOC + \angle AOD = \angle BOD + \angle AOD$

  $\therefore \angle AOC = \angle BOD$

(2) 동위각

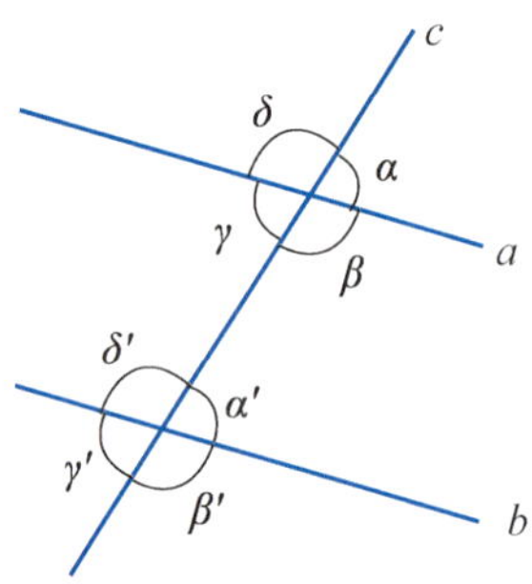

두 직선 a, b에 다른 한 직선 c가 만나서 이루는 각을 [그림]과 같이 나타낼 때 α와 α', β와 β', δ와 δ'는 서로 동위각이라고 한다.

한 쌍의 동위각이 같을 때 최초의 두 직선은 평행하고, 최초의 두 직선이 평행하면 동위각은 모두 같다.

거꾸로 횡단선에 의해 잘려진 두 개의 동위각이 같다면 두 직선은 평행하다.

(3) 엇각

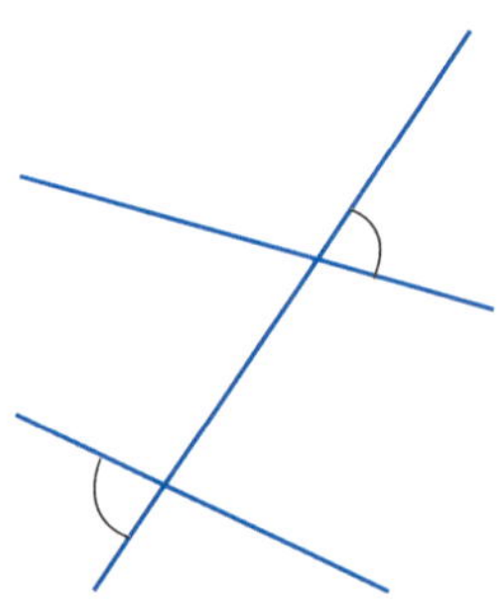

아래 그림에 표시한 두 각을 엇각이라고 한다.

횡단선에 의해 나뉘어진 두 선이 만약 평행하다면 엇각도 같다.

거꾸로 횡단선에 의해 잘려진 두 개의 엇각이 같다면 두 직선은 평행하다.

3.3 삼각형의 내각의 합

(1) 삼각형의 세 내각의 크기의 합은 180도 이다.

(증명) $\triangle ABC$의 꼭짓점 A를 지나고 변 BC에 평행한 직선 PQ를 긋는다.

$\angle B = \angle PAB$, $\angle C = \angle QAC$(엇각), 따라서

$\angle A + \angle B + \angle C$

$= \angle A + \angle PAB + \angle QAC$

$= 180°$

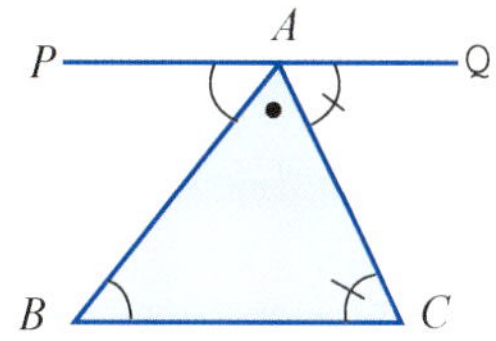

3.4 볼록 다각형에서 각의 합

(1) 볼록 다각형의 외각의 합은 360°이다.

(2) 볼록 $n-$다각형에서 내각의 합은 $(n-2)180°$이다.

(증명) (a) 다각형을 따라서 한 바퀴 걸어보면, 다각형의 각 점에서 외각을 따라 돌아야 한다. 마지막 꼭짓점에서 처음의 방향을 따라서 가게 된다. 따라서 전체 회전은 360°이다. 만약 $\angle 1'$, $\angle 2'$, $\cdots$, $\angle n'$은 외각이라고 하면, $m(\angle 1') + m(\angle 2') + \cdots + m(\angle n') = 360°$이다.

(b) 한 꼭짓점에서 내각과 외각은 서로 보각이기 때문에

$m(\angle 1') = 180° - m(\angle 1')$, $m(\angle 2) = 180° - m(\angle 2')$, $\cdots$, $m(\angle n)$

$= 180° - m(\angle n')$이 되므로,

$m(\angle 1) + m(\angle 2) + \cdots + m(\angle n) = n \cdot 180° - [m(\angle 1') + m(\angle 2') \cdots + m(\angle n')]$

$= n \cdot 180° - 360° = (n-2) \cdot 180°$

정리의 (b)에서 $n=3$인 경우를 살펴보았을 때 3각형의 내각의 합은 $(n-2) \cdot 180°$이므로 180°가 된다.

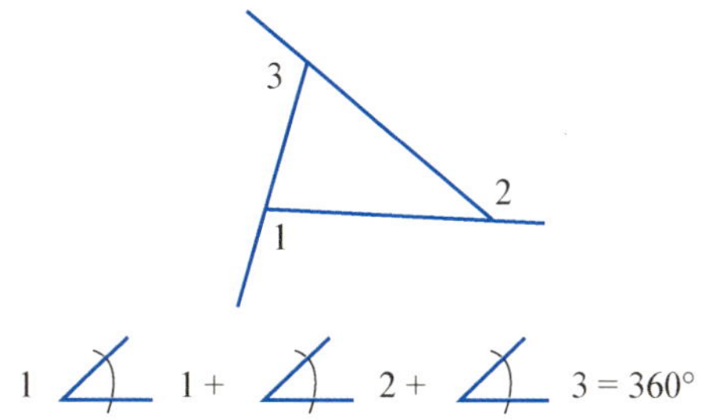

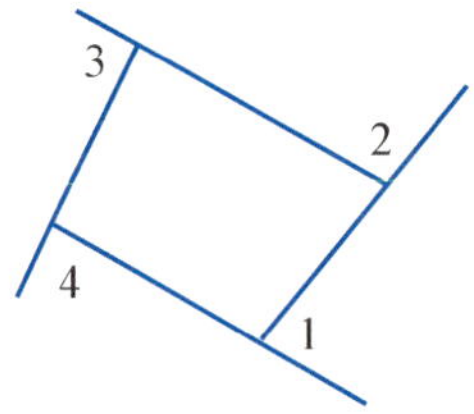

$\angle 1 + \angle 2 + \angle 3 + \angle 4 = 360°$

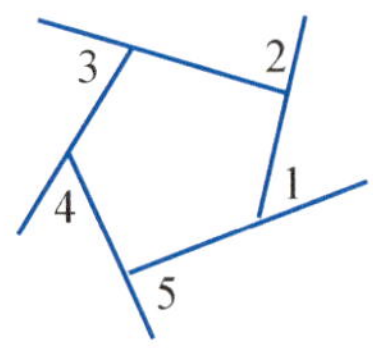

$\angle 1 + \angle 2 + \angle 3 + \angle 4 + \angle 5 = 360°$

• 다각형의 집합들 사이의 포함관계

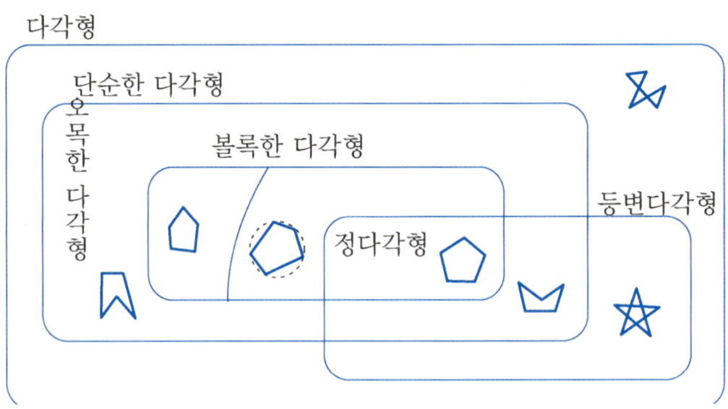

04 길이와 넓이

4.1 길이의 교수이론

길이는 기하학적으로 합동사상인 이동, 구부림, 절단-복원 변환에 의해서 불변인, 길이를 갖는 물체의 함수이다. 절단-복원 변환은 길이에 대한 가법의 특성을 가진다. 거리는 길이를 갖는 물체 또는 정신적인 대상의 길이로서 드러난다. 길이는 직선으로 측정되고, 곡선은 직선으로 귀착시켜서 측정한다. 거리는 조감도에 의해서 이해된다. 절단된 길의 거리는 부분의 합으로 결정하고, 곡선은 절단된 길 또는 곧게 펴서 측정한다. 직선의 측정도구는 자 또는 곧은 줄로 잰다. 학생의 무의식적인 측정활동은 도구를 사용하지 않고 손바닥, 뼘, 아름, 걸음 등으로 이루어진다. 그러나 걸음을 직선적으로 걷는다거나 뼘을 직선적으로 옮기는 행동이 의식적이든지 반 의식적이든지 어쨌든 직진성이 부분적인 역할을 하였다. 즉, 측정활동에서 직선은 도구적인 존재가 아니라 정신적인 존재이다. 측정을 신체의 부분 또는 도구를 이용하여 여러 번의 반복 측정하는 경우에는 측정심상의 직진성은 시각선상의 목표지점이나 중복이라는 직진의 확장에 의해서 보장된다. 우회는 더 멀다. 거리는 가장 짧은 선으로 측정한다.

4.2 두 점사이의 거리

두 점 a, b 사이의 거리는 $\text{dist}(a, b) \leq \text{dist}(a, b) + \text{dist}(a, b)$이다.

두 점 사이에 장애물이 있는 경우에는 같은 거리를 갖는 평행선을 찾으면 된다. 그 과정에 숨어있는 기하학적인 통찰은 평행이동에 의해서 길이가 보존된다는 것이다. 이 상황에서의 기하학적인 통찰은 평행이동, 평행사변형, 직사각형과 같은 심적 조작 또는 심상에 관한 지식을 의미하며, 그 지식은 기하학적 연역이나 이러한 심상의 개념성을 뜻하는 것이 아니고 더욱이 관용적인 명칭을 아는 것을 뜻하는 것은 아니고 평행성과 대변의 상등을 시각적 또는 지각적으로 암시하는 것이다. 방향이 같지 않은 두 선분의 길이의 상등을 확인하는 가장 원시적인 방법은 대칭이다. 여러 가지 대칭인 사물에 대해서 정신 조작으로서의 대칭은 어린 나이에 의식된다. 그리고 대칭은 대칭도형의 가장 중요한 성질이다. 평행이동이나 대칭을 이용하여 길이를 비교하는 일은 선분뿐만 아니라 곡선에도 같은 방법으로 적용된다. 모든 방향에서 길이가 같은 선분을 만들어 내는 도형은 원이다. 탈레스가 해변에서 멀리 떨어져있는 배까지의 거리, 피라미드의 높이 등과 같이 통상적으로 접근 불가능한 거리를 기하논법으로 측정하는 방법을 언급하였다. 이 때문에 닮은 삼각형에 관련된 정리를 탈레스의 정리라고 부른다. 이 용어는 역사적으로는 적절하지 못하고 탈레스의 방법은 '한 변과 두 각'이라는 합동정리라고 해야 옳다. 문헌에 나타난 이 방법에 의하면 해안에서 배까지의 거리 AB를 도형의 합동을 이용하여 접근 가능한 육지의 거리 CE로 바꿔 놓은 것이고, 피라미드의 높이는 해뜬 날에 막대를 수직으로 세워서 막대의 길이와 그림자의 길이가 같아지는 순간에 피라미드의 그림자를 측정하는 것이어서 닮음과는 거리가 멀다. 합동의 성질은 거리 측정 실제에서는 닮음과 관련될 때만 의미가 있다. 삼각형의 세 가지 합동조건인 '대응변의 길이가 같다, 두 대응변의 길이와 그 끼인각의 크기가 같다, 한 변의 길이와 그 양 끝 각이 같다'를 이용하여 어려서부터 접근 불가능한 거리에 관한 문제에 답할 수 있다. 특히, 직사각형에 관련된 문제는 피타고라스 정리를 적용하여 해결할 수 있다.

4.3 양의 곱셈, 나눗셈의 교수이론

앞장에서 길이는 단위길이에 의해, 면적은 단위면적에 의해, 체적은 단위체적에 의해 측정할 수 있음을 지적했다. 그들 중의 어느 하나로 측정할 수 있는 길이와 같은 것들의 집합이 있을 때 우리는 같은 종류의 양이라고 한다. 예를 들면 길이들은 같은 종류의 양이고, 면적들도 같은 종류의 양이며, 체적들 역시 같은 종류의 양이다. 그러나 면적은 길이와 같은 종류의 양도 아니고, 체적과 같은 종류의 양도 아니다. 물리과학은 수, 양, 공간 및 시간이라는 주요한 개념을 기초로 하고 있다. 이것들의 개념과 연결되어 있는 수리과학은 수학의 전체를 구성하는 것은 아니지만, 현재 존재하고 있는 수리물리학의 기초인 양의 덧셈과 뺄셈은 측정단위 같은 경우에 한하여 가능하다. 그런데 일상생활에서의 곱셈과 나눗셈은 단위가 다른 경우에도 사용된다. $180\text{km} \div 6h = 30\text{km}/h$이다. 이 나눗셈은 나눗셈의 전형적인 유형인 등분제 또는 포함제를 적용할 수 없다. 이 때문에 두 양의 곱셈과 나눗셈을 일반적으로 2장에서와 같이 텐서곱으로 정의할 필요가 있게 된다.

4.4 면적(넓이)의 교수이론

주어진 도형을 균등 분할한 다음, 포함 혹은 잘라 붙이기, 사상 등의 수단으로 다른 도형과 면적을 비교하거나 재생하여 단위로 덮기, 내부와 외부에서 근사시키기, 카발리에리 원리를 적용하기, 잘라 붙이기, 사상(합동변환, 아핀변환, 밀기) 등을 통하여 그의 면적을 측정한다. 학생은 둘레가 길면 넓이가 크다는 인식론적인 장애를 갖지만 면적에 대한 심상을 구성하기 위해서는 도형을 이용하여야 한다. 열 살 학생은 모눈종이 위에서 도형의 면적을 비교하거나 측정함으로서 면적을 좀 더 심오하게 통찰한다. 직사각형의 면적 공식인 가로×세로를 배우기 전에 일상생활이든지 수학이 응용되는 사실에서부터 면적을 이해하여야한다. 수직선은 점진적으로 습득되는 심상이다. 수직선 위에 자연수를 찍고, 자연수에 대응하는 음의 정수를 찍고, 그 다음 유리수, 무리수를 차례로 찍어가면서 결국에는 실수를 수직선 위의 오든 점에 대응시키는 과정에서 얻어지는 심상이다. 즉 수직선은 실수의 정의에 의해서 만들어지는 것이 아니고 실수에 의해서 분석적으로 규명되는 대상인 것이다. 마찬가지로 면적도 경험과 분석을 통하여 점진적으로 개념을 획득하고 구성된다. 그러나 수직선과는 달리 면적의 심상은 다양한 양상을 띠고 있어서 다양한 접근 방법이 있기 때문에 개념을 형성하기 위해서는 좀 더 심오한 견문이 필요하다.

4.5 평면 또는 공간 도형의 경계

평면 도형 또는 공간 도형의 면적을 측정할 때에 경계를 포함하는지, 부분만을 포함하는지 또는 무시하는지에 관하여 논하기로 한다. 면적을 비교하거나 측정할 때는 경계와는 상관이 없다. 이 때문에 도형의 면적에는 측도이론을 적용할 수 없다. 수학적 개념으로서의 차원과 측도는 현상학적인 예기치 않은 수학적결과 때문에 서로 분리해서 고려해야 한다. 직선상에서 양의 길이를 갖는 0차원 집합을 예로 들어 보자.

예) 칸토르의 불연속체

폐구간 [0, 1]을 3 등분하여 개구간 $(\frac{1}{3}, \frac{2}{3})$를 잘라낸다. 나머지 집합 $[0, \frac{1}{3}]$과 $[\frac{2}{3}, 1]$을 3등분하여 중간의 개구간을 잘라내고, 나머지 구간을 3등분하여 중간구간을 잘라내는 과정을 무한히 반복하면 선분이 없는 폐집합이 만들어진다. 이 0차원 집합을 칸토르의 불연속체 C라고 한다. 그리고 그 집합의 길이는 $\lim_{n\to\infty} \cdot \left(\frac{2}{3}\right) \cdots = 0$ 이다. 이 방법과 위상적으로는 동치이고 거리적으로는 다른 집합을 만들어 보자. 폐구간 [0, 1]을 3 등분하여 개구간 $(\frac{1}{3}, \frac{2}{3})$를 잘라낸다. 나머지 집합 $[0, \frac{1}{3}]$과 $[\frac{2}{3}, 1]$을 7등분하여 중간의 개구간을 잘라내고, 나머지 구간을 15등분하여 중간구간을 잘라내고, 나머지 구간을 31등분하여 중간구간을 잘라내는 과정을 반복하면 선분이 없는 점집합이 만들어진다. 이 집합은 위상적으로는 카토르의 연속체 C와 동치이다. 그런데 폐구간 [0, 1]에서 이 점들을 빼낸 후에 남는 집합의 길이는 $\frac{2}{3} \times \frac{6}{7} \times \frac{14}{15} \times \frac{30}{31} \times \cdots$ 이고 극한값은 $\frac{1}{2}$이 된다. 평면이나 공간의 경계는 낮은 차원이지만 양의 측도를 가질 수 있다. 내점이 없는 폐집합도 양의 측도를 가질 수 있다. 한편, 직관적으로는 면적이나 체적을 측정할 때 경계의 측도를 산입하지 않는다. 즉, 면적을 단위로 포개어 가면서 측정할 때는 경계를 겹쳐서 측정하고 몇 개의 점이 여러 번 세어져도 측정값에는 영향을 주지 않는다. 따라서 면적과 체적의 수학적인 정의와 직관적인 정의 사이의 역설적인 측면을 없애기 위해서 경계가 매끈한 곡선에서 측정값이 0인 것으로 면적과 체적을 정의하기로 한다.

4.6 평면 도형의 넓이

(1) 직사각형의 넓이

다각형의 넓이는 직사각형의 넓이를 이용하여 구할 수 있다. 즉, 삼각형, 사각형, 평행사변형, 사다리꼴, 다각형의 넓이는 직사각형의 넓이와 같거나, 반절 또는 그들의 합이 된다. 따라서 직사각형의 넓이를 구하는 방법과 공식이 필요하게 된다.

- 직사각형

직사각형은 서로 수직인 네 변으로 이루어진 도형이다.

• 직사각형의 넓이

방에 깔 카펫이 얼마나 필요한지, 직사각형 모양의 집 안마당이 몇 평인지를 알고 싶으면, 공통척도를 미리 정하고, 그 것이 완전히 덮어 지는 공통척도의 개수를 세어 보면 된다. 즉 직사각형의 넓이는 가로(의 길이)와 세로(의 길이)의 곱이다.

① 첫째, 가로와 세로의 비가 유리수인 경우 : 공통척도만으로(공통척도의 조각이 필요 없이) 직사각형이 완전히 덮어진다면 공통척도가 가로에 포함된 횟수와 세로에 포함된 횟수를 곱하면 된다.

예) 가로가 5cm, 세로가 4cm 인 직사각형의 면적 : 공통단위를 1cm^{2}라고 하면 5×4개의 공통단위로 완전히 덮어진다. 따라서 면적은 20cm^{2}이다. 가로가 $\frac{3}{5}$cm, 세로가 $\frac{2}{7}$cm인 직사각형의 면적은, 공통단위를 $\frac{1}{35}$cm^2 라고 하면 3×2개의 공통단위로 완전히 덮어진다. 따라서 면적은 $\frac{6}{35}$cm^{2}이다. 즉 $\frac{3}{5}\times\frac{2}{7}$(cm^2)이다. 결국 이 관념은 $5\times4=5+5+5+5$로 인식해서 얻은 결과이다. 다시 말해서 ×4를 '4번 더 한다'라고 인식하는 경우이다.

② 둘째, 가로와 세로의 비가 유리수가 아닌 경우(무리수)인 경우 : 피다고라스 학파가 정사각형의 한 변의 길이와 대각선의 길이의 비는 유리수가 되지 않는다(통약불가능)는 사실을 알았다. 그 때부터 이 사실을 숨기고 발설하지 못하도록 하였다. 직사각형의 면적의 계산이 $5\times\sqrt{3}$과 같은 경우를 말한다. 이 때 $\times\sqrt{3}$을 위와 같이 '몇 번 더 한다'라고 해석할 수 없게 되었기 때문이다. 그 수는 '무한' 개념과 맞물려서 고대 그리스 수학자들 간에 커다란 논쟁거리가 되었다(1 장 5절 참조). 아르키메데스는 무한 계산법으로 통약불가능한 경우의 직사각형의 면적을 구하려고 노력하였으나, 기하학적 과정을 극한으로 가는 길이라고 잘못 생각하여 실패하게 된다. 그 후 카발리에리(Bonaventura Cavalieri, 1598-1647)는 직사각형의 면적을 그 면적을 완전히 덮는 공통척도의 개수를 센다는 과정을 극복하기 위해서 더 이상 쪼갤 수 없는 '불가분양(indivisibles)'의 방법을 도입하게 된다. 즉, 선은 불가분양인 점들로 이루어지고, 면은 불가분양인 선으로 이루어진다는 관념이다. 이 방법이 직관적으로 타당해 보이지만 다음과 같은 모순이 생긴다.

높이가 같고 밑변이 다른 두 삼각형을 생각하자. 불가분양을 높이에 평행하도록 선택하여보자. $\triangle ADH$의 임의의 선분을 BK라 하자. 그러면 $\triangle GDH$에 BK와 길이가 같은 선분 $B'K'$이 단 하나 있게 된다. 그러므로 $\triangle ADH$와 $\triangle GDH$는 면적이 같게 된다. 여기에서 기하학의 문제를 산술화 시킬 필요성을 느끼게 한다. 즉, 면적은 선분의 불가분양의 집합이 아니라 수의 합이라는 관념을 가져야 된다.

이 때 필요한 개념이 극한이다. 즉, 가로가 5이고 높이가 $\sqrt{3}$인 직사각형의 면적 $5\times\sqrt{3}$은 극한과정을 통하여 얻게 되는 $\int_0^5 \sqrt{3}dx$의 결과이다[2)].

(2) 평행사변형의 넓이

밑변 b, 높이 h인 평행사변형의 넓이 A는 다음 공식과 같다.

$$A = bh$$

따라서 이러한 평행사변형의 넓이는 폭이 h, 밑변이 b인 직사각형과 넓이가 같다.

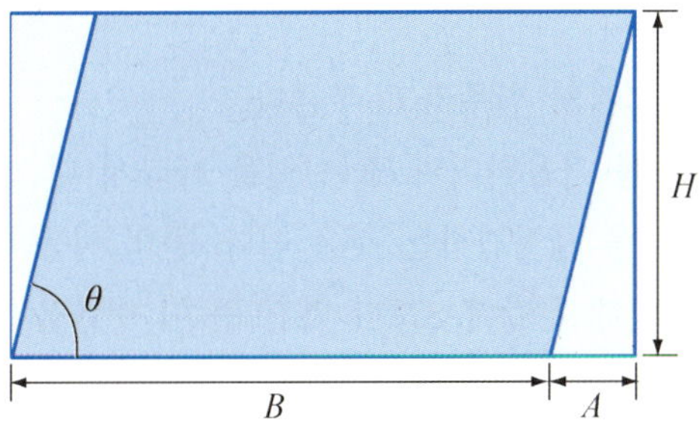

(3) 삼각형의 넓이 삼각형의 넓이는 사각형의 넓이의 반이다.

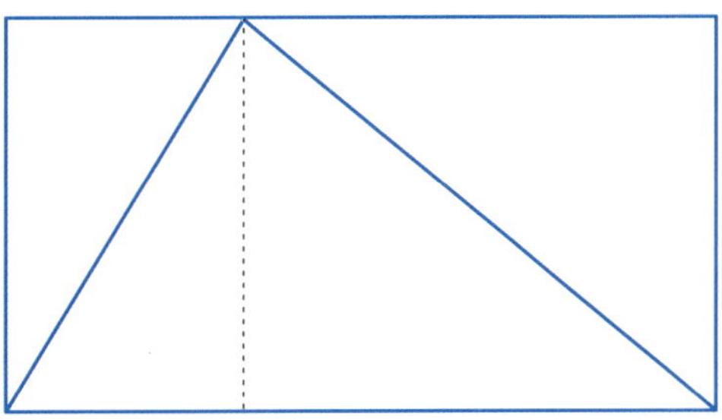

(4) 사다리꼴의 넓이

밑변 a와 b, 높이 h인 사다리꼴의 넓이 A는 다음 공식과 같다.

$$A = \frac{1}{2}(a+b)h$$

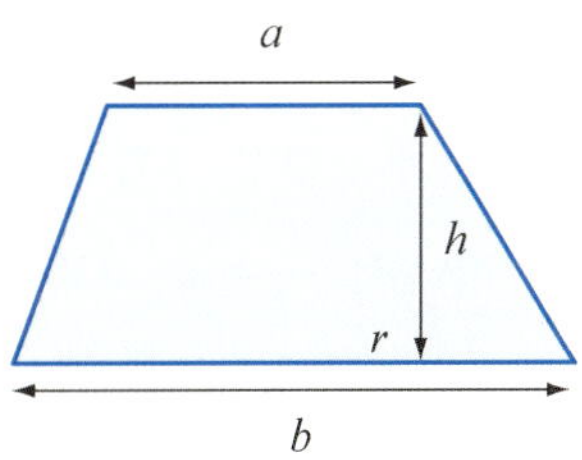

---

2) 길이의 단위를 감안하면 $5\times\sqrt{3}(e\otimes f)$이다. 단, e는 5의 단위이고 f는 $\sqrt{3}$의 단위이다. 단,$\otimes$는 텐서곱이다.

※ 다각형의 넓이의 스키마 학습
- 직사각형의 넓이 = 가로 × 세로,
- 삼각형의 넓이 = 직사각형 넓이의 반,
- 평행사변형의 넓이 = 직사각형의넓이
- 사다리꼴의 넓이 = 직사각형 넓이의 반
- 마름모의 넓이 = 직사각형 넓이의 반

(5) 원 둘레의 길이

- 원주

원의 둘레의 길이를 원의 원주라고 부른다.

줄의 일부나 테이프를 사용하거나 또는 선을 따라서 디스크를 굴려봄으로써 고대에 이미 알려진 사실을 재발견하는 것은 쉽다. 원의 지름과 원의 둘레의 길이에 대한 비는 모든 원에 대해서 같다. 3보다 약간 큰 이 비율을 기호 π로 나타내며, 이것은 그리스 문자 π의 소문자이다.

- π값의 역사

원주율은 고대 바빌론의 점토판에서 원이나 구 등의 넓이 부피 계산과정에서 3으로 계산하였다. 그 후 B.C. 3세기에 아르키메데스는 π는 대략 $3\frac{1}{7}$ 임을 보였다. 아르키메데스는 원에 직사각형을 내접시킨 다음, 원의 지름에 대한 직사각형의 둘레의 길이의 비를 계산하였다. 내접한 육각형을 이용하여 π가 약 3이라는 것을 보였고, 내접 정 12각형, 정 24각형, $\cdots$, 정 96각형까지 계산하여 아르키메데스는 $3\frac{10}{71} < \pi < 3\frac{10}{70}$ 임을 밝혔다. 같은 방법으로 네덜란드의 수학자 Van Ceulen(1610)는 π를 소수 20번째 자리 수까지 계산하기 위해 정 32, 212, 254, 720각형을 사용하였고, 1세기 후에 영국의 수학자 John Machin은 계산기를 이용하여 π를 100자리 수까지 계산하였다. 1949년에는 최초의 컴퓨터인 ENIAC을 이용하여 70시간에 걸쳐 π를 소수 2037번째 자리까지 계산하였고, 슈퍼컴퓨터를 사용하여 2002년에 도쿄 대학의 컴퓨터 센터의 Yasumasa Kanada는 1초에 2조 번의 계산 능력을 가진 슈퍼컴퓨터로 약 400시간에 걸쳐서 π를 1.2411 조자리까지 계산하였다. 우리는 오일러가 밝힌 등식 $\frac{\pi}{4} = 1 - \frac{1}{3} + \frac{1}{5} - \frac{1}{7} + \cdots$을 이용하면 원하는 만큼 정확하게 π값을 구할 수 있다. 원의 지름에 대한 원의 둘레 C의 비율을 π라고 한다. 따라서 $\frac{C}{d} = \pi$ 그리고 $C = \pi d$이다.

지름 d는 원의 반지름 r의 2배이기 때문에 우리는 공식 $C = 2\pi r$을 얻을 수 있다. 1761년에 John Lambert는 π가 무리수이며 따라서 π를 분수나 또는 유한소수 또는 순환

소수로 정확하게 나타내는 것은 불가능하다고 말했다. 값 $3\frac{1}{7}$과 3.14는 유용한 어림값이지만 끝이 없는 소수로 표현하는 $\pi=3.1415926\cdots$이라고 정확한 측정하는 것은 보다 많은 소수의 자릿수를 요구한다. 원 100피트는 100π 피트이다. 이것은 정확한 값을 의미하기 때문에 결과를 나타내기 위해 기호 π를 사용하는 것은 가능하다. 어림값이 필요할 때 3.1416과 같은 π 알맞은 어림값은 계산기에서 사용될 수 있다.

〈베를린 공대 수학과 건물의 입구에 있는 모자이크〉

(원주율) = (원주) ÷ (지름)

〈원을 한 바퀴 돌려서 생긴 원주의 길이〉

〈파이 날을 기념하기 위한 파이 조각〉

• 지구 적도의 둘레 계산하기

지구의 적도의 지름은 7926마일이다. π에 대한 다음 어림값을 사용하여 적도에서의 지구의 둘레의 길이를 계산하여라.

(a) 3.14

(b) 3.1416

(a) (3.14)×(7926마일) ≒ 24,887.64 마일

(b) (3.1416)×(7926마일) ≒ 24,900.322 마일

π에 대한 다른 두 어림값은 답에서 12.7 마일이라는 차이가 난다.

(6) 원의 넓이

반지름이 r인 원의 넓이는 πr^2이다. 이 사실은 아르키메데스가 원에 내접하는 정96다각형의 넓이를 이용하여 발견하였다.

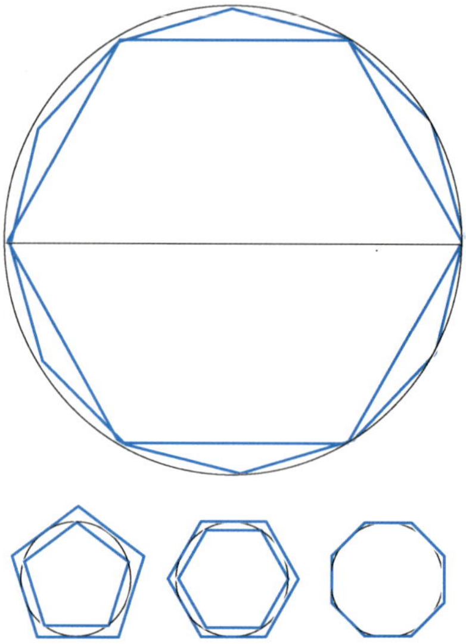

〈원에 내접하는 도형의 극한 값으로서의 원의 넓이〉

• 원의 넓이

반지름이 r인 원으로 둘러싸인 지역 A의 넓이는 A=$A=\pi r^2$이다.

반지름이 r인 원과 원주 $C=2\pi r$은 합동인 지역으로 나눠진 후 재배열되어 밑변이 $\frac{1}{2}C=2\pi r$이고 높이가 r인 평행사변형을 만들 수 있다. 평행사변형의 넓이 공식에 의해 넓이가 $\pi r \times r = \pi r2$가 된다. 만약 부채꼴의 수가 더 많아질수록 도형은 넓이가 $\pi r2$인 평행사변형에 가까워진다.

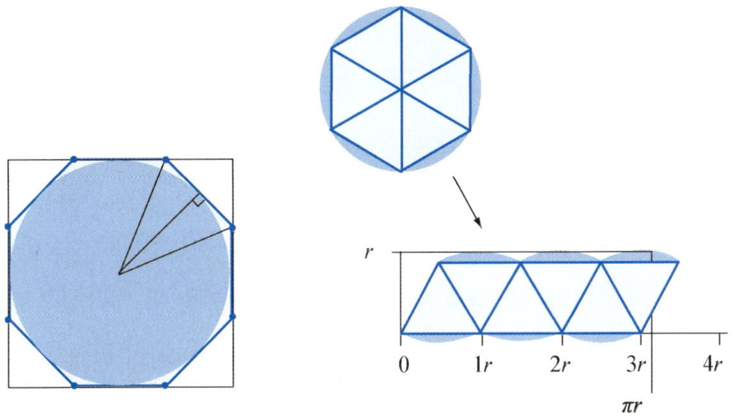

• 원의 넓이를 다른 방법으로 알아보시오.

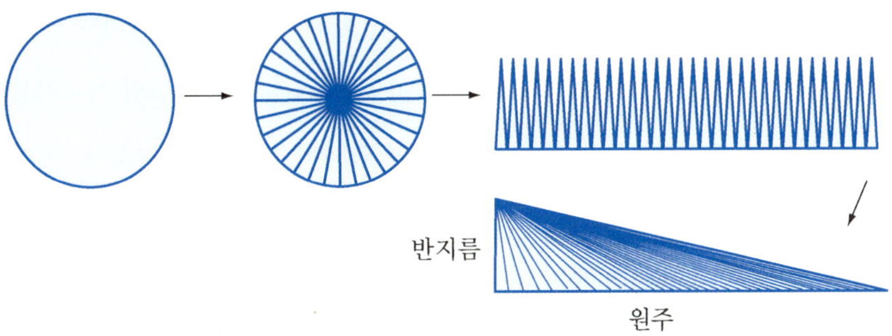

(원의 넓이) = (원주의 $\frac{1}{2}$) × (반지름)

= (지름) × (원주율) × $\frac{1}{2}$ × (반지름)

= (반지름) × (반지름) × (원주율)

그러므로 원의 넓이는 다음과 같은 식으로 구합니다.
(원의 넓이) = (반지름) × (반지름) × (원주율)

이와 같이, 원을 한없이 잘게 잘라 붙이면, 원의 넓이는 직각삼각형의 넓이 또는 직사각형의 넓이와 같아집니다.

○ 위의 방법대로 원의 넓이를 구해보시오.

05 부피의 교수이론

짐 싸기, 용기 채우기와 같은 활동으로 시작한다. 기둥의 부피 공식은 부피=가로×세로×높이=밑면적×높이 이다. 이 공식을 직관적인 이해하는 방법은 다음과 같다. 삼각형의 면적은 $\frac{1}{2}$×밑변×높이 이다. $\frac{1}{2}$은 무엇인가? 피라미드의 부피는 $\frac{1}{3}$×밑면적×높이 이다. $\frac{1}{3}$의 출처는 무엇인가? 한 변의 길이가 a인 정사각형을 두 대각선으로 네 부분(삼각형)으로 분리하면 그들은 모두 면적이 같으므로 한 부분(삼각형)의 면적은 $\frac{1}{4}a^2=\frac{1}{2}\times a \times\frac{1}{2}a$이다. 그 삼각형의 밑변이 a이고 높이는 $\frac{1}{2}a$이므로 삼각형의 면적은 $\frac{1}{2}$×밑변×높이 임을 안다. 그런데 밑변과 높이가 같은 삼각형의 면적은 모두 같으므로 모든 삼각형의 면적은 $\frac{1}{2}$×밑변×높이 가 된다. 한 변이 a인 정육면체의 부피는 a^3이고 꼭 6개의 피라미드로 만들어진다. 따라서 피라미드의 부피는 $\frac{1}{6}a^3=\frac{1}{3}\times a^2\times\frac{1}{2}a$이다. 피라미드의 밑면적은 a^2이고 높이는 $\frac{1}{2}a$이므로 피라미드는 밑면적이 a^2이고 높이가 $\frac{1}{2}a$인 사각기둥의 $\frac{1}{3}$임을 알 수 있다. 이제 면적과 부피를 구하는 상위 학년의 방법을 알아보자. 밑변이 a이고 높이가 h인 삼각형을 밑변이 $\frac{a}{n}, 2\frac{a}{n}, 3\frac{a}{n}, \cdots, n\frac{a}{n}$, 높이가 $\frac{h}{n}$인 n개의 직사각형의 합으로 근사시키면 직사각형의 면적의 합은 $\frac{1}{n^2}(1+2+\cdots+n)ah=\frac{1}{n^2}\frac{n(n+1)}{2}ah$이고 $n\to\infty$일 때 $\frac{1}{2}ah$로 수렴한다. 밑면적이 A, 높이가 h인 정사각뿔은 밑면적이 $\frac{A}{n^2}, \frac{4A}{n^2}, \frac{9A}{n^2}, \cdots, \frac{n^2A}{n^2}$이고 높이가 $\frac{h}{n}$인 직육면체의 합으로 근사시키면, 직육면체의 부피의 합은 $\frac{1}{n^3}(1^2+2^2+\cdots+n^2)Ah=\frac{1}{n^3}\frac{(n+1)(2n+1)}{6}Ah$이고 $n\to\infty$일 때 $\frac{1}{3}Ah$로 수렴한다. 일반적으로, 닮은 직사각형에서는 밑변과 높이의 비가 같으므로 닮은 직사각형의 면적은 높이의 제곱에 비례한다. 따라서 닮은 삼각형의 면적도 높이의 제곱에 비례하므로 밑변이 a이고 높이가 h인 삼각형의 면적은 상수 α가 존재하여 $f(x)=\alpha h^2$이다. 차 $f(h+\delta)-f(h)$는 높이가 δ인 직사각형의 면적이다. 차 몫 $\frac{f(h+\delta)-f(h)}{\delta}$는 밑변에 수렴하고 미분몫 $\frac{df}{dh}=2\alpha h$는 밑변 a와 같다. 따라서 $f(h)=\frac{1}{2}ah$이다. 같은 방법으로 높이가 h인 정사각뿔의 부피는 상수 α가 존재하여 $V(x)=\alpha h^3$이다. 차 $V(h+\delta)-V(h)$는 정사각뿔의 밑면을 밑면으로 하고 높이가 δ인 직육면체의 부피이다. 차 몫 $\frac{V(h+\delta)-V(h)}{\delta}$는 밑면에 수렴하고 미분몫 $\frac{dV}{dh}=3\alpha h^2$은 밑면적 A와 같다. 따라서 $V(h)=\frac{1}{3}Ah$이다.

5.1 각기둥의 부피

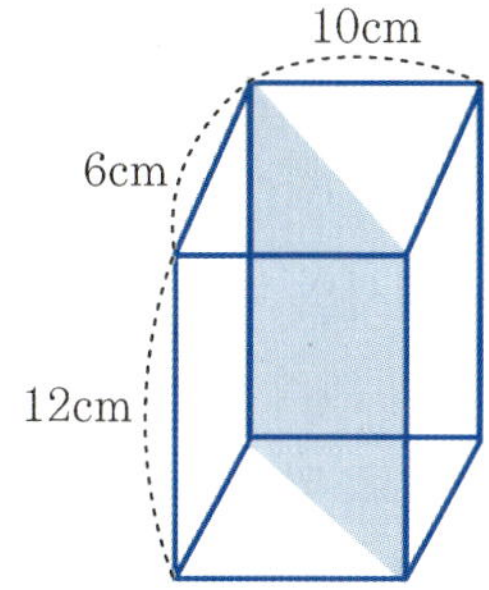

(각기둥의 부피)=(밑넓이)×(높이)

5.2 원기둥의 부피

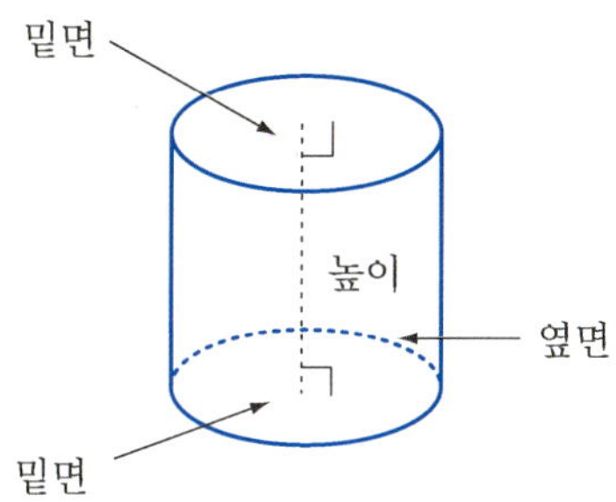

(원기둥의 부피)=(밑넓이)×(높이)

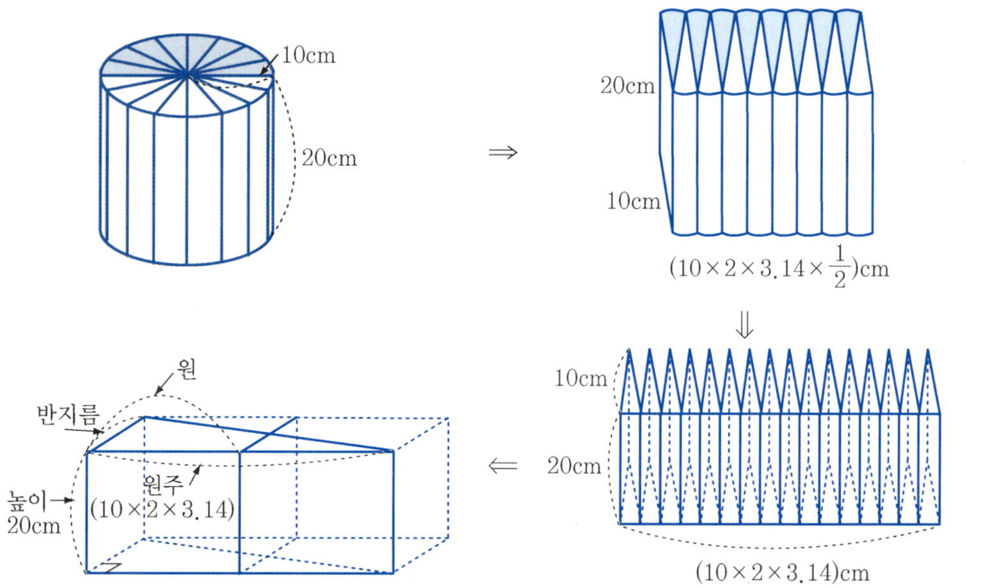

5.3 각뿔과 원뿔의 부피

평면에서 대각선은 정사각형을 두 개의 합동인 삼각형으로 잘라낸다. 삼차원 공간에서 정육면체의 한 쪽 코너에서의 대각선은 정육면체를 채우고 있는 세 개의 합동인 사각뿔을 만든다. 그러므로 각각의 사각뿔은 정사각형의 부피의 3분의 1이 된다. 정육면체 대신에 직육면체를 생각하자. 한 쪽 코너에서의 대각선을 이용하여 세 개의 사각뿔로 입체도형을 분할한다. 그 일반적으로 세 개의 사각기둥은 각각 합동이 아니다. 그러나 세 개의 사각기둥의 부피는 모두 같다. 그러므로 밑넓이가 B이고 높이가 h인 각기둥이 있다면, 각각의 각뿔의 부피는 $\frac{1}{3}Bh$이다.

원기둥은 무한히 많은 변을 가지는 각뿔로 간주한다.

(1) 각뿔과 원뿔의 부피

높이가 h이고 밑넓이가 B인 원뿔과 각뿔의 부피 V는 다음과 같다.

$$V=\frac{1}{3}Bh$$

5.4 구의 부피

반지름이 r인 구가 높이가 $2r$이며 구를 담고 있는 원기둥 안에 있다고 생각해보자. 원기둥의 남은 공간을 물로 채운 다음, 구를 꺼낸다면 물이 원기둥의 $\frac{1}{3}$을 채운다는 것을 알게 된다. 이는 구가 원기둥 부피의 $\frac{2}{3}$를 차지하고 있음을 뜻한다. 원기둥의 부피가 $Bh=2\pi r^3$이므로 실험을 통한 구의 부피는 $\frac{4}{3}\pi r^3$이 된다. 이 공식의 최초의 엄밀한 증명은 아르키메데스에 의해서이다.

(1) 구의 부피

반지름이 r인 구의 부피 V는 다음과 같다.

$$V=\frac{4}{3}\pi r^3$$

5.5 각기둥의 겉넓이

각기둥의 표면이 잘리어 두 개의 합동인 밑면이 되고 각기둥의 측면을 펼치면 직사각형이 된다. 따라서 각기둥이 높이 h이고 밑면의 둘레가 p일 때, 옆넓이의 직사각형은 넓이 hp가 된다. 이와 같은 방법을 원기둥에 적용할 수 있으며, 그때 측면을 펼쳤을 때 직사각형이 된다는 것을 상상할 수 있다. 삼차원의 입체도형의 겉넓이의 총합은 밑면의 넓이와(밑넓이) 입체의 옆넓이의 합이다.

(1) 각기둥과 원기둥의 겉넓이

각기둥과 원기둥의 높이를 h, 밑넓이를 B라 하고, 밑면의 둘레를 p라 하면, 겉넓이 SA는 다음과 같다.

$$SA = 2B + ph$$

(각기둥과 원기둥의 겉넓이) = (한 밑면의 넓이) × 2 + (옆면의 넓이)

5.6 구의 겉넓이

구의 부피와 겉넓이의 작은 조각을 밑넓이로 하는 원뿔모양의 입체 부피와 연관된다. 우선, 구의 표면적을 n개의 매우 많은 조각으로 나눈다. 이들의 합은 구의 겉넓이 S가 된다. 또한, 각 원뿔의 꼭짓점은 구의 중심이 되어 높이가 r이 되므로 그들의 부피는 $\frac{1}{3}B1r$, $\frac{1}{3}B2r$, $\frac{1}{3}B3r$ 등이 된다. 그러므로 $\frac{1}{3}r$이 공통 인수이므로 $V = \frac{1}{3}r(B1 + B2 + ... + Bn) = \frac{1}{3}rS$이다. $V = \frac{4}{3}\pi r^3$이므로

$$\frac{4}{3}\pi r^3 = \frac{1}{3}rS, \text{ 따라서 } S = 4\pi r^2$$

(i) 구의 겉넓이

반지름이 r인 구의 겉넓이 S는 다음과 같다.

$$S = 4\pi r^2$$

5.7 사각뿔의 겉넓이

사각뿔의 겉넓이는 사각뿔의 옆넓이를 이루는 삼각형들의 넓이의 합에 밑면의 넓이를 더하는 것으로 구한다. 특별히 중요한 것은 블록 정규 사각뿔이므로 밑면은 정규 다각형이며 옆넓이는 합동인 이등변삼각형들로 구성되어 있다. 삼각형의 높이는 사각뿔의 모선(기울여진 높이)이다. 사각뿔의 겉넓이를 구하는 공식은 그림 12.20으로부터 얻을 수 있다. 각 삼각형은 높이 s를 갖고 있으며 밑변의 길이의 합은 밑면 다각형의 둘레이다. 그

러므로 모든 삼각형들의 넓이는 $1/2ps$ 이다. 밑면의 넓이가 B라면 겉넓이 $SA = B + 1/2ps$ 이다.

(1) 사각뿔의 겉넓이

모선(기울여진 높이)이 s 이고, 밑넓이가 B, 둘레가 p 인 사각뿔이 있다면, 겉넓이 SA 의 공식은 다음과 같다.

$$SA = B + 1/2ps$$

- 다음 원기둥의 겉넓이를 구하시오.

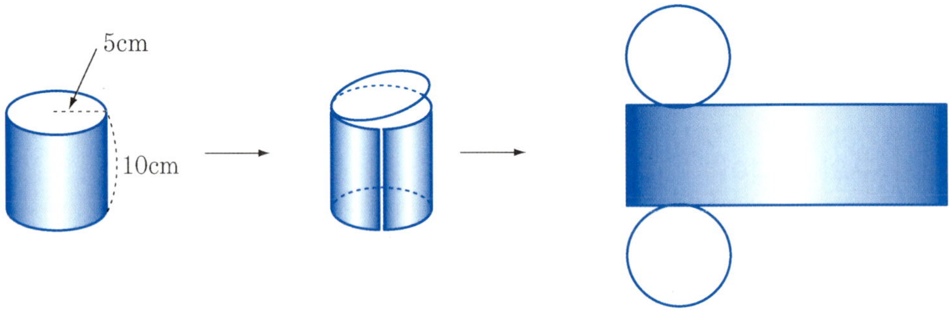

5.8 원을 이용해서 직각을 그려보시오

(1) 다음의 원의 중심을 찾아서 찍어 보시오.

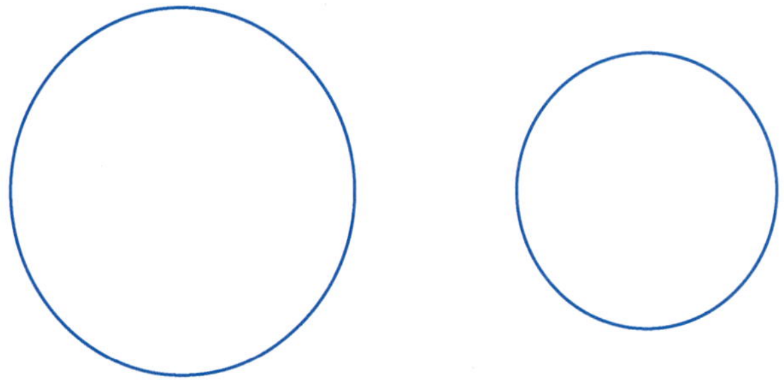

(방법) ①원에 두 개의 현을 그린다.

② 두 현의 수직이등분선을 그린다.

③ 두 수직이등분선의 교점이 원의 중심이다.

(위의 사실을 삼각형의 합동을 이용하여 설명하시오.)

(2) 원의 지름을 그리시오.

원의 중심을 지나는 선과 원주의 교점을 이으면 된다.

(3) 원을 이용하여 직각을 그리시오.

원의 지름을 빗변으로 하고 원주위에 다른 점을 이어 만든 삼각형은 직각삼각형이 된다. 따라서 위와 같은 방법으로 직각을 작도할 수 있다.

5.9 원 이야기

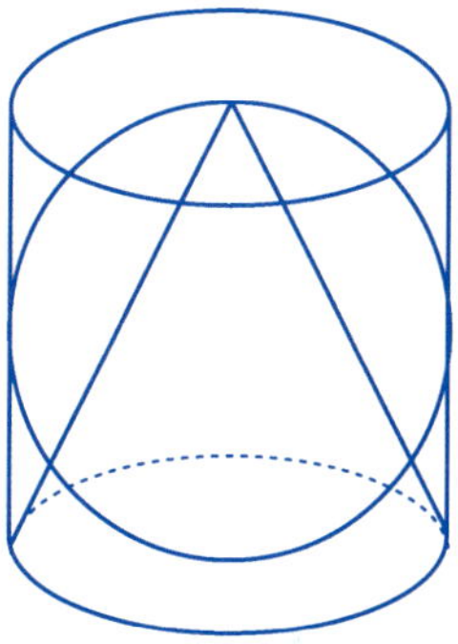

고대 수학자와 철학자들은 원이 수 1을 상징하고 모든 모양의 원천이라고 생각하였기 때문에 원을 씨앗 또는 공간을 만드는 불변의 진리로 생각하였다. 원의 넓이를 처음으로 구하기 시작한 사람들은 메소포타미아인이었다. 그들은 삼각형, 사각형, 오각형, 육각형의 넓이와 둘레 길이의 비를 구한다음 변의 개수를 점점 더 늘려 가면서 넓이와 둘레 길이의 비를 구한 결과로 원주율을 $3\frac{1}{8}$로 정하여 사용하였다. 그 후 고대 그리스의 수학자 히포크라테스는 원의 넓이를 구하기 위하여 노력하였는데 초승달의 넓이를 정사각형으로 만드는 데는 성공하였지만 원의 넓이를 구하는 데는 실패하였다. 같은 시대에 그리스 수학자 안티폰은 처음으로 원의 안쪽으로 그린 다각형과 바깥쪽으로 그린 다각형의 넓이를 통해 원주율(π) 값의 범위를 구하였다. 같은 방법으로 아르키메데스는 원주율(π)은 $3\frac{10}{71}$ 보다 크고 $3\frac{1}{7}$보다 작다는 사실을 발견하였는데 이 값은 현대의 원주율의 값과 거의 비슷하고, 이를 이용하여 원의 넓이를 구하였다.

또한 아르키메데스는 구의 부피와 겉넓이를 구하였고, 구의 겉넓이는 구를 둘러싼 원기둥의 옆넓이와 같다는 사실을 발견하였다. 이 업적을 기념하기 위하여 아르키메데스의 묘에 다음과 같은 그림을 담고 있는 비석을 세웠다. 그 후 원주율(π)의 정확한 값을 구하기 위하여 많은 수학자들이 노력하였는데 독일 수학자 오일러는 현재 사용하고 있는 기호 π를 처음으로 사용하였다. 현대에는 컴퓨터의 성능을 실험하기 위하여 원주율(π)의 정확한 값을 얼마나 빠르게 계산하는지 알아보기도 한다.

5.10 NCTM의 원리와 규준

- 취학 전에서 초등2년 학생의 측정의 관념과 측정할 수 있는 속성

어린이들은 물체를 직접적으로 비교하거나, 만지고, 관찰하면서 성질에 대한 이해를 발달하기 시작해야 한다. 그들은 물체를 들어 올림으로써 두 물건 중 어느 것이 더 무거운지 인식하거나, 쌓여있는 대상물 크기를 바라봄으로써 '누가 더 많이'를 결정할 수 있

다. 그들은 나란히 섬으로써 어느 신발이 더 긴지 비교할 수 있다. 성인은 '저 것은 깊은 구멍이다.', '큰 상자안의 장난감을 들어보자', '저것은 긴 로프이다.'라는 그들의 대화를 통해 어린아이가 성질을 인식할 수 있도록 도와야 한다. 학교에서 학생들은 대상들을 설명하고, 비교하고, 서로 다른 성질로써 배열하면서 성질에 대해서 학습해 나간다. 축구공이 야구공보다는 크지만, 비치 발리 볼보다는 작다는 등의 순서적 관계를 아는 것은 측정 개념을 발달시키는데 중요하다. 교사는 측정 가능한 자료를 만들어주고, 측정의 기회를 계획하고, 그들의 행동의 결과를 학생에게 설명하는 것을 장려하는 방법으로 학생들의 탐구를 지도해야 한다. 이야기는 학생들의 측정의 개념적, 절차적 지식을 형성시켜주고, 교사에게는 다음 단계를 계획하고, 진보를 기록하기 위한 가치 있는 정보를 제공한다. 같은 대화와 질문은 학생들의 이해와 오개념들에 대하여 교사가 알 수 있도록 하는 어휘를 학생들이 만들어 내는 것을 도와준다. 예를 들어 학생이 막대와 함께 있는 책상의 길이를 측정할 때, 교사는 만약 그들이 길이가 절반인 막대를 사용한다면 무슨 일이 생길 것 같습니까? 라고 질문할 수 있다. 그들은 더 많은 막대가 필요할 까요? 아니면 더 적은 수의 막대가 필요할 까요? 만약에 학생들이 책상의 높이를 조사하고 있는 중이라면 교사는 무슨 측정도구가 적철하고, 왜 사용하는지에 대해서 물어볼 수 있다. 어린 시절동안에는 서로 다른 많은 속성을 측정하기 위한 개념적인 토대가 발달되어야 하지만, 선형적인 측정이 주로 강조된다. 측정 탐구는 표준 단위와 비표준 단위(임의 단위)를 사용하는 것 만큼 직접 비교하는 것이 포함되어야 한다. 예를 들어 교사는 학생에게 직육면체인 책상의 길이를 측정하거나, 방안에서 그들의 발만큼 긴 것을 찾는 것을 요구할 수 있다. 나중에 그들은 교실의 식물을 측정하는 자와 같은 표준화된 측정도구를 사용할 수 있고, 식물의 성장을 표로 만들기 위해 측정을 사용할 수 있다.

5.11 표준 단위

측정영역에서 쓰이는 여러 가지 표준단위를 알아보기로 한다.

(1) 길이의 단위

단위	약어	'피트'로 표현
인치	in	1/12 ft
풋	ft	1 ft
야드	yd	3 ft
로드	rd	16과 1/2 ft
펄롱	fur	660 ft
마일	mi	5280 ft

(2) 넓이의 단위

단위	약어	다른 단위와 같은 척도
정사각형 (인치)	in^2	1/144 ft^2
정사각형(풋)	ft^2	144 in^2, or 1/9 yd^2
정사각형(야드)	yd^2	9
아크	acre	1/640 mi^2 , or 43,560 ft^2
정사각형(마일)	mi^2	640 acres, or 27,878,400 ft^2

(3) 부피의 단위

단위	약어	다른 단위와 같은 척도
정육방체 (인치)	in^3	1/1728 ft^3
정육방체 (풋)	ft^3	1728 in^3, or 1/27 yd^3
정육방체 (야드)	yd^3	27 ft^3

(4) 들이의 단위

단위	약어	'피트'로 표현
티스푼	tsp	1/3 tbl
테이블스푼	T or tbl	2 fl. oz
액량 온스	fl. oz	1/8 C
컵	C	8 fl. oz, 1/4 qt
쿼트	qt	4 C, 1/4 gal
갤론	gal	4 qt, 231 인치 입방체
부셸	bu	2150.42 인치 입방체

(5) 미터법 단위

접두사	인수	기호
킬로	$1000 = 10^3$	k
헥토	$100 = 10^2$	h
데카	$10 = 10^1$	da
없음	1 = 100	(없음)
데시	$0.1 = 10^{-1}$	d
센티	$0.01 = 10^{-2}$	c
밀리	$0.001 = 10^{-3}$	m
마이크로	$0.001 = 10^{-4}$	μ(그리스어 mu)

단위	약어	1 미터의 곱표현또는 분수표현
1 킬로미터	1 km	1000 m
1 헥토미터	1 hm	100 m
1 데카미터	1dam	10 m
1 미터	1 m	1 m
1 데시미터	1dm	0.1 m
1센티미터	1 cm	0.01 m
1밀리미터	1 mm	0.001 m
1 마이크로 미터(마이크론)	1 μm	0.000001 m

단위	약어	1평방 미터의 곱과 분수표현
1 평방 센티미터	1 cm^2	0.0001 m^2
1 평방 미터	1 m^2	1 m^2
1 아르(1 평방 데카미터)	1 a	100 m^2
1 헥타르(1 평방 헥토미터)	1 ha	10,000 m^2
1 평방 킬로미터	1 km^2	1,000,000 m^2

06 피타고라스 정리

6.1 피타고라스 정리

직각 삼각형의 직각을 낀 두 변의길이가 a와 b이고 빗변의 길이가 c이면 다음이 성립한다.

$$a^2 + b^2 = c^2$$

(증명) 이 방법은 고대 인도인의 분해법에 의한 증명으로서, 두 정사각형의 면적의 합과 같은 정사각형을 구축해가는 증명이다.

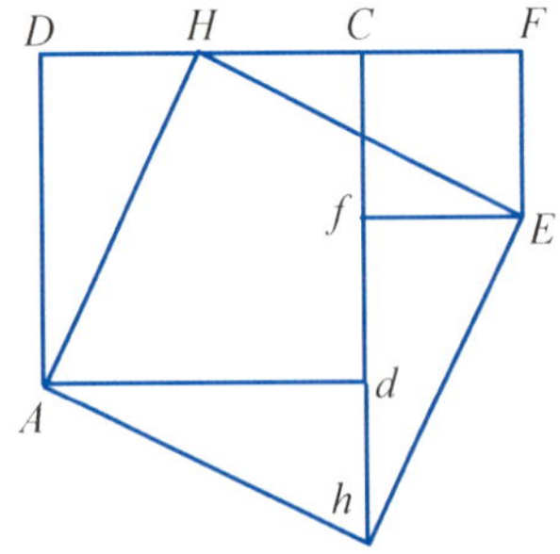

그림 3-39

[작도법] : 세변의 길이가 $a=$선분 BC, $b=$선분 AC, $c=$선분 AB인 직각삼각형 ABC를 그린다. 선분 BC를 한 변으로 하는 정사각형 $CEBD$를 그리고, 변 AC의 연장선에 한 변이 b인 정사각형 $EFGH$를 그린다. 변 EH의 연장선 위에 선분 $HK=a$되는 점 K를 잡아서 정사각형 $AGKB$를 그린다.
그러면, 정사각형$CEBD+$정사각형$EFGH=$정사각형 $AGKB$이다.

(증명) 삼각형 ABC의 직각이 아닌 두 내각을 α, β라고 하자.
그러면 선분 $AF=$선분 $CE+$선분 $EF-$선분 $CA=a+b-b=a$이고 선분 $DK=$선분 $EH+$선분 $HK-$선분 $ED=b+a-a=a$이다. 따라서 네 삼각형 $\triangle ABC$, $\triangle GAF$, $\triangle GKH$, $\triangle KBD$는 모두 두 변의 길이가 각각 a, b이고 끼인 각의 크기는 90°이므로 $\triangle ABC \equiv \triangle GAF \equiv \triangle GKH \equiv \triangle KBD$(SAS 합동)이다. 결과적으로 사각형 $AGKB$는 네 변의 길이가 c이고 네 각이 모두 90° (왜냐하면 $180°-(\alpha+\beta)=90°$)이므로 정사각형이고 면적은 c^2이다. 한편, 면적이 a^2인 정사각형과 면적이 b^2인 정사각형을 합한 다각형 $BCGFHD$의 면적 a^2+b^2은 빗금 친 부분의 면적과 $\triangle ABC$와 $\triangle GAF$를 합한 면적과 같다. 그런데 두 삼각형은 사각형 $AGKB$의 일부분인 $\triangle GKH$, $\triangle KBD$과 합동이므로, 다각형 $BCGFHD$의 면적과 사각형 $AGKB$의 면적이 같다. 따라서$a^2+b^2=c^2$이다. 위 그림을 다시 그려보기로 하자. 즉, 사각형 $EFGH$를 변 CA를 한 변으로 하는 정사각형이고, 사각형 $CEDB$는 변 CB를 한 변으로 하는 정사각형이다. 따라서 직각을 낀 두 변을 각각 한 변으로 하는 두 정사각형의 면적의 합은 빗변을 한 변으로 하는 정사각형의 면적과 같게 된다.

07 좌표계의 발생

역사상 최초의 좌표계는 천구(celestial globe)로서 수평면과 관측자의 시선과의 사이 각과 자오선과 관측자의 시선과의 사이 각, 즉 (고도 각, 방위각) 의 쌍으로 구성된 좌표이다. 고대 그리스의 아폴로니우스(Apollonius, 15-100년 경)는 원추곡선을 원추도형에 관련된 기하적 크기를 나타내는 변수 사이의 방정식인 '징후(symptom)'라고 일컬었는데 데카르트가 이를 일반적인 곡선에 적용하여 좌표계를 수의 순서쌍으로 도입하였고, 위치를 좌표화함으로서 기하의 대수화가 이루어졌다. 극좌표로는 천체의 둥근 천장과 지구표면을 설명하고, 직교좌표로는 기하도형과 역학운동과 사상을 설명하는데 특히 효과적이다. 피아제에 의하면, 평면은 정신적으로 관계의 곱이 필수요소인 논리적 체계화의 결과인 직교좌표로 구성된다. 그의 실험에서 피험자에게 직사각형 모양의 종이를 제시하여 평면 구조를 직교좌표로만 표현하도록 유도한 결과로 피험자는 원, 타원, 삼각형, 불규칙도형 모양의 종이를 경험하지 않았다. 피아제는 직사각형모양의 종이 위에 점 P를 찍은 다음에 합동인 다른 종이 위에 점 P를 그대로 옮기는 문제를 제시하였다. 문제지 직사각형 $ABCD$라고 하면, 학생 Col(5 : 8세)은 점 C에서 점 P를 이은다음 그 거리를 재어서 답안지 $A'B'C'D'$의 점 C'에서 컴퍼스로 선분 CP의 길이만큼 떨어진 지점에 P'을 찍었다. Col은 극좌표(r, θ)중에서 r은 표시한 셈이다. 그런데 Col의 답안지를 피아제는 오답 처리하였다. 직교좌표는 여러 가지 좌표계중 하나일 뿐이고 발생순서로는 직선운동보다 원운동의 관찰이 우선하였기 때문에 직교좌표보다 극좌표를 먼저 경험시켜야한다.

08 근사값

8.1 실세계의 기하학과 이상적인 기하학

모든 물체의 형상에 대한 인식은 인간의 인지체계의 구성물이다. 고대 그리스 시대부터 유크리트 기하학 이라고 알려진 기하학의 세계는 인간의 상상력을 동원하여 만들어진 세계이다. 그 것은 이상적인 형태로 채워진 개념적인 세계이다. 마름모의 네 변의 길이가 같다는 것은 그 들이 틀림없이 같다는 의미이다. 그러나 종이에 마름모를 그리게 되면 작도의 도구에 따라 적당한 정확도 범위 내에서 네 변의 길이가 같음을 보장할 수 있을 뿐이다. 영어에서 '당신이 뜻한 바를 본다(I see what you mean)'는 것은 은유적으로 '이해한다(I understand)'는 뜻이고, 동양에서 '백문이 불여일견이다'는 보아야 비로소 믿는다 또는 이해한다는 것이다. 그 것은 동서양을 막론하고 시각적 인식이 학습과 이해의 총체로 간주되는 예증이다. 기하학의 핵심적인 특징은 기하학적 대상과 관계를 '보는 법' 즉, '식별하는 법'과 그 대상이 만족하거나 만족하지 않는 성질로서의 관계를 배우는 것이다. 기하학적 대상의 길이, 면적, 체적의 측정은 특정한 단위에 대한 비 또는 수를 대응 시키는 것이다. 그러나 그 대상의 '보이는 것' 만을 측정하기 때문에 필연적으로 측정오차를 수반하게 되어서 필연적으로 측정값은 참값이 아닌 근사 값으로 얻게 된다.

8.2 근사 값의 계산

참값과 측정값의 차이를 오차라고 한다. 오차가 생기는 원인은 위에서 언급한 본질적인 이유 이외에도 이론오차, 기계오차, 개인오차 등으로 구별한다. 그러나 실제측정에서는 참값을 알지 못하므로 오차의 크기도 정확히는 알 수가 없다. 다만 어느 정도의 애매

한 값의 한계만을 알 수 있을 뿐이다. 그 한계를 오차의 한계라고 한다. 그러나 수학이 우주의 현상을 함수로 표현하는 것이라고 한다면, 모든 측정값은 함수 값이 된다. 따라서 원하는 만큼의 오차 범위에서 함수 값을 구하면 된다.

(1) 오차

오차는 측정값과 참값의 차이이다.

(2) 오차의 종류

- 정오차 : 이론오차, 개인오차, 기계오차
- 우연오차
- 오류

(3) 절대오차

측정값이 참값보다 클 때도 있고 작을 때도 있다. 따라서 오차는 다음과 같이 절대 값으로 나타낸다.

- 절대오차 = |측정값 − 참값|
- 오차의 한계

  실제측정에서는 참값을 알 수가 없으므로, 정확한 오차 역시 알 수가 없다. 따라서 측정값의 용도와 측정기계의 정확도에 따라서 필요한 만큼의 참값의 한계를 정할 수밖에 없는 것이다. 그러한 한계를 오차의 한계라고 한다. 만일 측정값을 a, 참값을 A, 오차의 한계를 k라고 한다면

  $|a-A| \le k$이므로 참값의 범위는 다음과 같다.

  $$a-k \le A \le a+k$$

  또한 오차의 한계를 정하는 방법 중에서 가장 많이 쓰이는 것은 반올림이다.

(4) 상대오차

상대오차는 (절대오차)÷(참값)이다.

그러나 참값을 알 수가 없으므로, 대신 상대오차의 한계를 구한다.

- 상대오차의 한계=(오차의 한계)÷(측정값)

(5) 예

다음의 근사 값에서 오차의 한계와 상대오차의 한계를 구하시오.

문제 1

어떤 도시의 인구를 100자리에서 반올림하여 조사하였더니 247,000명이었다.

(답) 오차의 한계 : 500명,

상대오차의 한계=500÷247,000=0.002

문제 2

$\pi \fallingdotseq 3.14$

[답] 오차의 한계 : 0.002,

상대오차의 한계=0.002÷3.14=0.00063

그러나 수학이 우주의 현상을 함수로 표현하는 것이라고 한다면, 모든 측정값은 함수값이 된다. 다음은 주어진 함수값의 근사값을 구하는 방법을 참고로 제시한다.

(6) 테일러(B. Taylor, 1685–1731)의 정리

a를 포함하는 구간에서 $f(x)$가 n회 미분 가능할 때 이 구간에서 다음이 성립한다.

$$f(x) = f(a) + f'(x)(x-a) + \frac{f''(x)}{2!}(x-a)^2$$

$$+\cdots+\frac{f^{(n-1)}(x)}{(n-1)!}(x-a)^{n-1} + \frac{f^{(n)}(a+\theta(x-a))}{n!}(x-a)^n,$$

$$(0<\theta<1).$$

이 때 위의 식의 우변을 $f(x)$의 $x=a$에서의 테일러 전개식이라고 하고, 끝항을 잉여(remainder)라고 하고, 위의 잉여의 꼴을 라그랑쥬(Lagrange, 1736-1813)의 잉여형식이라고 한다.

특히 $a=0$을 포함하는 구간에서 $f(x)$가 n회 미분 가능할 때 이 구간에서 다음이 성립한다.

(7) 맥로린(C. Maclaurin, 1698–1746)의 정리

$a=0$을 포함하는 구간에서 $f(x)$가 n회 미분 가능하면

$$f(x) = f(0) + \frac{f'(x)}{1!}x + \frac{f''(x)}{2!}x^2 + \cdots + \frac{f^{(n-1)}(x)}{(n-1)!}x^{n-1} + \frac{f^{(n)}(\theta x)}{n!}x^n,$$

$$(0<\theta<1)$$

이 때 위의 식의 우변을 $f(x)$의 $x=0$ 에서의 맥로린 전개식이라고 한다. 맥로린의 정리를 이용하면 필요한 만큼 복잡한 형태의 함수의 함수값의 근사값을 구할 수 있다. 예를 들면 자연로그의 밑인 e의 제곱근의 근사값을 구할 때, 먼저 지수함수 $f(x)=e^x$를 맥로린 전개하여 다음의 전개식을 얻는다.

$$e^{x}=1+\frac{x}{1!}+\frac{x^{2}}{2!}+\cdots+\frac{x^{5}}{5!}+\frac{x^{6}}{6!}e^{\theta x}$$

이 때 $x=\frac{1}{2}$로 놓으면, $0<\theta<1$이므로 $0<\theta x<\frac{1}{2}$이다. 따라서

$$e^{\frac{1}{2}}=1+\frac{x}{1!}+\frac{(\frac{1}{2})^{2}}{2!}+\cdots+\frac{(\frac{1}{2})^{5}}{5!}+\frac{(\frac{1}{2})^{6}}{6!}e^{c},\ (0<c<\frac{1}{2})$$

$$=1.648698+\frac{\frac{1}{2}}{6!}e^{c}$$

그런데 $1<e^{c}<e^{\frac{1}{2}}<4^{\frac{1}{2}}=2$이므로

$0.00002<\frac{(\frac{1}{2})^{6}}{6!}<\frac{(\frac{1}{2})^{6}}{6!}e^{c}<\frac{(\frac{1}{2})^{6}}{6!}\times 2<0.00005$ 이다. 따라서 $\sqrt{e}$의 소수 4자리까지 정확한 값은 1.6487이다.

09 교과서에 숨어 있는 수학사

이 장에서는 2007 개정 교육과정 초등학교 2~6학년 수학교과서의 측정영역의 내용 중에서 수학사와 관련된 내용을 선별하여 그 내용의 발생배경이 되는 아이디어를 설명하려 한다.

9.1 2학년

9.1.1 <2-1-5. **길이 재기**>

[질문] 사람들은 기준이 정해지지 않았다면 신발의 길이를 어떻게 잴까요?

[답] 측정단위는 신체의 일부분으로 사용하기 시작하였다. 그 후 여러 가지 측정 단위가 도입되었고 1793년부터 미터법이 사용되었다.

9.1.2 <2-2-3. **길이재기**>

[질문] (길이의) 단위는 왜 다양할까요?

[답] 각 나라마다 길이재기에 사용했던 신체의 일부분이 달랐기 때문이다

9.1.3 <2-1-7. 시간 알아보기>

[문제] 옛날에는 하루 24시간을 2시간씩 또는 3시간씩 나누었습니다. 어떤 문제가 있었을까요?

[답] 당시에는, 특히 자기나라 안에서는 아무런 문제가 없었겠지만 외국에 여행하거나, 무역을 할 경우에는 시간대가 틀려서 곤란한 경우가 있었다.

9.2 3학년

9.2.1

[질문] 생활 주변에서 찾을 수 있는 각은 무엇이 있나요?

[답] 시계바늘 사이 각, 책 또는 책상의 모서리, 하늘에 있는 별자리 사이의 거리(우주에서는 거리를 측정할 수 없으므로, 대신 얼마만큼 회전한 지점인가를 아는 것이 보통이다.)

9.2.2

[질문] 직각을 다르게 이야기할 수 있을까요?

[아이디어] 천체운동은 원 운동이다. 2부 III장 3.1 참조

[답] 원(회전) 운동량을 측정하기 위해서 각을 만들었으므로, 직각은 반의 반 바퀴이다.

9.2.3

[질문] mm, cm, km는 무엇을 기준으로 만들었나요?

[아이디어] 2부 I장 1.2 참조

[답] 1m를 맨 먼저 약속하였고, 더 큰고 작은 단위를 만들었다.

9.2.4

[질문] 몇 진법으로 만들었나요? 왜 그랬을까요?

[답] 10진법, 인도-아라비아 숫자 0, 1, 2, 3, 4, 5, 6, 7, 8, 9를 이용한 계산 속도가 다른 숫자보다 훨씬 빠르기 때문에 10진법을 택하였다.

9.2.5

[질문] 1시간은 60분, 1분은 60초 누가 왜 그렇게 만들었을까요?

[아이디어] 1부 I장 1.4 참조

[답] 아랍사람들이 정육각형의 각 삼각형의 중심각이 60°인 것에 착안하여 60진법으로 시간을 약속하였다.

9.2.6

[질문] mL는 L의 1/1000이다. mL는 무슨 뜻일까요? 왜 자꾸 십진법으로 단위를 만들까요?

[아이디어] 2부 I장 1.2 참조

[답] 인도-아라비아 숫자 0, 1, 2, 3, 4, 5, 6, 7, 8, 9를 이용한 계산속도가 다른 숫자보다 훨씬 빠르기 때문에 10진법을 택하였다.
mL는 milli liter의 약자이고, milli는 1/1000이란 뜻이다.

9.3 4학년

9.3.1 <4-2-6. **어림하기**>

[질문] 인간은 정확한 길이를 왜 재지 못할까?

[답] 2부 III장 8.1 참조, 측정도구가 불완전할 수밖에 없기 때문이다.

9.4 5학년

9.4.1 <5-1-6. **평면도형의 둘레와 넓이**>

[질문] 많은 도형의 넓이 중에 왜 직사각형의 넓이를 가장 먼저 배울까요?

[답] 직사각형의 넓이 = (가로)×(세로)

삼각형의 넓이 = (밑변)×(높이)× $\frac{1}{2}$ ⇒ 두 변 사이의 '수직관계'

⇒ 직사각형의 넓이 공식

마름모의 넓이 = (대각선)×(대각선)× $\frac{1}{2}$

9.4.2

[질문] 모든 도형의 넓이를 직사각형 또는 정사각형의 넓이로 바꿀 수 있을까요?

[답] 그렇다.

(이유) 그림 1의 두 삼각형은 닮은꼴이므로 그림 2를 얻게 된다. 그러면 $a:c=b:d$이므로 $ad=bc$이다.($a=$선분 AB, $b=$선분 AC, $c=$선분 AD, $d=$선분 AE) 특히 두 현이 직교하는 경우에는 $a=d$이므로 $aa=bc$이다.
다시 말해서 한 변이 a인 정사각형의 넓이와 두변이 b, c인 직사각형의 넓이는 같다. 이 사실을 이용하여 주어진 직사각형의 면적을 갖는 정사각형을 작도한다. 직사각형 $AEFC$의 넓이를 갖는 정사각형을 구하기 위해서는 선분 AC의 연장선 위에 선분 AE의 길이와 선분 AD의 길이가 같도록 점 D를 잡는다. 이제,

선분 DC를 반지름으로 하는 원 DBC를 그리고, 점 A를 지나 지름 DC에 수직인 현을 BE라고하자. 그러면 삼각형의 합동성질을 이용하여 선분 AB의 제곱은 선분 AC와 선분 AE의 곱과 같음을 알 수 있다. 다시 말하면 직사각형 $AEFC$와 선분 AB를 한 변으로 하는 직사각형의 면적은 같게 된다. 즉, 주어진 직사각형의 넓이를 갖는 정사각형이 존재한다.

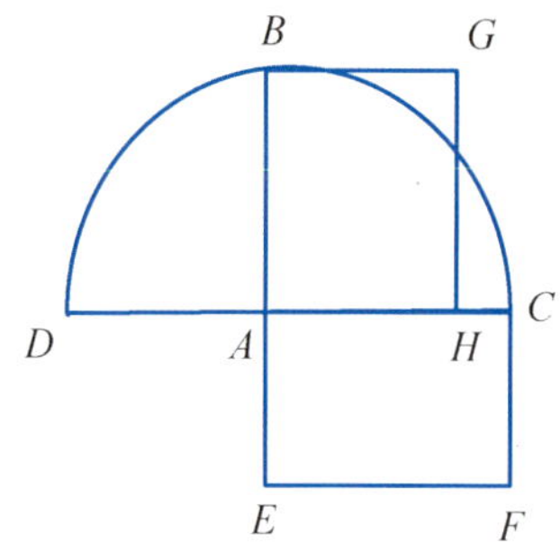

9.4.5 <5-1-6. **평면도형의 둘레와 넓이**>

[질문] 두 변의 길이가 분수일 때는 직사각형의 넓이를 어떻게 구해야 할까요?

[아이디어] 두수의 곱은 직사각형의 넓이, 2부 I장 2.4.1 참조

[답] 두 분수를 통분한 분수의 단위를 측정단위로 하면 된다.

9.4.6 <5-2-3. **도형의 합동**>

[질문] 도형의 합동을 활용하는 예는 무엇인가요.

[답] 탈레스(1부 1장 2.1 참조)가 처음으로 도형의 합동을 이용하여 접근 불가능한 지역의 거리를 구하였다. 다음그림은 해안가에서 멀리 떨어진 지점에 떠 있는 배까지의 거리는 문제이다. 삼각형의 합동을 이용하여 거리를 구하시오.

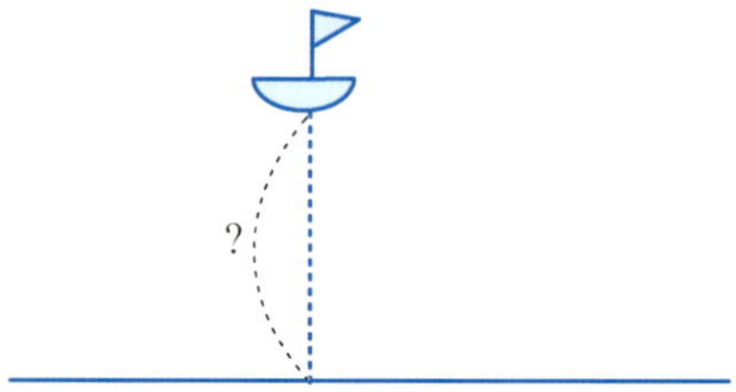

9.4.7 <5-2-6 **넓이와 무게**>

[질문] 1m는 무엇이고, 1g은 무엇일가요?

[아이디어] 2부 I장 1.2 참조

[답] 1m ⇒ ①지구 적도에서 자오선의 길이의 $\frac{1}{10000000}$배

② 빛이 1초 동안 간 길이의 $\frac{1}{299792458}$배

1g ⇒ 물 3.98도의 순수한 물 1cc의 무게 (수모형 중 일모형 안에 담긴 무게)

9.4.8 <5-2-6 **넓이와 무게**>

[질문] 직사각형, 삼각형, 마름모의 넓이 공식의 공통점은 무엇인가?

[답] 직사각형의 넓이 = (가로)×(세로)

삼각형의 넓이 = (밑변)×(높이)× $\frac{1}{2}$ ⇒ 두 변 사이의 '수직관계'

⇒ 직사각형의 넓이 공식

마름모의 넓이 = (대각선)×(대각선)× $\frac{1}{2}$

9.4.9 <5-2-6 **넓이와 무게**>

[질문] 넓이 단위로 a와 ha를 사용하는 이유는 무엇인가요?

[답]

$$1m^2 = 1m \times 1m = 1m^2 = 10^0m^2$$
$$1a = 10m \times 10m = 100m^2 = 10^2m^2$$
$$1ha = 100m \times 100m = 10000m^2 = 10^4m^2$$
$$1km^2 = 1000m \times 1000m = 1000000m^2 = 10^6m^2$$

따라서 1㎡와 1㎢가 간격이 너무 커서 사용하기 불편하기 때문에 a와 ha를 사용하였다.

9.5 6학년

9.5.1 <6-2-4 **원과 원기둥**>

[질문] 원의 구성요소들의 관계 중 변하지 않는 성질을 찾으시오.

[답] 원주와 지름의 길이의 비

9.5.2 <6-2-4 **원과 원기둥**>

[질문] 원의 넓이를 교과서와 다른 방법으로 구할 수 있는가?
원기둥의 부피를 다른 방법으로 구할 수 있을까?

[아이디어] 아르키메데스의 방법

[답] 2부 III장 4.6과 5.2 참조

참고 문헌

Bourbaki, Nicolas(1974), Algebra I Section 3.1, Addison-Wesley Publishing Co., Massachusetts.

Boyer, Carl B.(1968). A History of Mathematics: John Wiley & Sons, Inc.

____________.(1959) The History of the Calculus and its Conceptual Development, Dover Publications, Inc., N.Y.

Cohn, Donald L.(1980), Measure Theory, Birkhäuser Boston.

Freudenthal, H.(1973), Mathematics as an educational task, D. Reidel Publishing Co., Dordrecht.

______________(1983), Didactical phenomenology of mathematical structures, D. Reidel Publishing Co., Dordrecht.

Long, C. T., Detemple, D. W., Millman, R. S.(2009), Mathematical Reasoning for Elementary Teachers, Pearson Education Inc.

Ruiz-Tolosa, Juan Ramon, Castillo, Enrique(2005),From Vectors to tensors, Springer-Verlag Berlin Heidelberg.

Sue Johnson-Wilder, John Mason(2005), Developing Thinking in Geometry, SAGE Publications Inc.

Whitehead, A.N.(1948), An Introduction to Mathematics, Oxford University Press, N.Y.

제4장 확률과 통계

01 경우의 수

어떤 경우(사건)이 일어나는 방법이 전부 m가지일 때, 그 사건이 일어나는 '경우의 수'는 m가지라고 한다. 경우의 수에 대해서는 합의 법칙과 곱의 법칙이 있다.

※ 모든 확률에서 사용되는 도구는 공정해야 된다. 예를 들어 동전 옆면으로 서는 경우라든지, 주사위가 모서리로 서는 경우와 같이 특수한 경우는 경우의 수에서 제외하기로 한다.

1.1 합의 법칙

두 사건 A, B가 동시에는 일어나지 않는다고 할 때, A가 일어나는 경우의 수가 m가지, B가 일어나는 경우의 수는 n가지라면 A 또는 B의 어느 쪽이 일어나는 경우의 수는 $(m+n)$가지이다.

1.2 곱의 법칙

두 사건 A, B에서 A가 일어나는 경우의 수 m가지의 각각에 대하여 B가 일어나는 경우의 수가 n가지라면 A와 B가 동시에 일어나는 경우의 수는 $(m+n)$가지이다. 이들 법칙은 셋 이상인 사건에 대하여도 성립한다.

1.3 좌표의 이용

경우의 수를 정리하는 데에 좌표를 이용하면 편리할 때가 많다.

1.4 동전 던지기

동전을 4회 던지면 아래와 같은 경우가 생긴다.

앞면 뒷면

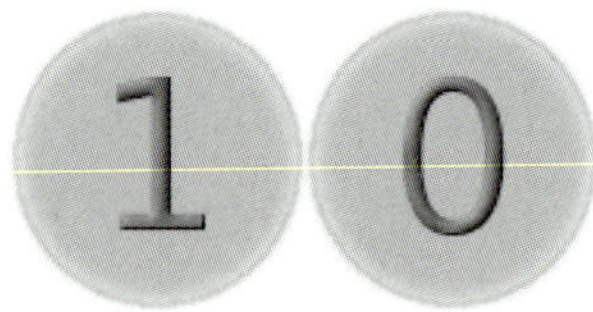

앞면 뒷면

앞면의 수	던진 결과	경우의 수
0	0 0 0 0	1
1	0 0 0 1 0 0 1 0 0 1 0 0 1 0 0 0	4
2	0 0 1 1 0 1 0 1 1 0 0 1 0 1 1 0 1 0 1 0 1 1 0 0	6
3	0 1 1 1 1 0 1 1 1 1 0 1 1 1 1 0	4
4	1 1 1 1	1

1.5 수세기(Counting)의 원리

확률을 구하려면 경우의 수를 정확하게 세는 일이 중요하다.

- 표본공간

  어떤 시행을 하여 일어날 수 있는 모든 경우의 집합을 말한다.

  공정한 주사위를 던질 때, 표본공간은 $S=\{1,\ 2,\ 3,\ 4,\ 5,\ 6\}$이고, 각각의 눈이 나올 확률은 $\frac{1}{6}$이다. 주사위를 던져 소수가 나올 확률을 알고 싶다면 표본에는 소수가 3개 있고, 따라서 소수가 나올 확률은 $\frac{3}{6}=0.5$이다. 즉, 사건 $E=\{2,\ 3,\ 5\}$에서 $P(E)=0.5$이다. 즉 이산량의 확률을 계산할 경우에는 다음의 단계를 따른다.

(1) 표본공간의 원소의 개수를 센다

일어날 수 있는 모든 가능한 결과의 수를 센다. 이것을 기호로 $n(S)$라고 표기한다.

※ 원소의 개수는 수(number)의 n을 사용한다.

(2) 사건의 원소의 개수를 센다.

사건 E의 원소의 개수를 $n(E)$로 나타낸다.

(3) 사건 E가 일어날 확률

$$P(E) = \frac{n(E)}{n(S)}$$

그러므로 이론적 확률의 계산은 세기의 문제이다. 따라서 지금부터 세기의 일반적인 원리를 탐구하기로 한다.

(4) 카드게임

1에서 30까지 숫자가 적힌 카드 30장이 있다. 이 중에서 짝수인 카드와 3의 배수인 카드를 모으면 모두 몇 장이 되겠는가?

풀이 짝수는 15장, 3의 배수는 10장, 모두 25장에서 두 번 뽑힌 카드인 6의 배수가 5장이므로 $15+10-5=20$ 따라서 답은 20장이다.

위의 풀이 과정을 정리하면 다음과 같다.

표본공간 $S=\{1, 2, 3, \cdots, 30\}$

짝수의 집합 $A=\{2, 4, 6, \cdots, 30\}$,

3의 배수의 집합 $B=\{3, 6, 9, \cdots, 30\}$이다. 따라서 $n(S)=30$, $n(A)=15$, $n(B)=10$이다. 그런데 두 번 뽑힌 카드는 $A \cap B$는 6의 배수들이다. 위의 문제는 A 또는 B가 뽑힐 확률을 구하는 문제이다. 즉, $n(A \text{ 또는 } B) = n(A \cup B) = 15+10-5 = 20 = n(A)+n(B) - n(A \cap B)$가 된다.

(5) 수세기에 관한 덧셈의 원리

A와 B가 사건이라면 $n(A \text{ 또는 } B) = n(A)+n(B)-n(A \cap B)$

(6) 배타적 사건의 수 세기와 "또는"

2개의 주사위를 동시에 던질 때 두 눈의 합이 7 또는 11이 나올 방법의 가지 수를 구하여라.

풀이 두 개의 주사위를 던질 때는 36개의 가능한 사건이 생기고(즉, 표본공간의 원소의 개수는 36이고), 두 수의 합이 7인 경우는 6가지, 11이 되는 경우는 2가지, 합해서 8가지 경우이다. 즉, n(7 또는 11) $= 8 = 6 + 2 = n(7) + n(11)$이다.

위의 사실을 정리하면 다음과 같다. 주사위를 던졌을 때 나올 수 있는 경우의 수를 F라고 하고, 7이 나오는 집합을 D, 11이 나오는 집합을 E라고 하자.

$F = D \cup E$이기 때문에 다음을 얻기 위해 세기의 덧셈 원리를 사용할 수 있다.

$n(F) = n(D \cup E)$

$= n(D$ 또는 $E)$

$= n(D) + n(E) - n(D \cap E)$

그러나 $D \cap E = \varnothing$이기 때문에 $n(D \cap E) = 0$이다. 따라서

$n(F) = n(D) + n(E) = 6 + 2 = 8$

- 서로 배타적인 사건에 대한 세기의 덧셈 원리

  A와 B가 서로 배타적인 사건이라면 $n(A$ 또는 $B) = n(A) + n(B)$

(7) 수세기의 곱셈 원리

구슬 주머니에 3개의 빨간 구슬과 초록색 구슬 1개가 들어있다.

① 다음 두 단계의 실험을 생각해보자.

단계 1 : 주머니에서 첫 번째 구슬을 꺼내 왼손에 쥔다.

단계 2 : 첫 번째 뽑은 구슬은 왼쪽 손에 넣고, 남아 있는 3개의 구슬 중에서 두 번째 구슬을 꺼내 오른쪽 손에 쥔다.

빨간 구슬 3개를 $r1$, $r2$, $r3$이라고 하고 초록색 구슬 1개를 g라고 한다면 위의 2단계 실험을 거친 후 나올 수 있는 결과 중 1개는 $r1$, $r3$이다. 여기서 붉은 구슬 $r1$은 왼쪽 손에 있고 또 다른 붉은 구슬 $r3$은 오른쪽 손에 있다. 물론 몇 개의 다른 결과가 가능하다. 그러면 2단계의 실험을 하는 동안 나올 수 있는 결과는 몇 가지가 있을까? 아래와 같이 표를 이용할 수고 있으며 수형도를 이용할 수도 있다.

$r1$, $r2$	$r1$, $r3$	$r2$, $r3$	$r2$, $r1$	$r3$, $r1$	$r3$, $r2$
r1g	r2g	r3g	gr1	gr2	gr3

$r1$, $r2$는 $r2$, $r1$과 같지 않다. 즉, 순서가 다르면 다른 결과이므로, 모두 12가지 결과가 나온다. 즉 4개의 구슬 각각에 3가지의 경우가 생기므로 $4 \times 3 = 12$ 경우가 생기는 것이다.

② 왼손과 오른손 모두에 빨간 구슬이 나올 경우는 몇 가지인가?

A를 단계 1에서 왼쪽 손에 넣은 빨간 구슬의 집합이라고 하고, B를 단계 2에서 오른쪽 손에 넣는 빨간 구슬의 집합이라고 하면, $n(A$ 그리고 $B)$을 세면 된다. 위의 표에서

두 가지 모두 빨간 구슬(r)인 경우는 첫 번째 줄의 6 가지 경우이다. 따라서 $n(A$ 그리고 $B) = 6$이다. 이 사실을 다음과 같이 설명할 수도 있다. 즉,

$$(r1r2,\ r1r3),\ (r2r3,\ r2r1),\ (r3r1,\ r3r2)$$

- 빨간 구슬을 왼쪽 손에 넣는 1단계에서 3가지 가능성이 나온다. 즉, $n(A) = 3$이다.
- 왼쪽 손에 빨간 구슬 중 1개를 쥘 때 마다, 오른쪽 손에 빨간 구슬을 넣을 방법은 2가지가 있다. 이 수는 $n(B \mid A) = 2$라고 나타내고, "A가 이미 일어났다는 가정 하에 B가 일어날 수 있는 가능성의 수"라고 읽는다.
  따라서 $n(A$ 그리고 $B) = 6 = 3 \times 2 = n(A)n(B \mid A)$이다.
- 수세기의 곱셈 원리
  A를 1단계 결과의 집합이라고 하고, B를 2단계 결과의 집합이라고 하자. 그러면 2단계 실험에서 A와 B가 일어날 수 있는 경우의 수, $n(A$ 그리고 $B)$은 다음과 같다.

  $$n(A \text{ 그리고 } B) = n(A)n(B \mid A)$$

  단, $n(B \mid A)$은 A가 이미 일어났을 때 B가 일어날 수 있는 경우의 수이다.

1.6 독립사건의 수세기

위의 표에서 두 번째가 빨간색(r)인 경우는 9가지이다. 즉 $n(B) = 9$이다. 다시 말하면 2번째 단계 까지의 실험에서 나올 수 있는 12개의 결과 중 오른쪽 손에 구슬이 빨간 구슬일 경우가 9가지이다. 이 경우에서 3가지만이 첫 번째 꺼내서 왼 손에 넣은 구슬이 초록색이라는 점이다. $n(B) \neq n(B \mid A)$이므로 A와 B는 서로 독립적인 사건이다.

서로 다른 2단계의 실험에서 사건 B가 나올 수 있는 결과의 수는 A가 일어났는지에 의존하지 않는다. 즉, A와 B는 서로 독립사건이므로 $n(B) = n(B \mid A)$이다.

(1) 독립 사건에 대한 수세기의 곱셈 원리

A를 1단계 결과의 집합이라고 하고, B를 2단계 결과의 집합이라고 하자. A와 B가 서로 독립사건이라면 A 그리고 B가 2단계의 실험에서 일어날 수 있는 가능성의 수 $n(A$ 그리고 $B)$은 다음과 같다.

$$n(A \text{ 그리고 } B) = n(A)n(B)$$

(2) 예제 : 암호로 된 단어 찾기

5개의 철자로 이뤄진 영어 단어는 몇 개일까?

① 철자의 반복이 허용된다면?

② 철자의 반복이 허용되지 않는다면?

- 계획 수립하기

첫 번째 철자, 두 번째 철자 그리고 세 번째 철자…, 그리고 다섯 번째 철자를 선택해야 한다. 여기에서 "그리고"라는 단어를 사용하는 점을 고려하면, 수세기의 곱셈 원리 중 하나를 사용해야 한다는 것을 알 수 있다.

- 계획 실행하기

(a) 다음 다섯 칸에 넣을 철자를 선택해야 한다.

(b) 철자의 반복에 허용된다면 어떤 철자를 고르는 것은 다음 철자를 고르는 데 영향을 미치지 않는다. 따라서 선택은 독립적이며 각각의 빈 칸을 채우기 위해 26가지의 방법이 있을 수 있다. 따라서

$$\begin{aligned} n(\text{반복이 허용된 5가지 암호 단어}) &= 26 \cdot 26 \cdot 26 \cdot 26 \cdot 26 \\ &= 26^5 \\ &= 11,881,376 \end{aligned}$$

(c) 반복이 허용되지 않는다면 첫 번째 철자를 고르는 방법은 26가지, 두 번째 철자를 고르는 방법은 25가지, 세 번째에는 24가지, 4번째에는 23가지, 다섯 번째에는 22가지가 된다. 따라서 이 경우에 암호 단어의 수는

$$\begin{aligned} n(\text{반복이 허용되지 않는 5가지 암호 단어}) &= 26 \cdot 25 \cdot 24 \cdot 23 \cdot 22 \\ &= 7,893,600 \end{aligned}$$

- 반성하기

5개의 철자로 이루어진 단어를 만드는 방법의 수
=첫 번째 철자를 고르는 방법의 수
×n(첫 번째 철자를 고른 뒤 두 번째 철자를 고르는 방법의 수
×n(첫 2개의 철자를 고른 뒤 세 번째 철자를 고르는 방법의 수
×n(첫 3개의 철자를 고른 뒤 네 번째 철자를 고르는 방법의 수
×n(첫 4개의 철자를 고른 뒤 다섯 번째 철자를 고르는 방법의 수이다.

최종적으로 단계가 서로 독립적인지((a)와 같이) 아니면 서로 의존적인지((b)와 같이)를 결정하는 것이 필요하다.

1.7 여사건과 수세기

어떤 사건 E에 대하여 $n(E)$를 찾는 것이 어려울 때에는, E 가 일어나지 않을 경우의 수를 센 다음, 표본공간 S의 경우의 수에서 빼는 방법을 택하기도 한다. 이것을 E의 여

사건이라고 하고, $\overline{E}$로 나타낸다. 그러면 $S = E \cup \overline{E}$이고, E와 $\overline{E}$는 서로 배타적이기 때문에 $n(S) = n(E \cup \overline{E}) = n(E) + n(\overline{E})$이다. 따라서 다음과 같은 결과를 얻을 수 있다.

(1) 여사건의 수세기

$\overline{E}$가 $E \subset S$의 여사건일 때, $n(E) = n(S) - n(\overline{E})$

(2) 여사건을 활용하여 "최소한" 문제 풀기

문제

동전 던지기 대회에서 10번을 던진다. 최소한 두 번 앞면이 나올 경우는 몇 가지일까?

풀이 동전을 던지는 것은 서로 독립적인 사건이고, 각각 던져서 2가지 경우가 있을 수 있기 때문에 $n(S) = 2 \times 2 \times 2 \times \ldots \times 2 = 210 = 1024$가지가 나올 수 있다. 문제의 사건의 여사건은 앞면이 한 번도 안 나오거나 앞면이 1번 나오는 경우이다. 앞면이 한 번도 안 나오는 경우는 10번 모두 뒷면이 나올 경우이므로 단 1가지 방법뿐이다. 또 앞면이 1번 나오는 경우는 뒷면이 9번 나오는 경우이므로 10가지가 있다. 따라서 최소한 앞면이 1번 나오는 경우는 11가지가 된다. 그러므로 여사건의 수세기를 이용하면, 10번 던져서 최소한 앞면이 두 번 나오는 경우는 $1024 - 11 = 1013$가지이다.

1.8 순열과 조합

경우의 수를 세는 방법으로, 집합의 원소에 순서를 붙이는 순열(Permutation)과 순서를 붙이지 않는 조합(Combination)이 있다.

- 선택된 대상들의 정렬에 순서가 부여되어 있으면, 순열
- 대상의 순서를 무시하고, 다만 선택된 대상들을 알기만하면 되는 경우에는 조합을 적용한다.

(1) 수학, 생물, 화학, 희곡 네 권의 다른 교과서가 있다고 하자. 선반 위에 두 권의 책을 왼쪽에서부터 차례로 놓을 때에는, 한 권은 왼쪽, 다른 한 권은 오른쪽에 있어야 하기 때문에 순서가 문제가 된다. 즉, 순열의 문제이다. 그러면 곱셈의 원리를 사용하여, 왼편에는 4권의 책이 놓일 기회가 있으며 오른편에는 왼편에 놓이지 않은 나머지 3권의 책이 놓일 기회가 있게 되므로, 4권 중에서 2권을 뽑아 차례로 늘어놓는 방법의 가지수는 $4 \times 3 = 12$가지이다. 이것을 $P(4, 2)$로 표기한다. 즉, $P(4, 2) = 4 \times 3 = 12$이다.

(2) 선반에 두 권의 책을 배열하는 것 대신에, 책상 위에 네 권 중 2권을 놓고자 한다고 하자. 두 권의 책을 열을 지어 정렬시킬 필요가 없기 때문에, 어떤 두 권을 선택할

것만 문제가 된다. 순서를 생각하지 않고, 책 중에서 두 권을 선택하는 것은 조합이다. 이 경우에는, 두 권의 책이 책꽂이의 어느 쪽에 놓이는가는 상관이 없으므로 순열의 경우의 수의 절반이 된다. 따라서 $12 \div 2 = 6$가지의 방법이 있는 것이다. 이는 네 개의 다른 대상에서 두 개의 대상을 뽑는 조합의 수를 나타내는 것으로서, $C(4, 2)$로 표기한다. 즉, $C(4, 2) = 6$이다.

(3) 계승(Factorials)

자주 집합 안의 모든 대상들은 순서가 부여가 되어 정렬되어진다. 예로, 일곱 권의 다른 책들이 있고 책장에 왼쪽에서 오른쪽으로 배열하고자 한다고 하자. 가장 왼쪽의 책을 고르는 데는 7번의 기회가 있으며, 왼쪽으로부터 두 번째의 책은 6번의 기회가 있고, 그 다음 책은 5번의 기회 등등, 가장 오른쪽 책이 한 번의 기회가 남을 때까지 계속된다. 결국 7권의 7-순열의 수는 5040이다. 이런 형태의 곱이 자주 등장하기 때문에 이것을 7!의 기호로 쓰며 7팩토리알이라고 읽는다.

일반적으로 N!은 N≥0인 모든 정수에 대해 정의하고 있다.

• $n!$(n계승)

n을 0과 자연수라 하자. n계승(또는 $n!$)은 다음과 같이 정의한다.

$$n! = n(n-1)(n-2)\cdots 1 (n \geq 1)$$

※ 순열과 조합의 공식이 일반적으로 성립하도록, $0! = 1$으로 약속한다.

(예) (a) $1! = 1,\ 2! = 2 \cdot 1,\ 3! = 3 \cdot 2 \cdot 1,\ 4! = 4 \cdot 3 \cdot 2 \cdot 1$

(b) $4 \cdot 3! = 4 \cdot (3 \cdot 2 \cdot 1) = 4! = 24$

(c) $(4 \cdot 3)! = 12! = 479{,}001{,}600$ 계산기를 사용해서

(d) $4! + 3! = 4{\cdot}3! + 3! = 5 \cdot 3! = 30$

(e) $4! - 3! = 4 \cdot 3! - 3! = 3 \cdot 3! = 18$

(f) $8!/5! = 8 \cdot 7 \cdot 6 \cdot 5 \cdot 4 \cdot 3 \cdot 2 \cdot 1/5 \cdot 4 \cdot 3 \cdot 2 \cdot 1 = 8 \cdot 7 \cdot 6 = 336$

(g) $8!/7! = 8 \cdot 7 \cdot 6 \cdot 5 \cdot 4 \cdot 3 \cdot 2 \cdot 1/7 \cdot 6 \cdot 5 \cdot 4 \cdot 3 \cdot 2 \cdot 1 = 8$

(h) $8!/8! = 1$

(i) $8!/0! = 8!/1 = 8 \cdot 7 \cdot 6 \cdot 5 \cdot 4 \cdot 3 \cdot 2 \cdot 1 = 40{,}320$

(4) 순열과 조합의 공식

지금부터 $P(n, r)$, $P(n, n)$, $C(n, r)$의 공식을 유도하기로 한다.

• 순열

5개의 영어 철자로 이루어진 단어의 개수를 세는 문제로 되돌아 가보자. 첫 글자는 26개의 기회가, 그 다음 글자는 25개의 기회 등등이 주어지므로, 총 경우의 수는 다

음과 같다.

$$P(26,5) = 26 \times 25 \times 24 \times 23 \times 22$$

그런데 $26 \times 25 \times 24 \times 23 \times 22$은 $26!$을 $21 \times 19 \times \cdots \times 2 \times 1$로 나눈 것과 같으므로,

$$P(26,5) = 26! \div 21! = 26! \div (26-5)! \text{이다.}$$

이 사실을 일반화하면,

$$P(n,\ r) = n(n-1) \cdots (n-r+1) = \frac{n!}{(n-r)!}$$

위 두 공식에 r대신 n을 넣으면, $P(n,\ n) = n!$이고 $P(n,\ n) = \frac{n!}{0!}$이 된다.

그런데 두 식은 같아야 하므로, 앞에서 말한바와 같이 0!를 1로 정의되어야 한다.

- 조합

5개의 철자를 고르는 방법은 $C(26,\ 5)$개이며, 5개에서의 순서의 개수는 5!이다. 그러므로 세기의 곱셈의 원리를 이용하여 $P(26,\ 5) = C(26,\ 5) \cdot 5!$이다.

식의 양변에 $5!$로 나누면 $C(26,\ 5) = \frac{P(26,5)}{5!} = \frac{26 \cdot 25 \cdot 24 \cdot 23 \cdot 22}{5!}$이다.

이 사실을 일반화하면

$$C(n,\ r) = \frac{n(n-1) \ldots (n-r+1)}{r!} \text{ 이다.}$$

예제

주머니 속에 흰 구슬 4개, 검정 구슬 6개가 있다. 이것에서 3개를 꺼낼 때, 다음 확률을 구하여라.

① 흰 구슬 1개, 검정 구슬 2개일 확률

풀이 확률의 정의인 $\frac{(\text{조건에 맞는 사건의 경우의 수})}{(\text{전체 경우의 수})}$에 따라 전체 구슬 10개중에 3개를 꺼낸 경우의 수가 $C(10,3)$이고, 그 중 흰 구슬 4개 중에 한 개가 나올 경우의 수는 $C(4,1)$이며, 검정 구슬 6개 중에 두 개가 나올 경우의 수는 $C(6,2)$이다. 따라서

$$\frac{C(4,1) \times C(6,2)}{C(10,3)}$$

[답] : $\frac{1}{2}$

② 흰 구슬 2개, 검정 구슬 1개일 확률

풀이 전체 구슬 10개중에 3개를 꺼낸 경우의 수가 $C(10,3)$이고, 그 중 흰 구슬 4개 중에 두 개가 나올 경우의 수는 $C(4,2)$이며, 검정 구슬 6개 중에 한 개가 나올 경우의 수는 $C(6,1)$이다. 따라서

$$\frac{C(4,2)\times C(6,1)}{C(10,3)}$$

[답] : $\frac{3}{10}$

③ 흰 구슬 3개일 확률

풀이 전체 구슬 10개중에 3개를 꺼낸 경우의 수가 $C(10,3)$이고, 그 중 흰 구슬 4개 중에 세 개가 나올 경우의 수는 $C(4,3)$이며, 검정 구슬 6개 중에 한 개도 나오지 않는 경우의 수는 $C(6,0)$이다. 따라서

$$\frac{C(4,3)\times C(6,0)}{C(10,3)}$$

02 확률

확률론은 예측 불가능한 현상을 분석하는 수학의 한 분야이다. 즉, 확률이란 우연성, 가능성, 불확실성 등과 유사한 것이다. 확률론은 통계학의 수학적 기초의 학문으로서, 일부분의 정보를 이용하여 큰 집단의 양적인 문제를 분석하는데 유용하게 쓰이고 있다. 확률의 관념은 동전던지기, 주사위 던지지 게임 등의 도박에서 시작되었다. 확률이론은 파스칼이 친구인 드 메레스에게 질문한 다음의 문제에서 출발하였다. "실력이 대등하여 이기고 질 가능성이 반반인 두 사람 A, B가 3회전의 도박에서 2번 먼저 이긴 사람이 상금을 갖기로 하였다. 그러나 1회전에서 A가 이기고 난 후 사정에 의해 도박이 중단되었다면 상금을 어떻게 나누어야 할까?" 도박이 갖는 우연성에 합리적이고 보편적인 해석으로 1653년 파스칼과 페르마의 두 사람에 의해서 확률론이 탄생하게 되었다. 그 후 스위스의 수학자 베르누이(Jocob Bernoulli, 1645-1705)는 확률이론의 발전에 큰 공헌을 하였다. 그는 "일정한 확률을 갖는 독립시행의 횟수를 충분히 크게 하면 그 사건의 상대도수와 그 확률과의 차는 얼마든지 작게 할 수 있다."는 "큰수의 법칙"을 창안하였다. 1812년에 라플라스(Pierre Simon Laplace, 1749-1827)는 '해석학적 확률론(Analytic Theory of Probability)'을 집대성하여 이때부터 확률론은 도박을 벗어나 우리생활의 여러 분야에 이용할 수 있는 과학으로 발전하였고 이것이 통계에 활용되면서 통계학의 발달에 큰 영향을 미치게 되었

다. 최근 확률론의 선구자는 소련의 수학자로 '확률론의 기초개념'이라는 책을 지은 콜모고로프(A. Kolmogorov, 1903～1987)가 있다. 오늘날 확률론은 보험에서는 인간의 수명이나 교통사고율을 통한 보험료 산정에, 생물학자는 세균의 배양실험에서 박테리아의 분열에, 경제학자는 미래의 경제 현상을 예측에, 천문학자는 서로 다른 은하계에 존재하는 별들의 분포에 대하여 널리 응용되고 활용되고 있다. 그 밖에도 확률은 교육, 통계, 정치학 등의 많은 부분에서 사용되고 있고 그 내용은 심화되어 과학의 하나로 발전하고 있다.

2.1 실험적 확률

확률에 대한 첫번째 관점은 미래의 실험에서 일어날 결과의 가능성을 예측하는 것으로서 이는 과거에 반복적으로 행해졌던 많은 횟수의 실험의 결과에 기초로 하고 있다. 예를 들면 과거에 동전을 10번 던지는 실험에서 앞면이 7번 나왔다면, 동전 던지기를 100번 반복할 경우 앞면이 70번 나올 것으로 예측하게 될 것이다. 실험적 확률은 경험적 확률(empirical probability)라고도 불린다.

- 실험적 확률
  똑같은 실험을 n번 반복할 때, 특정한 결과 E가 r번 나왔다고 가정하자. 이때 실험적 확률(혹은 경험적 확률)은 $\frac{r}{n}$이다.
- 큰수의 법칙
  만약 똑같은 실험을 반복적으로 시행할 때 시행 횟수가 많을수록 실험적 확률은 어떤 특정한 값에 가까워진다.

(i) 실험적 확률의 예

책을 무작위로 펼쳐서 오른쪽 페이지의 숫자를 기록하자. 이 시행을 20번 반복하고 오른쪽 페이지의 숫자가 3의 배수일 경험적 확률을 구하라

[결과] 모든 3번째가 되는 오른쪽 페이지의 숫자는 3의 배수이기 때문에 실험적 확률이 1/3정도일 것이라 예측할 수 있다. 아래에 무작위로 얻은 20개의 페이지가 있다.

349	69	267	407	133
395	269	123	331	373
155	235	187	273	401
297	83	852	263	303

3의 배수는 각 자리의 합이 3의 배수이므로 이들 중에서 7개가 3의 배수임을 쉽게 알 수 있다. 그러므로 실험적 확률은 $7/20=0.35$이다. 이 값은 1/3에 매우 근접한 것을 알 수 있다.

(2) 통계에서의 실험적 확률

문제 1

다음은 5학년 학생 28명의 기말고사 성적이다. 학급에서 무작위로 선별된 학생이 70점대의 학생일 실험적 확률을 구하라.

67	56	76	84	36	50	84
47	59	54	79	100	48	80
60	100	100	68	79	95	81
98	76	33	73	83	77	67

[답] 28명의 학생 중에서 6명의 학생이 70대를 받았기에 무작위로 선별된 학생 중 70점대의 학생들의 실험적 확률은 $6/28 = 0.21$이다.

문제 2

철수는 5개의 동전을 바닥에 던졌을 때 앞면이 최대 1개가 얼마나 자주 나올 것인지 궁금했다. 해답을 알기 위해 그녀는 5개의 페니를 반복적으로 던졌고 앞면이 나온 숫자를 세었다. 50번의 실험을 한 뒤 그녀는 다음과 같은 빈도표를 얻었다

앞면의 수	0	1	2	3	4	5
횟수	1	7	13	16	11	2

철수의 자료에 의하면, 5개의 동전을 던졌을 때 앞면이 최대 1개 나올 실험적 확률이 얼마인가?

[답] 자료는 앞면이 1번 나온 경우가 7번이고 앞면이 하나도 나오지 않는 경우(즉, 전부 뒷면)가 한 번 있음을 보여주고 있다. 이것은 앞면이 최대 한번 나오는 경우가 50번 중에 $1+7=8$번이며, 실험적 확률은 $=8/50=0.16$이다.

2.2 이유 불충분의 원리

수학적 확률 또는 이론적 확률을 정의한 라플라스는 동전을 던질 때 앞면이 나올 확률을 $\frac{1}{2}$이라고 발표했을 때, 당시의 학자들이 실제로 동전을 던지면 앞면이 나올 확률을 $\frac{1}{2}$이 아닌 경우가 더 많아진다고 불평할 때에, 라플라스는 "충분한 이유가 없이 나의 이론을 반박하지 말라."는 유명한 일화가 수학적 확률의 의미를 설명해주고 있다. 즉, 동전을 던져서 앞면이 나올 확률을 실제로 실행한 결과를 적용하여 $\frac{1}{3}, \frac{1}{4}, \frac{1}{5}$ 심지어 0 등으

로 정의할 수도 있다면, 과연 어느 것이 옳은가?

2.3 수학(이론)적 확률

확률에 대한 또 다른 관점은 앞으로 일어날 어떤 사건을 합리적으로 분석하여서 실험 이전에 그 사건이 일어날 확률을 결정하는 하는 것이다. 예를 들면 완벽한 6면체이며 무게가 균등하여 여섯 대칭면이 똑같이 나오는 주사위가 있다. 이런 경우 주사위를 굴려 5가 나올 확률이 1/6이라 생각하는 것이 합리적이다. 사실 각각 6개의 나올 수 있는 결과 (1, 2, 3, 4, 5 그리고 6)는 완전히 똑같이 일어날 수 있기에 각각의 결과가 나올 확률은 1/6이다. 이 개념은 이론적, 수학적 확률이라 하거나 단순히 확률이라 한다. 이론적 확률은 실험이전에 결정되는 것이므로 선험적 확률이라고도 한다.

- 수학적 확률(이론적 확률, Laplace)

  일어날 수 있는 모든 경우의 수가 n가지 있고, 그들의 어느 두 경우도 동시에 일어나지 않고, 어떤 경우도 일어나는 일이 같은 정도로 기대된다고 하자. 이 n가지 중에서 어떤 조건 A가 일어나는 경우의 수가 a가지이면 A가 일어나는 확률은 $\frac{a}{n}$이다.

  기호로는 확률(Probability)의 P를 사용하여 다음과 같이 나타낸다.

$$P(A) = \frac{a}{n}$$

(1) 예제

문제 1

철수와 영이가 2만원을 상금으로 걸고 가위, 바위, 보의 게임으로 내기를 하였다. 규칙은 먼저 5번을 이기는 사람이 상금을 모두 가지기로 하였다. 그런데 철수와 영이가 4 : 3인 상태에서 어쩔 수 없이 게임을 중단하게 되어 상금을 나눠 가지기로 하였다. 얼마씩 나눠가져야 공평하겠는가?

① [답] : 철수와 영이가 (3 : 1)로 가져가야 한다.

즉 철수는 20,000원의 $\frac{3}{4}$인 15,000원을 가져가야 하며, 영이는 20,000원의 $\frac{1}{4}$인 5000원을 가져가야 한다.

② 이유 :

	8번째 경기	9번째 경기	최종승자
다음 경기에서 이긴 사람	철수	철수	철수
	철수	영이	철수
	영이	철수	철수
	영이	영이	영이

문제 2

상자 속에 흰 구슬 4개와 검정 구슬이 5개가 들어 있다. 이 상자 속에서 3개를 꺼낼 때, 흰 구슬 2개, 검정 구슬이 1개일 확률을 구하여라.

[답] : $\frac{5}{14}$

2.4 사건과 표본공간

확률이론에 관한 몇 가지 중요한 용어를 알아보기로 한다.

(1) 결과

실험에서 한 회를 마친 뒤 나오는 결과

(2) 표본공간

실험에서 일어날 가능성이 있는 모든 사건의 집합

(3) 사건

실험의 결과 중 일부인 집합 (즉 표본공간의 부분집합 E)

(4) 배반 사건

사건 A와 B는, A가 일어나면 B가 일어나지 못하고, 거꾸로 B가 일어나면 A가 일어나지 못하는 경우에, 사건 A와 B는 배반사건이라고 한다.(즉 A와 B는 교집합이 공집합인 표본공간의 부분집합이다)

- 벤다이어그램

  배반사건을 벤다이어그램으로 시각화해보자. 예를 들어 만약 주사위를 두 개 굴려 전체 눈의 합이 결과인 실험이 있다. 그러면 표본공간 S는 직사각형이고, 사건들은 직사각형 안에 있는 동그라미이다.

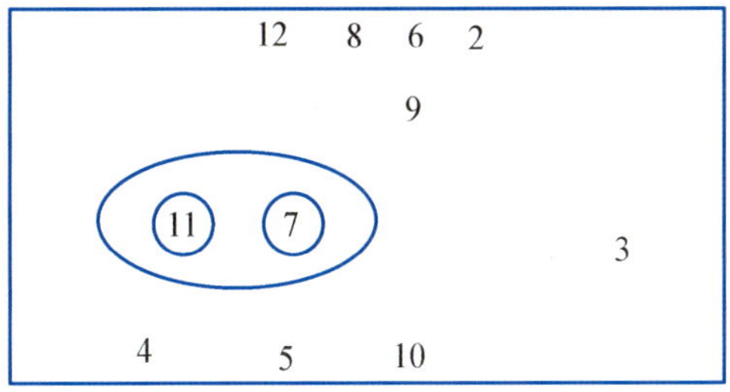

즉, 표본공간 $S=\{2, 3, 4, 5, 6, 7, 8, 9, 10, 11, 12\}$이고, 사건 "7이 나온 경우", "11이 나온 경우" "7 또는 11이 나온 경우"를 나타내고 있다.

2.5 배반사건의 확률

두 사건 A와 B가 배반 사건이면 A 또는 B가 일어날 확률은 $P(A)+P(B)$이다.

2.6 독립사건

한 개의 동전과 한 개의 주사위를 던지는 경우에, 동전의 앞면 또는 뒷면이 나오는 것과 주사위의 어떤 눈이 나오는 것끼리는 아무런 영향을 미치지 않는다.

(1) 독립사건

사건A가 일어나건 일어나지 않건 사건 B가 일어날 확률에 아무런 영향을 주지 않고, 사건B가 일어나건 일어나지 않건 사건 A가 일어날 확률에 아무런 영향을 주지 않는 경우에 사건 A와 B를 독립사건이라고 한다.

(2) 독립사건의 확률

사건 A와 사건 B가 독립사건일 경우에, 두 사건이 동시에 일어날 확률은 $P(A)\times P(B)$이다.

문제

빨간 주사위와 녹색 주사위가 굴려졌다. 빨간 주사위가 짝수가 나오고 파란 주사위가 3의 배수가 나올 확률은 어떻게 되는가?

[답] 빨간 주사위와 녹색 주사위에서 필요한 값은 각각 $R=(2, 4, 6)$, $G=(3, 6)$이므로 $P(R)=3/6$, $P(G)=2/6$이다. 그런데 R과 G는 독립사건이므로 구하고자 하는 확률은 $P(R$그리고 $G)=$ $P(R)\times P(G)=\frac{3}{6}\times\frac{2}{6}=\frac{6}{36}=\frac{1}{6}$이다.

2.7 조건부 확률

아래는 어느 유치원에 다니는 3살 또는 4살인 24명의 학생의 표이다. 물음에 답하시오.

	3살	4살
남자아이	8	3
여자아이	6	7

(a) 학생이 3살일 확률은 얼마인가?

(b) 선택한 학생이 남자였을 때 그 학생이 3살일 확률은 얼마인가?

[답] B를 남자 학생을 선택하는 사건, T를 3살인 학생을 선택하는 사건, S를 전제 학생의 집합이라고 하자. 그러면,

(a) $P(T) = \dfrac{n(T)}{n(S)} = \dfrac{14}{24} = \dfrac{7}{12}$

(b) 남자 학생이 골라졌다는 것을 알기 때문에 표본공간은 전체학생 S가 아니라 교실에 있는 남자아이 B가 된다. 그리고 문제의 사건은, 남자 학생이면서 3살인 경우이므로 $T \cap B$가 되는 것이다. 따라서 구하려는 확률은 $\dfrac{P(T \cap B)}{P(B)} = \dfrac{8}{11}$

위 문제의 (b)는 남자 학생이라는 전제하에서(문제 (b)의 표본공간) 3살인 학생일 확률을 계산하는 문제이다. 이러한 확률을 조건부확률이라고 한다.

(1) 조건부확률

A와 B를 같은 확률공간내의 사건이라 하자. 사건 A가 일어난다는 조건하에 사건 B가 일어날 확률을 사건 A가 일어났을 때의 사건 B의 조건부 확률이라 하며 기호로는 $P(B \mid A)$나타낸다.

- 조건부확률 공식

$$P(B \mid A) = \frac{P(A \cap B)}{P(A)}$$

(증명) 벤다이어그램을 보면, 사건 A가 일어났을 때의 사건 B라는 문맥은 B가 A의 부분집합이라는 것으로 해석된다. 따라서 사건 $(B|A)$는 사건 A의 부분집합으로서 사건 $(A \cap B)$와 같다. 그러므로

$$P(B \mid A) = \frac{n(A \cap B)}{n(A)} = \frac{\dfrac{P(A \cap B)}{n(S)}}{\dfrac{P(A)}{n(S)}} = \frac{P(A \cap B)}{P(A)}$$

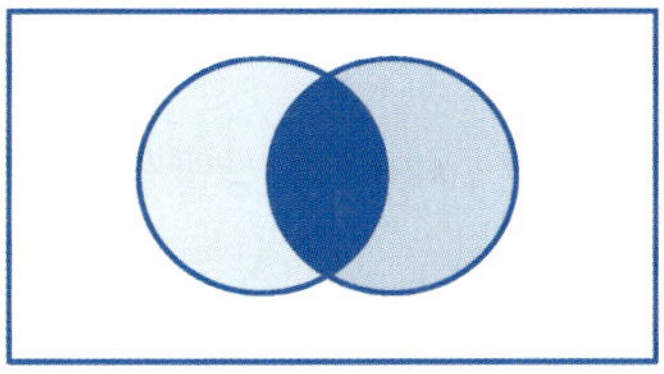

A ∩ B

(2) 독립사건인 경우

$P(B \mid A) = \dfrac{P(A \cap B)}{P(A)}$은 $P(A \cap B) = P(A)P(B \mid A)$이다. 이 식은 사건 A와 B가 종속사건일 때, $P(A \cap B)$를 구하는 방법이기도 하다. 그런데 만일 사건 B가 사건 A와 아무런 관계없이(영향을 받지 않고) 일어날 확률은 $P(B)$이므로, A와 B가 독립사건인 경우에는 $P(B \mid A) = P(B)$이고, 따라서 $P(A \cap B) = P(A)P(B)$이다.

2.7 여사건의 확률

만약 A와 $\bar{A}$가 $A \cup \bar{A} = S$이고 $A \cap \bar{A} = \phi$이라면 A와 $\bar{A}$는 여사건이다. 그런데 여사건은 서로 배반사건이므로 $n(A) + n(\bar{A}) = n(S)$이다. 따라서 $P(S) = P(A \cup \bar{A}) = P(A) + P(\bar{A})$이므로 $P(A) + P(\bar{A}) = 1$이다. 즉, $P(A) = 1 - P(\bar{A})$이다.

(1) 여사건의 확률

A와 $\bar{A}$를 여사건이라 하자. 즉 $A \cup \bar{A} = S$ 그리고 $A \cap \bar{A} = \phi$일 때,

$$P(A) = 1 - P(\bar{A})$$

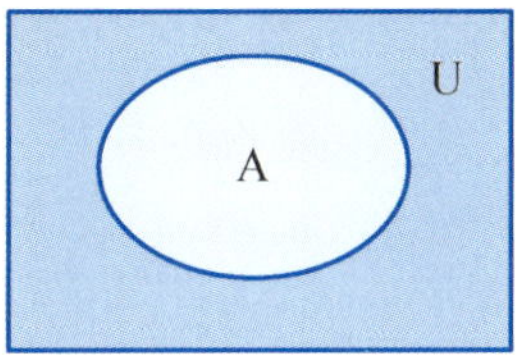

(2) 예

두 개의 주사위를 동시에 던질 때, 두 눈의 수의 합이 4이상일 확률을 구하시오.

풀이 두 눈의 합이 4또는 5 또는 6 또는 12인 경우이다. 따라서 여사건은 두 눈의 합이 2또는 3인 경우이다. 표본공간 S의 원소의 개수는 36이므로 여사건은 (1, 1), (1,2), (2, 1)의 3가지 경우이다. 따라서 여사건의 확률은 $\dfrac{3}{36} = \dfrac{1}{12}$이고 구하고자 하는 확률은 $1 - \dfrac{1}{12} = \dfrac{11}{12}$이다.

2.8 기대값

주사위 한 개를 던져서 나온 눈의 1000배의 상금을 받는 게임이 있다. 주사위를 한번 던져서 얼마의 상금을 탈 수 있을 거라고 기대하는가? 운이 좋으면 주사위를 던질 때 마다 6000원을 받을 수도 있을 것이다. 그러나 큰수의 법칙 때문에 여러분은 6이 한 번 굴릴 때 1/6로 나온다는 것을 기대할 수 있다. 이러한 사실은 주사위의 모든 숫자에 해당하기 때문에 여러분이 기대할 수 있는 상금의 평균은 한 번에

$$\frac{1}{6}\times 1000+\frac{1}{6}\times 2000+\frac{1}{6}\times 3000+\frac{1}{6}\times 4000+\frac{1}{6}\times 5000+\frac{1}{6}\times 6000$$

$$=\frac{1}{6}\times(1000+2000+3000+4000+5000+6000)$$

$$=\frac{1}{6}\times 21000=3500\text{원이다.}$$

만일 한 게임당 4000원씩 한다면, 게임을 할 때마다 평균 500원 씩 잃을 것이다.

이 게임에서 주사위를 한번 던져 얻을 것으로 기대되는 3500원을 이 게임의 기댓값이라고 한다.

(1) 기댓값

어떤 실험에서의 얻을 수 있는 값이 $v_1, v_2, \cdots, v_n$이고, 값을 얻을 수 있는 확률이 각각 $p_1, p_2, \cdots, p_n$ 일 때, 그 실험의 기댓값(Expected value) E는

$$E=v_1\times p_1+v_2\times p_2+\cdots+v_n\times p_n\text{이다.}$$

위의 예에서는 우리가 이기는 것보다는 질 확률이 높다. 따라서 그런 게임은 하지 않는 것이 좋다.

2.9 기하학적 확률

아래에 있는 정사각형 위에 찍기를 할 때, A구역에 찍힐 확률은 $\frac{1}{4}$일 것이다. 그 이유는 정사각형 중 A구역이 $\frac{1}{4}$을 차지하지 때문이다.

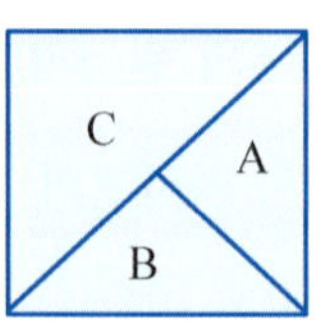

(1) 기하학적 확률

도형 D위의 일부분인 A가 선택될 확률은

$$\frac{A\text{의 측도}}{D\text{의 측도}}\text{이다.}$$

※ 도형 D는 선분, 평면, 공간일 수 있다.

(2) 예제

크기가 같은 정사각형이 격자무늬로 그려져 있는 커다란 테이블이 있다. 이 격자무늬 위에 500원 짜리 동전을 던져서 격자인 사각형 안에 500원 짜리 동전을 완전히 넣는다면 500원 짜리 동전 2개를 얻게 되고, 격자 선에 동전이 닿으면 동전을 잃게 된다. 만일 동전의 직경이 2.5cm이고 각 사각형의 변이 6cm이라면 이게임을 하면 이익을 볼 수 있는가?

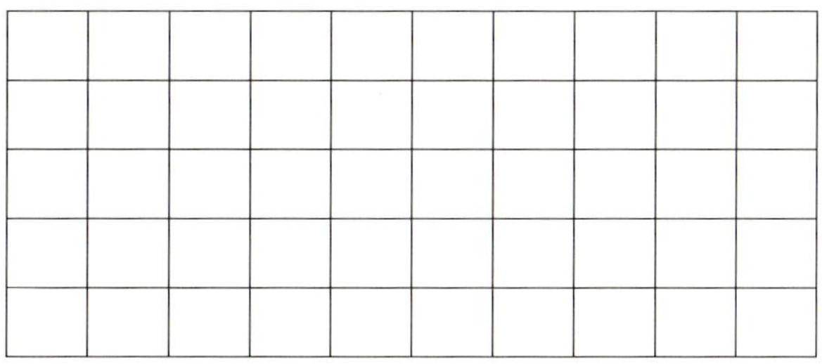

풀이 표본공간 S한 개의 정사각형이므로 $6\times6(\text{cm})^2$이다. 이기기 위해서는 동전의 중심이 사각형의 한 변에서 적어도 1.25cm 떨어진 곳에 놓여야 한다. 즉, 이길 수 있는 구역 W는 그림에 나타난 큰 사각형 안쪽의, 넓이가 $3.5\times3.5(\text{cm})^2$인 작은 정사각형의 내부이다. 따라서 이 게임을 이길 확률은

$$P(W)=\text{작은 사각형 넓이}\div\text{큰 사각형 넓이}=\frac{3.5^2}{6^2}\fallingdotseq 0.34$$

따라서 이 게임의 기댓값은 $E=0.34\times500+0.66\times(-500)=-160$이다. 따라서 한 게임당 160원 씩 참가자는 잃고 주최자는 얻는다는 것을 예상할 수 있다.

03 통 계

옛날 이집트 사람들은 피라미드를 세우기 위해 좋은 땅을 조사하였으며 중국에서서는 인구가 얼마인지 알아보기 위하여 통계 조사를 실시하였습니다. 또한 그리스에서는 세금을 걷기 위하여 시민의 재산을 기록한 여러 가지 자료를 찾을 수 있다. 400년 전 영국에서

는 미래의 인구를 예상하기 위하여 한 해에 태어난 갓난아이의 수를 정부에서 조사하기 시작하였다. 나라가 발전하고 국가의 큰 위기에 효과적으로 대처하기 위해서는 통계를 잘 활용해야 한다. 우리는 일상생활에서 불확실하게 전개되는 사회 속에서 많은 자료들의 홍수 속에 살고 있다. 이러한 사회에서 발생한 많은 자료를 대상으로 과거와 현재의 상황을 분석하여 앞으로 전개될 사회에 대비하는 것은 매우 중요하다. 이때 보다 합리적이고 현명한 의사결정에 도움을 주는 대표적 과학적 방법의 체계가 통계학이다. 통계학은 영어로 statistics인데 이것은 국가를 뜻하는 라틴어 status 또는 정치인을 뜻하는 이탈리아어 statista에서 유래되었다고 전해진다. 특히 17세기경 유럽에서 유행하던 확률게임은 확률이론을 발전시키는 계기가 되었으며, 통계에 확률개념을 도입한 확률이론은 통계학의 발전에 크게 공헌하였다.

3.1 통계의 목적

(1) 집단의 상황을 쉽게 알아볼 수 있도록 집단에서 얻은 자료를 정리하고 자료의 평균과 표준편차를 구한다.

(2) 모집단의 성질을 파악하기 위하여 표본을 추출하여 표본의 평균과 표준편차를 이용하여 모집단의 상황을 알아내거나 미래를 예측한다.

3.2 자료의 정리

- 획선법 : Raw data 를 순서대로 읽어가면서, 해당계급에 선을 그어 표시한다. '正' 자나 '////'를 완성해 가면서 구하는 방법이다. 데이터가 적을때 많이 쓰인다.
  ex) 반 성적 분포표
- 카드법 : 카드 한장당 Raw data 하나씩 기록한 다음, 해당 계급표시가 붙어있는 통에 담고 분류가 끝난 다음에 각 통에서 카드 갯수를 세어서 구하는 방법이다. 다소 번거로우나 도수가 잘못 되었을 경우 수정이 쉬워서 데이터가 큰 집단에 많이 쓰인다.
  ex) 대통령 선거 투표 결과 집계

(1) 도수 분포표

통계는 자료를 바탕으로 연구하는 학문이다. 따라서 그 자료는 크기에 관계없이 자료의 분포 상태와 특성을 쉽게 찾을 수 있도록 간단명료하게 정리되어야 한다. 자료를 정리하는 대표적인 방법의 하나가 도수분포표의 작성이다. 도수분포표는 일반적으로 계급과 도수의 두 가지 요소로 이루어진다. 즉 자료를 계급으로 분류하여 각 계급에 속하는 대상의 수, 곧 도수를 집계하는 것이 편리하다.

- 계급

주어진 자료를 간단히 하기 위해, 자료별로 정해진 기준에 따라 구분한 단일 변량의 구간을 말한다.

- 계급값

계급을 대표하는 값으로서 각 계급의 상한과 하한의 평균값이다.

이 때 계급값은 계급에 속하는 관찰 값과 일치하지 않아 자료의 값을 계급값으로 할 때는 오차를 수반한다. 이 오차를 분류오차라고 하며 분류오차의 한계는 계급 폭의 반과 같다.

- 도수

각 계급에 속하는 자료의 개수를 말하며 빈도수(또는 계급도수)라 하며 기호는 f_i로 나타낸다.

- 계급의 폭(또는 계급의 나비)

구간으로 표시되는 계급의 상한과 하한의 차를 말한다.

- 도수분포표

계급으로 분류하여 각 계급과 도수의 대응관계를 도수분포라 하며 이것을 표로 정리한 것을 도수분포표라 한다.

(ii) 도수분포표 작성 단계

① 계급의 수는 자료의 최대값과 최소값의 차이인 범위로 정한다.

계급의 수는 5~20개 정도가 적당하고 계급의 폭은 모든 계급이 같게 하며 보통 …, 0.01, 0.05, 0.1, 0.5, 1, 5, 10, … 등과 같이 정한다. 계급은 하한과 상한으로 표시하는데 하한은 이상, 상한은 미만의 형식을 취하며 마지막 계급의 상한은 이하가 되도록 한다.

② 계급의 도수를 구한다.

각 계급에 속하는 자료를 획선법(tallying)이나, 카드법을 사용하여 분류 집계하여 도수를 구한다.

③ 계급과 도수를 정리하여 도수분포표를 작성한다.

- 상대도수분포

각 계급의 도수를 총 도수로 나눈 몫을 상대 도수라고 하며, 일반적으로 백분율로 나타내고, 도수분포에서 각 도수를 상대도수로 바꿔 넣은 것을 상대도수분포라고 한다.

- 누적도수분포

각 계급의 상계보다 작은 모든 값의 총 도수를 누적도수라고 하며, 누적도수를 나타내는 표를 누적도수분포라고 한다.

(3) 예제

어느 회사에서 100명에 대한 키를 조사하여 작성한 도수분포표가 아래와 같이 나타났다.

대학생의 키

신장(cm)	학생수
160~163	2
163~166	4
166~169	6
169~172	13
172~175	35
175~178	25
178~181	12
181~184	3
계	

⇨

키의 도수분포표

계급	도수
160~163	2
163~166	4
166~169	6
169~172	13
172~175	35
175~178	25
178~181	12
181~184	3
계	

계급의 수는 8, 계급의 폭은 4, 160~163의 계급값은 161.5, 163~166의 계급값은 164.5, ⋯, 계급 160~163의 도수는 2, ⋯ 이다. 누적도수분포표는 다음과 같다.

계급	계급값	도수	누적도수	상대도수	누적상대도수
160~163	161.5	2	2	0.02	0.02
163~166	164.5	4	6	0.04	0.06
166~169	167.5	6	12	0.06	0.12
169~172	171.5	13	25	0.13	0.25
172~175	174.5	35	60	0.35	0.60
175~178	177.5	25	85	0.25	0.85
178~181	180.5	12	97	0.12	0.97
181~184	183.5	3	100	0.03	1.00
계		100		1.00	

3.3 그래프

도수분포표는 자료의 특성이나 분포형태를 분석하는데 목적이 있다. 한 자료의 분포상태나 여러 자료를 비교할 때 도수분포를 그림으로 나타낸 것을 도수분포도라 한다. 도수분포도는 도표나 그래프(graph)로 나타낸다.

- 점그래프

  수직선위에 자료의 개수를 점으로 찍은 그래프

- 줄기와 잎 그래프

  점그래프와 유사하며 비슷한 두 집단 자료를 비교하는 데에 특히 유용하다. 줄기-잎 그림은 주어진 자료의 값 자체를 확인할 수 있고 기둥그림표(막대그래프)보다 더 많은 정보를 포함하고 있다. 모든 값이 크기 순서로 나열되어 있어 특정자료의 상대적인 위치를 쉽게 알 수 있다. 그러나 자료의 개수가 많은 경우에는 제한적인 공간에 모든 자료를 표시할 수 없다는 단점이 있다. 어느 초등학교학생 45명의 수학성적이 아래와 같을 때 이 성적에 대한 줄기-잎 그림을 그려보면 다음과 같다.

95 60 62 80 62 45 80 54 78 46 69 62 84 85 78

93 65 67 78 42 54 77 46 98 63 88 86 84 86 87

92 58 72 68 68 56 72 82 55 78 76 96 62 84 65

4	2 5 6 6
5	4 4 5 6 8
6	0 2 2 2 2 3 5 5 7 8 8 9
7	2 2 6 7 8 8 8 8
8	0 0 2 4 4 4 5 6 6 7 8
9	2 3 5 6 8

- 히스토그램

직교좌표위에 가로 축에는 자료 값이나 자료 값의 범위를, 세로축에는 도수를 나타내고, 각 구간위에 그 구간에 대응하는 도수를 직사각형의 높이로 표현하는 그래프이다. 즉, 도수 분포를 도시(圖示)할 때, 계급을 밑변으로 하고, 직사각형의 면적이 그 계급의 도수에 비례하도록 그린 기둥 모양의 그래프이다. 히스토그램은 사람들의 키와 같은 연속적인 자료의 특징을 시각적으로 보여주는 장점이 있으나 각각의 자료 값의 정확한 위치를 알려주지 못하는 단점이 있다.

히스토그램

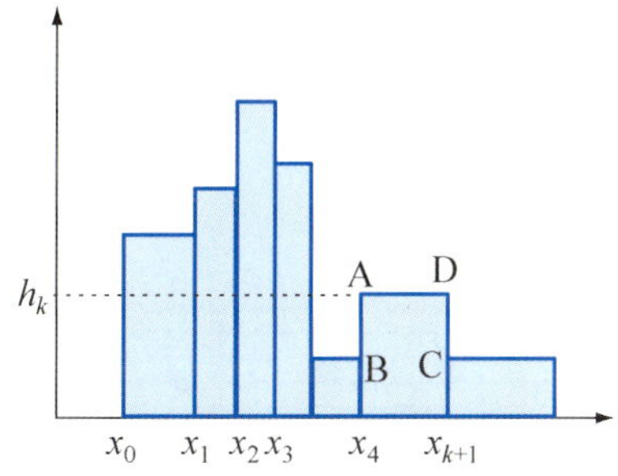

- 꺾은선 그래프

히스토그램에서 각 직사각형의 맨 위의 선분의 중점을 선분으로 이어서 만든 그래프이며, 도수다각형이라도 한다. 꺾은선그래프나 도수다각형은 경사진 선분 조각에 의해 강력하게 표현되는 다양함 때문에 연속적으로 바뀌는 자료를 나타내는데 특히 적절하며, 주어지지 않은 자료 값을 측정할 수도 있다.

예제 1

다음은 어느 도시의 관광객 수를 반올림하여 백의 자리까지 나타낸 꺾은선그래프입니다. 이 그래프에 대한 설명으로 바른 것은 어느 것입니까? ( )

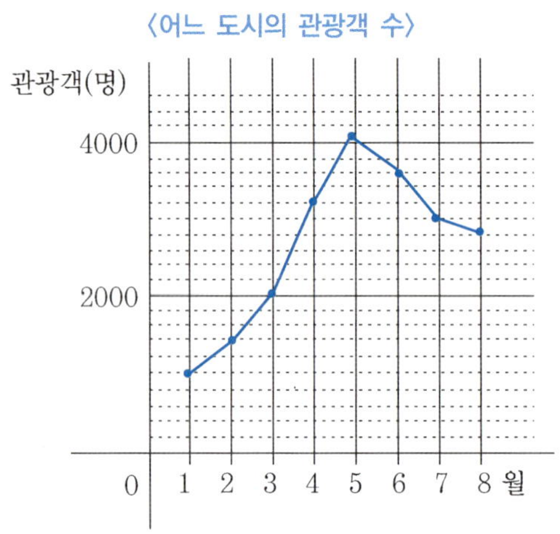

① 3월의 관광객 수는 200명입니다.
② 관광객이 가장 적은 달은 8월입니다.
③ 관광객이 가장 많은 달은 5월입니다.
④ 관광객이 줄어든 기간은 4월부터 8월까지입니다.

예제 2

아래는 '학교 종이 땡땡땡'의 악보입니다.

① 가사에 맞는 꺾은선그래프를 그리시오.
② 계이름이 '라'인 가사를 모두 적으시오.
③ 꺾은선그래프에서 가장 많이 나오는 계이름을 적으시오.

- 원그래프

  정보 전달을 위한 다른 그림으로 나타내는 도구는 원 그래프이다. 원그래프는 전체에 대한 부분의 양을 일목요연하게 나타내는데 사용된다.

  (예) 다음 원그래프는 지연이네 학교 6학년 학생 200명이 존경하는 위인을 조사하여 나타낸 것이다.

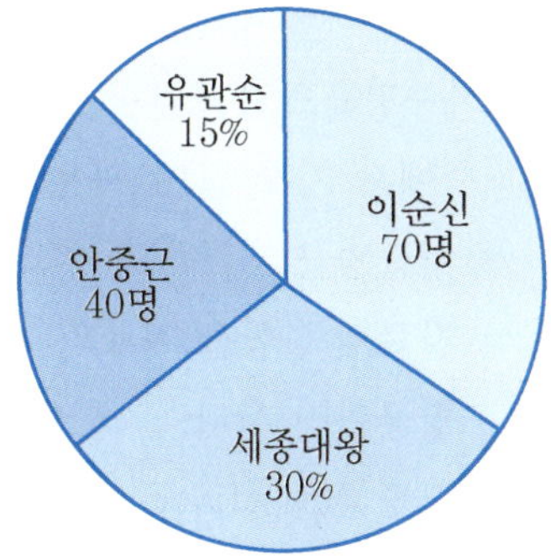

- 그림그래프

  그림그래프는 그림이나 아이콘으로 나타내는 것으로서, 아이콘은 대개 자료와 관련된 그림으로 나타내고 수량은 그림의 크기로 낸다.

  (예) 다음은 전국의 쌀 생산량을 그림그래프로 나타낸 것이다.

3.4 NCTM 원리와 규준

중, 저학년의 학생은 자료를 모으고, 조직하고, 도식화하는 경험을 가져야한다. 그들은 주어진 자료의 표현적 도구인 도수분포표, 점그래프, 막대그래프, 꺾은선그래프 등과 대푯값과 분포를 측정하는 중앙값, 최빈값, 범위 등을 이해하고, 능숙하게 처리할 수 있어야 한다.

3.5 대푯값

어느 집단의 특성을 하나의 값으로 나타낼 수 있다면 그 집단을 파악하는데 도움을 준다. 집단의 전체를 대표하는 값을 대푯값이라 한다. 대푯값은 자료에 대한 분포의 집중 경향을 나타내고, 집중위치는 대체로 중심이다. 대푯값에는 평균, 중앙값, 최빈값이 있는

데 평균은 산술평균과 기하평균 그리고 조화평균으로 구분한다. 또 산술평균은 단순평균과 가중평균으로 구분할 수 있으나 이들은 각기 자료와 목적에 따라 장단점이 있다. 대푯값 중에서 가장 많이 사용하는 것은 평균이다.

- 산술평균

  자료의 총합을 자료의 개수로 나눈 것을 평균(mean)이라 하는데 이때의 평균을 산술평균이라 한다.

- 모평균(population mean)

  어떤 성질이나 특징을 조사하려는 대상전체의 집합을 모집단이라 하고, 모집단의평균을 모평균이라 하며, 기호로는 μ로 나타낸다.

- 표본평균

  모집단에서 추출한 표본의 평균을 표본평균(sample mean)이라 하며, 기호는 $\overline{x}$로 나타낸다.

(1) 평균값

평균값의 개념은 그릇 안에 제멋대로 담겨져 있는 모래를, 그릇을 잘 흔들어서 평평하게 만드는 작업과 같다.

① 산술 평균

모든 자료의 값을 합하여 자료의 개수로 나눈 값이다.

자료의 수가 n개이고 자료의 값이 $x_1, x_2, \cdots, x_n$일 때, 평균값 M은

$$M = \frac{x_1 + x_2 + \cdots + x_n}{n} \text{ 이다.}$$

그런데 자료를 정리하여 도수분포표를 작성한 경우에는 자료의 구체적인 값을 알 수가 없기 때문에, 도수분포표를 이용하여 평균을 구하는 방법은 다음과 같다.

- 도수분포표를 이용한 평균값

  계급값이 $\overline{x}_1$인 두수가 f_1, 계급값이 $\overline{x}_2$인 도수가 f_2, $\cdots$, 계급값이 $\overline{x}_k$인 도수가f_k 일 때의 산술평균 $\overline{x}$는 다음과 같다.

$$\overline{x} = \frac{f_1\overline{x}_1 + f_2\overline{x}_2 + \cdots + f_k\overline{x}_k}{f_1 + f_2 + \cdots + f_k}$$

- 도수분포표를 이용하여 평균의 특징

① 변량 x_i와 산술평균 $\overline{x}$와의 편차의 모든 합은 0이다.

② 변량 x_i와 임의의 수 a와의 편차의 제곱의 합은 $a = \overline{x}$일 때 최소가 된다.

③ x_0를 가평균(assumed mean), a를 상수라고 할 때, $x_i = au_i + x_0$라고 놓으면 각각 다음과 같은 식이 된다.

$$\bar{x} = a\bar{u} + x_0 \quad \text{단, } \bar{u} = \frac{1}{n}\sum_{i=1}^{n} u_i$$

$$\bar{x} = a\bar{u} + x_0 \quad \text{단, } \bar{u} = \frac{1}{n}\sum_{i=1}^{k} f_i u_i,\ n = \sum_{i=1}^{k} f_i$$

- 도수분포표로부터 산술평균을 구하려고 할 때, x_0를 계급값 중에서 산술평균에 가까운 값으로 잡고 a를 계급간격과 같게 잡으면 간단히 계산할 수 있다.

② 중앙값

자료를 크기 순서대로 나열했을 때 가운데에 위치하는 값을 중앙값(median)이라고 하고 M_e로 나타낸대. 자료의 개수가 홀수n일 때는 $\frac{n+1}{2}$번째의 자료 값을, 자료의 개수가 짝수일 때는 중앙에 위치하는 수가 2개이므로 이들의 평균값을 사용한다.

- 아래의 자료에서의 중앙값은 ?

1.2 1.4 1.6 1.9 21

[답] 자료가 5개이므로 $\frac{5+1}{2} = 3$번째 자료의 값인 1.6이 중앙값이다.

- 아래의 자료에서의 중앙값은 ?

3 5 7 9 10 13

[답] 자료가 6개이므로 3번째와 4번째의 자료 값의 평균을 구한다. 즉,

$$\frac{7+9}{2} = 8$$

그러나 중앙값은 가운데 값 외에는 순서 정보만 이용하고 구체적인 값에 대한 정보를 무시하게 되어, 모든 자료를 다 이용하는 평균에 비해 정보의 손실이 많습니다. 반대로 평균은 정보의 손실이 적은 반면 이상값에 매우 민감한 약점이 있습니다.

③ 최빈값

자료의 분포에서 빈도수가 가장 많은 도수를 가지는 변량의 값을 최빈수(mode 또는 유행값)라 하며, M_0로 나타낸다. 최빈값은 범주자료와 수량자료 모두에서 사용된다. 도수분포표에서 최빈값은 도수가 최대인 계급을 최빈계급이라 한다. 이 때 최빈계급의 계급값이 최빈값이 된다.

④ 예 제

- 다음 도수분포에서 평균을 구하여라.

x_i	u_i	f_i	f_iu_i
165	−2	5	−10
170	−1	18	−18
$x_0 \rightarrow 175$	0	42	0
180	1	27	27
185	2	8	16
		$n=100$	$\sum f_iu_i=15$

풀이 $\bar{x} = a\bar{u} + x_0 = a\left(\frac{\sum f_iu_i}{n}\right) + x_0$

$= 5 \cdot \frac{15}{100} + 175 = 175.75.$

- 다음 11개의 자료에서 중앙값을 구하여라.

10 15 6 7 16 9 6 11 9 4 7

풀이 자료를 순서로 나열하면 M_e

4 6 6 7 7 9 9 10 11 15 16

n=11이므로 중앙값은 $\frac{n+1}{2} = 6$번째의 값이다.

$\therefore\ M_e = 9$

⑤ 정리된 자료의 중앙값

정리된 자료의 도수분포표에서는 순서통계량을 만들 수 없으므로 순서통계량을 만들 수 있도록 자료의 배열 규칙을 만들어 준다. 자료의 배열은 각 구간에서 자료가 같은 간격으로 배열된 것을 대상으로 한다. 분류된 자료의 중앙값을 구하는 절차는 다음과 같다.

- 중앙값은 $\frac{n+1}{2}$번째의 순서통계량이다.
- 누적도수를 구하여 중앙값이 속한 계급을 구한다.
- 비례배분법칙을 이용하여 중앙값을 구한다.

중앙값 계산 공식은 다음과 같다.

$$M_e = L + \frac{c}{f_{m_e}}\left(\frac{n+1}{2} - \sum f_{m_e}\right).$$

L : 중앙값이 속하는 계급의 하한

$\sum f_{m_e}$: 중앙값이 속하는 계급 아래까지의 누적 도수

f_{m_e} : 중앙값이 속하는 계급의 도수

c : 계급의 폭

예제

다음 자료에서 중앙값을 구하여라.

계급	도수	누적도수
160~163	2	2
163~166	4	6
166~169	6	12
169~172	13	25
172~175	35	60
175~178	25	85
178~181	12	97
181~184	3	100
계	100	

풀이
- $\frac{n+1}{2} = 50.5$ 번째의 순서통계량이 중앙값이다.
- 누적도수를 구하여 중앙값이 속한 계급은 172~175이다.
- 비례배분법칙을 이용하여 중앙값을 구한다.

$$M_e = L + \frac{c}{f_{m_e}}\left(\frac{n+1}{2} - \sum f_{m_e}\right)$$

$$= 172 + \frac{3}{35}\left(\frac{100+1}{2} - 25\right)$$

$$\fallingdotseq 174.19$$

$$\therefore\ M_e = 174.19$$

3.6 산포도

A반과 B반이 똑 같은 수학시험을 보았다. A반의 평균과 B반의 평균 모두 50점이었다. 그런데 A반의 반절은 100점이며 나머지 반절은 0점이고, B반은 모두 50점을 받았다. 이 중에서 어느 반이 좋은 집단인가? 이러한 질문에 답하기 위해서는 점수가 어떻게 분포되었는가를 고려해야한다. 따라서 지금부터는 자료의 분포상태를 설명하는 몇 가지 방법을 설명하기로 한다.

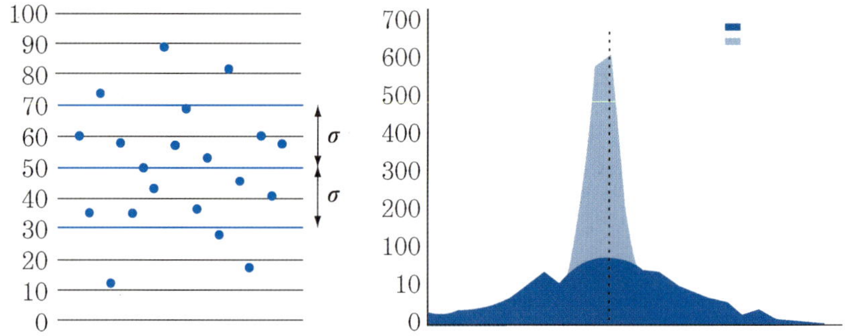

(1) 4분위 수

통계 자료들의 관측 값을 작은 쪽으로부터 크기순으로 배열했을 때 전체 관측 값을 4등분하는 위치에 오는 값을 말한다. 4분위 수는 맨 처음을 하4분위수라고 하며 기호로는 Q_L이라고 쓰고, 두 번째 4분위 수는 중앙값이고, 맨 끝의 4분위 수를 상4분위수라고 하며 기호로는 Q_U라고 쓴다.

(2) 4분위 수 구하기

먼저 중앙값을 구한 다음 하4분위수와 상4분위수를 구하면 된다. 즉, 자료값의 약 25%는 Q_L이하이고, Q_L과 중앙값사이에 약 25%가 있고, 중앙값과 Q_U사이에 약 25%가 있고, 약 25%는 Q_U이상이다. 그러므로 Q_L과 Q_U의 사이가 자료집합에서의 대략 절반의 값이므로 자료의 분포를 나타내는 좋은 척도이다.

(3) 분산

자료의 분포상태를 나타내는 가장 좋은 방법은 자료들이 평균과 얼마나 가깝게 분포되어 있는지를 알아보는 것이다.

① 좋은 집단

통계에서 좋은 자료란 모든 자료 값이 평균값과 가깝게 분포된 것을 말한다. 위의 예에서 A반은 100이 많고 B반은 100점이 없으므로 A반이 좋은 집단으로 생각할 수도 있으나 통계에서는 B반이 좋은 집단으로 간주한다.

② 편차

편차 = 평균 − 자료 값

③ 분산

분산은 각 수치들에서 평균을 빼고, 다시 그 값들을 각각 제곱한 값들의 평균을 말한다.

예) 얻은 자료가 1, 2, 3, 4, 5이라고 하자.

평균 : $=3$

편차 : $1-3=-2,\ 2-3=-1,\ 3-3=0,\ 4-3=1,\ 5-3=2$

편차의 제곱 : 4, 1, 0, 1, 4

편차의 제곱의 평균 : $=\dfrac{4+1+0+1+4}{5}=2$

따라서 분산은 2이다. 이 사실을 일반화하여 다음 공식을 얻는다.

- 분산

n개의 자료 값을 $x_1, x_2, \cdots, x_n$, 이들의 평균값을 $\overline{x}$이라고 할 때, 이 자료의 분산은

$$\frac{(x_1-\overline{x})^2+(x_2-\overline{x})^2+\cdots+(x_n-\overline{x})^2}{n}$$ 이다.

④ 표준편차

분산의 제곱근을 표준편차라고 한다.

⑤ 예 : 다음 자료의 표준편차를 구하시오

2, 4, 4, 4, 5, 5, 7, 9

풀이 평균 : $\dfrac{2+4+4+4+5+5+7+9}{8}=5$

편차의 제곱 : $(2-5)^2=(-3)^2=9 \quad (5-5)^2=0^2=0$

$(4-5)^2=(-1)^2=1 \quad (5-5)^2=0^2=0$

$(4-5)^2=(-1)^2=1 \quad (7-5)^2=2^2=4$

$(4-5)^2=(-1)^2=1 \quad (9-5)^2=4^2=16$

표준편차 : $\sqrt{\dfrac{9+1+1+1+0+0+4+16}{8}}=2$

3.7 통계적 추론

통계적 추론은 초등학교 교육과정의 내용이 아니므로, 이 절에서는 모집단과 표본의 정의만을 소개하기로 한다.

(1) 모집단

어떤 집단을 통계적으로 관찰하여 평균이나 분산 등을 조사할 때, 관찰의 대상이 되는 집단 전체를 조사하는 것이 여러 가지 이유로 어려울 경우에, 전체에서 일부를 추출하여 그것을 조사함으로써 전체의 성질을 추정하는 방법을 취한다. 예를 들면, 만일 대한민국의 모든 성인의 연평균수입을 구하고 싶다면, 모집단은 대한민국의 모든 성인의 집합이다.

(2) 표본

모집단의 성질을 정확하게 알기 위한 표본의 수는 보통 30개이다. 표본을 추출할 때는 무작위성이 전제되어야 한다. 무작위 표본이란 선택의 기회가 동일한 모집단의 부분집합을 말한다.

(3) 통계적 추론

모집단의 성질을 알아보기 위해서 적당한 수의 표본을 무작위로 추출하여 표본의 평균과 표준편차를 이용하여 모집단의 평균과 표준편차를 추측하고, 모종의 가설을 세워, 그 가설의 타당성을 검증하는 일이다.

04 교과서에 숨어 있는 수학사

4.1 2학년

4.1.1 <2-2-6. **표와 그래프**>

[질문] 학생 수를 조사할 때 틀리지 않게 하려면 어떤 방법을 이용하면 될까요?

[아이디어] 2부 I장 1.3 참조

[답] 회선법, 正자 사용

4.2 3학년

[질문] 그래프에서 세로 단위를 변화해보면 어떤 것을 알 수 있을까요?

[답] 그래프 중에서 가장 흔한 것은 선을 이용한 선 그래프이다. 선 그래프는 그리기가 쉬울 뿐 아니라 많은 숫자 속에 숨어 있는 경향을 잘 나타내 주기 때문에 데이터의 분석이나 예측에 가장 많이 쓰인다. 그러나, 데이터의 왜곡이 가장 많은 그래프도 선 그래프이다.

가) 아래의 그림은 같은 자료를 가지고 세로 눈금을 변화시켜 그린 꺾은선그래프입니다. 두 그래프에서 알 수 있는 사실들을 이야기해 보시오.

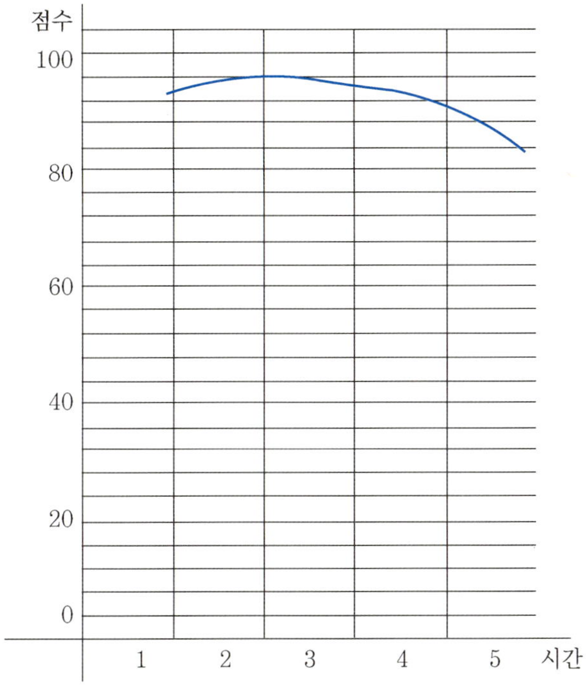

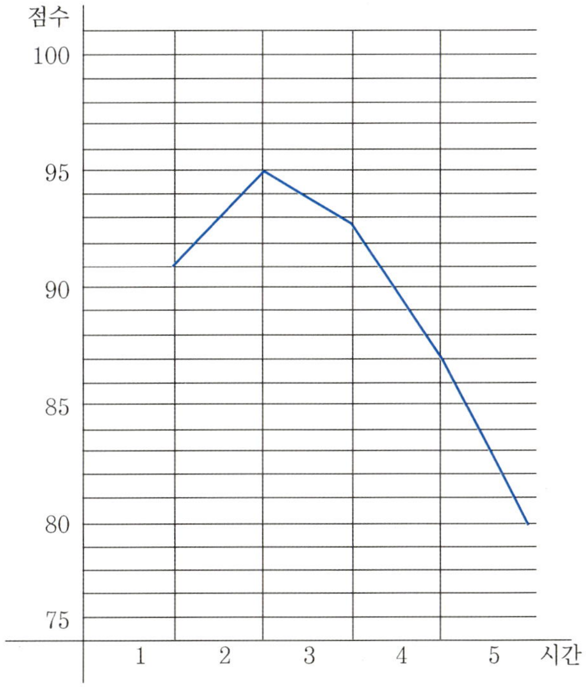

세로의 구간을 변경함으로써 증가가 둔감하게 되었는지, 또는 급격하게 되었는지 시각적으로 조작할 수 있습니다.

4.3 4학년

4.3.1 <4-2-7. **꺾은선그래프**>

[질문] 가로 눈금을 아주 작게 또는 아주 크게 하면 꺾은 선 그래프는 어떤 모습이 될까?

[답] 작게 하면 도수가 심하게 변하는 구간을 알아볼 수 있고, 크게 하면 그래프가 거의 곡선으로 보이며 특히 정규분포곡선인 종 모양으로 보이게 된다.

4.4 5학년

4.4.1 <5-2-7 **자료의 표현**>

[질문] 자신이 이해한 평균을 친구들에게 조금 더 쉽게 설명하거나 보여줄 수 있나요?

[답] 흙을 담은 용기를 흔들어 고르게 하기

4.4.2 <5-2-8 **자료의 표현**>

[질문] 키, 몸무게, 나이의 세 가지 수를 표로 만드는 방법은?

[답] 직육면체의 가로, 세로, 높이에 각각 키, 몸무게. 나이를 적는다.

4.5 6학년

4.5.1 <6-1-8 **비율그래프**>

[질문] 여러 가지 그래프의 장단점과 특히 편리하게 쓰이는 상황은?

[답] 2부 IV장 3.3 절 참조

4.5.2 <6-1-9 **문제 푸는 방법 찾기**>

[질문] 원탁에 앉는 방법의 수는? 예시(6명)

[아이디어] 2부 IV장 1.8 참조

[답] 5!

4.5.3 <6-2-6 **경우의 수**>

[질문] 동전을 계속해서 던질 때 나오는 경우의 수를 적어보자

[답] n번을 던지면 2^n가지

4.5.4 <6-2-6 **경우의 수**>

[질문] 순서를 생각할 필요가 없는 경우의 수와 순서가 필요한 경우의 수의 차이를 이야기하고 그들의 관계를 알아보세요.

[답] 2부 IV장 1.8 절 순열과 조합 참조

4.5.5 <6-2-6 **경우의 수**>

[질문] 확률에서 모든 경우의 수는 무엇을 뜻하는지 설명하고 예를 들어보세요.

[답] 2부 IV장 1.5절 수세기의 원리 참조

참고 문헌

Hogg, R.V., Tanis, E.A.(1993), Probability and Statistical Inference, 4th Ed., Macmillan Publishing Co., 심정욱 외 역(1996), 수리통계학, 자유아카데미.

Long, C. T., Detemple, D. W., Millman, R. S.(2009), Mathematical Reasoning for Elementary Teachers, Pearson Education Inc.

NCTM(1989), Curriculum and Evaluation Standards for the School Mathematics. Reston, VA : NCTM, Inc.

_______(2000), Principles and Standards for School Mathematics, Reston, VA : NCTM, Inc.

❖ 메모

제5장 규칙성과 문제해결

이장에서는 규칙성과 문제해결에 관해서 알아보기로 한다. 규칙성(pattern)이란, 불어의 patron에서 유래한 것으로 사물이나 사건이 일어나는 반복적인 형태를 일컫는 용어이다. 가장 기본적인 규칙성은 반복성과 주기성을 갖는 테셀레이션이다. 또한 수학을 패턴의 과학이라고 강조하는 사람도 있다. 문제해결에 관한 다양한 이론이 있으나 문제해결을 가장 잘 설명한 사람은 폴리아(G. Polya)이다. 따라서 규칙성에 관한 이론과 유형을 알아볼 것이며, 폴리아의 문제해결이론을 설명하고, 그의 이론에 따른 구체적인 문제해결 방안을 설명하기로 한다.

01 규칙성

고대 바빌론수학과 이집트수학은 실용수학이었기 때문에, 그들은 구체적인 계산을 하는 것으로 만족하였다. 그러나 그들의 계산과정을 정리하면 현대의 수의 규칙성과 도형의 측정공식을 일목요연하게 알려주고 있다. 예를 들면 바빌론의 삼중수는 그대로 피타고라스의 정리를 이끌었으며, 특정한 도형에서의 황금비의 규칙성을 발견했다. 또한 이집트에서는 분수의 발명으로 거대한 피라밋의 동서남북의 기울기를 똑 같게 하였으며, 물물교환을 할 때에 모두가 공정한 거래가 이루어지도록 분수의 계산규칙을 마련하였다.

그 후 기원전 500년경의 피타고라스에서 기원 후 300년경의 디오판투스까지의 고대 그리스 수학자들(1부 2장 참조)은 초등수론, 비례이론과 기하학의 규칙성을 막대의 길이와 넓이를 이용하여 일반화하였다. 16세기 후반에는 비에트(1부 3.3.2 절 참조)는 수학의 기호화에 공헌한 사람으로서 그때까지 언어로 표현된 수학의 문장을 간결한 식으로 표현하였고, 오일러(1부 3.5 절 참조)는 수학 분야의 많은 기호를 만들었다. 그들의 덕분으로 뉴턴과 라이프니츠(1부 3.4 절 참조)가 각기 독립적으로 미적분학을 창안한 후 수학은 수, 형태, 운동, 변화 그리고 공간에 대한 학문이 되었으며, 19세기 말의 수학은 수, 형태, 운동, 변화, 공간의 연구에 사용되는 수학적 도구들에 대한 연구로 확장되었다. 19세기 말에 클라인(2부 8.1 절 참조)은 함수는 수학의 심장이고 영혼이라고 주장하였다. 이러한 함수 개념의 출발점이 패턴이다. 따라서 수학을 패턴의 과학이라고 말할 수도 있다. 따라서 패턴의 과학인 수학을 이해하고 수학적 활동을 위해서 수학적 패턴의 탐구는 매우 중요하다. 우리나라 교육과정에서는 '규칙성과 문제해결' 영역에서는 패턴을 규칙 또는 규칙성이라고 표현한다.

1.1 NCTM 규준

1989년의 '학교수학의 교육과정과 평가의 규준'에서는 K-6, 5-8학년과 9-12학년에서 문제해결, 추론, 의사소통 등을 혼합하여 평가하도록 하였다. 특히 5-8학년에서의 함수영역에서의 규칙성은, 저학년에서의 규칙성 학습을 위한 활동내용을 통하여 수론, 유리수, 측정, 도형, 확률과 함수의 이해를 심화하도록 한다. 또한 학생으로 하여금 규칙성을 이용하여 문제를 탐구, 분석, 조사하도록 하고 그 규칙성의 이해, 일반화, 확장, 연결 하는 방안을 모색하도록 한다.

1.2 수학교육과 규칙성

수학교육에서 규칙성의 중요성은 다음과 같다.

(1) 수학은 규칙성의 과학이다.

(2) 수학에서의 문제해결은 규칙성 찾기와 많은 관계가 있다.

(3) 규칙성을 통하여 수학적 의사소통이 강화될 수 있다.

(4) 규칙성을 인식하고 기호화하는 과정을 통하여 수학적 추론, 특히 귀납적 추론능력을 향상시킬 수 있다.

(5) 규칙성은 수학 영역간의 연결성과 수학내용과 타 교과 또는 실생활과의 연결을 가능하게 한다.

1.3 수학적 규칙성의 종류

(1) 일정한 관계를 갖는 수의 규칙성

배열되는 대상끼리 규칙적인 관계를 갖는 대상을 말한다. 예를 들면, 규칙성을 갖는 수열이 그것이다.

- 가우스 공식

$$1+2+3+\cdots+100=\frac{100\times(100+1)}{2}=5050$$

이 문제를 어린 가우스는 다음과 같은 계단을 보면서 해결했다고 전해진다.

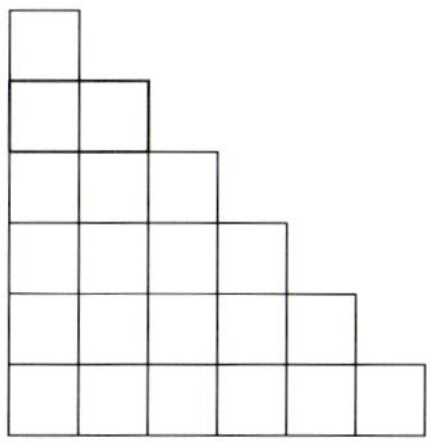

- 이 사실은 다음과 같이 지도할 수도 있다.

$1+2+3+4+5$의 합은 다음과 같이 늘어놓은 점(또는 바둑알)의 전체 수와 같다.

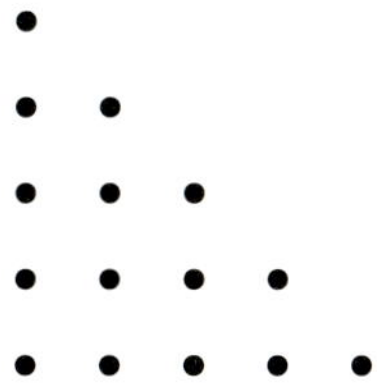

이 모양을 뒤집어서 붙이면 언제나 직사각형 모양이 된다. 즉,

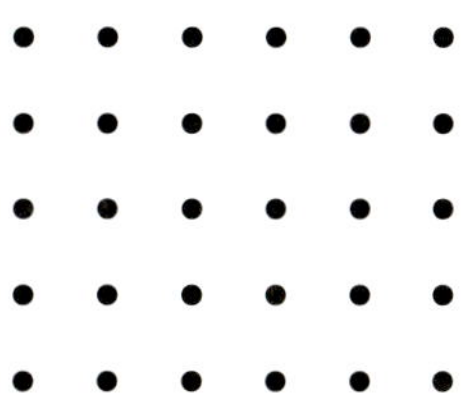

원래의 개수는 위의 직사각형에 있는 점의 개수의 반이므로

$\frac{(5+1)\times 5}{2}=15$이다.

즉 $\frac{(\text{초항}+\text{끝항})\times\text{항의 수}}{2}$이다.

이것을 등차수열의 합에 대한 가우스 공식이라고 한다.

• 파스칼 삼각형

1
1 1
1 2 1
1 3 3 1
1 4 5 4 1
1 5 10 10 5 1
1 … 1

[질문 1] 어떤 게임을 할 때에 파스칼삼각형과 같은 수의 배열이 나타나는가?

동전 던지기와 같이 한번 시행으로 일어날 수 있는 가능성이 두 개인 게임

[질문 2] 파스칼삼각형에서 대각선 위에 있는 수의 규칙과 다각형을 이루는 점의 개수의 규칙성과의 관계를 알아보자.

① 삼각수 : 점의 위치를 정삼각형모양으로

[답] Triangle number : T_n : 1, 3, 6, 10, $\cdots$, $\dfrac{n(n+1)}{2}$

② 직사각형수 : 점의 위치를 직사각형모양으로

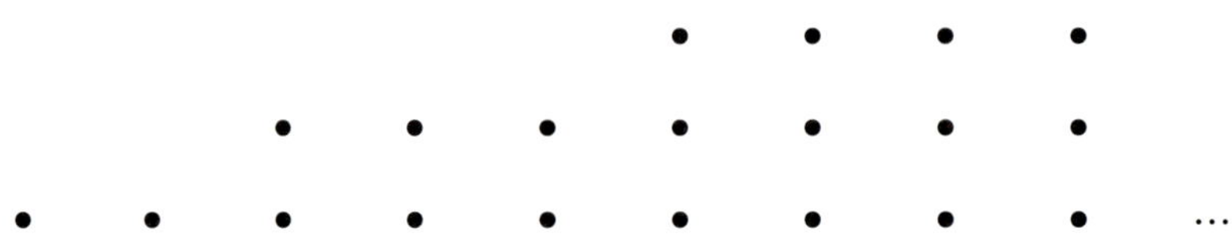

[답] Oblong number : O_n : 2, 6, 12, 20, 30, 42, 56, 72, 90, 110, 132, $\cdots$, $n(n+1)$. 즉, $O_n = 2T_n$

③ 사각수(Square number) : 점의 위치를 정사각형모양으로

1, 4, 9, 16, 25, $\cdots$, n^2.

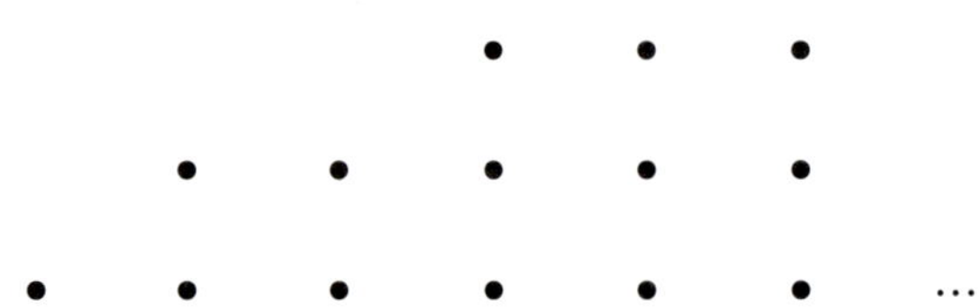

④ 오각수(Pentagon number) : 점의 위치를 정오각형모양으로

P_n; 1, 5, 12, 22, 35, 51, 70, 92, 117, 145,

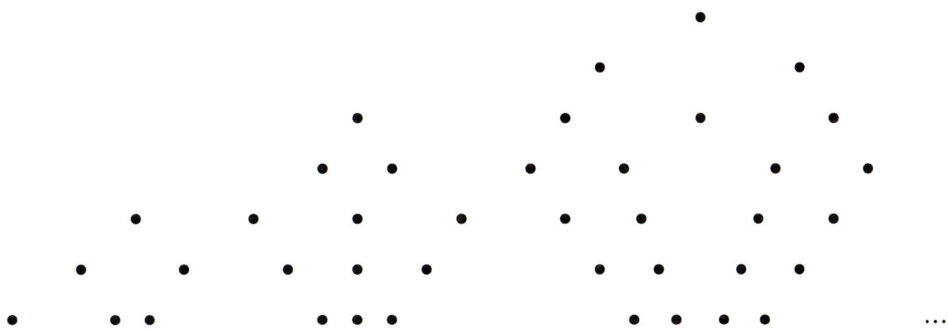

$$P_n = 1+4+7+\cdots+(3n-2) = T_n + 2T_{n-1} = \frac{n(n+1)}{2} + n(n-1) = \frac{n(3n-1)}{2}.$$

(2) 기하학적 규칙성

도형의 모양이나 성질과 등의 기하학적인 속성을 기초로 하는 규칙성을 말한다. 예를 들면, □△○□△○□△○… 과 같이 사각형, 삼각형, 원이 차례로 하나씩 규칙적으로 배열되어 있는 것 등을 말한다.

(3) 물리적 규칙성

방향, 크기, 색 등과 같은 물리적인 속성을 기초로 하는 패턴이 있다. 벌집 모양 등의 자연현상과 인위적으로 배열하는 규칙성이 있다.

(4) 프랙탈

프랙탈(fractal)이란 자연현상에서 나타나는, 자기 닮음 성을 가지고 유크리트 도형이 아닌, 반복적인 규칙성을 가진 기하학적인 도형을 말한다. 프랙탈의 관념은 17세기부터 시작하여, 18세기에는 집합론을 창시한 칸토르 등에 의하여 프랙탈은 함수 연구의 목적으로 하는 엄밀한 수학적 대상이 되었다. 그 예로는 아래와 같은 만델브로 집합, 코흐 눈송이, 쥴리아 집합 등이 유명하다.

만델브로 집합

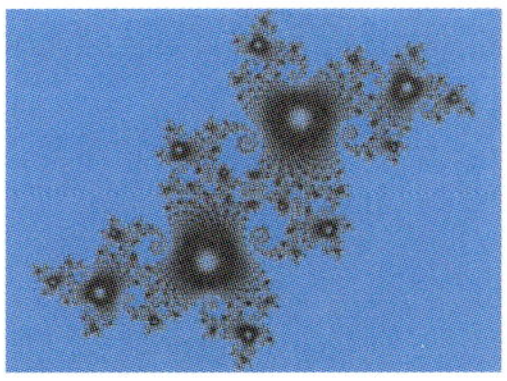

쥬리아 집합

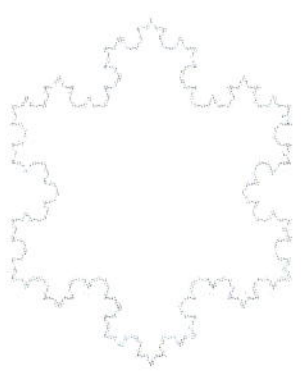

코흐 눈송이

(5) 반복적인 규칙성

수나 도형이 반복적으로 배열되는 규칙성이다.

(6) 대칭, 테셀레이션

2부 II장 8.6과 8.7절 참조

(7) 복합적인 규칙성

위의 모든 유형이 복합적으로 적용된 규칙성을 말한다.

02 규칙성에서 비와 비례로

피아제에 의하면, 위에서 설명한 규칙성을 통하여 어린 학생이 최초로 인식하는 수학적인 대상은 비 관념이고 조금 더 발전하면 두 대상을 비교하는 비례 관념이 생기게 된다. 비는 정비례와 반비례가 있다.

2.1 비와 비율

(1) 비

어떤 양 a가 0이 아닌 양 b의 몇 배인가를 알아보는 관계를 b에 대한 a의 비(또는 a의 b에 대한 비) 라하고, '$a:b$'로 나타내며 'a대 b'라 읽는다. 이 때 a를 전항, b를 후항이라 한다.

※ 비에서의 기준량은 항상 후항이다.

(예) 축구 시합에서 두 골 대 세 골 ; 2:3

(2) 비의 값

a를 b로 나눈 몫 $\frac{a}{b}$를 $a:b$의 비의 값이라 한다. 비의 값은 b를 기준량, a를 비교하는 양으로 할 때 a가 b의 몇 배인가를 나타낸다. 즉 $a:b=\frac{a}{b}=k(b\neq 0)$의 비의 값은 k이다. $3:5$의 비의 값은 $3:5=\frac{3}{5}=0.6$이다. 비의 값을 가능한 한 작은 자연수의 비로 고친 것을 '가장 작은 자연수의 비(기약형)'라고 한다. 비의 전항과 후항에 같은 수를 곱하거나 0이 아닌 수로 나누어도 비의 값은 같다.

(3) 비율

어떤 양을 기준으로 비교하는 양이 몇 배인지를 나타내는 수를 비율이라 한다. 비율은 기준량을 1로 했을 때 비교하는 양의 크기를 나타내는 수이고, 기준량을 100으로 했을 때를 백분율이라고 한다.

(예) 비 $1:4$의 비율은 $\frac{1}{4}$이고, 백분율은 $\frac{1}{4}\times 100 = 25(\%)$이다.

(iv) 할 · 푼 · 리

비율에서 0.1을 1할, 0.01을 1푼, 0.001을 1리라고 한다.

2.2 비례식

a의 b에 대한 비와 c의 d에 대한 비를 서로 같게 나타낸 식을 비례식이라 한다. 즉 $a:b=c:d$를 비례식이라 한다. a와 d를 외항, b와 c를 내항이라 하고 $a:b=c:d$는 $a:b$의 비의 값과 $c:d$의 비의 값이 같다는 것이므로 다음과 같이 생각한다.

$$\frac{a}{b}=\frac{c}{d},\ \frac{a\times d}{b\times d}=\frac{c\times b}{d\times b}$$

따라서 $a:b=c:d \iff a\times d=c\times b$

(예) $\frac{a}{b}=\frac{c}{d}$이면 $\frac{a+b}{b}=\frac{c+d}{d}$이다.

(1) 삼수법, 비례추론

고대 바빌로니아인들이 처음으로 비례식을 이용하여 모르는 수를 구하였다. 즉,

비례식 $3:6=x:12$이 참이라면, $6\times x=36$이므로 $x=6$이라고 계산하였다. 이와 같이 세 수를 알고 나머지 수를 구하는 방법을 삼수법이라 하고, 삼수법으로 모르는 수를 알아내는 방법을 비례추론이라고 한다.

2.3 연비와 비례배분

(1) 연비

같은 종류의 양 a, b, c가 있을 때 세 양 사이의 관계 $a:b:c$를 연비라 한다. 연비의 성질은 $a:b=a':b'$, $b:c=b':c'$, $\cdots$ 이면 $a:b:c=a':b':c'=\cdots$ 이다. 두 연비 $a:b:c=a':b':c'$가 되는 것은 $\frac{a}{a'}=\frac{b}{b'}=\frac{c}{c'}(=k)$일 때이다.

예제

$a:b=2:3$이고 $b:c=4:5$일 때, 연비 $a:b:c$를 구하시오.

풀이 연비에 관한 문제는 두 비에 공통으로 끼어있는 b를 중심으로 다음과 같은 단계

로 연비를 계산한다.

① b에 대응하는 두 수인 3과 4의 최소공배수 12를 구한다.

② 두 비례식에서 b에 대응하는 수를 각각 12로 하는 비례식으로 고친다. 즉, $a:b=8:12$이고 $b:c=12:15$이다.

③ 따라서 연비 $a:b:c=8:12:15$가 된다.

(2) 비례배분

어떤 양을 2개 이상으로 나누어서 그 각 부분의 비를 주어진 비와 같게 나누는 것을 비례배분이라고 한다.

예제

7000원을 두 사람에게 $4:3$로 나누어 줄 때, 각각 얼마씩 갖게 될까?

풀이 비례배분 문제는 전체를 $4:3$으로 나누어야 하므로, 전체를 $4+3=7$로 간주한 다음 7중의 4만큼, 7중의 3만큼씩 나누면 된다. 즉, 전체 7000원을 $\dfrac{4}{4+3}$과 $\dfrac{3}{4+3}$만큼씩 나누는 것이다. 따라서 $7000\times\dfrac{4}{7}=4000$원, $7000\times\dfrac{3}{7}=3000$원씩 가지면 된다.

03 비에서 함수로

학생에게 비의 관념이 형성되면 다음과 같은 사실을 이해하게 된다. 날씨가 덥다. 날씨가 춥다. 배가 고프다. 엄마가 싱글벙글하신다. 왜 그럴까? 모든 현상에는 반드시 이유가 있다. 다시 말하면, 모든 결과에는 원인이 있는 것이다. 수영장에 물을 채운다. 수도꼭지에서 매시간 500L의 물이 쏟아진다면 6시간 후에는 몇L의 물이 채워지겠는가? 시간에 따라서 물의 양이 많아지고, 더구나 일정한 시간에 일정한 물의 양이 쏟아진다면 과거와 미래의 물의 양을 계산 할 수 있을 것이다. 이와 같이 어떤 원인으로 인하여 어떤 결과가 일어난 경우에 원인과 결과사이에는 종속관계가 있다고 말하고, 이러한 두 상황 간의 관계를 함수관계라고 한다. 함수는 이와 같이 우주의 현상과 그 현상을 만들게 한 원인과의 관계를 알고 싶어서 만들어진 개념이다. 현대와 같은 함수기호 $f(x)$는 1734년쯤에 프랑스 수학자인 끌레로가 생각해냈고, 오일러가 완성하여 처음으로 쓰기 시작하였다.

3.1 함수

위에서 설명한 바와 같이, 원인에 따른 결과 즉, 종속성이 함수의 본질이다. 이 내용을 좀 더 정확하게 표현하기로 한다.

(1) 함수의 뜻

원인의 되는 x의 집합을 X, 결과인 y의 집합을 Y라고 하자. 어떤 규칙 f에 의해서, 만일 X의 모든 원소가 Y의 원소에 대응하고 X의 각 원소는 Y의 단 하나의 원소에 대응하는 경우에, 규칙 f를 X에서 Y에로의 함수라고 부르고, 기호로는 $f : X \to Y$ 로 표기한다.

(2) 이 때, 집합 X를 정의구역, 집합 Y를 공변역이라 부르고, x를 독립변수, y를 종속변수 라고 부른다.

(3) 그리고 'y는 f에 따라 x에 대응한다.' 또는 'y는 x의 함수이다.' 라고 한다. 이 때, y를 x의 함수 값이라고 하고, $y = f(x)$로 표기하고, x에 대응하는 $y = f(x)$의 모든 원소의 집합을 치역이라고 한다.

(4) 세계 각 나라를 수도에 대응시키는 규칙을 f라고 하자. 여기서 f의 정의구역은 세계 각 나라의 집합이고, f의 공변역은 세계 각 나라의 모든 도시의 집합이다. 프랑스의 상은 파리, 즉 f(프랑스)=(파리)이고 치역은 세계 모든 나라의 수도의 집합이다.

(5) 함수기계

원인이 되는 x를 기계에 넣으면 결과인 $y = f(x) = ax + b$가 밖으로 나오는 기계이다.

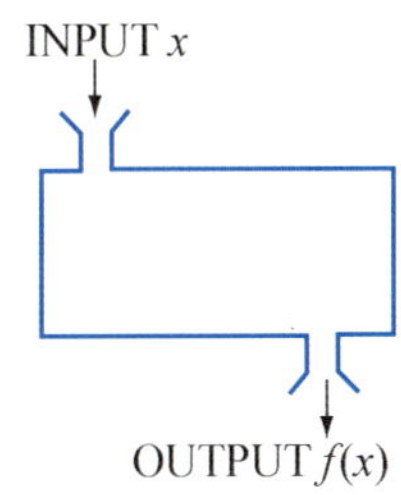

〈함수 기계〉

※ 이항연산은 독립변수가 두 개인 함수이다.

3.2 일차함수

함수 중에서, 원인이 변할 때 그에 따른 결과가 항상 일정한 양만큼 변하는 것을 일차함수라고 한다. 일차함수는 다음과 같이 두 종류가 있다.

(1) 정 비례

원인이 변하는 양과 결과가 변하는 양의 비가 일정한 경우이다. 이 경우는 언제나 결과의 양이 원인의 양의 배수가 된다. 이것을 원인이 x, 결과를 y로 하는 식으로 표현하면

$$y = a \times x, \ a\text{는 상수}$$

가 된다. 이때 x를 독립변수, y를 종속변수라고 부른다. 특히 이 경우에는 y를 x의 정비례식 또는 일차함수라고 한다.

※ 일반적으로는, "y는 x의 함수이다."를 기호로는 오일러가 정의한 바와 같이 $y = f(x)$ 로 표기하고, $f(x)$를 함수의 관계식이라고 부른다. 따라서 정비례식의 관계식은 $f(x) = a \times x$ 이다.

(2) 일차함수

만일 수영장에 이미 물이 있었다면, 수도꼭지에서 매 시간 쏟아지는 물의 양과 매시간 수영장에 채워지는 물의 양은 비례관계가 되지 않는다. 그러나 이미 채워진 물의 양을 빼고 비교하면 비례식이 된다. 따라서 이미 수영장에 채워져 있는 물의 양을 b라고 하면

$$y = a \times x + b, \ a\text{는 상수}$$

가 되고, 이때 "y는 x의 일차함수이다." 라고 부르며, 관계식은 $f(x) = ax + b$가 된다. 이때 원인이 되는 모든 x의 집합을 정의구역, 결과인 모든 y의 집합을 공변역이라고 부른다.

※ 비례식은 일차함수에서 $b = 0$인 특수한 경우이다.

3.3 전단사 함수

함수의 특수한 몇 가지의 대응규칙을 알아보기로 한다.

(1) 단사함수

함수 $f : A \to B$의 대응 규칙이, A의 서로 다른 두 원소의 함수값이 같지 않을 때, 함수 f를 단사함수(injective function)라고 한다. 다시 말하면 $a, a' \in A$에서 $f(a)=f(a')$이면 $a = a'$(즉, $a \neq a'$이면 $f(a) \neq f(a')$)인 경우 $f : A \to B$는 단사함수이다.

- 단사함수의 예

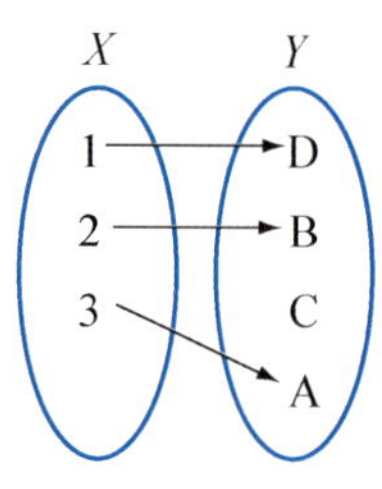

문제

지금부터는 편리하게 사용하기 위해서 모든 실수의 집합을 "ℝ"이라고 하기로 한다. 그러면 함수 $f : \mathbb{R} \to \mathbb{R}$ 에서 $f(x)=x^2$, $f(x)=x^3$는 단사함수인가?

풀이 $f(x)=x^2$로 정의되면 $f(2)=f(-2)=4$이므로, 서로 다른 두 실수 2와 -2의 함수값이 같게 되어 f는 단사함수가 아니다. 그러나 $f(x)=x^3$으로 정의되었다면 이 함수는 단사함수이다.

(2) 전사함수

A에서 B에로의 함수를 f라고 할 때, 함수 f의 공변역과 치역이 같은 경우, 즉 공변역의 모든 원소가 정의역의 원소와 대응할 때 함수 f를 전사함수라고 한다.

- 전사함수의 예

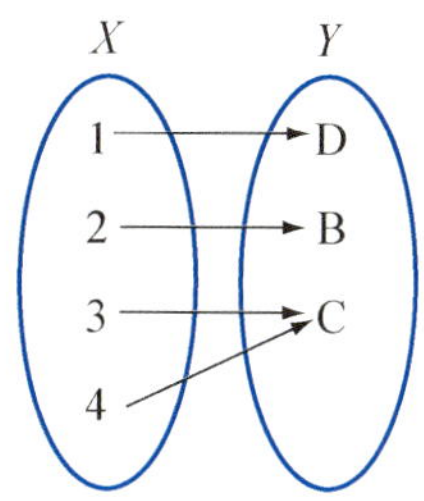

문제

함수 $f : \mathbb{R} \to \mathbb{R}$ 의 관계식이 $f(x)=x^2$이면 전사함수인가?

풀이 f는 전사함수가 아니다. 왜냐하면 f의 치역에는 음수가 나타나지 않기 때문이다. 즉 공변역과 치역은 같지 않기 때문이다.

(3) 전단사 함수

함수 $f : X \to Y$의 대응규칙이 단사이고 전사일 때 전단사함수라고 한다. 다시 말해서, X와 Y의 모든 원소가 하나씩만 대응할 때 전단사라고 한다.

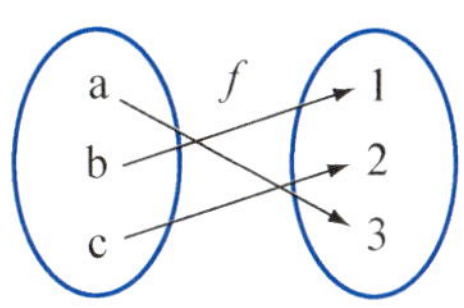

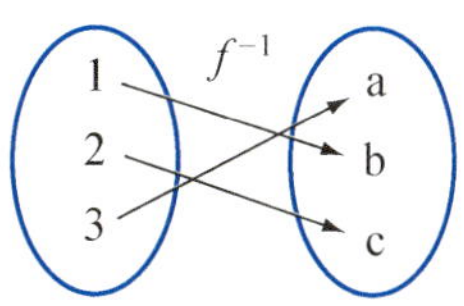

3.5 합성함수와 역함수

(1) 합성함수

영이는 방학 중에 부모님과 제주도 여행을 계획했습니다. 광주에서 버스를 타고 목포에 가서, 목포에서 페리호를 타고 제주도에 가기로 하였습니다. 그런데 그날 아빠가 회사일로 조금 늦게 출발할 수밖에 없어서, 영이와 엄마는 예정대로 목포를 거쳐 제주도로 가고 아빠는 광주에서 비행기를 타고 곧바로 제주도로 가게 되었습니다.

① 합성함수의 정의

영이의 가족여행에서 광주에서 제주도를 가는 방법은 두 가지입니다.

- 광주 ⇒ 목포 ⇒ 제주도
- 광주 ⇒ 제주도

세 집합사이에 두 개의 함수가 있어서 다음과 같이 대응하는 경우가 있습니다.

A에서 B에로의 함수를 f, f의 공역인 B에서 C에로의 함수를 g라고 하자. $a \in A$인 a의 함수값 $f(a)$는 g의 정의구역인 B에 속한다. 따라서 함수 g에 대한 $f(a)$의 함수값 (즉, $g(f(a))$을 구할 수 있다. 이와 같이 하면 A의 각 원소 a에 대하여 원소 $g(f(a)) \in C$를 대응하는 A에서 C로의 함수를 얻는다.

- 이 새로운 함수를 f와 g의 합성함수(composite function)라고 하고, $(g \circ f)$ 로 나타낸다.
  즉, $f : A \rightarrow B$이고, $g : B \rightarrow C$일 때

$$(g \circ f)(a) = g(f(a))$$

에 의하여 합성함수 $(g \circ f) : A \rightarrow C$를 정의하고 아래 그림과 나타낼 수 있다.

$(g \circ f)$

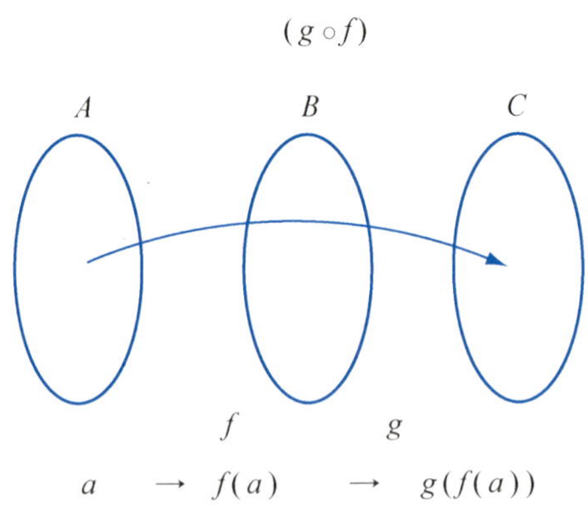

- 합성함수의 예

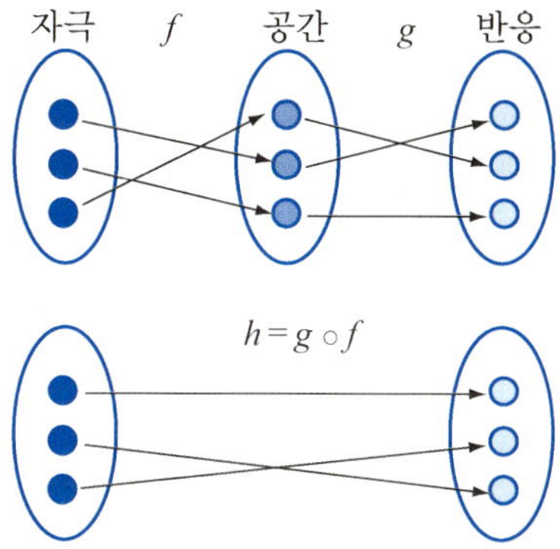

문제

실수 ℝ에서의 함수 f와 g가 $f(x)=3\times x$, $g(x)=2\times x-1$로 정의될 때 $(g\circ f)(x)$와 $(f\circ g)(x)$을 구하면 다음과 같다.

풀이 A의 원소 a는 f에 의해서 함수 B의 원소인 $f(a)=3\times a$로 간다. 그 다음에 $3\times a$는 함수 g에 의해서 C의 원소인 $g(3\times a)=2\times(3\times a)-1=6\times a-1$으로 간다.

따라서 $(g\circ f)(a)=6\times a-1$이다. 같은 방법으로

$g(a)=2\times a-1$, 그 다음에 $f(2\times a-1)=3\times(2\times a-1)=6\times a-3$이므로

$(f\circ g)(a)=6\times a-3$.

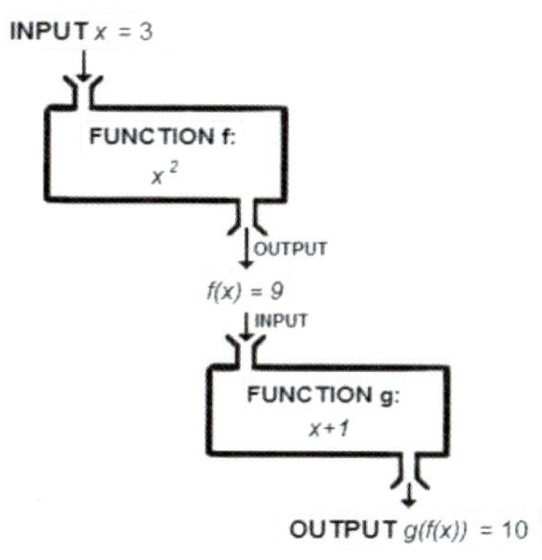

〈합성함수 기계〉

(2) 역함수

영이 가족이 제주도에서 여행을 마치고 제주도 갈 때의 코스를 바꾸지 않고 거꾸로 돌아오면, 영이 가족은 영이네 집으로 다시 돌아오게 된다.

① 원상

위에서 영이의 여행과정과 같이 집에서 출발하여 제주도에 가서 여행을 마치고, 다시 제주도를 떠나 집으로 돌아오는 과정과 같은 함수를 생각해보자.

- 함수 f를 A에서 B로의 함수, $b \in B$라 하자. b로 사상되는 A의 원소를, 즉 b를 그의 상으로 갖는 A의 원소들을 b의 원상이라고 하고,

$$f^{-1}(b)$$

로 표시한다. 다시 말하면 $f : A \to B$일 때

$$f^{-1}(b) = \{x \mid x \in A,\ f(x) = b\}$$

이다. 주의해야 할 것은 $f^{-1}(b)$는 항상 A의 부분집합이다. 여기서 보통 f^{-1}을 'f 의 역함수'라고 읽는다. 예를 들면 함수 $f : A \to B$를 아래 그림과 같이 정의하면 b와 c는 모두 x를 함수값으로 갖기 때문에 $f^{-1}(x) = \{b,\ c\}$이다. 또 y에 대응되는 것은 a뿐이므로 $f^{-1}(y) = \{a\}$이고, z의 원상 $f^{-1}(z)$는 z에 사상되는 A의 원소가 없으므로 공집합 ϕ이다.

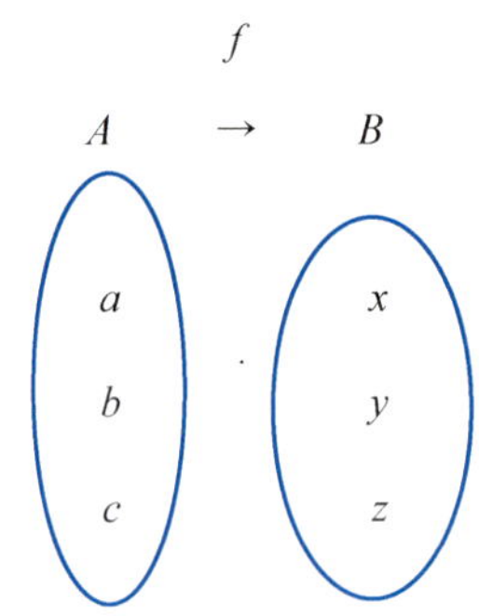

- 집합의 원상

$f : A \to B$는 임의 함수라고 하자. A의 각 원소는 B안에 그 상이 존재하므로 $f^{-1}(B) = A$, 함수 f의 치역을 $f(A)$로 나타내면

$$f^{-1}(f(A)) = A$$

특히 $b \in B$이면

$$f^{-1}(b) = f^{-1}(\{b\})$$

여기서 f^{-1}는 두 가지 의미를 갖는다. 하나는 B의 원소의 원상이라는 것이고, 다른 하나는 B의 부분집합의 원상이라는 것이다.

다음에 원상의 정의를 확장하여 보자. $f : A \rightarrow B$이고, $D \subset B$라 하면 사상 f에 의한 D의 원상을 $f^{-1}(D) = \{x | x \in A,\ f(x) \in D\}$로 정의한다. 역시 $f^{-1}(D)$도 f의 정의구역 A의 부분집합이다.

문제

$f : \mathbb{R} \rightarrow \mathbb{R}$ 가 $f(x) = x^2$으로 정의되고, 그리고

$$D = [4,\ 9] = \{x | x \leq x \leq 9\}$$

일 때 $f^{-1}(D)$를 구하여라.

풀이 $f^{-1}(D) = \{x - 3 \leq x \leq -2$ 또는 $2 \leq x \leq 3\}$

② 역함수

$f : A \rightarrow B$가 전단사함수일 때 각각의 $b \in B$에 대하여 꼭 하나의 A의 원소 $f^{-1}(b)$가 반드시 대응한다. 그러므로 f^{-1}는 B에서 A로의 함수이고, 이것을

$$f^{-1} : B \rightarrow A$$

로 표기하고, 함수f^{-1}를 f의 역함수라고 한다.

- 전단사 함수와 그의 역함수의 예

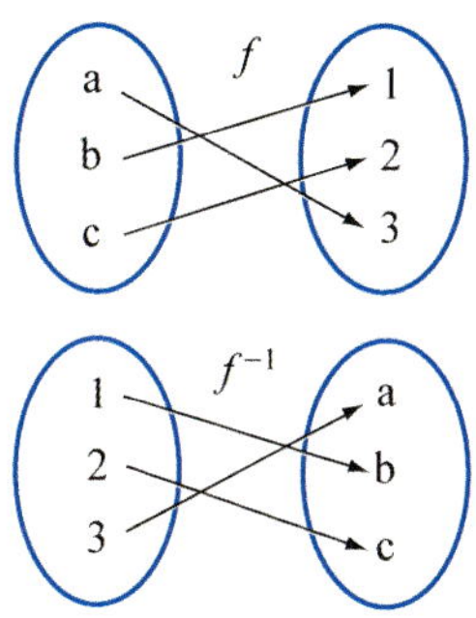

문제

$f : \mathbb{R} \rightarrow \mathbb{R}$ 가 $f(x) = 3x + 4$로 정의되면 f는 전단사함수이다.
f^{-1}의 관계식을 구하여라.

문제

$A=\{a, b, c, d\}$에서 집합 $\{(a, b), (b, d), (c, a), (d, c)\}$는 A에서 A로의 전단사함수이다. 역함수를 구하여라.

문제

함수 $f: A \rightarrow B$와 $g: B \rightarrow C$가 모두 전단사함수라면 $(g \circ f)^{-1}=f^{-1} \circ g^{-1}$임을 증명하여라.

문제

$A=\mathbb{R}-\{3\}$, $B=\mathbb{R}-\{1\}$일 때, 함수 $f: A \rightarrow B$의 관계식이

$$f(x)=\frac{x-2}{x-3}$$

라 하면 f는 전단사함수이다. 여기서 역함수 f^{-1}를 구하고, 역함수의 정의구역과 공변역을 구하시오.

풀이 $y=\dfrac{x-2}{x-3}$를 x에 관하여 풀면 $x=\dfrac{2-3y}{1-y}$, 따라서 구하는 역함수는 $f^{-1}(x)=\dfrac{2-3x}{1-x}$이다. 역함수의 정의 구역은 $B=\mathbb{R}-\{1\}$이고, 공변역은 $A=\mathbb{R}-\{3\}$이다.

문제

$f: \mathbb{R} \rightarrow \mathbb{R}$, $g: \mathbb{R} \rightarrow \mathbb{R}$ 이고, 관계식이

$$f(x)=2x+3,\ g(x)=3x-4$$

로 정의되어 있을 때, 다음을 구하여라.

(1) 합성함수 $f \circ g$와 $g \circ f$의 관계식을 구하여라.

(2) $(g \circ f)(2)=g(f(2))$와 $(f \circ g)(2)=f(g(2))$를 구해 서로 비교하여라.

(3) $f: X \rightarrow Y$, $g: Y \rightarrow Z$이고 $B \subset Z$일 때 다음이 성립함을 보여라.

$$(g \circ f)^{-1}(B)=f^{-1}(g^{-1}(B))$$

풀이 $x \in (g \circ f)^{-1}(B)$라고 하자.

$$(g \circ f)(x) \in B\text{이므로 } f(x) \in g^{-1}(B).$$

따라서 $x \in f^{-1}(g^{-1}(B))$.

역으로 $x \in f^{-1}(g^{-1}(B))$라고 하자.

$f(x) \in g^{-1}(B)$이므로 $(g \circ f)(x) = g(f(x)) \in B$.

따라서 $x \in (g \circ f)^{-1}(B)$.

(3) 항등함수

정의구역과 공변역이 똑 같고, 자기 자신끼리 대응하는 함수를 항등함수라고 하고 기호는 i로 표기한다.

- 항등함수의 예

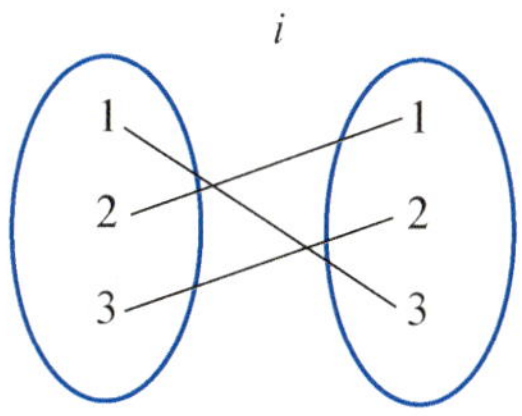

문제

함수 f와 그의 역함수 f^{-1}의 합성함수를 구하시오.

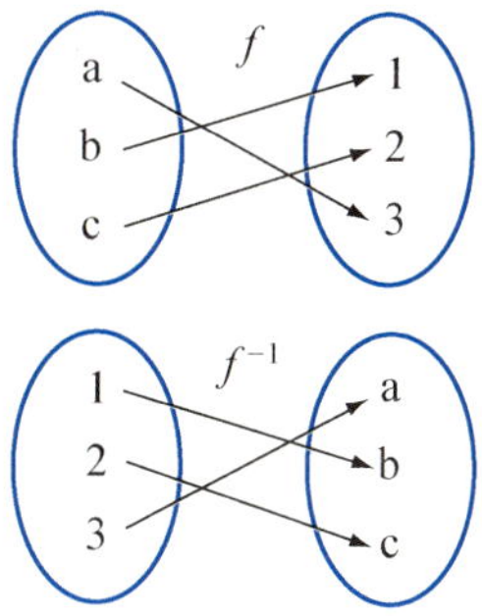

풀이 $(f^{-1} \circ f)(a) = f^{-1}(3) = a$, $(f^{-1} \circ f)(b) = f^{-1}(1) = b$,

$(f^{-1} \circ f)(c) = f^{-1}(2) = c$, $(f \circ f^{-1})(1) = f(b) = 1$,

$(f \circ f^{-1})(2) = f(c) = 2$, $(f \circ f^{-1})(3) = f(a) = 3$

따라서 $f^{-1} \circ f$ 와 $f \circ f^{-1}$는 모두 항등함수이다.

04 일차함수의 그래프

그래프(graph)란 직교좌표위에 점들을 찍어서 만든 도형을 말한다. 위에서 본 바와 같이 직교좌표 위의 점은 순서쌍으로 표현되므로, 거꾸로 말하면 순서쌍들에 대응하는 점들을 찍어서 만들어지는 도형이 그래프이다.

4.1 평면 나누기

평면에 직교좌표를 그리면 아래 그림과 같이 4개의 영역으로 나누어진다.

(1) 4개의 영역의 이름은 시계 반대 방향으로 제 I사분면, 제 II사분면, 제 III사분면, 제 IV사분면이라고 말한다.

※ 사분면은 면을 $\frac{1}{4}$씩 네 조각으로 나눈 작은 면을 뜻한다.

(2) x축과 y축의 교점의 좌표는 (0, 0)이고, 이 점을 원점이라고 부른다.

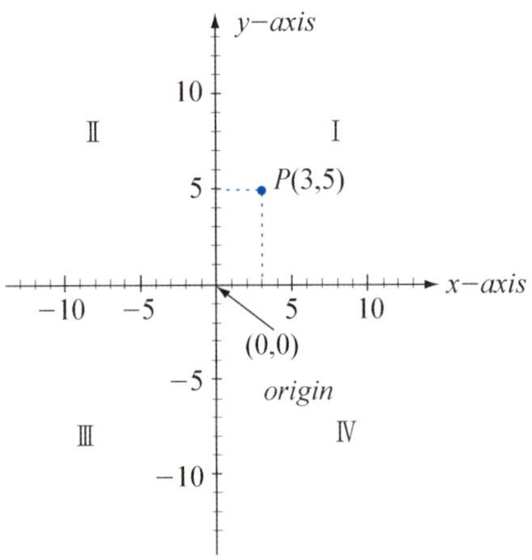

4.2 대응 표

함수에 의해서 정의구역에 있는 원소가 공변역에 있는 원소와 대응하게 된다. 이와 같이 대응하는 원소들을 표로 만든 것을 대응표라고 한다.

예를 들어서 함수가 국가를 수도에 대응시킨다면 이 함수의 대응표는 다음과 같다.

국가	한국	프랑스	미국	일본	중국	이태리
수도	서울	파리	워싱턴	동경	북경	로마

(1) 대응표와 순서쌍

순서쌍은 반드시 앞의 원소는 정의구역이 되는 국가를, 뒤의 원소는 공변역이 되는 수도를 적는다.

- 예 : (한국, 서울), (프랑스, 파리), … 등

(2) 순서쌍을 직교좌표로 옮기면 함수의 그래프가 된다.

4.3 일차함수의 그래프

- 함수 f : {자연수}→{자연수}의 관계식이 $f(x)=x+1$일 때, 대응표를 그려보자. 이 함수는 정의구역의 각 원소x가 1을 더한 $x+1$와 대응한다. 따라서 대응표는 이 된다.

x	1	2	3	4	5	6
$x+1$	1+1=2	1+2=3	1+3=4	1+4=5	1+5=6	1+6=7

- 대응표를 순서쌍으로 바꿔보자.

(1, 2), (2, 3), (3, 4), (4, 5), (5, 6), (6, 7)

(1) 그래프 그리기

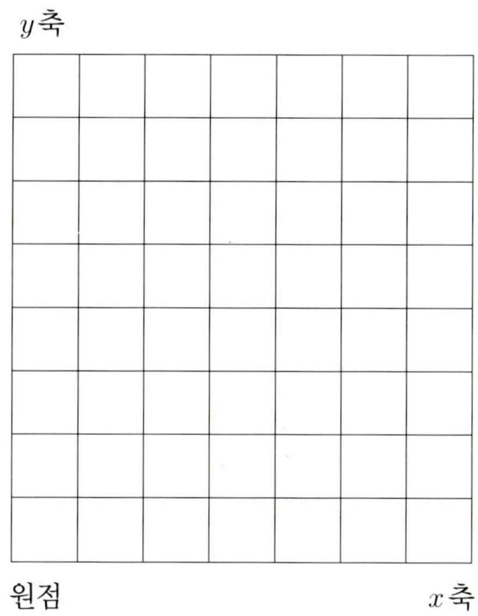

문제

함수 f : {자연수}→{자연수}의 관계식이 $f(x)=x-1$일 때, 대응표와 순서쌍을 구하고 그래프를 그려보자.

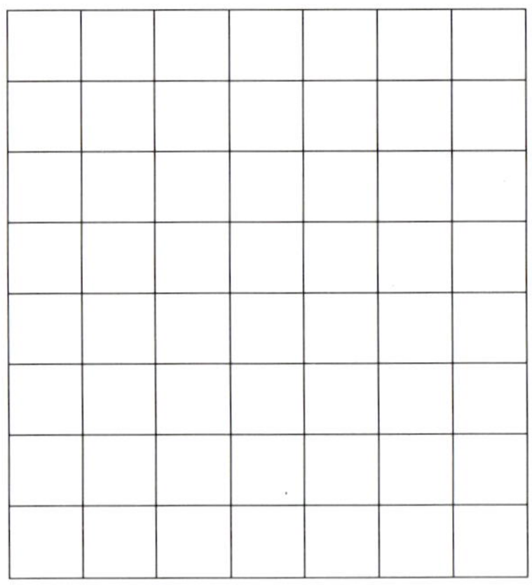

4.4 함수 $f:\mathbb{R}\to\mathbb{R}$의 그래프, $\mathbb{R}$는 모든 실수의 집합.

위에서는 정의구역과 공변역이 자연수인 경우의 그래프를 그려 보았더니 몇 개의 점들만 찍혔다. 그러나 정의구역과 공변역이 실수인 경우의 그래프는, 자연수와 자연수 사이의 모든 실수를 대응시켜서 얻어지는 순서쌍을 직교좌표에 점으로 찍는 것이므로 그래프는 아래의 그림과 같이 직선이 된다.

(1) $y=x+3$ 과 $y=x-3$의 그래프

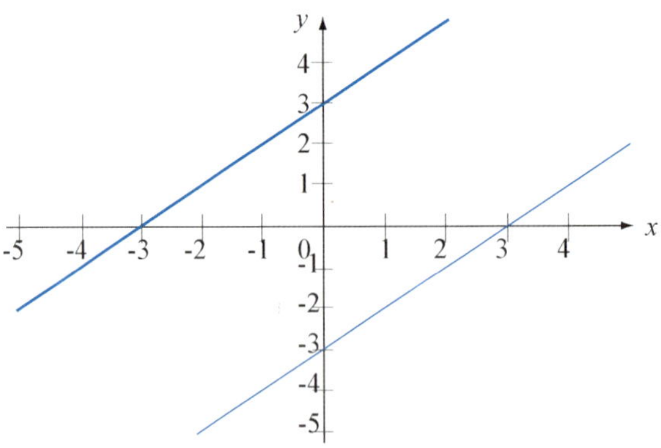

4.5 직선의기울기

차를 타고가다 보면 다음과 같은 표지판을 볼 수 있다. 이것은 길이 가파른 정도를 운전자에게 알려주는 표지판이다. 이러한 것을 수학에서는 어떻게 표현하는지를 알아보기로 한다.

(1) 직선의 기울기

위의 표지판에 나타난 길의 가파른 정도를 수학에서는 기울기라고 한다.

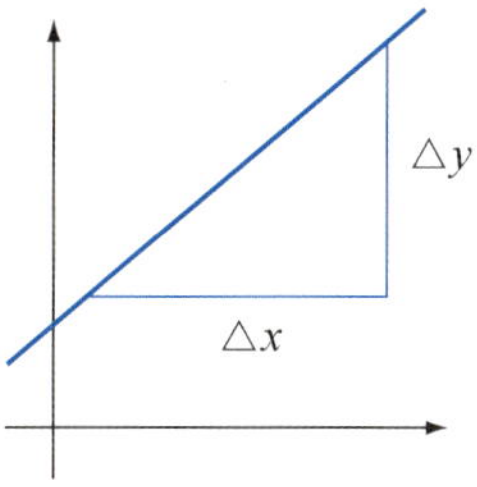

직교좌표에, 어떤 점에서 한 직선까지의 x축에 평행한 거리를 Δx라고 하고, x축에 평행한 거리를 Δy라고 할 때, $\frac{\Delta y}{\Delta x}$의 값은 언제나 똑같다. 이때

- $\frac{\Delta y}{\Delta x}$를 직선의 기울기라고 한다.

(2) 직교좌표에서 직선의 기울기

아래의 직선 $y=\frac{3}{2}\times x-1$의 기울기를 구해보면, 항상 $\Delta x=2$이고 $\Delta y=3$이다. 따라서 직선의 기울기는 $\frac{3}{2}$이다.

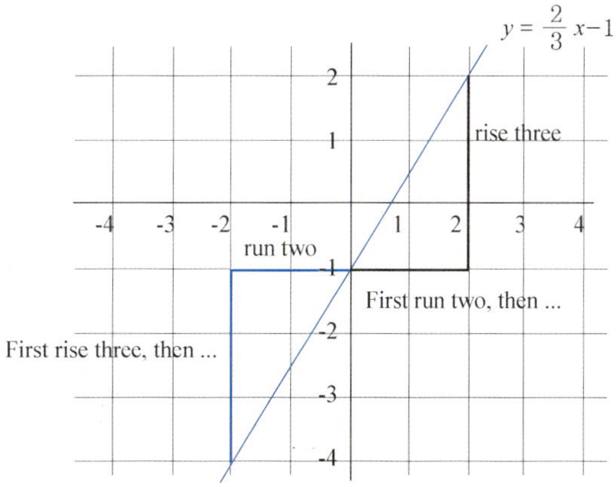

그런데 $\frac{3}{2}$은 직선 $y=\frac{3}{2}\times x-1$에서는 x와 곱해지는 수(x의 계수)와 같다.

- 일차함수 $y=a\times x+b$의 그래프인 직선의 기울기는 일차항의 계수와 같다.

(3) 직선의 기울기 구하는 방법

위의 직선위의 두 점 $(-2,-4)$과 $(2,2)$에서 x좌표는 -2에서 2까지 4만큼 커질 때, y좌표는 -4에서 2까지 6만큼 커졌다. 따라서 $\Delta x=2-(-2)$이고 $\Delta y=2-(-4)$이다. 직선이 두 점 (x_1, y_1)과 (x_2, y_2)를 지날 때, 그 직선의 기울기를 m이라고 하면,

$$m=\frac{y_2-y_1}{x_2-x_1}$$

문제

두 점 $P=(1,2)$와 $Q=(13,8)$를 잇는 직선의 기울기를 구하시오.

$$m=\frac{\Delta y}{\Delta x}=\frac{y_2-y_1}{x_2-x_1}=\frac{8-2}{13-1}=\frac{6}{12}=\frac{1}{2}$$

따라서 기울기는 $\frac{1}{2}=0.5$.

문제

두 점 (4, 15)과 (3, 21)를 잇는 직선의 기울기를 구하시오.

$$m=\frac{21-15}{3-4}=\frac{6}{-1}=-6$$

4.6 직선의 기울기와 y 절편

- 직선이 y축과 만나는 점을 y절편, x축과 만나는 점을 x절편이라고 한다.
- 따라서 일차함수 $y=m\times x+b$의 그래프의 기울기는 m이고 y절편은 b이다.

4.7 일차함수 $y=m\times x+b$ 구하기

(1) 일차함수의 그래프가 점 (x_1, y_1)를 지나고, 기울기가 m이면 $y_1=m\times x_1+b$가 성립한다. 이때 $y=m\times x+b$ 에서 $y_1=m\times x_1+b$을 같은 변끼리 빼면 다음과 같게 된다.

- $y-y_1=m\times(x-x_1)$

문제

두 점 (2, 8) 과 (3, 20)을 지나는 직선의 식을 구하시오.

풀이 기울기는

$$\frac{(20-8)}{(3-2)}=12$$

따라서 직선의 식은 기울기 12이고 한 점 (2, 8)을 지나는 직선이므로
$y-8=12\times(x-2)$이다. 즉, $y=12\times x-16$

05 반비례함수

벽에 페인트를 칠할 때, 한 사람이 칠하면 10일 걸린다고 한다. 두 사람이 칠하면 며칠 걸릴까? 세 사람, 네 사람이 칠한다면? 페인트를 칠하는 사람이 많아질수록 날짜는 짧아질 것이다. 이와 같이 함수의 독립변수의 값이 커질수록 종속변수의 값은 작아지는 함수를 반비례함수라고 한다.

5.1 반비례함수

두 수를 곱한 값이 일정하다면 한 수가 커지면 다른 수는 작아진다. 예를 들면 $x\times y=1$이라면 다음과 같은 대응표와 순서쌍이 만들어진다.

x	1	2	3	4	5	6
y	1	$\frac{1}{2}$	$\frac{1}{3}$	$\frac{1}{4}$	$\frac{1}{5}$	$\frac{1}{6}$
순서쌍	(1,1)	$(2, \frac{1}{2})$	$(3, \frac{1}{3})$	$(4, \frac{1}{4})$	$(5, \frac{1}{5})$	$(6, \frac{1}{6})$

그런데 $x\times y=1$는 x가 0이 아닌 경우에는, 양변을 x로 나누어서 $y=\frac{1}{x}$가 된다.

(1) 함수 $f:\mathbb{R}\to\mathbb{R}$ 의 관계식이 $y=\frac{a}{x}$, $a\neq 0$일 때 반비례함수라고 한다.

5.2 반비례함수의 그래프

반비례 함수 $f:\mathbb{R}\to\mathbb{R}$, $y=\frac{1}{x}$의 그래프를 그리면 다음과 같다.

- $y=\frac{1}{x}$의 그래프

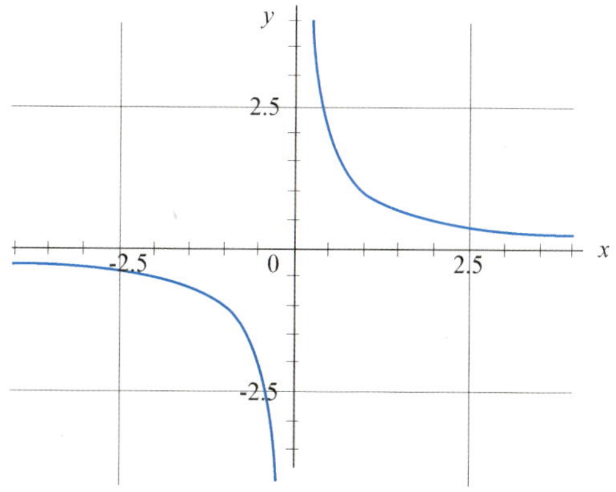

※ $y=\frac{1}{x}$ 의 그래프의 모양이 쌍둥이 곡선이기 때문에 쌍곡선이라고 부른다.
$y=\frac{1}{x-5}$ 의 그래프는 $y=\frac{1}{x}$ 의 그래프를 x축 방향으로 5만큼 평행 이동한 그래프이다.

• $y=\frac{1}{x-5}$ 의 그래프

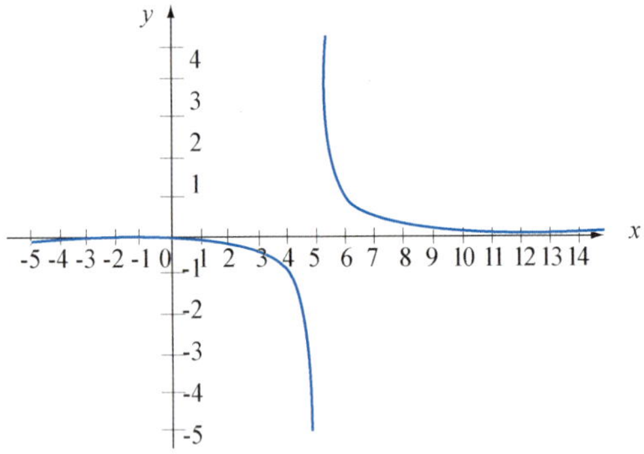

문제

$y=\frac{3}{x}$ 의 그래프를 그리시오.

풀이 대응표와 순서쌍을 만든 다음 직교좌표에 그래프를 그리시오,

x	1	2	3	4	5	6
y	3	$\frac{3}{2}$				
순서쌍	(1,3)	$(2, \frac{3}{2})$	(3,)	(4,)	(5,)	(6,)

5.3 여러 가지 반비례함수

반비례함수 $y=\frac{a}{x}$, $a\neq 0$의 그래프는 a에 따라서 위치가 달라진다.

(1) $a>0$일 때,

그래프는 I사분면과 III사분면에 있는 쌍곡선이다.

문제

[문제] 다음 그래프의 관계식을 구하시오.

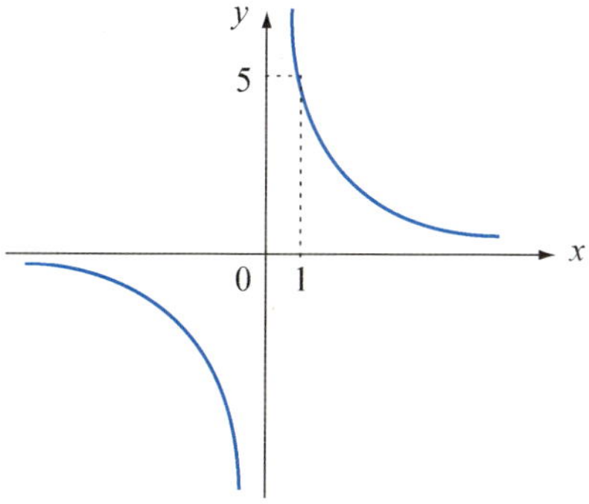

위의 그래프는 한 쌍의 곡선이므로 함수 $y=\frac{a}{x}$의 그래프이다. 그런데 점 $(1,5)$를 지나므로 $y=\frac{a}{x}$에 $x=1$, $y=5$를 대입하면, $5=\frac{a}{1}$이므로 $a=5$이다. 따라서 위의 그래프에 대한 함수의 식은 $y=\frac{5}{x}$이다.

문제

다음 그래프를 보고 함수의 관계식을 구하시오.

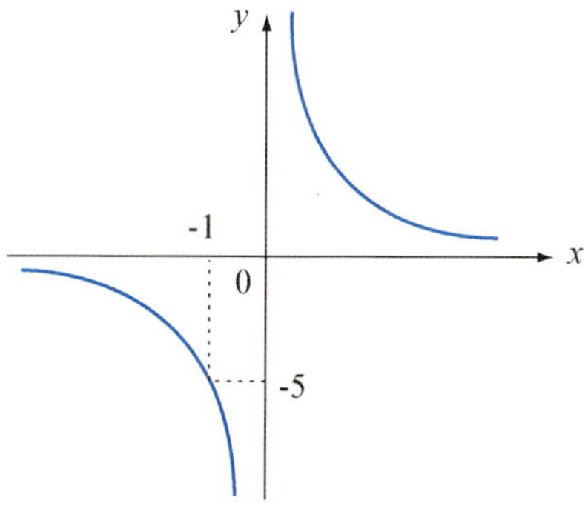

위의 그래프는 한 쌍의 곡선이므로 함수 $y = \frac{a}{x}$ 의 그래프이다. 그런데 점 $(-1, -2)$ 를 지나므로 $y = \frac{a}{x}$ 에 $x = -1$, $y = -2$ 를 대입하면, $-2 = \frac{a}{-1}$ 이므로 $a = 2$ 이다. 따라서 위의 그래프에 대한 함수의 식은 $y = \frac{2}{x}$ 이다.

문제

다음 그래프를 보고 함수의 관계식을 구하시오.

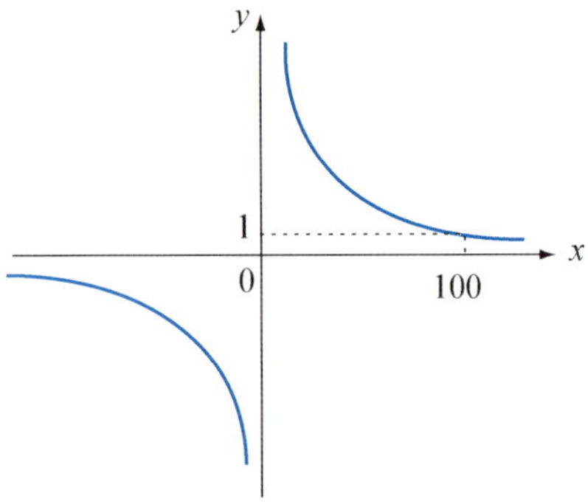

위의 그래프는 한 쌍의 곡선이므로 함수 $y = \frac{a}{x}$ 의 그래프이다. 그런데 점 $(100, 1)$를 지나므로 $y = \frac{a}{x}$ 에 $x = 100$, $y = 1$를 대입하면, $1 = \frac{a}{100}$ 이므로 $a = 100$ 이다. 따라서 위의 그래프에 대한 함수의 식은 $y = \frac{100}{x}$ 이다.

(2) $a < 0$일 때,

그래프는 II사분면과 VI 사분면에 있는 쌍곡선이다.

문제

다음 그래프를 보고 함수의 관계식을 구하시오.

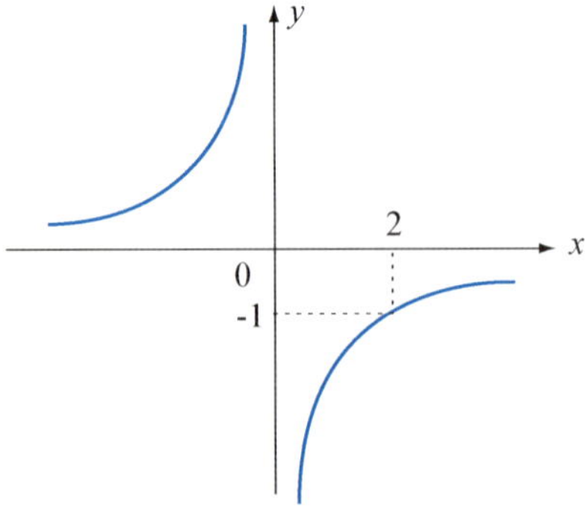

위의 그래프는 한 쌍의 곡선이므로 함수 $y=\frac{a}{x}$의 그래프이다. 그런데 점 $(2,-1)$를 지나므로 $y=\frac{a}{x}$에 $x=2$, $y=-1$를 대입하면, $-1=\frac{a}{2}$이므로 $a=-2$이다. 따라서 위의 그래프에 대한 함수의 식은 $y=\frac{-2}{x}$이다.

5.4 함수 $y=\frac{a}{x}$의 활용

반비례 함수를 활용하여 생활 속의 문제를 해결할 때는 다음과 같은 절차를 따른다.

(1) 변하는 두 양 사이에 반비례 관계가 있는지 알아본다.

(2) 무엇을 변수 x, y로 할 것인지 정한다.

(3) x와 y사이에 함수관계가 있는지 알아본다.

(4) $y=\frac{a}{x}$의 꼴로 나타낸 후 문제를 해결한다.

문제

가로의 길이가 $x$cm, 세로의 길이가 $y$cm인 직사각형의 넓이가 15cm^{2}일 때 x와 y사이의 관계식은 $xy=15$이므로 $y=\frac{15}{x}$이다.

x, y가 양수이므로 그래프로 나타내면 다음과 같다.

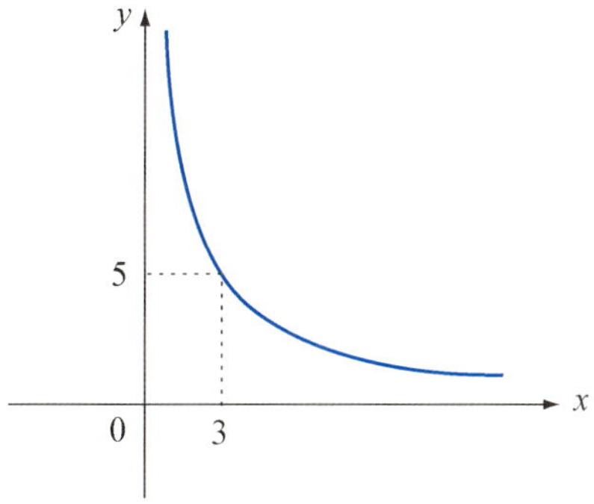

문제

25km의 거리를 시속 $x$km로 달렸을 때 걸린 시간이 y시간이라고 하면 $(시간)=\frac{(거리)}{(속력)}$이므로 $y=\frac{25}{x}$가 성립한다. x, y가 양수이므로 그래프를 그리면 다음과 같다.

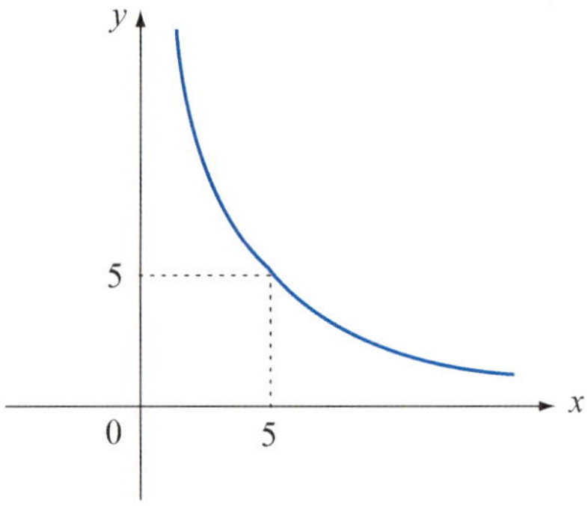

문제

아래와 같이 두 개의 톱니바퀴가 있다.

큰 바퀴의 톱니 수는 50, 작은 바퀴의 톱니 수는 x이다. 큰 바퀴가 2번 회전할 때, 작은 바퀴의 회전 수 y를 x의 식으로 나타내고 그래프를 나타내면 다음과 같다. 주어진 조건에서

$$50 : x = y : 2,\ \ x \times y = 100 \text{ 이므로 } y = \frac{100}{x}$$

x, y가 양수이므로 구하는 그래프는 다음과 같다.

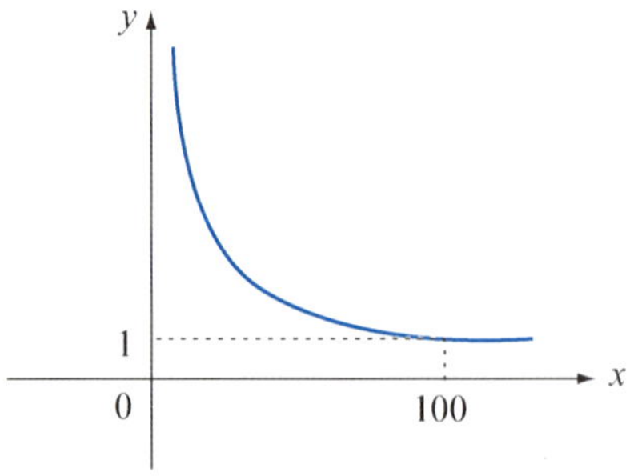

06 역함수의 그래프, 공간좌표

전단사함수는 항상 그의 역함수를 가진다. 다음과 같은 전단사함수 $f : \{a, b, c\} \to \{1, 2, 3\}$가 있다. 그러면 함수 f의 역함수는 밑에 있는 그림과 같다.

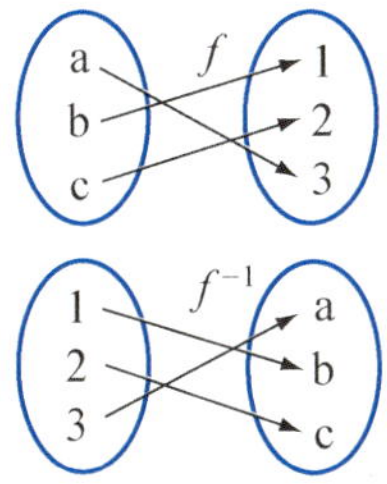

6.1 직교좌표에서 역함수의 그래프

위의 함수 f에서의 순서쌍은 $(a, 3)$, $(b, 1)$, $(c, 2)$이고, 역함수 f^{-1}의 순서쌍은 함수 f의 x좌표와 y좌표를 바꾼 $(1, b)$, $(2, c)$, $(3, a)$이다. 따라서 직교좌표에서 역함수의 그래프는 직선 $y = x$을 대칭축으로 하는 대칭인 그래프가 된다.

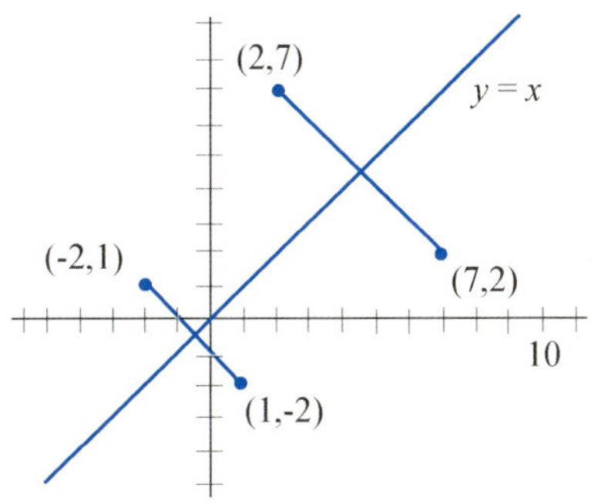

따라서 함수 $f(x)$의 역함수가 $g(x)$라고하면, $f(x)$와 $g(x)$의 순서쌍에 대응하는 점을 연결하여 그래프를 그리면 아래 그림과 같이 직선 $y = x$을 대칭축으로 하는 대칭인 그래프가 된다.

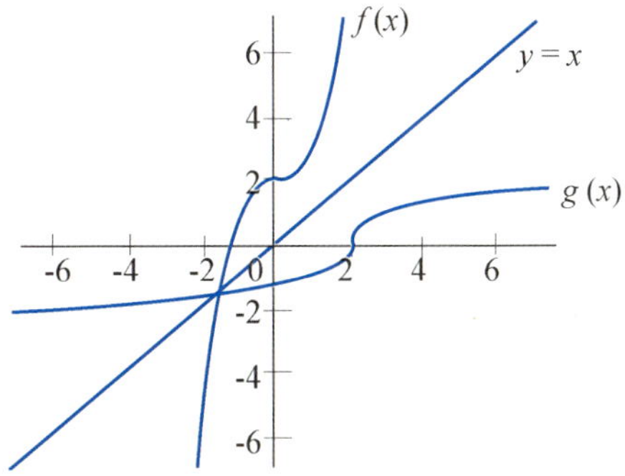

문제

$y=-2x+3$의 그래프를 그리고, 역함수의 그래프를 그리시오.

풀이 $y=-2x+3$의 역함수는 x 와 y를 바꾸면 되기 때문에, $x=-2y+3$이다. 따라서 이 식을 고치면, $y=\frac{1}{2}x+\frac{3}{2}$이 되고, 역함수의 그래프는 빨간 직선이다. 그림을 잘 관찰하면 $y=-2x+3$의 그래프와 역함수 $y=\frac{1}{2}x+\frac{3}{2}$의 그래프는 직선 $y=x$을 대칭축으로 하는 대칭인 그래프인 것을 알 수 있다.

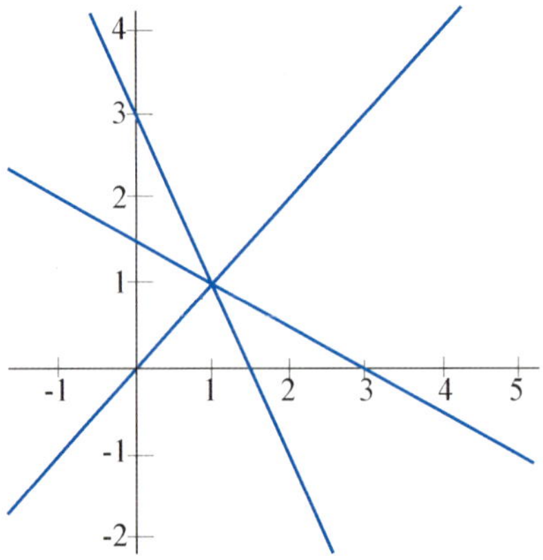

07 일차방정식

일차함수에서 $y=0$인 경우에는 a, b가 상수(이미 알고 있는 수)인 등식 $a\times x+b=0$이 된다. 이때 $a\times x+b=0$을 x가 미지수(앞으로 구해야 되는 수)인 일차방정식이라고 하며, 등식 $a\times x+b=0$을 참이 되게 하는 x의 값을 그 '일차방정식의 해'라고 한다.

7.1 문자와 식

과학으로서의 수학은, 특정한 대상의 언급을 피하고 어떤 대상 또는 임의의 대상에 관한 명제를 증명한 그리스인들에 의해서 시작되었다. 그러나 그들의 연구는 수론, 도형과 비례에 한정되었으며, 그 후에는 '어떤 또는 임의의 대상'에 관한 아이디어가 특정 수열 대신에 문자를 사용하는 대수학으로 전이되었다. 디오판투스에서 16세기말까지는 약어를 사용해서 미지수를 대신하였으며, 비에트(2부 5장 1절의 서론 참조)가 미지수뿐만 아니라 주어진 수와 양을 문자를 사용하기 시작하였다.

7.1.1 문자의 사용

기하학(도형)과 대수학(수와 연산) 등에서 사용하는 문자는 기호로서 계산의 대상이기도 하지만 수학적인 언어에 일반성, 유연성, 정확성을 부여하면서 다음과 같은 경우에 사용된다.

(1) 미지수

미지수는 이미 그 값이 정해져있지만 아직 알지 못하는 값을 나타내는 기호로서, 보통 빈칸, 네모 칸, 물음표, 문자 x 등을 사용해서 나타낸다.

(2) 공식

사다리꼴의 넓이 공식, 수열의 규칙 등과 같이 복잡한 수학적 사실들을 문자를 사용해서 간단한 공식으로 나타낸다.

(3) 상수

방정식이나 함수의 계수나 상수항과 같이 논의되는 상황에서 어떤 특정한 것을 나타내지만 일반적인 값을 나타내는 기호이다.

(4) 변수

어떤 집합의 원소를 임의적으로 동시에 표현하는 다가명사로서, 자리지기로서 사용되는 기호이다.

- 상수도 변수처럼 사용할 때가 있다.
- 방정식이나 부등식을 명제함수로 간주한다면 미지수도 변수로 볼 수 있다.
- 점 P, 삼각형 ABC, 원 O, 함수 f 등은 특정한 대상을 지적하지 않는 것이므로 변수로 볼 수 있다.
- 집합표현에서 $\{x \mid p(x)\}$에서 x 대신 다른 문자를 사용할 수 있으므로 이때의 x를 꼭두각시 변수라고 한다.
- 특정한 수나 연산대신 사용된다. 예를 들면 원주율 π, 허수 i, 수열의 합 Σ 등이 있다.
- 변수는 $x \to 2$와 같이 동적인 면과 $A \cap B = B \cap A$와 같이 정적인 면이 있다.

(5) 문자식

문자식은 수와 문자를 계산 기호, 관계기호 또는 괄호와 결합시켜서 수학적인 관계를 나타내는 식이다. 특히 대수학(수와 연산)은 이러한 문자의 조작이고, 수학의 다른 분야에서도 문자식은 수학의 언어로 학습하기위해서 꼭 필요한 것이다.

7.2 문자와 식의 지도

고대 그리스 수학자들은 그 이전의 실용수학의 내용을 다음과 같은 관념으로 일반화, 추상화하였다.

(1) 수 = 막대의 길이

(2) 두 수의 곱 = 직사각형의 넓이

(3) 제곱 = 정사각형의 넓이

물론, 이러한 관념이 음수와 허수를 인정할 수 없어서 수학의 발전에 걸림돌이 되기는 하였으나, 거꾸로 음수와 허수를 다루지 않는 단계의 학생에게는 그들의 관념을 따라서 지도하면 된다. 즉, 문자식의 지도는 다음과 같은 관념을 기초로 한다.(2부 II장 3절 참조)

(1) 변수 = 막대의 길이

(2) 두 변수의 덧셈 = 두 막대의 길이의 합

(3) 두 변수의 곱셈 = 직사각형의 넓이

(4) 제곱 = 정사각형의 넓이

7.2.1 □의 의미 지도

미지수를 포함하는 식에서 미지수는 빈칸, 네모 칸 □, 물음표, 문자 x 으로 나타낸다. 2007개정교육과정의 6학년에서 문자 x 사용을 하도록 하고 있다. 미지수를 포함하는 등식 $\square+3=6$ 에서 □는 다음과 같은 두 가지의 의미를 가진다.

(1) □를 모르는 상수, 즉 미지수로 보는 것이다. 이때 이 등식은 방정식이 된다. 이때 □는 역연산이나 등식의 성질을 이용하여 구한다.

(2) □에 여러 가지 수를 대입하는 경우, 즉 변수로 보는 것이다. 이 식의 □에 어떤 수를 넣느냐에 따라 등식은 참이냐 거짓 중의 하나가 된다. □나 △를 변수로 보는 것은 매우 중요한 의미를 가진다. 예를 들어,

(속도) × (시간) = (거리)
(단가) × (수량) = (가격)
(가로) × (세로) = (직사각형의 넓이)

등은 모두 □×△=○의 관계이다.

(3) □와 △ 모두를 변수로 인식하면 이 식은 이변수함수가 된다.

(4) 어느 하나를 일정하게 하면, 즉 □를 일정하게 하면 △와 ○는 비례관계가 되고, ○을

일정하게 하면 □와 △는 반비례관계가 된다.

현행 교육과정에서 두 가지 의미 중 모르는 상수로서 □를 지도하는데 초점을 두고 있다. 교육과정에 따르면 □의 의미에 대한 지도는 1학년과 2학년에서 다루어지고 있다.

- 1학년에서는 덧셈식과 뺄셈식에서 □의 의미를 이해하고 □가 들어있는 덧셈식과 뺄셈식을 만드는 것을 학습한다.
- 2학년에서는 어떤 수를 □로 나타내는 것을 학습하는 것으로 되어 있다. □의 의미 지도는 구체적인 상황에서 시작된다.
- 특히 학생에게 조작활동을 요구할 경우에는 빈칸, 네모 칸 □, 물음표, 문자 x 대신 여러 종류의 막대를 사용하면 좋다.

7.2.2 미지수 구하기

미지수를 포함하는 식을 □를 사용해서 나타내는 방법을 학습한 후 2-학년에서는 □를 구하는 방법을 지도한다.

(1) 덧셈식, 뺄셈식

□를 사용한 덧셈식과 뺄셈식은 등식의 성질을 이용한다. 활동으로는 등식을 양팔 저울로, 등호를 저울이 수평이 되는 상태로 전환하면 된다.

- $23+\square=28 \Leftrightarrow 28-23=\square$
- $\square+12=25 \Leftrightarrow 25-12=\square$
- $\square-450=50 \Leftrightarrow \square=450+50$
- $48-\square=23 \Leftrightarrow 48-23=\square$

이 경우에도 □ 대신 막대를 놓고 움직이면서 생각하도록 지도한다.

(2) 곱셈식(2부 II장 2.5.2 절 참조)

- 곱하는 수가 미지항인 경우
  $4\times\square=24$는 퀴즈네어 막대로 24(10막대 2개와 4막대를 붙여서 표현한다)를 표현하고 4막대(보라색 막대)가 몇 번 채워지는지를 알아보도록 지도한다.
- 곱하는 수가 미지항인 경우
  $\square\times3=15$는 퀴즈네어 막대로 15(10막대와 5막대를 붙여서 만든다)를 표현하고 4 막대(보라색 막대)가 몇 번 채워지는지를 알아본다.

7.2.3 지도의 실제

(1) 7년 전에 A의 나이는 B의 나이의 3배이었고, 7년 후에는 A의 나이는 B의 나이의 2배가 된다고 한다. 두 사람의 나이는 얼마인가?

풀이 문제를 막대 그림으로 나타내어 보자.(아래의 식을 막대로 표현하자)

$A-7=(B-7)+(B-7)+(B-7)$

$=B+B+B-7-7-7$

따라서 $A=B+B+B-14$

$A+7=(B+7)+(B+7)$

$=B+B+7+7$

따라서 $A=B+B+7$

그러므로 $B+B+B-14=B+B+7$

양변에서 B를 두 개씩 없애면 $B-14=B+7$ 즉, $B=21$이고

A는 $21\times2+7=49$

(2) 영화를 관람하는데 어른의 티켓 값은 8000원이고 어린이의 티켓 값은 6000원이다. 오전에 티켓이 39장 팔렸고 티켓 값은 282000원이었다. 어른이 몇 명 입장하였는가?

풀이 문제를 막대 그림으로 나타내어 보자.(아래의 식을 막대로 표현하자)

어른 인원수 : A, 어린이 인원수 : B

$A+B=39$이고 $8000\times A+6000\times B=282000$원이다.

양변에 2000을 나누어 주면 $4\times A+3\times B=141$이다.

$B=39-A$이므로 $4\times A+3\times(39-A)=141$이다.

$4\times A-3\times A+117=282$이고 $A=141-117$이므로 $A=24$이고 $B=15$이다.

어른은 24명이다.

(3) 어제 바람이 심하게 불 때, 철수는 집에서 자전거를 타고 공원에 갔다 왔다. 갈 때는 바람을 안고 갔기 때문에 평균 시속 12km로 갔고, 올 때는 바람이 등 뒤에서 불었기 때문에 평균 시속 18km로 왔는데 왕복 4 시간이 걸렸다. 집에서 공원까지 거리는 몇 km인가?

풀이 문제를 막대 그림으로 나타내어 보자.(아래의 식을 막대로 표현하자)

갈 때 시간 : A, 올 때 시간 : B

$A+B=4$이고 $12\times A=18\times B$이므로 양변을 6으로 나누어주면 $2\times A=3\times B$이다.

$A=4-B$이므로 $2\times(4-B)=3\times B$이다. 풀어보면 $8-2\times B=3\times B$이므로 양변에 $2B$를 더해 주면 $5\times B=8$이다. 따라서 $B=\frac{8}{5}$이고 $A=\frac{12}{5}$이다. 집에서 공원까지 거리는 $12\times\frac{12}{5}=\frac{144}{5}=28\frac{4}{5}$km이다.

08 문제해결

문제해결 영역은 수학의 이론을 바탕으로 주어진 문제를 풀어가는 것을 말한다. 그를 위해서는 문제가 무엇인가를 알아본 다음, 그 문제를 풀어갈 방법을 찾아보기로 한다.

8.1 문제

문제란 주어진 현재의 상태와 원하는 상태, 표준상태와의 간극의 인식상태를 말하고, 대부분의 문제는 그 간극을 채워 주는 여러 가지 해법이 존재하지만, 그 해법을 즉각적으로 동원할 수 없는 상태를 말한다. 그리스어인 'problēma'는 '앞에 내던져진 것'을 의미한다. 제기된 문제는 해결하게 되고 그 해결은 다시 새로운 문제를 계속 던지게 되므로 사람들은 스스로가 해결할 수 있는 것만을 문제로 제기한다고 한다. N.하르트만은 아리스토텔레스의 학문적 사고방식에서 해결할 방도가 없는 난해한 문제(aporia)를 발견하는 철학으로서 문제학을 제기하였다. J.듀이는 불명확한 정황을 일정한 방향으로 변형시키려 할 때 문제가 발생하고 이 문제적 정황에서 해결된 사태로의 이행에 '탐구의 논리'가 성립된다고 하였다. 따라서 문제에는 목표와 장애 요인, 해결자의 의식이 있어야한다. 목표는 문제가 의도한 상태가 무엇인지에 대한 진술이다. 장애요인이란 그 목표에 즉각적으로 도달할 수 없게 만드는 요인이다. 따라서 어떤 상황이 개인에 따라 문제가 되거나 되지 않을 수 있고 중대한 문제나 사소한 문제가 될 수 있다.

8.1.1 문제의 형태

수학적 문제해결에서는 문제가 수식이 아닌 문장으로 만들어지는 경우가 대부분이다. 이러한 문장제는 문장으로 나타낸 수학문제로 교과서의 문장제는 광범위한 일상생활에서 일어나는 현상에 의문을 가지고 그것을 수학문제로 해결하려는 적극적인 어린이의 육성을 목표로 하고 있다. 문장제는 이와 같은 문제의 모델을 생각하고 실제지도에서 어린이들을 둘러싸고 있는 실제의 살아 있는 문제를 지도하는 것이 바람직하다. 따라서 문장제의 지도 목표는 문제해결의 기능뿐만 아니라 그 배후에 잠재해 있는 원리와 아이디어를 통찰할 수 있는 능력을 기르려는 것이다. 문제는 일상적인 문제와 비일상적인 문제, 명확한 문제와 모호한 문제 등으로 나눌 수 있다.

(1) 일상적인 문제 비일상적인 문제

"$589 \times 45 =$ ___"는 보통 성인들에게는 쉬운 문제이다. 이와 같이 문제를 해결하는 방법은 이미 알고 있으면서 실행에 옮기는 일만 남은 것을 일상적인 문제라고 한다.

(2) 비일상적인 문제

문제에 직면한 당사자가 아예 그 문제를 해결할 방법을 모르는 상태를 말한다. 수학교육에서 말하는 문제란 그러한 비일상적인 문제이다.

(3) 명확한 문제

주어진 문제의 상황, 목표, 활용 가능한 방법이 명확하게 주어진 문제를 말한다. 예를 들면, 다음과 같은 물병문제이다.

- $21L$, $127L$, $3L$짜리 세 개의 빈 물병이 있다. 물은 무한량이 있다. 세 물병을 이용하여 $100L$를 담아보시오.

(4) 모호한 문제

주어진 상황, 목표, 활용 가능한 방법이 명확하지 않은 문제를 말한다.

- 사진 한 장을 주면서 "이 사람을 찾아오시오."

8.2 문제해결

2000년에 발간된 NCTM의 "학교수학의 원리와 규준"에서 모든 학생은 주어지는 양적인 문제를 상상력, 통찰력을 동원하여 사고하고 해결하는 방법을 배우도록 권장하고 있다. 1992년 우리나라의 6차 수학과 교육과정에서도 문제해결력의 육성을 강조하고 있다. 최근에 문제해결지도가 강화되고 있는 것은 고도정보화사회에 대응하려는 수학교육의 요구에 따른다. 문제해결이란 목표 상태와 현재상태간의 차이를 줄이는 일련의 사고와 행동을 말하고, 그러한 일련의 사고와 행동을 발견하는 것이 문제를 해결한 것이므로 문제해결이란 목표지향적인 행동 또는 조절의 한 요소이다. 문제의 대상, 속성, 상태 공간, 연산, 선택준거 등으로 문제를 다양한 성분으로 분해하는 것이 효율적인 문제해결 방안이 된다. 이와 같이 문제의 영역을 분석하고 표현하는 방법을 바꾸면 문제해결은 더욱 쉬워지게 된다. 문제해결 전략에는 다음의 내용이 포함되어야 한다.

(1) 추상화

실제의 문제에 적용하기에 앞서, 모델을 설정하여 문제를 해결해 본다.

(2) 유추

유사한 문제를 해결한 방법을 사용한다.

(3) 브레인스토밍(brainstorming)

특히 학생집단이 큰 경우에는 학생 각자의 해결책이나 아이디어를 결합, 발전시켜서 최적의 해법을 찾게 한다. 브레인스토밍은 만들어 내는 아이디어가 많을수록 주어진 문제에 대한 적합한 해답을 찾을 가능성이 커진다는 전제하에서 실행되며, 다음의 세 단계로 이루어진다.

- 아이디어의 창출
- 그 아이디어를 분석
- 행동계획수립

또한 브레인스토밍의 장점은 다음과 같다.

- 짧은 시간 내에 많은 아이디어를 창출한다.
- 창의적이고 자발적인 사고를 가능케 한다.
- 타인의 아이디어에 편승하거나 확장하게 한다.

브레인스토밍은 다음과 같은 순서로 진행한다.

1 단계 : 주어진 문제를 '무엇을, 어디에서, 언제, 얼마나'의 형태의 문제로 바꾼다.

2 단계 : 집단이 10명을 초과하면 소집단으로 나눈다.

3 단계 : 각 집단의 기록자를 정한다.

4 단계 : 브레인스토밍의 다음과 같은 목적과 규칙을 설명한다.

○ 가능한 한 많은 아이디어를 만들어라. 아이디어가 많을수록 이길 가능성이 높아진다.

○ 남의 의견을 비평하거나 평가하지 말고 판단을 유보한다.

○ 당돌한 방법으로도 생각한다. 당돌한 생각은 또 다른 당돌한 생각을 낳는다. 새로운 아이디어를 생각해내는 것보다 당돌한 아이디어를 잘 다듬는 것이 더 쉽다.

○ 아이디어들을 연합, 확장, 대입, 삭제, 역, 유추한다.

5 단계 : 기록자는 모든 아이디어를 기록한다.

6 단계 : 각 집단 내에서 익숙하지 않은 항목이나 아이디어를 토론하여 명확하게 한다.

7 단계 : 각 집단에서는 가장 적합한 아이디어를 선택하는 규준을 만들고 그 규준에 따라 각 아이디어를 평가한다.

8 단계 : 선택된 아이디어를 실행할 단계를 정한다.

(4) 문제의 분해

크고 복잡한 문제를 자고 해결 가능한 문제로 나누어 본다.

(5) 가설검정

문제에 대한 가능한 모든 해법을 추측하고 그 추측을 증명하거나 반박해 본다.

(6) 중간분석

목표에 접근해가는 각 단계를 설정하고, 각 단계에서의 해법을 탐구한다.

(7) 해법을 알고 있는 다른 문제로 변형한다.

(8) 시행착오

정답을 찾을 때까지 가능한 해법을 시험한다.

8.3 NCTM(2000)의 문제해결 규준

유치원부터 고3까지 다음과 같은 프로그램을 적용한다.

(1) 문제해결을 통한 수학적 지식을 쌓는다.

(2) 수학과 다른 교과에서 발생하는 문제를 해결한다.

(3) 문제해결의 다양한 방법을 적용하게 한다.

(4) 수학적 문제해결 과정을 모니터하고 반성하게 한다.

또한 문제해결 전략에는 다음 사항을 포함하도록 하였다.

- 수학은 추리와 증명이 기초임을 인식한다.
- 수학문제의 답을 어림하면서 조사한다.
- 수학문제에 대한 토론과 증명 능력을 발전시키고 평가한다.
- 다양한 타입의 추론과 증명의 도구를 선택하여 사용한다.

문제해결은 학교수학의 초석이므로, 학생에게 좋은 문제를 제공하여 수학의 중요한 아이디어를 탐구하고 다양한 전략과 수학적 성질과 그들의 관계를 이해하고 적용하도록 지도해야 한다.

09 폴리아의 문제해결

폴리아(G. Polya, 1887-1985)는 헝가리 출신의 저명한 수학자로서, 1924년에 무늬를 무시하면 테셀레이션의 방법이 17가지뿐임을 증명한 것으로도 유명하다. 폴리아의 수학교육관은 다음과 같다.

- 가르친다는 것은 과학이 아니라 예술이다. 만일에 그것이 과학이라면 가르치는 최선의 방법이 있을 것이고, 모든 교사가 그 방법으로 가르쳐야 할 것이다. 그러나 그 것은 과학이 아니기 때문에 교수법의 개인차가 매우 크다. 교수법에서 가장 중요한 것

은 활동성, 즉 활동적 학습이고, 특히 수학교수법에서 중요한 것은 문제해결전략을 개발하는 것이다.

9.1 폴리아의 문제해결 원리

폴리아는 그의 저서 '어떻게 문제를 풀 것인가?'에서 문제를 해결하기 위한 기본적인 전략과 네 가지 원리를 제시 했다. 또한 학생들이 문제를 해결하는데 도움이 되는 질문 내용과 학생이 자기 자신에게 질문할 내용을 광범위하게 설명하였다. 우선 폴리아의 문제해결의 네 가지 원리를 나열하기로 한다.

9.1.1 문제의 이해

교사는 학생들에게 다음과 같은 질문을 해야 한다.

- 문제에서 진술되고 사용되어진 모든 단어들을 이해할 수 있는가? 그렇지 않다면, 목차나, 사전 혹은 그것들을 발견할 수 있는 소재를 찾아보아라.
- 구하고자 하는 것이 무엇인가?
- 자신의 언어로 문제를 재 진술 할 수 있는가?
- 문제를 진술하는 다른 방법이 있는가?
- 핵심어의 진정한 의미는 무엇인가? 그것의 정의는 무엇인가?
- 문제를 명확하게 설명할 수 있는 예제를 제시할 수 있는가?
- 문제를 이해하는데 도움을 주는 그림이나 표를 생각할 수 있는가?
- 답을 찾을 수 있을 만큼 충분한 정보가 있는가?
- 관계없는 정보가 있는가? 그것이 문제가 되는가?
- 문제해결을 위해서 알아야하는 지식이 무엇인가?

9.1.2 계획 수립

문제해결을 위한 계획을 수립한 후에는 계획을 실천하기 위한 실질적인 노력이 수반되어야 한다. 구체적인 실천목록은 다음과 같다.

- 대수적 사실을 이용
- 예상과 확인
- 표 만들기
- 부분적으로 해결된 문제 회상하기
- 유사 문제를 해결하기
- 대칭 이용
- 비둘기집 원리 이용
- 규칙성 찾기
- 그림 그리기
- 이미 해결된 비슷한 문제 생각하기
- 교구활용
- 거꾸로 풀기

- 특수한 경우를 해결하기
- 직접적인 증명
- 방정식을 이용하여 풀기
- 공식 이용
- 자신만의 방법으로 해결하기

9.1.3 계획 실행

수립한 계획을 자신의 모든 지식을 활용하여 식을 세우고 정확하게 계산한다. 수학에서의 문제해결 과정은 그 문제해결을 위한 하위개념들을 회상하여 조직하는 것이 가장 중요하다. 그러한 방법을 분석법이라 부른다.

9.1.4 반성

실행에서 얻은 답이 옳은지를 확인하고, 해결과정에서의 자신의 생각을 분석해보고 문제를 해결하는 핵심을 확인하는 반성과정은 자신의 이해 정도와 해결능력의 수준을 점검하는 데에 중요하다. 반성과정은 학생이 접해본 적이 없는 문제를 해결하는 데에 영감을 떠올리는 능력(수학적 힘)을 얻는 방법이다. 이에 대하여 프랑스 수학자이자 철학자인 앙리 푸엥카레 Henri Poincare(1854-1912)는 다음과 같이 말하였다.

유사한 문제의 해결방법을 예측할 수 없었거나 확실성이 부족해서, 시행착오의 복잡한 계산과정을 거쳐 결과를 얻을 때까지에 겪은 고난은 가장 값진 것이다.

푸엥카레는 만약 수학적 힘을 증가시키는 안목과 경험을 얻지 못한다면, 단지 문제만 해결하는 것은 근본적으로 의미 없는 것이라 느꼈다. 문제해결과정에서 얻은 무언가가 있다면, 문제를 완벽하게 해결한 후 자신에게 다음과 같은 질문을 해본다.

- 무엇이 이 문제를 해결하기위한 효과적인 계획을 고안하게 한 핵심 요소인가?
- 이 문제를 해결하기 위한 더 단순한 전략을 생각 할 수 있는가?
- 이 문제를 해결하기 위해 좀 더 효과적이고 강력한 전략을 생각할 수 있는가?
- 이 문제를 해결하기 위해 어떤 다른 전략을 생각할 수 있는가?
- 효과적인 공격의 계획에 적용할만한 다른 전략을 찾을 수 있는가?

9.2 문제해결전략

이 절에서는 계획수립 단계에서 설정한 전략 중에서 몇 가지를 선택하여 구체적인 예를 통하여 설명하기로 한다. 나머지의 전략은 폴리아(Polya, 1995)를 참고하세요.

(1) 예상과 확인

문제에서 주어진 조건을 만족하는 어떤 사실을 예상하고 확인하는 방법이다. 만일 그 사실이 문제를 만족하지 못하면 다른 사실을 예상하고 확인한다.

문제

왼편의 수의 규칙과 같도록 오른편의 □를 채우시오.

	⑧				⑯	
2		6		□		□
⑭	12	⑱		⑪	□	⑮

① 문제의 이해

왼편의 원안의 수는 바로 근처의 두수의 합이다. 따라서 오른편의 □안의 수를 a, b, c 라고 하면 $a+b=16$, $a+c=11$, $b+c=15$이어야 한다.

② 계획 수립

우선 둘째 줄의 수들의 합이 16이 되도록 한 다음에 나머지 수들을 확인한다.

③ 계획의 실행

추측과 검토의 전략으로 해결하기 위해서, 우선 $a=10$, $b=6$이라고 추측해 보자. 즉,

	⑯	
10		6
⑪	□	⑮

이 추측이 맞는가를 확인해 보자. 그런데 $6+9=15$이므로 □ $=9$로 놓으면 $10+9$는 11이 아니다. 다시 추측해본다. 이번에는 6과 10을 바꾸어 적는다. 즉,

	⑯	
6		10
⑪	□	⑮

이 추측이 맞는가를 확인해 보자. $10+5=15$이므로 □ $=5$로 놓으면 $6+9=11$이다.

④ 반성하기

왼편 수들의 규칙을 알아본다. $8+14+18=40$, $2+6+12=20$이다.

오른편 수들의 규칙을 알아본다. $16+11+15=42$, $6+10+5=21$이다.

즉 $40\div2=20$, $42\div2=21$이다. 따라서 □ 안의 세 수의 합은 원안의 세 수의 합의 절반이다. 즉 $a+b+c=21$이고 $a+b=16$이므로 $c=5$이다. 같은 방법으로 나머지 두 수를 구한다.

위의 규칙에 맞도록 다음의 빈칸을 채우시오.

㉒

□　　　　□

⑬　　　　□　　　　⑰

(2) 표 만들기

다양한 가능성이 있는 문제는 수표를 만들어 빠뜨리는 경우가 생기지 않도록 하는 방법이다.

문제

1g , 5g, 10g짜리 추가 100개씩 있다. 이 추들을 이용하여 11g을 달 수 있는 방법은 몇인가?

① 문제의 이해

예를 들면 11g을 달기 위해서는 1g+10g도 되고, 1g짜리를 11개 놓아도 되고, 1g+5g+5g도 되고, …

② 계획 수립

여러 가지 방법이 있으므로 빠뜨리지 않고 모든 방법을 찾으려면 표를 그리면 되겠구나?

③ 계획의 실행

달아야 할 각 무게와 추의 무게를 표로 만들자.

1g의 개수	5g의 개수	10g의 개수	합
11	0	0	11g
6	1	0	11g
1	2	0	11g
1	0	1	11g

④ 반성하기

빠뜨린 경우는 없는가?

21g과 30g을 달 수 있는 방법은 몇인가?

(3) 그림그리기

문제의 자료에 나타나는 사물의 모양이나 도형을 가급적이면 정확하게 그려 놓고 해결하는 방법이다.

문제

5명의 자동차경주 결과가 다음과 같았다. 순서를 정하여라.

(a) F가 C보다 7초 빨랐다.

(b) P는 B보다 6초 늦었다.

(c) D는 B보다 8초 늦었다.

(d) C가 P보다 2초 빨랐다.

① 문제의 이해

5명이 서로 비교된 내용을 어떻게 순서를 정하는데 이용할 수 있을까?

② 계획 수립

5대의 차를 도착한 순서대로 일렬로 정렬시켜보기로 하자. 그러려면 수직선을 이용하자.

③ 계획의 실행

한 칸을 1초로해서 (a)의 F부터 C, P, B, D를 문제에 맞도록 줄을 세워본다.

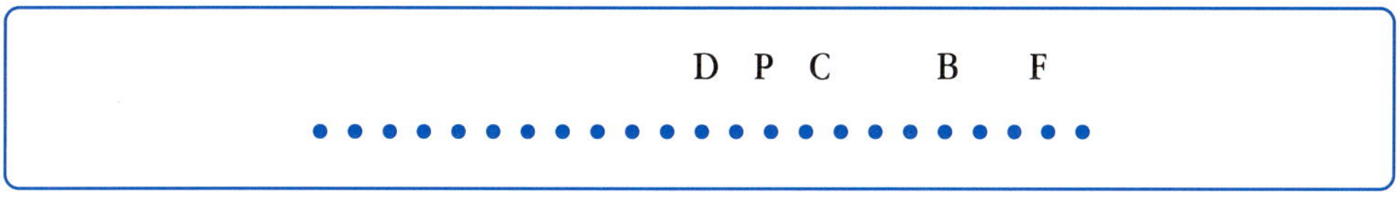

④ 반성하기

비슷한 문제를 만들어서 해결해 보자.

(4) 수열의 패턴 찾기(규칙성 찾기)

문제에 기술된 특정한 예로 주어진 정렬된 수열에서 일반적인 상황을 도출한 다음, 문제의 열쇠가 되는 규칙성을 찾아라. 대개는 수열, 도형, 계산, 목록 등이 이 있다. 2부 V장의 1절 규칙성 찾기를 참조하세요.

문제

1, 4, 7, 10, 13, ⋯ 의 규칙성을 찾으시오.

① 문제의 이해

1, 4, 7, 10, 13, ⋯ 과 같이 5개의 수열을 잘 관찰하여 수들 간의 규칙을 찾는 문제이다.

② 계획 수립

규칙을 찾기 어려울 때는 그 다음에 나올 수를 몇 개 더 적어본다.

즉, 16, 19, 21, ⋯

③ 계획의 실행

수열의 규칙은 앞의 수에 3을 더한 것이다. 이 사실을 문자로 표현할 수 있도록 한다. 즉, 따라서 일반항은 $1+3(n-1)$이다.

④ 반성하기

- 100번째 항은 무엇인가?
- 다른 규칙을 갖는 수열의 규칙성을 찾아본다.

(5) 변수 사용하기

문제의 수들을 문자를 사용하여 표현하고, 그 문자를 활용하여 문제의 조건의 알맞은 등식을 세운다.

! 문제

다음과 같이 수열에 대응된 점 도형을 보면서 수열의 규칙성을 찾아보시오.

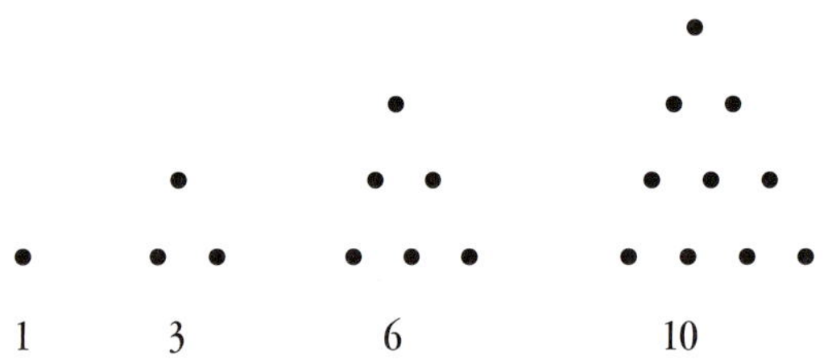

① 문제의 이해

1, 3, 6, 10, ⋯ 의 수를 점으로 표현하면 그림과 같이 삼각형모양이 되므로 이러한 수열을 삼각수(triangular numbers)라고 부른다. 따라서 계속되는 정삼각형을 이루는 수의 개수를 찾는 문제이다. 따라서 n번째의 수를 t_n이라고 적기로 한다.

② 계획 수립

앞의 도형과 뒤의 도형은 어떤 관계가 있는가? 그 도형에 대응되어 있는 수끼리는 어떤 관계가 있는가? 그 다음에 올 도형과 대응하는 수는 무엇인가?

③ 계획의 실행

도형에 있는 점들의 개수가 변하는 모습을 표로 나타내어 본다.

삼각형의 순서	점의 개수
1	$t_1=1$
2	$t_2=1+2=3$
3	$t_3=1+2+3=6$
4	$t_4=1+2+3+4=10$
5	$t_5=1+2+3+4+5=15$

따라서 $t_n = 1+2+3+4+5+\cdots+n$이다. 따라서 2부 V장의 1.3절의 가우스 공식에 의하면 $t_n = \dfrac{n\times(n+1)}{2}$이다.

④ 반성하기

- 가우스공식을 이용하여 $1+4+7+10+\cdots$의 합을 구하시오.

(6) 문자를 사용한 등식 이용하기

문제 1

영이의 시험점수는 59, 77, 48, 67이다. 그의 5번 시험을 본 후 평균점수가 70점이 되려면 다음 시험에서 몇 점을 맞아야 하는가?

① 문제의 이해

평균이란 자료의 모든 값을 합하여 자료의 개수로 나눈 것이다. 그런데 5번째 점수를 모른다.

② 계획 수립

모르는 그 점수를 문자 s라고 하자. 그러면 앞의 네 개의 점수와 s를 더하여 5로 나누면 70이 되어야 한다.

③ 계획의 실행

s의 범위는 0에서부터 100사이이다. 그러면 영이의 5번 시험본 평균 값은 $\dfrac{59+77+48+67+s}{5}$이다. 그런데 최소점수 s를 포함하여 평균이 70점이 되어야 하므로 다음 식이 성립한다. $\dfrac{59+77+48+67+s}{5}=70$ 즉, $251+s=350$이므로 $s=350-251=99$ 영이는 마지막시험에서 99을 맞아야 한다.

④ 반성하기

검산은 59, 77, 48, 67, 99의 평균을 구하면 쉽게 확인할 수 있다.

예제

비율 문제

2년 전에 철수는 담장을 칠하는데 8시간 걸렸다. 작년에 민수는 6시간 걸렸다. 올해 철수와 민수가 함께 일하기로 결정하고 오후 남은 시간은 메기 낚시를 하기로 했다. 두 소년이 함께 일을 하는데 걸리는 시간은?

① 문제의 이해

철수와 민수가 함께 담장을 칠하는데 필요한 시간이 다르고, 둘이 담장을 전부 칠하는데 걸리는 시간을 모른다.

② 계획 수립

철수와 민수가 함께 담장을 칠하는데 필요한 시간을 미지수 T라고 한다. 또한 철수가칠한 부분과 민수가 칠한 부분의 합은 전체, 즉 1이다.

③ 계획의 실행

철수는 8시간에 담장을 칠할 수 있으므로 1시간에 담장의 $\frac{1}{8}$을 칠할 수 있다. 따라서 T시간에 철수는 $\frac{1}{8}\times T$ 만큼 담장을 칠할 수 있다. 또한 민수는 1시간에 담장의 $\frac{1}{6}$을 칠할 수 있으며 T시간에는 $\frac{1}{6}\times T$를 칠할 수 있다. 따라서 두사람이 칠한 넓이를 더하면 1이되어야 한다. 즉, $\frac{1}{6}\times T+\frac{1}{8}\times T=1$ 양변에 48을 곱하면 $6T+8T=48$ 즉, $14T=48$이므로 $T=3\frac{3}{7}$(시간)이다.

④ 반성하기

함께 일한다면 철수와 민수는 3시간 반미만으로 담장을 칠할 것이고 오후에 고기잡이를 즐길 수 있다. 비슷한 문제를 만들어서 같은 방법으로 그 문제를 해결하여보자.

(7) 거꾸로 풀기

구하고자 하는 결과에서 시작하여 문제의 처음 조건에 도달할 때까지 한 단계씩 거꾸로 해결해간다.

문제

영이와 철수가 다음과 같은 게임을 한다.

(a) 책상 위에 15개의 동전을 놓는다.

(b) 영이와 철수가 번갈아 가며, 자기 차례에 책상 위로부터 1 또는 2또는 3개를 가져올 수 있다.

(c) 마지막 동전을 가져오는 사람이 이긴다.

게임을 이기는 방법을 알아보자.

① 문제의 이해

동전 15개로 시작한다는 점, 각 차례에서 1, 2, 3개를 옮길 수 있다는 점, 마지막 남은 것을 가져오는 사람이 이긴다는 점들 중에서 무엇이 중요할까?

② 계획 수립

처음 사람이 몇 개를 가져가고, 몇 회까지 계속될 지가 명백하지 않기 때문에 맨 마지막 동전을 가져오려면 어동전이 몇 개가 남아야하는가? 하는 상황을 한 단계씩 거꾸로 만들어본다.

③ 계획 수행

최종적으로 문제의 해답을 구하기 위해 자신과의 가상 대화를 한 다음, 세운 계획을 실행해 보자.

문] 마지막 사람이 이기는 바로 전의 상황은 무엇이어야 되는가?

답] 책상 위에 1, 2, 3개가 있어야 한다.

문] 이 같은 배열을 상대방에게 남기지 않으려면 어떻게 해야 하나?

답] 최종 활동 바로 전에 책상 위에는 4개가 남아야 한다. 정확히 4개를 남긴다면 상대방은 1,2,3개를 취할 것이고, 3,2,1개가 남을 것이므로 이길 수 있다.

문] 최종 활동 바로 전에 정확히 4개를 남기는 가장 확실한 방법은?

답] 그 전 활동에서 5,6,7개를 남긴다면 상대는 4개를 나에게 남길 것이고 그(그녀)가 이길 수 있다. 그러므로 그 전 활동에서 8개를 상대에게 남겨야 한다.

문] 그 전 활동에서 8개를 상대방에게 남길 수 있는 방법은?

답] 9, 10, 11개를 그 전 활동에서 남긴다면 상대는 필연적으로 1, 2, 3개를 가져가 8개를 나에게 남긴다. 그렇게 되면 상대가 확실히 이기게 된다. 그러므로 여기서 12개를 책상에 남겨야 한다.

문] 이렇게 하는 것(12를 남기는 것)을 확신할 수 있나?

답] 그럴 수 있는 유일한 방법은 내가 먼저 해서 3개를 가져와야만 한다. 그렇지 않다면, 상대가 실수를 해서 내 차례에 12, 8, 4개를 남길 수 있도록 운을 바랄 수밖에 없다. 다음은 처음 시작할 때의 진행 과정이다.

→ 3개를 취하고 12개를 남긴다.

→ 상대는 1, 2, 3개를 취하고 11, 10, 9개를 남긴다.

→ 8개를 확실하게 남기기 위해 3, 2, 1개를 취한다.

→ 상대는 1, 2, 3개를 취하고 7, 6, 5개를 남긴다.

→ 4개를 확실하게 남기기 위해 3, 2, 1개를 취한다.

→ 상대는 1, 2, 3개를 취하고 3, 2, 1개를 남긴다.

→ 남은 것을 모두 취해 이긴다.

④ 반성하기

- 이 문제를 해결하는 핵심 내용은 무엇인가?
- 동전의 개수를 바꾸어도 위이 전략을 사용할 수 있나?
- 한 번에 5개까지 가져올 수 있는 게임의 전략을 알아보자.
- 거꾸로 풀기 전략은 패턴 찾기와 다소 비슷하고, 모든 문제해결에 필수적인 강력한 전략이다.

(8) 가능성 줄여가기

주어진 문제에 답이 될 만한 모든 가능성을 확보한 다음, 한 개씩 지워가는 방법이다. 이 방법대로해서 모두 지우고 하나만 남았다면 그 가능성이 해이다.

문제

철이, 효식이, 창팔이는 같은 농구팀 소속이다. 그들의 위치는 포드, 센터, 가드이다. 다음의 정보에서 각각의 위치를 알아내시오.

(a) 철이와 가드는 창팔이를 위해 밀크쉐이크를 샀다.

(b) 철이는 포드가 아니다.

① 문제의 이해

주어진 정보 (a)와 (b)를 실마리 삼아 세 사람의 위치를 결정해야 한다.

② 계획 수립

세 사람에 관한 정보를 바탕으로 표를 만들어보자.

③ 계획 실행

(a)로부터 철이와 창팔이는 가드가 아닌 걸 알 수 있다. 이를 나타내기 위해 표에 X를 표시한다. 그러면 효식이가 가드임이 명백하다.

	철이	효식이	창팔이
포드	X	X	0
센터			
가드	X	0	X

(b)로부터 창팔이가 포드임을 안다. 따라서 효식이는 센터이다.

④ 검산하기(반성하기)

우선 모든 가능성을 포함하는 표가 잘 만들어졌는가를 확인하고, 서로 모순이나 중복이 되지 않았는지를 살핀다.

(9) 비둘기 집 원리

만약 100개의 방을 가진 호텔에 101명의 손님이 머문다면 최소한 한 개의 방에는 최소 2명의 손님이 머문다. 이런 추론이 기본적이고 명백하지만 놀라울 만큼 강력하다. 이 사실을 일반화하면 다음과 같다.

$m > n$, n개의 비둘기 집에 m마리의 비둘기가 들어있다면, 비둘기 집 하나에 최소한 2마리의 비둘기가 있어야 한다.

문제

12개의 동요 CD와 12개의 클래식 CD가 담긴 상자가 깜깜한 방에 놓여 있기 때문에 어떤 CD인지를 구별할 수 없다. 그 상자에서 최소한 같은 종류의 CD를 확실히 고르기 위해서는 몇 개의 CD를 집어내야 할까?

① 문제의 이해

박스 안에는 12개의 동요 CD와 12개의 클래식 CD가 들어 있다. 그 상자 안에 들어 있는 CD를 구별할 수는 없지만 처음 시도에서 같은 종류의 CD를 최소 2개를 확실히 고르기를 원한다.

② 계획 수립

같은 종류의 CD를 최소 2개를 확실히 골라야 하기 때문에 처음 시도에서 몇 개의 CD를 선택할 지를 결정해야 한다. 가능성을 생각해보고 그것을 표로 만들어 보자.

③ 계획 실행

학생이 두 개의 CD를 고른다면 다음 중에 하나의 경우일 것이다.

두 개의 동요 CD와 클래식 CD 0개

한 개의 동요 CD와 클래식 CD 1개

0 개의 동요 CD와 클래식 CD 2개

따라서 두 개의 CD를 꺼낼 때는 각 종류의 CD를 하나를 꺼낼 수도 있다. 한 개의 CD를 더 꺼내면, 세 개의 동요 CD, 두 개의 동요 CD와 1개의 클래식 CD, 3개의 클래식 CD중의 하나가 될 것이다. 어떤 경우라도, 같은 종류의 2개의 CD를 가지게 된다. 그러므로 상자에서 3개의 CD를 꺼내면 된다.

④ 반성하기

더 쉬운 방법이 있을까? 두 종류의 CD를 고르는 것은 두 개의 비둘기 집에 비둘기를 넣는 것과 같다. 그러므로 세 개의 CD를 고른다면, 비둘기 집 원리에 의해 최소한 두 개는 같은 종류여야 한다.

(10) 귀납적 추론

귀납적 추론이란 특별한 몇 가지 예로부터 얻는 규칙에 근거하여 결론을 이끌어내는 것이다. 이렇게 도출한 결론을 일반화라고 한다. 귀납적 사고는 정보를 만들어내고 조직화하는 데 강력한 방법으로서 다음과 같은 과정을 거친다.

- 여러 가지 예에서 성립하는 공통성질을 알아낸다.
- 그 성질이 다른 예에도 적용되는가를 확인한다. 특히, 그 성질이 성립되지 않는 예(반례)를 찾아본다.
- 모든 예들에서 그 성질이 성립한다면 일반적으로 참일 것으로 추정되는 그 성질을

일반화하고 검증해본다.

※ 참인 것처럼 보이지만 아직 증명되지 않는 결론을 추론(conjecture)라고 하고, 그 추론이 증명이 되면 정리 또는 이론(theorem)이라고 부른다.

문제

다음 수열(피라밋 합)의 공통성질을 알아내시오.

$$1=1$$
$$1+2+1=4$$
$$1+2+3+2+1=9$$
$$1+2+3+4+3+2+1=16$$

- 귀납적 추론에 의하여 n번째 피라미드 합은 제곱 수 $n2$과 같다는 추론을 도출하게 된다.
- 모든 자연수에 대하여 위의 성질이 성립하는지를 확인 해보자.

$$1+2+3+4+5+4+3+2+1=25 \text{ 등등}$$

- $1+2+3++(n-1)+n+(n-1)++3+2+1$
  $=(1+2+3++(n-1)+n)+((n-1)++3+2+1)$
  $=\dfrac{n\times(n+1)}{2}+\dfrac{(n-1)\times n}{2}=\dfrac{n^2+n+n^2-n}{2}=n^2$

  이다. 이 사실을 점 도형으로 확인해 보자. (V장 1.3절 가우스 공식 참조)

(11) 수학적 명제의 증명

수학에서 명제는 참, 거짓 둘 다는 될 수 없고, 단정적으로 참 또는 거짓을 구별할 수 있는 문장을 말한다. 따라서 "$2+3=5$"는 참인 명제이고, "돼지는 날 수 있다."는 거짓 명제이다. "문을 닫아라"는 단정적인 문장이 아니기 때문에 명제가 아니다. "이 문장은 거짓 명제이다."는 단정적인 문장이지만 참도 거짓도 아니기 때문에 수학적인 명제가 될 수 없다. 둘 이상의 명제를 결합하는 방법은 다음과 같다.

- 그리고(AND) : 두 명제 p와 명제 q가 모두 참일 때는 "q 그리고 q"는 참이 되며 명제 p와 명제 q가 모두 거짓이거나 한 문장이라도 거짓인 경우는 거짓이 된다.
- 또는(OR) : 명제 p 또는 명제 q가 참일 때, 또는 둘 다 참일 때 명제 "p 또는 q"는 참이 되고 p와 q가 모두 거짓일 때에만 거짓이 된다.

  이 사실을 다음과 같이 표로 나타낸 것을 진리표(truth table)라고 한다.

p	q	p 그리고 q	p 또는 q
T	T	T	T
T	F	F	T
F	T	F	T
F	F	F	F

두 명제를 조합하는 다른 방법은 "만약~ 이라면 ~이다" 명제인 조건부 명제를 만드는 것이다.

- 조건부 명제 : 명제 p의 참이 명제 q의 참을 보장했을 때 "만약 p와 q"는 참이 된다. 예를 들면 "만약 범자연수의 마지막 자리수가 0이라고 하면 그것은 10의 배수이다."는 조건부 명제를 만났다고 하자. 가끔 "만약 p이면 q이다"라는 명제는 "$p \rightarrow q$"라고 표기한다. $p \rightarrow q$의 진리표는 다음과 같다.

p	q	$p \rightarrow q$
T	T	T
T	F	F
F	T	T
F	F	T

$p \rightarrow q$는 p가 거짓일 때는 q가 참이든 거짓이든지와 상관없이 항상 참이 된다. 따라서 "달이 초록색 치즈로 만들어져 있다면 돼지는 날 수 있다."라는 명제는 참인 명제이다. 수학의 대부분의 정리는 "p이면 q이다"의 형식으로 구성된다.

문제

만일 n이 0과 자연수라면 $n2$은 4의 배수이거나 4의 배수보다 1이 크다.

① 문제의 이해

n이 어떤 0과 자연수라면 그것을 제곱했을 어떤 범 자연수 j에 대하여 $n2 = 4 \times j$이거나 어떤 범자연수 k에 대하여 $n2 = 4 \times k + 1$ 형태가 되어야 한다. 이 사실을 증명하기 위해서는 귀납적 사고를 사용하는 것이 좋겠다.

② 계획 수립

0과 자연수는 0, 1, 2, 3, 4, 5, 6, ⋯과 같은 수이고 짝수와 홀수가 번갈아 나온다. 그리고 그 수들의 제곱은 0, 1, 4, 9, 16, 25, 36, ⋯이므로 4의 배수와 4의 배수보다 1 큰 수가 번갈아 나온다. 만일 n이 짝수이면 어떤 0과 자연수 r에 대해서 $n = 2 \times r$이라고 쓸 수 있고, n이 홀수일 때는 어떤 0과 자연수 s에 대해서 $n = 2 \times s + 1$이라고 쓸 수 있다는 것을 알고 있다. 따라서 우리는 2가지 경우 $(2 \times r)2$과 $(2 \times s + 1)2$

을 생각해볼 필요가 있다.

③ 계획 실행

$n = 2\times r$일 때 $n2 = (2\times r)2 = 4\times r2$임을 알 수 있다. 즉$j = 2\times r$인 수에 대해서 $n2 = 4\times j$이다. 유사하게 $n = 2\times s + 1$일 때 $n2 = (2\times s + 1)2 = 4\times s2 + 4\times s + 1 = 4\times (s2 + s) + 1$임을 알 수 있다. 즉, $k = s2 + s$로 놓으면, $n2 = 4\times k + 1$이다.

④ 반성하기

홀수의 제곱 즉, 1, 9, 25, 49, 81, … 등을 자세히 살펴보자. 이러한 수들은 4의 배수보다 1이 클 뿐만 아니라 8의 배수보다 1이 큰 수이다. 점 도형을 이용하면 $(2\times n + 1)2 = 8tn + 1$이라는 사실을 알 수 있다. 단, tn은 n번째 삼각수이다. 또한 어떤 짝수의 제곱이 다른 제곱수의 4배가 되는 이유를 점 도형을 이용하면 알 수 있다.

(12) 연역적 추론

참인 여러 개의 명제를 이용하여 다른 명제 또한 참이라고 밝히는 추론 방법을 연역법이라고 한다. 즉, (6)절에서 어떤 수가 0과 자연수의 제곱수라면 그 수는 4의 배수이거나 4의 배수보다 1 큰 수라는 사실을 증명할 때, 이미 참이라고 알고 있는 몇 가지 명제를 사용하였다. 이와 같이 이미 참이라고 알려진 명제들을 가정(hypothesis)이라 하고, 새로 얻게 될 참인 명제를 결론(conclusion)이라고 한다. "만약 여러분이 훌륭한 초등학교 교사가 되기를 원한다면 여러분은 수학적 사고를 잘 해야 한다."는 명제가 참임을 증명하려면 다음과 같이 가정과 결로부분을 나누어서 생각한다.

- 가정 : 여러분은 훌륭한 초등학교 수학 교사가 되기를 원한다.
- 결론 : 여러분은 수학적 추론 잘 해야 한다.

만약 "여러분은 훌륭한 초등학교 교사가 되기를 원한다."는 명제를 p라고 하고, "여러분은 수학적 사고를 잘 해야 한다."는 명제를 q라고 하면 다음과 같은 결론에 이른다.

"$p \rightarrow q$가 참인 경우에"

- 가정 : p는 참이다.
- 결론 : 그러므로 q는 참이다.

이러한 추론 방법을 직접 추론이라고 하고 다음과 같은 과정을 거친다.

- 명제 q가 참임을 보이기 위해서는 $p \rightarrow q$를 참이게 하는 명제 p를 찾아라. 만약 p가 참이면 직접 추리에 의해 q 또한 참이라는 결론을 내릴 수 있다.

문제

이등변삼각형의 두 밑각의 크기는 같다.

(증명) 연역적 추론 :

이등변 삼각형의 꼭지 점에서 밑변에 수선을 긋는다. 그러면 직각 삼각형의 합동조건에 의해서 나누어진 두 삼각형은 합동이다. 따라서 대응각인 두 밑각의 크기는 같다.

(13) 귀류법

'$p \to q$가 참인 경우에' q가 거짓이라면 p는 반드시 거짓이라고 증명하는 방법을 간접 추론 또는 귀류법이라 하고 다음과 같은 과정을 거친다.

- 명제 p가 거짓임을 보이기 위해서는 q가 거짓인 상황에서 $p \to q$임을 보여라. 즉, 가정 p가 모순으로 된다는 것을 보이면 된다. 그러면 간접 추리에 p는 거짓이다.
  ※ 간적 추론(귀류법)은 가장 강력한 증명 방법으로서, 직접 추론이 어려운 경우와자 명해 보이는 명제를 증명할 때에 가장 많이 쓰인다.

문제

이등변삼각형의 두 밑각의 크기는 같다.

(증명) 귀류법 :

결론을 부정하여 "삼각형의 세 각의 모두 다르다."라고 하면 삼각형의 내각과 그의 대변의 성질에 의해서 세 변의 길이가 모두 다르게 된다. 따라서 이등변 삼각형이 아니 결과가 된다. 따라서 원래의 명제인 "이등변 삼각형의 두 밑각의 크기는 같다."는 참이다.

10 교과서에 숨어 있는 수학사

10.1 2학년

10.1.1 달력과 시계의 공통점과 차이점은 무엇입니까?

[아이디어] 진법, 수의 합동, 2부 I장 4.2. 수의 합동 참조

[답] • 수요일은 28일

- 공통점 : 10진법이 아니다.
- 달력에는 7진법, 12진법, 30또는 31진법이 있고, 시계에는 12, 60 진법이 있다.

10.2 4학년

10.2.1 <4-1-8. **문제 푸는 방법 찾기**>

[질문]

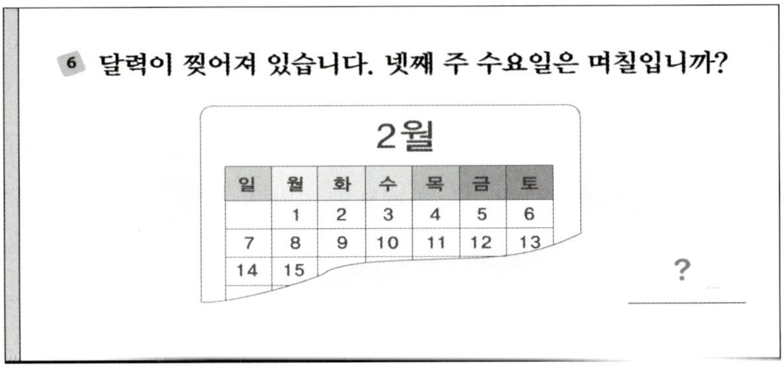

[아이디어, 답] 2부 I장 4.2절 참조

10.3 6학년

10.3.1 <6-1-9 **문제 푸는 방법 찾기**>

[질문] 미지수 x, y 대신 막대를 이용하여 문제를 표현할 수 있는가?

[아이디어, 답] 2부 I장 4.3절, 2부 V장 7.2 절 참조.

참고 문헌

Long, C. T., Detemple, D. W., Millman, R. S.(2009), Mathematical Reasoning for Elementary Teachers, Pearson Education Inc.

NCTM(1989),Curriculum and Evaluation Standards for the School Mathematics. Reston, VA : NCTM, Inc.

_______(2000), Principles and Standards for School Mathematics, Reston, VA : NCTM, Inc.

Polya, G.(1957), How to solve it, 우정호 역(1995), 어떻게 문제를 풀것인가?, 천재교육.

Polya, G.(1962), Mathematical Discovery, John Willy & Sons Inc.

Polya, G.(1973), Induction and Analogy in Mathematics, Princeton University Press, NJ.

제 6 장 초등수학 영재교육론

이장에서는 초등수학영재교육의 두 기둥인 초등수학영재아의 선발방법과 초등수학영재 교육용 교재를 구성하기 위한 이론적 배경과 교재에 꼭 포함되어야 할 내용을 영역별로 몇 가지씩 소개하기로 한다.

01 초등수학영역에서 영재성 관찰 · 추천법 운영방안

이 내용은 교과부에서 각 시도교육청에 의뢰하여 광주광역시교육청과 전라남도교육청이 발주한 과제를 광주교육대학교 수학교육연구소에서 수행한 연구보고서를 요약한 것이다.

1.1 영재성 관찰 · 추천법의 이론적 배경

(1) 페스탈로찌(J. H. Pestalozzi, 1746–1827)

페스탈로찌는 "어머니를 위한 책 2권, 양관계의 직관론 2권, 수관계의 직관론 3권(1, 2권은 1803)"을 편찬하여, 어머니나 교사가 아이들을 어떻게 직관적인 방법으로 기본적인 교육내용, "수-형-어"를 다루어야 할 것인가에 관한 지침을 주었다.

- 양관계의 직관론 : 용적, 계량, 측정 등의 양을 다룬 것으로, 페스탈로찌는 이 개념을 "수-형-어" 중에서 "형"에 관계되는 모든 개념을 포섭한 개념으로 사용하였으므로 "초등적 직관기하" 용 교재이다.
- 수관계의 직관론 : "단위표"와 "분석표"(현재의 구구표), 분수막대 등과 $3 : x$, $1 : 7 = 6 : x$ 등의 연습문제가 많이 수록되어있다.
- 업 적 : 직관을 방법의 원리로 채용하면서도 어느 단계에 가서는 직관적 시각적 직관을 지양하고 구성적 직관을 중시하였고, 비형식적 직관기하학을 개발하였다. 또한 그는 학생의 세계에는 학생만의 논리가 있음을 발견하여, 이런 직관적 논리를 명제

적 논리로 발전시키는 길을 안내하였다. 이런 뜻에서 피아제의 생각은 부르너의 나선형교육과정의 실행단계인 EIS이론을 150년이나 앞선 것이다.

(2) 피아제와 구성주의

피아제는 1896년 스위스의 프랑스어 사용 지역인 뇌샤텔에서 태어났다. 그는 학생은 자신의 환경과의 상호작용으로 학습을 창안하여 자신만의 지식을 구성한다고 주장하였다. 또한 몬테소리의 제자로서 그녀의 이론 위에 유의미 학습이 학생의 인지 발달에 중요하다는 이론을 설립한 후, 조작기를 분류하여 제시하였으며, 수학적 사고란 내면화하는 행동(조작)이고 그 형성적 근원은 활동이라고 하였다. 피아제는 지식은 학생들에 의해 구성된다는 조작적 구성주의를 제시하였는데, 초등학교 학생은 구체물의 조작을 통해 개념을 인지한다는 구체적 조작기에 해당한다.

(3) 스켐프(R. Skemp, 1919–1995)

스캠프는 런던 교외에 있는 와윅(Warwick)대학 교수로 재직하면서 수학학습심리학의 견인차 역할을 하였다. 그의 이론의 핵심은 스키마 학습, 관계적 이해, 관계적 수학, 인지지도, 등이 있다.

- 스키마(schema) 학습
  수학적 개념의 본질의 문제, 여러 가지 수학적 개념이 학생의 가동적인 지식구조를 형성하도록 어떻게 연결되는가의 문제, 수학은 실험이나 물리적 증명에 의해서는 뒷받침될 수 없으며, 그런 것과는 다른 순수한 사고의 산물인 사실의 문제 등의 세 가지 문제를 피아제의 감각-운동적 지능과 반성적 지능, 스키마와 동화 조절 등을 이용하여 분석하였다.
- 관계적 이해와 도구적 이해
  관계적 이해란 개념에 대하여 "무엇을, 어떻게, 왜"를 모두 아는 상태로서 피아제의 초인지(meta-cognition)로 이해한 상태를 말한다. 관계적 수학의 장점은 새로운 과제에 더 쉽게 적응할 수 있고, 기억하는 것이 더 쉬우며 본질적으로 관계적 지식은 수학 교육의 효과적인 목적이 될 수 있다. 또 관계적 스키마는 그 특성이 유기적(살아있다)이서 학생이 한번만 관계적 스키마를 형성하게 되면 스스로 과제를 찾아서 지적영역을 넓히게 되는 것이다. 또한 관계적 학습의 특징은 인지지도를 학생이 갖게 되는 것이라고도 하였다. 도구적 이해란 이유를 모르는 규칙을 암기하고, 그것을 문제 해결에 적용하는 상태를 말한다. 그러나 스캠프는 "이해"란 새로운 경험을 적절한 스키마 동화하는 관계적 이해뿐이라고 하였다.

(4) 수학적 사고와 과정개념

과정개념(procept)이란 스켐프의 직제자인 톨(David Tall)에 의해 처음 사용된 용어로 과정(process)과 개념(concept)이 같은 기호에 의해 나타나 있는 과정과 개념의 혼합물이라고 정의할 수 있다. 과정개념의 아주 간단한 예는 수이다. 즉, 수"3"이란 기호는 "1, 2, 3"을 세는 과정과 그 과정의 결과로 나오는 개념을 함께 담고 있다. 또한 과정과 개념을 모두 나타내는 기호의 예는 $5+3$, 5×3, $\frac{3}{4}$ 등이다. 이러한 과정개념을 수학교육에서 가장 적절하게 접목시킨 사람이 프로이덴탈이다.

(5) 프로이덴탈의 교수학적 현상학

프로이덴탈의 수학 교육 이론은 활동주의에 입각한 재발명 방법이 그 바탕을 이루고 있다. 그는 관찰과 수준의 비약을 통한 수학화 경험을 골격으로 한 활동주의적 수학교육을 제시하고 있으며, 본질이라는 수학적인 수단에 의해서 현상을 조직화하는 이러한 과정을 수학화 활동이라고 설명하고 있는데, 그가 말하는 수학화 활동은 현상 → 정리 수단인 본질 → 현상 → 보다 높은 차원의 본질 → … 과 같이 현상과 본질의 교대가 일어나면서 인식 수준의 상승이 일어나는 불연속적인 과정이다. 또한 학교에서 가르쳐야 할 수학교과는 이미 만들어진 지식체계로서의 수학인 기성수학이 아니라, 개념의 발생과정과 관련지어서 찾고자 하는 접근 방법으로 그 이면에 있는 핵심적인 원리와 관련지어서 가르치고자 하는 학교수학이라는 것이다.

- 안내된 재발명 방법

  수학-학습 지도 방법론인 재발명 방법은 학습자 개인의 발명과정의 재현 형식을 취하게 된다고 하더라도 결국, 학습자로 하여금 인류의 학습과정을 단축된 형태로 반복하게 함으로서 수학적인 사고 경험을 시키려는 역사 발생적 방법이 된다. 그러려면 수학이 어떻게 발생되는가를 역사에서 미루어 찾고, 발명가의 발자국을 그대로 재현하는 것이 아니라 실제의 발명 과정보다 개선되고 잘 인도된 과정을 따라야 한다는 것이다.

(6) 관찰 · 추천법의 작성 취지

학생의 진정한 학습은 스스로 자신만의 지식을 구성할 때 완성되는 것이다. 그러나 수학은 문화유산이고 위계적인 학문이기 때문에 최초발명가의 아이디어를 경험하는 것이 중요하다. 따라서 수학영재교육과정은 그 아이디어를 재발견하게 도와주는 것이고, 수학영재아란 그 아이디어를 재발견할 수 있는 능력을 지닌 학생을 말하는 것이다. 이를 위하여 본 수학영재성 관찰 · 추천법은 톨의 과정개념, 프로이덴탈의 안내된 재발명 방법에 근거하여 작성되었다.

1.2 본 관찰 · 추천법의 효과적인 운영 방안

이 절에서는 국가에서 원하는 수학영재아 사고력 점검 기준을 한국교육개발원의 분류표를 참고하였고, 수학적 창의성은 김홍원 등의 연구결과를 참고하여서 I장에서 논의한 이론적인 배경에 맞는 관찰 · 추천법의 소재를 현행 교과서에서 추출한 내용과 그 내용을 추출한 이유를 설명하고, 수업 중에 또는 숙제를 해결하는 과정에서 수학 영재성을 찾아낼 수 있는 방안을 논의하기로 한다.

(1) 수학적 사고(한국교육개발원, 1997)

수학적 사고		관련 내용	비 고
직관적 통찰력		정보 조건 사이의 관계나 구조의 본질 핵심을 직감적으로 파악하여 해설 난서를 순산적으로 써오트세 하는 능력	
정보 조직화 능력	공간 시각화	공간지각적 시각적으로 변형 조작하여 해결하는 능력	조직화와 중복된 사고 통합
	수학적 추상화	비구조화된 수학적 문제 상황을 적당한 개념, 기호, 수식, 그림으로 표현하는 능력	
일반화 적용력		수, 문자, 기호로 표현된 수적 공간적 대상이나 관계 공식을 조작, 일반화 후 결과를 유사한 다른 문제로 확장 적용 능력 범례적 모델을 사용하는 개념(동일 체계의 적용) ⇒ 동질적 일반화 유추적 모델을 사용하는 개념(모델에서 실생활 적용문제) ⇒ 이질적 일반화	체계의 범주에 따른 일반화 분류
수학적 추론		귀납, 연역, 유추의 방법을 통해 체계적으로 추론하는 능력, 근거를 가지고 결론을 도출해내는 증명의 능력	
반성적 사고력		해결이후 과정이나 결과의 타당성을 점검하는 사고력	
함수적 사고력		인과 관계, 종속성을 이해하는 능력 예) 변수개념, 함수: 비례식(정비례, 반비례), 문자와 식(관계식) 자연수(단위의 세 배) 규칙성 찾기, 인과 관계를 이해하고 있는 능력,	수학의 특성에 따른 추가 사고

(2) 수학적 창의성

구분	정의	평가 준거
유창성	문제 상황에 유의미한 답으로서 여러 가지 반응, 아이디어를 낼 수 있는 능력	의미 있는 반응의 개수
융통성	서로 다른 범주의 반응, 아이디어를 낼 수 있는 능력	반응의 유형별 가지 수
독창성	다른 사람들과는 다른 참신하며, 질적으로도 수준 높은 반응, 아이디어를 낼 수 있는 능력	반응의 상대적 희귀 빈도와 질적인 참신성, 가치
정교성	산출한 반응, 아이디어를 보다 구체화하고, 세밀하게 다듬을 수 있는 능력	반응의 구체성, 세밀성
민감성	수학적 과제를 발견하는 능력	문제를 명확하게 파악하고 간결 · 명확하게 표현

(3) 현행 교과서에서 추출한 내용

- 1학년 교과서는 제외하고, 2~6학년 교과서를 중심으로 역사발생을 포함하는 내용을 추출하여 아래와 같이 문항표를 만들었다.

〈5학년 추출 문항표〉

문항 번호	문항
1	다음 각 배수의 공통점은 무엇인가요? 이유는 무엇일까요?
2	48,144의 약수의 개수를 쉽게 세는 방법을 알아보세요.
3	홀수와 짝수로 나눈 것은 무엇을 의미하나요? 혹시 다른 방법으로 나눌 수 있지 않을까요?
4	최대공약수를 구하는 이유는 무엇일까요? 최대공약수를 구하는 다른 방법을 알아보세요.
5	어떤 두 수의 곱과 그 수들의 최대공약수와 최소공배수의 관계를 구해보세요.
6	(어떤 수) ÷ 4 = □ … 3 (어떤 수) ÷ 6 = ○ … 3 '가장 작은 수'를 구하고 다음, 다음 수도 구하여 보자.
7	차시 활동들을 마무리하고, 정리 단계에서 발문한다. 1. 두 번 계속 돌리면 처음 도형과 어떤 위치에 있는가요? 2. 돌린 다음 뒤집으면 처음 도형과 어떤 위치에 있는가요? 3. 밀기를 계속하면 처음 도형과 어떤 위치에 있는가요?
8	$\frac{1}{2}$과 크기가 같은 분수를 만들어 보시오
9	퀴즈네어 막대를 이용하여 통분하기
10	겉에 칠을 한 직육면체의 각 면을 3등분하여 생긴 27개의 작은 직육면체 중에서 다음을 구해보세요.(두부에 딸기잼)
11	분수를 단위 분수의 합으로 고치기 예) $\frac{2}{7}=\frac{1}{\triangle}+\frac{1}{\bigcirc}+\frac{1}{☆}$과 같이 나타내어 보세요.
12	많은 도형의 넓이 중에 왜 직사각형의 넓이를 가장 먼저 배울까요? 모든 도형의 넓이를 직사각형의 넓이로 바꿀 수 있을까요?
13	두 변의 길이가 분수일 때는 직사각형의 넓이를 어떻게 구해야 할까요?
14	1.4×1.3 을 직사각형의 넓이를 이용하여 구해보시오
15	삼각형의 합동을 이용하여 배까지의 거리를 구하는 방법을 생각해봅시다. (각도기사용)
16	대칭축을 45°로 그려서 선대칭 도형 그리기
17	선대칭 2번하기
18	점대칭 도형은 밀기, 돌리기, 뒤집기 중에서 원래 도형을 어떻게 이동시킨 것과 같은가?
19	'1m는 무엇이고, 1g은 무엇일가요?'
20	직사각형, 삼각형, 마름모의 넓이 공식의 공통점은 무엇인가?
21	넓이 단위로 a와 ha를 사용하는 이유는 무엇인가요?
22	자신이 이해한 평균을 친구들에게 조금 더 쉽게 설명하거나 보여줄 수 있나요?
23	키, 몸무게, 나이의 세 가지 수를 표로 만드는 방법은?

• 위의 추출 문항에 대한 관찰요소를 분류하고 발문에 대한 반응정도에 따라서 배점표를 작성하였다. 아래 표는 그 중 몇 가지를 소개한 것이다.

<table>
<tr><td>문제 번호</td><td>501</td><td>문제유형</td><td>분석형</td><td>관찰요소</td><td colspan="3">P01,P02, P03, P06, C03, C04, C05
T03, T06</td></tr>
<tr><td>단원</td><td colspan="3">5-1-1. 배수와 약수</td><td>교과서</td><td>6,7</td><td>지도서</td><td>70</td></tr>
<tr><td>문제상황</td><td colspan="7">교구(수모형 등)나 숫자를 활용하여 각 배수를 표현하거나 숫자로 써 보게 한 후
※ 선행학습을 통해 공통점을 알고 있는 학생들이 있을 수 있다. 이러한 경우에는 그 이유에 중점을 두어 평가한다.</td></tr>
<tr><td>발문(자극)1</td><td colspan="7">다음 각 배수의 공통점은 무엇인가요? 이유는 무엇일까요?
2의 배수, 5의 배수, 3의 배수, 8의 배수</td></tr>
<tr><td rowspan="4">관찰 및 반응1</td><td>척도</td><td colspan="5">판단기준</td><td>대상학생</td></tr>
<tr><td>3</td><td colspan="5">공통점을 발견하고, 근거를 제시하여 원리를 재발견함</td><td></td></tr>
<tr><td>2</td><td colspan="5">공통점을 발견하지만 근거를 제시하지 못함</td><td></td></tr>
<tr><td>1</td><td colspan="5">조작 없이 공통점만을 제시 또는 미제시</td><td></td></tr>
<tr><td rowspan="8">학생응답 및 질문1 (척도2~3 해당시)</td><td>학생</td><td colspan="6">응답 및 질문</td></tr>
<tr><td></td><td colspan="6"></td></tr>
<tr><td></td><td colspan="6"></td></tr>
<tr><td></td><td colspan="6"></td></tr>
<tr><td></td><td colspan="6"></td></tr>
<tr><td></td><td colspan="6"></td></tr>
<tr><td></td><td colspan="6"></td></tr>
<tr><td></td><td colspan="6"></td></tr>
<tr><td>발문(자극)2</td><td colspan="7">6의 배수의 공통점은 무엇인가요? 이유는 무엇일까요?</td></tr>
<tr><td rowspan="4">관찰 및 반응2</td><td>척도</td><td colspan="5">판단기준.</td><td>대상학생</td></tr>
<tr><td>3</td><td colspan="5">공통점을 발견하고, 근거를 독창적으로 제시함.</td><td></td></tr>
<tr><td>2</td><td colspan="5">공통점을 발견하고, 근거를 적절하게 제시</td><td></td></tr>
<tr><td>1</td><td colspan="5">공통점은 제시하지만 근거는 전혀 제시하지 못함</td><td></td></tr>
<tr><td rowspan="8">학생 응답 및 질문 2 (척도2~3 해당시)</td><td>학생</td><td colspan="6">응답 및 질문</td></tr>
<tr><td></td><td colspan="6"></td></tr>
<tr><td></td><td colspan="6"></td></tr>
<tr><td></td><td colspan="6"></td></tr>
<tr><td></td><td colspan="6"></td></tr>
<tr><td></td><td colspan="6"></td></tr>
<tr><td></td><td colspan="6"></td></tr>
<tr><td></td><td colspan="6"></td></tr>
<tr><td>발문(자극)3</td><td colspan="7">3과 9의 배수의 공통점은 무엇인가? 그 근거는 무엇인가?</td></tr>
<tr><td rowspan="4">관찰 및 반응3</td><td>척도</td><td colspan="5">판단기준</td><td>대상학생</td></tr>
<tr><td>3</td><td colspan="5">공통점을 발견하고, 원리를 발견, 근거를 제시하여 설명할 수 있다.</td><td></td></tr>
<tr><td>2</td><td colspan="5">공통점을 발견하고, 특수화된 예를 이용하여 원리를 설명할 수 있다.</td><td></td></tr>
<tr><td>1</td><td colspan="5">공통점은 제시하지만 근거는 전혀 제시하지 못함</td><td></td></tr>
</table>

<table>
<tr><td rowspan="8">학생 응답 및 질문 3 (척도2~3 해당시)</td><td>학생</td><td colspan="2">응답 및 질문</td></tr>
<tr><td></td><td colspan="2"></td></tr>
<tr><td></td><td colspan="2"></td></tr>
<tr><td></td><td colspan="2"></td></tr>
<tr><td></td><td colspan="2"></td></tr>
<tr><td></td><td colspan="2"></td></tr>
<tr><td></td><td colspan="2"></td></tr>
<tr><td></td><td colspan="2"></td></tr>
<tr><td rowspan="4">자기주도성과 독창성에 대한 사례 (척도3 해당시)</td><td>학생</td><td colspan="2">응답</td></tr>
<tr><td></td><td colspan="2"></td></tr>
<tr><td></td><td colspan="2"></td></tr>
<tr><td></td><td colspan="2"></td></tr>
<tr><td colspan="4">수학적 과정 개념 관찰 점검표 (Procept = Process+concept)</td></tr>
<tr><td colspan="2">P01직관적 통찰</td><td colspan="2">◎숫자 또는 기호들의 나열이나 교구의 조작활동을 통하여 배수들의 공통점을 통찰하는 과정이 이에 해당된다.</td></tr>
<tr><td rowspan="2">정보의 조직화</td><td>P02 공간 시각화</td><td colspan="2"></td></tr>
<tr><td>P03수학적 추상화</td><td colspan="2"></td></tr>
<tr><td colspan="2">P04일반화 적용</td><td colspan="2">◎배수들의 나열에서 수들을 조작하여 일반화하는 과정이 필요함</td></tr>
<tr><td colspan="2">P05수학적 추론</td><td colspan="2">◎주로 귀납적 방법을 통하여 배수들의 공통점을 추론할 수 있음. 또는 가설을 세워 증명을 할 수 있으나, 연역적 방법으로 검증하고, 일반화하는 과정이 필요함</td></tr>
<tr><td colspan="2">P06반성적 사고</td><td colspan="2"></td></tr>
<tr><td colspan="2">P07함수적 사고</td><td colspan="2">◎ 원인과 결과의 관계를 아는 것으로, 자연수의 규칙성 찾기에 해당된다.</td></tr>
</table>

〈관련 아이디어〉

배수	공통점 및 근거
2의배수	일의 자리가 2의 배수이다.
3의배수	각 자리 수를 합하면 3의배수이다.
4의배수	십의 자리까지의 수가 4의 배수이다.
5의배수	끝이 0이나 5로 끝난다.
6의배수	2의 배수이고 3의 배수이다.
8의배수	백의 자리까지의 수가 8의 배수이다.
9의배수	각 자리 수를 합하면 9의 배수이다.

〈관련 아이디어〉 곱셈과 나눗셈으로만 이해할 수도 있는 배수와 약수의 개념을 '뺄셈'의 구조를 도입하여 문제를 해결하는 데에는 융통성이 발휘되었다고 할 수 있다. 유크리트 호제법을 설명할 수 있으면 최상이다.

<table>
<tr><td>문제 번호</td><td>502</td><td>문제유형</td><td>분석형</td><td>관찰요소</td><td colspan="2">P01,P02, P03, P06, C02, C03, C04, T03, T06</td></tr>
<tr><td>단원</td><td colspan="3">5-1-1. 배수와 약수</td><td>교과서</td><td>8,9</td><td>지도서 72</td></tr>
<tr><td>문제상황</td><td colspan="6">약수를 구하는 방법을 학습하고, 큰 수의 약수를 구하기가 어려움을 학생들에게 호소한 뒤 보다 쉽게 약수의 개수를 세는 방법이 있는지에 대하여 생각하게 함.</td></tr>
<tr><td>발문(자극)1</td><td colspan="6">48,144의 약수의 개수를 쉽게 세는 방법을 알아보세요.</td></tr>
<tr><td rowspan="4">관찰 및 반응1</td><td>척도</td><td colspan="3">판단기준</td><td colspan="2">대상학생</td></tr>
<tr><td>3</td><td colspan="3">약수의 개수를 구하는 방법을 찾아내고, 근거를 제시하며 또 다른 예를 들어 설명할 수 있다.</td><td colspan="2"></td></tr>
<tr><td>2</td><td colspan="3">약수의 개수를 구하는 방법을 찾아내지만, 특수화된 예를 사용하여 설명한다.</td><td colspan="2"></td></tr>
<tr><td>1</td><td colspan="3">약수의 개수를 구하는 방법을 직관에 의존하여 찾아내지만, 근거를 제시하지 못한다.</td><td colspan="2"></td></tr>
<tr><td rowspan="7">학생 응답 및 질문 1
(척도2~3 해당시)</td><td>학생</td><td colspan="5">응답 및 질문</td></tr>
<tr><td></td><td colspan="5"></td></tr>
<tr><td></td><td colspan="5"></td></tr>
<tr><td></td><td colspan="5"></td></tr>
<tr><td></td><td colspan="5"></td></tr>
<tr><td></td><td colspan="5"></td></tr>
<tr><td colspan="6">※ 선행학습을 통해 내용을 알고 있는 학생들이 있을 수 있다. 이러한 경우에는 그 근거에 중점을 두어 평가한다.</td></tr>
<tr><td rowspan="4">자기주도성과
독창성에 대한
사례
(척도3 해당시)</td><td>학생</td><td colspan="5">응답</td></tr>
<tr><td></td><td colspan="5"></td></tr>
<tr><td></td><td colspan="5"></td></tr>
<tr><td></td><td colspan="5"></td></tr>
</table>

<table>
<tr><td colspan="3">수학적 과정 개념 관찰 점검표 (Procept = Process+concept)</td></tr>
<tr><td colspan="2">P01직관적 통찰</td><td>◎약수의 개수와 인수들과의 관계를 직관적으로 파악하는 것과 자료를 보고 수 구조의 핵심을 직관적으로 파악하는 능력</td></tr>
<tr><td rowspan="2">정보의
조직화</td><td>P02 공간 시각화</td><td>◎무작위 기호를 '테이블'이라는 표나 그 이외의 시각화 기호를 통하여 표현하는 것</td></tr>
<tr><td>P03수학적 추상화</td><td>◎구체물을 조작하여 문제를 해결하는 경우에 해당됨</td></tr>
<tr><td colspan="2">P04일반화 적용</td><td></td></tr>
<tr><td colspan="2">P05수학적 추론</td><td></td></tr>
<tr><td colspan="2">P06반성적 사고</td><td>◎수학적 추론 중 귀납적 추론을 주로 사용할 것으로 예상됨. 여기에서 자신의 예상이나 추론의 정당성을 꾸준히 생각하고 수정하는 과정이 필요함</td></tr>
<tr><td colspan="2">P07함수적 사고</td><td></td></tr>
</table>

문제 번호	504	문제유형	분석형	관찰요소	P01, P02, P04, P05, C03, C04, C05 T03, T05		
단원	5-1-1. 배수와 약수			교과서	12,13	지도서	76,77
문제상황	공약수와 최대공약수의 정의를 학습한 후						
발문(자극)1	최대공약수를 구하는 이유는 무엇일까요?(퀴즈네어 막대 이용)						

관찰 및 반응1	척도	판단기준	대상학생
	3	각각의 개념들을 이해하고, 다양한 관계를 파악하며, 시각화하여 표현하여 설명할 수 있다.	
	2	각각의 개념들을 이해하고, 관계를 파악했지만, 적절한 근거를 제시하지 못한다.	
	1	각각의 개념들을 이해하고 있지만 관계를 파악하지 못한다.	

학생 응답 및 질문 1 (척도2~3 해당시)	학생	응답 및 질문

발문(자극)2	최대공약수를 구하는 다른 방법을 알아보세요. (퀴즈네어 막대 이용)

관찰 및 반응2	척도	판단기준	대상학생
	3	퀴즈네어 막대를 이용하여 최대공약수를 구할 수 있고, 이 과정의 근거를 일반화하여 설명할 수 있다.	
	2	퀴즈네어 막대를 이용하여 최대공약수를 구할 수 있고, 특수한 사례를 근거로 제시할 수 있다.	
	1	퀴즈네어 막대를 이용하여 최대공약수를 찾아내지만, 근거가 적절하지 못하다.	

학생 응답 및 질문 2 (척도2~3 해당시)	학생	응답 및 질문

자기주도성과 독창성에 대한 사례 (척도3 해당시)	학생	응답

수학적 과정 개념 관찰 점검표 (Procept = Process+concept)		
P01직관적 통찰		◎ 퀴즈네어 막대로 조작활동을 하면서 약수의 다른 모습을 파악할 수 있는 것이 이에 해당한다.
정보의 조직화	P02 공간 시각화	◎퀴즈네어 막대를 가지고, 여러 가지 조작을 한 뒤 이면에 숨어 있는 제시된 두 수와 최대공약수와의 관계를 파악하여 문제를 해결하는 것은 이에 해당한다.
	P03수학적 추상화	
P04일반화 적용		◎수나 퀴즈네어 막대로 표현된 관계를 조작하여, 일반화하는 것이 이에 해당한다.
P05수학적 추론		◎약수의 성질을 공약수와 최대공약수로 확장시키는 데에는 추론능력이 필요하다.
P06반성적 사고		
P07함수적 사고		

〈관련 아이디어〉 물물교환 방법과 비(ratio)관념

문제 번호	511	문제유형	분석형	관찰요소	P01, P05, P06, C02, C03, C05, T01, T06, T07
단원	5-1-5. 분수의 덧셈과 뺄셈	교과서	70~71	지도서	176~177
문제상황	과거 이집트 분수의 수학사를 소개하고, 71쪽 익히기까지 해결한 뒤				
발문(자극)1	분수를 단위 분수의 합으로 고치기 예) $\frac{2}{7}=\frac{1}{\triangle}+\frac{1}{\bigcirc}+\frac{1}{☆}$ 과 같이 나타내어 보세요.				

관찰 및 반응1	척도	판단기준	대상학생
	3	다양한 방법으로 해결하며, 원리를 발견하여 학생 나름의 근거를 제시할 수 있다.	
	2	다양한 방법으로 해결하지만 원리를 발견하여 일반화한 근거는 제시하지 못한다.	
	1	특수한 문제에 대한 해결만 가능하고, 일반화 하지 못한다.	

학생 응답 및 질문 1 (척도2~3 해당시)	학생	응답 및 질문

발문(자극)2	물물교환의 예를 근거를 들어 이야기 해보세요.

관찰 및 반응2	척도	판단기준	대상학생
	3	위 문항의 일반화한 원리를 활용하여, 당시의 상황에 근거한 적절한 예를 3가지 이상 제시할 수 있다.	
	2	일반화한 원리를 당시의 시대에 근거하여 적절한 예를 한두 가지 제시할 수 있다.	
	1	비로써의 개념을 이용하여 물건 한 가지씩을 교환할 수 있다.	

학생 응답 및 질문 1 (척도2~3 해당시)	학생	응답 및 질문

자기주도성과 독창성에 대한 사례 (척도3 해당시)	학생	응답

수학적 과정 개념 관찰 점검표 (Procept = Process+concept)		
P01직관적 통찰		◎진분수를 단위분수로 나눠 보는 활동은 어른에게도 쉽지 않다. 하지만 직관적으로 해결방법을 찾아내는 학생은 이에 해당한다.
정보의 조직화	P02 공간 시각화	
	P03수학적 추상화	
P04일반화 적용		◎간단한 단위 분수의 덧셈식을 조작하여 일반화 할 때 이에 해당한다.
P05수학적 추론		◎대표적으로 $\frac{1}{2}+\frac{1}{3}=\frac{5}{6}$, $\frac{1}{2}+\frac{1}{4}=\frac{3}{4}$, $\frac{1}{3}+\frac{1}{4}=\frac{7}{12}$ 과 같은 단위 분수들의 덧셈은 학생들이 경험한 연산과정이다. 이것을 바탕으로 학생들이 다양한 시행착오를 통해서, 해결 방법을 귀납적으로 추론할 때 이에 해당한다.
P06반성적 사고		◎자신이 추론한 풀이방법이 항상 사용할 수 있는 지에 대해 점검할 때 필요한 능력이다.
P07함수적 사고		

〈관련 아이디어〉 탈레스의 방법인 합동 또는 닮음으로 피라밋의 높이(또는 학에 있는 나무의 높이)나 접근불가능한 곳에서의 거리 등을 잴 수 있는 응용능력

<table>
<tr><td>문제 번호</td><td>515</td><td>문제유형</td><td>기하형</td><td>관찰요소</td><td colspan="3">P01, P03, P05, C01, C03, T01, T03, T06</td></tr>
<tr><td>단원</td><td colspan="3">5-2-3. 도형의 합동</td><td>교과서</td><td>50</td><td>지도서</td><td>133</td></tr>
<tr><td>문제상황</td><td colspan="7">실생활에서 일어날 수 있는 문항(그림)을 제시
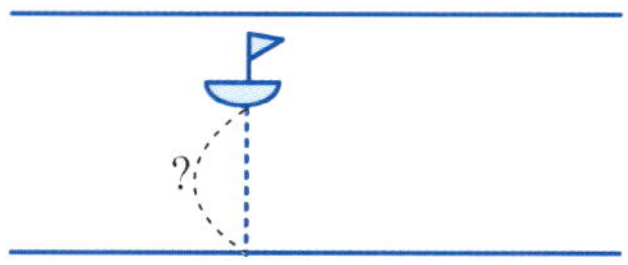
※ 교과서의 문항을 본 문항으로 대체할 수 있음</td></tr>
<tr><td>발문(자극)1</td><td colspan="7">삼각형의 합동을 이용하여 배까지의 거리를 구하는 방법을 생각해봅시다. (각도기사용)</td></tr>
<tr><td rowspan="4">관찰 및 반응1</td><td>척도</td><td colspan="3">판단기준</td><td colspan="3">대상학생</td></tr>
<tr><td>3</td><td colspan="3">조건을 이용하여 문제를 올바르게 해결하고 근거를 설명할 수 있다.</td><td colspan="3"></td></tr>
<tr><td>2</td><td colspan="3">다른 방법을 사용하여 문제를 해결하고 학생 나름의 논리적 근거가 있다.</td><td colspan="3"></td></tr>
<tr><td>1</td><td colspan="3">근거가 충분하지 못하다.</td><td colspan="3"></td></tr>
<tr><td rowspan="8">학생 응답 및 질문 1 (척도2~3 해당시)</td><td>학생</td><td colspan="6">응답 및 질문</td></tr>
<tr><td></td><td colspan="6"></td></tr>
<tr><td></td><td colspan="6"></td></tr>
<tr><td></td><td colspan="6"></td></tr>
<tr><td></td><td colspan="6"></td></tr>
<tr><td></td><td colspan="6"></td></tr>
<tr><td></td><td colspan="6"></td></tr>
<tr><td colspan="7">※ 다양한 방법이 있을 수 있으나 '합동을 이용하여'라는 조건이 있기 때문에 풀이법을 한정하도록 하겠다.</td></tr>
<tr><td rowspan="4">자기주도성과 독창성에 대한 사례 (척도3 해당시)</td><td>학생</td><td colspan="6">응답</td></tr>
<tr><td></td><td colspan="6"></td></tr>
<tr><td></td><td colspan="6"></td></tr>
<tr><td></td><td colspan="6"></td></tr>
</table>

<table>
<tr><td colspan="3">수학적 과정 개념 관찰 점검표 (Procept = Process+concept)</td></tr>
<tr><td colspan="2">P01직관적 통찰</td><td>◎문제에서 주어진 정보가 매우 한정적이기 때문에, 해결 단서가 순간적으로 떠오를 수 있다. 그것이 이에 해당한다.</td></tr>
<tr><td rowspan="2">정보의 조직화</td><td>P02 공간 시각화</td><td>◎도형을 작도하고, 변형하는 등의 공간능력이 필요하다.</td></tr>
<tr><td>P03수학적 추상화</td><td>◎비구조화된 실제 수학적 문제 상황을 그림이나, 기호로 표현하는 능력이 이에 해당된다.</td></tr>
<tr><td colspan="2">P04일반화 적용</td><td></td></tr>
<tr><td colspan="2">P05수학적 추론</td><td></td></tr>
<tr><td colspan="2">P06반성적 사고</td><td></td></tr>
<tr><td colspan="2">P07함수적 사고</td><td></td></tr>
</table>

02 수학영재 교육의 교과

부르너(1부 7절 참조)에 의하면 교과란 학자들이 가지는 안목을 경험하게 하는 것이다. 그러면 수학의 '안목'은 무엇인가? 그것은 수학의 발명가들이 발명 당시에 가졌던 발명의 배경이 되는 아이디어이고, 영재교육의 목적은 그 아이디어를 경험할 수 있도록 도와주는 과정으로 전개되어야 할 것이다.

2.1 수학영재 교육과 역사발생

(1) 해켈(Haekel)

역사 발생적 원리의 인식론적 바탕은 개체발생이 계통발생을 단축된 형태로 반복한다는 생물학적 원리 곧, 다원주의자인 해켈이 제기한 '재현의 원리'이다. 곧, 개인의 수학적 사고의 발달은 수학이 역사 자체를 따른다는 것으로 오늘날 역사 발생적 원리는 여러 학자들에 의하여 여러 가지로 형식화되어 옹호되고 있다.

(2) 프로이덴탈(Freudenthal)

그가 제안한 '안내된 재발명' 방법은 수학이 역사적 발달 과정의 통찰에 의해서 획득된 지식이 점진적으로 형식화되면서 보다 고도의 기능과 통찰이 획득되어 간 과정이며, 수학 교육학의 주요 문제의 하나나는 그러한 점진적인 형식화 과정을 수학 교육에 이용하는 방법에 관한 연구라고 말하고 있다. 수학교과의 각 단원 도입부분의 '생활에서 알아보기'는 프로이덴탈의 이론에 따른 것인가?

2.2 수학영재의 교과

교실에서의 수학영재교육의 관건은 바람직한 교과서의 제작이다. 이를 위하여는 수학심화과정과 수학영재과정을 구별할 필요가 있다.

(1) 수학심화과정과 수학영재과정의 구별

부르너의 주장을 요약하면, 학생이 배워야 할 내용은 발명가의 발명당시의 배경이 되는 아이디어를 배워야 한다는 것이다. 따라서 수학심화과정에서는 그 아이디어를 학생으로 하여금 경험하게 하는 과정이 되어야 하고, 영재과정에서는 그 아이디어를 재발견하도록 도와주는 것이다.

(2) 교과서 제작과 모델링

- 아이디어를 경험하고 재발견할 수 있는 교과서의 개발이 수학영재교육의 장래를 좌우하게 된다. 모델링을 해 주어야 하겠다.

- 그러나 발명당시의 아이디어를 그대로 재현한다는 것은 현실에 맞지 않는 경우가 대부분이기 때문에 오히려 바람직하지 않다. 따라서 현실에 맞도록 내용과 교수-학습방법을 재조직하는 것 또한 대단히 중요하다.

  [참고] 영재교육의 시조를 플라톤의 군주 교육과정으로 본다.

03 수학사에서 얻는 창의적 사고의 예

이 장에서는 수학의 역사발생에서 얻을 수 있는 아이디어를 영역별로 분류하여 학생의 창의적 사고를 계발하는데 도움을 주는 교수-학습 방안을 모색하기로 한다.

3.1 수와 연산 영역

- 고대 이집트인들은 3×2을 가로가 3이고 세로가 2인 직사각형의 넓이와 같은 것으로 생각하였다. 그런 이유로 고대 이집트인들은 8×7을 다음과 같이 계산하였다. $10-8=2$, $10-7=3$이므로 8×7의 일의 자리 수는 $3\times2=6$이고 십의 자리 수는 $10-3-2=5$이므로 $8\times7=56$으로 계산하였다.
- 아이디어

  아래에 있는 한 변이 10인 정사각형에 그들의 계산 방법을 그리고 설명하여 보시오.

  수= 막대의 길이

  두 수의 곱 = 직사각형의 넓이

  같은 수의 곱(제곱) = 정사각형의 넓이

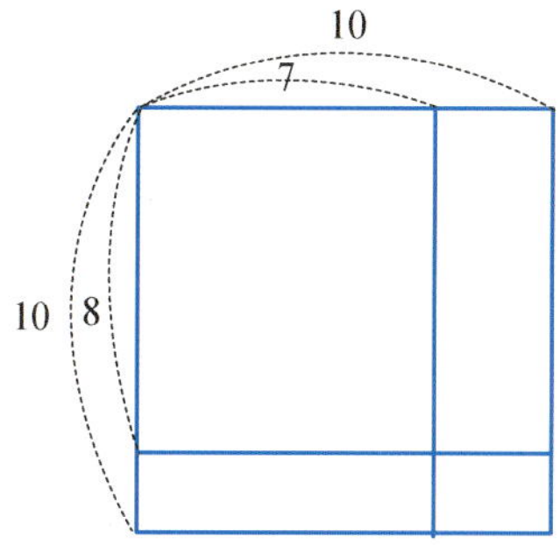

- 4천 년 전의 인간의 지능과 현재의 인간의 지능이 거의 대동소이하다. 따라서 수학 개념이 발생할 당시의 아이디어를 현재에도 재발견하도록 해야 한다.
- 8×9, 9×9, 7×7도 같은 방법으로 계산해 본다.

3.2 도형(땅의 측정)

측량은 모든 과학의 시작이고 수학의 시작이기도 하다. 고대 그리스의 첫 번째 수학자, 천문학자로 알려지는 탈레스의 아이디어로 시작하기로 한다.

(1) 접근 불가능 곳에서의 거리, 높이 구하기

- 아래와 같이 바다 가운데에 배가 떠있다. 육지에서 배까지의 거리를 구하는 방법과 호수 건너편의 두 지점 사이의 거리를 구하는 방법을 찾아보시오.

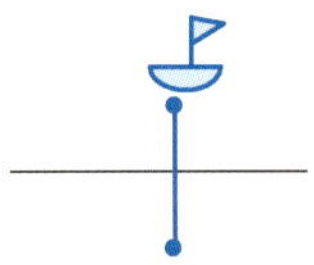

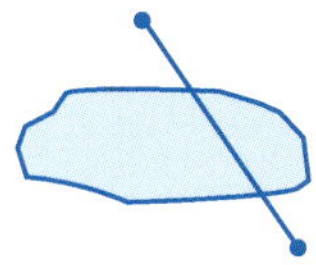

- 피라밋의 높이 구하기

(2) 원의 넓이 구하기

원이 넓이를 구하는 가장 오래되고 과하저인 방법은 아르키메데스의 저서에 다음과 같이 전개되어 있다.

- 원의 내접하는 정다각형을 그리고 삼각형 ABC의 면적을 구한다.
- 삼각형의 넓이를 모두 더한다.
- 정다각형의 변의 개수를 아주 많게(무한하게)하면, 정다각형의 변들을 모두 더하면 원둘레가 되고 삼각형의 높이는 반지름이 된다.
- 원의 넓이는 반지름을 높이로 하고 원둘레를 밑변으로 하는 삼각형의 넓이와 같다.

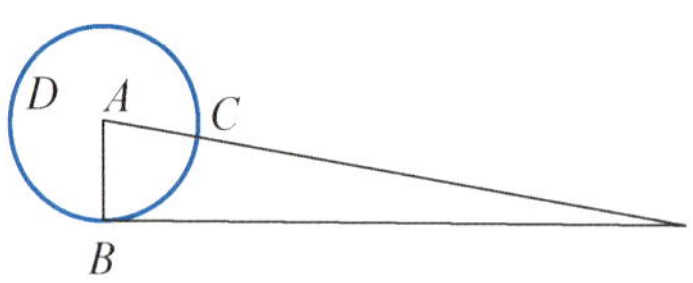

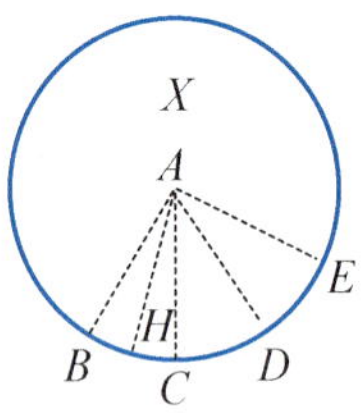

- 아이디어 : 아르키메데스의 방법

(3) 각뿔의 부피

각뿔과 원뿔의 관념은 고대 이집트에서 피라밋을 연상하면서 발생하였다. 현재에도 정사각뿔은 피라밋이라고 부르고 있다.

- 각뿔의 부피가 각기둥의 부피의 $\frac{1}{3}$임을 지도하는 과정
- 교구와 지도 : 교사가 피라밋을 6개 만들어 붙여서 정육면체를 만들어 놓는다. 각뿔의 부피 지도시에는 학생이 정육면체를 분해하여 6개의 피라밋으로 나눠어지는 것을 확인하게 한다.
- 피라밋의 부피는 정육면체의 $\frac{1}{6}$이다.
- 따라서 각 뿔의 부피는 높이가 같은 사각기둥의 $\frac{1}{3}$이다.

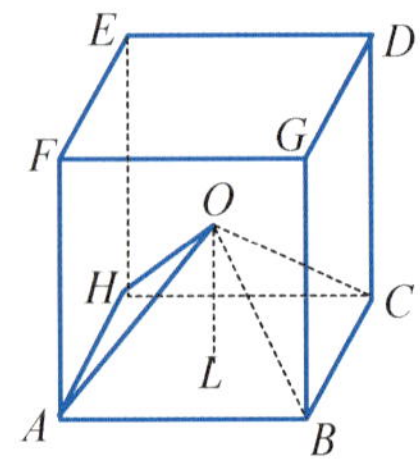

3.3 규칙성, 문제해결

(1) 두부 자르기

그림과 같은 정육면체 모양의 두부의 표면에 딸기 잼을 바른 후에 가로, 세로, 높이를 모두 3등분하였다.

- 잘라진 작은 조각(정육면체)은 모두 몇 개인가?
- 작은 조각에 묻힌 딸기 잼의 면의 개수는 몇 종류인가?
- 종류별로 모은 작은 조각은 몇 개씩이고, 그것은 무엇과 같은가?

(2) 위의 그림에서 가로, 세로, 높이를 모두 4, 5, 6 …등분하여 위의 과정을 일반화한다.

3.4 문제해결

(1) 꼬마 가우스

수학자 가우스가 열 살 때에 다음과 같은 계산을 하였다.

$$1+2+3+\cdots+100=\frac{100\times(100+1)}{2}=5050$$

가우스가 이와 같은 계산방법을 생각하게 된 것은 계단과 관계가 있다고 한다. 계단을 이용하여 가우스의 계산방법을 설명하여 보시오.

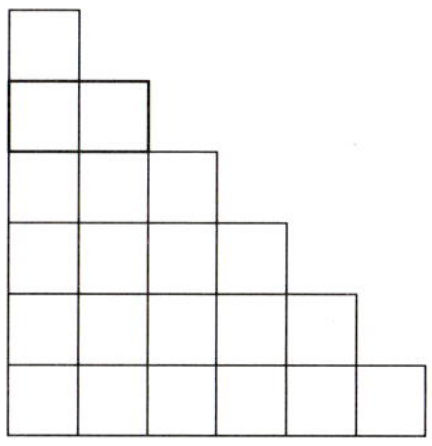

[설명] 이 사실은 다음과 같이 지도할 수 있다.

1 + 2 + 3 + 4 + 5의 합은 다음과 같이 늘어놓은 점(또는 바둑알)의 전체 수와 같다.

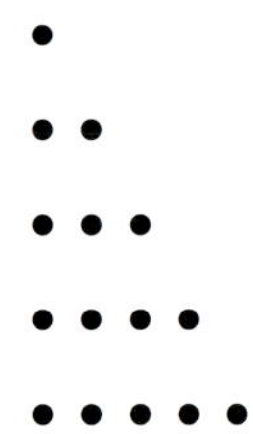

이 모양을 뒤집어서 붙이면 언제나 직사각형 모양이 된다. 즉,

원래의 개수는 위의 직사각형에 있는 점의 개수의 반이므로 $\frac{(5+1)\times 5}{2}=15$ 이다.

즉 $\frac{(\text{초항}+\text{끝항})\times \text{항의 수}}{2}$ 이다.

이것을 등차수열의 합에 대한 가우스 공식이라고 한다.

(2) 파스칼 삼각형

다음은 파스칼 삼각형이다. 파스칼 삼각형을 완성하시오.

1
1 1
1 2 1
1 3 3 1
1 4 6 4 1
1 5 10 10 5 1
1 … 1

- 어떤 게임을 할 때에 파스칼삼각형과 같은 수의 배열이 나타나는가?
- 파스칼삼각형에서 대각선 위에 있는 수의 규칙과 다각형을 이루는 점의 개수의 규칙성과의 관계를 알아보자.

(3) 삼각수 : 점의 위치를 정삼각형모양으로

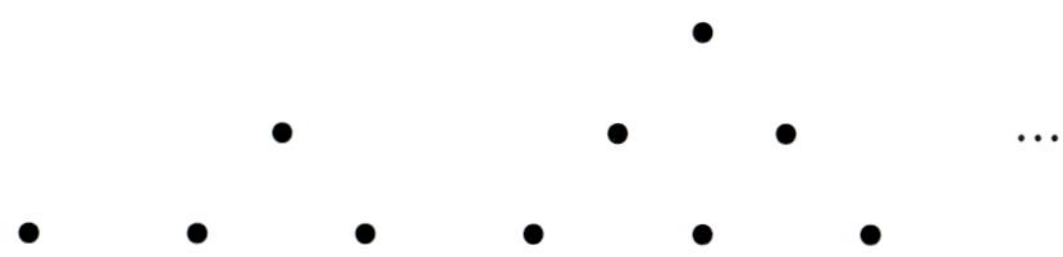

[답] Triangle number : T_n : 1, 3, 6, 10, ⋯, $\frac{n(n+1)}{2}$

(4) 직사각형수 : 점의 위치를 직사각형모양으로

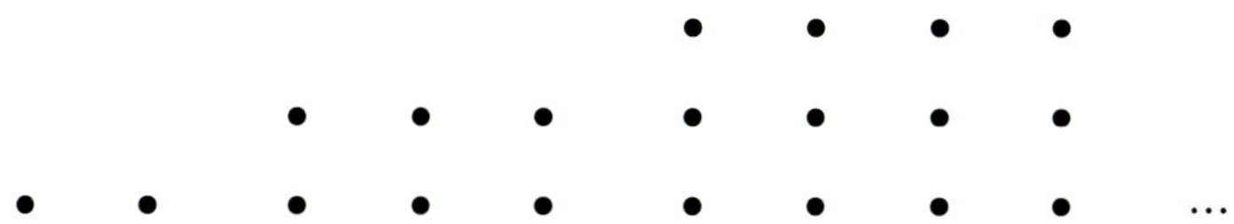

[답] Oblong number : O_n : 2, 6, 12, 20, 30, 42, 56, 72, 90, 110, 132, ⋯,

$n(n+1)$. 즉, $O_n = 2T_n$

(5) 사각수(Square number) : 점의 위치를 정사각형모양으로

1, 4, 9, 16, 25, ⋯, n^2

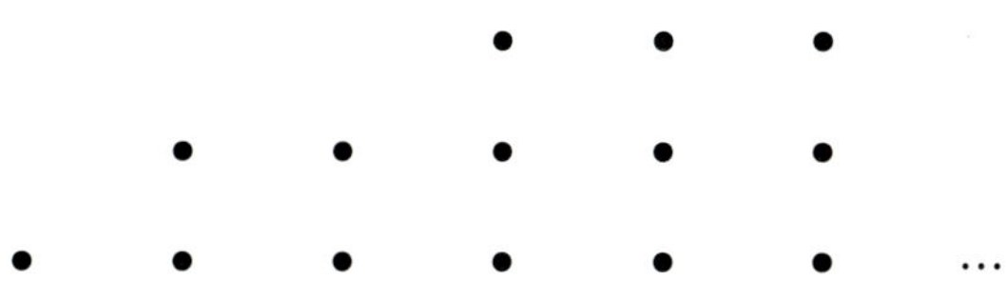

(6) 오각수(Pentagon number) : 점의 위치를 정오각형모양으로

P_n; 1, 5, 12, 22, 35, 51, 70, 92, 117, 145,

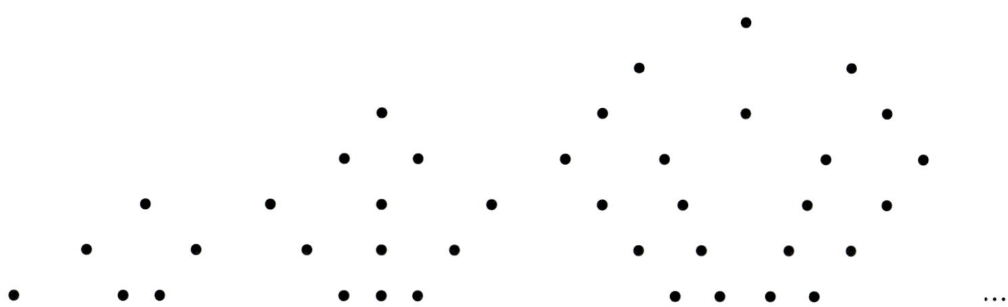

$$P_n = 1 + 4 + 7 + \cdots + (3n-2) = T_n + 2T_{n-1}$$
$$= \frac{n(n+1)}{2} + n(n-1) = \frac{n(3n-1)}{2}.$$

(6) 규칙

자연수 : $n = T_n + (-1) \times T_{n-1}$

삼각수 : $T_n = T_n + 0 \times T_{n-1}$

사각수 : $n^2 = T_n + 1 \times T_{n-1}$

오각수 : $P_n = T_n + 2 \times T_{n-1}$

육각수 : $Hex_n = T_n + 3 \times T_{n-1}$

7각수 : $Hep_n = T_n + 4 \times T_{n-1}$

8각수 : $Oct_n = T_n + 5 \times T_{n-1}$

(7) 다면체 수

- 정육면체수 : 1, 8, 27,⋯, n^3

  홀수 : 1, 3, 5, 7, 9,⋯ 에서 차례로 1, 2, 3, ⋯씩 더해 가면,

$$1 = 1^3,\ 3+5 = 2^3,\ 7+9+11 = 3^3,\ 3+15+17+19 = 4^3,\ \cdots$$

  일반적으로

$$[n(n-1)+1]+[n(n-1)+3]+\cdots+[n(n-1)+(2n-1)] = n^3$$

  이 된다.

- 정사면체수를 구하시오. [답] Th_n : 1, 4, 10, 20, ⋯

$$Th_n = n \times 1 + (n-1) \times 2 + (n-2) \times 3 + (n-3) \times 4 + \cdots + 2(n-1) + 1 \times n$$
$$= \frac{n(n+1)(n+2)}{6}$$

  이 된다.

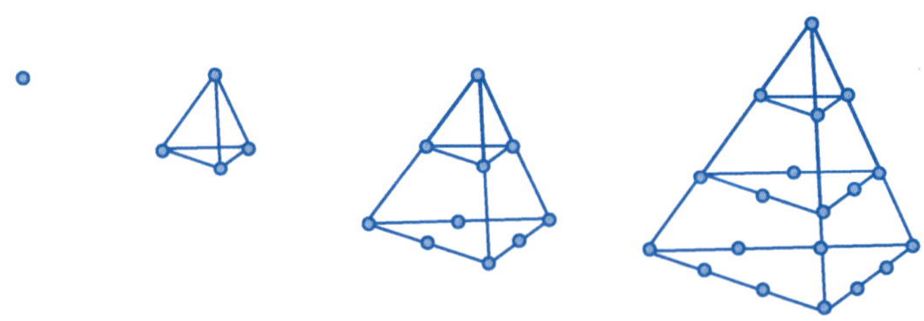

- 피라밋 수(Py_n) : 1, 5, 14, 30, 55, 91, ⋯ 인데 이것은 다음과 같다. 즉, 1, 1+4, 1+4+9, 1+4+9+16, ⋯ 따라서

$$Py_n = 1^2 + 2^2 + 3^2 + 4^2 + \cdots = \frac{n(n+1)(n+2)}{6} + \frac{(n-1)n(n+1)}{6}$$
$$= \frac{n(n+1)(2n+1)}{6}$$

- $1+2=3,\ 4+5+6=7+8,\ 9+10+11+12=13+14+15\ \cdots$ 등의 식을 일반화해 보시오.

  풀이 왼쪽 합이 x부터 k개 있는 경우이므로,

  $x+(x+1)+\ \cdots\ +(x+k-1)=(x+k)+\ \cdots\ +(x+k+k-2)$ 따라서

  $$kx + \frac{k(k-1)}{2} = (k-1)x + k(k-1) + \frac{(k-1)(k-2)}{2}$$

  $$\therefore\quad x = k(k-1) + \frac{(k-1)(k-2)}{2} - \frac{k(k-1)}{2}$$

  $$= \frac{2k^2-2k+k^2-3k+2-k^2+k}{2}$$

  $$* = \frac{2k^2-4k+2}{2} = (k-1)^2$$

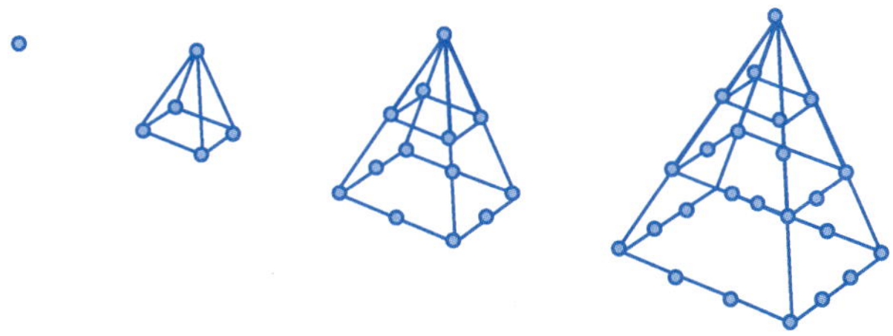

(8) 퀴즈

4리터짜리 물통과 9리터짜리 물통 두 가지만으로 6리터의 물을 강으로부터 길어 올릴 수 있는 방법은 무엇인가?

- 이 문제는 문제해결의 방법 중 폴야(Polya)가 제시한 거꾸로 생각하기(분석법)로 해결하는 예로서 수학에서 중요한 증명방법을 퀴즈를 통하여 경험하게 하려는 의도이다.

(9) 제논의 역설

아킬레스와 거북이가 경주를 한다. 거북이가 아킬레스 보다 100m 앞에서 출발한다. 동시에 출발하여 아킬레스가 거북이가 출발한 곳에 도착하면 그 시간동안에 거북이는 조금 앞으로 간다. 또 아킬레스가 거북이가 있었던 곳에 가면 그 시간동안에 거북이는 조금 더 앞으로 간다. 따라서 아킬레스는 거북이를 앞지를 수 없다.

- 아이디어 : 그리스 수학자인 제논의 문제이다. 공간과 시간이 무한히 나누어질 수 없다는 관념을 반대하기 위한 문제이다.
- 무한과 연속 관념으로 해결 된다.
- 방정식 풀이만일 아킬레스의 평균속도가 초속 $10m$이고, 거북이의 평균속도를 초속 $1m$라고 한다면 아킬레스가 거북이를 추월하는 지점을 P라고 하면, 출발지점에서 P까지의 거리를 xm로 두고 식을 세우면 아킬레스가 P까지 가는데 걸리는 시간은 $\frac{x}{10}$초이며, 거북이 P까지 가는 시간은 $\frac{x-100}{1}$초이다. 따라서 $x-100=\frac{x}{10}$이다. 따라서 $x=111.1$정도이다. 그러므로 $111.1m$쯤부터는 아킬레스가 거북이를 앞질러가게 된다.
- 일차함수의 그래프
  거북의 직선은 y절편이 100, 기울기10, 아킬레스의 직선은 원점을 지나 기울기가 100, 두 직선의 교점부터 아킬레스가 앞지른다.

(10) 게임

철수와 영이가 다음과 같은 게임을 하기로 하였다.

- 칠판위에 20개의 점을 찍는다.
- 규칙 : 철수와 영이가 번갈아가면서 점을 지운다. 단, 한 번에 지울 수 있는 점의 개수는 1 또는 2 개이다.
- 맨 마지막 점을 지우는 사람이 이긴다.
- 이길 수 있는 방법을 말 해보시오.
- 한 번에 지울 수 있는 점의 개수는 1 또는 2 또는 3개일 때 이길 수 있는 방법을 말해 보시오.
- 아이디어 : 등차수열

3.4 바빌론의 삼중수

두 정사각형의 면적을 합한 면적을 갖는 정사각형 작도하기

이 방법은 고대 인도 수학자인 바스카라의 분해법에 의한 증명으로서, 두 정사각형의 면적의 합과 같은 정사각형을 구축해가는 증명이다.

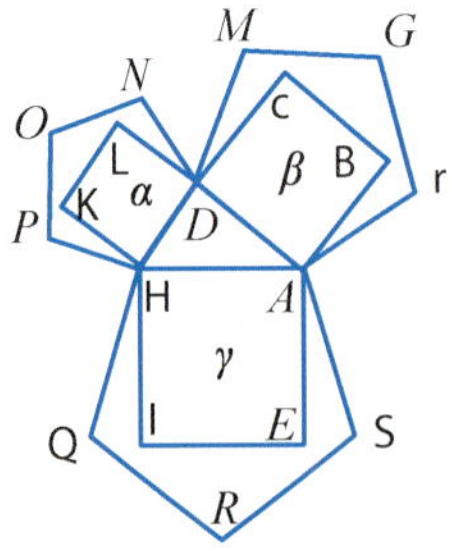

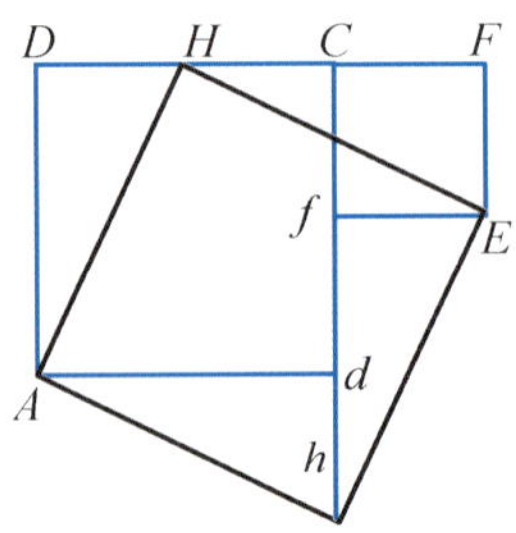

3.5 제논의 이분 역설

어떤 물체가 A지점에서 B지점으로 이동하기 위해서는 그 중간 지점인 C를 통과해야 한다. 그리고 마찬가지로 A에서 C로 가려면 그 중간 지점인 D를 통과해야 한다. 또 A에서 D로 가려면 그 중간 지점인 E를 통과해야 하고… 이런 식의 사고를 계속하다 보면 A와 B사이의 거리가 아무리 짧다 해도, A에서 B까지 가려면 무한히 많은 점을 통과해야 하기 때문에 물체는 이동할 수 없다는 이야기이다.

가. 제논의 이분 역설을 고등학교에서 배운 내용으로 고치고, 반박하시오.

$$\frac{1}{2}+\frac{1}{4}+\frac{1}{8}+\frac{1}{16}+\frac{1}{32}+\cdots$$

- 제논은 물체의 운동을 설명하면서 물체가 이동한 거리만을 고려하여 물체가 이동하는 데 걸린 시간은 고려하지 않았다.
- 제논은 평균속도라는 관념을 갖지 못했다.

3.6 초승달의 면적(Hippocrates of Chios, 430 B.C. 경)

초승달 부분은 그림에서 α, β, γ로 표시된 세 부분으로 이루어져 있다. α는 처음 원에서 직각에 대응하는 활꼴, δ는 큰 원에서 직각에 대응하는 활꼴이다. 이상의 보조정리에 의하여 α, δ의 비는 두 원의 반지름의 제곱의 비 즉, $AB^2 : AD^2$과 같으며 이것은 $1:2$가 된다. 따라서 α, β는 δ의 반이며 $\alpha+\beta=\delta$가 되고 $\alpha+\beta+\gamma=\delta+\gamma$이 되어 초승달의 면적은 삼각형$ABD$ 의 면적 BM^2이 된다. 이 사실이 중요한 것은 이천년 동안 수학자들을 사로 잡았던 강력한 도덕적인 문제인 원의 면적과 같은 면적을 갖는 정사각형을 찾는 문제("squaring the circle")에 대한 긍정적인 도전이 시작되었다.

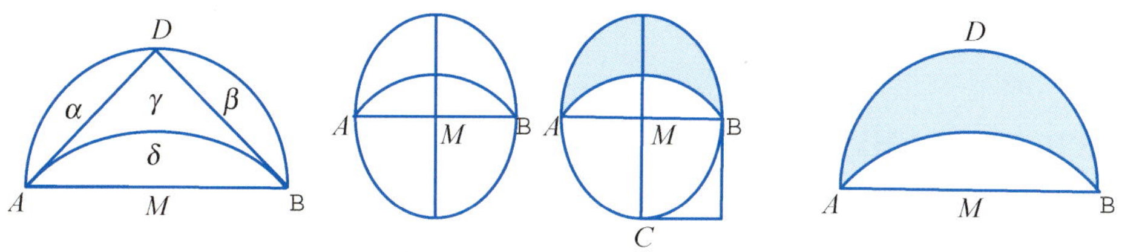

3.7 아르키메데스(Archimedes, 287-212 B.C.)의 구적법

(1) π의 계산과 원의 넓이

정 다각형으로 최대한 원의 모양에 가깝게 원 전체를 덮었을 때 다각형의 면적으로 원의 면적의 근사값을 구하는 문제이다(Toeplitz, 1963). 또한 그의 직접 얻은 계산 결과인 $3\frac{10}{71} < \pi < 3\frac{10}{70}$ 보다는, 원하는 만큼 정확하게 π의 값을 계산할 수 있는 무한 과정에 관심이고 있다. 아르키메데스는 안티폰의 아이디어인, 단위원에 내접한 또는 단위원을 둘러싼 정6각형, 정12각형, … 등을 작도하면 단위원에 내접한 정다각형들은 둘레 $< 2\pi <$ 원을 둘러싼 정다각형들은 둘레이다. 그는 자와 컴파스를 이용해서(사칙연산과 제곱근풀이) 원에 내접되어 있거나 원을 포함하는 정n각형의 둘레에서 정$2n$각형의 둘레를 계산하는 규칙을 발견하였다.

(2) 구의 부피

아르키메데스는 지렛대의 원리를 도입하여 다음과 같이 구의 체적을 구하였다.

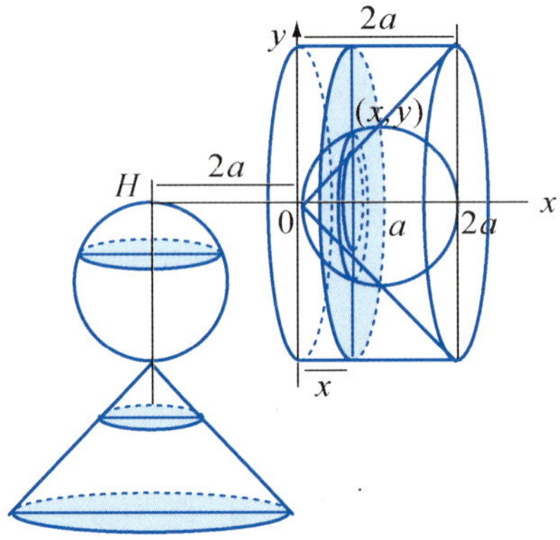

중심이 $(a, 0)$이고 반지름이 a인 원을 그린다. 그러면 원의 방정식은 $(x-a)^2+y^2=a^2$이고 따라서 $x^2+y^2=2ax$, 즉 원 위의 점 (x, y)에 대하여 x, y를 각각 한 변으로 하는 정사각형의 면적의 합은 x와 원의 지름을 한 변으로 하는 직사각형의 면적과 같다. 그 다음에 지렛대의 원리를 적용하여, 관계식 $2a(\text{구의 부피} + \frac{1}{3}\pi(2a)^3) = \pi a(2a)^3$을 얻고 구의 부피를 $\frac{4}{3}\pi a^3$로 계산하였다.

3.8 볼록 다면체

다면체의 면, 꼭짓점, 모서리의 수를 각각 f, v, e라 하면 $f+v-e=2$이다. 이것을 Euler의 다면체정리라고 한다. 이 사실을 이용하면 정다면체는 다음의 5가지뿐임을 알 수 있다.

(1) 정다면체

m	n	e	v	f	다면체
3	3	6	4	4	정사면체
3	4	12	6	8	정팔면체
3	5	30	12	20	정이십면체
4	3	12	8	6	정육면체
5	3	30	20	12	정십이면체

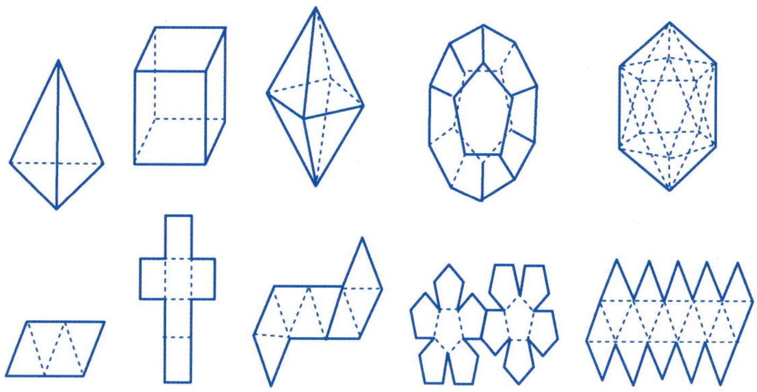

3.9 확률

(1) 철수와 영이가 2만원을 상금으로 걸고 가위, 바위, 보의 게임으로 내기를 하였다. 규칙은 먼저 5번을 이기는 사람이 상금을 모두 가지기로 하였다. 그런데 철수와 영이가 4:3인 상태에서 어쩔 수 없이 게임을 중단하게 되어 상금을 나눠 가지기로 하였다. 얼마씩 나눠가져야 공평하겠는가?

[답] 3 : 1

[아이디어] 확률의 시작이 된 문제로서 표본공간의 관념을 알려주는 문제이다.

(2) 조건부 확률(4장 2.7절 참조)

어떤 일 A가 먼저 일어난다는 전제하에서 일 B가 일어날 확률을 A가 일어날 경우에 B가 일어날 조건부확률이라고 한다. 기호로는 (A|B)로 나타낸다.

- 베이즈(Bayes) 정리

흔히 확률을 사건이 벌어진 결과를 다루지만, 베이즈는 조건부확률을 이용하여 사건이 일어나기 전의 확률에 대해 생각하였다.

문제 1

다이아몬드전시회가 1박 2일로 호텔에서 열렸습니다. 500캐럿짜리 다이아몬드가 전시되었고, 전시장 근처에는 호텔방이 4개가 있었고, 사람들은 그 안에서 하룻밤을 지냈습니다. 하지만 그림과 같이 아쉽게도 각 방에는 도둑들이 있었습니다. 다이아몬드를 도둑맞을 확률은 몇일까요?

[답] : (   )

풀이 (   )

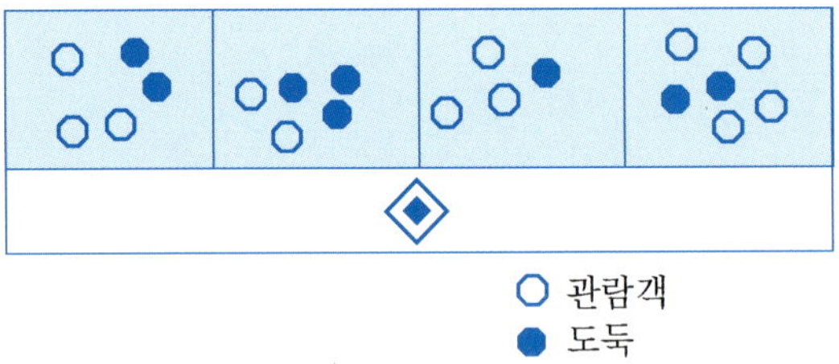

문제 2

다이아몬드를 도둑 맞았을 때, 첫 번째 방의 도둑이 훔쳐갔을 확률은 몇일까요?

[답] : (   )

풀이 (   )

3.10 도함수

(1) 페르마의 방법

페르마는 다음과 같이 최대치와 최소치를 구하는 효과적인 방법을 체계화하였다. 그는 선분 AC에 점 E를 잡아 AE×EC의 값이 최대가 되도록 하였다. 즉 $AC=b$라 하자. a를 선분 중의 하나라고 하면 다른 하나는 $b-a$가 되고 곱의 최대값을 찾으면 $ba-a^2$이 된다. $a+e$를 b의 첫 번째 선분이라고 하고 다른 하나를 $b-a-e$라고 하면 곱은 $ba-a^2+be-2ae-e^2$이 값은 앞에서 제시한 $ba-a^2$과 값이 같아야 한다. 공통항을 없애면 $be-2ae+e^2$. [모든 항을 e로 나누면 $b\sim 2a+e$] e를 없애면 $b=2e$ 따라서 문제의 답은 b의 중간값을 잡으면 된다.

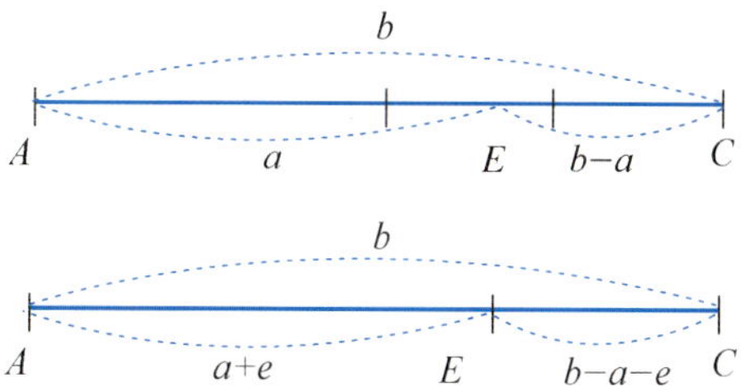

$AE \times EC = a(b-a) = ba - a^2$

$AE \times EC = (a+e)(b-a-e) = ba - a^2 - 2ae + be - e^2$

* 두 개의 식을 같게 놓으면 $2ae - be + e^2 = 0$양변을 e로 나누면 $2a - b + e = 0$ 따라서 $b = 2a + e$이고 e를 없애면 $b = 2a$가 된다.

그러나 페르마는 E를 0으로 치환하여 만들어지는 근사등식 즉 방정식을 생각하였을 뿐, E가 0으로 접근하는 변화하는 양으로 간주되는 극한개념으로 생각하지는 못하였다. 다음에 나오는 방법은 Detangentibus linearum curvarum에 실린 글로 곡선에 대한 접선을 어떻게 구하는지에 대한 과정을 나타낸 것이다.

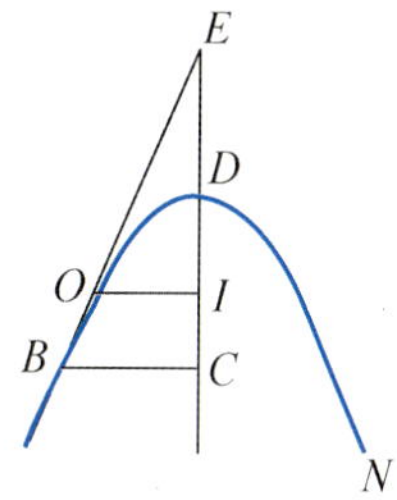

곡선의 주어진 점에서 접선을 구하기 위해 앞의 방법을 이용한다. 예를 들어 꼭짓점 D 그리고 지름 DC인 포물선 BDN을 생각해보자. B는 포물선에 접하는 직선 BE 위의 한 점이고 포물선과 접선과 지름의 교점을 점 E라 한다. 선분 BE에서 한 점 O를 잡고

평행한 직선 OI를 긋는다. 또한 점 B에서 평행선을 그어 선분 BC를 만든다. 그러면 점O가 포물선 외부에 있기 때문에 $\frac{CD}{DI} > \frac{BC^2}{OI^2}$ 그러나 삼각형의 닮음에서 볼 때, $\frac{BC^2}{OI^2} = \frac{CE^2}{IE^2}$ 따라서 $\frac{CD}{DI} > \frac{CE^2}{IE^2}$ 이제 점 B가 주어지면 결과적으로 BC도 결정되고, 결과적으로 점 C도 결정되고 CD도 결정된다. $CD = d$로 놓자.

$CE = a$와 $CI = e$로 놓자. $\frac{d}{d-e} > \frac{a^2}{(a^2+e^2-2ae)}$ 분수를 없애면 $da^2 + de^2 - 2dae > da^2 - a^2e$, $de^2 - 2dae \sim -a^2e$, $de^2 + a^2e \sim 2dae$ 양변의 e를 나눈다.

그러면 $de + a^2 \sim 2da$ 위의 식에서 de를 없애면 $a^2 = 2da$가 되고 결과적으로 $a = 2d$가 된다. 따라서 결과적으로 CE는 CD의 2배가 된다.

(2) 극한과 도함수

극한은 역동적인 과정(역동 무한)이 아니라 최종 목적지(실무한)를 정한 다음, 그 목적

지에 도달하는지의 여부를 다루는 내용이다. 또한 도함수는 한 점에서 일어나는 현상이 아니라, 그 점의 근방에서 일어나는 현상이다. 따라서 곡선은 점이 움직인 자취가 아니라, 극히 짧은 곡선의 연속체로 이해해야만 한다.

3.11 암호계

(1) RSA 암호계

- Rivest, Shamir, Adleman (1977)(MIT)가 발표
- 공개키암호계(public key cryptosystem) : 공개열쇠와 개인(비밀)열쇠 두가지로 만든 암호계, RSA 암호계는 공개키 암호계이다.

enemy
Alice → Bob

- Alice 와 Bob이 유무선으로 주고 받는 멧시지는 언제든지 도청을 당하고 있다는 전제하에서 주고 받는 내용을 알아도 그 내용이 무엇인지를 알아 볼 수 없도록 덫(trapdoor)을 설치해 놓고 비밀키를 알고 있는 Alice와 Bob만이 알 수 있고 도청자eavesdropping은 알 수 없도록 만든 암호계이다.
- RSA 암호계서의 덫 : 자연수의 소인수분해가 어렵다는 것
- Alice와 Bob이 다음을 정한다.
  a) 아주 큰(200자리정도) 두 소수 p와 q를 택한다.
  b) $n = pq$ (400자리정도)
  c) $\gcd(k,\ \phi(n))$ = 1인 자연수 k를 정한다.
- Bob은 $kj \equiv 1 \bmod \phi(n)$ 이 되는 j를 계산한다.
- 공개키 : (n, k), 비밀키 : p, q, j

(2) RSA 암호계의 작동

- Alice가 Bob에게 보낼 멧시지 : $M = 200\cdots128$는 공개키인 n보다 작게한다. 만일 M이 n보다 크면 M을 n보다 작은 수로 쪼개서 보낸다.
- Alice는 $M^k \equiv r \bmod n$인 r을 Bob에게 보낸다.
- Bob은 $kj \equiv 1 \bmod \phi(n)$ 이 되는 j를 계산한다.
- Bob은 $r^j \equiv (M^k)^j \equiv M^{1+\phi(n)t} \equiv M(M^{\phi(n)})^t \equiv M \times 1^t \equiv M(\mathrm{mod} n)$을 얻는다.
  (증명) $kj \equiv 1 \bmod \phi(n)$이면 $kj = 1 + \phi(n)t$이기 때문이다.
  여기에서 $\phi(n) = (p-1)(q-1)$이다.

(3) RSA 암호계의 안전성

n을 공개하지만 $n=pq$(400자리 정도)를 p와 q로 소인수분해를 하지 못하면 $\phi(n)=(p-1)(q-1)$의 값을 구하기는 거의 불가능하다.

따라서 일차합동식 $kj \equiv 1 \bmod \phi(n)$을 만족하는 j의 값을 알 수가 없는 것이다.

(4) 예: $p=29,\ q=53,\ n=29\times 53=1537,\ \phi(n)=28\times 52=1456,\ \gcd(47,\ 1456)=1$

* 공개키 : 1537, 비밀키 : 47, 보낼 멧시지 : NO WAY M=141500230125

- M이 1537보다 크므로 Alice는 우선 141만을 보낸다.
- 그러면 Bob은 $141^{47} \equiv 658 \bmod 1537$ 이므로 658을 받는다. Bob은 다시 $47\times j \equiv 1 \bmod 1456$을 만족하는 $j=31$을 구한다.
- 그러면 $658^{31} \equiv 141 \pmod{1537}$을 계산하여 141을 해독
- 그 다음 500을 같은 방법으로 계산하여 주고받는다.

참고 문헌

김용태, 서광석, 김창한, 임종인(1998), 수론과 암호학, 서울 경문사.

김홍원, 김명숙, 송상헌(1996). 수학 영재 판변 도구 개발 연구(Ⅰ)-기초연구편-. 한국교육개발원 연구보고 CR97-50. 서울: 한국교육개발원.

Boyer Carl B.(1968). A History of Mathematics, John Wiley & Sons, Inc.

____________(1959), The History of the Calculus and its Conceptual Development, Dover Publications, Inc., N.Y.

Freudenthal H.(1983). Didactical phenomenology of mathematical structures, D. Reidel Publishing Co., Dordrecht.

Gillings, R. J.(1972), Mathematics in the Times of the Pharaohs, Dover Publications, Inc., NY.

Heath T. L.(1990), The thirteen books of Euclid's Elements, Encyclopaedia Britannica, Inc., Chicago Univ. Press.

________________(1990), The works of Archimedes including the Method, Encyclopaedia Britannica, Inc., Chicago Univ. Press.

Piaget J.(1971), Genetic Epistemology, Translated by E. Duckworth, The Norton Library, W.W.Norton&Company.Inc., N.Y.

Skemp, R. R. (1987).The psychology of Learning mathematics, Lawrence Erlbaum Associates Publishers.

Tall D.(1977). The Foundations of Mathematics, Oxford University Press.

Toeplitz O.(1963). The Calculus-A Genetic Approach, The University of Chicago Press.

Trigg, C. W.(1985), Mathematical Quickies, Dover Publication Inc., NY.

제 7 장 학습내용의 이해도 측정을 위한 진단과 처방

학교수학에서 진단이란 학생의 심리발달에 적합한 수학내용을 제시하여 학생의 이해 여부를 점검하는 것이고 처방이란 진단평가에서 얻은 자료를 통하여 오류유형을 분류한 다음 교사가 면담을 통하여 학생으로 하여금 오류를 교정하는 과정을 말한다. 처방 시에는 반드시 위에서 제안한 주제에 적절한 교구를 투입하는 것이 중요하다. 또한 학생들이 이해하지 못하는 수학적 개념과 기능, 학생들이 수학문제를 푸는데 사용하는 사고과정과 전략, 수학에 대한 학생들의 태도, 학생들의 학습형태 등을 조사하여 발달심리학과 역사 발생 원리를 적용하기로 한다. 수학교육에서의 수학사 활용 의의는 다음과 같다.

- 알고리즘적인 계산 수학을 반성하여 개념적 사고를 고취하는 데 이용할 수 있다.
- 교육과정 구성에서 자연스러운 내용 배열의 준거가 되면, 학습-지도에서 수학적 아이디어의 발달과정을 따름으로써 자연스럽게 그 이해를 도울 수 있다.
- 수학의 역사적 발달 과정에 소급해 봄으로써 수학적 사고의 인간적인 모습을 접해 보게 하여, 학습 동기를 유발하고 수학 학습에 생기를 불어 넣을 방안을 찾을 수 있다.
- 현대 기술 문명의 발달에서의 수학의 중심적인 역할과 수학의 문화적인 역할, 특히 인간관과 세계관 형성에 미친 수학의 역할을 이해함으로써 수학에 대한 학생들의 인식을 바꿀 수 있다.

진단과 처방은 다음과 같은 지침을 마련한 다음 그 절차에 따라 수행한다.

- 각각의 개념을 이해시키기 위한 조직적인 지도 방법
- 진단할 때 사용하는 교구사용에 대한 구체적인 지도방법
- 학생들의 오류유형 분석 지침
- 진단에 유용한 게임에 대한 설명
- 교실에서 이루어지는 진단과 처방에 필요한 모든 요소의 운영 지침 등을 마련

01 진단 평가

진단평가의 목적은 연속적인 지필평가와 면담으로 구성하여 학생의 능력을 점진적이고 포괄적으로 분석하여 학생의 이해정도와 계산능력에 관한 자료를 수집하는데 있다.

1.1 진단평가의 시행

진단평가 문항을 투여할 때는 다음사항을 유념해야 한다.

(1) 전체 학급에 투여 할 것인지 또는 소집단이나 개인에게 투여할 것인지를 결정한다.
(2) 현재 가르치고 있는 내용과 평가하고자 하는 학생의 수준에 적합한 문제를 출제한다.
(3) 가급적이면 시간제한을 두지 말아야 한다.
(4) 학생에게 두 쪽 이상의 시험지를 배포하지 않는다.
(5) 학생이 시험지를 작성할 때 유심히 지켜보고 참고사항을 메모한다.
(6) 학생이 너무 어려워하는 문제는 풀지 않도록 한다.
(7) 학생이 오답을 적은 경우에는 한 두 문제의 결과에서 학생의 오류유형을 분석하기 곤란하므로 개념과 기능을 평가할 수 있는 난이도가 주어진 유사 문항을 5개 정도 출제 한다.

1.2 채 점

진단평가지의 채점시 다음 사항을 유념해야 한다.

(1) 전체 학급이나 학생이 속한 집단에 대한 어떠한 기준(예를 들면 집단의 평균 등)은 감안하지 않는다.
(2) 각 학생의 점수를 부록에 제시한 학생 기록 카드에 옮겨 적는다.

1.3 오류 유형 분석

(1) 목 적

수학문제를 푸는 과정에서 어떤 오류들은 단순한 실수 이거나 알고리즘 자체에 체계적으로 발생하는 오류이다. 학생들이 단순한 실수를 자주할 때는 문제를 풀 때 더욱 집중하고 세밀한 부분까지 신경을 쓰도록 지도해야 한다. 따라서 오류 유형에 관한 충분한 정보를 제공해서 교사들로 하여금 오류 유형의 발견의 중요성을 강조하고 오류 유형을 확인하는 법을 배우도록 도와주는 것이다.

(2) 오류 유형의 분류

오류 유형은 크게 두 가지로 나뉘고 다음의 다섯 가지로 구분된다.

첫 번째는 규칙적 오류로서 다음 네 가지로 분류된다.

- 다른 연산 오류 : 학생은 문제를 푸는데 요구되는 연산과 다른 연산을 사용한다.
- 기초 사실 기억 오류 : 적절한 연산은 사용했으나 기초 사실 기억에서 오류 ($2+3=6$ 등)가 생겼다.
- 잘못된 알고리즘: 학생이 정확한 연산은 실행하나 연산과정에서 기초 사실 기억오류 이외의 오류를 범한다.
- 개념의 이해 부족 : 한 개념을 다른 개념과 혼동하거나, 아예 그 개념의 본질을 파악하지 못하는 오류

두 번째는

- 실수에 의한 오류 : 이것은 비슷한 여러 개의 계산과정에서 일관적으로 발생하지 않는 오류

(3) 처음의 두 가지 오류인 다른 연산 오류와 기초 사실 기억 오류는 학생들의 계산 과정에서 유형을 찾아볼 수 있다. 다섯 번째 실수에 의한 오류는 자주 발생하지도 않고 그 종류도 많아서 체계화하는 것은 거의 불가능하다. 그러나 잘못된 알고리즘은 정확하게 다시 가르쳐야 한다. 또한 다른 오류는 그렇게 쉽게 발견되지도 않고 쉽게 정정할 수도 없다. 여기에서 가장 중요하고 우리의 주된 관심이 되는 오류는 잘못된 알고리즘과 개념의 이해 부족의 오류이다.

1.4 오류의 예

① 하나씩 증가하는 자연수의 수열

187, 188, 189, <u>1810, 1811</u>

② 받아 올림이 있는 10이상 자연수의 덧셈

$$\begin{array}{r} 107 \\ +\ 85 \\ \hline 1812 \end{array} \qquad \begin{array}{r} 485 \\ +\ 925 \\ \hline 131010 \end{array}$$

$$\begin{array}{r} {\scriptstyle 1} \\ 485 \\ +\ 925 \\ \hline 1330 \end{array} \qquad \begin{array}{r} {\scriptstyle 1} \\ 394 \\ +\ 227 \\ \hline 531 \end{array}$$

③ 받아 내림이 있는 10이상 자연수의 뺄셈

$$\begin{array}{r} {\scriptstyle 3\,10\,10} \\ 4\ 0\ 0 \\ -\ 2\ 3\ 8 \\ \hline 1\ 7\ 2 \end{array} \qquad \begin{array}{r} {\scriptstyle 4\,10\,15} \\ 5\ 0\ 5 \\ -\ 1\ 0\ 8 \\ \hline 307 \end{array}$$

$$\begin{array}{r} 5\ 1 \\ -\ 8 \\ \hline 5\ 7 \end{array} \qquad \begin{array}{r} 5\ 0\ 5 \\ -\ 1\ 0\ 8 \\ \hline 4\ 0\ 3 \end{array}$$

④ 자연수의 곱셈

10 이상 자연수의 곱셈

$$\begin{array}{r} {\scriptstyle 7} \\ 209 \\ \times\ 48 \\ \hline 872 \end{array}$$

10의 배수의 곱셈

$$\begin{array}{r} 15 \\ \times\ 30 \\ \hline 30 \end{array} \qquad \begin{array}{r} {\scriptstyle 2} \\ 234 \\ \times\ 106 \\ \hline 224 \end{array}$$

⑤ 자연수의 나눗셈

$$\begin{array}{r} 92\cdots\cdots 4 \\ \hline)\ \ 59 \\ 45 \\ \hline 14 \\ \hline 10 \\ \hline 4 \end{array}$$

⑥ 분수의 대소 비교

피자 엑스 라지의 $\frac{1}{3}$은 피자 레귤러의 $\frac{1}{2}$보다 크다. 따라서 $\frac{1}{3} > \frac{1}{2}$이다.

⑦ 동분모의 덧셈

$\frac{1}{3} + \frac{1}{3} = \frac{2}{6}$

⑧ 이분모의 덧셈

- $\frac{1}{2}+\frac{1}{3}=\frac{2}{5}$
- $\frac{3}{5}+\frac{5}{7}=\frac{8}{12}$

⑨ 분수의 곱셈

$\frac{3}{5}\times\frac{4}{7}=\frac{20}{21}$

⑩ 분수의 나눗셈

- $\frac{1}{2}\div\frac{1}{5}=\frac{1}{10}$
- $\frac{1}{3}\div\frac{1}{4}=\frac{3}{4}$

⑪ 부등식의 성질

$\frac{a}{b}<\frac{c}{d}$ 이면 $a\times d>b\times c$이다.

⑫ 소수의 덧셈

- $0.487+0.93=0.0147$
- $$\begin{array}{r} 1.36 \\ +\ 0.84 \\ \hline 2.20 \end{array}$$

⑬ 소수의 곱셈

- $$\begin{array}{r} 25.4 \\ \times\ \ \ 7 \\ \hline 177.8 \end{array}$$
- $$\begin{array}{r} 78.2 \\ \times\ 0.5 \\ \hline 39.10 \end{array}$$

⑭ 분수를 소수로, 소수를 분수로 고치기

- $\frac{1}{4}=0.4$
- $\frac{1}{2}=\frac{50}{100}=0.50$
- $2.4=\frac{2.4}{10}$

⑮ 약수 찾기

문제

72의 약수를 모두 찾으시오.

[답] 1, 2, 3, 4, 8, 9, 12, 36, 72

[오류] 72의 약수가 모두 몇 개인지를 모른다.

⑯ 문제해결

문제

무게가 1g, 5g, 10g, 15g 인 추가 각각 100개씩 있다. 이 추를 이용하여 6g을 재는 방법의 가지 수를 구하여라.

[답] 1g 6개, 1g 1개와 5g 1개, 5g-1g과 1g 2개 : 3가지.

[오류] 5g-1g와 1g 2개

문제

큰 강가에서 4L 짜리 물통과 9L짜리 물통 두 개를 이용하여 6L의 물을 담아보시오.

⑰ 도형

문제

다음 중 틀린 것을 모두 고르시오.

① 이등변삼각형의 밑각의 크기는 같다.

② 직사각형은 사다리꼴이다.

③ 다각형의 외각의 합은 항상 360^0 이다.

④ 정삼각형은 이등변삼각형이다.

⑤ 마름모는 직사각형이다.

[답] ②, ③, ⑤

02 면담(interview)

면담은 진단 평가의 핵심이다. 면담은 처방 지도에 앞서 시행되며, 진단평가를 시행한 후에 실시한다. 면담은 학생의 사고 과정과 수학적 개념 발전 상황을 알아볼 수 있는 좋은 기회를 제공한다.

2.1 면담의 목적

면담을 통하여 다음과 같은 내용을 포함하는 학생의 정보를 얻는 것이 중요하다.

- 학생들이 생각하고 있는 것
- 사고 과정의 다양성
- 학생들이 문제를 해결하는 데 사용하는 전략들 : 주로 일반적인 풀이법에 학생 자신이 창안한 방법이 합성된 형태.
- 선호하는 수학적인 구체적 모델
- 수학적 능력 : 성숙의 수준

2.2 면담의 과정

면담을 실시할 때 구체적인 학습 보조 자료를 사용하고, 구체적 학습 보조 자료 ⇒ 그림 ⇒ 기호나 계산 알고리즘 순으로 지도한다. 면담은 학습지도 과정이 아니다. 다만 학생에게 그 개념에 대한 지도가 더 필요한지를 알아보기 위해서 충분한 대화를 나누는 것이다.

(1) 시행방법

- 면담 전

단계1: 학생들이 진단평가에서 이해하지 못한 개념을 확인한다.

단계2: 학습보조자료를 준비한다. 지필은 대부분의 면담과정에서 필요하다.

단계3: 방해 요소가 없고 조용한 장소를 택한다.

단계4: 면담하는 각 학생에 대해 최소한 30분씩 시간 계획을 한다.

단계5: 다음에 나오는 '면담 시행을 위한 지침'을 자세히 읽는다.
지침은 면담시간을 효과적으로 사용하는 데 많은 도움이 될 것이다.

- 면담 중

단계6: 학생들에게 학습보조자료를 위한 안내서에 제시된 '준비활동'을 하게 함으로

써 구체적 학습보조자료와 친숙해질 기회를 제공한다.

단계7: 학생들의 반응을 수용하면서 면담 지시 사항을 따른다. 여기서는 학생이 가지고 있는 개념의 오류를 고치려고 해서는 안 된다. 질문을 다른 식으로 표현하거나 좀 더 쉬운 예를 제시하되 가르치면 안 된다. 왜냐하면 이 단계는 단지 자료를 수집하는 단계이기 때문이다.

단계8: 면담을 어디서 시작하고 얼마나 오래 동안 할 것인지를 결정한다. 학생들이 아는 부분은 그냥 넘어가고 이 개념에서 지도가 필요하다고 생각되었을 때 멈춘다.

- 면담 후

단계10: 학생 기록 카드에 면담에서 얻은 정보를 기록한다. 학생의 오류 유형이나 개인적 실수를 확인하고, 구체적 모델이나 그림 또는 기호로 표현했을 때 수행 능력을 기록한다. 이 기록 카드는 차후 처방 지도시 지도가 필요한 주제를 고르거나 지도방법을 개발하는 데 사용된다.

(2) 면담 실행을 위한 지침

- 편안한 분위기를 조성한다.

  자연스럽게 학생과 가까워지도록 한다. 학생을 아는 것은 학생을 돕는 첫 단계이다.

- 학생의 수준에 맞춘다.

  면담의 목적과 교사가 이를 통해서 무엇을 알기를 원하는지 설명한다. 학생들 자신의 문제가 무엇인지를 알고 있는 지의 여부를 알아본다.

- 자료를 수집하되 가르치면 안 된다.

  교사는 면담하는 동안 학생의 생각을 듣고, 활동을 관찰하고, 적절한 질문을 하고 필요한 사항은 기록해야 한다. 음 흠, 좋아 등으로 답한다.

- 학생을 인격적으로 대해야 한다.

  면담을 통해서 학생들에게서 얻은 정보를 학생의 성적을 산출하는 데 사용하지 않도록 조심해야 한다.

- 철저해야 한다.

  학생들이 좀 더 높은 수준의 과업을 수행할 수 있다고 해서 모든 기초 개념들이 완벽하다고 결론지어서는 안 된다.

- 오류 유형을 알아내야 한다.

  학생들이 범하는 대부분의 오류는 단지 부주의의 결과가 아닌 불완전한 알고리즘에 기인한다. 학생의 오류 유형을 발견해 내기만 하면 한 번에 많은 오류를 고칠 수 있다.

- 다양한 형태의 질문을 해야 한다.
  열린 질문으로 다양한 답을 얻어야 한다.

03 면담에 필요한 교구

이 장에서는 면담에 필요한 몇 가지 교구를 소개하고 그 교구를 활용한 면담과정을 알아보기로 한다.

3.1 수모형

수모형은 십진수의 개념과 그들의 덧셈, 뺄셈, 곱셈 지도하는 데에 유용한다. 수모형 대신 모눈종이를 사용해도 좋다.

3.2 퀴즈네어 막대

자연수의 사칙연산, 공배수, 공약수, 분수의 개념, 동치분수, 분수의 사칙연산의 교수-학습에 사용한다.

04 수학에 대한 태도 측정표

4.1 목 적

진단 평가가 완성되려면 수학에 대한 학생들의 태도에 관한 정보도 포함되어야 한다. 흥미를 갖는 것, 이를 즐기는 것, 그리고 어느 정도의 열의 등은 태도와 유사한 말이다. 수학을 배우는 데 어려움을 느끼는 많은 학생은 수학에 대해서도 부정적인 태도를 가질 수 있다. 어떤 과목을 공부하는데 그 과목에 대한 태도와 그 과목의 수행능력은 서로를 강화시키기 때문에 학생이 수학에 대해서 어떤 느낌을 가지고 있는지에 대해서 아는 것은 나중의 처방지도에 많은 영향력을 미칠 수 있다.

4.2 태도측정표의 사용방법

많은 요인들이 학생들이 가지고 있는 수학 태도에 영향을 끼치는 것으로 여겨진다. Aiken에 의하면 수학에 대한 학생의 태도에 영향을 미치는 모든 요소 중에서 교사와 부모의 태도와 능력이 가장 큰 영향을 미친다고 한다. 수학 태도 측정표(The Mathematics Attitude Scale)는 수학과 수학 수업에 관한 20가지의 질문을 나열한 것이다. 학생들의 수학에 대한 태도는 수학에 대한 질문에 답을 함으로써 알게 된다. 이 질문들은 학생들이 그동안 경험했던 여러 가지 수학적 경험에 대해서 응답할 수 있는 기회를 준다. 그동안 이 방법을 사용해 본 경험으로는 자신에 대해서 성찰하고 지각하는 정도가 연령과 함께 증가했다. 수학 태도 측정표는 저학년 학생이 사용하기에는 적합하지 않고, 4학년 이상의 어린이들에게 적합하게 만들어져 있다.

4.3 시행방법

(1) 시 행

- 단계 1 : 개인이나 그룹으로 수학에 대한 태도를 측정할 수 있다. 글을 읽지 못하는 학생들에게는 질문들을 읽어 준다. 학생들은 각각의 질문에 대해서 '예' 혹은 '아니오'에 동그라미를 친다.

(2) 시행 후

- 단계 2 : 긍정적인 대답에는 '+1'점을, 부정적인 대답에는 '−1'점을 부과한다. 어느 것으로 결정하지 않은 것이나 대답하지 않은 것은 '0'점을 부과한다.
- 단계 3 : 긍정적인 점수와 부정적 점수를 모두 더하면 −20과 +20사이의 점수가 된다.

+10~+20	매우 긍정적
−5~+5	보통
−20~−10	매우 부정적

- 단계 4 : 점수를 학생 기록 카드에 기록한다.

05 학습 형태 목록표

5.1 목 적

학습 형태 목록표는 교사들이 학생들에게 처방지도시 유용하게 사용될 부가적인 정보이다. 학생들이 학습하는 데 어려움을 느끼는 것은 때때로 학습과 관련된 여러 가지 조건과 관련이 있다고 여겨져왔다. 학습 형태 목록표는 학생들에게 자신들이 선호하는 학습 조건에 관한 의견을 표현하는 기회를 제공한다.

5.2 사용 방법

학습 형태 목록표는 학생들이 '예' 혹은 '아니오'로 대답하는 20개의 문항으로 되어 있다. 각각에 대한 문항의 수와 범주는 다음과 같다.

그룹 선호도	3
학습지도형태	3
자발적/ 지시	3
학습 형태	4
피드백	3
방해정도	3
또래 지도	1

추가적으로 학습 형태 목록표를 요약해 놓은 '학습 형태 프로파일'에는 교사들이 처방지도 시 고려해야 할 특별한 사항과 면담을 실시하는 동안 작성된 관찰기록을 메모해 둘 수 있는 여백이 마련되어 있다. 학습 형태 목록표는 이를 시행하는 사람의 감독에 학생들이 답을 하는 20문항의 표이다. 1,3, 혹은 4의 항목은 어떤 범주(집단 학습, 강의, 자발적/ 지시, 기타 등등)와 연관되어서 표현된다. 즉 처음의 세 문항은 모두 집단 학습 선호도의 문제와 연관된다. 다음은 학습 지도형태를 위한 세 문항이다. 완성된 질문표의 표본은 시행방법 다음에 제시되어 있다. 학습 방법 목록표의 프로파일은 그 다음 쪽에 나와 있으며 학습 형태 목록표를 보고 완성할 수 있다. ①전체 학급 ②소집단 ③개인과 관계된 그룹 선호도를 알아보기 위해서 제시된 세 개의 문항은 이 쪽에서 요약된다. 지도방법에 대한 세 개의 문항은 ④교사의 설명 ⑤혼자서 해결과 연관되어 있다.

5.3 시행 방법

(1) 시행

단계 1 단계 Ⅲ 면담의 일부로서, 전체 학급, 소집단, 혹은 개인적으로 학습 형태 목록표를 완성시킨다.

단계 2 문구를 읽고 질문이 있으면 설명한다. 모든 문구에 '예' 혹은 '아니오'를 표시 하도록 지시한다.

(2) 시행 후

단계 3 각각의 '예' 대답에 대해서 이에 해당하는 프로파일에 동그라미 표시를 한다.

단계 4 면담시에 관찰된 학생들의 선호하는 학습 조건에 관한 정보를 첨가시킨다.

단계 5 결과를 분석한다. 일반적으로, 오른쪽의 상황들이 좀 더 개인적이고 열린 학습 상황을 나타내는 반면, 왼쪽의 상황은 좀 더 진부하고 전형적인 교실 상황을 표현한다.

단계 6 처방지도기간 동안 관찰된 선호하는 학습형태에 대해서 계속하여 메모를 한다.

부록

01 수학 학습 형태 목록표

이름 : 날짜 :

다음의 질문에 대해서 그렇다고 생각되면 "예"에 동그라미를 치고, 그렇지 않다고 생각되면 "아니오"에 동그라미를 치시오.

1. 나는 선생님이 전체 학급을 대상으로 설명할 때 수학을 가장 잘 배운다. 예 아니오
2. 나는 선생님이 몇몇 학생을 대상으로 설명할 때 수학을 가장 배운다. 예 아니오
3. 나는 선생님이 나에게만 설명할 때 수학을 가장 잘 배운다. 예 아니오
4. 나는 선생님이 수학을 설명할 때 쉽게 이해한다. 예 아니오
5. 나는 친구가 수학을 설명할 때 쉽게 이해한다. 예 아니오
6. 나는 혼자 힘으로 어려운 수학 문제를 푸는 것을 좋아한다. 예 아니오
7. 나는 선생님이 무엇을 언제 하라고 정확히 시키는 것을 좋아한다. 예 아니오
8. 나는 선생님이 무엇을 하라고 시키는 것은 좋아하지만 하는 시기는 내가 정하고 싶다. 예 아니오
9. 나는 무엇을 언제해야 할지를 스스로 선택하기를 원한다. 예 아니오
10. 나는 설명을 들을 때 수학을 가장 잘 이해한다. 예 아니오
11. 나는 그림으로 보았을 때 수학을 가장 잘 이해한다. 예 아니오
12. 나는 계산과정을 종이 위에 쓰면서 할 때 수학을 제일 잘 이해한다. 예 아니오
13. 나는 풀이 방법을 읽었을 때 수학을 제일 잘 이해한다. 예 아니오
14. 나는 선생님이 나중에 가르쳐준다는 것을 알 때 수학에 최선을 다하게 된다. 예 아니오
15. 나는 수학문제를 풀고 스스로 검토하는 것을 좋아한다. 예 아니오
16. 나는 나중에 채점을 하는 것에 관계없이 수학문제를 푼다. 예 아니오
17. 나는 교실이 아주 조용할 때 수학공부가 잘된다. 예 아니오
18. 나는 교실에서 작은 말소리가 들릴 때 수학공부가 잘된다. 예 아니오
19. 나의 교실이 시끄러울 때 수학공부가 잘된다. 예 아니오
20. 나는 다른 학생이 수학문제를 가지고 어려워 할 때 돕고 싶다. 예 아니오

02 학습 형태 프로파일

이름 : 날짜 :

목록표 숫자	범주	응답	
1 – 3	그룹 선호도 :	1. 전체 학급 3. 개인 기타	2. 소그룹
4 – 6	지도형태:	4. 교사 설명 6. 스스로 해결, 기타	5.친구 설명
7 – 9	자발적/지시:	7. 교사지시 8. 교사지시(시기는 자신이 결정) 9. 자신이 선택 기타	
10 – 13	학습 형태:	10. 청취 12. 쓰기	11. 보기 13. 읽기
14 – 16	피드백:	14. 교사가 정정 16. 정정은 중요하지 않음 기타	15. 본인이 정정
17 – 19	방해정도:	17. 정숙 필요 19. 소란은 방해되지 않음	18. 약간의 소란
20	또래지도:	20. 예, 아니오	

03 학생기록카드

진단 평가

학생이름　　　　　　날짜　　　　　　　　　학년　　　　반

수학 태도 측정 결과 :

진단평가 결과 :

1. 개념
   점수:
   오류유형:
2. 개념
   점수:
   오류유형:
3. 개념
   점수:
   오류유형:
4. 개념
   점수:
   오류유형:
5. 개념
   점수:
   오류유형:

면담지

학생이름:　　　　　　　　　　　　학년　　　　반

일　시:　　　　월　　　　일　　　　시　　　　분

1. 개념
   면담결과:
2. 개념
   면담결과:
3. 개념
   면담결과:
4. 개념
   면담결과:

면담결과의 요약

04 처방 지도 계획

학생이름 : 날짜 학년 반

처방지도가 요구되는 개념코드

1. 코드
   개념

2. 코드
   개념

처방 지도 방안

1. 코드
   지도방법요약:

2. 코드
   지도방법요약:

보충지도계획

1. 정규수업시간에 실시

2. 수업시간 이후에 실시

3. 다른 방법

[설명]

05 학급 기록 카드

Ⅰ. 자연수와 0 기초개념																											
내 용 / 이 름																											
기수인 영(0)																											
1부터 10까지의 기수																											
10자이 이상의 기수																											
세 자리 숫자: 자릿값																											
네 자리 또는 그 이상 숫자: 자릿값																											
숫자 표기법의 확장: 자연수																											
자연수의반올림																											
자연수를 순서대로 나열하기																											
서수와 서수세기																											
하나씩 증가하는 자연수의 수열																											
건너뛰면서 세기																											

Ⅱ. 자연수의 덧셈																														
내 용 / 이 름																														
덧셈의 기본적인 사실 : 자연수																														
10이상 자연수의 덧셈, 반올림 없음																														
10이상 자연수의 덧셈, 반올림 있음																														
9이하 자연수의 덧셈, 두 수 이상																														
10이상 자연수의 덧셈, 두 수 이상																														

Ⅲ. 자연수 뺄셈																												
내 용 / 이 름																												
자연수 덧셈의 역이 되는 뺄셈																												
자연수 뺄셈의 기본적인 사실																												
10이상 자연수의 뺄셈, 받아내림이 없음																												
10이상 자연수의 뺄셈, 받아내림 있음																												

Ⅳ. 자연수의 곱셈																														
내 용 / 이 름																														
곱셈의 기본적인 사실: 자연수																														
10이상 자연수의 곱셈: 받아올림 없음																														
10이상 자연수의 곱셈:받아올림 있음																														
10의 배수의 곱셈(10~90)																														
10의 배수의 곱셈(100~9000)																														
두 수 이상의 곱셈(자연수)																														

Ⅴ. 자연수의 나눗셈																														
내 용 / 이 름																														
자연수 곱셈의 역으로의 나눗셈																														
나눗셈의 기본적인 사실: 자연수																														
자연수의 나눗셈: 9이하의 제수: 나머지 없음																														
자연수의 나눗셈: 9이하의 제수: 나머지 있음																														
자연수의 나눗셈: 10이상의 제수																														
10의 배수로 나누기(10~90)																														
10의 배수로 나누기(100~9000)																														

Ⅵ. 분수																														
내 용 / 이 름																														
열 또는 부분집합에서 분수의 의미																														
평면과 영역에서 분수의 의미																														
양의 유리수와 자연수의 관계																														
분수의 동치																														
대분수의 동치																														
분수의 덧셈(분모가 같은 경우)																														
대분수의 덧셈(분모가 같은 경우)																														
분수의 덧셈(분모가 다른 경우)																														
대분수의 덧셈(분모가 다른 경우)																														
분수의 뺄셈(분모가 같은 경우)																														
대분수의 뺄셈(분모가 같은 경우)																														
분수의 뺄셈(분모가 다른 경우)																														
대분수의 뺄셈(분모가 다른 경우)																														
분수의 곱셈																														
대분수의 곱셈																														
분수의 나눗셈																														
대분수의 나눗셈																														

Ⅶ. 소수																														
내 용 ＼ 이 름																														
소수의 자릿값																														
소수의 반올림																														
소수의 동치																														
소수의 덧셈																														
소수의 뺄셈																														
소수의 곱셈																														
소수의 나눗셈																														

참고 문헌

교육부(1998), 수학 3-가~6-나, 서울: 교육부

교육부(1999), 초등학교 교육과정 해설(Ⅰ), (Ⅳ), 서울: 교육부

김용태(2007), 수학교육에서 현대적인 동향에 따른 수학과 학습 지도 예시, 초등교육연구, 제22권, 제21호, pp.35-54.

김용태, 황우형, 이중권, 안병곤 편저(1998), 초등교사를 위한 진단과 처방수학, 서울: 경문사

찾아보기

바

사

아

저자 약력

김용태

고려대학교 대학원(이학박사)
서울대학교 대학원(교육학석사)
서울대학교 대학원(교육학박사 수료)
현재 광주교육대학교 수학교육과 교수

수학의 역사발생에 따른
초등 수학교육 신서

2011년 9월 15일 초판 인쇄
2011년 9월 26일 초판 발행

저 자 / 김용태
발행자 / 오판근
발행처 / 교우사

주 소 / 서울 동대문구 제기2동 148-19
전 화 / 925-2861(代), 편집부 / 925-2825
팩 스 / 925-2860

E-mail / kyowoo@kyowoo.co.kr
http://www.kyowoo.co.kr

등록 / 1994. 3. 24 제6-0256호

ISBN 978-89-8172-902-8 (93410)

값 29,000 원